플라톤과 소크라테스적 대화

문학 형식의 철학적 사용

플라톤과 소크라테스적 대화

문학 형식의 철학적 사용

초판 1쇄 발행 2015년 8월 31일
초판 2쇄 발행 2020년 4월 7일

—

지은이 찰스 H. 칸
옮긴이 박규철·김진성·서영식·김덕천·조흥만
펴낸이 이방원
편 집 윤원진·김명희·안효희·정우경·송원빈·최선희
디자인 손경화·박혜옥·양혜진
영 업 최성수 **기획·마케팅** 정조연 **업무지원** 김경미

—

펴낸곳 세창출판사
신고번호 제300-1990-63호
주소 03735 서울시 서대문구 경기대로 88 냉천빌딩 4층
전화 02-723-8660 **팩스** 02-720-4579
이메일 edit@sechangpub.co.kr **홈페이지** http://www.sechangpub.co.kr

—

ISBN 978-89-8411-565-1 93160

이 도서의 국립중앙도서관 출판시도서목록(CIP)은 서지정보유통지원시스템 홈페이지(http://seoji.nl.go.kr)와
국가자료공동목록시스템(http://www.nl.go.kr/kolisnet)에서 이용하실 수 있습니다. (CIP제어번호: CIP2015026531)

플라톤과 소크라테스적 대화

문학 형식의 철학적 사용

Plato and the Socratic Dialogue: The philosophical use of a literary form

찰스 H. 칸 지음

박규철·김진성·서영식·김덕천·조홍만 옮김

세창출판사

일러두기

1. 이 책은 Charles H. Kahn의 *Plato and the Socratic Dialogue: The philosophical use of a literary form*(Cambridge, 1996)을 완역한 것이다.
2. 본문 중 ( ) 안에 작은 글씨로 쓴 부분은 원저자가 부연 설명한 것이거나 역자들이 간략하게 추가한 것이다.
3. 원저자가 이탤릭체로 강조한 부분은 고딕체로 표기하였다.

역자 서문

플라톤 연구자들 사이에서 C. H. 칸 교수는 플라톤 대화편을 '통일론'의 입장에서 이해하는 학자로 유명하다. '수정론자'들과 달리, 그는 플라톤의 초·중기 대화편과 후기 대화편을 연속적·통합적으로 이해하는 것이다. 특히 이 책에서 그는 플라톤 대화편 하나하나에 나타난 논증 구조를 꼼꼼히 파헤치는 분석적 자세를 견지하면서도 플라톤 대화편 전체를 거시적으로 조망하는 통일적 관점을 유지한다. 무엇보다도 그가 이 책에서 보여 주고자 하는 것은 플라톤 대화편에 나타난 '문학적 형식'이라는 예술적 장치의 중요성이다. 이 장치에 대한 면밀한 분석을 통하여, 그는 플라톤 대화편에 대한 놀랍고도 새로운 통찰을 제시해 준다.

이 책에서 칸은 플라톤이 매우 이른 시기에 자신의 철학을 가지고 있었다는 하나의 가설을 전제한다. 그리고 그것을 18편에 달하는 플라톤 대화편에 대한 분석을 통하여 입증해 나간다. 그에 의하면, 플라톤의 초기 대화편에 나타나는 소크라테스는 역사적 소크라테스와 등장인물 소크라테스로 나뉠 수 있다. 전자는 『소크라테스의 변론』에서 나타나는 소크라테스의 모습이고, 후자는 이 대화편을 제외한 나머지 초기 대화편에 나타나는 소크라테스의 모습이다. 특히 '법정 연설'이라는 그리스의 전통적인 글쓰기 양식에 근거해 작성된 『소크라테스의 변론』과 달리, 대부분의 초기 대화편들은 소크라테스를 주인공으로 하는 당대의 새로운 문학적 장르인 '소크라테스적 대화편들'(Sōkratikoi logoi)의 양식을 따르고 있다. 물론 수정론을 지지하는 상당수의 플라톤 연구자들은 플라톤이 역사적 소크라테스로부터 받았던 영향을 그대로 반영하는 초기 대화편으로부터 자신의 독창적인 철학을 전개하는 중기 대화편으로, 그리고 자신의 형상 이론에 대한 비판적 접근을 감행하는 후기 대화편으로 탈바꿈해 갔다는 설명을 제공해 준다. 하지만 이 책에서 C. H. 칸 교수는 플라톤이 매우 이른 시기에 그 자신의 고유한 철학을 이미 갖추고 있었으며, 대화편을 집필할 때마다 그것을 조금씩 그러나 체계적으로 풀어내고 있다고 강하게 주장한다. 이 책은 바로 그러한 칸의 주장에 대한 가장 친절한 입문서이자 안내서이다.

이 책은 크게 12개의 장으로 구성되어 있다. 각 장마다 대화편에 대한 상세한 분석이 소개되어 있다. 먼저 1장에서는 소크라테스적 대화편들이라는 문학적 양식에 대한 지적인 배경이 다루어진다. 알려진 바로는 소크라테스의 상당히 많은 친구와 추종자들이 그의 사후에 그에 대한 다양한 기억들을 문학적 형식으로 남겼다고 한다. 하지만 지금까지 전해지고 있는 것으로는 크세노폰(Xenophon)의 작품을 비롯하여 철학사에서 소위 '소(小)소크라테스학파'(minor Socratics)의 일원이라고 알려진 인물들, 즉 안티스테네스(Antisthenes)와 아이스키네스(Aeschines), 파이돈(Phaedo)과 에우클레이데스(Eucleides) 그리고 아리스티포스(Aristippus)와 같은 인물들의 작품이 유일하다. 칸은 이러한 인물들과 그들의 작품에 대한 면밀한 검토를 통하여 소크라테스와 플라톤 대화편에 대한 새로운 시각을 제공해 준다. 또한 그는 플라톤의 초기 대화편에 소크라테스의 철학이 반영되어 있다는 전통적 견해를 비판적으로 음미하면서 플라톤 대화편에 나타난 극적 사실주의도 소개한다. 우리는 C. H. 칸 교수의 이러한 노력에 힘입어 2,500년 전 소크라테스를 둘러싼 다양한 이야기를 읽을 수 있다.

2장에서는 플라톤 철학과 대화편에 대한 전반적인 이해 방식이 소개된

6

다. 흔히 플라톤 대화편은 약 27개 정도로 알려져 있는데, 이 책에서 그는 18편의 대화편을 분석한다. 분석되는 대화편은 그 자체의 문학적 공간에 존재하는 독립적인 단위로 제시되나, 후기 대화편에 대한 언급에서는 작품들 간의 유기적 연관성도 강조된다. 플라톤 대화편 해석에 있어서는 무엇보다도 플라톤 사상의 연속성과 일관성이 강조된다. 그의 이러한 입장은 플라톤 사상의 불연속성을 강조하는 수정론자들과 명확한 차이를 보인다. 대화편의 연대학 연구와 관련해서도 그는 소크라테스의 사망(기원전 399년), 플라톤의 제1차 시칠리아 여행(기원전 387년) 그리고 제2차 시칠리아 여행(기원전 367년) 시점을 특별히 강조한다. 왜냐하면 제1차 시칠리아 여행 시점에 플라톤의 철학적 선언서인 『고르기아스』가 집필되었으며, 제2차 시칠리아 여행 시점에 플라톤 사상의 결정체인 『국가』가 집필되었기 때문이다. 이처럼 칸은 플라톤 철학을 하나의 일관된 큰 그림으로 보면서도 그 안에 존재하는 개별 대화편의 위상과 의미를 정확히 짚어 내고 있다.

3장에서는 역사적 소크라테스 문제에 대한 다양한 논의들과 그것들의 의미가 소개된다. 사실, 그동안 역사적 소크라테스의 문제에 대한 주된 근거로는 플라톤의 대화편과 더불어 아리스토텔레스와 크세노폰의 작품들이 언급되어 왔다. 하지만 C. H. 칸은, 플라톤의 대화편과 달리, 아리스토텔레스와 크세노폰의 작품들을 역사적 소크라테스에 대한 독립된 전거로 사용하기에는 많은 문제점이 있음을 지적한다. 이러한 비판을 통하여 그가 역사적 소크라테스의 문제에 있어 가장 확실하면서 유일한 자료로 언급하고 있는 것은 플라톤의 『소크라테스의 변론』이다. 왜냐하면 잘 알려져 있듯이 『소크라테스의 변론』은 소크라테스를 주인공으로 하여 만들어진 문학적·철학적 글쓰기로서의 다른 초기의 대화편들과 달리, 소크라테스의 재판을 객관적으로 묘사하는 '법정 연설'이라는 그리스의 전통적인 비문학적·역사적 글쓰기의 형식을 따르고 있기 때문이다. 이처럼 칸은 자신의 풍부한 문헌학적 지식을 기반으로 하여 역사적 소크라테스에 대한 명쾌한 설명을 제공해 주고 있다.

4장에서는 『크리톤』과 『이온』 그리고 『소(小) 히피아스』에 대한 분석이 시도된다. 먼저, 『이온』에서는 음유시인 이온에 대한 논박을 통하여 시인 호메로스가 비판된다. 사실, 호메로스의 시가 당시 그리스 교육 시스템에 있어서 가장 중요한 역할을 수행하였음은 자명한 사실이다. 그런데 플라톤은 그런 호메로스의 시가 가진 권위가 도덕적·지적 차원에서 심각한 문제점을 가지고 있음을 인식하고 그것을 비판한다. 하지만 그럼에도 불구하고 거기에서 언급되는 '자석(magnet)의 비유'는 미학적 차원에서 중요하게 언급되는 아이디어이다. 『소 히피아스』에서는 기술과 교육이라는 두 가지 물음이 『이온』에서보다도 더 날카롭게 제기된다. 하지만 논의의 결과는 역설로 끝난다. 설상가상으로 대화는 "의도적으로 올바르지 못한 짓을 저지르는 사람이 본의 아니게 올바르지 못한 짓을 저지르는 사람보다 더 낫다"라는 도덕적 허위의 문제를 제기한다. 이런 문제로 이 대화편은 플라톤의 대화편들 가운데서 가장 난해한 작품으로 손꼽힌다. 이에 C. H. 칸은 플라톤과 지적 라이벌 관계를 형성하였던 안티스테네스에 대한 플라톤의 비판으로 이 대화편을 읽을 것을 권한다.

5장에서는 플라톤의 철학적 선언서로 알려진 『고르기아스』에 대한 분석이 시도된다. 플라톤의 작품 가운데서 가장 철학적이면서도 극적인 요소가 잘 융합되어 있는 이 대화편을 통하여 플라톤은 "어떻게 살고 어떻게 죽을 것인가?"라는 고대 그리스의 핵심적 도덕 문제를 깊이 있게 다룬다. 『고르기아스』에는 『소크라테스의 변론』과 『크리톤』으로부터 『국가』에 이르는 도덕 철학의 흐름, 즉 당대의 도덕적 냉소주의와 현실정치의 옹호자들이 펼치는 과격한 도전에 맞서 소크라테스 도덕 철학의 유의미성을 옹호하려는 플라톤의 철학적 관심이 잘 반영되어 있다. 논의는 소크라테스와 3명의 대화자들인 고르기아스, 폴로스 그리고 칼리클레스의 연속적인 논전(論戰)으로 구성되어 있으며, 이 세 사람에 대한 소크라테스의 연속적인 논박을 통하여 플라톤은 대화자의 도덕적 수치심이 그들의 패배에 본질적인 역할을 수행하고 있음을 선보인다. 그런데 『고르기아스』에서는 미진한 인식론과 형이상학에 대한 논의가 『국가』에서 제공된다. 그러기에 C. H. 칸은 『고르기아스』와 『국가』를 연속적인 관점에서 조명하기를 권한다.

6장에서는 『라케스』에 대한 분석이 시도된다. '용기'의 문제를 천착하는 이 대화편에 대한 분석을 통하여, C. H. 칸은 플라톤이 초기 대화편에서 어떤 철학적 의도를 가지고 있었으며 또한 그것에 도달하기 위해 어떤 사색의 과정을 거쳐 왔는지를 상세하게 보여 준다. 이 대화편에 등장하는 장군(將軍) 라케스와 니키아스는 처음에는 용기에 대해서 잘 알고 있다고 자만하나 소크라테스와의 논의 결과 그들이 알고 있는 지식은 사실 참된 지식이 아님을 확인받게 된다. 즉 라케스는 용기를 '영혼의 어떤 인내'라고 주장하나 소크라테스는 그의 답변이 지닌 문제점을 지적한다. 니키아스 역시 용기를 "전투에서 두려워할 것들에 대한 앎"이라고 규정하나, 소크라테스는 그의 대답이 지닌 한계점을 짚어 낸다. 이러한 일련의 논의를 통하여, 용기는 『국가』에서 양육과 교육을 통해 몸과 영혼에 각인된 바른 '생각'(doxa)으로서 일종의 '시민적인'(politikē) 덕목으로 규정된다. 이처럼 칸은 대화편에 대한 정치한 독해를 통하여 플라톤 철학의 결론보다는 그 결론에 도달해 가는 사유의 과정을 우리에게 보여 준다.

7장에서는 '자기인식'의 문제를 천착하는 『카르미데스』에 대한 분석이 전개된다. 그런데 자기인식은, 소피스트 입장을 대변하는 크리티아스의 주장과 달리, 결코 모든 문제를 해결할 수 있는 전지전능한 인식 능력이나 기술일 수는 없다. 그것은 오직 인간의 한계에 대한 인정이라는 성찰을 통해서 특징지어질 수 있다. 자기인식으로 정의된 절제의 의미와 역할에 대한 시험 중에 소크라테스는, 절제를 소유한 사람은 자신의 한계를 자각할뿐더러, 나아가 이 자각에 기초한 자기인식이 실제로 할 수 있는 바와 없는 바를 분명히 통찰하고 있어야 함을 다양한 경로를 통해서 보여 주고 있다. 진정한 철학은 자기인식의 한계에 대한 인식 혹은 한계인식의 한계에 대한 자각에서 시작되는 것이기 때문이다. 즉 자기인식에 대한 올바른 이해는 자기반성적 인식의 한계와 원칙적인 오류 가능성에 대한 통찰 가운데 비로소 주어지는 것이다. 이처럼 C. H. 칸은 『카르미데스』에 대한 인식론적 논의를 통하여 앎의 앎에 대한 주제화는 넓은 의미에서의 인식 과정 전반에 대한 탐구로 이어짐을 상세히 보여 준다.

8장에서는 과도기 및 중기 대화편들에서 불거져 나온 도덕적 논쟁점들을 직접적으로 취급하고자 했던 플라톤의 유일한 담론 철학적 시도인 『프로타고라스』에 대한 분석이 시도된다. 이 대화편에서 C. H. 칸은 플라톤이 마음에 품고 있던 도덕 교육의 방침들을 염두에 두고서 소크라테스와 프로타고라스가 벌였던 도덕 교육 논쟁에 나타난 지식과 선 개념 사이의 관계를 상세하게 분석한다. 사실 교육적 측면에서 볼 때, 당대 플라톤의 주된 라이벌이었던 안티스테네스와 이소크라테스는 프로타고라스와 마찬가지로 선하고 '성공적인' 삶을 위한 지식 내지 지혜를 강조한다. 하지만 그들은 삶의 영위에 필요한 지식의 내용과 범위에 대하여 구체적이고도 상세한 설명을 부가할 수 있는 철학적 역량을 지닌 자들이 아니었다. 이에 플라톤은 선한 삶에 있어 지식이 수행하게 될 결정적 역할을 입증하고 그러한 지식의 대상에 대한 이론적 해명을 제시하려는 것을 자신의 철학적 핵심 목표로 설정한다. 이 장에서 C. H. 칸은 플라톤의 이러한 문제의식을 비판적으로 재구성하고 있다.

9장에서는 플라톤의 에로스 이론이 그의 도덕 심리학과 형이상학적 형상 이론을 이어 주는 필수 불가결한 연결고리인 『뤼시스』와 『향연』 그리고

『파이드로스』에 대한 분석이 시도된다. 특히 플라톤이 『향연』의 에로스 탐구를 형상이라고 언표되는 참된 실재의 새로운 개념을 세상에 공표하는 기회로 취택하고 있는 데에는 그럴 만한 이유가 있다. 사실 『향연』은 아포리아적 대화편들에 나타나는 덕과 지식, 그리고 교육에 관한 결론이 나지 않는 논증들과 『파이돈』 및 『국가』에 등장하는 탁월하게 건설적인 형이상학적 존재론을 연계시키는 과도기적 국면을 형성하고 있기 때문이다. 여기에서 칸이 우선적으로 주목하는 것은 『뤼시스』에 처음으로 모습을 드러내고, 이후 『향연』에서 체계적으로 서술되고 있는 에로스에 대한 이론이 모든 사람이 선을 욕구하고 있다는 『고르기아스』와 『메논』 교설의 직접적인 발전이자 변형태라는 것이다. 이처럼 C. H. 칸은 텍스트에 대한 분석을 통하여 선함이 아름다움으로 나타날 때, 욕구는 에로스의 형태를 취하게 됨을 보여 준다.

10장에서는 플라톤의 철학 방법론 중 가장 핵심적인 변증술 개념이 다루어진다. 사실, 플라톤에게 있어 변증술은 형상을 탐구하는 플라톤의 고유한 방법론이다. 그런데 플라톤이 보기에 철학의 고유한 임무는 우리를 좋음에 대한 앎으로 인도하는 것이다. 하지만 철학을 탐구하는 사람들이 이러한 앎, 즉 '좋음'의 형상에 대한 인식으로 인도되는 것은 오직 근본적인 실재들에 대한 지적인 파악으로부터만 가능하고, 이것은 변증술이라는 멀고도 힘든 훈련을 통해서 이루어진다. 특히, 형상들 자체 그리고 우리 인간의 앎과 욕구의 궁극적인 대상은 오직 변증술과 같은 힘든 훈련 및 접근의 방법을 통해서만 이루어질 수 있는 것이다. 플라톤의 대화편에서 이러한 변증술 개념이 등장하는 곳은 『에우튀데모스』, 『메논』, 『파이돈』, 『국가』 그리고 『파이드로스』 등이다. 그런데 변증술이란 개념은 『국가』의 철학적인 해명보다 더 어려운 길이다. 왜냐하면 그것은 『국가』에 두 번 언급되고(6권 504b, c) 『파이드로스』에서 두 번 되풀이되는(272d, 274a) '더 먼 에움길'이기 때문이다. 이 책에서 C. H. 칸은 변증술 개념의 기원과 특징, 그리고 그 개념이 대화편 전체에서 어떻게 전개되고 있는지를 우리에게 상세하게 보여준다.

11장에서는 플라톤의 형상 이론에 대한 본격적인 분석이 시도된다. 플라톤 철학 전체에서 형상 개념의 중요성은 아무리 강조해도 지나치지 않다. 철학적인 앎의 뚜렷한 대상으로서, 『국가』 등에 나오는 형상들은 철학자들과 비-철학자들을 구별하는 기준을 제공한다. 형상들은 플라톤 존재론에서 실재들을 이루기에 인식론에서도 중심 역할을 한다. 게다가, 가치와 욕구의 궁극적인 대상으로서 도덕 심리학에서도 근본적이다. 윤리학과 정치철학에서는 본보기, 즉 최선국가의 건설과 지배에서뿐만 아니라 도덕적인 삶에서도 모방되어야 할 유형을 제공한다. 신학에서도 절대적인 본보기이다. 왜냐하면 신들 자신은 형상들에 관계함으로써 신성하기 때문이다(『파이드로스』 249c). 『크라튈로스』와 『소피스트』에서 형상들은 플라톤의 우주론과 자연 철학을 위한 뼈대를 이룬다. 『향연』과 『파이드로스』에서 '미'의 형상은 미학을 위한, 그리고 무엇보다도 사랑을 설명하기 위한 원리 노릇을 한다. 그리고 그 설명은 철학적인 삶을 구성하는, 특권이 부여된 형태의 에로스(erōs)에 대한 설명을 포함한다. 이처럼 이 장에서 C. H. 칸은 철학사에서 가장 야심 차고 가장 영향력 있는 이론 중의 하나인 플라톤의 형상 이론을 천착한다.

마지막으로 12장에서는 글쓰기 문제를 중심으로 『파이드로스』와 『일곱째 편지』에 대한 분석이 시도된다. 먼저 『파이드로스』에서 플라톤은 철학에서 글쓰기가 담당하는 기능과 그 한계점들에 대해 언급하면서 말하기의 우월성을 주장하고 있다. 특히 C. H. 칸은 『파이드로스』를 두 얼굴을 가진 야누스와 같은 대화편으로 소개하는데, 이는 대화편의 전반부가 플라톤의 이전 작품들에 대한 논의, 즉 『국가』에 나온 혼의 삼분(三分), 『향연』의 사랑에 관한 논의, 그리고 형상 이론과 연결되고, 후반부가 변증술적인 대화편들에 나오는 훈련 방식에 대한 플라톤의 문학적인 성찰과 연결되기 때문이다. 다음으로 C. H. 칸은 『일곱째 편지』에 대한 이해에서 종전의 신비주의적 해석을 멀리하면서 형이상학적 해석을 제시한다. 사실 그동안 『일곱째 편지』는 말하기와 글쓰기 모두를 비판하면서, 가장 중요한 철학적 통찰은 본질적으로 전달될 수 없다는 신비주의적 생각을 함축하고 있는 것으로 이해되었다. 하지만 C. H. 칸은 『편지들』에 나오는 변증술적 훈련에 관한 기술이 본질적으로 『파이드로스』, 『국가』, 『파르메니데스』의 가르침과 같다고 주장한다. 이처럼 C. H. 칸은 플라톤 전 대화편에 대한 통일적 해석을 시도한다.

사실 플라톤 철학에 대한 입문서들이 많이 출판되어 있는 시점에서 또 하나의 플라톤 철학서를 세상에 내놓는다는 것이 과연 의미가 있을까를 생각해 보았다. 그리고 플라톤 철학 원전의 번역 작업이 관련 연구자들에 의해서 활기를 띠고 있는 상황에서, 플라톤 철학에 대한 번역서가 어떤 의미가 있는가도 자문해 보았다. 하지만 대학에서 막상 플라톤 철학 관련 강의를 하고자 했을 때, 마음에 쏙 드는 책을 구하기란 그리 쉬운 일이 아니었다. 이런저런 생각을 하다가 내린 결론은 기존에 나와 있는 개론서의 수준을 뛰어넘으면서도, 원전 읽기 공부와 연계할 수 있는 적절한 플라톤 철학 입문서를 직접 번역해서 사용해야겠다는 것이었다. 그런 책을 찾다가 발견한 것이 바로 C. H. 칸의 이 책이다.

이 책을 번역하기 위하여 고대철학 전공자 5명이 힘을 합쳤다. 모두들 플라톤이나 아리스토텔레스 연구로 학위를 하거나 관련 분야 연구서를 낸 연구자들이다. 먼저, 국민대의 박규철 교수가 이 책의 번역을 기획하였다. 그리고 4장과 5장을 번역하였다. 다음으로 충남대의 서영식 교수가 번역 작업에 참가하였다. 6장과 7장을 번역하였다. 서울대의 김진성 선생도 우리

번역 작업에 참여하여 10장에서 12장까지를 번역하였으며 전체적인 교정과 찾아보기 정리 작업을 담당하였다. 다음으로 연세대의 김덕천 박사가 번역 작업에 참여하여 8장과 9장을 번역하였다. 마지막으로 전북대의 조흥만 박사도 1장에서 3장까지를 번역하였다.

　모두 번역에 조예가 깊으신 분들이라 번역은 그리 오래 걸리지 않았다. 하지만 출판 시장이 열악하여 200자 원고지 3,000매에 달하는 우리 원고를 선뜻 받아 주는 출판사를 만나기가 그리 쉬운 일이 아니었다. 다행히 세창출판사 이방원 사장님을 만나 우리 원고가 세상에 나오게 되었다. 감사할 일이다. 아울러 이 책을 예쁘게 만들어 주신 편집부에도 감사한 마음이다. 마지막으로 이 책이 나오도록 성원하고 힘을 실어 주신 고대철학 분야의 모든 동학들에게도 감사를 전한다.

2015년 8월 31일
역자 일동

서문

　나는 여기서 사상가뿐만 아니라 작가로서 플라톤이 지닌 천재성을 올바르게 평가하려는 것을 목표로 삼고자 플라톤의 초기 및 중기 대화편들에 대한 해석을 제공한다. 플라톤은 최고의 문학적인 예술가이기도 한 유일한 주요 철학자이기 때문이다. 플라톤보다 복잡한 작가도 없고, 매우 다양한 해석의 수준을 요구하는 저작을 지닌 철학자도 없다. 플라톤은 철학의 목표와 방법을 체계적으로 규정한 최초의 학자였다. 그러나 그는 사회 개혁가이자 교육자이기도 했고, 그의 철학 개념은 자신의 시대와 장소의 도덕적·지적인 문화에 대한 급진적인 변화를 함의하고 있었다. 그의 많은 저작은 이러한 위대한 대의에 기여하도록 계획되어 있다. 따라서 플라톤의 대화편들에 대한 통찰력 있는 해석은 그의 저작의 문학적·철학적인 규모에 대해서뿐만 아니라 그의 혁명적인 문화적 기획에 대해서도 주목을 요구한다.

　플라톤에 대한 나의 이해는 아주 다른 세 가지 전통을 반영하고 있다. 시카고 대학의 학생 시절에 나는 데이비드 그린(David Grene)에게서 플라톤을 셰익스피어와 아티카 비극작가 일행에 속하는 위대한 극작가로 읽는 법을 배웠다. 콜롬비아 대학 고전학과 박사과정에서 나는 에른스트 카프(Ernst Kapp)와 쿠어트 폰 프리츠(Kurt von Fritz)로부터 역사 문헌학(historical philology)의 비법을 전수받았다. 거기에서 나는 존 버넷(John Burnet)과 도즈(E. R. Dodds)의 훌륭한 플라톤 주해서들의 관점에서 플라톤의 대화편들을 4세기 그리스 문화의 중심 문헌으로 여기게 되었다. 마지막으로, 지난 30년간 나는 그를 셰익스피어나 에우리피데스가 아니라 아리스토텔레스와 데카르트, 칸트와 비트겐슈타인과 자연스럽게 비교하는 지적 환경에서 철학과 학생들에게 플라톤을 가르쳤다.

이렇듯 내가 제공해야만 하는 것은 동시에 문학적·역사적이고도 철학적인 포괄적 해석인데, 이것은 내가 플라톤을 읽고 가르치며 보낸 삶의 결실이다. 나의 출발점은 당대의 다른 소크라테스적 작가들이 실행했던 소크라테스적 대화 형식을 사용하는 사람인 저술가로서의 플라톤의 이력이다. 그렇지만 플라톤은 5세기 아티카 드라마의 위대한 작품들과의 경쟁에서 이같은 대중적인 장르를 주요 예술 형식으로 바꾼 유일한 소크라테스적 저술가이다. 또한 그는 대화 형식을 대규모의 철학적 세계관을 제시할 장치로 활용한 유일한 소크라테스적 저술가이기도 했다. 그러나 그 자신은 결코 등장하지 않는 이러한 담론 형식을 플라톤이 선택한 결과, 그의 사상은 우리에게 논문의 방식과는 매우 상이하게 제시된다. 해석자의 임무는 플라톤의 철학이 대화편들에서 의도적으로 간접적인, 점진적인, 미완성된 방식으로 개진되어 있다는 사실 때문에 복잡해질 수밖에 없다.

여기에 제시된 플라톤은 평생에 걸쳐 일관되게 한결같은 세계관을 지닌 사상가이다. 다시 말해서 그는 철학의 개념이 급진적으로 변화를 겪는 칸트나 비트겐슈타인 같은 철학자보다는 오히려 자신들의 사상이 원숙함에 도달한 후 철학적 입장이 본질적으로 불변인 채로 남아 있는 데카르트나 흄 같은 철학자에 속한다. 따라서 나는 플라톤이 자신의 다양한 이력 단계에서 근본적으로 다른 여러 가지 철학을 옹호하는 학자라는 표준적인 견해에 결코 동의하지 않는다.

대화편들이 형식과 내용 면에서 아주 다양하기 때문에, 훌륭한 학자들조차 플라톤이 종종 자기 사상에 대한 문학적 재현을 바꾸는 만큼 자신의 생각도 바꿨다고 추정하는 쪽으로 이끌렸다. 그리고 대화편을 초기, 중기, 후기로 나누는 전통적인 구분은 우리가 이러한 연속적인 국면들을 통해 플라톤의 철학적 발전을 추적할 수 있다는 신념을 굳혀 준다. 그러나 이러한 발전론적 접근은 저술가로서의 플라톤의 기량을 의도적으로 과소평가하게 만든다. 그것은 얘거(W. Jaeger)가 그러하듯 플라톤이 각각의 대화편에서 각 시기에 생각했던 것을 모두 말해야만 하는 것으로 가정하는 데서 그치지 않는다. 그것은 또한 소크라테스의 말이 플라톤의 생각이라고 간주한다. 나는 이것이 예컨대 『고르기아스』, 『파이돈』, 『국가』의 여러 구절에 대해서는 종종 사실이지만, 대부분의 초기 대화편들에서 플라톤의 소크라테스 활용은 좀 더 우회적이고, 예술적으로 좀 더 복합적이라고 논증할 것이다.

발전론적 견해(the developmental view)는 또한 여타의 철학자들이 스스로 문제를 해결하려고, 또는 자신의 해결책을 세상에 알리려고 시론(試論)과 논문을 쓰듯 플라톤이 대화편을 쓴다고 전제한다. 그러나 내 생각에 이것은 플라톤의 저술 동기를 곡해하는 것이다. 특히 초기 저작들에서 그의 주된 목적은 참된 명제들을 주장하는 것이 아니라 독자들의 생각과 마음을 바꾸는 것이다. 플라톤의 철학 교육 개념은 거짓 교설을 참된 교설로 대체하는 것이 아니라 학습자의 도덕적, 지적 태도를 근본적으로 바꾸는 것으로, 그는 동굴 속 죄수들처럼 빛을 보도록 개심되어야 ─뒤돌아야─ 한다. 나는 대부분의 초기 및 중기 대화편들이 바로 이러한 목적을 고려해서 창작되었다고 생각한다. 그런 까닭에 논의될 대화편들은 일차적으로 독자에 대해 의도된 이러한 영향, 즉 그를 자극하고 격려하고 당혹스럽게 하도록 고안된 영향이라는 관점에서 해석되어야 한다.

초기 대화편들은 형식상 매우 우회적이고, 매우 빈번히 의도적으로 결론이 나지 않기 때문에, 우리에게는 발전 중에 있는 플라톤의 사상을 엿볼 기회가 주어지지 않는다. 우리가 이러한 대화편들에서 추적할 수 있는 것은 플라톤 사상의 발전이 아니라 자신의 철학적 견해를 일반 대중에게 제시하기 위한 문학적 계획의 점진적인 공표이다. 『프로타고라스』 같은 문학적 걸작을 포함해서 아포리아적 대화 형식에 대한 플라톤의 한결같은 활용이 지닌 한 가지 기능은 『향연』, 『파이돈』, 『국가』에서 자신의 생소하고도 매우 비전통적인 견해를 제시하기 전에 청중의 폭을 가능한 한 넓게 창출하는 것이었음에 틀림없다. 플라톤의 시각에서, 호메로스와 헤시오도스뿐만 아니라 소포클레스와 투퀴디데스가 표현한 것과 같은 전통적인 그리스 세계관은 근본적으로 잘못됐다. 소크라테스적 대화편을 위대한 이전 작가들과 경쟁하기 위한 주요 문학 형식으로 발전시키면서, 플라톤은 아킬레우스, 오이디푸스, 페리클레스를 자신의 영웅 소크라테스로 대체하려고 시도했다. 사실상 소크라테스가 교육받은 대중에게 철학이 종교를 대신하는 새로운 전통을 위한 영웅적 인물이 되었기 때문에, 이 점에서 플라톤은 적어도 부분적으로는 성공적이었다. 그때 플라톤에게 문제가 된 것은 실재의 본성에 대한 근본적으로 새로운 견해에 깊이 새겨진, 인간 삶의 의미에 대한 다른 견해였다. 우리는 이 세계관과 이러한 문학적 계획이 형성되었던 때를 정확하게 알 수 없다. 그러나 그것들은 전통적으로 소크라테스적이라고 분류되는 다수의 대화편을 선행해야만 한다. 왜냐하면 바로 『파이돈』과 『국가』에 의해 규정된 도덕적·형이상학적 관점으로부터, 우리는 『라케스』, 『카르미데스』, 『에우튀프론』, 『프로타고라스』 같은 대화편을 창작할 때 플라톤이 품은 철학적 의도를 적절하게 이해할 수 있기 때문이다. 그리고 이것이 바로 이 책의 중심 논제이다.

내가 플라톤 작품이 보이는 여러 가지 문학적인 굴곡의 배후에 피안의 (otherworldly) 형이상학과 엄격한 소크라테스적 도덕적 이상에 대한 그의 헌신에 의해 규정된 안정적인 세계관이 놓여 있다고 주장하는 한에서, 나의 해석은 일원론적(unitarian)이다. 이러한 견해는 상대적으로 초기에 형성되었고 그의 생애 전반에 걸쳐서 변함없이 유지되었다. 그러나 플라톤 철학의 일반적인 틀이 변하지 않은 채 남아 있었다는 주장이 그의 사상이 언제나 침체해 있었다거나 경화(硬化)되어 있었다는 점을 함축하는 것은 아니다.

플라톤 형이상학의 연속성은, 『프로타고라스』(343d-344a)에서 처음으로 암시되었고 『향연』에서 공표된 불변하는 존재(Being)와 가변적인 생성(Becoming) 간의 파르메니데스적인 이분법이 『파이돈』과 『국가』뿐만 아니라 『정치가』, 『필레보스』, 『티마이오스』에서도 그의 사상을 계속 구성한다는 사실에 의해 두드러진다. 다른 한편으로, 이러한 이분법을 명확히 표명하는 데 기여하는 고전적인 형상 이론은 그것이 출현할 때마다 상이하게 형식화된다. 심지어 형상은 『테아이테토스』에서 무시되고 『파르메니데스』와 『소피스트』에서 비판받을 수도 있다. 결코 폐기되지는 않았다고 해도, 우리는 이 교설이 빈번하게 실질적으로 수정되었다는 점을 알 수 있다. 그래서 『파이돈』에서 감각 대상과 형상 간의 관계로 제안된 분유(分有) 관념은 후기 저작들에서 포기되고, 『소피스트』에서 형상들 간의 분유 관계로 대체된다. 거부된 분유 관념에 대한 플라톤의 대체, 즉 형상의 감각 가능한 이미지화에, 그가 『티마이오스』에서 수용자(Receptacle)를 그러한 이미지화가 발생하는 장소로 도입함으로써 전적으로 새로운 차원이 제공된다. 후기 대화편들에서 변증술에 주어진 새로운 방향과 더불어 이러한 혁신들은 플라톤의 철학이 창조적 생명력을 유지하는 정도를 보여 준다. 그러나 이것들과 여타의 모든 발전은 파르메니데스적인 이분법의 고정된 틀 안에서 만들어진다.

이후 대화편들에 대해 상세한 기술로 이 같은 논제를 옹호하기 위해서는 또 한 권의 저서를 필요로 할 것이다. 나는 여기서 초기 및 중기 대화편들에 관심을 갖고, 『국가』와 『파이드로스』에서 마무리되는 단일한 문학적 기획으로 내가 해석하는 부분에 관심을 갖고 있다. 이 모든 대화편들에서 플라톤이 '소크라테스적 대화편들'(Sōkratikoi logoi)이라는 대중적인 장르를 사용하기 때문에, 나는 그것들을 문학적 의미에서 소크라테스적인 것으로 간주한다. 여타의 소크라테스적 작가들의 작품들과 마찬가지로 플라톤의 이러한 작품들은 교육받은 대중에 의해 널리 읽히도록 고안된 것이다. 『파이드로스』 이후 문학적 형식은 변모한다. 다른 화자들이 소크라테스를 대신한다. 그리고 소크라테스가 주된 화자로 남아 있는 『테아이테토스』와 『필레보스』에서도 내용은 훨씬 더 전문화되고, 논의는 더욱 제한되며 전문적인 청중을 상대로 이루어진다. 그러므로 이전과는 다르고 좀 덜 문학적인 해석 방식이 이러한 이후 저작들을 다루는 데 요구될 것이다. 나는 여기서 논의를 플라톤 사상의 본질적인 단일성과 이 점이 이른바 초기 대화편과 규모가 큰 중기 저작들에서 선명하게 확인되는 문학적 장치를 탐구하는 데에 한정할 것이다.

나는 이 책의 배경을 간략하게 돌이켜 보고 다양한 사람들과 기관들이 나에게 베푼 은혜에 사의를 표할 기회를 갖고자 한다.

플라톤의 저작에 대한 나의 전반적인 이해는 학창 시절에 모습을 갖추기 시작했다. 그렇지만 나의 견해를 공표할 첫 번째 기회는 1979-80년에 파리와 케임브리지에서 발표했던 논문 '플라톤은 소크라테스적 대화편을 저술했는가?'(Did Plato Write Socratic Dialogues?)에서 주어졌다. 파리의 청중은 피에르 오방크(Pierre Aubenque)였고, 그는 내가 소크라테스에 대한 아리스토텔레스의 설명에 대해 말하고자 했던 의도를 내게 물었다. 왜냐하면 이 설명이 플라톤의 초기 대화편들이 소크라테스의 철학을 대표하는 것이라는 표준적인 견해를 지지하는 것처럼 보였고, 발전론적 개념이 소크라테스적 초기에 대한 그러한 관념에 논거를 두고 있었기 때문이다. 소크라테스 이전 철학자들을 다룰 때 이전 철학자들에 관한 아리스토텔레스의 보고를 결코 곧이곧대로 받아들이지 말 것을 배웠기 때문에, 처음에 나는 그것을 내가 플라톤 자신의 저작에서 소크라테스적 시기를 부정한 것에 대한 심각한 반대로 보지 않았다. 소크라테스 이전 철학자들을 연구하는 어떤 학자도 아리스토텔레스의 설명을 원문들에 우선하는 것으로 수용하지는 않을 것이다. 그리고 플라톤의 경우에 우리는 아리스토텔레스 자신의 견해가 토대로 삼고 있었던 관련 원문, 즉 대화편들을 갖고 있다. 그러므로 내가 소크라테스에 대한 아리스토텔레스의 설명이 플라톤 초기 대화편들의 '소크라테스적' 요소에 대한 우리의 믿음 —19세기 초의 헤르만(K. F. Hermann)의 저작으로 거슬러 올라가는 믿음— 에 미친 큰 영향력이 무엇이었는지를 이해하게 되었던 것은 바로 나중에 오방크의 논점 —이는 소크라테스에 관한 그의 저서에서 그레고리 블라스토스(Gregory Vlastos)를 포함한 다른 사람들에 의해 반복되었다— 에 관해 숙고할 때였다. 그래서 나는 이 책 3장에 제공되어 있는, 아리스토텔레스의 보고에 대한 체계적인 비판의 필요성을 깨닫게 되었다.

이 책의 기원에서 또 다른 중요한 계기는 가브리엘레 지안난토니(Gabriele Giannantoni)의 관대함에 의해 촉발되었다. 그는 1985년 아말피(Amalfi)의 학회 참가자들에게 『소크라테스와 소크라테스 추종자들의 남은 글들』(*Socratis et Socraticorum Reliquiae*)의 예비 버전을 복사해서 무료로 나누어 주었다. 소크라테스적 문헌 자료의 이러한 기초적인 발간은 나로 하여금 플라톤이 그것을 자신의 철학적 도구로 변형시키기 이전에 소크라테스적 장르가 잘 발전되어 있었고, 적어도 여섯 명의 다양한 작가들에 의해 실행되었다는 사실의 중요성을 볼 수 있도록 해 주었다. 이것은 나를 곧바로 '소크라테스적 대화편들'이라는 원고의 저술로 이끌었다. 이 원고는 1986년에 유포되기 시작했고, 이 책의 1장으로서 좀 더 간략한 모습으로 등장한다. 클라우스 되링(Klaus Döring)의 논평은 특히 이 장의 초기 버전에 도움이 되었다. 아이스키네스에 관한 부분은 판 데어 배르트(Van der Waerdt)의 책(1994)에 따로 출판되었다.

이 책의 초고는 대부분 1991년 초 케임브리지에서 보낸 안식년에 저술되었다. 그곳에서 나는 데이비드 세들리(David Sedley)와 말콤 스코필드(Malcolm Schofield)를 비롯한 많은 친구들과 동료들의 토론과 비판의 혜택을 입었다. 마일즈 번예트(Myles Burnyeat)의 비판적인 논평은 초기 대화편들에 대한 소크라테스적 독해라는 주제에 관한 독단적인 선잠으로부터 나를 일깨우는 데 특히 귀중했다. 나는 이 대화편들에 대한 오래된 발전론적 견해가 그때 그 자체의 부담 때문에 붕괴되었고, 그래서 세상은 나의 대안적 해석에 대해 준비되어 있으며 그것을 기다리고 있었다고 천진난만하게 추측했었다. (그레고리 블라스토스의 『소크라테스』는 아직 출간되지 않았다.) 마일즈의 논평은 내가 『프로타고라스』와 (다양한 덕목들의) 정의(定義)와 관련된 대화편들에 대한 소크라테스적 독해에 반대하는 근거를 완전하게 진술할 필요성을 느끼도록 만들었다. 그 결과, 2장에서 나의 논증에 대한 전반적인 진술이 이루어지고, 6장과 8장이 대폭 개정되었다.

여타 많은 수의 우호적인 비평가들은 이 저작의 완성도를 높이는 데 도움을 주었다. 케임브리지 대학 출판부의 독자로서 안토니 프라이스(Anthony Price)와 크리스토퍼 로우(Christopher Rowe) 두 사람은 대단히 유용한 논평을 제공했다. 디스킨 클레이(Diskin Clay)는 타자기로 작성한 긴 원고를 읽고, 내가 '전(前)-중기'(pre-middle) 대화편이라고 불렀던 것을 '과도기'(threshold) 저작들, 즉 중기 대화편들 바로 앞에 있는 예비 저술들로 언급하는 것이 더 적절할 것이라고 나를 설득했다. 나의 동료인 수잔 소베 마이어(Susan Sauvé Meyer)는 여러 장(章)을 읽고 비평하여 그것들을 개선하게 했다. 아테네에 있는 나의 친구 바실리스 카라스마니스(Vassilis Karasmanis)도 같은 일을 했다. 마이클 페르존(Michael Ferejohn)은 『프로타고라스』 해석에 대해 통찰력 있는 논평을 제공했다. 하나 또는 그 이상의 장들에 관한 유용한 논평을 했던 다른 사람들로는 존 쿠퍼(John Cooper), 다니엘 데버루(Daniel Devereux), 조지 클로스코(George Klosko), 알렉산더 네하마스(Alexander Nehamas), 그리고 기셀라 스트라이커(Gisela Striker)가 있다. 내가 지난 10년 이상의 시간 동안 다양한 학회와 세미나에서 제시된 이 책의 부분들에 대한 유용한 비판으로, 또는 이따금씩 격려로 응답했던 모든 동료와 대학원생에게 일일이 사의를 표하는 일은 가능하지 않을 것이다. 그러나 나는 특별히 나의 두 명의 보조 연구원, 1990-91년에 원고 작업을 했던 메리 한나 존스(Mary Hannah Jones)와 특히 1993년 이래 충실하게 그 작업을 해 오고 있는 마이클 맥셰인(Michael McShane)에게 감사드리지 않을 수 없다. 나는 이 모든 분들께 감사드린다.

이 책을 만드는 데 도움을 주었던 기관들에 감사를 표하는 일만이 남아 있다. 먼저 1979-80년의 특별 연구원 장학금(Research Fellowship)을 제공한 구겐하임 재단(Guggenheim Foundation)에, 그리고 본 연구 과제를 위한 첫 기초 작업이 시작되었던 해에 초빙 장학금(Visiting Fellowship)을 제공한 옥스퍼드의 발리올(Balliol) 대학에 감사드린다. 다음으로 1985-86년의 연구 보조금에 대해서 미국 교육자 협의회(American Council of Learned Societies)에, 1985년 가을에 초빙 장학금을 제공한 케임브리지의 클레어 홀(Clare Hall)에 감사드리는데, 이때 소크라테스적 대화편들에 대한 연구가 실행되었다. 그다음으로 1990-91년에 특별 연구원 장학금을 제공한 국립 인문 재단(National Endowment for the Humanities)에 감사드리는데, 이때 8장과 9장의 초고가 완성되었다. 마지막으로, 내가 소속된 곳이자 지금까지 내내 나의 연구를 충실하게 지원해 주었던 펜실베이니아 대학과 이 대학의 철학과에, 그리고 이 원고의 출판 준비에 두 차례나 보조금을 제공했던 대학의 연구 재단에 감사드린다.

나는 또한 모든 장과 모든 교정을 끝까지 처리해 냈던 나의 충실한 타자수인 코니 도넬리(Connie Cybulski Donnelly)에게 감사하고 싶다. 나는 지난 몇 년에 걸친 끈기 있고 유용한 지원에 대해 나의 편집자인 케임브리지 대학 출판부의 폴린 하이어(Pauline Hire)에게, 인쇄를 위해 타자기로 작성한 원고를 준비하는 과정에서 보여 준 뛰어난 성과에 대해 나의 원고 정리자인 글레니스 푸트(Glennis Foote)에게 감사드린다.

끝으로, 나는 나의 아내 에드나 포아 칸(Edna Foa Kahn)의 헌신에 고마움을 표하고 싶다. 그녀는 원고를 완성하는 데 필요한 오랜 노고를 인내하면서 이 연구 과제에 대한 열정으로 나를 지지했을 뿐만 아니라 때로는 통찰력 있는 비판을 제공하기도 했다. 그리고 일요일 오후에 피츠윌리엄 박물관(Fitzwilliam Museum)을 이리저리 뒤지다가 책의 속표지 그림으로 등장하는 케임브리지 플라톤(Cambridge Plato)을 발견했던 사람도 그녀였다. 나는 사랑과 감사를 담아 이 책을 그녀에게 헌정한다.

C. H. 칸
필라델피아 1995년 11월

부기(附記), 1996년 6월

교정쇄를 고치면서 안드레아 나이팅게일(Andrea Nightingale)의 책 *Genres in Dialogue: Plato and the Construct of Philosophy*, Cambridge, 1995를 볼 수 있었다. 플라톤과 이소크라테스의 관계에 대한 그녀의 논의는 플라톤 저작의 동시대적인 맥락에 대한 1장의 설명을 보충하는 중요한 자료이다.

나는 교정쇄를 읽고 색인을 준비하는 데 귀중한 도움을 준 세 명의 제자 마이클 마이클 맥셰인(Michael McShane), 다니엘 맥린(Daniel McLean), 그리고 사토시 오기하라(Satoshi Ogihara)에게 고마움과 감사의 말을 덧붙이고 싶다.

C. H. 칸

차 례

1장   Sōkratikoi logoi: 플라톤 작품의 문학적, 지적 배경

2장   플라톤 해석

DK   H. Diels and W. Kranz, *Die Fragmente der Vorsokratiker*, 5th edn., Berlin 1951.

D. L.   Diogenes Laertius, *Lives of the Philosophers*.

LSJ   Liddell-Scott-Jones, *A Geek-English Lexicon*, 9th edn., Oxford 1940.

RE   *Realencyclopädie der classischen Altertumswissenschaft*, ed. Wissowa, Kroll, *et al.*

SSR   *Socratis et Socraticorum Reliquiae*, ed. G. Giannantoni, Naples 1991.

플라톤과
소크라테스적 대화

1장

Sōkratikoi logoi:
플라톤 작품의 문학적, 지적 배경

1. 소크라테스적 문헌

우리는 플라톤의 소크라테스적 대화편들에 대한 본 연구를 같은 시기의 다른 소크라테스적 저술들에 대해 알려진 것을 개관함으로써 시작한다. 그것은 익숙한 출발점이 아니다. 다른 분야에서, 특히 성경학에서 장르 연구는 일상사가 되었다. 예컨대, 신약 성경 연구자들은 다양한 복음서들의 서사와 담론의 문학 형식을 비교하는 것이 성과가 있음을 발견했다. 그래서, 내가 말할 수 있는 한, 소크라테스적 대화 형식에 관한 비교 연구가 결코 존재하지 않았다는 점을 깨닫는 것은 놀라운 일일 수도 있다.[01] 이것은 부분적으로는 플라톤이 이 같은 형식의 완성자일 뿐만 아니라 또한 창안자였다는 잘못된 믿음 때문일지도 모른다. 그러나 그것은 분명 사실이 아니었다. 『창

---

01 아마도 하나의 선례에 가장 근접한 것은 Hirzel(1895)일 것이다. 간소한 출발에 대해서는 Kahn(1990)을 보라.

작술(시학)』에서 아리스토텔레스는 Sōkratikoi logoi(소크라테스적 담론들, 또는 소크라테스와의 대화들)를 정착된 문학 장르로 언급하고 있다. 그리고 그의 소실된 대화편인 『작가(시인)들에 관하여』에서 아리스토텔레스는 테오스의 알렉사메노스(Alexamenos of Teos)란 사람을 이 장르의 창시자로 거명한 것으로 전한다.[02] 아쉽게도, 알렉사메노스에 대해서는 그 이상의 어떤 것도 알려진 바가 없다.

주지의 사실은 소크라테스의 상당히 많은 친구와 추종자가 그가 죽은 후에 그에 대한 기억을 문학 형식으로 널리 알렸다는 점이다. 플라톤의 작품을 제외하고, 크세노폰의 저술만이 손상되지 않고 존속했다. 그럼에도, 우리는 최소한 네 명 —안티스테네스, 아이스키네스, 파이돈, 에우클레이데스— 의 다른 소크라테스적 작가들의 중요한 유작들을 갖고 있다. 그리고 우리는 다섯 번째 작가인 아리스티포스에 관해서도 일화적인 정보쯤은 갖고 있다. 최근까지 이들과 같은 나머지 '소(小) 소크라테스 추종자들'(minor Socratics)에 대한 단편적인 자료는 좀처럼 주의 깊게 연구되지 않았다. 그러한 상황은 지난 몇십 년에 걸쳐 수많은 중요한 간행물들에 의해 바뀌었고, 지안난토니에 의해 편집된 기념비적인 책 『소크라테스와 소크라테스 추종자들의 남은 글들』에서 절정에 이르렀다.[03] 소크라테스적 문헌을 개관하는 일이 전에는 한 번도 없었지만 이제는 가능하다. 그 결과물들은 플라톤 자신의 작품에 대한 해석에서 상당히 중요한 의미를 지닌다.

이러한 저작들 중 어떤 것도 소크라테스가 살아 있을 때에 창작되었다는

---

02 아리스토텔레스의 『창작술(시학)』 1447b 11; *De Poetis*, 조각글 3, Ross(=Rose² 72).

03 Giannantoni, *Socratis et Socraticorum Reliquiae* (이후 *SSR*로 약칭), Naples, 1990, 4 volumes. Caizzi(1964, 1966), Döring(1972), Ehlers(1966), Mannebach(1961), A. Patzer(1970), Rossetti(1980)의 저작들도 보라. 그 이전에 수행된 중요한 작업으로는 Dittmar(1912)와 Gigon(1947)이 있다.

증거는 전혀 없다. 물론 아리스토파네스의 『구름』과 지금은 소실된 5세기의 다른 희극에 제시된, 소크라테스를 풍자적으로 묘사한 서술은 있었다. 그러나 이러한 희극 자료를 제외한다면, 플라톤의 대화편을 포함해서 우리에게 알려진 소크라테스적 저술들은 모두 소크라테스 사후인 기원전 4세기에 속한다. 이 점의 중요성은 곧 분명해질 것이다.

소개하는 글인 이 첫 장에서 우리의 목표는 무엇보다도 플라톤을 그 자신의 시대와 장소에 놓는 것이고, 그래서 대화편들에 관한 착시라고 말할 만한 현상을 극복하는 것이다. 이것으로 내가 뜻하는 것은 이전 시대의 극적 분위기, 즉 소크라테스가 소피스트들 및 그들의 제자들과 대결하는 5세기 후반의 지적 환경을 재창조하는 데에서 플라톤이 보인 비범한 성공이다. 플라톤에 의해 창조된 이 같은 예술 세계와 플라톤이 그 자신의 철학을 만들었던 현실 세계 사이의 간극을 염두에 두는 것은, 어렵지만 필수적이다. 그것은 더는 프로타고라스와 고르기아스, 히피아스와 트라시마코스의 세계가 아니었다. 유별나게 장수했던 고르기아스를 제외한다면, 이들은 플라톤이 저술했던 때에 모두 살아 있지 않았을 것이다. 특히 프로타고라스는 플라톤이 아이였을 때 사망했음에 틀림없고, 그의 이름을 딴 대화편은 작중 대화 시기가 플라톤 출생 이전에 놓인다. 플라톤 자신의 작품이 속한 지적 세계는 그의 대화편에 등장하는 인물들에 의해서가 아니라 그의 동시대인과 경쟁자들, 가령 수사학자 이소크라테스와 소크라테스의 다양한 추종자들의 사상과 저술에 의해 명시된다.

따라서 소크라테스적 문헌에 대한 우리의 비교 조사는 플라톤의 작품 안에다 세운 오도적인 역사적 관점을 교정하려고 기획된 것이다. 그렇지만 그것은 더 많은 것을 할 수 있다. 이 장르가 가진 특성 중 적어도 한 가지는 플라톤 사상에 대한 해석에 결정적인 중요성을 지닐 수 있다. 그것은 소크라테스적 문헌이 지닌 가공적인, 본질적으로 허구적인 성격이다.

극작가로서 플라톤의 성공은 아주 대단해서 그가 종종 역사가로 오인될 정도였다. 따라서 철학사는 대화편들에 나타난 플라톤의 서술의 힘에 근거하여 소크라테스의 사상을 보고한다. 그리고 이러한 망상에 희생되는 이들은 비단 현대 학자들만이 아니다. 거스리(Guthrie)와 블라스토스처럼, 아리스토텔레스조차도 역사적 소크라테스를 『프로타고라스』와 『라케스』에서 찾는다. 스토아 철학자들도 거의 마찬가지이다. 그런데, 아리스토텔레스와 스토아 철학자들은 역사 자체가 아니라 철학에 관심이 있고, 그들에게 소크라테스라는 인물은 이론적 논쟁에서 어떤 입장을 정하는 데 도움이 된다. 그러나 그들의 선례를 따르는 현대 학자들은 역사서를 쓴다고 주장한다. 그리고 그들이 플라톤의 문학적 창작물을 역사적인 문서처럼 취급하기 때문에, 소크라테스의 철학에 대한 그릇된 역사적 설명이 나오게 되었다.

　플라톤 자신의 작품에 대한 이해와 관련하여 따르는 결과는 훨씬 더 유감스럽다. 플라톤에 관한 영어권의 최근 연구에서 소크라테스 철학이 플라톤의 초기 저술들에 어느 정도 충실하게 반영되어 있다는 믿음은 여전히 우세하다. 그리고 역사적인 것으로 가정된 이러한 자료는 플라톤의 철학적 발전에서 뚜렷한 소크라테스적 시기를 특징짓는 데 활용된다. 대화편들의 역사적 충실성에 대한 그러한 믿음이 소크라테스적 문헌에 대한 비판적 연구로부터 살아남을지 확실하지 않다. 그러므로 나의 소개글에서 개관이 갖는 한 가지 기능은, 전통적 견해가 플라톤의 작품에 소크라테스적 초기가 있다는 가정에 의존하는 한에서, 그 견해의 토대들을 무너뜨리는 것이다. 그다음에 우리는 전적으로 그와 다른 가정들에 의존하고 있는 대안적 견해를 발전시키는 데로 나아갈 수 있다.

　이러한 해체(deconstruction)의 기획이 그러한 비교에 의한 개관으로부터 획득될 수 있는 유일한 통찰력은 아니다. 아이스키네스, 파이돈, 크세노폰에 의해 제공되는 소크라테스에 대한 서술에서 인상적인 다양성도 발견될 수 있다. 네 가지 서술 모두를 통합하는 가족 유사성(family resemblance)과 같은 어떤 것이 있다는 사실에도 불구하고, 이들은 플라톤과 다른 만큼 서로 다르다. 이 같은 다양성은 플라톤의 소크라테스 해석에 독특한 점을 강조하고, 우리가 문학적 현실과 역사적 현실 간의 거리를 염두에 두는 데 도움을 준다. 게다가, 오늘날에는 상호텍스트성(intertextuality)으로 알려진 중요한 문학 현상이 있다. 플라톤에 나오는 구절들과 아주 밀접하게 관련되어 있어서 플라톤이 이전의 어떤 텍스트를 언급하고 있다거나 다른 소크라테스적 작가가 플라톤에 응답하고 있다고 자연스럽게 가정할 구절로, 최소한 안티스테네스에 두 개, 아이스키네스에 세 개가 있다. 따라서 우리는 플라톤을 서로의 작품에 반응하는 소크라테스적 작가들의 문학 공동체 안에 놓을 수 있다. (크세노폰에 나타난 플라톤의 무수한 반향에 대해서는 부록 593-606쪽을 보라.)

마지막으로, 다른 소크라테스 추종자들에 의해 논의된 철학적인 논제의 목록은 플라톤 자신의 논의를 그것의 동시대 환경에 자리매김하는 데 도움을 줄 수 있다. 나는 여기에 플라톤과 한 명의 또는 그 이상의 다른 소크라테스 추종자들에 공통된 논제 중 몇 가지를 열거한다. 상세한 기술은 2-7절에 이어지는 개관에서 제공될 것이다.

① 덕 개념에서 앎이나 이론(logos), 그리고 도덕적 강인함(enkrateia, karteria)이 지닌 상대적 중요성(안티스테네스와 대조하라).

② 한 사물에 대한 여러 이름의 존재(에우클레이데스) 또는 한 사물에 대한 단 하나의 이론(안티스테네스).

③ (아이스키네스에서) 귀납(epagōgē), 즉 유사한 사례들로부터의 추리의 사용, 그리고 (에우클레이데스가 가하는) 이러한 논증 형식에 대한 비판.

④ 앎과 의견(doxa) 간의 관계(안티스테네스의 책 제목).[04]

⑤ 교육에서 시인과 시의 역할(안티스테네스).

⑥ 쾌락에 대한 태도(안티스테네스는 적대적이고, 아리스티포스는 관대하다).

⑦ 철학에서 친애와 에로스(erōs)의 역할, 그리고 에로스와 관련된 일의 전문가로서의 소크라테스(에우클레이데스의 책 제목과 더불어 안티스테네스, 아이스키네스, 파이돈, 크세노폰).

⑧ 5세기 아테네의 저명 정치인들에 대한 비판적 판단(안티스테네스).

다량의 소크라테스적 문헌에 관한 우리의 정보가 적기 때문에, 이러한 열거는 그저 플라톤의 대화편들과 여타 소크라테스적 저술들에서 논의된 문제들 간에 주제적 중복이 얼마나 광범위했는지를 시사하는 데에 도움을 줄 수 있을 뿐이다.

소크라테스적 에로스가 현존 자료에서 가장 풍부하게 기술되는 논제이기 때문에, 여섯 명의 소크라테스적 작가들에 대한 우리의 논의는 이 주제에 초점이 맞춰질 것이다.

2. 안티스테네스

소크라테스 사후 처음 15년 동안 안티스테네스는 소크라테스의 가장 중요한 추종자로 여겨졌을 것이다. 작가로서 그리고 학원의 수장으로서 플라톤의 지배적인 지위는 나중에, 아마도 기원전 385년 이후에야 확립됐을 것이다.[05] 안티스테네스의 연대는 불확실하지만, 증거에 따르면 그는 대략 기

---

04 안티스테네스의 『아이아스』에 나오는 그 표현(doxa)과 비교하라(*SSR* V A 53, 43행). 여기에서 diagignōskein(정확히 알다)은 diadoxazein(의견을 가지다)과 대조된다.

05 Eucken(1983), 25쪽 이하 등을 보라.

원전 445년에서 365년에 생존했는데, 이는 그를 플라톤보다 20년쯤 연상으로 만들 것이다.[06] 고대의 전승에 따르면 안티스테네스는 소크라테스와 만나기 전에 이미 (아마도 연설술) 교사였지만, 그는 당대에 그 자신의 선례에 따라 소크라테스의 제자가 될 것을 자신의 학생들에게 지시했다(D. L. 6권 2절). 이 이야기가 이러한 형태로는 못 미더울지도 모르겠다.[07] 그렇지만 그것은 안티스테네스가 소크라테스의 말년에 그의 추종자들 가운데서 연장자이고 좀 더 인정된 인물로 자리를 잡았다는 점을 분명하게 전제한다. 그리고 이와 같은 인상은 크세노폰의 서술에 의해 확인된다. 그래서 전형적으로 소크라테스에게서 조언을 얻는 젊은 대화 상대자들을 다루는 부분과 대조적으로, 크세노폰은 소크라테스가 세속적인 지혜의 문제에 관한 독자적인 판단을 위해 안티스테네스에게 자문을 구하는 것으로 묘사하고 있다.[08] 안티스테네스는 분명히 가장 헌신적인 소크라테스 추종자들 중 한 사람이었다. 그는 임종을 지켜보았고(『파이돈』 59b), 크세노폰은 그를 소크라테스와 떼놓을 수 없는 두 제자 ―이들은 그의 '묘약과 마술적 주문'(love potions and spells)에 사로잡혀 있었기 때문이다― 중 하나로 묘사한다.[09]

---

06 안티스테네스의 연대에 대해서는 Caizzi(1966), 118쪽과 *SSR* 4권 199~201쪽을 보라.

07 Patzer(1970), 251쪽을 보라.

08 『소크라테스 회상』 2권 4장 5절을 보라. 안티스테네스는 허구적 작중 연대가 기원전 422년인 크세노폰의 『향연』에서 손님 중 한 명이다. 이는 정확하게 역사적 증거는 아니지만, 나머지 다른 지적들을 확인하는 데 도움이 된다.

09 『소크라테스 회상』 3권 11장 17절. 여기에 거명된 또 다른 떼놓을 수 없는 동료는 아폴로도로스이다. 그는 『향연』의 첫 번째 화자이자 소크라테스의 죽음(『파이돈』 59a 9, 117d 3)에 참석한 이들 중 가장 격정적이었다. 플라톤이 아이스키네스가 임종과 재판에 참석한 것을 제외하고는 전혀 그를 언급하지 않는 것처럼, 안티스테네스가 임종에 참석했음을 기록하는 것을 제외하고 전혀 그를 언급하지 않는다는 점은 주목할 만하다(『소크라테스의 변론』 33e 2). 그는 『파이돈』의 장면에서 아리스티포스의 부재를 기록할 때에만 그를 언급한다. 그러므로 플라톤은 소크라테스 추종자들 가운데 그와 경쟁 관계에 있는 가장 유명한 세 명을 자신의 서술에서 주

안티스테네스는 비범한 저술가였다. 디오게네스 라에르티오스에 실린 그의 작품 목록은 60개 이상의 제목으로 일람되는데, 그중 일부는 현존하는 두 편의 전시(展示) 연설인 『아이아스』와 『오뒤세우스』처럼 매우 짧은 작품일 것이다. 그러나 다른 것들은 분량이 상당한 듯하다. 예컨대 세 권의 『정의와 용기에 관한 권고』, 다섯 권의 『교육에 관하여, 또는 이름에 관하여』, 네 권의 『의견과 앎에 관하여』가 그것이다. 이 작품 가운데 최소한 아홉 작품은 대화 형식이었다. 다뤄진 주제의 범위는 호메로스와 시에 관한 논의로부터 자연 철학과 철학적 방법의 논제에 이르기까지 대단히 폭이 넓었다. 아쉽게도, 언급된 두 편의 연설을 제외하고는, 어떤 실질적인 인용도 남아 있지 않다.[10]

소크라테스 사후 안티스테네스는 나름대로 중요한 도덕 교사로서 부상했다. 고대의 전거는 그를 ―학생들이 분명 그 내용을 받아 적은 것으로 추정되는― 퀴노사르게스 체육장에서 강의나 토론을 제공하며 정규 학교와 비슷한 것을 운영하는 모습으로 묘사한다.[11] 그러나 안티스테네스가 플라톤과 아리스토텔레스처럼 전문적인 훈련과 연구를 위한 학교를 설립하거나,

의 깊게 배제한다(사실상 그들을 그가 그 자신을 대하는 것처럼 처리한다). 반면에 측근 집단의 거의 모든 다른 구성원들은 대화편들에 이따금씩 등장한다. 『파이돈』 59b로부터 이름을 예로 든다면, 아폴로도로스, 크리톤, 크리토불로스, 헤르모게네스, 크테시포스, 메넥세노스, 심미아스, 케베스, 에우클레이데스, 테르프시온, 그리고 파이돈 자신이다. 거기에 참석한 이들 가운데 (안티스테네스와 아이스키네스 말고도) 에피게네스와 파이돈데스만 플라톤의 다른 대화편에 등장하지 않는다.

10 안티스테네스의 저작들에 대해 알려진 점에 대한 개관에 대해서는 Caizzi(1966), 77쪽 이하, Patzer(1970), 91-101쪽, *SSR* 4권 235쪽 이하를 보라. 그의 호메로스 주석의 사례에 대해서는 아래 208-13쪽을 보라.

11 D. L. 6권 3-4절과 13절. 6권 3절에서 필기 자료에 대해, 그리고 6권 4절에서 9절에서 명백히 학비에 대해 언급한 것을 주목하라. 6권 5절에 언급된 안티스테네스 자신의 hypomnēmata(비망록)는 강의 기록물인 듯하다.

제논과 에피쿠로스와 같이 사상 체계의 전개와 전수를 위한 학교를 설립하지 않았다는 점은 분명하다. 그의 가르침은 훨씬 더 비형식적인 일이었음에 틀림없었고, 더러는 그가 이해했던 탁월성에 대한 세속적인 조언과 권고, 더러는 그 자신의 삶과 도덕적 태도의 모범으로 이루어져 있었다.[12] 뜻이 맞는 젊은이 집단의 도덕적 스승이자 수장으로 소크라테스를 묘사하는 크세노폰의 서술에서, 우리는 소크라테스 자신이 택한 절차의 노선에 따라 (플라톤 이외의) 다른 소크라테스 추종자들과 안티스테네스가 행한 '가르침'을 아마도 가장 잘 상상할 수 있을 것이다.

여러 측면에서 안티스테네스는 소크라테스와 근본적으로 달랐다. 크세노폰의 서술과 디오게네스 라에르티오스에 의해 보고된 일화 모두에서, 안티스테네스는 무례할 정도로 솔직하다. 그의 사교적인 태도는 세련되지 않았고, 그의 언어는 거칠었을 가능성이 있다. 플라톤과 언쟁을 벌인 뒤에 그는 Platōn과 각운이 같으면서도 '큰 가시'를 뜻하는 『사톤』(Sathōn, '반론에 관하여')이란 제목으로 플라톤의 변증술에 맞서는 책 한 권을 썼다(D. L. 3권 35절, 6권 16절 참조).

여기서 우리의 초점이 에로스(erōs)라는 주제에 맞춰져 있기 때문에, 우리의 관심은 특히 안티스테네스의 도덕적 교설, 특히 성(性)에 대한 그의 태도에 있다. 그는 아레테(aretē), 즉 도덕적 탁월성을 세상에서 가장 중요한 것으로 간주하는 점에서 소크라테스를 추종했고, 따라서 철학은 단적으로 아레테를 갖춘 삶에 대한 합리적 추구였다. 덕은 외견상 소크라테스의 방식에서 지혜와 밀접하게 연관되어 있었다. 그래서 도덕적으로 탁월한 사람은 또한 '지혜로운 자'(ho sophos)로 불린다. 안티스테네스의 사상에는 강한 주지

---

12 von Fritz(1931), 718쪽 48행: "삶을 위한 제자들의 교육과 양육." 이들은 일반적으로 소크라테스 추종 학파들을 가리킨다. Döring(1972), 94쪽 이하도 이와 비슷하다.

주의적 경향이 있다. "가장 굳건한 방벽은 지혜(phronēsis)이다. … 우리는 자기 자신의 흔들림 없는 헤아림(logismoi) 가운데 자신의 방벽을 구축해야 한다"(D. L. 6권 13절). 동시에 "아레테는 행위의 문제이다. 그것은 많은 이론(또는 논증, logoi)도 많은 배움(mathēmata)도 필요로 하지 않는다"(D. L. 6권 11절). 사실상 탁월성을 파악할 때 안티스테네스는 반(反)문화적 엄격주의자나 원-견유학도(proto-cynic)의 자세를 취했다. 그는 강인함(karteria), 자기통제(enkrateria), 관능적인 쾌락과 세속적인 선에 대한 무관심 같은 요소들을 강조했는데, 이것들은 그가 소크라테스의 삶에 속한 본질적인 특징으로 간주했던 것들이었다.

안티스테네스의 목표는 아우타르케이아(autarkeia), 즉 자족성이었다. "덕만으로 행복에 충분하다(autarkēs). 그것은 소크라테스적인 강인함 이외에 어떤 것도 요구하지 않는다"(D. L. 6권 11절 = *SSR* V A 134). 그의 비-순응주의는 (그리고 아마도 또한 그가 소크라테스에게 입은 은혜는) 남성과 여성의 덕은 동일하다는 주장에서 돋보인다(D. L. 6권 12절). 그리고 그의 반쾌락주의는 두 개의 유명한 진술에 표현되어 있다: "나는 쾌락을 즐기기보다는 차라리 미쳐 버리겠다"와 "아프로디테를 잡을 수 있다면, 나는 활로 그녀를 쏘아 떨어뜨릴 것이다. 그녀는 너무도 많은 수의 탁월하고 아름다운 여인들을 타락시켰기 때문이다"(D. L. 6권 3절 = *SSR* V A 122-23). 그는 성적인 사랑을 본성의 악덕으로 간주했다고 전한다. "그것에 희생당한 불행한 자들은 자신들의 질병을 신, 즉 에로스라고 부른다"(*SSR* V A 123). 그가 모든 쾌락을 비난했는지, 아니면 도덕적으로 유약하게 하고 덕을 꾸준히 추구하는 것으로부터 벗어나게 하는 쾌락만을 비난했는지는 분명하지 않다.[13] 성(性)에 관한 그의

---

13 *SSR* V A 126 참조: "수고와 노력(ponoi)을 선행하는 쾌락 말고, 그것들에 뒤따르는 쾌락을 추구해야 한다." Caizzi(1966), 116쪽의 각주를 보라.

태도는 언뜻 보면 조잡한 공리주의처럼 보인다. "고마워할 여성과 교제해야 한다"(*SSR* V A 56). 굶주린 사람이 간단한 음식으로 족하듯, 육체적 욕구의 충족을 위해서는 어떤 여자라도 족할 것이다(크세노폰의 『향연』 4장 38절 참조). 그러므로 아테네에서 간통을 하다 잡혀 목숨이 위태로운 자는 대단한 바보이다. 그는 매춘부에게 1오볼로스만 내면 그런 위험을 모면할 수 있었을 테니까(D. L. 6권 4절). 그러나 현자는 "자식을 낳기 위해 결혼할 것이고, 본성상 최상의 자질이 부여된 여성과 하나가 될 것이다." 즉, 훌륭한 자녀를 낳는 데 최적의 자질이 부여된 여성과 하나가 될 것이다. "현자는 사랑도 할 것이다. 그만이 누굴 사랑(eran)해야 할지 알고 있기 때문이다"(D. L. 6권 11절 = *SSR* V A 58).

안티스테네스는, 그가 그것을 이해하듯, 언제나 도덕적 탁월성에 더욱 깊은 관심을 가진 것으로 보인다. "도덕적으로 탁월한 사람이 사랑할 만한 사람이고, 덕이 있는 사람들(hoi spoudaioi)이 친구이다"(D. L. 6권 12절). 또는 다른 곳에서는, "현자는 사랑할 만하고, 자신과 비슷한 자들(tōi homoiōi)의 친구이다"(D. L. 6권 105절 = *SSR* V A 99). 그래서 크세노폰의 작품에서 안티스테네스는 소크라테스와 사랑에 빠져 있다고 주장한다(『향연』 8장 4절). 우애의 주제는 확실히 안티스테네스가 자신의 덕 관념과 관련해서 충분히 전개했던 주제이다. 크세노폰의 소크라테스가 안티스테네스에게 전문적인 의견을 요청하는 것도 정확하게 이 문제, 즉 친구의 가치에 관해서이다(『소크라테스 회상』 2권 5장 2절). 크세노폰의 『향연』에서 안티스테네스는 긴 연설을 통해 자기에게 자유를, 그리고 현재 가진 것에 만족하는 행복을 가르쳤던 소크라테스에게 빚을 졌다고 강조한다. 그는 자신의 모든 시간을 소크라테스와 함께 보내는 여가에다 최대의 가치를 부여한다(『향연』 4장 43-44절).

안티스테네스는, 아마도 아이스키네스가 같은 제목의 대화편을 쓰기 전에, 『아스파시아』라는 제목의 대화편을 썼다. 안티스테네스의 『아스파시아』중에는 두세 개의 인용만이 남아 있다. 하나는 불미스러운 상대와 교제한다는 이유로 페리클레스의 아들들을 공격하는 것과 관련되어 있다(SSR V A 142). 이것은 외견상 페리클레스에 대한 좀 더 광범위한 공격의 일부로 계획되었다. 안티스테네스와 플라톤은 5세기 민주주의의 위대한 지도자들에 대해 한차례 부정적인 판단을 내리는 데 동의했던 것 같다.[14] 『아스파시아』는 페리클레스의 사생활에 공격의 초점을 맞췄다. 페리클레스는 우리가 플라톤의 『프로타고라스』에서 만나는 적법한 두 아들의 모친인 높은 신분의 아테네 여인과 결혼한 적이 있다. 그렇지만 그는 그녀와 이혼한 후 아스파시아를 자신의 반합법적인 아내로 맞아들였다. 그녀에 대한 그의 사랑은 플루타르코스가 『위인전』에서, 아마도 안티스테네스를 따라 말하듯, '성적인 쪽'이었다. "그들은 페리클레스가 그녀를 하루에 두 차례, 아고라로 떠날 때 그리고 집으로 돌아올 때, 감미로운 키스로(meta tou kataphilein) 포옹했다고 말한다."[15] 페리클레스 쪽의 이러한 관능적인 행위는 그의 아들들의 무절제한 삶에 반영된 것으로 추정되었다. 모진 결과들이 그 위대한 정치가가 덕과 지혜의 삶보다 오히려 쾌락의 삶을 택했다는 사실로부터 뒤따라 나왔다(Dittmar 편집, 조각글 3 = SSR V A 144).

이것은 우리에게 안티스테네스가 아스파시아를 다룬 부분에 대해 많은 정보를 주지는 않지만, 관능적인 쾌락이란 주제에 관해 알려진 그의 태도와 맞아떨어지고, 우리가 아이스키네스, 플라톤, 크세노폰에서 발견하는 아

---

14 *SSR* V A 204를 보라. 플라톤의 대화편 『정치가』는 "아테네의 모든 대중 지도자들"에 대한 공격을 담았다. (Dümmler를 인용하면서) Dittmar(1912, 15쪽 각주 48)는 (『고르기아스』의) 플라톤과 안티스테네스는 아테네의 정치 지도자들에 대해 유일하게 비우호적인 견해를 표했던 소크라테스 추종자였던 것 같다고 언급한다.

15 안티스테네스의 조각글 1, Dittmar(299쪽) = *SSR* V A 143. 디트마와 지안난토니는 플루타르코스의 구절을 안티스테네스의 것으로 포함시킨다. Caizzi(1966, 98쪽 이하)는 좀 더 신중하다.

스파시아에 대한 판이한 해석과 대조하여 이해할 보다 관례적인 장식물로
서 충분히 기여한다.

소크라테스의 추종자들 중 아테네인이 아닌 세 명 ―파이돈, 에우클레이
데스, 아리스티포스― 에 대해서는 알려진 바가 훨씬 더 적다. 그럼에도 이
러한 좀 더 불분명한 인물들의 유작은 소크라테스 사후의 초기에 나온 사
상, 논의, 문학 작품의 밀도를 예시하는 데 도움을 줄 것이다.

3. 파이돈

펠로폰네소스 반도 서부의 엘리스 출신인 파이돈은 그의 이름으로 제목
을 단 플라톤의 대화편에서 이야기 전달자로서 우리에게 친숙하고, 소크라
테스가 장난으로 '파이돈이 애도의 표시로 곧 긴 머리를 자를 거'라고 말한
그 대화편의 장면으로 가장 기억에 남는다(89b). 디오게네스 라에르티오스
와 여타 고대의 전거들이 전하는 파이돈의 생애 이야기는 그 역사성이 확
인 불가능한 공상적 신파극이다. 그는 귀족 출신이었지만 자신의 고향 엘
리스가 함락된 후에 노예가 되어 남창으로 아테네에 끌려왔다고 한다. 그
는 소크라테스의 관심을 끌고, 소크라테스는 곧 자신의 부유한 친구들 중
한 명을 설득하여 파이돈을 자유인 신분으로 만들도록 하여 그가 철학의
삶을 추구하도록 한다.[16] 이는 소크라테스와 어울리는 사람들 중 일부의 의
심스러운 출신 배경을 암시할 목적으로, 그리고 『파이돈』의 유명한 장면에
서 소크라테스가 보인 자상함을 억지로 조명할 목적으로, 꾸며 낸 이야기
이거나 적어도 왜곡된 이야기인 것 같다.[17]

---

[16] *SSR* III A I에 유사 구절이 있는 D. L. 2권 105절. *SSR* 4권 115-19쪽의 논의.

확실한 것은 파이돈이 결국 엘리스로 돌아가서 그곳에 학교 같은 것을 설립했고, 『시몬』과 『조퓌로스』라는 제목이 달린, 적어도 두 편의 소크라테스적 대화편을 창작했다는 사실이다. 이 두 작품은 좀 더 알아볼 가치가 있다. 고대에 그것들은 엄청난 문학적 명성을 누렸고, 적어도 그중 하나는 기원후 4세기에 이르러 율리아누스 황제가 읽을 정도였다(*SSR* Ⅲ A 2). 파이돈의 현명한 제화공 시몬은 제화공 대화편들, 즉 '현자 시몬의 말들'(the sayings of sage Simon)에 관한 모든 작품을 위해 모델 역할을 했다. 반면에 관상학자 조퓌로스라는 인물도 관상학에 관한 중세의 논문들에 반향을 일으켰는데, 로마 시대를 거쳐서 고대 후기까지 추적이 가능하다. 엄청난 성공을 거둔 이 두 인물 유형은 파이돈의 상상력이 창조한 것처럼 보인다.[18] 그럼에도, 아테네의 아고라를 발굴하는 낙관적인 고고학자들은 시몬의 작업장의 흔적들을 발견했다고 주장한다.[19]

---

17 헬레니즘 시대 전기(傳記)의 반(反)플라톤적인 전승에서 보이는 거리낌 없는 날조와 왜곡에 대해서는 뒤링(Düring, 1941)을 보라. 엘리스의 함락에 대한 기록이 전혀 없다는 사실에도 불구하고 대부분의 학자들은 파이돈에 대한 이야기를 역사적인 것으로 받아들이는 것 같다.

18 Wilamowitz(1879), 187-89쪽도 바로 그렇다. 시몬은 D. L.(2권 122-23절)의 한 장(章)에서 별도로 소개되지만, 나는 그가 실존 인물이라고 믿을 어떤 타당한 이유도 보지 못한다. 이것은 소크라테스적 작가에 의해 산출된 가공적인 창작이 사이비 역사의 전통을 위한 전거가 되었던 많은 사례 중 하나이다. 아스파시아와 뤼시클레스 간의 불륜에 관한 아래의 각주 48과 비교하라. 시몬에 관해서는 Zeller(1889), 243n의 회의적인 입장을 보라. 조퓌로스는 헤로도토스(Ⅲ. 153-60)에서 한 유명한 페르시아인의 이름인데, 그와 이름이 같은 손자는 아테네로 피신하여 비참하게 생을 마감했다(*RE*. s.v. 조퓌로스 2, 2. Reihe, XA, 1972, 767쪽 이하를 보라). 그 이름은 본래 외국인들에게 쓰였고 ―조퓌로스 4는 알키비아데스의 트라키아인 paidagōgos(아동 돌봄이)이다― 나중에는 헬라스인들에게 쓰였다. 그렇지만 그 관상학자는 아마도 안티스테네스의 작품인 *Peri tōn sophistōn physiognōmikos*(소피스트들에 관하여-관상학에 관한 것)에 의해 영감을 받은 파이돈이 꾸며 낸 인물인 것 같다.

19 *Hesperia* 23(1954), 54쪽 이하의 최초 발굴 보고서에서, Homer Thompson은 사뭇 신중했다. "그 시설이 어느 제화공에 의해 한동안 점유되었다는 견해를 정당화하기에" 충분한 징들이 발견되었다. "그 지역의 적절한 수평면에서 발견된" 컵의 깨진 하단부에서 "5세기 후반의 문자 형

시몬은 소크라테스가 이따금씩 즐겨 방문했고 그만큼 자주 논점을 증명하라고 자극했던 충실한 직공들의 대표자 격이다. 파이돈의 대화편에서 소크라테스, 알키비아데스, 그리고 이들의 친구들은 대화를 위해 그 제화공의 작업장에 모인다.[20] 안티스테네스 자신도 그 자리에 참석했던 것 같고, 시몬이 지닌 지혜의 저속하고 서민적인 성격은 철학적 훈련에 대해 안티스테네스가 파악한 것과 어느 정도 유사하다. 그러나 우리는 그의 다른 대화편의 남은 부분들에서 소크라테스가 말한 '자신을 돌보기'(care of oneself)를 파이돈이 파악한 내용에 대해 좀 더 선명한 그림을 그려 볼 수 있다.

조퓌로스가 소크라테스와 우연히 만나는 장면은 모든 소크라테스적 문헌에서 가장 놀라운 구절 중 하나였음에 틀림없다. 얼굴과 신체적 특징에서 사람들의 성격을 읽어 낼 수 있다고 주장하는 동방의 박사가 마을에 온다.[21] 그는 자신에게 알려지지 않은 소크라테스와 대면한다. 조퓌로스는 소

태로 새겨진 소유격의 ΣIMONOΣ(시몬의)로 보이는 것은 아마도 그 제화공의 이름일 것이다." 톰슨은 제화공 시몬이 "매우 모호한 인물이라는" 점을 알고 있지만, 그는 "디오게네스에게 신뢰를 부여할 수만 있다면, 우리가 발굴한 시설과의 연관성을 좀처럼 거부할 수 없을 것이다"는 말을 덧붙인다.

Archeology 13(1960), 234-40쪽에서 "The House of Simon the Shoemaker"라는 제목의 좀 더 상세한 간행물에서 Dorothy Burr Thompson은 다소 더 단정적이다. "그 컵의 소유자가 그 점포의 소유자였는가? 왜 아닌가? 우리는 결코 확신할 수 없지만, 그 컵이 그 집 안에서 깨져 거리로 내던져졌을 가능성이 충분히 있다"(238쪽).

내 생각에는, 그와 같은 고고학적 추정이 그것이 전제하는 파이돈의 제화공이 실존 인물이라는 점을 확립할 수 없다는 건 분명하다. 그 증거는 시몬이 제화공의 이름이었다는 것이 아니라, (조퓌로스처럼) 실제 이름이었다는 점만을 증명한다.

20 Rossetti(1973, 364-81쪽)가 추가한 부분과 더불어 Wilamowitz(1879)와 von Fritz(1938)를 보라. Rossetti(373쪽)는 소크라테스를 시몬 옆에 착석한 것으로 묘사하는 플루타르코스의 구절 —Giannantoni의 편집에서는 빠진 『모랄리아』 776A— 을 인용한다. 아리스티포스가 시몬에게 보낸, 진위가 의심스런 편지 중 para se kathezesthai(그의 곁에 앉다)란 표현을 참조(*Socrat. Ep.* 13 = *SSR* IV A 224, 6행).

21 관련 원문들이 *SSR*에 빠져 있다. 그것들은 Rossetti(1980), 184쪽 이하에 상세하게 인쇄되어 있

크라테스의 튼실한 황소 목에 근거해서 그가 아둔하고 어리석으며 —아마도 그의 튀어나온 눈에서 판단한 듯한데— 관능에 종속되고, 실제로 난봉꾼일 것이라고 선언한다.[22] 이때 알키비아데스는 웃음을 터뜨린다. 소크라테스의 친구들은 그 관상가를 비웃기 시작하고, 철학자는 그들을 만류한다. 그의 말에 따르면, 그런 점들은 참으로 그의 타고난 약점이지만, 이성의 훈련에 의해 극복되었다. 그래서 외부의 모습과 내부의 실제 간의 대조에 대한 초반의 관심으로부터, 대화는 자연 본성을 능가하는 양육의 힘 쪽으로 방향을 튼다. 누군가 —아마도 조퓌로스 자신이— 소크라테스에게 들려준 페르시아 왕의 가장 어린 아들에게 선물로 주어진 새끼 사자에 관한 동방의 이야기 중 한 구절을 여기에 그대로 인용한다. "그리고 나는 사자가 소년에게 매우 친숙해져서 어릴 적에 그가 가는 곳이면 어디든지 사자가 그를 따라갔을 것이라고 생각한다. 그래서 페르시아인들은 사자가 소년과 사랑에 빠졌다고 말했다"(*SSR* Ⅲ A 11 = 조각글 1, Rossetti 편집). 여기서 우리는 자연 본성이 주도한다고 생각할 만한 동물 왕국에서, 양육과 훈련이 승리하는 하나의 놀라운 사례를 본다. 인간의 적이 되는 대신에 사자는 그의 친구가 된 것이다.

파이돈의 『조퓌로스』는 분명히, 우리가 안티스테네스, 아이스키네스, 그리고 아마도 소크라테스 자신으로부터 알고 있는 도덕적 자기 수양과 덕의 가르침 가능성이라는 전형적인 주제에 대해 개인적으로 각색을 많이 한 작

다. 가장 완벽한 보고는 시리아어본에 있고(조각글 9, Rossetti 편집, 186쪽), 키케로(조각글 6-7), 주석가 페르시우스(조각글 8), 알렉산드로스(조각글 10)는 소크라테스의 반응과 더불어 조퓌로스의 진단만을 제공한다. 이에 대한 논의는 von Fritz(1938), 1540쪽에 가장 잘 이루어져 있다.

22 키케로에서 mulierosus('여자를 밝히는,' 조각글 6, Rossetti 편집), 페르시우스의 주석에서 libidinosus('음탕한,' 조각글 8), 카시아누스에서 '남색가의 두 눈'(조각글 11)이란 표현이 나온다. 소크라테스의 눈에 대한 언급은 후대의 문헌에 흔하다(조각글 12-17, Rossetti 편집). 조퓌로스가 언급되지만 소크라테스는 언급되지 않는 조각글 18을 참조.

품이었다. 바로 같은 대화편으로부터, 황제 율리아누스는 "철학으로 치료할 수 없는 것은 전혀 없다. 그것의 힘에 의해 모든 사람은 온갖 생활 방식, 습관, 욕망 등으로부터 정화될 수 있다"(SSR Ⅲ A 2)는 파이돈의 확신을 인용하는 것으로 보인다. 우리가 파이돈이 악덕의 삶에서 철학으로 탈출한 이야기를 신뢰할 수 있다면, 우리는 위의 진술에서 파이돈이 자신의 경험을 언급하고 있다고 인정하는 쪽으로 기울지도 모른다. 철학의 치료 기능이라는 비슷한 의미를 표현하는 인용문이 하나 더 있는데, 세네카는 이를 미확인 대화편으로부터 따온다. "파이돈이 말하듯, 아주 작은 어떤 동물들이 물었을 때 우리는 그것을 느끼지 못한다. 그만큼 그것들의 힘은 미미하고 기만적이다. 부풀어 오른 것만이 물린 상처를 표시하고, 부풀어 오른 것에서도 우리는 아무런 상처를 못 본다. 같은 일이 현자들과의 대화에서 당신에게 일어날 것이다. 당신은 어떻게 또는 언제 이득을 봤는지를 알아채지는 못하지만, 이득을 얻었다는 점은 알아차리게 될 것이다"(SSR Ⅲ A 12).

이것이 우리가 파이돈의 대화편들에 대해 아는 전부이다. 그렇지만 안티스테네스에게 알려져 있지 않은 문학적 우아함과 우리가 아이스키네스에게서 발견하지 못할 똑바른 도덕적 진지함을 지닌, 얼마간 재능을 가진 작가를 드러내 주기에는 충분하다. 플라톤으로 하여금 파이돈을 소크라테스의 죽음 장면과 플라톤 자신의 철학에 대한 최초의 체계적인 진술을 모두 포함하는 대화편의 이야기 전달자로 만들도록 이끌었던 것은 바로 일정한 개인적 감수성과 철학이 지닌 변화의 힘에 대한 깊은 헌신과 더불어 그러한 성질들이었을 것이다. 왜냐하면 파이돈을 그러한 방식으로 찬미함으로써, 그의 이름을 안티스테네스와 아이스키네스 같은 훨씬 더 영향력이 있는 소크라테스적 작가들의 이름보다 우리에게 더 친숙하게 만들었던 것이 바로 플라톤이기 때문이다.

4. 에우클레이데스

메가라의 에우클레이데스는 아마도 저술가로서는 뛰어난 재능을 타고나지 못했던 것 같다. 어쨌든 우리는 제목을 제외하고 그의 문학 작품에 대해 어떤 것도 알고 있지 못하다. 그러나 우리는 그의 철학적 견해에 관한 실질적인 정보를 얼마간 갖고 있다. 사실, 에우클레이데스는 철학에서 중요하고도 전문적인 업적을 이뤘던 (플라톤 이외의) 유일한 소크라테스 추종자였던 것 같다.[23] 그러한 사실은 플라톤이 자신의 대화편들 중 보다 전문적인 것 가운데 하나인 『테아이테토스』의 이야기 전달자로 그에게 부여하는 역할에 반영되어 있는 것 같다. 아테네의 플라톤과 여타 소크라테스 추종자들은 소크라테스 사후 메가라의 에우클레이데스에게로 갔다. 『테아이테토스』는 이러한 우호 관계가 30년 후에도 여전히 유지되었다는 점을 보여 준다.

에우클레이데스는 헬레니즘 철학사에서 메가라학파의 창립자로 묘사되어 있는데, 그의 교설들은 다음 세대의 아리스토텔레스가 논의하고 반대한다. 이 '학파'(school)의 성격과 구조에 관해서 우리는 그것이 헬레니즘 시기에 변증술로 알려져 있었던 것, 즉 논리학과 언어의 문제들에 집중되어 있었던 것 같다는 점 이외에는 거의 아는 바가 없다.[24] 이 같은 논리적인 경향은 우리가 아는 바가 거의 없는 에우클레이데스의 작품이 지닌 특징이기도 하다.

에우클레이데스의 것으로 보고된 교설들은 다음과 같다. "좋은 것(선)은 하나이고, 여러 이름으로 불린다. 그것은 때로는 지혜(phronēsis)로, 때로는 신

---

23 안티스테네스가 전문적인 철학에 어떤 의미 있는 공헌을 했는지에 대해 말하기는 어렵다. 그는 확실히 인식론과 언어 철학의 논제에 관심이 있었다.

24 이에 대한 증거의 개략에 관해서는 Döring(1989), 293-310쪽을 보라.

(theos), 지성(nous) 등으로 불린다"(D. L. 2권 106절). 다른 곳에서 '메가라학파 사람들'(the Megarians)은 하나이지만 여러 이름으로 불리는 것이 선한 것이라 기보다는 오히려 덕(aretē)이라고 주장하는 것으로 전한다(D. L. 7권 161절). 이것은, 소크라테스의 추종자에게 당연한 일인 것처럼, 덕과 '좋은 것'(agathon)이 동의어로 다뤄졌다는 점을 가리킬 수도 있다. phronēsis와 nous 같은 개별적인 덕들이 동일 원리에 대해 그렇게 많은 대안적 명칭들로 간주되었다는 또 하나의 암시가 있다.[25] 이것은 플라톤의 『프로타고라스』(329d 1, 349b)에서 소크라테스가 명확하게 밝힌 덕의 단일성에 관한 세 가지 견해 중 가장 강력한 것이다. 우리는 플라톤이 이 같은 형식화에 대해 에우클레이데스에게 은혜를 입고 있는지, 아니면 그 반대인지에 대해 궁금해할지 모른다. 그들은 그것을 대화하는 가운데 함께 만들어 냈던 것일지도 모른다. 유사한 그 구절이 확실하게 보여 주는 것은 "덕들의 단일성 문제는 에우클레이데스가 그것에 대답했던 형태로 소크라테스 추종자들 사이에서 논의되고 있었다는 점"이다.[26]

그렇다면, 에우클레이데스의 가르침은 『프로타고라스』에서 플라톤이 덕의 단일성을 논의할 때 그 배경에 있었을 것이다. 그리고 또 에우클레이데

---

25 Döring(1972, 86쪽)은 개별적인 덕들이 D. L. 2권 106절에서 '등(等)'(kai ta loipa)에 의해 암시된다고 주장한다. 이러한 형태의 교설은 나중에 메네데모스(메가라의 스틸폰의 제자, 따라서 에우클레이데스의 '추종자')에게 귀속된다. "그는 덕들의 다수성과 다양성을 부정했다. 덕은 하나이고 여러 이름을 쓴다. 왜냐하면 동일한 것이 가사적이라고(brotos) 인간 존재(anthrōpos)라고 불리듯, 동일한 것이 절제, 용기, 정의라고 불리기 때문이다"(Döring, loc. cit.에 의해 인용된 Plut. De virt. mor. 2, 440E). 극히 주지주의적인 경향은 에우클레이데스의 학설지에서 좋은 것에 대한 이름들로 phronēsis(지혜)와 nous(지성)이 등장한다는 점에 의해 암시된다. 그리고 이것은 "모든 좋은 것은 진리를 포착하는 정신과 인지 능력(mentis acies)에 위치하고 있다는, 메네데모스의 것으로 보고된 비슷한 견해에 의해 강화된다"(Döring, 1972, 조각글 26A). 여기에서 mentis acies는 nous에 대한 키케로의 번역임에 틀림없다.

26 Döring(1972), 86쪽.

스가 지혜의 견지에서 좋은 것을 파악한 내용은, 플라톤이 『국가』 6권에서 좋은 것에 관한 다양한 의견을 점검할 때 그의 마음속에 있었을 것 같다. "대부분의 사람들은 쾌락이 좋은 것이라 생각하지만, 한결 세련된 사람은 phronēsis(지혜)가 좋은 것이라 생각한다"(505b).

디오게네스 라에르티오스는 에우클레이데스의 것으로 몇 가지 다른 견해를 보고한다.[27] 철학적인 추론 방법에 관한 두 개의 설명은 특히 중요하다. 에우클레이데스는 "전제가 아닌 결론을 공격함으로써" 어떤 논증에 이의를 제기했다. 그리고 그는 다음을 근거로 ―소크라테스적 귀납법(epagōgē)에서 사용된 것과 같은― 유비 논증을 거부했다. 사례들이 비슷하지 않다면, 비교는 무관한 반면에 그것들이 실제로 유사하다면, 그것을 닮은 것보다는 오히려 논의 중인 사례를 직접 다뤄야 한다(2권 107절). 첫 번째 보고의 의미가 전적으로 분명한 것은 아니지만, 두 가지 언급은 플라톤 자신의 작품에 영향을 미쳤음에 틀림없었을 논리적 엄밀성에 대한 관심의 증거가 된다. 『고르기아스』에서 유비 추론이 '무쇠나 아다마스(그리스인들이 세상에서 가장 단단한 물체로 생각한 것)처럼 단단한'(509a) 결론을 지지하는 것처럼 보인 반면, 『카르미데스』에서 대화 상대자 크리티아스가 논쟁 중인 사례가 유사하지 않다고 주장하며 소크라테스가 유사한 사례들로부터의 논증을 펼친다고 두 차례 비판하는 것은 우연의 일치라고 보기 힘들다(7장 313-14쪽을 보라).

에우클레이데스는 『크리톤』, 『아이스키네스』, 『알키비아데스』, 『에로스

---

27 D. L. 2권 106절: 에우클레이데스는 "좋은 것에 대립된 것들을 제거했고, 그것들은 실재적이지 않다거나 또는 '존재하지 않는다'(mē einai)고 말했다." 이 말의 정확한 취지는 분명하지 않다. 그러나 그것은 부정적인 개념들을 그에 상응하는 긍정적인 원리의 부재나 결여에 의해 정의 내리는 존재론과 관련될지도 모른다. 이것은 좋은 것에 대립되는 어떤 것이 있음에 틀림없다고 주장하며(『테아이테토스』 176a) 플라톤이 부인하는 견해일 것이다. 다른 해석들에 대해서는 Döring(1972), 86쪽 각주 1을 보라.

에 관하여』를 포함해서 여섯 개의 대화편을 쓴 것으로 보고된다(D. L. 2권 108절). 알키비아데스는 소크라테스의 에로스적인 경향과 가장 밀접하게 연관되어 있는 인물이기 때문에, 그 주제는 그 이름을 가진 에우클레이데스의 대화편에서 어떤 역할을 했을 것 같다. 이 점은 확실히 『에로스에 관하여』라고 불리는 작품에도 해당할 것이다. 이 같은 두 제목의 실존은, 우리가 에우클레이데스가 어떻게 다뤘는지를 알지 못한다고 해도, 이 주제가 소크라테스적 문헌에서 심도 있게 다뤄졌다는 점에 대한 증거이다.

5. 아리스티포스

퀴레네의 아리스티포스는 저명한 소크라테스 추종자들 중 불가사의한 인물이다. 그는 임종 장면에[28] 없었던 유일한 사람이고, 아마도 소크라테스적 대화편들을 쓰지 않은 유일한 사람일 것이다. 다른 한편으로, 디오게네스 라에르티오스에서 그의 생애에 대한 설명은 안티스테네스와 크세노폰에 관한 장(章)들보다도 더 길고, 플라톤을 제외하면 어떤 소크라테스 추종자에 관한 것보다 길지만, 그것은 거의 대부분 일화와 경구로 이루어져 있다. 거기에는 아리스티포스의 재치 있는 즉답, 그의 사회적 융통성, 그리고 미식, 포도주, 여성, 좋은 대화에 대한 그의 애정이 생생하게 묘사되어 있다. 그러나 그의 철학적 이념과 소크라테스에 대한 그의 인상에 관한 귀중

---

28 (우리가 이 점과 관련하여 플라톤의 말을 믿는다면) 물론 플라톤을 제외하고 그렇다. 『파이돈』에서 플라톤의 부재는 기교적으로 아주 손쉬워서 역사적이라기보다는 허구적인 것처럼 보인다. 그리고 그 당시 소아시아에 있었던 크세노폰을 제외하고 그렇다. 그러나 우리는 크세노폰이 측근 중의 한 사람이었는지에 대해서는 의문을 품을 수 있다.

한 정보가 조금 제공되어 있기도 하다.[29] 전형적인 경구(mot d'esprit)는 소크라테스를 떠나 너무 쉽게 폭군 디오뉘시오스의 궁전으로 간 것에 대해 그를 비난했던 누군가에 대한 그의 답변이다. "그러나 나는 소크라테스에게는 교육을 위해(paideias heneken) 갔고, 디오뉘시오스에게는 여흥(paidias)을 위해 갔다"(D. L. 2권 80절). 아리스티포스가 살았던 방식은 분명히 사치스러웠고, 그는 소크라테스 추종자들 중 보수를 받고 가르친 첫 번째 인물이었다고 전한다(D. L. 2권 65절). 돈을 받는다고 동료들로부터 비난받았을 때, 그는 자신이 갖기 위해서가 아니라, 그들에게 돈을 잘 쓰는 법을 알려 주기 위해 그랬다고 말했다. 일련의 이야기들은 그와 유명한 매춘부 라이스와의 관계를 전한다. 이 관계에 대해 불평했던 이들에게 그는 "내가 그녀를 소유하지, 그녀가 나를 소유하지는 않소. 쾌락을 피하는 것이 최상이 아니라 그것을 지배하는 것이 최상이오"라고 대답했다(D. L. 2권 75절).

쾌락 추구자이자 거의 모든 관점에서 소크라테스와 딴판인 아리스티포스 같은 사람이 그럼에도 친애와 존경의 마음으로 그에게 속박되었던 점은 소크라테스가 지닌 비범한 인격적 매력의 척도로서 지적되어 왔다.[30]

---

29 우리는 또한 그의 출생이나 사망에 대한 어떤 명확한 정보도 가지고 있지 않다. 그는 대략 플라톤과 같은 나이인 것 같고, 플라톤과 함께 디오뉘시오스의 궁전에 모습을 보인 것으로 전한다. 이 사람이 플라톤이 기원전 390-387년 무렵에 방문했던 디오뉘시오스 1세인가, 아니면 (그가 360년대에 두 번째로 방문했던) 그의 아들인가? 아마도 후자일 것이다. 그렇다면, 아리스티포스가 "소크라테스를 떠나 디오뉘시오스에게" 가는 일은 단연코 없었다! 그와 관련된 연대는 전반적으로 극히 모호하다. *SSR*, 4권 137쪽 이하를 보라.

30 Ivo Bruns를 인용하는 *SSR* , 4권 142쪽. 올림피아에서 소크라테스적 대화의 몇 가지 본보기를 전해 들음으로써 아리스티포스가 철학으로 전향한 것에 관한 플루타르코스(*De curios.* 2, 516c = *SSR* IV A 2)의 다음 이야기와 비교하라. "그는 매우 강력하게 영향을 받아서 그의 육체는 쇠퇴하기 시작했다. 그는 매우 창백하고 야위게 되었다." 마침내 그는 아테네에 이르러, "(각자가) 그 자신의 결함들(kaka)을 인식하고 그것들을 제거하는 데에 목표를 두었던" 그 사람 및 그의 철학을 접할 수 있었다. 이것은 아마도 아이스키네스의 대화편에서 가져온 내용

아리스티포스는 아이스키네스와는 우호적인 관계를 유지했지만 다른 소크라테스 추종자들과는 그렇지 않았던 것 같다. 목공과 신발 제작 같은 실용 기술과 달리 수학은 "좋거나 나쁜 것, 더 좋거나 더 나쁜 것에 대해 어떤 설명도 하지 않는다"는 비난에 실제로 기초해 있는, 수학에 대한 그의 공격에서 반(反)플라톤적인 기색을 간과하기는 어렵다(*SSR* IV A 170=아리스토텔레스의 『형이상학』 3권 2장 996b 1). 이것은 아주 당연히, 수학 연구가 좋음의 이데아를 알기 위해 반드시 필요한 준비과정이라고 플라톤이 『국가』 7권에서 제안하는 것에 반대하는 쪽일 것이다.

아리스티포스에 대한 크세노폰의 묘사는, 농담과 일화에 의해 전달된 인상과 아주 다르지는 않다고 해도, 분명히 적대적이다.[31] 크세노폰의 설명에서 소크라테스는 아리스티포스를 상대로 심문한다. "왜냐하면 그(소크라테스)는 그의 제자들 중 하나가 음식, 술, 섹스, 수면과 관련된 문제에서 방종하고(akolasterōs echonta), 추위, 더위, 고된 노동을 견디길 꺼려한다는 점을 알아차렸기 때문이다"(『소크라테스 회상』 2권 1장 1절). 아리스티포스는 고된 삶이 도시를 책임지고 다스려야만 하는 누구에게라도 더 나은 훈련이라는 소크라테스의 말에 동의한다. 그러나 그 자신에게는 그러한 야망이 전혀 없다. 아리스티포스는 자신의 욕구를 돌보는 것만으로도 족히 힘들다고 말한다. 그는 자신의 삶이 되도록 쉽고 즐겁기를 원한다. 그는 도시가 필요로 하는 점들을 돌보기 위해 자신의 이익을 소홀히 할 마음이 전혀 없

같다. Dittmar(1912), 60쪽 이하를 보라.

31 "소크라테스로부터 몇 가지를 받아서 이것을 남들에게 비싸게 파는 사람들"이란 오명(『소크라테스 회상』 1권 2장 60절 = *SSR* IV A 3)은, 그것이 안티스테네스에게 적용될 수 있다고 해도, 아리스티포스를 겨냥한 것임에 틀림없다. 위의 각주 11을 보라.

디오게네스가 전하는 일화가 아리스티포스의 소실된 작품들로부터 나온 자료에 의존한다는 주장이 빈번하게 제기되어 왔다. 이는 그 전승이 아리스티포스의 저술들도 틀림없이 참고했을 크세노폰과 보이는 유사성을 설명할 것이다.

다(『소크라테스 회상』 2권 1장 8-9절). "정확히 이런 이유로 나는 정치 공동체(politeia)의 테두리 안에 나 자신을 가두어 넣지 않으며 어느 곳에서든 이방인(xenos)이다"(2권 1장 13절). 시라쿠사에서와 마찬가지로 아테네에서도 이방인이었던 아리스티포스는 이런 역할에 열중해서 헬레니즘 시대의 세계주의 철학자의 모습을 미리 보여 준다.

이렇듯 앞의 전거들은 우리에게 아리스티포스의 생활 방식을 뚜렷하고 생생하게 그려 준다. 그가 유흥을 즐기는 그러한 삶의 바탕에 깔린 원리들을 이론적으로 명료하게 제공하는 데 얼마나 관심이 있었느냐는 점은 그보다 훨씬 더 불분명하다.[32] 그의 저술들은 상대적으로 일찍이 사라졌던 것 같고, 그 내용이 헬레니즘 전통에 보존된 일화와 경구에 반영되어 있지 않다면, 우리는 그것들에 대해 거의 아무것도 알지 못한다. '계승'(successions)의 견지에서 철학사를 해석하고, 그래서 아리스티포스를 후기 학파의 설립자로 기술하는 헬레니즘 시대의 경향에 의해 아리스티포스에 대한 그림은 또다시 왜곡된다. 아리스티포스는 말년에 고향인 퀴레네로 돌아갔던 것으로 보인다. 그 후 철학적 전통은 그곳에서 그의 딸 아레테와 mētrodidaktos(모친에게서 배운 자)로 알려진 그녀의 아들 아리스티포스 2세에 의해 계승되었다. 이른바 퀴레네학파가 쾌락을 모든 동물에 환영받는 '부드러운 움직임'으로, 고통을 모두에게 불쾌한 '거친 움직임'으로 정의해서 유명세를 치렀던 쾌락주의 교설을 발전시키기 시작했던 것은 아마도 이러한 나중의 세대에 한정될 것이다(D. L. 2권 86-87절). 퀴레네학파는 목적(telos), 즉 그것 자체를 위해 선택할 가치가 있는 것은 특정한 쾌락이라고 주장했다. 쾌락들의 총체적인

---

32 이와 관련해서 아리스티포스에게 철학이 본질적으로 살아가는 방식이었다는 것을 암시하는 W. Mann, "The Life of Aristippus," in *Archiv für Geschichte der Philosophie*(근간, 1996)을 보라. 마찬가지로 *SSR*, 4권 181쪽.

질서나 균형인 행복은 그것 자체를 위해서가 아니라 특정한 쾌락들을 위해 선택된다(2권 87-88절). 이와 같은 퀴레네학파의 교설 중 어느 것도 아리스티포스 자신이 제시한 것 같지는 않다.[33]

아리스티포스와 플라톤의 『고르기아스』 및 『프로타고라스』에 제시된 쾌락주의의 두 해석 사이에 어떤 연관을 확정하는 것도 어렵다. 그러나 쾌락에 대한 플라톤의 취급이, 소크라테스의 '추종자들' 중 한 명으로 추정되는 아리스티포스가, 덕과 자존에 관한 모든 전통적인 관념들에 등을 돌리는 생활 방식으로, 아주 뻔뻔스럽게도 관능적인 유형의 쾌락을 추구한 것으로 악명이 높아졌다는 사실에 의해 제약된다는 점을 염두에 두는 것이 아마도 중요할 것이다. 디오뉘시오스가 침을 뱉었을 때 아리스티포스가 화를 참으며 이것은 근사한 저녁 식사를 얻기 위해 치러야 할 사소한 대가라는 익살로 대답하는 일화를 떠올려 보라(D. L. 2권 67절). 대화편들의 곳곳에 아리스티포스적인 관능주의를 스치듯 암시하는 부분이 있을지 모르지만, 플라톤은 아마도 그의 태도를 매우 불명예스러운 것으로 여겼을 것이고, 도덕성이 너무도 결여되어 있어서 철학적 입장으로 진지하게 받아들일 수 없었을 것이다.[34] 아리스토텔레스는 그가 향락적인 삶(apolaustikos bios, 『니코마코스 윤리학』 1권 5장 1095b 17)이라고 불렀던 삶의 전형으로 아리스티포스를 선택했을 법하다. 그렇지만 그도 그러한 견해를 논박할 필요가 없다고 생각하는 것으

---

33 중요한 원문은 조각글 155, Mannebach 편집 = *SSR* IV A 173이다. "그는 목적(telos)에 관해 분명한 것을 전혀 말하지 않았지만, 사실상 그는 행복의 실재(hypostasis)를 쾌락들에다 두었다. 왜냐하면 그가 늘 쾌락에 대해 말하고 있어서, 그는 자기 추종자들을 그가 삶의 목적이 유쾌하게 사는 것이라고 의도했다고 생각하도록 이끌었기 때문이다." Mannebach(1961, 110쪽)가 인정하는 것처럼, 목적에 관한 모든 학설지적 보고는 후기의 전문적인 용어에서 정형화된다.

34 플라톤의 대화편 『필레보스』에서 무제한적인 쾌락주의의 옹호자로서 필레보스에게 부과된 모호한 역할과 비교해 보라. 우리는 '필레보스'를 아리스티포스의 가명(假名)으로 생각할 수 있을 것이다.

로 보인다. 그것을 '짐승들의 삶'(1095b 20)이라고 부르는 것으로 충분하다.

6. 아이스키네스[35]

(아테네의 스페토스 구역 출신인) 아이스키네스는, 플라톤과 크세노폰을 제외하고, 상당한 양의 작품을 남긴 유일한 소크라테스 추종자이다. 아이스키네스의 대화편은 플루타르코스, 루키아누스, 그리고 후대까지 폭넓게 읽혔다. 그리고 그의 『알키비아데스』와 『아스파시아』에서 따온 구절들은 우리가 이 두 대화편에 대해 상대적으로 풍부한 그림을 그려볼 만큼 충분히 광범위하다. 문학적인 관점에서, 아이스키네스는 소크라테스적 에로스(erōs) 관념의 창시자로 간주될 수 있다. 물론 이 관념의 어떤 역사적인 바탕은 소크라테스 자신의 인품에 있었음에 틀림없다. 그러나 아이스키네스와 플라톤의 대화편들에서 이 주제의 문학적 표현은 아이스키네스도 플라톤도 어떤 경우든 개인적으로 알 수 없었던 소크라테스 삶의 한 시기를 언급한다. 그렇다면, 우리가 갖고 있는 것은 역사적인 문서가 아니라 소크라테스적 주제의 문학적인 전개이다. 우리는 이러한 전개가 여기서 논의되는 아이스키네스의 두 대화편으로 시작되었고 말할 수 있다.

저자로서 중요함에도 불구하고, 한 개인으로서 아이스키네스는 소크라테스 추종자들 가운데서 그 관계가 빈약한 편이다. 측근 집단의 일원으로서 그의 자리는 『소크라테스의 변론』(33e)과 『파이돈』에서 플라톤이 그를 언급하는 부분에 의해 보장되지만, 디오게네스 라에르티오스에서 그의 생애는 몹시 빈약하게 소개된다(D. L. 2권 60-64절. 소크라테스 추종자들 중에서 생애가 이

---

35   6절 아이스키네스에 관한 보다 상세한 논의는 Kahn(1994)을 보라.

보다 더 짧게 소개된 인물은 파이돈이 유일하다). 우리는 그의 출생이나 사망 시기에 대해 아무것도 모른다. 『소크라테스의 변론』에서 법정에 참석한 그의 부친을 언급한 부분은 그가 다른 추종자들보다 더 어렸을지 모른다는 것을 암시하고, 한 일화는 결정적으로 그를 아리스티포스보다 손아래로 나타낸다 (D. L. 2권 83절). 한 전승에 따르면, 소크라테스에게 감옥에서 탈출할 것을 권했던 사람은 아이스키네스였다. 플라톤은 이 역할을 "아이스키네스가 (플라톤보다는) 아리스티포스와 매우 친했기 때문에" 크리톤에게 넘겼다(2권 60절). 아이스키네스는 가난했고, 그래서 그는 법정 소송을 위한 연설문을 작성하고 아마도 보수를 받고 강연을 할 수밖에 없었을 것이다(2권 62-63절).

아이스키네스가 기억되고 있는 것은 무엇보다도 그의 대화편들 때문이다. 그것들은 소크라테스를 생생하게 묘사하여 높이 평가되었다. 고대 비평가들은 이 작품들의 자연스러운 문체와 순수한 어법을 찬미하고, 일부 작가들은 플라톤의 작품들보다 그것들을 선호했다.[36] 일곱 대화편의 이름만이 알려져 있지만, 더 많이 있었을지도 모른다. 그리고 우리는 아이스키네스의 가장 잘 알려진 두 작품과 플라톤의 초기 대화편 중 몇몇 작품 간의 강한 문학적 상호 작용을 발견할 수 있다.

1) 아이스키네스의 『알키비아데스』

『알키비아데스』는 이야기 전달 방식의 대화편이었고, 여기에서 소크라테스는 자신이 알키비아데스와 나눴던 대화를 익명의 한 청자에게 보고한다. 이렇듯 외적 형식은 플라톤이 외견상 아이스키네스의 사례를 따르면서 자신의 『카르미데스』와 『뤼시스』에서 채택했던 것과 동일하다. 플라톤은

---

36 "소크라테스의 성품(ēthos)을 포착한 아이스키네스의 작품으로 7편의 대화편이 있다"(D. L. 2권 61절). 다른 문학적 판단에 대해서는 Dittmar(1912), 260-65쪽을 보라.

대화편의 내적 구조를 좀 더 정교하게 만들었다. 왜냐하면 아이스키네스의 대화편에 보고된 대화에는 소크라테스에게 단 한 명의 대화 상대자가 있는 반면, 플라톤의 『카르미데스』에는 그에게 두 명이 (그리고 머리말 부분에 한 명 더) 있고, 『뤼시스』에는 네 명이 있기 때문이다. 다른 한편으로, 아이스키네스의 대화편 형식은 어떤 이야기 전달의 틀도 없이 직접적인 대화를 단순히 모방하는 구조를 갖추고 있었던 것 같은 안티스테네스의 (아마도 그보다 더 이른) 『알키비아데스』보다 더 복잡하다.[37] 아이스키네스의 대화편은 아마도 다음 문장으로 시작했을 것이다. "우리는 심판관들이 경기를 조직하고 있는 뤼케이온에서 의자에 앉아 있었다"(SSR VI A 43). 체육관 배경은 우리에게 『뤼시스』를 떠오르게 하는데, 거기서 곧장 뤼케이온을 향해 가고 있는 소크라테스를 히포탈레스가 멈춰 세운다(『뤼시스』 203a-b).

아이스키네스의 독자들은 안티스테네스가 개인적인 경험(autoptēs gegonōs)을 바탕으로 알키비아데스의 비범한 체력, 용맹, ─"아킬레우스가 그와 같은 모습이 아니었다면, 정말로 잘생기지 않았을"(SSR V A 198-99) 정도의─ 미모를 묘사했던 대화편에 친숙해 있었을지 모른다. 아이스키네스는 그러한 묘사를 얼마간 제시하거나 전제하고 있다. 알키비아데스는 여기서 자신의 재능, 부, 가족 관계에 대해 대단한 자부심을 갖고 있는 것으로 보여서 "올림포스 12신들의 흠을 손쉽게 찾아낼 정도였을 것이고"(조각글 5, Dittmar

---

37 안티스테네스의 『알키비아데스』, 조각글 3(Dittmar, 309쪽) = SSR V A 200. 그 모방 형식은 이러한 간략한 대화편 인용이 작품 전체에 전형적일 경우에만 증거가 된다. 그것은 안티스테네스의 대화편이 ─아마도 더 앞선 시기의 것이었겠지만─ 더 앞선 시기의 것이라는 점을 증명하지 않을 것이다. 단지 그것이 우리가 예상했던 것보다 기교적으로 덜 복잡했다는 점만을 증명할 것이다. 『알키비아데스』라는 제목이 달린 플라톤의 위작(僞作) 두 편도 단순한 모방 형식을 지니고 있다는 점을 주목하라. 이것은 아마도 소크라테스적 대화편의 '원초적'(primitive) 형식일지 모르는데, 플라톤의 『크리톤』, 『이온』, 『소 히피아스』, 그리고 『메논』과 많은 이후 대화편들이 그런 형식이다.

편집=SSR VI A 46), 그는 자신의 아테네 경쟁자들을 말할 거리도 안 되는 것으로 여긴다. 소크라테스는 그의 자부심이 어리석고, 정치 경력을 위해서는 진지한 도덕적·정치적 훈련이 얼마간 필요하다는 점을 알리는 일에 착수한다. 그러므로 이 상황은 구조적으로는 플라톤의 위작 『알키비아데스 I』에서와 동일한데, 거기에서 소크라테스는 그에게 "자네는 극단적인 무지(amathia) 속에 있고, 그렇게 자네는 훈련도 받기 전에 정치에 달려든 셈이지"라고 말한다(118b). 두 대화편에서 소크라테스의 임무는 알키비아데스가 그 자신을 보다 현실적으로 보고, 그럼으로써 개선을 욕구하는 데로 이끄는 것이다.

"나는 그가 테미스토클레스를 질투하고 있다는 것을 알아차렸다"고 소크라테스는 말한다(조각글 7, Dittmar 편집=SSR VI A 49). 그래서 소크라테스는 그 내용의 대부분이 보존된 길고 유창한 연설에서, 크세륵세스에 대한 그리스의 승리를 조직함과 동시에 크세륵세스의 호의를 확보함으로써 나중에 아테네에서 추방됐을 때 페르시아인들 사이에서 큰 존경과 권력을 누릴 수 있었던 테미스토클레스의 지적인 성취를 드러낸다(조각글 8, Dittmar 편집 =SSR VI A 50). 보존된 원문이 그의 업적이 뛰어난 덕(aretē), 숙고(bouleuesthai)의 기술, 지적인 계획(phronein), 요컨대 그의 앎(epistēmē) 덕분이었다는 것을 강조하므로, 원문에서 사라진 부분들은 그와 같은 성공으로 이끌었던 자기 수양 또는 '자기 자신에 대한 돌봄'(epimeleia heautou)의 노력을 언급했음에 틀림없다. 그러나 그러한 지적인 탁월성조차도 아테네에서 테미스토클레스가 실패하여 불명예스럽게 추방되는 것을 막기에는 역부족이었다(SSR VI A 50, 34-51행).

이 연설이 알키비아데스에게 미친 영향은 압도적이다. 그는 눈물을 터뜨렸고, "한탄하면서 절망하며," 애원의 표시로, "자신의 머리를 나(소크라테스)의 무릎에 놓고는," 소크라테스에게 자신의 타락 상태를 제거하고 aretē를 얻도록 도와달라고 애원했다(VI A 52). (우리는 알키비아데스가 소크라테스의 말에 감동하여 눈물을 흘렸다고 보고하는 플라톤의 『향연』 215e에서 이러한 구절의 반향을 발견할 수 있다.) 알키비아데스는 테미스토클레스와 대등한 사람이기는커녕 자신이 무지하고 교육을 결하고 있다는 점에서 도시의 가장 미천한 노동자와 다를 바가 없었다는 것을 알게 되었다(Dittmar, 99쪽 이하와 함께 VI A 47). 그 대화편은 이야기 전달의 틀로 복귀하여 끝나는데, 거기서 소크라테스는 알키비아데스와 더불어 자신이 성공했던 이유와 자신이 지닌 힘의 한계를 성찰한다. 이 마지막 절은 중요하기에, 여기에 그대로 인용한다.

내가 어떤 기술(technē)에 의해서 그에게 이익을 줄 수 있었다고 생각했다면, 나는 나 자신이 큰 어리석음의 죄가 있음을 발견할 것이다. 하지만 나는 사실, 신적인 시여(theia moira)에 의해서 이것이 알키비아데스의 경우에 주어졌고, 이는 놀라워할 어떤 것도 아니었다고 생각했다.

많은 아픈 사람들은 인간의 기술에 의해 건강하게 되지만, 어떤 사람들은 신적인 시여에 의해 그렇게 되기 때문이다. 전자는 의사에 의해 치유된다. 후자의 경우 그들을 회복으로 이끄는 것은 그들 자신의 욕구(epithymia)이다. 그들은 토하는 것이 그들의 관심사일 때 그렇게 하려는 충동을 갖고, 운동하는 것이 그들의 건강에 좋을 때 그들은 사냥하러 가길 욕구한다.

내가 알키비아데스에 대해 갖는 사랑(erōs) 때문에 나는 바코스 신도들과 동일한 경험을 한다. 바코스 신도들은 신들렸을(entheoi) 때, 다른 사람들은 물도 퍼 올릴 수 없는 우물에서 우유와 꿀을 퍼 올리기 때문이다. 그리고 내가 누군가에게 가르쳐서 혜택을 줄 수 있는 앎 또는 기술(mathēma)을 전혀 알지 못한다고 해도, 알키비아데스와 사귀면서 나는 사랑의 힘을 통해(dia to eran) 그를 더 나은 사람으로 만들 수 있다고 생각했다. (조각글 11, Dittmar 편집 = SSR VI A 53)

62

사람들에게 어떤 것을 가르침으로써 그들을 더 나은 사람으로 만드는 어떤 기술(technē)을 갖고 있다는 것을 부정하는 이 원문의 소크라테스에서, 곧장 우리는 플라톤의 『소크라테스의 변론』의 소크라테스를 발견한다. 여기에서 소크라테스는 인간과 시민들의 탁월성에 대해 사람들을 교육하는 기술에 애매한 감탄을 보이며 연설하지만, 또한 자신이 그러한 기술을 가지고 있다는 것을 단호하게 거부한다(19e-20c). 우리는 정말 이것을, 스스로를 직업적 교사들인 소피스트로부터 의도적으로 거리를 두는 역사적 소크라테스의 태도를 잘 기록한 것으로 간주할 수 있을 것이다.[38]

그런데 테미스토클레스의 남다른 aretē는 바로 알키비아데스 세대의 젊은이들이 소피스트들에게 몰려들어 배우고자 했던 것이다. 하지만 우리는 알키비아데스를 소크라테스의 일행 가운데서 발견한다. 소크라테스는 그에게 테미스토클레스의 경우와 같은 의미에서 정치적 aretē를 가르칠 것인가? 결코 아니다. 그는 그를 가르칠 것인가, 아니면 오히려 그는 그가 그 자신 안에서 테미스토클레스가 결핍했던 종류의 앎과 탁월성을 획득하려는 욕구를 방출하도록 도움을 줄 것인가? 아마도 후자일 것이다. 알키비아데스는 적어도 첫 단계는 거쳤다. 그는 자신의 무지를, 즉 인간과 시민의 탁월성이 관계된 한에서 자신이 무가치함을 인식하게 되었다. 그런 만큼 그는 이미 '더 나은' 사람이 되었다. 그러나 다음 단계는 무엇인가? 에로스(erōs)와 앎은 서로 어떻게 관련되어 있는가? 그리고 에로스는 테미스토클레스가 결여했던 종류의 지혜와 어떻게 관련되어 있는가?

이러한 감질나는 질문에 대한 대답은 『알키비아데스』의 보존된 부분들에서 분명하게 제시되지는 않는다. 그리고 독자를 의문에 머물게 하는 것,

---

38 Döring(1984)도 이렇게 적절한 평가를 내린다.

그리고 우리로 하여금 제기된 문제들에 대해,[39] 특히 탁월성과 지혜의 추구에 대해 그리고 그의 동료들에 대한 소크라테스의 영향에 대해 심화된 생각을 자극하는 것이 아이스키네스가 가진 기술의 본질적인 부분인 것 같다. 한 가지 분명한 점은 이 맥락에서 에로스에 부과된 중요한 역할이다. 『알키비아데스』의 결론부에서 에로스는 ―테미스토클레스의 세속적인 지혜와, 그리고 여러 가지 기술과 솜씨의 전문적인 훈련, 즉 배움(mathēmata)과 대조되어― 필록테테스의 활처럼 신의 선물과도 같은 것, 즉 거의 비이성적인 힘으로 제시된다.

우리는, 실제로든 또는 적어도 들리는 이야기로든 아이스키네스와 플라톤이 모두 소크라테스를 알키비아데스가 사랑하는 사람(erastēs)으로 제시한 데에는 역사적인 근거가 있었다고 가정해야 한다. 물론 『향연』에서 알키비아데스의 연설은 진실처럼 들리지만, 그것은 플라톤의 기술이 지닌 지극히 기만적인 능력의 산물일 뿐이다. 알키비아데스가 '한창때'일 때 일어난, 지금 논의되고 있는 일들은 플라톤이 태어나기 전의 일들이다. 그리고 아이스키네스는 아마도 훨씬 더 어렸을 것이다. 플라톤은 이러한 관계에 대해 진실을 알 위치에 있지 못했고, 『향연』의 이중적인 이야기 전달 구조에서 그는 그런 사실들에 대한 어떤 직접적인 앎도 부인하려 애썼다. 우리는 플라톤의 설명을 우리가 얻을 수 있는 가장 개연성 있는 이야기로 받아들일 수도 있다. 하지만 아이스키네스를 그의 전임자로 간주하는 것이 아마도 옳을 것이다. 아이스키네스는 우리에게 그가 어떻게 그 관계를 이해했는지를 말하지 않는다. 그러나 아마도 그는 대화편의 마지막 말 중 ('알키비아데스에 대한 나의 사랑 때문에'를 의미하는 것으로 보이는, 하지만 그 반대를 의미할 수도 있는) dia to eran의 애매한 구문을 통해, 플라톤이 알키비아데스의 연설

---

39 Gaiser(1969), 200-9쪽의 통찰력 있는 논평을 보라.

에서 보다 명시적으로 지적하는 내용을 더 단순한 방식으로 말하고 있을지 모른다. 그 내용은, 소크라테스가 잘생긴 젊은이들에게 추파를 던진 것은 사실, 그의 인품이 지닌 자력(磁力)을 그들에게 집중시키고 그럼으로써 그들을 '사랑의 힘을 통해' 자신에게 끌어오고, 그들이 그의 삶에 구현된 것으로 보았던 탁월성(aretē)에 대한 철학적인 추구를 그들 자신의 삶에서 본받으려는 욕구를 그들에게 불어넣는 그의 방법과 완전히 일치했다는 점이다. 만일 이것이 아이스키네스가 알키비아데스의 충동을 병든 자를 자연적인 회복으로 이끄는 욕구(epithymia)에 비유하면서 말하고자 의도했던 바가 아니었다면, 그것은 어쨌든 플라톤이 아이스키네스의 선례를 따르면서 『카르미데스』, 『뤼시스』, 『향연』에서 소크라테스적 에로스에 대해 문학적 묘사를 제공하게 되었을 때 이해했던 바이다.

2) 아이스키네스의 『아스파시아』[40]

『알키비아데스』에서보다 여기서 훨씬 더 적은 인용이 그대로 보고되고 있기 때문에, 대화편의 외적인 형식은 그다지 명확하게 알려져 있지 않다. 이야기 전달의 틀에 대한 어떤 뚜렷한 증거도 없다. 오히려 소크라테스와 칼리아스 사이에 대화가 곧바로 이루어지고 있는 것 같다. 내부 구조는 이보다 복잡하다. 소크라테스가 몇 차례 길게 이야기하는데, 여기에 아스파시아가 소크라테스 역할을 하면서 크세노폰과 그의 아내를 반대 심문하는 대화를 고스란히 보고하는 부분이 포함된다. 그러므로 이 대화편이 적어도 하나의 극-안의-극, 즉 소크라테스와 칼리아스 대화 안에 둘러싸인 아스파시아와 크세노폰 대화를 포함하기 때문에, 문학적 형식은 플라톤의 『메넥세노스』를 닮았으면서도, 이보다 더 다채롭다.

---

40 달리 지적한 곳을 제외하면, 『아스파시아』에 대한 나의 재구성은 Ehlers(1966)를 따른다.

칼리아스는 소크라테스에게 아들을 위해 교사를 추천해 달라고 부탁하는 것으로 말문을 연다. 『소크라테스의 변론』에서 소크라테스는 칼리아스를 바로 다음과 같은 질문을 받았을 아버지로 인용한다. "당신은 아들들에게 탁월성(aretē)을 가르치기 위해 누구를 택할 건가요?"(『소크라테스의 변론』 20b). 만일 『소크라테스의 변론』이 먼저 쓰였을 개연성이 있다면, 이것은 아이스키네스에게 그의 대화편을 위한 출발점을 암시했던 것일지 모르지만, 이번에는 질문에 대답해야 하는 사람이 소크라테스라는 아이러니한 반전이 있다.[41] 어쨌든 우리는 소피스트들에게 거금을 썼던 칼리아스 같은 사람(『소크라테스의 변론』 20a)이 아들 교육에 관한 조언을 듣고자 소크라테스에게 기대는 모습을 발견하고 놀랄지도 모른다. 하지만 더욱 놀라운 것은 소크라테스의 대답이다. "당신 아들을 아스파시아에게 보내라"(조각글 17, Dittmar 편집 = *SSR* VI A 62).

페리클레스의 아내 노릇을 했던 아스파시아는 아테네에서 가장 유명한 여성이자 온갖 조롱의 대상이었는데 무엇보다도 희극에서 그랬다. 한편으로 그녀의 이미지는 매춘부나 정부(情婦)의 모습이고, 다른 한편으로는 페리클레스 위에 군림하는 지배적인 여성의 모습이다. 아리스토파네스의 작품에서 그녀는 자신의 매춘부 두 명을 납치한 것에 대해 메가라인들에게 복수하려고 페리클레스로 하여금 펠로폰네소스 전쟁을 시작하도록 한다(『아카르나이 구역민들』 526-39행). 안티스테네스가 자신의 대화편 『아스파시아』에서 그렸던 것은 분명히 이렇게 다소 창피스러운 성격이었다(위의 44쪽을 보라).

그녀에 대한 공적인 이미지가 있었기 때문에, 소크라테스가 아스파시아

---

41 보통의 상황에 대한 이 같은 역전에 관해서는 Ehlers(1966), 43쪽을 보라. 『소크라테스의 변론』의 구절에서 칼리아스가 한 교사, 즉 파로스의 에우에노스를 실제로 추천한다는 점을 주목하라.

를 추천한 것이 도발적이라는 점은 확실할 것이다. 칼리아스는 경악과 불신으로 반응했음에 틀림없다. 뭐라고요? 남자를 여자한테 배우도록 보내라고요? 그것도 그따위 여자에게!

소크라테스는 소신을 관철한다. 그는 몸소 아스파시아를 자신의 스승으로 여긴다. 그는 그녀의 전문 분야, 추측건대 사랑의 문제에 대해 가르침을 받고자 그녀에게 간다.[42] 대화편의 나머지는 아스파시아가 탁월성에 대한 최상의 교사라는 자신의 주장을 옹호하고 설명하면서 소크라테스가 소개한 세 개의 상이한 종류의 예로 이루어져 있다. 그리고 세 쌍이 모두 사랑의 힘과 관련되어 있다. 그 예들은 다음과 같다.

① 뛰어난 다른 두 명의 여성: 로도귀네와 타르겔리아
② 정치적 탁월성의 교사로서의 아스파시아: 페리클레스와 뤼시클레스
③ 도덕적 탁월성의 교사로서의 아스파시아: 크세노폰과 그의 아내

① 허구의 페르시아 여왕 로도귀네는 군사적으로 성공하고 의무에 헌신함으로써 특출한 남자에게 속한 모든 특성을 보여 주었던 여성으로 제시된다. 타르겔리아는 테살리아의 왕자와 결혼해서 30년 동안 테살리아인들을 통치했던 (전설적인?) 밀레토스의 매춘부였다.

② 타르겔리아의 예는 우리에게 왕비가 된 또 다른 밀레토스의 첩인 아스파시아에게로의 이행을 준비시킨다. 그녀는 페리클레스를 통치하고 페리클레스는 아테네를 통치한다. 소크라테스가 『메넥세노스』에서 아스파시

---

42 조각글 19, Dittmar=SSR VI A 62. 말 그대로의 원문을 가지고 있지 못하기 때문에, 우리는 나중 전거가 보고하듯이 소크라테스가 사랑에 관한 수업(ta erōtika)을 위해 아스파시아에게 갔다고 아이스키네스가 명시적으로 말했는지에 대해서는 알지 못한다. 아스파시아의 명성으로 보아, 그 점은 확실한 것으로 함축되었다.

아의 추도 연설을 암송할 때, 그가 기억을 더듬어서 암송한 아스파시아가 작성한 연설에 타르겔리아의 이야기가 나왔다고 몇몇 학자들은 그럴 법하게 추측을 이어갔다. 그것은 타르겔리아 에피소드로부터 그대로 인용된 글 하나가 극도로 고르기아스적인 문체인 이유를 설명할 수 있을 것이다(조각글 22, Dittmar = *SSR* VI A 65). 왜냐하면 우리가 살펴보겠지만, 아이스키네스는 아스파시아를 고르기아스 방식의 연설술 교사로 제시하기 때문이다. 여하튼 타르겔리아 연설은 또 다른 플라톤의 걸작, 즉 『향연』에 나오는 아가톤의 연설을 예기한다. 그곳의 플라톤처럼, 여기서(조각글 22에서) 아이스키네스는 풍자라고 해도 좋을 만큼 과장된 고르기아스의 어법을 모방했다.

아스파시아는 페리클레스의 정치 경력에서 그녀가 맡은 역할로 인해 찬미된다. 그녀는 단순히 현명한 정치적 조언의 원천만이 아니었다. 그녀는 그에게 연설술을 가르치기도 했다. 그녀는 "그의 말솜씨를 고르기아스에서 벼림"으로써 페리클레스를 강력한 정치 연설가로 만들었다(조각글 24 = *SSR* VI A 65). 이렇듯 아이스키네스는, 플라톤이 나중에 『메넥세노스』에서 그러하듯, 아스파시아를 페리클레스에게 대중 연설을 가르치는 선생으로 표현했다. 그리고 아이스키네스의 아스파시아는 페리클레스만을 유능한 연설가로 만들었던 것이 아니다. 그녀는 양(羊) 장수 뤼시클레스와도 그 일을 반복했다(조각글 26 = *SSR* VI A 66).

뤼시클레스는 페리클레스가 죽은 지 1년이 채 되지 않던 기원전 428년에 카리아에서 사망했던 아테네의 장군이었음에 틀림없다(투퀴디데스, Ⅲ.19.1). 그의 명성은 오랫동안 지속되었는데, 특히 희극에서 그는 성공한 정치 경력을 가진 세속적 상인들에 대한 조롱의 모델 역할을 한다.[43] 아스파시아가 페

---

43 기원전 424년에 상연된 아리스토파네스의 『기사』에서도, 순대 장수가 클레온을 곧 타도할 거라고 선언하는 신탁은 이에 앞서 양 장수(뤼시클레스)가 밧줄 장수를 타도하고, 양 장수 자신

리클레스와 더불어 성취한 것은 단순히 페리클레스 자신의 재능 때문이 아니라 그녀의 수완 때문이었다는 점을 증명하기 위해, 아이스키네스는 그녀가 뤼시클레스를 상대로 동일한 기술을 수행하도록 하는데, 여기에서 그녀가 미친 결정적인 영향은 부정할 수 없을 것이다. 그녀는 뤼시클레스를 비천한 출신에서 고위 권력으로 승진시켰고, 아무런 재능도 없고 훈련도 받지 않은 자를 바로 페리클레스처럼 "솜씨 좋은 연설가이자 존경받는 장군"으로[44] 만들었다. 이러한 비교는 아리스토파네스에 나타난 뤼시클레스의 모습이나, 아니면 뤼시클레스의 죽음으로 끝났으며 투퀴디데스에 의해 기록된 참담한 원정을 기억했던 누구에게라도 이상하게 들렸음에 틀림없다.

③ 아스파시아가 페리클레스와 뤼시클레스와 가진 연분에 대한 이야기와는 대조적으로, 소크라테스의 마지막 예는 아스파시아를 젊은 부부에 대한 존경스러운 조언자로 제시한다. 다른 사람도 아닌 크세노폰과 그의 아내라니!

크세노폰 에피소드는 키케로의 라틴어 번역에 보존되어 있다.[45] 먼저 아스파시아와 크세노폰의 아내 간의 대화가, 그다음 아스파시아와 크세노폰 간의 대화가 나오는데, 이 모두는 소크라테스에 의해 전달된다. 이와 같은 대화 안의 실제 (보고된) 대화라는 문학적 실험은 플라톤 안에서 그와 정확하게 견줄 만한 것을 갖고 있지 못한 것 같다. 가장 근접한 것이 『향연』 201d 이하에서 디오티마와의 대화를 보고한 것이다. 그리고 디오티마는 여러모로 아이스키네스의 아스파시아에 대한 플라톤의 반응이다. 그러나 『향연』

은 가죽 장수(클레온)가 타도하는 일이 일어날 거라고 언급한다. 주석과 더불어 132행을 보라. 뤼시클레스의 이름은 765행에서 언급된다.

[44] 이것은 Ehlers(1966), 75-77쪽에 의해 인용된 시리아 번역본에서 가져온 것이다. 조각글 26-27, Dittmar = SSR VI A 66, 68과 비교하라.

[45] *De Inventione*, 1,31,52F. 조각글 31, Dittmar = SSR VI A 70을 보라.

에서 소크라테스는 자신이 참석한 대화를 전달하는 것으로 나타나고 이것이 그 보고를 더욱 자연스럽게 만들기 때문에, 형식상 중요한 차이가 있다. 우리가 『알키비아데스』에서 발견했던 보고된 대화편의 전반적인 형식에서처럼, 그런 측면에서, 그리고 고르기아스 문체의 패러디에서도, 아이스키네스는 창안자이고 플라톤은 각 기술적 혁신의 완성자인 것 같다.

이 논쟁은 소크라테스적인 귀납법(epagōgē) —키케로는 이를 inductio라 일컫는다— 의 형식을 갖는다. 그래서 아스파시아는 여기서 '여자 소크라테스'의[46] 모습이다. 그녀는 먼저, 크세노폰의 아내에게 이웃이 더 멋진 황금 장신구를 소유하고 있다면, 그녀가 자신의 것보다 이웃의 황금을 선호할 것인지, 그다음으로 이웃이 더 값비싼 의류와 장식품을 소유하고 있다면, 그녀가 자신의 것보다 이웃의 의복을 택할 것인지를 묻는다. 두 경우 모두에서 그의 아내는 이웃의 것을 택할 것이라고 대답한다. 세 번째 질문은 다음과 같다. "만일 이웃의 남편이 당신 남편보다 낫다면, 당신은 이웃의 남편을 택할 것인가, 아니면 당신 남편을 택할 것인가?" 이 지점에서 그의 아내는 얼굴을 붉히고, 아스파시아는 크세노폰에게 질문하기 시작한다. 더 좋은 말(馬)과 더 좋은 부동산에 관해 질문받자, 크세노폰은 그의 아내처럼, 예상했던 바와 같이, 더 좋은 것을 택할 것이라고 대답한다. 그다음에 세 번째 질문이 나온다. "이웃의 아내가 당신 아내보다 낫다면, 당신은 당신 아내를 택할 것인가, 아니면 이웃의 아내를 택할 것인가?" 그리고 여기서 크세노폰도 말문이 막힌다. 그러자 아스파시아가 말한다. "당신들 둘 다 내가 가장 대답 듣길 원했던 질문에 대답하지 못했기 때문에, 당신들 각자가 생각하고 있었던 바를 말하겠소. 아내인 당신은 최상의 남편을 갖기를 원하고, 크세노폰 당신도 가장 탁월한 아내를 갖기를 원하오. 그러므로 당신들

---

46 Dittmar(1912), 51쪽에 의해 인용된 Hirzel의 적절한 구절.

이 이 세상에 당신들보다 더 나은 남자도, 더 탁월한 여자도 없다는 점을 제시하지 못한다면, 당신들 둘 다 당신들이 가장 바람직하다(optimum)고 여기는 점, 즉 당신이 가능한 최상의 아내와 결혼했고, 그녀는 가능한 최상의 남편과 결혼했다는 점을 결여하고 있을 것이오."

여기서 아이스키네스의 『아스파시아』에서 인용한 글이 끝난다. 우리는 소크라테스의 최종적인 발언이 이 작은 대화와 전체 대화의 논점을 얼마만큼 다듬었을지 알지 못한다. 그러나 아스파시아는 서로 자기 수양의 노력을 기울일 것을 촉구하기 위해 크세노폰과 그의 아내가 서로에 대해 갖고 있는 사랑에 호소하고 있는 것처럼 보일 것이다.[47] 그래서 아스파시아는 '소크라테스' 역할을 하면서 소크라테스가 『알키비아데스』의 끝에서 구현하는 원리 ─사랑의 힘을 통해(dia to eran) 누군가를 더 나은 사람으로 만든다는 원리─ 를 일반화하는 데 기여한다.

이렇듯, 『알키비아데스』의 결론에서 도출됐던, 에로스와 탁월성으로의 촉구 간의 심오하고 다소 신비스러운 연결에 대해 몇 가지 상이한 해석들이 있다. 각 대화편에 대한 완전한 원문이 없으므로 아이스키네스가 이러한 연결이 정확하게 어떻게 이해되기를 의도했는지 알 길이 없다. 『알키비아데스』와 『아스파시아』에서 인용한 세 개의 글은 아이스키네스의 대화편이 예술적인 단편, 즉 독자로서의 우리에게 자유로운 해석을 허용하는 진실과 상상의 기묘한 혼합처럼 창작되었다는 점을 암시한다.

어떤 해석에서든 분명해야 하는 점은 바로 이 특이한 대화편을 이루고 있는 부분들이 얼마나 상상에 의한 것이며 비개연적이냐는 것이다. 아스파시아와 뤼시클레스라는 인물은 희극에서 차용되어 변형되었다.[48] 아이스

---

47 엘러스(B. Ehlers)도 그렇다. 이 구절에 대해 다른 해석들도 있다.
48 물론 아스파시아와 뤼시클레스는 둘 다 실제 인물이지만, 아이스키네스만이 그들을 엮어 제

키네스는 타르겔리아의 이야기를 히피아스로부터 차용했는데, 이 소피스트는 그녀가 14명의 남자와 결혼하게 될 정도로 매우 아름답고 현명했다고 분명하게 밝혔다.[49] 아이스키네스에서 그녀의 이야기는 안티오코스로 시작해서 크세륵세스로 끝나는데, 이는 연대의 순서상 불가능한 것으로 보인다.[50] 페리클레스가 아스파시아로부터 고르기아스식의 연설술을 배웠다는 내용은 확실히 연대의 순서상 터무니없는 것이다. 유일하게 기록된 고르기아스의 아테네 방문은 페리클레스 사후 2년인 기원전 427년이었다. 한 세대가 지난 뒤에 저술하면서, 아이스키네스는 그의 상상 속의 페르시아 왕비의 위업을 기술할 때 그런 것처럼 그의 아스파시아 이야기의 역사성에 대해서도 무관심하다. 그리고 아스파시아는 크세노폰이 아내를 가질 정도로 나이가 들기 이전에 사망한 것이 확실하다. 그래서 『아스파시아』에서 소크라테스가 인용한 다섯 에피소드(로도귀네, 타르겔리아, 페리클레스, 뤼시클레스, 크세노폰과 그의 아내) 중 역사적으로 정확하거나 심지어 역사적으로 그럴법한 것은 하나도 없다.

아이스키네스를 떠나기에 앞서 이 두 대화편과 플라톤의 몇몇 초기 저술들 간의 일정한 문학적 접촉점들에 주목해 보자. 이러한 연관들은 상당

시했다. 플루타르코스는 다음과 같이 보고한다. "아이스키네스에 따르면, 양 장수 뤼시클레스는 비천한 출생에다 재능도 보잘것없었지만 페리클레스가 죽고 난 뒤 아스파시아와 동거한 덕분에 아테네인들 중 일인자가 되었다고 한다"(*Life of Pericles* 24 = *SSR* VI A 64). 뤼시클레스는 페리클레스가 죽은 지 1년이 안 돼 사망했기 때문에, 근대 역사가들은 이 이야기를 결코 진지하게 취급할 수 없었을 것이다. 그러나 Kahrstedt는 뤼시클레스가 아스파시아와 결혼했다고 한다(*RE* 13, 1927, 2550-51쪽). Gomme(1956, 279쪽)는 보다 신중한 입장이다.

49 DK 86B.4. Dittmar(1912), 30쪽 참조. 아이스키네스는 그녀가 테살리아의 '통치자'인 안티오코스하고만 결혼했다고 생각한 것 같다(조각글 21-22, *SSR* VI A 64-65). 이러한 상상적인 이야기 배후에 있는 역사적인 사실들을 재구성하려는 Ehlers(1966, 52쪽 이하)의 시도는 설득력이 없고 불필요한 것 같다.

50 안티오코스의 연대를 추정하는 문제에 대해서는 Ehlers(1966), 53쪽 각주 66을 보라.

한 상호 영향을 암시할 뿐만 아니라 우리가 저술 시기를 재구성하는 것을 어느 정도 허용한다. 아이스키네스의 『아스파시아』와 플라톤이 『메넥세노스』에서 ─여기에서 아스파시아는 소크라테스가 암송하는 추도 연설의 저자로 말해지고, 소크라테스는 그녀가 이 연설을 페리클레스를 위해 저술했던 연설에서 남은 것들로써 창작했다고 주장한다─ 아스파시아를 활용한 부분 간에 명백한 접점이 있다. 이 경우 플라톤이 은혜를 입은 자이고, 그가 페리클레스와 소크라테스를 위한 수사술 교사로서의 아스파시아라는 모티브를 바로 아이스키네스에게서 빌려 왔다는 점은 분명한 것 같다.

그런데 『메넥세노스』의 경우에는 매우 드문 것, 즉 절대적인 연대가 있다. 기원전 386년의 '왕의 평화'(King's Peace)를 언급하는 부분(245b-e)으로 볼 때, 『메넥세노스』는 같은 해 또는 그 직후에 저술되었음에 틀림없다.[51] 따라서 아이스키네스의 『아스파시아』는 386년 이전에 저술되었을 것이지만, 아마도 훨씬 이전은 아닐 것이다. 우리는 잠정적으로 그 시기를 380년대 초반으로 놓을 수 있다. 그리고 우리가 『아스파시아』를 『알키비아데스』의 속편과 같은 것으로 해석하는 엘러스의 입장을 따른다면, 후자의 저술 시기도 386년 이전이어야 한다.

다른 한편으로 플라톤의 『이온』에서 우리는 반대 방향을 가리키는 표현상의 반향을 발견한다. 여기에서는 아이스키네스가 차용자임에 틀림없다. 아이스키네스의 『알키비아데스』에서(위의 62쪽에 인용된 조각글 11C, Dittmar 편집) 소크라테스는 자신을 신들린 상태에서 우유와 꿀을 퍼 올리는 바코스 신도들에 비유하는데, 이들은 『이온』 534a에서 바로 그런 일을 한다. 신들림의 비유가 『이온』의 문맥에 깊이 새겨져 있지만 (소크라테스가 신들린 것 같

---

51 『메넥세노스』를 그 평화의 조건에 대한 일종의 도덕적 저항으로 보는 나의 의견이 맞다면, 왕의 평화는 그 후에 저술되었다는 것 이상의 의미를 갖는다. Kahn(1963), 220-34쪽을 보라.

지 않은) 아이스키네스에서는 다소 놀라운 것이기 때문에, 이 경우에 아이스키네스가 플라톤을 되풀이하고 있다고 가정하는 것이 자연스럽다.[52] 이제 『이온』의 개연적인 저술 시기는 기원전 394년이거나 조금 뒤이다.[53] 이렇게 해서 다음과 같이 일관된 그림이 나온다.

> 플라톤의 『이온』, 기원전 394-392년쯤
> 아이스키네스의 『알키비아데스』
> 아이스키네스의 『아스파시아』
> 플라톤의 『메넥세노스』, 기원전 386-385년

안티스테네스의 『알키비아데스』와 『아스파시아』가 아이스키네스가 쓴 같은 제목의 대화편들 이전의 것이라고 추정하지만, 나는 여기서 그 둘의 순서를 정하지 않겠다.

이 같은 저술 연대가 역사적으로 정립된 것이라고 주장하는 것은 불합리할 것이다.[54] 그러나 그것은 내적으로 일관되고 본질적으로 개연적이다. 그리고 그것은 (우리가 4장 7절에서 살펴보겠지만) 안티스테네스의 작품과 논쟁적인 관계를 함축하고 있는 『소 히피아스』라는 또 다른 초기 플라톤적 대화편의 증거와도 들어맞는다. 이러한 문학 경력의 초기 단계에서 플라톤은 자신의 동료인 소크라테스적 작가들과의 빈번한 교류에 몰두한 것으로 보인다.

---

52 Flashar(1958), 61쪽을 따르는 Ehlers(1966), 22쪽도 그렇다.
53 Flashar(1958), 101쪽 이하.
54 내가 제안한 저술 시기에 대한 보다 상세한 옹호에 대해서는 Kahn(1994), 103-5쪽을 보라.

7. 크세노폰과 소크라테스적 문헌의 허구성

크세노폰의 소크라테스적 저술들(『소크라테스 회상』, 『소크라테스의 변론』, 『향연』, 『경영론』)은 매우 방대해서 여기서 개관할 수 없다. 그리고 이 저술들이 플라톤에게 어떤 영향이라도 미쳤다고 믿을 만한 아무런 근거도 없다.[55] 이와 반대로, 소크라테스란 주제에 관해 크세노폰은 오히려 스펀지와 같은 모습을 보이며, 안티스테네스, 아이스키네스, 플라톤에게서 착상, 주제, 심지어 표현까지 흡수한다. 이는 여타 소크라테스 추종자들이 기원전 390년대와 380년대에, 즉 소크라테스 사후 10년 또는 15년 내에 저술했던 반면에, 크세노폰의 소크라테스적 작품들은 명백히 훨씬 후대에 저술되었는데, 아마도 소크라테스적 문헌의 첫 세대가 출현했던 이후인 기원전 360년대일 것이라는 사실에 의해 설명될 수 있다.

크세노폰은 아시아에서 군사적인 모험의 경력을 수행하려고 소크라테스가 죽기 2년 전인 기원전 401년에 청년의 나이로 아테네를 떠났다. 그가 기원전 394년에 그리스로 돌아왔을 때, 그는 아테네로부터 망명하여 최소한 기원전 370년까지 서부 펠로폰네소스에 있는 외딴 마을에서 살았다. 『소크라테스 회상』은 크세노폰의 긴 망명 동안 저술이 시작되었을지 모르지만, 그가 기원전 360년대에 아테네로 복귀한 이후에나 완성되었던 것으로 보인다.[56]

55　플라톤이 크세노폰의 원문에 대해 설명하는 나에게 알려진 유일한 경우는 소크라테스적인 어떤 것에 대한 언급이 아니라 퀴로스(Cyrus)에 대한 교육이 비판을 받는 『법률』 3권 694c 이하에서 Cyropaedia에 대한 그의 논쟁적인 언급에서이다. Tatum(1989), 216쪽 이하와 226쪽 이하의 논의를 보라.

56　이것은 레스키(A. Lesky), 1957/58, 468쪽의 의견이다. 소크라테스적 저술들은 "360년대 이전에는 거의 저술되지 않았다." 레스키의 의견은 371년에 레우크트라 전투(Ⅲ.5) 이후의 상황을 전제하는 『소크라테스 회상』 3권에 대해서 명백하게 옳다. Delatte(1933), 73쪽과 Breitenbach(1967), 1811쪽을 보라.

크세노폰이 플라톤 이외에 작품이 보존되었던 유일한 소크라테스적 작가이기 때문에, 그는 그러한 저술들이 우리에게 익숙하지 않은 방식으로 사실과 환상을 혼합시키는 정도에 대한 핵심 증인이다. 한 관점에서 상상적인 전기 작품들로서 크세노폰의 소크라테스적 저술들은 최근에 어떤 주석가가 '장대한 허구'(imperial fiction)로[57] 적절하게 기술했던 그의 『퀴로스의 교육』에 비견될 수 있다. 물론 『소크라테스 회상』에서 크세노폰의 상상력은 소크라테스에 대한 그의 청년기 추억에 의해 길러졌다. 그러나 이러한 추억은 그 사이에 출판되었던 소크라테스적 문헌을 통해 여과되었다. 그의 작품에 나타난 허구적 요소를 실증하기 전에 크세노폰에서 이 이전 문헌이 지닌 몇 가지 특징을 먼저 살펴보자.

안티스테네스가 『소크라테스 회상』과 『향연』 모두에 몸소 등장하기 때문에, 그의 영향을 추적하기는 특히 쉽다. 기곤(O. Gigon)은 크세노폰이 안티스테네스의 도덕적 이상에 밀접하게 상응하는 세 가지 탁월성 —자제(enkrateia), 인내(karteria), 자족(autarkeia)— 으로써 소크라테스의 성품에 대한 묘사를(『소크라테스 회상』 1권 2장 1절) 어떻게 시작하는지를 보여 주었다.[58] 크세노폰은 안티스테네스의 인품에 대한 자신의 다소 비우호적인 표현에도 불구하고, 안티스테네스의 남성적인 덕 개념이 대부분 자신의 견해와 일치한다는 점을 분명히 발견한다.[59] 그래서 우리가 크세노폰의 소크라테스가 열정적인 성적 애착의 노예가 되는 것 —무엇보다도 미소년들과 입 맞추는 것— 을 경고하고, 자기 억제를 훈련할 필요성과 압도적이지 않은 쾌락

---

57 Tatum(1989).

58 Gigon(1953), 27쪽.

59 Caizzi(1964), 96쪽과 비교하라. 크세노폰의 눈에 "그 자신(즉, 크세노폰)이 오히려 해학적으로 지적하는 기질의 발산에도 불구하고 안티스테네스는 소크라테스와 가장 가까웠고, 그의 유산을 받을 자격이 가장 많은 자였다."

만 탐닉할 것을 가르치는 모습을 발견할 때, 우리는 아마도 영향보다는 오히려 유사성에 대해 말해야 할 것이다. 진정한 에로스는 또 다른 현자에 대한 한 현자의 사랑이다(『향연』 8장 3-4절). 굶주림이 간단한 음식으로 충족되어야 하듯이, 성적 충동은 매력적이지 않은 여자들로 충족되어야 한다(『소크라테스 회상』 1권 3장 14-15절. 『향연』 4장 38절 참조). 아내들은 좋은 자식을 낳는 특질로 선택되어야 한다(2권 2장 4절). 간부(姦夫)는 여성의 유혹에 저항할 수 없으므로, 덫에 걸린 메추라기나 자고 같은 호색적인 새와 비슷한 인간이다(2권 1장 4-5절). 우리가 크세노폰의 『소크라테스 회상』 1-2권에서 전개된 것으로 발견하는 성적 탐닉에 대한 이러한 태도는 안티스테네스의 것으로 입증된 교설들과 거의 대부분 일치한다.

아이스키네스가 크세노폰을 자신의 『아스파시아』에 등장시켰기 때문에, 우리는 자연스럽게 크세노폰 쪽의 반응이 어떨지 기대하게 된다. 크세노폰이 아이스키네스의 이름을 언급한 적은 없지만, 우리는 이러한 문학적 장면의 반향 몇 가지를 발견한다. 『소크라테스 회상』 2권 6장 36절에서 크세노폰의 소크라테스는 좋은 중매인이 예비 부부에 대해 진실을 말함으로써만 좋은 결혼을 성공적으로 주선할 수 있다는 자신의 견해에 대한 권위로서 아스파시아를 인용한다. 그리고 『경영론』 3장 14절에서 소크라테스는 훌륭한 아내를 둔 남자가 자기 아내를 자신이 직접 교육시켜야 하는지에 대해 질문을 받고, "아스파시아를 당신에게 소개하지요. 그녀는 저보다 더 전문적으로 당신에게 이 모든 것을 설명해 줄 것입니다"라고 응답한다. 우리는 아스파시아가 아이스키네스 대화편의 크세노폰 에피소드에서 정확하게 남편과 아내의 교사로서 등장했다는 점을 기억한다.

이러한 것들은 소크라테스적 대화편을 썼던 이전 사람들로부터 얻은 자료를 크세노폰이 활용한 사례의 역할을 할 수 있다. 그가 플라톤에게 입은 은혜는 증거 자료가 매우 풍부해서 나는 이 논제를 부록(593-606쪽)에서 다룰 것이다. 소크라테스에 대한 해석과 관련하여 특별히 중요한 몇몇 구절은 3장 3절에서 분석될 것이다.

이제 크세노폰의 소크라테스적 저술들에 나타난 허구의 차원을 다뤄 보자. 크세노폰이 "나는 기억한다" 또는 "나는 거기에 있었다"고 말할 때, 이를 곧이곧대로 받아들일 어떤 이유도 없다는 점은 언뜻 보기에 꽤나 놀랍지만 결국은 지극히 명백하다. 그가, 우리가 허구적 개연성으로서 기대할 법한 것조차도 전혀 시도하지 않은 채 본질적으로 허구적인 1인칭의 이야기 전달 방식을 매우 특이하게 사용하고 있는 모습에 우리는 그냥 익숙해져야 한다. 예컨대, 크세노폰은 그가 참석했다는 진술로 『향연』을 시작하지만 그 작품의 나머지 부분에서는 자신에 대해 어떤 언급도 하지 않는다. 그리고 우리는 칼리아스가 모임을 가진 허구적인 연대, 기원전 422년에 크세노폰이 열 살 이하임에 틀림없다는 것을 안다. 그는 자신이 이러한 상상적인 향연에 참석했다는 것을 우리가 믿으리라고 기대하지 않는다. 심지어는 우리가 그렇게 상상하는 것조차 기대하지 않는다. 이와 비슷하게, 『경영론』은 "언젠가 나는 그(소크라테스)가 경영에 관하여 다음과 같은 대화를 나누는 것을 들었다"는 언급으로 시작한다. 그러나 소크라테스가 아니라 크세노폰이 말하고 있다는 점은 그 이후 부분에서 분명해진다.

『경영론』은 허구적인 비개연성의 극단적인 경우이다. 왜냐하면 크세노폰은 기원전 401년 이후로 소크라테스를 본 적이 없지만, 그가 소크라테스에게 명시적으로 (4장 16-19절에서) 퀴로스의 죽음과 기원전 400년의 사건들을 언급하게 하기 때문이다.[60] 여기서 시대착오라고 말하는 것은 오도일 것이다. 화자가 소크라테스이고, 하물며 크세노폰은 그 자리에 있지도 않다는 주장을 유지하려는 시도가 전혀 없을 뿐이다. 다른 한편으로 『향연』에서

---

60 이것은 Maier(1913, 19쪽 이하)에 의해 주목되었다.

상당한 주의가 허구적인 진실성 —즉 기원전 420년대의 장면에 대한 기교적인 착각을 창조하는 데— 에 주어진다. (여기에서 크세노폰은 『카르미데스』와 『향연』처럼 잘 규정된 허구적인 연대가 있는 대화편들의 구성에서 플라톤의 전례를 확실히 따르고 있다.) 그러나 여기에서도 연대의 일관성은 아주 지나치게 강조되지는 않는다. 소크라테스가 사랑에 관한 긴 연설에서 '아가톤을 사랑하는 자, 파우사니아스'의 견해들을 언급할 때, 그는 분명히 플라톤의 『향연』에 등장하는 연설자를 언급하고 있다. (그가 파우사니아스의 연설과 파이드로스의 연설을 부분적으로 섞고 있다는 점은 중요하지 않다.) 물론, 소크라테스적 문헌의 상상적 세계에서도 이것은 불가능하다. 플라톤의 『향연』의 허구적 연대가 크세노폰의 것보다 6년 후이기 때문이다. 그러나 그것은 실제로 무관하다. 크세노폰 쪽에서는 허구적 연대에 대해 어떤 일관된 관심도 없기 때문이다. 그래서 기원전 422년으로 연대가 잡힌 모임에서 카르미데스는 기원전 404년 이후에 자신이 재산을 잃은 사실을 언급할 수 있다(『향연』 4장 32절).

작품의 산만한 구조를 인정한다면, 『소크라테스 회상』에서 시대착오는 불가피하다. 그러나 시대착오보다 더 놀라운 것은, 예컨대 "나는 내가 기억하는 모든 것을 기록할 것이다"(1권 3장 1절)와 "나는 내가 한때 그가 말하는 것을 들었던 내용을 진술할 것이다"(1권 4장 2절)와 같이 이미 언급된 1인칭 표현 구절이다. 그러한 진술들은 그 작품의 새로운 절을 도입하려거나, 크세노폰이 특히 중요하다고 간주하는 에피소드에 주의를 환기시키려고 계획된 문학적 허구물로 이해되어야 한다.[61] 이것들은 회상으로 제시되므로, 더 큰 허구는 크세노폰이 모든 연설에 참석했다는 것이다. 연

---

61 Caizzi(1964), 90쪽은 많은 논점을 공통으로 가지고 있는 『소크라테스 회상』의 1권과 마지막 권에서 신에 관한 두 개의 중요한 논의가 두 경우 모두에서 크세노폰이 그가 거기에 친히 참석했던 것처럼(1권 4장 2절과 4권 3장 2절) "아마도 그의 말을 더욱 돋보이게 하기 위해" 대화를 소개한다는 사실에 의해 형식적으로 연결되어 있다는 점을 지적한다.

설의 내용을 그가 달리 어떤 방식으로 알 수 있겠는가? 그러나 모미글리아노(A. Momigliano)가 지적했듯이, 우리가 "소크라테스가 그의 아들 람프로클레스에게 모친에 대한 의무에 관해 훈계하기 위해 크세노폰의 도착을 기다리고 있었다"는 것을 믿으리라고는 거의 기대되지 않는다(『소크라테스 회상』 2권 2장).[62] 회상의 구성은 "나는 그가 말하는 것을 들었다"는 개별적인 진술 못지않게 문학적 가공이다. 크세노폰이 소크라테스를 회상한 것으로 유일하게 확실한 것이 역사적 작품인 『아나바시스』에 나온다는 점은 우연이 아니다. 거기에서 그는 소크라테스가 자신에게 퀴로스의 원정에 합류할지에 관해 델포이 신탁에 문의하라고 한 조언을 그가 어떻게 교묘히 피했는지를 보고한다(『아나바시스』 3권 1장 5-7절). 역사적인 작품에서 그러한 보고들은 믿도록 의도되어 있다. 그러나 소크라테스적 대화편들에는 그와 전혀 다른 관행들이 지배한다.

우리는 안티스테네스가 쓴 소크라테스적 대화편의 구성 형식에 대해서는 아는 바가 거의 없지만, 나는 크세노폰이 1인칭으로 자신을 소개하는 것, 즉 우리가 아이스키네스나 플라톤에게서 발견하지 못하는 장치의 본보기를 그가 제공했다고 생각한다. 왜냐하면 우리는 안티스테네스가 자신의 경험으로부터 알키비아데스를 기술했다는 점을 알기 때문이다.[63] 그리고 이는 1인칭으로 소개되거나 전달되는 대화편에서 가장 자연스럽게 이뤄질 것이다. 우리는 『소크라테스 회상』과 『향연』에 대해, 모미글리아노가 『퀴로스의 교육』에 대해 언급했던 것을 말할 수 있다(뒤의 작품의 경우도, 『퀴로스』라는 표제의 두 대화편을 쓴 안티스테네스가 선례이다). "이전에 같은 유형의 소크라테스적 저술들이 있었다는 점은 크세노폰이 그가 쓴 전기의 허구적인

---

62 Momigliano(1971), 54쪽.
63 *SSR* V A 198에서 autoptēs(직접 본 사람). 위의 60쪽을 보라.

성격에 대해 독자에게 경고할 필요를 느끼지 못했던 이유를 설명할지 모른다. 그 점은 이해되어 있었다."[64]

크세노폰이 허구적인 전달 방식을 처음 사용한 것은 결코 아니라는 점은 분명하다. 우리가 아이스키네스의 『아스파시아』를 돌아본다면, 우리는 그곳에서 상상의 요소가 지배적이라는 점을 기억할 수 있다. (소크라테스가 실제로 페리클레스의 여자를 칼리아스의 아들을 위한 도덕 교사로 추천했다는 점을 우리가 믿겠는가?) 크세노폰은 소크라테스가 살아 있는 동안 결혼했을 리가 없을 것이고 하물며 아스파시아가 살아 있는 동안에는 말할 것도 없기 때문에, 이 대화편의 크세노폰 에피소드는 항상 비역사적인 것으로 인정되어 왔다. 충분하게 주목되지 못한 점은 『아스파시아』에서 하나하나의 에피소드가 허구적일 뿐만 아니라 신뢰할 수도 없다는 것이다.

이렇듯, 집단으로서의 소크라테스 추종자들, 그리고 그들이 창작했던 문헌은 "전문적인 역사가를 매우 당혹스럽게 할 만한 진리와 허구 사이의 지대로 옮겨 갔다."[65] 우리가 아스파시아가 기원전 386년에 추도 연설을 작성하는 『메넥세노스』를 망각한다면, 우리가 한 학자를 그것에 (소크라테스가 죽은 지 5년이 지난) 기원전 394년이라는 '허구적 연대'를[66] 부여하도록 이끌었던 『이온』의 시대착오적인 점들을 무시한다면, 그리고 우리가 (소크라테스가 플라톤의 형상론을 그들에게 설명할 기회를 제공하려고) 파르메니데스와 제논이 실제로 기원전 450년쯤 아테네를 방문했다고 가정할 정도로 기꺼이 연표를

---

64 Momigliano(1971), 55쪽. Momigliano는 이러한 관계에서 안티스테네스가 한 역할을 주목한다 (같은 책, 47쪽).

65 Momigliano(1971), 46쪽. Wilamowitz(1879, 192쪽)의 다음 논평을 참조. 크세노폰은 "모든 소크라테스적 작가들처럼" 자유로운 창작을 구사한다. "왜냐하면 그의 소크라테스적 작품들의 역사적인 실재성을 믿는 것은, 바로 그 작품들을 위작이라고 치부하는 것만큼이나 가망 없는 고지식함의 사례이기 때문이다."

66 Méridier(1931), 24쪽이 그렇다. "대화가 일어난 추정 연대는 394년과 391년 사이에 위치한다."

왜곡하거나 무시하고자 한다면, 이럴 경우에만 플라톤은 예외적인 인물인 듯하다.

전기가 사실과 상상 사이에 애매한 자리를 차지하게 되었다는 점을 인식하지 못한다면, 우리는 4세기의 전기가 어떤 성격의 것인지를 이해하지 못할 것이다. ··· 소크라테스 추종자들은 전기에서 실험했고, 그 실험은 개별적인 삶의 실재성보다는 오히려 가능성들을 포착하는 쪽으로 방향이 맞춰졌다. 그들이 고찰하는 주요 주제인 소크라테스는 ··· 실제 소크라테스라기보다는 잠재적인 소크라테스였다. 그는 미개척지로의 인도자였다.[67]

이런 사실은 플라톤 대화편이 지닌 비범한 사실주의 또는 진실성에 의해 우리에게 대부분 가려졌다. 소크라테스에 대한 플라톤의 묘사는 아이스키네스와 크세노폰, 안티스테네스와 파이돈의 묘사처럼 자유롭고, 그들의 경우처럼 그 자신의 것이다. 그러나 연설자들의 성격 규정과 그들의 표현 방식이 매우 설득력이 있어서 독자를 그가 또는 그녀가 실제 대화에 참여했던 것처럼 느끼게 하는 예술 작품을 산출하는 능력 면에서 그는 유일무이하다. 엘리엇(T. S. Eliot)은 한때 "셰익스피어가 영웅의 죽음을 좀 더 시적으로 그리고 좀 더 실물과 꼭 닮게 다뤘다는 점만을 제외한다면"[68] 자신의 비극 작품들에서 그 주제를 다른 엘리자베스 시대의 극작가들처럼 다뤘다고 그에 대해 언급했다. 이와 유사하게, 우리는 플라톤이 다른 소크라테스 작가들처럼 똑같이 소크라테스의 대화를 자유롭게 창작하지만 그가 그것을 보다 철학적으로, 그리고 보다 생생하게 실행한다고 말할 수 있다. 과거

---

67 Momigliano(1971), 46쪽.
68 T. S. Eliot(1932), 111쪽.

에 대한 생생한 묘사는 시간과 장소, 성격과 행동이 내적으로 일관될 뿐만 아니라 기지의 사실과도 드러나게 충돌하지 않는 것이다. 그러므로 플라톤의 대화편은 상대적으로 시대착오로부터 자유롭다. 그것은 단지 그것들의 극적 사실주의의 결과일 뿐이다. 그러나 우리가 대조의 방법을 통해 아이스키네스와 크세노폰에 나타난 역사적 개연성에 대한 엄청난 무시를 충분히 설명하지 않는다면, 우리는 플라톤의 가장 위대한 문학적 업적 중 하나 —'사실적인' 역사적 대화편, 즉 훌륭한 역사 소설처럼 실제 사건의 기록이라는 인상을 제공하려고 고안된 상상적 작품의 창작— 를 인식하지 못할 것이다.

2장

플라톤 해석

1. 대화편들을 해석하는 문제

한 일화에 따르면, 플라톤은 디오뉘소스 축제의 경연을 위해 일련의 비극 작품을 막 제출하려고 극장으로 가는 도중에 소크라테스와 우연히 마주쳤다. 이어지는 이야기에 따르면, 소크라테스와 대화를 나눈 뒤, 플라톤은 집으로 돌아가서 자신의 모든 창작물을 불태웠다.[01] 이 이야기가 사실이 아니라면, 그것은 확실히 잘 지어낸 것이다. 소포클레스나 에우리피데스의 극작 재능을 갖고 있었지만, 그는 그것을 다른 문학 형식에 써먹기로 결정했다. 앞 장에서 우리는 그리스 문학의 발전이 플라톤의 사용을 위해 마련한 새로운 장르인 logos Sōkratikos, 즉 '소크라테스와의 대화'를 개관(槪觀)했다. 플라톤을 철학자로 만들었던 사람이 소크라테스였기 때문에, 플라톤은 소크라테스에 대해 저술함으로써 ─보다 정확하게 말하면 소크라테스를

---

01 D. L. 3권 5절.

자신의 저술에 재현함으로써─ 자신의 극작 능력을 철학에 봉사하는 데 합당하게 발휘할 수 있었을 것이다.

플라톤이 극적 대화의 형식으로 구성한 작품들은 문학적으로 크게 성공했다. 그러나 플라톤이 그 자신은 결코 등장하지 않는 이러한 형식을 사용한 것은 그의 사상에 대한 해석에 엄청난 난점들을 산출한다. 대화 형식의 익명성은 해석자에게 다른 철학자에게서는 찾아볼 수 없는 문제를 제시한다. 여러 곳에서 암시되고 『국가』에서 구체화된 플라톤의 교설에 따르면, 철학적 통찰력은 사물을 포괄적으로 보는, 즉 다양성과 다수성 가운데 통일성을 추구하는 경향이 있다.[02] 그러나 플라톤 자신의 통찰력에서 발견되는 통일성은 어디에 있는가? 우리가 플라톤 자신의 목소리를 전혀 듣지 못하는데, 우리가 어떻게 소크라테스가 말하는 것이 플라톤이 생각하는 바를 나타낸다고 어디에서, 어느 정도로 알 수 있겠는가? 이 문제는 대화편들 상호 간의 형식적 독립에 의해, 그리고 다른 문맥들에서 소크라테스에게 귀속된 입장들 간의 불일치에 의해 보다 격심해진다.

본 연구에서 우리는 『소크라테스의 변론』에서 『파이드로스』까지 플라톤 전집 중 거의 2/3를 망라하는 18개의 대화편을[03] 다룬다. 그런데, 이 작품들의 형식적 특징은 그것들이 상호 간에 어떤 명시적인 언급도 하지 않는 점이다. 각 대화편은 그것 자체의 문학적 공간에서 존재하는 독립적인 단

02 "사물을 포괄적으로 보는 사람(ho synoptikos)은 변증술에 능한 자이지만, 그러지 못하는 사람
　　은 그런 이가 아니기 때문일세"(『국가』7권 537c 7).
03 물론 『소크라테스의 변론』은 대화편이 아니라 일련의 법정 연설이다. 다음 장에서 우리는 이
　　차이를 설명할 것이다. 공론을 피하고자, 나는 대부분의 맥락에서 간단히 『소크라테스의 변
　　론』을 대화편 중 하나로 본다.
　　　　본래적인 의미의 대화편들 가운데 나는 여러 학자가 소크라테스적이라거나 '과도기적'이라
　　고 간주하는 『대 히피아스』는 무시할 것이다. 나는 플라톤이 이 대화편을 저술하지 않았다고
　　믿는 논거를 다른 곳에서 제시했다. Kahn(1985)을 보라.

위로 제시된다.[04] 이러한 상황은 후기 대화편들에서 바뀐다. 『소피스트』와 『정치가』는 『티마이오스』에서 시작된 대화를 속행한다고 주장한다. 『크리티아스』는 『티마이오스』의 속편이고, 『티마이오스』 자체는 『국가』를 흐릿하게 언급하는 듯한 부분을 포함하고 있다. 그러나 우리가 논의하려는 대화편들은 그러한 명백한 상호 언급의 사례를 전혀 포함하지 않는다. 각각의 경우에 소크라테스는 새로운 대화 상대자들과 전적으로 새로운 대화를 시작한다. 소크라테스와 그의 대화 상대자들이 가끔 앞서 이뤄진 대화들을 언급할지라도, 이런 대화들은 어떤 플라톤의 대화편에도 기록되어 있지 않다.

이러한 형식적인 독립성은, 그것이 셰익스피어나 몰리에르의 개별 연극처럼 완결된 단일 문학 작품과 그것 자체의 사유 세계인 것처럼 각 대화편을 읽을 것을 종용하고 그것이 바람직하다고까지 한다. 이와 동시에, 플라톤 철학에 관심이 있다면 누구라도 이러한 작품들의 지적인 내용을 서로 연결시키려는 방법을 찾아야 한다. 우리는 18개의 상이한 철학을 플라톤에게 귀속시킬 수 없다. 부분적으로, 플라톤의 작품을 해석하는 문제는 상이한 대화편들의 철학적 내용이 어떻게 서로 연결될 수 있는지에 대한 문제로 간주될 수 있다.

언뜻 봐서 개별 작품들에 제시된 입장들은 독특할 뿐만 아니라 어떤 점에서는 양립 불가능한 것으로 보인다. 극단적인 예를 들어 보자. 『고르기아스』의 소크라테스는 『프로타고라스』의 소크라테스가 긍정하는 것으로 보이는, 쾌락과 좋음(善)의 일치를 일관되게 부정한다. 플라톤이 생각을 바꿨는가? 그렇지 않다면, 우리는 이 두 경우 중 적어도 하나에서 플라톤이 소크라테스에게 자신이 거짓이라고 믿는 견해를 개진하도록 만든다는 사실을

---

04 Clay(1988)를 보라. Clay는 Tigerstedt(1977, 99쪽)의 소견을 발전시키고 있다.

어떻게 설명하겠는가? 아니면, 플라톤은 둘 중 어느 작품에서도 소크라테스의 입장에 얽매이지 않은 것인가? 그리고 왜 그토록 많은 대화편이 어떤 만족스러운 결론에도 도달하지 않는 것처럼 보이는 당혹스러움(aporia)으로 끝나는가?

나는 대화편들을 통합하는 연결고리들이, 그리고 명시적으로는 진술되지 않은 결론에 대한 힌트가 일반적으로 인식되는 것보다 더 계획적이고 정교하며, 도처에 있다고 주장한다. 그런데, 대화편들 사이에 주제적인 연결고리들이 있는지 자체가 논쟁거리는 아니다. 해석자들은 그들이 이러한 연결고리들에 귀속시키는 철학적 의도에서 의견이 갈린다. 덕의 단일성이나 가설의 방법 같은 동일 논제에 대한 다른 취급은 플라톤 쪽에서 견해가 바뀌었다는 점을 나타내는가? 아니면, 플라톤은 어느 하나에 대한 명확하게 얽히지 않고, 가능한 상이한 주장들을 탐구할 뿐인가?[05] 또는 이러한 각각의 논의들은 궁극적으로, 단일한 철학적 견해의 다양한 측면들로 여겨질 수 있는가? 이것들은 대화편 해석자 누구라도 직면해야 하는 핵심 문제들이다.

2. 대화편들에 대한 두 가지 대안적 해석

19세기 초 이래로 플라톤 해석은 두 개의 주요 경향 ―슐라이어마허로 거슬러 올라가는 일원론적 견해와 헤르만에 의해 소개된 발전론적 견해―

---

05 이런 견해에 대한 전통적인 진술은 Grote(1875)의 진술이다: "플라톤은 탐구자이고, 아직 자신의 생각을 결정하지 않았다"(1권, 246쪽). "그의 대화편 각각은 그런 특별한 기회에 만들어진, 그것 자체의 관점을 가진다"(2권, 278쪽).

으로 나뉘었다. 일원론적 전통은 다양한 대화편들이 단일한 관점에서 작성되었다는 점, 그리고 그것들의 다양성은 작가의 철학적 변화로 설명되기보다는 문학적이고 교수법적인 근거에서 설명될 수 있다는 점을 가정하는 경향이 있다. 상이한 대화편들은 다른 방향에서 동일한 문제를 탐구하는 것, 또는 독자를 보다 깊은 수준의 성찰로 이끄는 것으로 여겨진다. 슐라이어마허에 따르면, 대화편들의 순서는 철학적 교육의 순서이다. 일원론적 전통은 20세기에 폰 아르님(von Arnim), 쇼리, 얘거, 프리트랜더, 튀빙겐학파에 의해 (다양한 방식으로) 대변되었다.

다른 한편으로, 발전론적 경향은 플라톤이 자신의 생각을 바꿔 갔다는 점, 그리고 대화편의 다양성은 플라톤 사상의 진화에서 상이한 단계를 반영한다는 점을 가정한다. 헤르만은 플라톤의 초기 작품에서 '소크라테스적' 시기를 인지하고 플라톤의 지적인 일대기를 언급함으로써 대화편들의 연속성을 해석한 최초의 사람으로 간주된다.[06] 발전론적 접근은 1867년 루이스 캠벨(Lewis Campbell)의 작품으로 시작된 플라톤의 문체에 대한 연대기적 연구에 의해 19세기 말에 강화되었고, 19세기 말 동안 플라톤의 대화편을 일련의 세 그룹으로 성공적으로 구분했다. 전통적으로 소크라테스적이라고 여겨진 모든 대화편들이 이들 그룹에서 가장 초기에 속하므로, 그러한 문체 연구는 발전론적인 접근을 확증하는 것으로 보였다. 어쨌든, 플라톤은 소크라테스의 제자로서 출발했다. 그가 스승의 입장에서 점진적으로 멀어짐으로써, 아니면 그것을 넘어서서, 자신의 관점을 확립시키지 않을 이유가 있었겠는가?

이러한 접근은 소크라테스의 철학적 입장을 어느 정도 정확하게 대화편들 내에 위치시킬 수 있고, 그 지점으로부터 플라톤의 움직임을 추적할 수

---

06 Hermann(1839).

있다는 점을 전제한다. 그래서 거스리는 플라톤이 "아직 자신의 뚜렷한 교설도 보태지 못한 채 형식과 내용 면에서 스승의 대화를 상상적으로 회상하고 있는"[07] 일군의 대화편들을 인정했다. 이러한 발전론적 견해를 보다 정교하고 극단적으로 정형화한 블라스토스는 10편 내지 12편의 플라톤적인 대화편에서 본질적으로 소크라테스적인 철학을 발견한다. 블라스토스에 따르면, 이 대화편들에서 플라톤은 여전히 스승의 매력에 사로잡혀 있는데, 스승의 철학은 플라톤 자신의 원숙한 사유와 다를 뿐만 아니라 대립적이기도 하다. 플라톤이 독창적인 철학자가 될 때, 그는 원래의 소크라테스적인 입장을 떠나 그것에 반발한다.[08]

이와 대조적으로, 나의 해석은 플라톤의 사상에서 연속성의 요소들을 강조하고, 초기 대화편들과 『파이돈』 및 『국가』의 형이상학적 교설 간의 어떠한 뚜렷한 단절이란 관념도 거부할 것이다. 그러나 독특한 소크라테스적 시기의 존재를 부정하면서 나는 소크라테스의 역사적 실재성이나 그가 플라톤에 미친 영향의 중요성 중 어느 것도 부인하려고 하지 않는다는 점을 분명히 밝혀 둔다. 어떤 철학자도 소크라테스가 플라톤에게 미쳤던 것보다 더 큰 영향을 자신의 제자나 계승자에게 미치지 못했다고 말하는 것이 아마도 공정할 것이다. 소크라테스의 도덕적 이상, 소크라테스 자신의 순교에 의해 숭배의 대상이 된 정의 또는 올바름(dikaiosynē)에 대한 전적인 헌신은 평생에 걸쳐 플라톤을 인도했다. 두 사람의 관계는 다음 장에서 더 풍부하게 탐구될 것이다. 내가 부정하는 것은 소크라테스의 영향이 아니라 이러한 영향을 플라톤의 초기에 국한시키는 일반적인 전기(傳記)적 가정이다.

우리가 플라톤 사상의 형성에서 상이한 단계를 개연적으로 인지할 수 있

---

07 Guthrie(1975), 67쪽.
08 Vlastos(1991). 2장 '소크라테스 대 플라톤 작품 속의 소크라테스'를 보라.

다는 점을 부정하는 일은 내 논제와 관련이 없다. 반대로, 나는 소크라테스적인 시기에 대한 전통적인 관념이 작가로서의 플라톤의 발전에 나타난 몇몇 상이한 계기들을 혼동한다는 점을 주장할 것이다. 그러나 이런 전통적인 견해는 단계들 사이에 있는, 그리고 특히 내가 과도기 대화편이라고 부르는 것들과 큰 분량의 중기 작품들인 『향연』, 『파이돈』, 『국가』에서 플라톤의 입장에 대한 그다음의 보다 명시적인 진술 사이에 있는 사상의 근본적인 연속성을 은폐하는 경향도 있다.

나의 견해가 가장 확고하게 일원론적인 것은 바로 이런 점에서다. 나는 한편으로 『라케스』, 『카르미데스』, 『프로타고라스』 같은 이른바 소크라테스적 대화편들과 다른 한편으로 『파이돈』과 『국가』 사이에서 철학적 입장이 근본적으로 바뀌었다는 점을 부인하고자 한다. 전자의 작품들에는 없는 많은 교설이 후자의 작품들에는 분명히 존재한다. 그러나 침묵을 바탕으로 한 논증은 플라톤처럼 교묘한 작가를 제대로 파악하지 못한다. 애거가 지적했듯이, 발전론적 해석은 종종 플라톤이 저술 당시에 알고 있거나 생각하고 있는 것을 모두 각각의 대화편에 넣어야 했다고 가정하는 것으로 보인다.

물론 발전론적 견해를 지지하는 보다 나은 논증들, 즉 침묵에 의존하지 않고 이론적 양립 불가능의 현상에 의존하는 논증들도 있다. 예를 들어, 『에우튀프론』과 『메논』의 내재적 본질과 『파이돈』의 형이상학적(초월적) 형상 간의 양립 불가능, 또는 『프로타고라스』의 자제력 없음(akrasia)에 대한 논의와 『국가』의 도덕 심리학 간의 양립 불가능이 그것이다. 이 논증들은 6장과 8장에서 각각 상세하게 고찰될 것이다.

이 해석을 진행하기에 앞서, 내 입장의 주요 윤곽을 밝히고자 한다. 『고르기아스』와 아주 짧은 세 개의 대화편 『크리톤』, 『이온』, 『소 히피아스』에 관한 나의 해석은 전통적인 견해에서 그다지 많이 벗어나지 않는다. 그러나 나는 이 네 작품들 사이에 일반적으로 인정되는 것보다 ―구체적으로 말하자면, 도덕적 기술(techné)에 관한 플라톤의 비(非)소크라테스적 관념과 관련하여― 더 많은 이론적 연속성을, 그리고 소크라테스 자신의 입장으로부터 더 먼 거리를 주장한다. 그리고 형식을 말하자면, 나는 상대적으로 짧은 세 대화편이 1장에서 연구된 '소크라테스적 대화편들'의 장르에 속한다는 점을 강조한다. 나는 플라톤이 『고르기아스』를 통해서 자신을 주요 작가로 정립시키고 소크라테스적 대화편(logos Sōkratikos)을 철학 건설을 위한 적절한 수단으로 변형시켰다고 주장한다. 그러나 그 독단적인 어조를 보면 『고르기아스』는 전형적이지 않다. 이와 동시에 또는 내가 추정하듯 그 직후에, 플라톤은 본질적으로 새로운 형식, 즉 거짓의 역사적 배경을 둔 아포리아적(미해결적) 대화편을 창안했다. 이 형식은 그것들이 이후 그룹에 대해 갖는 예기(豫期)적 관계를 강조하려고 내가 '전-중기' 또는 과도기 대화편이라고 부르는 일곱 작품 ―『라케스』, 『카르미데스』, 『에우튀프론』, 『프로타고라스』, 『메논』, 『뤼시스』, 『에우튀데모스』― 에서 예시된다. 플라톤은 여기서 세 편의 거대한 중기 작품 ―『향연』, 『파이돈』, 『국가』― 에서 그 절정에 이르는 철학적 저술의 장기 기획에 착수한다. 나의 견해는 이 그룹이 전체적으로 그리고 그것들 각각이 『국가』의 관점에서 가장 잘 이해될 수 있다는 것이다. 바로 이 과도기 그룹에 대해 나는 얘거의 다소 지나친 주장을 지지하고자 한다.

펜을 들어 첫 번째 '소크라테스적' 대화편을 썼을 때, 플라톤의 목표는 정해졌고 전체적인 체계의 윤곽은 이미 그의 눈에 보였다. 『국가』의 완성태는 초기 대화편들에서 아주 선명하게 추적될 수 있다.[09]

09 Jaeger(1944), 152쪽=영역본 96쪽. 나는 필요에 따라 번역을 일부 변경했다.

그러나 나는 이것을 엄밀하게 역사적인 주장이 아니라 해석학적인 가설, 즉 대화편에 대한 가장 통찰력 있는 독해를 위한 제안으로 간주한다. 그가 우리에게 『일곱째 편지』에서 말하는 내용을 제외하면, 우리는 플라톤의 지적인 일대기에 대해 전혀 아는 바가 없다.[10] 그리고 우리가 플라톤의 철학적 발전에 관해 대화편들로부터 직접적으로 추론할 수 있다고 생각하는 것은 잘못이다. 그것은 우리가 모르는 대화편들의 저술 순서를 알고 있다고 해도 실행 불가능할 것이다. (이 점에 관해 우리가 가진 앎의 한계는 다음 절에서 추적될 것이다.) 소크라테스를 제시할 때 플라톤이 사용하는 미심쩍은 아이러니와 더불어, 대화 형식의 익명성은 우리가 그 저자의 생각을 읽는 방식으로 이 드라마 형태의 작품들을 꿰뚫어 보는 것을 불가능하게 만든다. 이 대화편들을 작가가 지닌 의견의 직접적인 진술로 여길 수 있다고 가정하는 것은 내가 투명성을 가정하는 오류라고 부르는 것으로서, 이러한 문학적 원문의 이론적 불투명성을 고려하는 데 실패한 것이다. 하지만 우리가 식별할 수 있고 또 식별해야 하는 것은 그것들이 구성된 예술적인 의도이다. 왜냐하면 이런 의미에서 작가의 의도가 원문에 새겨져 있기 때문이다. 『향연』, 『파이돈』과 더불어 일곱 개의 과도기 대화편을 『국가』에서 절정에 달한 하나의 복합적인 문학적 기획으로 해석함으로써, 나의 해설은 정확하게 그러한 의도를 포착하도록 계획되어 있다. 그리고 그것은 이러한 대화편들의 전체 그룹을 단일한 철학적 견해에 대한 다면적인 표현으로 간주하는 것을 의미한다.

개략적으로, 그러한 것이 여기에서 제시되는 해석이다. 그것이 저술 연대의 요소와 관련되어 있기 때문에, 나는 다음 절에서 『국가』의 시기에 이

---

10 내가 3장에서 논증할 것이지만, 플라톤 철학의 기원에 대한 아리스토텔레스의 설명은 역사적으로 신뢰할 만하지 않다.

르기까지 대화편들의 저술 연대에 관해서 우리의 앎과 무지에 대한 개관을 시작한다. 그리고 현재 통용되는 견해가 플라톤의 발전을 소크라테스적인 도제에서부터 수학 및 피타고라스 철학과의 접촉에 의한 원숙한 플라톤주의에까지 추적하면서 플라톤의 철학적 발전에 대해 말해 줄 개연적인 일대기적 설명을 갖고 있기 때문에, 나는 이 설명을 대체하기 위해 초기 및 과도기 대화편들을 쓰는 동안에 일어난 플라톤의 지적인 일대기에 대해 대안적인, 마찬가지로 사변적인 설명을 개략할 것이다. 5절에서 나는 나의 중심 논제 ―이 일곱 개의 대화편을 『향연』, 『파이돈』, 『국가』에서 제시되는 견해들에 대한 신중한 철학적 준비로서 읽는 것― 를 지지하는 증거를 예비적으로 검토한다. 이 논제는 플라톤이 중기 대화편들에서 이 견해들을 개진하기 오래전에 그것들에 도달했었다는 점을 함축한다. 그러면 그는 왜 그러한 정보를 초기 작품들의 독자에게 알리지 않았는가? 나는 6절에서 이 물음에 대한 답변을 시도한다.

3. 저술 연대의 문제

19세기 초에는 대화편들의 순서에 관해 신뢰할 만한 단서가 전혀 없었다. 유일하게 확고한 점은 『법률』이 『국가』보다 나중에 저술되었다고 『정치학』 2권 6장에서 아리스토텔레스가 보고한 것이었다. 울프(F. A. Wolf)는 『향연』이 기원전 385년의 사건을 언급한 것으로 보인다고 (1782년의 편집에서) 지적했다. 그리고 물론 소크라테스의 재판과 죽음을 언급하는 『소크라테스의 변론』 및 여타 대화편들은 기원전 399년 이후의 것이어야만 했다. 그러나 그 나머지는 추측이었다. 슐라이어마허는 그 젊은 활기 때문에 『파이드로스』를 연대상 첫 번째에 놓았다. 많은 대화편들은 저술 연대가 소크라테스의 죽음 이전으로 추정되었다. 『테아이테토스』, 『소피스트』, 『정치가』는 상대적으로 초기로, 『국가』는 『티마이오스』 및 『법률』과 더불어 아주 늦은 시기의 것으로 생각되었다.

재능 있는 두 명의 학자 루이스 캠벨과 프리드리히 블라스(Friedrich Blass)의 통찰력에 의해, 그리고 원문의 낱말과 구절을 부지런히 세는 주의 깊은 작업이 계속됨으로써 ―콘스탄틴 리터(Constantin Ritter)는 이 작업을 출중하게 해냈다― 19세기의 마지막 25년 동안 그 모든 것이 변화되었다. 이 이야기는 대단히 흥미로운 것이고, 그것을 여전히 참신하게 생각했던 루토슬라브스키(W. Lutoslawski)에 의해 가장 극적으로 전달된다.[11]

1867년 캠벨은 『소피스트』와 『정치가』의 원문 편집본을 출판했는데, 거기에서 그는 놀랄 만한 수의 문학적·문체적인 관찰, 그리고 그것들이 『필레보스』, 『티마이오스』, 『크리티아스』, 『법률』과 공통으로 가진 특성을 토대로 두 대화편의 저술 시기가 후대라고 주장했다. 이렇게 해서 그는 후기 그룹 또는 그룹 Ⅲ으로 알려지게 되었던 것을 확인했다. 캠벨은 또한 『테아이테토스』, 『파이드로스』, 『국가』가 다른 대화편들보다는 이 그룹에 공통된 어투와 문장 구조의 특징을 더 많이 갖고 있다는 점도 언급했다. 이렇게 해서 그는 중기 그룹 또는 그룹 Ⅱ로 확인되었던 것의 존재를 암묵적으로 인정했다.

캠벨의 저작은 혁명적이었지만, 그것은 루토슬라브스키가 1881년에 디텐베르거(Dittenberger)와 함께 시작해서 언어적 토대 위에서 대화편들의 저술 연대를 독자적으로 확립시키는 일에 착수했던 독일 학자들의 관심을 불

---

11 Lutoslawski(1897). 나는 Lutoslawski와 Brandwood(1990)에 의해 제공된 정보를 주로 보고하고 있다. Brandwood는 이 분야의 연구에 대해 보다 신뢰할 만한 최근의 비판적인 개요를 제공하지만, Lutoslawski는 초기의 연구들을 보다 풍부하게 보고한다.

러일으키기까지 거의 30년 동안 주의를 끌지 못했다. 그 사이에 획기적인 발견의 기회는 블라스의 아티카 연설술 역사에서 제공되었다.[12] 블라스는 이소크라테스에 의해 체계적으로 실천되었던 모음충돌 회피가 『파이드로스』를 포함한 몇몇 작품에서만, 무엇보다도 후기 그룹으로 캠벨에 의해 독자적으로 확인되었던 여섯 대화편에서, 플라톤에 의해 채택된다는 점을 관찰했다. 그래서 이 그룹의 정체는, 문체 비교학자가 작업을 시작하기 전에, 아주 상이한 관찰법을 사용하는 두 독립적인 연구자에 의해 분명하게 확인되었다.

　(1881년에) 디텐베르거, (1888년에) 리터 등의 학자들은 무엇보다도 대화편들이 세 그룹으로 구분된다는 점을 확인해 냈다. 다시 1896년에 『파르메니데스』를 『국가』, 『테아이테토스』, 『파이드로스』와 함께 중기 그룹에 결정적으로 배정한 사람은 캠벨이었다.[13] (리터는 『파르메니데스』의 문체가 매우 이례적이라는 점을 확인하고는 그것이 진품인지 의심했다.) 같은 해의 출판물에서 폰 아르님은 독자적으로 세 그룹에 관해 동일한 결과에 도달했다.[14]

　내 생각에, 플라톤의 대화편들을 세 개의 분리된 그룹 ─초기, 중기, 후기─ 으로 구분하는 것은 대화편들의 저술 연대에 대한 어떠한 추정에서도 고정된 출발점으로 여겨질 수 있다. 이들 그룹은 상호 독립적으로 연구하던 세 학자에 의해 한 세기 전에 확인되었고, 후기 그룹에 관한 그들의 연구 결과는 블라스와 자넬(Janell)의 모음충돌 관찰에 의해 확증되었다.[15] 1881년

12　Blass(1874).

13　Campbell(1896), 129-36쪽.

14　von Arnim의 1896년 출판에 대한 설명은 Brandwood(1990), 96-109쪽을 보라. 보다 간략한 설명은 Lutoslawski(1897), 136-38쪽 참조.

15　Lutoslawski는 초기 연구자들이 서로의 연구 결과에 대해 모르는 상태에서 연구했던 상황을 강조한다. 세 개척자 ─Campbell, Blass, Dittenberger─ 는 서로 완전히 독립적이었지만, 세 명 모두 동일 그룹의 여섯 대화편을 후기의 것으로 확인했다. Ritter(1888)는 Blass와 Dittenberger

디텐베르거에 의해 시작되고 한 세기가 지난 후에 브랜드우드에 의해 개괄된 면밀한 통계적 연구는 이런 세 그룹으로의 구분을 전혀 손상하지 않았다.[16] 이것은 문체 연구가 낳은 하나의 견고한 업적이다.

　문체 비교는 더 많은 것을 해낼 수 있는가? 우리는 합리적으로 그 점을 의심할 수 있다. 1896년 이래로 플라톤적 저술 연대에 대한 연구에서 일어난 일은 진보가 아니라 대부분 혼란이 아닐까 싶다. 무엇보다도 '중간 대화편들'(the middle dialogues)이란 용어에 대한 혼란인데, 그것은 본래 문체상 중간 그룹에 대한 이름이었지만 현재는 초월적 형상론에 대한 언급으로 내용 면에서 규정된 플라톤의 이른바 '중기' 대화편들에 적용된다. 그렇게 규정된 '중기'는 문체상 초기인 두 개 또는 세 개의 대화편(『향연』, 『파이돈』, 『크라튈로스』)을 포함한다. 반면에 문체상 저술 연대가 중간으로 규정된 그룹은 이 대화편들을 배제하나 종종 '후기' 대화편으로 간주되는 『파르메니데스』와 『테아이테토스』를 포함한다. 이러한 혼란을 피하기 위해, 오늘날 '중간 대화편'과 '중기'란 용어가 대체로 문체보다는 내용을 언급하는 데 사용된다는 점을 인정하면서, 단순히 문체상의 그룹 I, II, III을 말하는 것이 나을 것이다. 그러나 나는 저술 연대의 순서에 관한 상호주관적 일치를 위한 토대를 제공하는 것은 문체상 세 그룹으로 구분하는 것뿐이라는 점에 동의한다.

　를 알고 있었지만 Campbell은 알지 못했다. von Arnim(1896)은 Dittenberger를 알고 있었지만 Campbell이나 Blass, Ritter는 알지 못한 것으로 보인다. Lutoslawski(1897) 101, 103, 121, 136쪽을 보라. 처음으로 이 모든 연구를 한데 합쳤던 사람은 바로 Lutoslawski였다.

16 Ritter와 von Arnim의 작업에 관해 논평하면서 Brandwood(1990, 108쪽)는 "그들이 정확하게 같은 지점에서 세 개의 저술 연대 그룹으로 구분하는 것에 전적으로 동의한다는 점"을 주목한다. 다른 곳에서(8쪽) 그는 Campbell이 이미 동일한 세 개의 그룹을 확인했다는 점을 인정한다. 또 다른 최근 연구에서 G. R. Ledger는 "초기 작품들과 후기 작품들 간의 명확한 차이"를 인정하고, 암묵적으로 그룹 II와 III 간의 구분을 확인한다. Ledger(1989), 224쪽 이하를 보라. 그러나 이러한 기초적인 연구 결과는 대화편들 전체의 순서를 확정하려는 Ledger의 시도에 의해 무색해졌다.

혼란의 두 번째 근원은 훨씬 더 극단적이다. 이것은 세 그룹 내에서 대화 편들의 저술 연대 순서를 정하기 위해 문체 비교를 사용하려는 시도이다. 요컨대, 캠벨, 리터 및 여타 학자들이 발견한 점은 플라톤의 문체가 긴 경력 의 과정에서 근본적으로 두 차례 변했다는 것이었다. 한 번은 그가 완전히 새로운 규모의 창작물인 『국가』를 저술하는 데 착수했을 때였다. 그리고 또 한 번은 그가 체계적으로 모음충돌을 피하고 그래서 보다 자연스럽지 못한 낱말 순서와 문장 구조를 채택하기 시작했을 때였다. (이러한 변화는 그룹 II와 III 간의 단절을 표시하는 『테아이테토스』와 『소피스트』 사이에서 발생했다.) 그러나 실제로는 플라톤이 새로 대화편을 쓸 때마다 그의 문체가 중대하게 변했다 고 가정할 어떤 이유도 없고, 그가 동시에 여러 대화편을 작업하고 있었다 는 가능성을 배제할 이유도 전혀 없다.

문체 비교의 기반 위에서 대화편들의 순서를 완전히 선형적으로 확립하 려는 시도는 한 세기 동안의 연구 끝에 어떤 신뢰할 만한 결과물도 합의도 산출하지 못했다.[17] 그리고 이것은 우리가 예상할 수 있을 법한 일이다. 왜 냐하면 그 시도는 저술 연대의 순서가 모든 경우에 문체상의 변화에 반영될 것이라는 잘못된 가정에 기초해 있기 때문이다. 모든 연구는 아니지만 많 은 연구가 세 그룹으로의 구분을 확증한다고 해도, 상이한 두 연구가 ―심 지어 같은 학자의 두 연구조차도[18]― 각 그룹 내에서 대화편들의 동일한 순 서를 산출하는 일은 있다고 해도 드물다. 선형적 순서를 확립하고자, 지난

---

17 이러한 합의의 결핍은 Brandwood와 Ledger의 책에 대한 논평들에 기록되어 있다. 예컨대,
    Schofield(1991), 108쪽 이하, Keyser(1991)와 (1992), Young(1994)을 보라.
18 이에 대한 가장 주목할 만한 사례는 von Arnim이다. 그는 자신의 첫 번째(1896) 연구에서 『뤼
    시스』와 『라케스』를 그룹 I의 맨 끝에 『파이돈』 및 『향연』과 함께 놓았다. 그러나 자신의 두 번
    째(1912) 연구에서 그는 그 두 대화편을 그룹 I의 처음 가까이에, 『이온』과 『프로타고라스』 다
    음에 놓았다. Brandwood(1990), 107쪽과 215쪽의 보고를 보라.

100년간 이뤄진 문체 비교는 불가능한 일을 실행하려고 시도해 왔다. 이러한 장기적이고 지속적인 노력은 캠벨과 더불어 시작됐던 저술 연대 연구에 대한 하나의 확고한 객관적인 (또는 적어도 신뢰할 만한 정도의 상호주관적인) 결과를 흐리게 하고, 그럼으로써 그 결과에 대한 확신을 손상시키는 데에만 기여해 왔다. 캠벨의 연구는 간소하지만 대화편들을 세 그룹으로 구분하는 결정적인 업적이다.[19]

문체상의 증거에 관한 한, 『소크라테스의 변론』과 『크리톤』은 『향연』 및 『파이돈』과 같은 시기에 저술되었을지 모른다. 우리가 실제로 아는 모든 것은 이 작품들이 하나의 그룹으로서 『국가』보다 이른 시기의 것이라는 점이다. 나는 『소크라테스의 변론』과 『크리톤』이 초기에, 즉 소크라테스 사망 직후에 저술되었고, 형상들에 관한 형이상학적 관념을 제시하는 세 대화편(『향연』, 『파이돈』, 『크라튈로스』)은 훨씬 후에, 『국가』 직전에 저술되었다고 믿는 것이 합당하다고 생각한다. 그러나 의심하는 자에 맞서 이 점을 뒷받침할 어떤 확실한 철학적 토대는 없는 듯하다. 문체상의 중대한 변화는 없다. 그래서 우리가 브랜드우드에 의해 보고된 리터의 계산에 의존한다면, 『향연』은 플라톤의 후기 문체 중 세 가지 특징만을 지니는데, 이는 『이온』과 『카르미데스』와 같은 수이고, 『소크라테스의 변론』과 『크리톤』보다는 한 개 더 많을 뿐이다.[20]

---

19 나에게 세 그룹으로의 구분을 완전하게 확증하지 않는 것으로 알려진 유일한 체계적 연구는 Thesleff(1982)의 것이다. Thesleff(70쪽)는 그룹 III에 속하는 대화편들의 확인은 "어떤 합리적인 의심도 넘어서는 타당한 것"으로 인정하지만, 그는 그룹 II를 저술 연대상의 단위로 보는 표준적인 견해를 수용하지 않는다. Thesleff의 연대 측정 방법은 문체상의 기준과 철학적인 내용에 대한 고려를 결합시킨다. 그리고 그는 플라톤이 수정하고 필사자가 이를 고쳐 썼다는 가설을 도입한다. 내 생각에, 이것은 상호주관적인 합의를 위한 어떤 토대라도 포기함을 뜻한다.

20 Brandwood(1990), 66쪽. 『에우튀데모스』의 사정과 비교해 보라. 이 대화편은 『국가』의 원문을 상기시키는 방식으로 변증술을 수학보다 상위에 놓기 때문에(『에우튀데모스』 290c), 일

나는 일반적인 견해와 달리 『고르기아스』의 저술 연대를 『프로타고라스』 이전으로 정하는 경우를 다른 곳에서 제시했다.[21] 나는 『고르기아스』가 먼저 저술된 것으로 믿는다고 해도, 내가 이것을 증명했다고 생각하지는 않는다. 생각건대, 이 두 대화편은 같은 시기에 저술되었다. 우리는 그룹 I에 속한 대화편들의 순서를 정말 알지 못한다. 그러므로 책임 있는 학자라면 자신이 설득력이 있다고 생각하는 순서로 그것들을 배열할 권리를 가진다. 예외는 거의 없는데, 나는 잠시 후에 그중 하나를 언급할 것이다. 그러나 일반적으로, 순서는 문학적 기지, 역사적 상상력, 또는 개인적 직감에 의해 결정됨에 틀림없다. 이러한 해석학적 선택은 세 그룹으로의 구분에 의해 제시된, 상호주관적으로 확증될 수 있는 확고한 문헌학적 성과와 혼동될 수 없다.

아마도 그룹 I에서 하나의 분명한 예외는 『메논』의 저술 시기가 『파이돈』 보다 앞선다는 점이다. 이것은 전자에 형상들이 나오지 않고 후자에 형상들이 나온다는 점에 의해서가 아니라(플라톤이 모든 대화편에서 자신의 교설들 전부를 주장함에 틀림없다는 가정을 정당화할 근거가 우리에게 전혀 없기 때문이다), 『파이돈』의 작가가 독자에게 『메논』이 전제가 된다는 점을 알아차리도록 의도한다는 원문의 뚜렷한 증거에 의해 보장된다. 상기설이 『메논』(81a-e) 에서 놀랄 만한 새로운 것으로 소개되는 반면에, 『파이돈』에서 그것은 소크라테스가 "자주 주장하곤 했던"(72e) 친숙한 견해로 제시된다. (주요 물음들과

부 학자들은 저술 연대를 『국가』 7권 다음으로 정한다. 이 견해의 지지자는 『에우튀데모스』 가 『프로타고라스』와 동수인 4개의 후기 특성만을 가지고 있는 반면에, 『에우튀데모스』가 『국가』 7권보다 1/3이 더 긴데도 『국가』 7권이 16개를 ―이는 17개를 가지고 있는 『파르메니데스』와 거의 동수이다― 가지고 있는 이유를 설명할 부담이 있다. 이러한 계산에 대해서는 Brandwood(1990), 66쪽과 72쪽을 보라.
21 Kahn(1988a).

기하학적 도형들에 대한 언급과 더불어) 『파이돈』의 전체적인 문맥은 거의 『메논』에 대한 직접적인 언급에 가깝다.

내 생각에, 이것은 그룹 I에서 플라톤 자신이 대화편들의 순서를 정했던 거의 유일한 경우이다. (이에 가장 근접한 유사 사례는 소크라테스가 법정에서 말했던 것을 언급하는 구절들에 의해 제공되는데, 이것들은 실제로 『소크라테스의 변론』의 구절들에 상응한다.) 그 밖에는, 『국가』보다 이른 시기의 대화편들은 서로 문학적인 독립 상태에서 창작되었기 때문에, 어떤 연속적인 순서 매김도 우리에게 자유롭게 허용된다.

나는 그룹 I의 대화편들을 『국가』의 지점을 향해 움직이는 여섯 개의 연속적인 단계로 배열하는 쪽을 택한다. 이것은 다음의 일람표에서 설명된다. 세 그룹으로의 구분은 확고부동한 합의를 보여 준다. 각 그룹 내에서 대화편들의 순서는 개인적인 추정 사항이다.

플라톤 대화편들의 순서

그룹 I

① 『소크라테스의 변론』, 『크리톤』

② 『이온』, 『소 히피아스』

③ 『고르기아스』, 『메넥세노스』

④ 『라케스』, 『카르미데스』, 『에우튀프론』, 『프로타고라스』

⑤ 『메논』, 『뤼시스』, 『에우튀데모스』

⑥ 『향연』, 『파이돈』, 『크라튈로스』

그룹 II

『국가』, 『파이드로스』, 『파르메니데스』, 『테아이테토스』

나는 한때 그룹 Ⅰ의 대화편들에 대한 나의 배열이 저술 연대의 순서라고 믿었지만, 이제는 증거를 거의 확보하지 못한 문제에 대해 어떤 주장을 하는 것은 잘못이라고 생각한다. 그러나 내가 제시한 여섯 단계가 저술 연대로 받아들여진다고 해도, 그것들이 플라톤 사상의 발전을 나타낸다고 주장하지는 않는다. 그것들은 소크라테스에 대한 플라톤의 문학적 제시에 나타난 상이한 계기들과 『국가』의 철학적 입장에 대한 다양한 접근법들을 나타낸다. 요컨대, 이 대화편들 모두를 또는 대부분을 한데 묶고, 그것들의 상호 관계를 가장 잘 비춰 주는 관점을 제공하는 것은 『국가』를 향한 이러한 체계적인 방향 설정이다. 지금 말한 것이 나의 기본 주장이다.

그룹 Ⅰ의 대화편들이 이른 시기의 것이기 때문에, 나는 그것들이 『국가』에 대해 예기적(proleptic) 관계를 가진다고 기술했다. 그러나 '예기적'이라는 이 용어는 너무 시간적인 의미로 생각될지 모른다. 이들 대화편이 실제로 어떤 순서로 작성되었는지 또는 그것들이 사실상 어떤 순서로 읽히는지는 크게 중요하지 않다. 나의 여섯 단계는 이상적인 독해 순서를 위한 제안으로 생각될 수도 있다. 아마도 시간적인 비유보다는 공간적인 비유가 더 나을 것이다. 시간적인 전후 관계 대신에 우리는 공개성과 내밀성, 즉 『국가』에 의해 정해진 중심으로부터의 상대적인 거리를 말할 수 있다. 예기 개념의 변형으로서, 이러한 해석 방식은 진입적(ingressive)이라고 불러도 좋을 것이다. 그룹 Ⅰ의 다양한 단계들은 우리에게 『국가』에서 가장 충만하게 표현되는 플라톤적 사유 세계로 들어가는 다양한 지점들, 진입의 다양한 각도들을 제공한다.

4. 추정적 전기

    고대 작가들의 경우 일반적으로 그들의 문학 작품의 개인적인 배경에 관해 어떤 중요한 증거 자료도 남아 있지 않다. 하지만 플라톤에 대해서는 한 가지 예외적인 것이 존재한다. 그의 『일곱째 편지』는 노년의 우월한 위치에서 본, 그의 초년의 삶에 대한 간략한 밑그림을 제공한다.[22] 도즈(E. R. Dodds) 등의 학자들이 인정했던 것처럼, 그러한 설명은 아주 개연성 있게 『고르기아스』의 창작으로 이끌었던 사건들에 대한 플라톤 자신의 묘사로 읽힌다. 이 편지는 ─우리가 『프로타고라스』와 정의(定義)에 관한 대화편들에서 발견하는 덕에 관한 이론과 가르침에 몰두하는 것과는 상당히 다른 것으로 보이는─ 기원전 390년대 플라톤의 관심사에 대한 그림을 제공한다.

    이 이야기는 "나도 젊은 시절, 정말 많은 사람들과 같은 기분이었습니다. 난 내가 나 자신의 주인이 되면 곧바로 나라의 공적 활동에 뛰어들겠노라 생각하고 있었습니다"라는 진술로 시작한다(『일곱째 편지』 324b 8). 사실상 플라톤은 명문가의 후손이었다. 그는 자부심에 차서 솔론과 자기 가문의 관계를 언급하곤 한다. 그리고 그의 계부이자 외삼촌뻘인 퓌릴람페스는 페리클레스의 가까운 친구였다.[23] 그가 대화편들에서 묘사하는 야심 찬 청년들,

---

22 이 편지가 쓰인 때에 플라톤은 74세쯤이었을 것이다. 나는 이 편지가 플라톤에 의해 쓰였다는 점을 전혀 의심하지 않는다. 대부분의 20세기 플라톤 학자는 이 편지가 진짜라는 점을 인정했지만, 지난 세대에서 의심하는 학자들이 보다 눈에 띄었다. 공통의 의견(communis opinio)은 현재 그것이 진짜라는 점을 지지하는 쪽으로 다시 방향을 트는 듯하다.

23 『카르미데스』 154e-155a, 157e-158a, 『티마이오스』 20e-21d. 퓌릴람페스에 대해서는

예컨대 『프로타고라스』(316b 8)의 히포크라테스처럼, 그가 고위 공직을 열망하는 것은 당연했을 것이다. 그러나 이 편지는 플라톤이 보통의 정치적 경력을 추구하지 못하게 방해했던 일련의 사건을 열거한다. 첫째로, 기원전 404년 아테네의 패배 후에 과격한 민주주의의 붕괴가 있었다. "많은 사람들로부터 비난을 받은" 이 정체를 대신해서 30인 과두정체가 도래했다.

> 그런데 이들 중 몇 사람이 나의 친척이거나 내가 아는 사람들이었습니다.[24] 게다가 그들은 곧바로 나를 자기들 일에 적합한 자로 여겨 불러들였습니다. 나로선 젊었던 터라 마음이 동하는 것도 이상할 게 없었습니다. 왜냐하면 나는 그들이 사람들을 부정한 생활에서 정의로운 생활 방식에로 이끌어 가면서 나라를 꾸려 갈 것이라고 믿었기 때문입니다. 그래서 나는 그들이 무엇을 하고자 하는지 잔뜩 주의를 기울이고 있었지요. 그런데 그들을 지켜보는 동안 실로 얼마 되지도 않아 이들은 이전의 정치 체제가 황금으로 보이게 해 주었습니다. (『일곱째 편지』 324d, 강철웅·김주일·이정호 옮김)

플라톤은 특히 "제가 당시 사람들 중 가장 정의로운 사람이라고 말해도 전혀 부끄럽지 않을, 나의 오랜 친구 소크라테스"에 대한 그들의 처우를 언급한다(324e). 이 30인 정권은 살라미스의 레온을 사형하기 위해 연행해 오도록 그에게 명령함으로써 자신들의 범죄에 소크라테스를 연루시키려고 획책했으나, 소크라테스는 자신의 목숨을 걸고 이를 거부했다.

Dodds(1959), 261쪽을 보라. 플라톤의 가문에 관해서는 또한 이 책 7장 302쪽 이하를 보라.

24 30인 정권의 주동자인 크리티아스는 플라톤의 외당숙이었다. 30인 정권의 한 사람이었던 카르미데스는 그의 외삼촌이었다.

실로 이런 모든 소행들과 그 밖에 그와 유사한 작지 않은 것들을 목격하면서 나 스스로 분노를 참을 수 없어 당시의 사악한 짓거리들로부터 손을 뗐던 것입니다. 그런데 얼마 지나지 않아 이 30인 정권과 당시의 정치 체제가 완전히 전복되었습니다. 그리고 이번엔 전보다는 좀 느리긴 하였지만 어쨌거나 공적인 정치 활동에 대한 욕구가 다시금 나를 끌어당겼습니다. (『일곱째 편지』 325a, 강철웅·김주일·이정호 옮김)

전체적으로, 회복된 민주주의는 매우 온건했고 정적들에 대한 보복의 유혹에 저항했다. 그러나 어쩌다 보니 그들은 "우리의 친구 소크라테스"를 고발하고 사형하였다.

실로 그러한 일 그리고 나랏일을 집행하는 그 사람들 및 그들의 법률과 습속을 살펴보면서, 자세히 살펴보면 볼수록 그리고 나도 나이를 먹으면 먹을수록 그만큼 나에게는 나랏일을 바르게 처리한다는 것이 더욱 어렵다는 생각이 들었습니다. (『일곱째 편지』 325b, 강철웅·김주일·이정호 옮김)

믿을 만한 동지를 찾기는 어려웠고, 반면에 정치적인 관습과 법문의 자의(字義)는 점점 더 타락한 것으로 보인다.

그리하여 나는 처음엔 공적 활동에 대한 열정이 넘쳐흘렀으나 그러한 것들을 바라보면서, 그것들이 완전히 휩쓸려 가는 것을 보고서 급기야 현기증을 느꼈습니다. 그리하여 나는 그와 같은 것들 그리고 나아가 정치 체제 전반에 관한 것들이 어떻게 하면 개선될 수 있을까 곰곰이 생각하기를 멈추지는 않았지만, 실제 행동으로 옮기는 것은 때가 오기만을 줄곧 기다리고 있었습니다. 아무튼 나는 결국 지금의 나랏일 전체 상황과 관련하여 그것들이 온통 잘못 다스러지고 있다고 생각하게 되었습니다. 왜냐하면 그런 나라들의 법률 상태는 행운을 동반한 놀랄 정도의 대책 없이는 거의 구제가 불가능하기 때문입니다. 그래서 나는 올바른 철학을 찬양하면서, 나랏일이든 개인 생활이든 간에 모름지기 정의로운 것 모두는 철학을 통해 알아 낼 수 있는 것이라고 언명하지 않을 수 없었습니다. 그러므로 올바르고 진실되게 철학하는 그런 부류의 사람들이 권좌에 오르거나 아니면 각 나라의 권력자들이 모종의 신적 도움을 받아 진정 철학을 하기 전에는, 인류에게 재앙이 그치지 않을 것이라고 또한 언명하지 않을 수 없었습니다. 내가 처음 이탈리아와 시칠리아에 방문했을 당시 실로 나는 그와 같은 생각을 갖고 있었습니다. (『일곱째 편지』 325e-326b, 강철웅·김주일·이정호 옮김)

이것은 내가 그런 것처럼 이 편지가 플라톤에 의해 쓰였다고 받아들이는 누구에게나 대단히 중요한 기록이다. 플라톤 자신이 우리에게 말하지 않았다면 우리는 그가 거의 40세였을 때까지 지속된, 정치 경력에 대한 그의 젊은 야망에 대해 알 수 없었을 것이다. 『파이돈』에서 자신의 젊은 시절에 대해 소크라테스가 기술한 것처럼, 우리는 오히려 철학적 탐구에 몰두했던 플라톤의 초년을 상상했을 것이다. 그러나 일단 우리가 정치적 활동에 대한 플라톤의 열정적인 관심을 이해한다면, 많은 것들이 딱 맞아떨어진다. 정치적 복원에 대한 깊은 열망은 그의 전 생애에 걸쳐 있는 세 개의 가장 긴 작품 ―『고르기아스』, 『국가』, 『법률』― 이 도덕적인 질서를 도시의 삶에 부과하는 방법의 문제에 바쳐진 이유를 설명한다. 이와 같은 몰두는 그가 시라쿠사에 있는 디오뉘시오스 2세 궁정으로 두 차례 무익한 항해를 했던 부분을 이해하는 데 도움을 준다. 그 당시에 그는 자신이 그리스 세계의 가장 강력한 도시에서 얼마간 사건들의 진행에 영향을 미칠 기회를 가졌다고 생각했다. 이 편지에서 정치 체제의 건강에 대한 일종의 척도로서 소크라테스를 반복해서 언급한 부분으로부터, 우리는 플라톤 자신의 삶에서 소크라테스가 도덕적이고 정치적인 사유의 모델로서 유일하게 중요했다는 점을 볼 수 있다. 그리고 소크라테스가 사망하고 거의 반세기 후에 쓰인 이 편지에서 그것은 그가 여전히 충실하게 따르는 하나의 모델이다. (이 편지 자체의 저술 연대는 플라톤이 사망하기 6년 전인 기원전 353년이다.) 플라톤이 우리에게 자신의 정치적 열망을 포기하는 것이 얼마나 힘겨웠는지를 보여 줌으로써, 이 편지는 그가 철학적 삶을 기존의 것과는 다른 수단에 의한 정치의 연속으로 간주한다는 것이 얼마나 중요한지를 설명하고, 그래서 『고르기아스』의 끝 부분에서(521d) 자신의 소크라테스가 아테네에서 유일하게 참된 정치가라고 역설적으로 주장할 수 있는 것이다.

이 편지에 따르면, 아테네를 떠나 시칠리아와 남이탈리아로 향했을 때 플라톤은 40세쯤이었다. 35년 후에 이 순간을 회상하면서, 플라톤은 그가 이미 『국가』의 유명한 구절(5권 473d)에 표현된 과격한 결론, 즉 정치권력과 철학적 지혜가 한 사람의 수중에서 결합될 때까지 "나라들에 있어서, 인류에게 있어서도 나쁜 것들의 종식은 없다"는 결론에 도달했다고 보고한다. 이 편지에서 플라톤이 이러한 표현을 그의 근본적으로 새로운 정견에 대한 원숙한 표현으로 인용하고 있는 것은 전적으로 자연스러운 것 같다. 그러나 이것은 플라톤이 40세에 『국가』를 저술했다는 것을 뜻하지는 않는다. 많은 학자들은 두 가지 삶, 즉 철학적인 삶과 보통의 정치적인 삶 간의 『고르기아스』에서의 선택이 『일곱째 편지』에 보고된 플라톤 자신의 인생 결심을 직접 반영한다는 점을 인지했다. 도즈는 두 기록 간의 연관성에 대해 전형적으로 진술한다.

내 생각에, 『고르기아스』의 독특한 정서적 힘의 비결은 저자가 그 문제를 심각하게 개인적인 문제로 느꼈고, 이로부터 생겨난 긴장을 자신의 독자에게 전달했다는 것이다. … 소크라테스와 칼리클레스라는 두 인물의 배후에서, 우리는 한 번만은 플라톤 자신의 모습을 발견할 수 있다. 왜냐하면 『일곱째 편지』에 비추어 볼 때 『고르기아스』는 소크라테스에 대한 변론(apologia) 이상이라는 것이 아주 분명하기 때문이다. 그것은 동시에 플라톤 자신의 삶에 대한 변론(apologia pro vita sua)이다.[25] 그것의 배후에는, 가문의 전통과 그 자신의 의향(『일곱째 편지』 325e 1)이 그를 부추겼던 정치적 경력을 포기하고, 그 대신에 철학 학교를 설립하려는 플라톤의 결심이 있다. 그가 우리에게 말한 바와 같이, 그의 결정은 오랜 내적 분투의 산물이고, 그 분투는 『고르기아스』의 특정 부분들에 그 증거를 남겨 둔 것으로 보인다. 폴로스가 그가 틀렸다는 점을 입증하기 위해 최상의 아테네 가문들로부터 부를 수 있는 거짓 증인의 무리에 대해 소크라테스가 내뱉은 통렬한 말에서 우리는 틀림없이 그 분투의 반향을 들을 수 있을 것이다. 또는 "서너 명의 젊은이들과 구석에서 쑥덕공론이나 하며 여생을 보내면서"(485d) 공적인 삶에는 등을 돌리는 사람들에 대한 칼리클레스의 조롱에서, 또는 참된 정치가 있기 위해 있어야 할 새로운 삶의 방식을 소크라테스가 마지막으로 요청한 부분에서(527d-e) 들을 수 있을 것이다. 이 같은 개인적인 어조의 사례들 때문에 『고르기아스』는 대화편들 가운데 독특한 자리를 차지한다.[26]

『고르기아스』에서 소크라테스라는 인물은 플라톤 자신이 철학적 삶을 선택한 것의 상징이 되었다. 『일곱째 편지』에 따르면, 이 선택은 플라톤이 기원전 388년쯤 이탈리아로 떠나기 전에 결정되었다. 우리가 서쪽으로

---

25 Dodds(1959)에서 Dodds의 각주: "『고르기아스』가 '플라톤의 변론'이라는 점은 슐라이어마허가 이 대화편에 대한 자신의 번역을 소개하면서(3판의 15쪽 이하) 처음으로 말했다."

26 Dodds(1959), 31쪽. 여기서 Dodds는 Wilamowitz(1920, I, 232-38쪽)의 통찰을 따른다.

의 항해 직전이나 직후로 이 대화편의 연대를 개연적으로 추정할 수 있다는 것은 『고르기아스』에 이러한 결심이 직접 반영되어 있는 것 같기 때문이다.[27] 내 판단으로는, 신랄한 어조와 아테네의 정치와 문화에 대한 가차 없는 비난은 『고르기아스』를 그가 도덕적 삶에서 훨씬 더 황폐한 것으로 발견한 다른 도시들에(『일곱째 편지』 326b-d) 체류한 이후에 가져온 '귀향 선물'이라기보다는, 넌더리가 나는 아테네를 떠나는 실망한 정치가-철학자에 의해 창작된 아테네에 대한 '고별사'로 보는 편이 더 나을 것 같다. 그래서 나는 『고르기아스』가 기원전 390-388년, 즉 서쪽으로의 여행 전에, 그리고 『이온』과 『소 히피아스』보다 몇 년 후에 창작되었다고 추정한다.

『고르기아스』는 『일곱째 편지』가 함축하는 바를 명시적으로 말한다. 그것은 소크라테스적인 혼을 돌봄이 정치 활동의 선결 요건이자 목표이고, 그래서 소크라테스적 정신에서 추구되는 철학이 정치적 진보를 위해 일하는 유일하게 현실적인 방법이라는 점이다. 나는 이런 새로운 정치관을 통해 플라톤이 작가이자 교사로서 자신의 새로운 역할을 파악하기에 이르렀다고 주장한다. 교육 기획은 그가 아테네로 복귀한 뒤 아카데미아의 활동에서 추진될 것이다. 저술 기획은 덕들의 정의(定義)에 관한 대화편들에서 시작하여 『국가』에서 정점에 이르는 일련의 새로운 대화편들에서 구체화될 것이다. 우리가 그 기획의 배경으로 내가 플라톤의 초기 작업이라고 가정하는 것을 둔다면 기획의 참신함은 보다 뚜렷하게 드러날 것이다.

『소크라테스의 변론』과 『크리톤』은, 그것들이 법정과 감옥에서의 소크라테스의 행동을 설명하고 정당화하려고 시도하고, 이렇게 해서 그의 삶과 죽음의 의미를 해석하려고 시도한다는 점에서, 역사적 의미로 소크라테스적이다. (내가 『고르기아스』 전에 유일하게 기원전 390년대에 창작된 여타 대화

---

27 Dodds(1959, 26쪽 이하), Guthrie(1975, 284쪽 이하)도 같은 의견이다.

편들로 받아들이는) 『이온』과 『소 히피아스』는 문학적 의미로 소크라테스적이다. 그것들은 소크라테스가 (시와 도덕에 관한) 생각들을 ―이것들은 어떻게든 역사적 소크라테스와 연결되지만 플라톤의 방식으로 자유롭게 전개된다― 전개하는 상상적인 대화를 재현한다. 여기에서 플라톤은 '소크라테스와의 대화'라는 새로운 문학 장르를 스스로 즐기면서, 이와 동시에 (우리가 4장에서 보겠지만) 좀 더 전문적인 의미에서 그가 철학에 참여함을 드러내는 일정한 주제들과 논증 방식들을 전개하고 있다. 내가 주장했듯이, 플라톤이 처음으로 자신의 철학적인 입장을 공식화하고 중요한 문학 작품을 창작하는 데 착수한 곳은 『고르기아스』이다. 물론, 『소크라테스의 변론』과 『크리톤』은 그런 비범한 문학적 재능을 드러내는 소규모의 걸작이다. 그러나 『이온』과 『소 히피아스』는 플라톤이 이 재능을 온전하게 활용할 준비가 되어 있지 않았다는 점을 시사한다. 나는 그가 처음으로 그렇게 하는 곳이 『고르기아스』라고 생각한다. 그리고 플라톤이 아테네로 돌아온 뒤, 『고르기아스』의 뒤를 잇거나 그것에 수반되어, 아마도 『라케스』에서 시작해서 여태껏 창작된 철학 문헌 중 가장 비범한 본체를 이루는 대화편들이 부단히 흘러나왔을 것이다. 이렇듯, 내가 보는 바로는 『고르기아스』 창작 이전인 30대 후반에는 단지 임시 작가였던 사람이 ―그가 『일곱째 편지』와 『파이드로스』에서 우리에게 말하듯 결코 저술을 자신의 철학적 활동에서 가장 중요한 부분으로 여기지 않았다는 사실에도 불구하고― 그 후로 전업 작가 같은 사람이 되었다.

도즈가 인정했듯이, 『고르기아스』에 "나중에 『국가』에서 발전될, 도덕과 정치에 관해 플라톤 자신이 가진 견해에 대한 최초의 진술"이[28] 있다. 그러

---

28 Dodds(1959), 16쪽 각주 1. 플라톤의 사유 전체에서 정치적 재건이 가지는 핵심적인 중요성에 대해서는 『일곱째 편지』에 대한 Jaeger(1944, 137쪽 = 영역본 83쪽 이하)의 논평을 보라.

나 『고르기아스』에서 소크라테스적 윤리의 옹호는 무엇보다도, 폴로스와 칼리클레스에 대한 눈부신 논박에서 이루어진 소극적인 성취물이다. 우리가 살펴보겠지만, 소크라테스적 덕의 삶에 대한 적극적인 논증은 훨씬 덜 만족스럽다. 따라서 『국가』에서 하게 되듯이, 그는 정의와 도덕적 삶의 옹호에 한 번 더 착수할 수밖에 없게 된다. 그러나 그런 일을 하면서 더욱 큰 성공을 맛보기 위해 그는 먼저 철학적 사유와 저술의 한 가지 주요 건설 작업을 수행해야만 한다.

우리는 플라톤의 주 관심사가 정치적 동지와 정치 활동의 기회를 찾는 것이었던 때인 소크라테스 사후 처음 10년 동안 그가 친구들과 얼마만큼 철학을 논의했는지에 대해서만 추측할 수 있을 뿐이다. 도덕적·정치적 계획과 비범한 논증 전개 솜씨에 덧붙여, 우리가 『고르기아스』에서 그의 초기 철학적 활동에 대해 배우는 것은 무엇보다 ―보통 오르페우스적이거나 피타고라스적이라고 기술되는― 혼에 대한 신비스러운 견해에 강한 관심을 보이는 점인데, 그것은 이 대화편에서 "시칠리아나 남부 이탈리아에서 온 어떤 사람"에게 귀속된다(493a 6). 물론 그런 생각들과 마주치기 위해 서쪽으로의 여행이 필요한 것은 아니었다. 그것은 『고르기아스』에서 에우리피데스로부터 인용한 구절에 의해 소개된다(492e). 그러나 플라톤으로 하여금 신세계로 항해하도록 결정하게 했던 것은 피라고라스적 학문과 수학에 대한 호기심만큼 아마도 서쪽에서 많이 배양된 사후(死後) 세계관에 대한 그의 관심일 것이다.[29] 그는 단순히 장소를 근본적으로 바꿔 볼 필요가 있다

---

[29] 고대 전승에 의하면, 플라톤은 아르퀴타스와 피타고라스주의자들을 만나려고 이탈리아로 여행을 갔다고 한다. Guthrie(1975), 17쪽 각주 3의 키케로에 대한 언급을 보라. D. L. 3권 6절 참조.

플라톤이 이집트 등의 여타 나라들로 여행을 갔다고 보고하는 고대의 전거들을 신뢰할 수 없다는 점이 그런 여행 자체가 있지 않았다는 증거는 아니라고 해도, 나는 플라톤이 그런 나

고, 문화적으로 지리학적으로 멀리 떨어진 관점에서 아테네의 삶을 돌이켜 볼 기회가 필요하다고 느꼈을 수도 있다.

플라톤은 한두 해가 지나지 않아, 아마도 기원전 387년에 아테네로 돌아왔던 것 같다.[30] 우리는 그가 돌아온 직후 아테네 정치에 대한 그의 열정적인 관심을 반영하는 또 다른 매우 이례적인 기록을 갖고 있다. 그것은 대화편 『메넥세노스』에 포함된 추도 연설이다. 이때는 우리가 플라톤이 아테네의 정치 문제에 관해 공개적으로 발언했다는 것에 대해 아는 유일한 시기이다. 그리고 여느 때처럼, 그는 소크라테스가 "그녀가 페리클레스가 행한 추도 연설문을 지어 줄 당시 추도 연설문에 들어가지 않은 나머지 부분들"(236b, 이정호 옮김)을 바탕으로, 아스파시아가 엮은 추도 연설을 소크라테스가 전하는 것처럼 꾸민 대화편을 가장하여 익명으로 그리고 간접적으로 말하는 쪽을 선택했다. 아테네의 정치에 대한 비판 자체는 간접적이고, 아테네인들이 기원전 386년에는 더 이상 보여 주지 않았던 용기와 충성에 대해 그들을 아이러니하게 찬미하는 방식을 통해 전달된다. 그러나 취지는 플라톤의 동시대인들에게 명백했음에 틀림없다. 그것은 플라톤이 『고르기아스』에서 명확하게 전한 아테네의 정치에 대한 일반적인 비판을 당시의 정치적 위기에 직접 적용한 것이나 다름없다.[31]

기원전 386년의 이 시점 이후, 아테네의 정치에 대한 플라톤의 태도는 여

라들로 여행을 갔다는 것을 믿을 어떤 이유도 알지 못한다.

30 빈약한 증거를 바탕으로 한 Guthrie(1975, 19쪽)의 입장도 그렇다. 그러나 『메넥세노스』는 그가 386년에 아테네로 돌아왔다는 점을 시사한다.

31 『고르기아스』와 『메넥세노스』의 관계에 대해서는 Guthrie(1975, 317쪽)가 뒤를 잇는 Dodds(1959, 23쪽 이하)를 보라. Dodds는 『고르기아스』와 『메넥세노스』가 "아테네 민주주의와 아테네의 외교 정책에 대해 동일한 비판을 전달한다"고 올바르게 보았지만, 그는 플라톤이 왕의 평화의 굴욕적인 조건에 대해 가진 반발의 심각함을 과소평가했다. Kahn(1963), 220-34쪽을 보라.

러 해가 지난 뒤 『일곱째 편지』의 다음 진술에 요약되어 있는 것 같다.

(난 아버지나 어머니에게 강제로 조언하는 것은 불경스럽다고 생각합니다.) 또 나에게는 그렇지 않으나 그분들로서는 만족스러운 어떤 안정적인 삶을 살고 있을 경우, 공연히 그분들에게 쓸데없는 것을 권유하여 마음을 상하게 하거나 또 자기라면 그것을 기꺼이 받아들여 살고 싶지는 않을 그런 유의 욕구를 충족시켜 드리면서 그분들에게 비위를 맞추어 가며 섬기는 것 또한 불경하다고 나는 생각합니다. 그러므로 생각이 있는 사람은 자신의 나라에 대해서도 그와 같은 것을 염두에 두고서 살아가야 합니다. 자기에게 나라가 잘 다스려지지 않는 것처럼 보일 경우, 말하는 것이 공염불이 아닌 한, 또 말하면 죽을 수밖에 없는 것이 아닌 한, 말을 해야 합니다. … (그러나 만일 자신의 목적이 폭력 없이는 이루어질 수 없다면,) 그때는 오히려 평온을 유지하면서 자신과 나라를 위해 최선의 것을 기원해야만 합니다. (『일곱째 편지』 331c-d, 강철웅·김주일·이정호 옮김)

플라톤이 아테네에서 거리낌 없이 말하기 위한 조건은 『메넥세노스』의 시기에는 분명히 충족되었지만, 다시는 그러지 못했다. 『국가』에서 플라톤은 부정한 도시에 사는 철학자를 흙먼지 폭풍을 피해 벽 뒤로 대피하는 사람, "다른 사람들이 무법으로 꽉 차 있는 것을 보면서, 어떻게든 자신이 올바르지 못함과 신성하지 못한 짓들에서 벗어나 깨끗한 상태로 이승의 삶을 살게 된다면 만족할 것이며, 또한 이승의 삶에서 해방됨도, 밝은 희망과 함께, 심기가 좋은 상태로 그리고 상냥한 마음 상태로 맞게 될" 사람에 비유한다. 이것은 결코 작은 성취가 아닐 것이라고 아데이만토스는 대답한다. 이에 소크라테스는 말한다. "그렇다고 해서, 그가 최대의 것을 성취한 것도 아닐세. 그가 자신에게 어울리는 정체(政體, politeia)를 만나지 못한 터이니 말일세. 자신과 어울리는 정체에서는 자신도 성장하지만, 개인적인 것들과 함께 공동의 것들도 보전할 것이기 때문일세"(6권 496d-497a). 이런 의미에서 플라톤은 자신의 정치적 열망을 결코 단념하지 않았다. 그가 단순히 시칠리아의 정치에 손대 보려는 유혹에 두 차례 굴복한 것만은 아니었다. 생애 끝자락에 그는 여전히, 아테네와 정치사상의 미래를 위한 철학적 유산이 될, 자신의 마지막이자 최대 작품인 『법률』을 준비하고 있었다.

하지만 기원전 387년 또는 386년 이후 시기에, 플라톤은 다른 용무로 바빴다. 무엇보다도, 우리가 아카데미아의 설립으로 알게 되었던 교육과 연구의 조직이 있었다. 아카데미아에서 이뤄진 플라톤의 교수 활동과 연구 조건의 세부 사항에 관해서 우리는 그다지 잘 알지 못한다. 우리가 아는 것은 그가 고등 교육과 학문 연구를 위한 최초의 상설 기관, 즉 우리 시대까지 이르는 모든 아카데미, 대학, 연구 센터의 본보기를 설립했다는 것이다. 이렇듯, 플라톤의 학교가 단순히 아리스토텔레스 등의 수많은 주요 사상가와 학자를 훈련시키는 데 기여했던 것만은 아니다. 그것은 또한 아리스토텔레스와 후대의 철학자들이 자신들의 학교를 설립하는 데 모델을 제공했다. 그리고 플라톤의 아카데미아는 정치 지도자나 왕실의 조언자로 중요한 역할을 담당할 사람들을 훈련시킴으로써 '정치가 양성소'(nursery of statesmen)로[32] 기능하리라는 정치적 사명도 결코 시야에서 놓치지 않았던 것으로 보인다.

기원전 380년대 중후반에, 아카데미아에서 그러한 교육 기획을 조직했을 때와 같은 시기에, 플라톤이 교육 이론과 덕의 단일성 및 정의(定義)와 관련된 일련의 대화편들을 새로 저술하기 시작했고, 이 대화편들은 교육자로서

---

32 인용구는 Marrou(1950), 104쪽에서 가져온 것이다. Marrou는 아카데미아의 구성원 중 정치에
    서 중요한 역할을 했던 12명 이상의 이름을 열거한다. (그 이름의 대부분은 플루타르코스의
    『콜로테스 반박』 1126c-d에 제시되어 있다.) 아카데미아의 정치적 사명에 관한 보다 비판적인
    최근 연구에 대해서는 Saunders(1986), 200-10쪽을, 그리고 Brunt(1993), 282-342쪽에서 길게
    논의된 회의적인 견해를 보라.

의 그의 활동을 자연스럽게 보충하는 것으로서 계획되었다고 나는 생각한다. 『고르기아스』의 출간이 플라톤을 소 소크라테스 추종자들의 수준에서 벗어나 그리스 문학의 최고 대가들의 반열에 영구적으로 자리 잡게 했음에 틀림없다는 점을 마음에 새겨 두는 것이 중요하다. 플라톤이 『고르기아스』에 앞서 『프로타고라스』와 여러 개의 다른 대화편을 창작했다는 전통적인 가정 위에서, 그의 상승은 보다 점진적이었지만 여전히 아주 극적이었을 것이다. 『고르기아스』와 『프로타고라스』는 모두 그것들이 출간되자마자 문학적 걸작으로 인정받았음이 틀림없다.[33] 앞선 시기의 주요 지성인들을 언급하는 그 대화편들의 제목조차 상당한 관심을 끌었을 것이다. 『고르기아스』만으로도 그 저자는 당대의 빼어난 그리스 사상가이자 작가로서 자리매김했을 것이다. 그리고 학자로서 소크라테스의 수제자일 뿐만 아니라, 지적인 극작가로서 에우리피데스의 계승자이자 정치사상가로서 투퀴디데스의 경쟁자로서 자리매김했을 것이다.

(내가 상상하기로는) 플라톤은 바로 이러한 저명한 위치에서, 새로운 종류의 소크라테스적 대화편, 즉 자신의 독자들을 곤혹스럽게 하고 자극함으로써 그들 안에 그 자신이 소크라테스로부터 받은 일종의 지적 자극을 산출하도록 계획된, 명확한 결론도 없는, 덕과 교육에 관한 엄격한 논의를 연달아 창작하는 일에 나섰다. 우리는 난관에 빠짐(aporia)을 철학적 계몽의 첫 단계로 보는 플라톤의 해석을 나중에 논의할 것이다.[34] 당장은 이런 과도기

---

33 Athenaeus(『현자들의 만찬』, XI, 505d)는 자신의 이름을 딴 플라톤의 대화편을 읽으면서, 친구들에게 "플라톤이 사람들을 놀리는 방법(iambizein)을 아주 잘 알고 있다!"고 언급하는 고르기아스를 전한다(DK 82A. 15a). 아리스토텔레스는 우연히 『고르기아스』를 접한 후 플라톤과 공부하기 위해 경토를 버렸던 코린토스의 농부 이야기를 보고한다. (아래 5장의 238쪽을 각주 17과 함께 보라.) 사실이든 아니든, 그러한 이야기들은 이 대화편이 곧바로 획득했던 명성을 반영한다.

34 아래 3장 6절과 6장 7절을 보라.

그룹의 대화편들에 담긴 문학적 혁신에 우리의 관심이 있다.

아포리아적 대화편은 유일하게 『크리톤』에서 예기된 새로운 문학 형식인 '역사적인 대화'(the historical dialogue)에서 그 모습을 드러낸다. 신중한 도입부는 허구적인 연대를 지닌 특정 장소에 대화편의 장면을 배치한다.[35] 몇몇 경우에서(나중에 『국가』에서처럼, 『카르미데스』, 『프로타고라스』, 『뤼시스』, 『에우튀데모스』에서) 배경 및 대화자들에 대한 생생한 묘사는 소크라테스가 친구에게 대화를 보고하는 이야기 전달의 틀로 제공된다. 참석자들을 놀랍도록 생생하게 묘사하는 부분은 독자에게 실제 대화를 듣는 것 같은 착각을 불러일으킨다. 같은 기술이 『향연』과 『파이돈』에서 최고조에 달하는데, 이들 대화편에서는 소크라테스를 좀 더 중심인물로 재현하기 위해 이야기 전달자의 역할이 다른 사람에게 맡겨진다.

플라톤 자신의 교육 활동이 연장된 것으로서, 이러한 일련의 훌륭한 대화편들은 다양한 기능에 이바지하도록 고안되었음이 틀림없다. 그러나 이 대화편들이 시도하지 않은 한 가지는 플라톤 자신의 사상을 연쇄적으로 제시하는 일이다. 어떤 순간에도 그 자신의 입장은 대화편 형식의 풍부한 기교에 의해 시야에서 가려지는 경향이 있다. 그래서 '아름다움' 자체의 초월적 형상이 『향연』에서 디오티마의 신비한 가르침으로 누설되는 것과 똑같이, 상기설은 『메논』에서 현명한 남녀 제관들의 가르침으로 제시된다. 이 두 가지 교설이 『파이돈』의 체계적인 논증들로 모일 때, 소크라테스가 최종적으로 플라톤 자신을 대변해서 말한다고 보는 것이 합당하다. 그리고 『국가』에서 플라톤의 개인적인 특징은 간접적으로, 그렇지만 확실하게 소크라테스의 대화 상대자로 플라톤 자신의 형제들인 두 명의 '아리스톤의 아들'

---

35 『이온』, 『소 히피아스』, 『고르기아스』에는 특정 장소와 특정의 허구 연대가 없다는 점을 주목하라.

글라우콘과 아데이만토스를 선택함으로써 전달된다.[36]

하지만 『파이돈』과 『국가』 이전의 대화편들에서 수사학적 초점은 독자에게, 더 정확하게는 다양하게 중첩되는 일련의 독자들에게 맞춰져 있다. 소크라테스에 대한 기억을 다지고 그의 도덕적 이상을 널리 퍼뜨리도록, 소크라테스에 대한 애정 어린 묘사가 일반 대중을 위해 있다. 교육 기획으로 이끌릴 만한 재능 있는 청년(그리고 아마도 소수의 여성)을 위한 철학에의 권고가 있다. 그리고 철학 훈련을 위해 이미 무르익은 이들이 연구해야 할 전문적인 세부 사항들이 있다. 『파이돈』과 『국가』의 보다 낯선 철학의 세계로 들어갈 수 있을 새로운 청중을 만들어 내도록, 이 모든 청중을 위해 『라케스』에서 『향연』까지의 일련의 '대중적인'(popular) 대화편들이 창작된다.

우리는 이러한 거대한 문학적 기획이 언제 그 모습을 갖췄는지 알지 못한다. 이는 우리가 플라톤이 언제 처음으로 스스로를 위해, 친구들을 위해 형상 이론을 형식화했는지를 알지 못하는 것과 마찬가지이다. 우리가 온당하게 믿을 수 있는 것은 예컨대, 플라톤이 『라케스』를 저술하기 시작할 때 그가 더 거대한 시도, 즉 그 윤곽은 희미하지만 목표는 분명한 시도의 전망에서 그렇게 한다는 점이다. 그 목표는 소크라테스적 윤리를 체계적으로 옹호하고 그것을 정치 영역에 적용하기 위한 철학적 토대를 놓는 일이다. 이렇게 해서, 『라케스』를 저술하는 것은 『에우튀프론』, 『카르미데스』, 『프로타고라스』, 『메논』 등의 저술을, 궁극적으로는 『국가』의 저술을 준비하는 것이다.[37]

이 계획이 수립됐을 때 플라톤은 몇 살이었고, 그것은 언제 실행되었는

---

36 플라톤이 "자신의 작가적 목소리를 투사하기 위한" 정교한 장치로서 '아리스톤의 아들'이라는 표현을 전략적으로 두 번 사용한 것에 대해서는 Sedley(1995, 4쪽 이하)를 보라.

37 『라케스』가 이러한 새로운 문학적 기획에 대한 도입글로 지어졌다는 나의 주장에 대해서는 6장 2절을 보라.

가? 우리는 알 수 없다. 그러나 우리는 적어도 몇 가지 개연성 있는 추측을 할 수는 있다. 『고르기아스』는 30대 후반이나 40대 초반 ―『일곱째 편지』에서 그 자신의 진술에 의해 기원전 388년쯤으로 잡힌 시기― 에 철학적 삶에 플라톤이 헌신하는 순간을 기록하는 대화편으로 합당하게 받아들여진다. 다른 한편으로, 『향연』은 기원전 385년 이후의 시기에 그의 초월적 형이상학에 대해 최초로 명시적인 언급을 한다. (이 대화편의 저술 시기는 『향연』 193a의 연대 착오에 의해 늦춰진다.) 그러므로 나의 가설에 따르면, 『라케스』로부터 『메논』, 『에우튀프론』까지의 일곱 개의 과도기 대화편은 그 사이에, 즉 기원전 380년대 중반과 후반에 속할 것이다. 『국가』는 플라톤이 50대였던 때인 기원전 380-370년의 사이에, 『향연』 다음으로 창작되었다. 이러한 계산이 맞다면, 계획 자체는, 그리고 일곱 개의 이른바 초기 대화편들의 창작은 플라톤이 45세쯤이었던 기원전 380년대 중반이나 후반에 속할 것이다.

5. 진입적 해석의 개요

우리가 어떤 원문의 의미를 통해 작가가 독자에게 전하고자 하는 메시지를 이해한다면, 플라톤적 원문의 의미는 상당한 해석의 노력을 대가로 치르고서만 접근이 가능하다. 작가가 어떤 대화편을 창작할 때 기교적이었던 것만큼 독자는 그 대화편을 해석하는 데서 솜씨가 있어야만 한다.[38]

원문과 메시지, 또는 플라톤이 저술한 것과 그가 전달하고자 한 것 간의

---

38 '독자의 책임'에 관한 Tigerstedt(1977, 99쪽)의 다음 언급과 비교해 보라. "어떤 것도 당연한 것은 없다. 모든 것이 의문에 붙여질 수 있다. 플라톤을 읽는다는 것은 다른 어떤 철학자가 요구하는 것보다 훨씬 더 높은 정도의 조심과 활동을 요구한다. 몇 번이고, 우리는 우리가 읽고 있는 것을 해석해야 하는 방법을 선택하고 결정하지 않으면 안 된다."

이러한 간격은 어떤 해석이라도 직면해야 할 첫 번째 문제이다. 그 배후에 더 큰 문제가 나타난다. 플라톤이 특정 구절에서 말하고자 하는 것과 그가 일반적으로 생각하는 것(또는 달리 표현하자면 플라톤의 보다 거대한 철학 세계 안에서 특정 원문이 차지하는 자리) 사이의 간격이 바로 그것이다. 나의 진입적 설명 방식(the notion of ingressive exposition)은 두 번째 문제에 비추어서 첫 번째 문제를 다루자는 제안이다. 특정한 논증의 의미나 어떤 작품 전체를 중기 대화편들에 분명하게 표현된 더욱 큰 사유 세계 안에 위치시킴으로써 그 의미를 확인하는 방식이다.

이 제안은 발전론적 독해에 반대하여 논점을 교묘히 피해가는 것으로 간주될지 모른다. 나는 플라톤이 한편으로 『라케스』, 『프로타고라스』와 다른 한편으로 『파이돈』, 『국가』 사이에서 어떤 근본적인 방식으로도 자신의 생각을 바꾸지 않았다고 가정한다. 그러나 어쨌든 우리가 플라톤의 마음속을 들여다보지 못하므로, 다음과 같은 문제가 생긴다. 어떤 가정이 우리에게 원문에 대한 최상의 해석을 제공하는가? 이런 의미에서 6장부터 11장까지의 전체 논의는 발전론적 견해에 반대하면서 진입적 설명 가설을 지지하는 나의 논증으로 이루어질 것이다. 이 가설은 일곱 개의 과도기 대화편이 『향연』, 『파이돈』, 『국가』에서 개진된 견해들에 대해 독자를 준비시키도록 고안되어 있다는 주장, 그리고 그것들이 이 중기 작품들의 관점에서만 적절하게 이해될 수 있다는 주장을 뜻한다.[39]

이 주장을 뒷받침하는 증거는 두 가지일 것이다. 한편으로, 우리는 불가해하고 곤혹스러운, 또는 여하튼 불확실한 과도기 대화편의 구절들을 발견

---

[39] 나는 여기서 (우리가 증명할 수 없는 점이지만) 『향연』과 『파이돈』이, 아마도 그룹 I 중 또한 가장 나중의 것에 속하는 것으로 추정되는 『크라튈로스』를 제외한다면, 그룹 I의 나머지 대화편들보다 나중 시기의 것이라는 점을 가정하고 있다.

하는데, 이에 대한 해결책이나 명료화는 중기 대화편들의 원문이나 교설에 의해 제공된다. 그리고 다른 한편으로, 우리는 초기 작품들로부터 친숙한 개념들과 정형화된 표현들과의 연속성을 신중하게 강조하는 중기 대화편들의 원문을 발견한다. 첫 번째 종류의 한 가지 예는 변증술에 대한 전문 용어의 점진적인 출현이다. 두 번째 종류의 한 가지 예는 『파이돈』에서 제시되고 『국가』에서 반복되는 형상에 대한 정형화된 표현일 것인데, 이는 분명히 정의(定義)에 관한 대화편들의 'X란 무엇인가?'라는 물음이 되풀이하여 나타난 것이다.

변증술에 대한 전문 용어는 아마도 진입적인 드러냄의 극명한 사례를 제공한다. 다른 그리스 작가에서처럼 플라톤에서 dialegesthai라는 동사는 '대화하다'를 뜻한다. 그룹 I의 세 대화편 ―『소 히피아스』, 『고르기아스』, 『프로타고라스』― 에서 이 동사는 긴 연설을 하는 연설술의 관행과 대조적으로 질문과 대답에 의해 주제를 논하는 소크라테스적 기술을 묘사하는 데 쓰인다. (이 세 대화편은 내가 그룹 I의 2-4단계로 간주하는 것에 속한다. 위의 101쪽을 보라.) 그룹 I의 다른 세 대화편에서 우리는 그에 상응하는 명사의 어간 'dialekt-'에서 유래된 형태들을 발견한다. (이들 세 대화편은 5-6단계에 속한다.) 그래서 『메논』 75c-d에 dialektikōteron이라는 부사 형태가 나오는데, 이는 적대적이고 경쟁적인 쟁론적 토론 기술과 대조적으로 "한결 더 상냥하고 한결 더 대화의 방식으로 대답하는" 우호적인 탐구 방법을 특징짓는다. 만일 변증술과 연설술의 대조가 어떤 의미에서 플라톤 이전의 것이라면, 『메논』에서 구별된 것처럼 변증술과 쟁론술의 그런 대조는 추측건대 플라톤 자신의 것이다. 그리고 dialektikōteron이란 용어는 사실상 그가 만든 것으로 보인다.

전문 용어를 다듬는 다음 단계는 변증가를 지칭하는 dialektikos, 말 그대로는 '대화술에 능숙한' 사람을 뜻하는 표현에 의해 표가 난다. (이 용어도 플라톤이 만든 것으로 보인다. 그 기술 자체를 나타내는 여성형 dialektikē는 『국가』 7권까지 등장하지 않는다.) 변증가를 지칭하는 이 낱말은 그룹 I에서는 ―『에우튀데모스』와 『크라튈로스』의― 두 구절에서만 나타난다. 두 문맥에서 dialektikos는 돌연 우월한 기술을 소유한 사람으로 소개되는데, 그 기술은 그가 수학자에 의해 발견된 진리를 사용하는 것이나(『에우튀데모스』 290c), 이름 제작자가 사물들에 붙였던 낱말들의 올바름을 판단하는 것(『크라튈로스』 390c)을 가능하게 한다. 이 두 대화편은 독자에게 그러한 문맥에서 그것들이 불가해하다는 인상을 심어 줘야 한다는 점에서 참으로 예기적이다.[40] 그것들은 나중의 원문에서만 제공될 설명을 요구한다. 『에우튀데모스』의 구절은 명시적으로 신비로운 것으로 기록되는데, 그것은 더 우월한 힘을 가진 듯한 어떤 존재의 발언이다(290e-291a). dialektikos라는 용어도, 이에 상응하는 앎의 최고 형태로서의 변증술 관념도 『국가』의 중심을 이루는 권들을 언급하지 않고서는 실제로 이해될 수 없다. 6권 끝에 나오는 '선분의 비유'에 대한 논의에서, 그리고 뒤이어 7권에서 수학적 연구의 후편으로 변증술을 언급하는 부분들에서만, 플라톤은 왜 dialektikos가 수학적 작업의 결과와 이름의 올바름을 판단할 위치에 있는지를 설명한다. (이 구절들은 10장 5절에서 논의된다.)

우리는 좋음과 나쁨에 대한 앎에서도 이와 유사한 점진적인 드러냄의 양식을 추적할 수 있다. 『라케스』에서 "덕은 무엇인가?"(199e)라는 질문에 숨겨진 대답으로 도입된 좋음과 나쁨에 대한 앎은 『카르미데스』에서 절제(sōphrosynē)에 대한 함축된 정의로 재등장한다(174b-d). 여기서 인상적인 것은 어떤 대화편에서도 소크라테스나 그의 대화 상대자가 함축된 해답을 알아차리지 못한다는 점이다. 『라케스』와 『카르미데스』는 모두 명백히 '난관에 빠짐'으로 끝나고, 독자인 우리는 스스로의 힘으로 대답을 생각해 내야

---

40 Lebeck(1971, 1-2쪽)이 개진한, 예기의 전문적인 의미에 담긴 불가해한 언명의 역할과 비교하라.

하는 상태로 남는다.

『에우튀데모스』는 관련 주제를 무한 소급을 위한 논제로 다룬다. 앎은 유일하게 좋은 것이지만, 무엇을 위해 좋은가? 그것이 쓸모가 있다면, 그것은 더 많은 앎을 산출해야 한다. 이런 앎이 어떤 점에서 우리에게 좋을 것인가? 다른 사람들을 좋게 만들기 때문인가? 그러나 어떤 점에서 좋은가?(『에우튀데모스』292e-293a). 무한 소급은 '좋음'(善)의 형상이 megiston mathēma, 즉 최고의 인식 대상으로 소개되는 『국가』6권에서만 끊어진다.

그런데 소크라테스가 '좋음'의 형상을 궁극적인 인식 대상으로 도입할 때, 그는 "자네가 이걸 드물게 들은 것은 결코 아닐세"(6권 504e 8, 505a 3)라고 반복적으로 주장한다. 그리고 이것은 아마도 플라톤이 자신이 예기적 창작을 사용하고 있다고 언급하는 부분에 가까울 것이다. 전체적인 문맥은 초기 대화편들의 메아리를 울린다.[41]

그렇지만 자네는 이것 또한, 즉 다중한테는 (『프로타고라스』에서처럼) 즐거움이 좋은 것이라 생각되지만, 한결 세련된 사람들한테는 (『에우튀데모스』와 『메논』에서처럼) 지혜(phronēsis)가 좋은 것이라 생각된다는 것도 틀림없이 알고 있네. … 자넨 또한 이를 믿고 있는 사람들이 그게 정작 무슨 지혜인지를 밝힐 수가 없어서, 결국엔 좋음에 대한 지혜라고 말하지 않을 수 없게 된다는 것도 틀림없이 알고 있네. (그건 참 우스운 일이기도 하네.) 만약에 그들이 우리가

41 이러한 관계에서 Adam(1902, 2권, 51쪽)은 좋음에 대한 앎 없이 다른 어떤 것도 아무런 쓸모가 없다는 주장은 "플라톤의 상투어 중 하나"라고 논평하고, 그는 유사한 것들로서 『카르미데스』 173a 이하, 『라케스』 199c, 『에우튀데모스』 280e 이하, 289a 이하, 291, 『뤼시스』 219b 이하를 인용한다. Adam은 다음과 같이 덧붙인다. "『에우튀데모스』와 『카르미데스』는 이미 철학자-왕의 도시를 예보하는데, 그런 도시에서 좋음에 대한 앎은 '나라의 타륜(지배적 위치)에 앉을' 것이다"(『에우튀데모스』 291d).

좋음을 모르고 있다고 나무라 놓고서는 다시 우리를 그걸 아는 사람들로 취급해서 말한다면, 정말이지 어찌 그렇지 않겠는가? 그들은 그걸 좋음에 대한 지혜(앎)라고 말하는데, 마치 자기들이 '좋음'이라는 낱말을 발음만 해도 그들이 말하는 것을 우리 쪽에서는 이해하는 듯이 말하니까 말일세. (『에우튀데모스』 292b-e의 무한 소급과 비교하라.) 즐거움을 좋은 것으로 규정하는 사람들은 어떤가? … 이들 역시 나쁜 즐거움들이 있다는 데 어쩔 수 없이 동의하게 되지 않겠는가? (『고르기아스』의 칼리클레스 499b 이하도 그렇다.) (『국가』 6권 505a-c, 박종현 옮김)

설명의 정점의 순간에 도달하자, 플라톤은 여기서 초기 작품들의 예기적 논의들을 전 영역에 걸쳐 뒤돌아본다. 이렇게 해서 그는 그것들이 모두 궁극적인 '좋음'의 관념에 비추어서 이해될 수 있다는 것을 분명히 한다. (쓸모 있는 또는 좋음-지향적인 앎이라는 논제에 대한 더 많은 논의는 7장 8절을 보라.)

6-11장은 점진적으로 드러내는 방식이 과도기 대화편들에서 중기 대화편들까지 추적될 수 있는 여타 주제들을 다룰 것이다. 나는 지금의 예비적 개요를 형상 자체의 주제로 마무리 짓고자 한다. 정의에 관한 대화편들의 'X는 무엇인가?'라는 물음이 형상 이론의 직접적인 선례 역할을 한다는 점은 잘 알려져 있다. 이 점에 대한 가장 두드러진 증거는 『파이돈』과 이후 대화편들에서 형상에 대한 전문적인 표현이 'X는 무엇인가?'라는 물음의 뒤바뀐 형태인 'X인 것 자체'(auto to ho esti, 『파이돈』 75b 1, d 2, 78d 4, 92a 9, 『국가』 6권 507b 7 등)라는, 이미 앞에서 언급한 사실이다. 『에우튀프론』과 『메논』의 본질들은 중기 대화편들에서 형상들이 된다. 이 연속성은 형이상학적 교설이 『파이돈』 65d 12에서 일반화될 때 언급된 세 가지 형상(즉, '크기,' '건강,' '힘')이 다양한 사례들에 적용되는 단일한 형상(eidos)을 보이기 위해 『메논』에 인용된 세 가지 예와 정확하게 일치한다는 사실에 의해 명시된다. (이 점에

관한 연속성을 가리키는 더 많은 내용에 대해서는 아래 11장 3절을 보라.)

연속성을 보여 주는 그러한 명백한 흔적들은 종종 그만큼 많은 발전의 표시들로 해석된다. 『라케스』와 『에우튀프론』의 'X는 무엇인가?'라는 물음은 정의들을 탐구하는 본래의 소크라테스적 형식으로 여겨진다. 이러한 탐구는, 나중에야 원숙한 플라톤 철학에서, 형이상학적으로 정의되어야 할 것들 ―이것들은 영원한, 가지(可知)적인 존재에 속하는 것들로 이루어져 있다― 의 추구로 재해석된다. 이러한 발전론적 견해에서, 전환점은 상기설 및 새롭게 중요해진 수학과 더불어 『메논』에 나온다. 그러나 오로지 『향연』과 『파이돈』에서만, 불변하는 형상에 관한 전통적인 이론에서만, 『메논』의 새로운 인식론이 그에 상응하는 존재론에 의해 완성된다.

그렇다면, 『라케스』와 『에우튀프론』부터 『파이돈』과 『국가』에 이르는, 내용의 연속성과 점진적인 공개라는 문학적 사실에 관하여는 어떤 불일치도 없다. 그러나 이 연속된 노선들은 플라톤 사상의 발전에 나타난 단계들로 해석될 수 있는가? 아니면, 내가 제안하는 것처럼, 그것들은 일관된 견해 속에 담긴 요소들을 아포리아의 방식으로 소개하고 점진적으로 드러내는 단계들인가? 나는 『국가』의 주제 구조가 6-7권에서 최고조에 달하는 예기적 창작이란 기술에 의해 어떻게 그 성격이 규정되는지를 다른 곳에서 보여 주었다.[42] 나는 비슷한 기술을 사용하는, 그와 비슷한 진입적인 제시 계획이 대화편들을 거쳐 『국가』의 핵심적인 권들에서 바로 동일한 정점에 이른다고 본다. 이 지점에서 발전론적 해석과 진입적 해석은 단연코 양립 불가능하다. 왜냐하면 내 생각에는 『국가』 1권과 10권 사이에서 플라톤의 지적 발전을 말할 어떤 이유도 없듯이, 『라케스』와 『국가』 사이에서도 그런 발전을 말할 이유가 전혀 없기 때문이다. 우리는 창작의 과정에서 있었던

[42] Kahn(1993a), 131~42쪽을 보라.

플라톤의 사유 과정들에 접근할 수 없다. 우리가 갖고 있는 것은 대화편들의 원문에 새겨진 그의 작가적 구상이다. 나는 포괄적인 예술적 계획에 대한 증거를 플라톤의 철학적 입장에 깔린 통일성에 대한 반영으로 보아야 한다고 생각한다. 나의 견해를 극단적으로 표현해 보자면, 우리는 그룹 I 가운데 (『라케스』에서 『파이돈』과 『크라튈로스』에 이르는) 10개쯤의 대화편을, 마치 플라톤이 같은 시기에 저술했지만 세상에는 그것들을 연속적인 단계들로 제공하기라도 한 것처럼, 읽을 수 있다.

일부 독자는 우리가 간접적으로만 전달되는 작가적 구상을 플라톤에게 귀속시킬 수 있다는 나의 주장에 주저할지 모른다. 문헌학적 방법의 엄밀한 원리들에 호소하면서, 그들이 다음과 같이 묻는 것도 당연하다. 우리는 어떤 권리로, 원문에서 명시적으로 판독되지 않는 의도된 의미를 플라톤에게 귀속시킬 수 있는가? 예를 들어, 나는 형이상학적 형상들의 관념이, 『메논』에서 결코 언급되지 않았지만, 사실상 메논의 역설에 대한 응답으로서 거기에서 상기설을 사용함에 의해 함축되어 있다는 점을 6장에서 논증할 것이다. 왜냐하면 육체에서 이탈한 혼이 출생 전에 맛본 인지적 경험이 현세에서의 배움과 근본적으로 다르지 않다면, 전생에서의 배움이란 가설은 무한 소급을 산출할 것이고, 그러면 그런 역설이 즉시 되풀이될 것이기 때문이다. 그러나 우리는 무슨 권리로, 『메논』의 저자가 이 문제를 의식하고 있었고 통찰력 있는 독자가 발견하도록 그 해결책을 남겨 두었다고 가정할 수 있는가?

그런데, 그러한 간접적인 저술 방식이 플라톤이 지닌 기술의 특징이라는 점을 보여 주는 것, 그리고 이것을 『메논』 자체에서 밀접하게 관련된 사례를 통해 보여 주는 것은 어렵지 않다. 상기설은 거기에서 기하학 강의에 의해 예시된다. 이 강의에서 교육을 받지 않은 노예는 주어진 정사각형의 면적을 두 배로 만드는 방법을 배운다(또는 '상기한다'). 소크라테스는 그에게,

주어진 정사각형의 중간을 관통하는 대각선에 새로운 정사각형을 작도함으로써 정사각형을 두 배로 만들 수 있다는 점을 보여 준다. 그런데, 이러한 작도는 또한 두 가지 중요한 수학적 성과를 예시한다. 첫째, 원래의 정사각형 안에 대각선을 그림으로써 형성된 삼각형의 빗변을 새로운 정사각형이 그것의 변으로 취하기 때문에, 이 작도는 피타고라스 정리의 한 사례이다. 둘째, 새로운 정사각형의 변이 ―무리수의 가장 기본적인 경우인― $\sqrt{2}$로서 원래 정사각형의 변에 대해 있기 때문에, 이 작도는 또한 통약 불가능한(같은 단위로 잴 수 없는) 크기들의 존재를 예시한다.

『메논』은 이와 같은 중요한 수학적 진리들에 대해 왜 아무런 언급도 하지 않는가? 플라톤은 분명히 이중의 청중을 위해 저술하고 있다. 그는 보다 지적이고 교육받은 독자가 그들 자신의 힘으로 얼마간의 사유 활동을 하기를 기대한다. 상기와 형상 간의 연결도 이 경우와 유사하다. 기하학을 훈련받은 사람이라면 누구든지 정사각형을 두 배로 만드는 것에 함축된 내용을 알 수 있듯이, 플라톤의 형이상학적 사유에 친숙한 사람이라면 누구라도 상기의 대상이 무엇이어야만 하는지를 알 것이다.

결론적으로, 나는 우리가 플라톤의 지적인 일대기를 알지 못하기 때문에, 발전론적 가설을 논박할 수 없다는 점을 인정할 수밖에 없다. 우리는 그런 해석이 지지받지 못하는 가정을 얼마나 많이 해야만 하는지, 그것이 미해결로 남긴 문제들이 얼마나 많은지를 지적함으로써, 그리고 (예컨대) 왜 초기 대화편들이 그토록 많은 문제들 ―미해결의(aporetic) 결론뿐만 아니라 (『라케스』와 『카르미데스』에서 좋음과 나쁨에 대한 앎처럼) 의도적으로 전개되지 않은 그토록 많은 힌트들과, 『에우튀데모스』에서 변증술과 좋음에 대한 앎의 언급들같이 수수께끼 같은 그토록 많은 요구들과, 『프로타고라스』의 논증들과 『메논』의 결론에 나오는 앎에 토대를 둔 덕에 대한 신비스러운 암시들― 을 포함하는지를 물음으로써, 그런 해석에 도전할 수 있을 뿐이다. 우리는 플라톤이 『프로타고라스』 및 『메논』의 그러한 신비스러운 언급들에서 어떤 종류의 앎을 염두에 두고 있다고 가정할 수 있는가? 만일 그가 여기에서 우리를 『국가』 5-7권의 방향으로 이끌고 있지 않다면, 왜 이 핵심적인 권들에 도달하지 못한 독자에게 그토록 많은 질문들이 대답되지 않은 채 남아 있어야 하는가? 왜 같은 지점으로 수렴하는 주제 전개가 그토록 많은 다양한 노선들에서 이루어지는가?

초기 대화편들에서 『국가』에 이르는 의미심장한 설계에 대한 증거가 풍부하고 다양하다는 점에 대한 가장 개연적인 설명은 '저자의 의도'(authorial intent) 가설이다. 나는 우리 모두가 그러한 설계와 의도를 암묵적으로 인정하기 때문에, 우리가 『국가』의 핵심적인 권들에서 화자가 단순히 소크라테스라는 대화 속 등장인물이 아니라 플라톤 자신이라는 점을 안다고 생각한다. 우리에게 플라톤은 대화편들의 작가이다. 그리고 대화편들을 연결하고 『국가』에서 서로 만나는 논제의 노선들로 된 그물망에 의해 창출된 통일성의 유형은 우리가 그것이 저자의 의도라고 말하는 것을 허용한다. 그는, 대화 형식의 익명성에도 불구하고, 우리가 그가 저술했던 것의 요지, 즉 그가 전달하고자 한 철학적 의도를 안전하게 인식할 수 있는 방식으로, 그 대화편들을 구상했다.

6. 플라톤의 함구 동기

플라톤은 왜 그렇게 많이 에둘러서 말하는가? 『카르미데스』, 『메논』, 『에우튀데모스』 같은 대화편은 왜, 우리가 『파이돈』과 『국가』를 읽지 않았다면, 충분히 이해할 수 없는 교설들이나 개념들에 대해 모호하게 암시하는가?

위대한 작가의 작품을 안내하는 동기는 복잡할 것이고, 심지어는 아마

자기 자신에게도 언제나 투명하지는 않을 것이다. 플라톤의 경우에 그가 대화 형식에 일평생 충실했던 것은 직접적인 진술에 대한 기질적인 반감을 시사하는데, 이 반감은 철학적 통찰을 위한 성공적인 소통을 가로막는 장애물을 많이 성찰함으로써 강화되었다. 그러나 과도기 대화편들에, 점진적으로 드러내는 기술의 선택을 설명하는 데 도움을 줄 수 있는 보다 구체적인 두 가지 고려 사항이 있다.

첫 번째 고려 사항은 '난관에 빠짐'의 교육학적 이점들이다. 아리스토텔레스가 (『형이상학』 3권 1장에서) 표현했던 것처럼, 문제는 그것이 해결될 수 있기 이전에 그 매듭을 잘 알아야 한다. 소크라테스의 제자이자 소크라테스적 대화들의 작가로서, 플라톤은 난관에 빠짐이 주는 유익한 충격, 그리고 탐구 정신의 자극제로서 그것이 갖는 효험에 특히 신경 썼을 것이다.

자신의 철학적 입장을 공개하길 주저한 플라톤의 배후에 놓여 있는 두 번째 고려 사항은 더 심오하고, 명확히 표현하기가 어렵다. 나는 플라톤이 자신의 세계관을 청중의 세계관과 분리시키는 심리학적 간격에 대한 그의 예리한 지각 때문에 진입적 제시 방식을 택했다고 생각한다. 『향연』에서 디오티마의 마지막 계시에 의해 함축된 정신의 틀은 ─이는 『파이드로스』의 천계(天界) 바깥을 통찰하는 것에서 더욱 완전하게 표현되고, 동굴의 비유와 『파이돈』의 피안(彼岸)적인 갈망에서 당연한 것으로 인정된다─ 본질적으로 형이상학적 통찰이라는 정신의 틀이다. 그러한 사람은 이성적인 사유와 지적인 이해로만 접근 가능한, 볼 수도 만질 수도 없는 세계가 우리가 일상적인 경험의 영역에서 마주칠 수 있는 어떤 것보다도 훨씬 더 의미 있고, 더 값지고, 더 실재적이라는 점을 확신한다.[43] 그러한 통찰을 위해, 비가시

---

43 플라톤 사상의 이러한 측면이 지닌 근본적인 중요성에 대해서는 Vlastos의 섬세한 논의, "A Metaphysical Paradox"(1973, 50-56쪽)를 보라.

적 실재의 영역은 인간 정신이나 이성적 혼이 도래하고, 순조로운 상황에서 되돌아갈 수 있는 장소이다. 철학은 본질적으로 정신적 해방의 실천인데, 이로써 이성적 혼은 초월적인 본향으로 돌아가는 성공적인 항해를 준비한다.

방금 묘사된 형이상학적 통찰은, 또한 인도의 철학 전통에서 이성적인 신비주의의 통찰이기도 하듯이, 알다시피 플로티노스와 신플라톤주의의 통찰이다. 이것은 『파이드로스』의 탄생 이전에 관한 신화에서, 그리고 『파이돈』 앞부분의 변호에서 소크라테스가 철학자가 죽을 준비가 되어 있어야 하는 이유 ―그것은 육체와 분리된 혼만이 그것이 추구하는 앎을 완전하게 성취하기를 희망할 수 있기 때문이다― 를 설명할 때 플라톤이 또렷이 전하는 통찰이다. 이 통찰은, 『테아이테토스』가 신적인 것과의 동화(ὁμοίωσις θεῷ)에 의해 이 세계의 악들로부터 벗어나는 것에 대해 말할 때나 『법률』의 아테네인 손님이 인간 삶은 하잘것없고, 신들의 장난감일 뿐이라고 말할 때(7권 803c, 804b)처럼, 플라톤의 이후 작업을 계속해서 지배한다.

이런 피안의 통찰은 영지주의와 주술의 시대인 고대 후기의 영적인 분위기에 깊이 스며들어 있다. 그러나 인간 운명에 대한 이런 견해와 기원전 5-4세기 헬라스 사회의 전형적인 태도 및 가치 간의 불일치를 과장하기란 어려울 것이다. 우리가 아티카의 비극과 희극으로부터, 투퀴디데스의 역사와 연설가들의 변론으로부터 알고 있는 세계는 하찮은 자부심, 영웅적 열정, 일상적인 욕망과 탐욕, 무한한 야망과 철저한 무자비의 세계이다. 그러한 세계에서 방금 기술된 형이상학적 통찰은 거의 기이할 만큼 어울리지 않는 것 같다.

나는 이런 근본적인 불일치가 플라톤적 대화편의 형성에서 기본적인 요소라고 생각한다. 한편으로 플라톤의 대화편들은 아테네의 토양에, 소크라테스 시대의 사회적·정치적인 현실에, 확고하게 뿌리를 내리고 있다. 그래서 이 드라마들의 전형적인 배우와 청중은 니키아스와 라케스, 크리티아스, 카르미데스, 알키비아데스, 페리클레스의 아들들, 아리스테이데스와 투키디데스의 손자들이다. 다른 한편으로 대화편들은 또한 천계의, 피안의 통찰을 반영하도록 되어 있다. 이 말은 『파이돈』 전체와 디오티마의 연설의 절정부뿐만 아니라, 『고르기아스』와 『메논』의 특정 구절들에도 맞다. 이러한 불일치는 물론 플라톤이 신화를 이용한 점에 대한 한 가지 설명이다. 신화는 플라톤에게 의미와 진리에 대한, 현실과 괴리된 통찰을 명료화하는 데 필요한 문학적 거리두기를 제공한다.

플라톤의 새로운 세계관을 위한 유일한 동맹자는, 오르페우스적·피타고라스적인 윤회설, 그리고 이와 연계된 가르침, 즉 우리는 육체에 묻히거나 갇혀 현생에서 죽지만 더욱 신적인 현존으로 향할 운명이라는 가르침일 것이다. 그러므로 플라톤 상기설의 배경으로서 『메논』에서 호소된 것은 정확하게 혼에 대한 오르페우스적·피타고라스적 개념이다. 이 새로운 상기 관념은 전생(前生)에 대한 피타고라스적 회상으로서가 아니라 선험적 앎의 양태로서 이해되는데, 그것은 플라톤이 형이상학적 통찰 ―그의 합리성은 수학에 근거를 둠으로써 보증된다― 과 윤회하는 혼에 대한 오래되고 기묘한 가르침을 연결하는 눈부신 고리이다. 서양에서 그러한 견해들을 존경할 만한 것으로 만들었던 것은 무엇보다도 오르페우스적·피타고라스적 교설에 대한 플라톤의 비유적인 재해석이다.[44]

『고르기아스』에서 플라톤은 피안의 통찰을 암시하는데, 그때 그는 에우리피데스를 인용한다. "누가 알리요. 사는 것은 죽는 것이고 죽는 것은 사

---

44 이 점에서 핀다로스는 플라톤의 선례이다. 플라톤은 이 맥락에서 그를 즐겨 인용한다(『메논』 81b-c, 『국가』 1권 331a). 이와 대조적으로, 신성(神性)에 대한 엠페도클레스의 주장은 아주 괴상한 것처럼 보였을 것이다. 환생에 대한 크세노파네스의 언급에 담긴 풍자적인 어조(DK 21B.7)와 헤로도토스가 이러한 교설들을 언급할 때 보이는 신중한 방식(II.123)을 주목하라.

는 것인지?"(492e). 그러나 『고르기아스』의 심판 신화는 상대적으로 관습적인 것이다. 플라톤은 여기에서 그가 『파이돈』, 『국가』, 『파이드로스』의 신화에서 행할 것처럼, 오르페우스적·피타고라스적 윤회 개념에 그 자신(또는 소크라테스)을 공공연히 맡길 준비가 되어 있지 않다. 『메논』은 혼에 관한 초월적 관념을 처음으로 확실하게 드러내는 부분을 포함한다. 그러나 보다 광범한 견해의 본질적 특징들은 서술되지 않은 채로 남는다. 그전까지 플라톤은 그것을 외부 청중을 다루는 하나의 전략으로 여겨 의도적으로 함구하고 있었다. 우리가 희극과 연설의 세계로부터, 소피스트들의 강연과 크세노폰의 저술로부터 떠올릴 수 있는 보통의 그리스 독자나 청중은 플라톤의 형이상학적 통찰을 진지하게 받아들일 준비가 전혀 되어 있지 않다. 플라톤은 먼저 라케스 같은 단순한 군인이나 니키아스나 메논 같은 미숙한 지식인과 일체감을 가질 수 있는 독자들의 관심을 끌기 위한 방식으로 글을 써야 한다. 그의 소크라테스는 용기와 경건의 본성이나 덕의 가르침 가능성처럼 그들과 직접적으로 관계가 있는 논제로 그러한 독자들을 자극하고 당황케 할 것이다.

모든 생각하는 아테네인들을 상대로 그런 흥미로운 주제들을 토론할 때, 플라톤적 소크라테스는 의심할 여지없이 대화자들에게 자신들의 삶을 검토하고 덕(aretē)에 대한 열망을 성찰할 것을 요구했던 역사적 소크라테스의 선례를 따른다. 그러나 용기, 경건, 덕에 관한 논의를 사물들이 왜 있는 그대로인지를 설명하는 본질들에 대한 성공적이지 못한 추구로 전환할 때, 플라톤적 소크라테스는 새로운 종류의 앎과 실재에 대한 새로운 관점을 자신의 청중에게 준비시키기 위해 새로운 종류의 아포리아를 나누어 준다.

『향연』에서 플라톤의 통찰과 동시대 청중 간의 정교한 문학적 결합은 디오티마의 교묘한 술책에 의해 이루어진다. 디오티마라는 인물은 우리에게 분명히 『메논』에서 윤회를 가르치는 현명한 남녀 제관들을 연상시키기 위해 계획된 것이다. 그러나 디오티마는 아가톤의 저녁 만찬에 참석한 도회적인 동료들의 비웃음을 살지도 모르는 윤회나 어떤 불멸의 관념도 결코 언급하지 않도록 주의를 기울인다.[45] 그녀(또는 그녀의 목소리를 사용하는 플라톤의 소크라테스)는 초월적 통찰을 그날 저녁의 여흥을 위한 보통의 주제, 즉 에로스적 열정에 대한 철학적 설명에 삽입한다. 이국적인 혼 관념에 호소하는 대신, 디오티마는 그녀의 통찰을 엘레아 존재론의 엄밀한 이성적 근거 위에 확립시킨다. 본래 파르메니데스에 의해 형식화된, 영원한 불변의 존재에 관한 교설은 형상들 중 하나이자 (『향연』에서 그것들의) 유일한 대표자인 '아름다움' 자체 ―형이상학적 에로스의 대상― 에 대한 디오티마의 설명에 나타난다.[46]

이렇듯 아가톤의 우승 축하 자리에 투여된 피안적 분위기는 소크라테스가 전하는 추상적인 이야기들을 거듭 묘사함으로써 섬세하게 강화된다. 그러나 세계관들 간의 큰 격차는, 다른 세계에 살기 때문에 잠자리에서조차 소크라테스와 정서적인 접촉을 이루지 못하는 알키비아데스의 좌절된 열정에서 가장 생생하게 극화된다. 아가톤과 소크라테스가 같은 자리를 공유함으로써 서로에게 전이될지 모르는 두 가지 지혜 간의 대조를 반향하면서 (175c-e), 알키비아데스가 "청동과 황금처럼"(219a 1) 소크라테스와 맞바꿀 것을 제안할 두 종류의 아름다움 간의 아이러니한 대조는 참되고 중요한 것에 대한 근본적으로 상반된 두 가지 생각의 의미를 확인해 준다.

『향연』은 이렇듯 피안적 견해를 확실하게, 그렇지만 여전히 부분적으로 공개한다. 『메논』에서와 마찬가지로 『향연』에서 플라톤은 더할 나위 없는

---

45 『고르기아스』(429e 10=조각글 638, Nauck²)에서 소크라테스가 공손하게 인용한 에우리피데스의 오르페우스적·피타고라스적 구절은 『개구리』(1082, 1477행 이하)에서 아리스토파네스의 비웃음을 거듭 산다.

46 아래 11장 524쪽 이하에 인용되고 논의되는 『향연』 210e 이하의 구절을 보라.

예술가로서, 아테네인의 땅에서 너무 오래 또는 너무 멀리 공중 부양하다가 청중과의 접촉을 잃지 않도록 주의를 기울인다. 윤회설이 상기의 배경으로 제시되었던 『메논』에서, 논의가 곧바로 가설의 방법이라는 범속한 훈련으로 비켜나듯이, 『향연』에서도 우리는 하나의 초월적 욕망 대상을 순간적으로 흘끗 봄으로써만 형상 이론을 알게 된다. 이 대화편은 시끄러운 음주에 이어 소크라테스의 대화 상대자들이 잠에 들면서 끝난다. 직면한 죽음에 의해 신성화되는 소크라테스와 더불어, 형상 이론에 체계적으로 정박된 초월적 세계관이 완전하게 공개되는 곳은 오직 『파이돈』에서이다. 여기에서 (『메논』에서 나온) 불멸성의 교설은 (『향연』에서 나온) 파르메니데스적 형이상학과 결합되어 이성적인 영성의 뚜렷한 플라톤적 분위기를 구성할 수 있게 되는데, 이 분위기는 대화편 전체에 충만하고 확연히 피타고라스적인 첫 심판 신화에서 시적인 형태를 갖춘다.

이후의 장들에서 우리의 논의는 플라톤이 자신의 책을 읽는 청중을 새로운 세계관에 점차 친숙하게 만드는 문학 기법으로 향할 것이다. 그러나 먼저 우리는 플라톤이 시작했던 곳, 즉 소크라테스부터 시작해야 한다.

3장

소크라테스

> 소크라테스는 … 플라톤이 그 뒤에 숨어 있는 가면이라기보다는 오히려 수수께끼 같은 모범 인물인데, 그의 비밀은 플라톤을 거듭 새로운 교설적·문학적인 해석들로 몰아가고, 그는 ―스승을 시적으로 구성하려는 거듭된 새로운 시도에 파묻힌― 플라톤의 철학 활동을 진전시킨다. 그렇다면 (『법률』을 제외한) 모든 플라톤의 대화편들에 소크라테스가 의무적으로 참여함은 평생 동안 플라톤이 소크라테스주의자로 남으며 스승의 미완성 작품을 완성하려고 분투했다는 점을 분명하게 증언한다.
>
> ― 하랄드 파처[01]

1. 소크라테스의 중요성

플라톤의 작품에서 소크라테스의 등장은 압도적이다. 25편 또는 그 이상의 대화편에서, 소크라테스는 단 한 번, 『법률』에만 등장하지 않는다. (그리고 이것은 매우 예외적이어서 아리스토텔레스가 실수로 『법률』을 '소크라테스의 대화들' 중 하나로 언급할 정도다. 『정치학』 2권 6장 1265a 11.) 소크라테스가 등장하

---

01 "Sokrates ist also … nicht so sehr die Maske hinter der sich Plato verbirgt, als vielmehr die ratselhafte Vorbildgestalt, deren Geheimnis Plato zu immer neuen sachlichen und dichterischen Deutungen antreibt und die sein Philosophieren eingebettet in immer neue Versuche einer dichterischen Gestaltung des Meisters vorwärtsbringt. Das obligate Mitwirken des Sokrates in allen platonischen Dialogen (ausser den *Nomoi*) soll also sichtbar bekunden, dass Platon zeit seines Lebens Sokratiker blieb, der das unvollendete Werk des Meisters zu erfüllen bestrebt war"(Harald Patzer, 1965, 43쪽).

더라도 보통 주요 화자가 대개 엘레아나 로크리에서 온 방문자인 플라톤의 후기 작품에서도, 그는 여전히 우리를 놀라게 할 수 있다. 『필레보스』에서 논의 중인 주제가 그에게 친숙한 영역, 즉 쾌락과 좋은 것의 관계로 되돌아 갈 때, 소크라테스는 한 번 더 주인공의 역할을 맡는다.

소크라테스가 그저 플라톤의 작품 전체에 줄곧 등장하는 인물에 지나지 않는 것은 아니다. 그는 질문과 대답의 방법으로써 지적 탐구를 지칠 줄 모르도록 추구하는, 도덕적 이상을 구현한 순교자이자 모범적 철학자이다. 플라톤에게 최고 형태의 철학 활동이 대화적 토론 기술인 '변증술'(dialectic)로 명명된다면, 그것은 소크라테스적 대화법이 철학적 가르침과 연구에 대한 플라톤의 모델로 남아 있다는 점을 명백하게 각인시키는 말이다. 그리고 소크라테스의 도덕적 입장과 관련된 한 쌍의 역설 ─악덕은 일종의 무지라는 것, 그리고 아무도 자발적으로 잘못을 범하지 않는다는 것─ 은 플라톤의 최후 저작에 확고하게 깊이 새겨져 있다.[02] 끝으로, 그가 70대에 썼던 『일곱째 편지』에서, 플라톤은 (우리가 살펴본 바와 같이) 소크라테스에 대해 "저는 그분을 당대 사람들 중 가장 정의로운 사람이라고 말해도 전혀 부끄럽지 않습니다"라고 언급한다. 그리고 그는 소크라테스의 운명이 자신에게 정치 체제의 도덕적 건강을 평가할 시금석 역할을 했다는 점을 암시한다.[03]

소크라테스의 구심적인 중요성은 논쟁의 문제가 아니다. 문제는 플라톤이 그에게서 얼마나 많은 철학을 배웠느냐는 것이다. 이 점에서 역사적 소크라테스 문제는 골칫거리일 뿐만 아니라 아마도 해결 불가능할 것이다. 우리가 유일하게 가진 당대의 보고들은 소크라테스의 돌출된 눈, 맨발, 단

---

02 『티마이오스』 86d-e, 『법률』 5권 731c, 9권 860d를 보라.

03 『일곱째 편지』 324e, 325b, 『파이돈』 118a 참조: "우리가 당대에 알게 된 사람들 가운데서 가장 훌륭하고, 또한 가장 지혜롭고 가장 정의로운 자."

정치 못한 외모, 한가한 대화에 열중하는 모습을 놀리기 좋아하는 아리스토파네스 등의 희극 작가들에게서 유래한다.[04] 그러나 그를 에우리피데스와 소피스트들에 의해 대표되는 지식인 계열에 위치시키는 것을 제외한다면, 그들의 희극적 풍자는 우리에게 소크라테스 사상의 내용에 대해서는 어떤 것도 말하지 않는다.[05] 소크라테스 철학에 대한 정보를 얻기 위해, 우리는 그의 추종자들, 특히 플라톤과 크세노폰의 이후 저술들과 (소크라테스 사후 30년 이상 지난 기원전 367년에 아테네에 왔던) 아리스토텔레스의 간접적인 보고에 전적으로 의존하고 있다. 우리가 소크라테스 고유의 사상에 대한 신뢰할 만한 진술을 얻기 위해 이 세 명의 작가 중 한 사람이나 그 이상을 어느 정도나 신뢰할 수 있는가? 이 질문은 그토록 길게 늘어진 논쟁으로부터 어떤 합의도 나오지 않은 채 2세기 이상 동안 토의되어 왔다.[06] 이와 반대로, 이 주제에 관한 가장 최근의 학문적인 처사는 정반대의 방향으로 가고 있다. 나는 소크라테스 철학에 대한 전통적인 재구성을 간략하게 요약한 다음에, 불가지론적 입장을 선호하는 나의 근거들을 제시할 것이다.

2. 역사적 소크라테스: 최대한으로 보는 쪽

소크라테스에 대한 플라톤의 묘사가 지적인 내용 면에서 월등하게 풍부

---

04 예를 들어, 『구름』 359-63행과 SSR 1권 3-6쪽의 구절을 보라.
05 Bruno Snell은 플라톤의 『프로타고라스』와 에우리피데스의 두 구절 간의 관계가 기원전 431-428년에 에우리피데스와 소크라테스 간에 벌어진 자제력 없음(akrasia)에 대한 논쟁을 반영했다고 주장했다. (아래 8장 3절을 각주 5와 더불어 보라.) 그의 제안은 매력적이지만, 에우리피데스의 구절들은 소크라테스에 대한 언급 없이도 완벽하게 이해될 수 있다.
06 18세기의 브루커(Brucker)를 필두로 한 이 논쟁에 대한 조사를 위해서는 A. Patzer(1987), 6-40쪽을 보라.

하기 때문에, 많은 학자들은 소크라테스의 철학적 입장을 재구성할 때 초기 대화편들에, 그리고 특히 『프로타고라스』와 (덕 개념들의) 정의(定義)에 관한 대화편들(『라케스』, 『카르미데스』, 『에우튀프론』, 『메논』)에 의존해 왔다. 이렇듯 형상 이론이 등장하지 않는 대화편들에 한정함으로써, 첼러(Zeller)와 거스리 같은 학자들은 크세노폰과 아리스토텔레스에 나오는 유사 증거에 의해 역사적으로 소크라테스적이라고 분명하게 확인될 수 있는 일련의 교설들을 인정할 수 있었다.

소크라테스 철학에 대한 이런 전통적인 관념은 다음의 견해들을 포함한다. (1) 덕은 일종의 앎이나 지혜이고, 그래서 도덕적인 이해는 유덕한 행동을 위한 필요충분조건이다. (2) 이런 의미에서 모든 덕들은 하나이다. 즉, 선악에 대한 앎 같은 어떤 것이다. (3) 그러므로 아무도 자발적으로 나쁘게 행동하지 (나쁜 것을 추구하지) 않고, 단지 무지로 인해 그렇게 할 뿐이다. 그리고 (4) 아크라시아, 또는 자신의 더 나은 판단에 거슬러 행동하는 것은 불가능하다. 쾌락이나 격정에 지는 것처럼 보이는 것은 사실 지적인 실수이다. 이러한 견해들은 소크라테스적 '주지주의'(intellectualism)로 알려져 내려온 것, 즉 인간 행동의 설명 원리로서 감정이 맡은 역할을 간과하거나 부정하는 순수 인지적 도덕 심리학이다.

도덕적 앎에 부여된 지고의 중요성은, 지혜로운 자로 통하는 대화 상대자를 검토하고, 앎을 결한 자들이 앎의 소유를 주장하는 허상을 폭로하는 소크라테스의 논박적 임무가 절실하다는 점을 말해 준다. 소크라테스 자신은 겸손하게 자신의 무지에 대한 인지만을 주장한다. 그리고 남들과의 토론에서 자신의 노력은 그들이 같은 것을 인지하도록 그들을 돕는 일이다. 그것은 소크라테스가 '자신의 혼을 돌봄'이란 말로 뜻하는 바의 본질적인 부분이다. 그것은 지혜의 결핍을 인정함으로써 자기인식에 도달하는 일이다. 그러나 소크라테스적 자기 돌봄은 또한 보다 적극적인 도덕적 차원을 함축한다. 그것은 자신들의 혼이 최선의 상태가 되도록 만드는 일이다(『소크라테스의 변론』 30b). 아레테를 이렇듯 혼의 좋음으로 파악하는 것이, 어떤 여건 아래에서도 불의하게 행동해서는 안 된다는 소크라테스 주장의 배후에 놓인 것으로 보인다. 모든 불의한 행동을 피한다는 원칙에 소크라테스가 개인적으로 전념하는 모습은 아르기누사이의 장군들에 대한 재판에서 그가 보인 행동, 30인 참주정 아래에서 살라미스의 레온에 대한 체포 거부, 그리고 사형을 언도받았을 때 감옥에서의 탈출 거부에 의해 드러난다.

이 전통적인 견해는 또한 에파고게, 즉 유사한 사례로부터 유비에 의해 귀납적으로 추론함, 그리고 본질 추구로서의 보편적 정의를 포함하는 소크라테스의 철학적 방법에 대한 아리스토텔레스의 설명을 수용한다. 그런데 유비 논증은 사실상 소크라테스적 문헌의 도처에서 발견되고, 역사적 소크라테스의 실천 사항으로서 그 진실성을 의심할 이유가 없어 보인다. 정의의 문제는 우리가 살펴보겠지만 더욱 복잡하다.

소크라테스에 대한 여러 설명에는 그 정도의 공통 지반이 있다. 블라스토스에 의한 최근의 중요한 연구는 한 걸음 더 나아가, 맨 처음의 일곱 내지 열 편의 플라톤 저술에 예시된 철학적 개념들, 테제들, 논증 방법들의 전 영역이, 상기설이 소개되기 이전인 『메논』의 첫 부분에 이르기까지 그리고 그것을 포함해서, 역사적으로 소크라테스적이라고 주장한다.[07] 이 견해에 따르면, 초기 대화편들은 소크라테스의 말을 플라톤이 기억한 것뿐만 아니라 소크라테스적인 사상 노선을 그가 상상을 통해 이어간 것에도 의존한다. 그러나 이러한 연속은 스승의 사상에 매우 충실해서, 우리가 별 탈 없이 플라톤의 초기 대화편들을 소크라테스의 철학에 대한 신뢰할 만한 기록물로 여길 수 있을 정도라는 것이다.

07 Vlastos(1991).

나는 다른 곳에서 대화편들에 대한 이러한 역사적 독해에 반대하는 입장에 서서 논증했다.[08] 여기서 나는 그중 세 개의 주요 반박만 소개하고자 한다. 첫째, 정말이지 플라톤과 같은 창조적인 철학자가 소크라테스 사후 12년 또는 그 이상 동안 스승의 입장에 고착된 상태로 머물러 있었을 것 같지는 않다. 둘째, 소크라테스적 저술들이 역사적 소크라테스에 대한 충실한 묘사를 목표로 삼는다고 보는 것은 그 저술들의 성격을 근본적으로 오해한 탓이다. 우리가 1장에서 보았던 것처럼, 플라톤의 대화편들을 포함한 소크라테스적 문헌은 상상적인 허구의 장르를 대표하고, 따라서 (플라톤의 『소크라테스의 변론』은 예외로 할 수 있지만) 이 저술들은 역사적 기록물로 안심하고 사용될 수 없다. 마지막으로, 아리스토텔레스의 증언이 역사적인 소크라테스의 견해에 대해 신뢰할 만한 지침으로 기능할 수 있다는 주장을 의심할 충분한 이유가 있다.

마지막 두 가지 고려 사항 —4세기 소크라테스적 저술들이 5세기 철학자에 관련된 역사적 원천으로서 부적합하다는 점과 아리스토텔레스의 증언에 문제가 있다는 점— 은 블라스토스의 해석 같은 최대의 해석뿐만 아니라, 첼러와 거스리의 철학사에서처럼 소크라테스 철학을 재구성하려는, 전통에 가까운 시도에도 불리하게 작용할 것이다. 그래서 우리는 이런 증거를 보다 비판적으로 검토하는 쪽으로 인도된다.

3. 회의적 비판: 크세노폰

소크라테스는 허구의 인물이 아니다. 아리스토파네스 등의 희극 작가들

---

08 Kahn(1992), Vlastos의 책 *Socrates*에 대한 나의 서평, 특히 235-40쪽을 보라.

에 의한 당대의 풍자는, 크세노폰의 역사적 작품들에 명시적으로 언급된 두 부분과[09] 더불어, 플라톤 및 여타 소크라테스 추종자들의 저술에 상세하게 묘사된 인물의 실존성을 보증하기에 충분하다. 그의 외모, 대화 능력, 몇 가지 공적 행동이 잘 증언되어 있다. 나아가, 플라톤의 『소크라테스의 변론』, 『크리톤』, 『향연』, 『파이돈』에서 이뤄진 소크라테스에 대한 성격 묘사는 플라톤이 우리에게 그가 그토록 사랑했고 숭앙했던 사람에 대해 실물 같은 묘사를 제공했다고 믿는 것이 합당할 정도로 충분히 놀랍고, 내적으로 일관되고, 우리가 크세노폰 등에게서 들은 내용과 양립 가능한 수준이다.[10] 우리는 인간 존재로서의 소크라테스에 대해 상당히 많이 알거나 합당하게 믿을 수 있다. 철학자로서의 소크라테스에 대해서는 무엇을 알 수 있는가?

여기서 증거의 문제는 좀 더 미묘하다. 전통적인 견해는 플라톤의 대화편들로부터 얻은 철학적인 정보가, 크세노폰이나 아리스토텔레스로부터 얻은 유사한 정보에 의해 확증될 때, 역사적으로 소크라테스적인 것으로 수용될 수 있다는 원칙에 의존하는 경향이 있다. 하지만 크세노폰과 아리스토텔레스의 증언은 그것이 문제가 되는 플라톤의 원문과 독립적일 때에만 증거로 간주될 수 있다. 만일 그것이 독립적이지 않다면, 그 유사한 부분들은 반드시 역사적이지는 않고, 크세노폰이나 아리스토텔레스가 자신들의 목적에 유용한 플라톤적인 묘사를 발견했다는 것만을 보여 줄 뿐이다. 소크라테스 철학의 증거에 대한 비판적 개관은 크세노폰과 아리스토텔레스가 그들이 플라톤 대화편들을 읽는 것과는 독립적인 정보를 제공한다는

---

09 크세노폰의 『헬레니카』 1권 7장 15절, 『아나바시스(페르시아 원정기)』 3권 1장 5-7절.

10 Strycker(1950), 199-230쪽을 보라. Patzer(1987), 323-54쪽의 독역. 소크라테스에 대한 신체적인 묘사에 대해서는 거스리(1969), 386-90쪽을 보라.

주장을 검토함으로써 시작되어야 한다.

크세노폰에 관한 한, 나는 소크라테스의 도덕적 가르침에 대해 그렇지 않았으면 밋밋했을 설명에 그가 철학적인 양념을 부가하기 위해 분명히 플라톤의 자료를 이용하는 것으로서, 12개의 구절을 『소크라테스 회상』과 『향연』에서 따와 부록 593-606쪽에 열거해 놓았다. 그런데, 크세노폰이 플라톤에 의존하고 있다는 일반적인 사실을 받아들인다면, 어떤 특정 경우에서도 우리는 그의 증언이 플라톤으로부터 독립적이라는 데에 그다지 확신을 가질 수 없다. 우리는 크세노폰이 아시아로 일련의 모험에 참여하기 위해 소크라테스의 사망 2년 전에 아테네를 떠났다는 점, 그런 뒤 추방되어 최소한 30년 동안 아테네에 돌아올 수 없었다는 점을 기억해야 한다. 크세노폰의 소크라테스적 저술들은 그렇게 망명 중에 시작되어 아마도 대부분 그때에 완결되었을 것이다. 그의 소크라테스에 대한 추억, 무엇보다도 소크라테스의 철학 활동에 대한 지식은, 소크라테스를 더 잘 알고 있었고 마지막까지 그와 머물렀고, 그가 죽은 후 소크라테스적 모임과 개인적인 접촉을 유지했던 (안티스테네스, 아이스키네스, 플라톤 같은) 사람들의 저술로부터 끊임없이 보강될 필요가 있었다. 이전의 학자 세대가 소크라테스 철학에 대해 보다 신뢰할 만한 역사적 보고를 찾고자 크세노폰에게 의존했던 곳에서, 오늘날의 비판적 독자는 크세노폰이 자신보다 나은 정보를 가졌던 소크라테스 추종자들의 작품에서 읽었던 것을 주로 반영하고 (그리고 그 자신의 개인적인 판단을 통해 굴절시키고) 있는 모습을 볼 것이다.

우리의 목적을 위한 핵심 구절은 플라톤으로부터 가져다 쓴 말들이 특히 많은 『소크라테스 회상』 4권의 한 부분이다. 4권 2-4장에서 우리는 최소한 플라톤의 글 여섯 개가 메아리치는 것을 인지할 수 있다.[11] 다음 장인

11 이 책의 부록 599쪽 이하를 보라.

4권 5장의 끝 부분에서, 크세노폰은 플라톤적 자료에 대한 친숙함과 더불어 플라톤의 생각을 제대로 습득하지 못하는 자신의 무능함을 드러내는 방식으로 변증술(dialegesthai) 개념을 소개한다. 크세노폰의 소크라테스는 자제(enkrateia)의 덕을 찬미하고 있었다. 그에 따르면, 자제력이 있는 자만이 "가장 중대한 문제들을 살펴볼 수 있고, 그것들을 말과 행위에서 유(類)에 따라 구분함으로써(dialegontas kata genē), 좋은 것을 택하고 나쁜 것을 삼갈 수 있다"(『소크라테스 회상』 4권 5장 11절).

> 그리고 그는 이렇게 해서 사람들은 가장 탁월하고, 가장 행복하고, 가장 토론 능력이 있게 된다고 말했다. 그는 토론(dialegesthai)이란 이름이 사물들을 유에 따라 구분함으로써(dialegontas kata genē) 공동으로 숙고하기 위해 함께 모이는 일에서 유래한다고 말했다. 그러므로 우리는 스스로에게 이것을 준비시키고 이것을 돌보기 위해 온갖 노력을 기울여야 한다. 왜냐하면 이로부터 사람들은 가장 탁월한 자, 가장 훌륭한 지도자가 되고, 가장 토론에 뛰어난 자(dialektikōtatoi)가 될 것이기 때문이다. (4권 5장 12절)

실제로 절제(sōphrosynē)와 자제의 이점과 아크라시아, 즉 자제력 없음의 단점에 대한 긴 설명의 마지막에 오기 때문에, 이 구절은 토론 기술이 좋은 것과 나쁜 것에 관해 신중하게 숙고하는 데에 있다고 분명히 이해한다. 그래서 가장 토론에 뛰어난 자(dialektikōtatos)는 좋은 것을 선택하고 나쁜 것을 피하는 데 가장 솜씨가 좋은 사람이다. 그것은 크세노폰이 4권 5장 11절에서 "사물을 유에 따라 분류함"의 개념을 이해하는 방식이다. 따라서 크세노폰은 dialegein을 '사물을 분류함'을 뜻하는 것으로 받아들이면서, 비-플라톤적인 어원 설명을 통해, 플라톤 철학의 전문 개념 —사물들을 자연적 유에 따라 구분하는 능력으로서의 변증술— 을[12] 실천적 지혜의 세속적인 개념으로 변경하는 일을 해내었다.

『소크라테스 회상』의 다음 장(4권 6장)에서 크세노폰은 소크라테스적인 dialegesthai 개념을 정의들을 추구하는 데에 적용함으로써 확장한다. 그는 다음과 같이 시작한다. "나는 또한 그가 그의 제자들을 토론에 더 능숙하게 (dialektikōteroi) 만든 방법을 말하려고 할 것이다." 이 전문 용어는 크세노폰이나 다른 그리스 작가들에게 선례가 없지만, 플라톤으로부터는 친숙하다. 2장에서 주목했듯이, 『메논』에서 플라톤은 비교급 dialektikōteron(더 토론에 능숙한)을 소개하는데, 이것은 아마도 그가 만들어 낸 말이었을 것이다. (이 비교급은 『정치가』 285d 6과 287a 3에 다시 사용된다.) dialektikos(변증가 또는 대화에 능숙한 자) 개념은 『에우튀데모스』와 『크라튈로스』에서 언급된다. (이 책의 10장 474-79쪽을 보라.) 그러나 변증술 개념이 철학자-왕을 위한 최고 형태의 훈련으로 설명되는 곳은 『국가』뿐이다.

보아하니 크세노폰은 이처럼 변증술을 엘리트 정치인을 위한 훈련으로 보는 데에 매혹되었다. 그는 얼마간 이러한 플라톤적 관념을 (비교급과 최상급으로 표현된 새로운 용어 dialektikos와 더불어) 수용했다. 더 나아가, 크세노폰은 플라톤으로부터 변증가만이 본질 또는 사물의 무엇임에 대한 설명을 제공할 수 있다는 점을 배웠다(『국가』 7권 531e 4, 532a 6, 534b 3). 따라서 그는 정의를 추구함으로써 소크라테스적인 '변증술' 훈련을 설명하는 데로 나아가는데, 이 훈련을 그는 순수하게 실천적인 조건에서 이해한다.

소크라테스는 각 사물이 무엇인가(ti hekaston eiē tōn ontōn)를 알고 있는 사람은 또한 남에게 이것을 설명할 수 있을 것이라고 믿었다.[13] 반면, 이런 앎을 지

---

12 이 책의 10장 464쪽 이하를 보라.
13 '어떤 사물의 본질을 아는 것'(knowing what a thing is)은 다른 사람들에게 그것을 설명하게 해

니지 못한 사람은 자신도 과오를 범할 뿐만 아니라 남까지도 과오를 범하게 (sphallein) 만든다는 점은 놀라운 일이 아니라고 말했다. 이러한 이유로 그는 제자들과 더불어 여러 가지 문제를 놓고 각 사물이 무엇인가(ti hekaston eiē tōn ontōn)를 끊임없이 물었다.

그가 모든 것들을 어떻게 정의했는지(panta hēi diōrizeto)를 기술하는 작업은 쉬운 일이 아닐 것이다. 나는 그의 탐구 방식을 명료화하는 데 필요하다고 생각되는 부분만을 말하고자 한다.

먼저 그는 경건을 다음과 같이 탐구했다.

말해 보게, 에우튀데모스, 경건이란 어떠한 성질의 것(poion ti)이라고 생각하는가?

그가 대답했다. 맹세코, 가장 훌륭한 것(kalliston)이라고 생각합니다.

그러면 어떠한 사람이 경건한 사람인지 말할 수 있겠나?

그가 대답했다. 저는 신들을 공경하는 사람이라고 생각합니다.

제멋대로 신들을 공경해도 되는가?

아닙니다. 따를 법과 관습(nomoi)이 있습니다.

그러면 이 법을 알고 있는 자는 어떻게 신들을 공경해야 하는지를 알고 있다는 말인가?

그가 대답했다. 그렇다고 생각합니다.

그런데 어떻게 신들을 공경해야 하는지를 알고 있는 자는 자신이 알고 있는 것과는 다른 방법으로 신들을 공경해야 한다고 생각하겠는가?

물론 아닙니다.

이렇게 공경해야 한다고 생각하는 방법 말고 다른 방법으로 신들을 공경하

준다는 생각(『소크라테스 회상』 4권 6장 1절)에 대해서는, 『라케스』 190b-c와 『카르미데스』 159a와 비교하라.

는 자가 있을까?

없다고 생각합니다.

그런데 신들에 관한 법도를 알고 있는 자는 법도에 맞는 방식으로 신들을 공경할 것이라고 생각하는가?

그렇습니다.

법도에 맞게 공경하는 자는 공경해야 할 대로 공경하는 자란 말이지?

물론입니다.

공경해야 할 대로 공경하는 자야말로 경건한 사람이라는 말이군.

확실히 그렇습니다.

그렇다면, 신들에 관한 법도를 알고 있는 자가 경건한 사람이라고 정의를 내리는 것이 마땅하겠지?

저는 그렇다고 생각합니다. (4권 6장 1-4절)

소크라테스적 종교관에 대한 설명으로서, 이것은 평범하고 관습적이다. 크세노폰이 『에우튀프론』을 읽었다면, 그는 그 내용에 대해 아무것도 배운 것이 없다. 여기서의 추론은 예컨대 『프로타고라스』에 나오는 소크라테스의 논증들을 미숙하게 모방한 것으로 가장 잘 이해될 수 있다. 그리고 (경건이 일종의 앎이라는) 암묵적 결론은 『프로타고라스』의 독자가 소크라테스의 입에서 기대하는 것이다. 다른 원문들로부터 우리는 크세노폰이 『프로타고라스』에 친숙하다는 점을 알고 있다.[14] 그래서 다음 구절에서(『소크라테스 회상』 4권 6장 6절과 11절) 그는 앎(epistēmē)의 견지에서 정의(正義)와 용기에 대한 정의(定義)를 제공할 것이다. 크세노폰의 열의와 통찰력 결핍은 심지어 그를 앎의 견지에서 지혜(sophia)를 정의하는 데로 이끄는데, 플라톤에서 이

---

14   이 책의 부록 595쪽 이하를 보라.

두 용어는 서로 교체 가능하다(『소크라테스 회상』 4권 6장 7절).

소크라테스가 정의(定義)를 추구하는 모습을 묘사하는 원문은 크세노폰의 모든 저술들 중 이 구절(4권 6장 1-11절)이 유일하다.[15] 그런데, 이것이 바로 크세노폰과 플라톤 간의 일치가 역사적 신빙성을 보장하는 것으로 받아들여졌던 사례이다. 그러나 일단 우리가 크세노폰이 소크라테스적 변증술 개념을 플라톤에게서 가져다 썼을 것이라는 점을, 또는 그것이 거의 확실하다는 점을 인정한다면, 그는 더는 역사적 소크라테스의 실천에 대한 독립적 증거의 역할을 할 수 없다.[16]

4. 회의적 비판: 아리스토텔레스

아리스토텔레스가 소크라테스와 플라톤이 가진 철학적 입장들의 차이에 선을 분명하게 긋기 때문에, 아리스토텔레스로부터 나온 증거는 철학사에서 더 큰 관심거리이다. 예를 들어, 아리스토텔레스에 따르면, 소크라테스는 본질에 대한 정의들을 추구했지만, 그는 플라톤이 했던 것처럼 형상을 '분리시키지'는 않았다.

우리는 소크라테스에 대한 증거를 보기 전에, 철학사가로서 아리스토텔레스가 이뤄 낸 일반적인 성과를 재검토하는 것이 좋을 것이다.

가장 중요한 원문인 『형이상학』 1권 3-6장에서, 아리스토텔레스는 선행 철학자들에 대한 지극히 도식적인 설명을 제공한다. (탈레스에서 시작해서 플라톤으로 끝나는) 이전 철학자들에 대한 개관은, 그들이 네 가지 원인 또는 원

---

15 『소크라테스 회상』 1권 1장 16절에 조금 유사한 부분이 있다. 아래 171쪽과 각주 45를 보라.
16 같은 결론에 이르는 유사한 연구에 대해서는 Patzer(1987), 438-42쪽을 보라.

리에 대한 아리스토텔레스 자신의 설명 체계를 어느 정도나 예기했는지를 살펴보려는 욕망에 의해 명시적으로 그 동기가 부여된다. 이렇듯 그는 의도적으로 자연의 분석을 위한 자신의 개념적 도식의 견지에서 이전 철학자들의 사상을 해석한다. 먼저, 아낙사고라스 이전의 모든 이오니아 철학자들은 아리스토텔레스가 자신의 재료인 또는 기체(hypokeimenon)와 동일시하는 단일한 요소적 원리를 언급함으로써 자연 세계를 설명하는 물질적 일원론자로 특징지어진다. 그러므로 아리스토텔레스에 따르면, 이 사상가들에서 "(사물들의) 실체(ousia)는 (같은 것으로) 그대로 남아 있고 오로지 그 성질들만 변한다"(『형이상학』 1권 3장 983b 10).

그런데, 이러한 해석이 밀레토스 철학자들의 경우조차 정확한지 의문이다. 아리스토텔레스가 이 설명에 포함시키는 헤라클레이토스에 대해서 그것은 확실히 잘못된 것이다. 나아가, 이곳뿐만 아니라 다른 곳에서도 그는 요소적인 기체는 같은 것으로 남아있기 때문에 이 초기 철학자들이 근본적인 또는 단적인 생성과 소멸을 믿지 않았다고 보고한다(983b 12). 그렇지만 이것은 완전히 시대착오적이다. 파르메니데스의 논증들은, 아리스토텔레스에 따르면, 정확하게 아무도 주장하지 않았던 견해(단적인 생성과 소멸이 가능하다는 견해)를 반대하는 방향으로 잡혀 있다. 그리고 만일 파르메니데스가 '생성'을 부정한 것을 최초 철학자들에게 귀속시키는 아리스토텔레스의 말이 맞다면, 아낙사고라스와 엠페도클레스가 생성과 소멸을 논쟁적으로 배척한 부분은 이해 불가능할 것이다.[17] 그러나 아리스토텔레스는 사실상 이오니아의 자연 철학에 대한 엘레아적 비판이 그러한 새로운 생각들을 일

---

17 아리스토텔레스는 이오니아 전통을 대변하는 후기 파르메니데스주의자인 아폴로니아의 디오게네스가 물질적 기체에 대한 아리스토텔레스의 관념을 앞서 규정하는 밀레토스적 일원론의 수정판을 내놓았다는 사실에 의해 그런 쪽으로 고무되었을지도 모른다(DK 64B.2와 5).

으켰던 5세기 우주론의 역사적 변증법을 복원하는 데는 관심이 없었다. 대신에 그는 이전 철학자들을 자신의 체계 형성으로 이끄는, 시간을 초월한 논의에 등장하는 대화자들로 해석한다.[18]

소크라테스 이전 철학에 대한 역사가들은 아리스토텔레스의 설명을 응분의 주의를 기울여서 이용하고, 원문들에 주의를 깊게 기울임으로써 가능하다면 어디서든 그 설명을 바로잡는 법을 배웠다. 소크라테스에 관한 그의 보고는 지금까지 그와 같은 정밀한 검토를 받지 않았다. (이전 철학자들에 대해) 동일하게 역사적 검토가 이루어지는 가운데 세 개의 장 다음의 6장에 그것이 등장하는 문맥을 살펴보자.

아리스토텔레스는, 어떻게 피타고라스주의자들이 본질 또는 형상인(to ti esti)에 관심을 보인 최초의 사람들로서, 그들이 이것을 다소 피상적인 방식으로 수와 동일시했는지를 설명하고 있었다(1권 5장 987a 20 이하). 그다음으로 여러 측면에서 피타고라스주의자들을 추종했지만 몇 가지 혁신을 이뤘던 플라톤이 등장했다.

플라톤은 젊었을 때 먼저 크라튈로스와 친숙하게 되었고, 모든 감각 대상들은 늘 유동 상태에 있으며 이에 관한 앎은 있지 않다는 헤라클레이토스의 이론에도 친숙하게 되었으며, 세월이 지난 뒤에도 그런 생각을 지니고 있었다. 반면 소크라테스는 윤리적인 문제들은 다루었지만 자연 전반에 관해서는 전혀 다루지 않았다. 그는 윤리적인 문제들에서 보편적인 것(보편자, to katholou)을

---

18 이 점에 대해서는 Cherniss(1935)의 고전적인 연구를 보라. 전형적인 판단들에 대해서는 Vlastos(1995), 1권 326쪽을 보라. 그는 아리스토텔레스가 "자신의 범주들에 영향을 끼친 일련의 범주들을 기질적으로 존중하지 못한다는 점"을 인정한다. Inwood(1992), 70쪽 이하도 이와 비슷하다: "아리스토텔레스는 엠페도클레스가 그 자신이 직면했던 것과 같은 문제들과 씨름하고 있었다고 가정하는 경향이 있다."

추구했으며 최초로 정의에 몰두했다. 플라톤은 (보편적 정의에 관한) 그의 생각을 받아들여, 감각 대상들이 아닌 다른 것들에 대해 정의가 적용된다고 믿었다. 감각 대상들은 늘 변하기에, 그것들 중 어느 것에 대해서도 공통된 정의가 있을 수 없다는 것이다.

그래서 플라톤은 그런 종류의 사물들에 형상들(이데아들, ideai)이란 이름을 붙였다. 반면 감각 대상들은 모두 이것들의 이름을 따서 이름이 지어지며, 이것들과 맺는 관계로 말미암아 그 이름으로 불린다. 다시 말해 형상들과 이름이 같은 많은 대상들은 (형상들을) 분유함으로써 있다. 그는 이름만 분유(分有, methexis)로 바꾸었다. 다시 말해, 피타고라스주의자들은 사물들이 수들을 모방함(mimēsis)으로써 존재한다고 주장하지만, 플라톤은 이름을 바꿔 사물들이 형상들을 나눠 가짐으로써 있다고 주장한다. (1권 6장 987a 32–b 12, 김진성 옮김)

많은 철학사가들은 플라톤의 형상 이론(이데아론)의 기원에 대한 이런 설명을 추종했다. 하지만 나는 그것이 플라톤 이전 철학자들에 대한 아리스토텔레스의 설명만큼이나 자의적이고 도식적이라고 말하고 싶다. 아리스토텔레스가 플라톤 사상의 초기 발전에 대한 어떠한 충분한 증거라도 가졌다고 가정할 이유가 전혀 없다. 그가 17세의 청년으로 아테네에 도착했을 때, 플라톤은 60세였고 아마도 얼마 전에 『파이드로스』, 『파르메니데스』, 『테아이테토스』를 완성했었을 것이다.[19] 그래서 아리스토텔레스는 모든 초기와 중기 대화편들, 즉 그룹 I과 II의 모든 저술들을 손에 쥐고 있었다. (소크라테스가 주요 화자인 대화편들 가운데 『필레보스』만 아리스토텔레스가 아테네에 도착한 후에 저술되었다.) 아리스토텔레스가 유동 상태론에 부여한 중요성은 아마

---

19 테아이테토스에 대한 추도 헌정은 이 대화편의 저술 연대를 기원전 369년이나 그 직후로 잡는다. 아리스토텔레스는 기원전 367년에 아테네에 도착했다.

도 『테아이테토스』의 신선한 충격을 반영하는 것 같다. ("세월이 지난 뒤에도 그런 생각을 지니고 있었다.")[20] 그리고 피타고라스의 영향에 대한 과장된 평가는 확실히 플라톤의 말년에 아카데미아가 보인 지적인 분위기에 상응한다.

아리스토텔레스가 여기에서 아카데미아의 구전(口傳)에 의존하고 있다거나, 심지어는 그가 그런 문제들을 플라톤 본인과 논의했었다고 때때로 가정되곤 한다.[21] 그러한 가정은 전적으로 근거가 없는 듯하다. 우리는 플라톤과 (거의 45년 연하인) 아리스토텔레스 간의 개인적인 관계에 대해 아는 바가 전혀 없다. 그리고 우리가 작가로서의 플라톤에 대해 아는 바는 그가 자신의 지적인 발전에 대해 스스럼없이 내놓고 말하려 한다는 점을 전혀 시사하지 않는다. 여기서 역사적인 정보 중 유일하게 확고한 한 가지는 형상 이론이 소크라테스가 아니라 플라톤에게 속한다는 것이다. 그러나 그것은 아마도 아카데미아의 모든 구성원에게 잘 알려진 사실일 것이다. (고대의 어느 누구도 형상 이론이 젊은 소크라테스의 것으로 귀속되는 『파르메니데스』의 첫머리를 역사적인 사실로 받아들이지 않았다.) 아리스토텔레스의 나머지 보고는 그가 대화편들을 읽은 바에 기초하고 몇몇 경우에는 크세노폰으로부터 얻은 정보에 의해 보완된 자신의 추측을 제시하는 쪽 같다.[22]

---

20 『크라튈로스』 이전에는 어떤 플라톤 대화편에도 감각 대상들의 유동 상태에 대한 언급이 없고, 『향연』과 『파이돈』 이전에는 감각 가능한 것들 자체에 관한 성격 규정도 없다. 아리스토텔레스가 이 모든 것을 플라톤의 청년기로 되돌리는 행위는 어떤 역사적인 토대도 없는 것 같다.

21 Ross(1924, 1권, xxxvii쪽)는 "그(아리스토텔레스)가 소크라테스에 대해 알았던 모든 것을 아카데미아로부터, 그리고 아마도 심지어는 플라톤 자신으로부터 배웠다는 가정"에 대해 말한다.

22 소크라테스에 대한 아리스토텔레스의 설명이 주로 플라톤에게서 얻은 것이라고 하더라도, 그가 크세노폰의 『소크라테스 회상』에 의존하는 한두 가지 틀림없는 예들이 있다. Deman(1942), 57-60쪽, 원문 XVI과 XVII을 보라(『소크라테스 회상』 1권 2장 9절과 54절을 반영하는 『연설술』 1393b 3-8과 『에우데모스 윤리학』 1235a 35-b 2). 아리스토텔레스가 크세노폰에 의존한다는 점은 Maier(1913, 92-102쪽)에 의해 인지되었다(아마도 지나치게 강조되었을 것이다).

아리스토텔레스의 설명은 본질적으로 비역사적인 성격을 띤다. 이는 그것이 생략하는 것과 포함하는 것에 의해 증명된다. 우리는 무엇보다도 원문을 검토하는 역사가들이 플라톤의 형상 이론에 영향을 미친 가장 중요한 한 가지로 인정할 것 —영원불변의 존재에 대한 파르메니데스적 관념— 에 대한 어떤 언급도 없다는 점에 부딪힌다. 다른 한편으로, 플라톤이 그가 『테아이테토스』에서 전개하는 신(新)헤라클레이토스적인 교설을 크라튈로스에게 배웠다고 믿기는 어렵다. 크라튈로스에게 이것을 귀속시킨 것은 그의 이름을 딴 대화편을 지나치게 성급히 읽은 데에서 유래한 아리스토텔레스의 추론인 것으로 보인다.[23] 같은 대화편을 보다 통찰력 있게 읽는다면, 플라톤이 크라튈로스에게서 뭔가 배울 것이 있었다고 생각하지 않았다는 점이 드러난다. 『크라튈로스』와 『테아이테토스』에서 플라톤은 당대의 헤라클레이토스주의자들이 자신들의 교설에 대한 정합적인 설명을 기꺼이 제공하려 하지 않았다는 점을, 또는 그런 것을 제공할 수 없었다는 점을 분명하게 밝힌다. 『테아이테토스』의 (감각 대상들의) 유동 상태 이론은 크라튈로스에게서 배웠던 것이 아니라 플라톤 자신의 것임이 틀림없다.[24] (하

---

23 아리스토텔레스는 그가 플라톤의 대화편에서 배울 수 있었던 것보다 크라튈로스에 대해 더 많이 아는 것 같다. 가령, 그가 마지막에 손가락만을 움직였다는 점과 그가 같은 강물에 심지어는 한 번도 들어갈 수 없다는 근거에서 헤라클레이토스를 비판했다는 점(『형이상학』 4권 5장 1010b 12-15)을 알고 있었다. 이것은 크라튈로스가 "쉿쉿 소리를 내며 격렬하게 손을 휘저었다"고 묘사된 아이스키네스의 확인되지 않은 대화편에서 온 것 같다(아리스토텔레스의 『연설술』 3권 16장 1417b 1 = SSR VI A 92). 후자의 맥락에서 아리스토텔레스는 크라튈로스가 그러한 행위로 이름났다는 점을 시사한다.

24 플라톤을 크라튈로스의 제자로 보는 것은, 오늘날 역사가가 '영향'이라 부를 만한 것에 상응하는 철학적 계승의 노선들을 구축하려는 (테오프라스토스가 이어간) 페리파토스학파의 경향을 보여 주는 초기 사례들 중 하나인 것 같다. 여기서 아리스토텔레스 주장의 역사성에 대한 회의적 입장에 대해서는 Kahn(1985), 241-58쪽을 보라. 유사 사례에 대한 Woodbury의 다음 논평과 비교하라: "아르켈라오스와 소크라테스 간의 사제 관계는 … 4세기 아리스토텔레스학

지만 철학적으로 말하자면, 크라튈로스에 대한 아리스토텔레스의 역사적이지 못한 언급은 그의 입장에서는 올바른 직관 —유동 상태 이론이 형상들을 상정하기 위한 간접 논증이고, 이는 형상들이 안정적인 사유 대상이고 이성적인 담론의 토대로서 요구된다는 『파르메니데스』 135b-c의 진술에 상응한다는 직관— 을 나타낸다. 『소피스트』 249c에 그와 유사한 주장이 있다.)

피타고라스주의적 영향에 대한 아리스토텔레스의 설명도 역사적 보고로서는 믿을 만한 것이 못 된다. 그것은 아리스토텔레스의 형상인(formal cause) 개념에 대한 선례 조사로서 그것의 문맥에서만 이해될 수 있다. 플라톤의 분유 이론이 피타고라스주의의 모방 이론에서 차용됐다는 것은 언뜻 보기에도 그럴 것 같지 않을 뿐만이 아니다. 그것은 플라톤 이전의 피타고라스주의자들이 감각 대상들과 수(數)들 사이에 어떤 구분도 하지 않았다는 아리스토텔레스 자신의 진술과도 모순된다. (아리스토텔레스에 따르면) 그들은 사물이 수라고 또는 유한과 무한이 사물들의 원리라고 말했다(『형이상학』 1권 5장 986a 3, a 15-21. 필롤라오스의 조각글 1-2, 6 참조). 그들에게 사물들과 수들 간의 유사성 교설을 귀속시킨 사람은 아리스토텔레스인데(985b 27, 33, 986a 4), 이에 대해서는 아무런 독립적인 증거도 없다. 그리고 필롤라오스의 조각글들에는 형상 이론의 예기로 올바르게 해석될 수 있는 내용이 전혀 없다. 다른 한편으로 『파이돈』과 『파르메니데스』를 제외한다면, 모방 또는 유사성 개념은 분유 개념이 플라톤 자신의 형상 이론의 형성에서 수행하는 것보다 더 중요한 역할을 한다. (아래 11장 '5) 분유'를 보라.) 따라서 아리스토텔레스의 이 진술은 이중으로, 즉 플라톤에 관련해서, 그리고 피타고라스주의자들에 관련해서, 우리를 잘못 이끈다.

파의 이론사적 구성이지, 5세기의 전거들이나 어떤 충분한 역사적 증거에서 확인하여 이루어진 것이 아니다"(1971, 309쪽).

아리스토텔레스는 플라톤과 소크라테스 이전 철학자들에 관해서보다 소크라테스에 관해 더 신뢰할 만한 역사가인가? 소크라테스적 문헌에 잘 기록되어 있는 귀납 논증 또는 유비 논증(epagōgē)의 사용을 제쳐 둔다면, 소크라테스에 대한 아리스토텔레스의 설명에는 세 가지 핵심점이 있다.

① 보편적 정의의 추구
② 덕과 앎의 동일시
③ 아크라시아(자제력 없음)의 부정

역사적 소크라테스에 대해 우리가 전통적으로 가진 견해에서 원문상의 토대를 이루는 것은, 크세노폰에 나오는 몇 가지 유사 구절과 더불어, 위에서 열거한 아리스토텔레스의 세 가지 주장이다. 왜냐하면 정확히 이 주장들이 『프로타고라스』와 (덕들의) 정의에 관련된 대화편들에서 소크라테스의 실천에 대한 충실한 반영을 발견하려는 현대 학자들에게 정당성을 부여했기 때문이다.

① 위에서 1권 6장(987b 1-4)으로부터 인용한, 소크라테스의 보편적 정의 추구에 대한 아리스토텔레스의 보고는 『형이상학』13권 4장에서 보다 풍부한 원문으로 유사하게 나온다. 여기에서 아리스토텔레스는 또다시 형상 이론의 기원을 기술하고 있다. 그는 한 번 더 헤라클레이토스적 유동 상태를 언급하면서 시작하고, 『크라튈로스』에서 어렴풋한 윤곽을 드러냈으며 『테아이테토스』에 함축된 논증을 이제는 분명하게 밝힌다. "어떤 것에 대한 앎이나 지혜(phronēsis)가 있으려면, 감각 대상들 말고 다른 어떤 불변의 실재들이 따로 있어야 한다"(1078b 15).[25] 그는 그런 다음에 소크라테스로 넘어간다.

---

25 Kahn(1973), 169-71쪽에 내가 재구성한 이 논증을 보라.

그런데 소크라테스는 도덕적인 탁월성(덕)의 문제에 몰두하여, 최초로 이 것에 관련하여 보편적인 정의를 추구하였다. … 소크라테스가 본질을 찾아내려고 한 데에는 그럴 만한 이유가 있었다. 그는 추론(syllogizesthai)으로써 무엇인가를 증명하려고 했는데, 바로 그 본질이 추론들의 출발점이 되었기 때문이었다. 소크라테스 당시에는 변증술의 역량이 본질에 대한 정의 없이 반대되는 것들을 탐구할 만큼, 그리고 반대되는 것들을 동일한 학문이 다루는지를 살펴볼 만큼 충분하지 못했다. (다시 말해, 가설의 방법이 아직 존재하지 않았다.) 그럼에도 소크라테스에게 마땅히 인정해야 할 것이 두 가지가 있다면, 그것은 귀납적인 논증들(epaktikoi logoi)과 보편적인 정의(to horizesthai katholou)인데, 이것들은 모두 학문의 출발점(archē)과 관련되어 있다.

그런데 소크라테스는 보편자들(ta katholou)과 정의들을 분리시키지 않았다. 그러나 그들(플라톤주의자들)은 그것들을 분리시켰다. 그리고 그런 존재들을 형상들이라고 불렀다. (13권 4장 1078b 17-32, 김진성 옮김)

여기에서 아리스토텔레스가 조심스레 소크라테스에게만 있는 뚜렷한 공헌을 부여하려는 모습을 분명히 보이지만, 이 설명을 크라튈로스와 피타고라스주의자들이 형상 이론에 공헌했던 것에 대한 이전의 보고보다 더 역사적으로 신뢰할 만하다고 받아들일 이유는 전혀 없다.

우리는 여기에서 소크라테스가 (덕들의) 정의에 대한 관심을 갖게 된 동기가 아리스토텔레스 자신의 학문과 변증술에 관한 이론을 전제한다는 점을 볼 수 있는데, 이 이론에 따르면 학문의 첫째 원리들은 정의들에 의해 제공되는 반면, (아리스토텔레스적인) 변증술은 대안 의견들을 토대로 가설적으로 작동할 수 있다. 다른 한편으로, 아리스토텔레스가 '도덕적 탁월성'(덕)들에 대한 정의의 추구를 언급한 부분은 (크세노폰처럼) 그가 정의에 관련된 플라톤의 대화편들을 참고하고 있고, 그것들을 역사적 소크라테스에 대한 증거로 취급할 준비가 되어 있다는 점을 보여 준다. 아리스토텔레스는 또한 플라톤과 달리 소크라테스가 감각적 개별자들로부터 보편적 정의의 대상을 분리시키지 않았다는 점을 주장한다. 더 나아가, 아리스토텔레스는 소크라테스가 그것들을 분리시키지 않은 것이 옳았다고 덧붙인다(『형이상학』 13권 9장 1086b 3-5). 이렇듯, 아리스토텔레스가 정의에 관련된 대화편들을 소크라테스에 대한 역사적 증거로 수용한다는 점은 형상 이론의 기원에 대한 자신의 설명뿐만 아니라 그 이론에 대한 자신의 비판을 위해서도 필수적인 것으로 드러난다. 그는 사실상 자신의 보편자 관념을 소크라테스에게 귀속시킴으로써 이러한 비판을 위한 기반을 놓고 있다.

그렇다면, 우리는 아리스토텔레스가 소크라테스의 정의 추구에 대한 증거 ―아마도 우리가 『소크라테스의 회상』 4권 6절에서 검토했던 구절들을 아리스토텔레스가 알고 있었다는 점에 의해 강화되는 증거― 로서 플라톤의 묘사를 받아들이기에 충분한 이론적 근거를 갖고 있었다는 점을 인정한다. 그러나 아리스토텔레스의 정보가 크세노폰의 것처럼 플라톤의 대화편들에 친숙한 데서 유래된 것이라면, 각각의 보고가 어떤 독립적인 가치를 지닌 것으로 간주될 수 있는지 강한 의문이 든다.[26] 아리스토텔레스의 설명 중 나머지 두 가지 논쟁적인 항목에 관해서도 같은 의문이 생긴다.

② 덕 일반이, 그리고 특수한 사례인 용기가 일종의 앎이라는 테제는 아리스토텔레스에 의해 거듭 소크라테스에게 귀속된다.[27] 같은 테제가 크세

---

26 아리스토텔레스를 독립적인 전거로 보는 데 회의를 나타내는 학자들의 의견에 대해서는 Maier(1913), Taylor(1911), 41쪽, 46쪽, 그리고 좀 더 최근의 H. Patzer(1965), 28쪽 이하, A. Patzer(1987), 435쪽 이하를 보라. Ueberweg-Flashar의 근간 *Die Philosophie der Antike*에 Döring 이 소크라테스에 관해 기고한 내용도 그와 비슷하다. 크세노폰이 플라톤에 의존한 점에 대해서는 Robin(1910), 1-47쪽, A. Patzer(1987), 438-40쪽을 보라.

27 『니코마코스 윤리학』 6권 13장 1144b 14-21, 3권 11장 1116b 3-4 등. Deman(1942), 82-85쪽, 98쪽 이하의 원문들.

노폰의 『소크라테스 회상』 전체에, 특히 3권과 4권에 흩어져 있다. (위에서 4권 6장으로부터 인용한 구절들과 3권 9장 5절에 나오는 다음의 명시적인 진술을 보라. "정의를 비롯하여 모든 덕들은 지혜나 앎, 즉 sophia이다.") 두 작가는 이 논제가 길게 논증되는 『프로타고라스』를 분명히 잘 알고 있다. 그리고 그 교설은 『라케스』와 『메논』의 몇몇 구절에 의해 확인될 수 있다. 하지만, 니키아스가 용기에 대한 정의로 앎을 제안하는 (그리고 명백히 소크라테스가 이를 반박하는) 『라케스』에서 니키아스가 소크라테스에게 귀속시키는 내용은 훨씬 덜 단정적인 것이다. "나는 종종 선생이, 우리는 각자 자신이 지혜로운 (sophos) 그런 것들에 있어서는 좋지만 자신이 무지한 것들에 있어서는 나쁘다고 말하는 걸 들었소"(『라케스』 194d, 한경자 옮김). 그런데, 지혜와 좋음의 이런 일상적인 관계는 그 둘이 정의상 같다는 주장에는 훨씬 못 미친다. 그것은, 도덕적 무지가 악덕의 원인이듯, 도덕적 앎이 어떤 사람을 유덕하게 하는 원인이라는 주장과 양립 가능하다. 그리고 이것은 우리가 어떤 정의에 관련된 물음도 없는 『소크라테스의 변론』에 제시된 것으로 발견할 견해이다. 『소크라테스의 변론』과 『라케스』가 이 점에 수렴되는 모습은 당연히 역사적이고, 따라서 앎과 덕이 근본적으로 연결되어 있다는 관념은 진짜로 소크라테스적일 것이다. 그럼에도, 그것을 덕에 대한 정의로서 제시하는 것은 아마도 플라톤의 혁신 —크세노폰과 아리스토텔레스의 기록에 잇따라 반영되는 혁신— 일 것이다.

③ 아리스토텔레스가 플라톤에 직접적으로 의존해 있다는 점은 자제력 없음의 부정에서 가장 명백하다. 소크라테스가 "앎이 어떤 사람 속에 있음에도 다른 어떤 것이 그 앎을 지배하고 마치 노예처럼 이리저리 끌고 다닌다는 것은"[28] 이상한 일이라고 생각했다고 보고할 때, 아리스토텔레스는

---

28 『프로타고라스』 352b 5-c 2로부터 따온 『니코마코스 윤리학』 7권 2장 1145b 23. 훌륭한 역사

『프로타고라스』의 원문을 그대로 인용하고 있다. 그런데 크세노폰도 『프로타고라스』의 같은 부분에 표현된 (행위의) 동기에 관한 이론을 연출하려고 혼란스럽게 시도한다.[29] 여기에서 또다시, 아리스토텔레스는 소크라테스 철학의 원천으로서 『프로타고라스』에 의존하고자 크세노폰에 나타난 유사 구절들에 고무되었을지도 모른다. 그러나 현대 학자들은 확실히 잘못된 조언을 받아 그런 선례를 따른다. 플라톤이 『프로타고라스』에서 묘사한 내용의 역사성에 대한 증거로서 크세노폰과 아리스토텔레스가 플라톤에게 차용한 것들을 예로 드는 것은 순환 논증이다.

아리스토텔레스가 우리에게 소크라테스에 대해 말하는 거의 모든 내용을 플라톤의 대화편들에서 끌어낼 수 있다는 점은 오랫동안 인정되어 왔다.[30] 물론 아리스토텔레스는 문학적 등장인물과 역사적 인물을 단순히 동일시하지는 않는다. 그는 그 둘을 질서정연하게 문체상으로 구분하는 것처럼 보이고, 『파이돈』과 『국가』의 교설을 소크라테스에게 귀속시키지 않는다.[31] 그러나 그가 소크라테스에 대한 자신의 관념을 뒷받침할 신뢰할 만한

가처럼, Grote는 다음과 같이 올바른 결론을 내린다. "우리는 이로부터, 아리스토텔레스가 소크라테스의 교설을 논평할 때 그가 여기서 뜻하는 것은 『프로타고라스』에 나오는 플라톤적 소크라테스의 교설이라는 점을 본다"(1875, 2권, 각주 62). 그리고 Grote는 아리스토텔레스가 『니코마코스 윤리학』 9권 1장 1164a 25에서 프로타고라스가 학생들에게 수업료를 직접 정하게 했던 방식과 관련하여 『프로타고라스』를 다시 한 번 끌어들이고 있다는 점을 주목한다.

29 『소크라테스 회상』 3권 9장 5절. 이 책의 부록 595쪽 이하를 보라.

30 예를 들어, Zeller(1889), 각주 95를 보라. 물론, 예외는 소크라테스가 형상들을 '분리시키지' 않았다는 점, 즉 『파이돈』과 『국가』의 소크라테스는 역사적이지 않다는 점이다.

31 Ross(1924), 1권 xxxix-xli쪽의 '피츠제럴드의 규준'(Fitzgerald's Canon)에 관한 논의를 보라. 아리스토텔레스가 역사적 소크라테스에 대해 언급할 때, 그는 고유 명사 앞의 정관사를 생략한다. 그러나 정관사가 있는 ὁ Σωκράτης(소크라테스)는 대화편에서 어떤 인물을 뜻한다. 그래서 예를 들자면, 플라톤의 『국가』에 대한 비판이 나타나 있는 『정치학』 2권 1-6장에서 아리스토텔레스가 규칙적으로 쓰는 표현은 ὁ Σωκράτης φησί(소크라테스는 말한다)이다. 하지만 이 규칙에 예외가 없는 것은 아니다. 『연설술』은 『메넥세노스』의 한 행을 소크라테스가 한 말

구술적 설명을 갖고 있는가? 아카데미아에 어떤 구술 전통이 있었다고 해도, 우리가 그것이 스승이 사망한 지 약 30년이나 40년이 지난 뒤에, 기록되지 않은 그의 가르침에 관한 정확한 정보를 포함할 수 있을지 의심하는 것은 당연하다. 아리스토텔레스 당시에, 소크라테스적 문헌이 나온 전체 시기 동안 아테네에 있는 누구라도 그들이 소크라테스의 말과 가르침에 대해 기억했던 것과 그들이 읽었던 ―또는 기록한― 것을 구별하는 일은 극도로 어려웠음이 틀림없다.

나의 결론은 아리스토텔레스든 크세노폰이든 두 사람이 소크라테스의 철학에 대해 플라톤의 대화편들에서 배우지 않았던 어떤 것도 우리에게 말할 입장에 있지 않다는 것이다. 아리스토텔레스는 현장에 너무 늦게 도착했기 때문에 그렇게 할 수 없다. 그는 플라톤의 묘사라는 눈이 부신 가림막에 의해 소크라테스로부터 단절되어 있었다. 크세노폰은 개인적으로 철학에 대한 이해가 전혀 없기 때문에 그렇게 할 수 없다. (크세노폰에게는 물론 도덕적 강인함, 즉 인내를 뜻하는 karteria와 자제를 뜻하는 enkrateia의 모범인 소크라테스에 대해 다른 전거들이, 특히 안티스테네스가 있었다. 그러나 우리가 말할 수 있는 한, 이 정보는 여기에서 논의된 교설의 문제들과 아무런 직접적인 관계도 없었다.) 우리들은 소크라테스 철학에 대해 두 저술가가 설명한 것의 일차적인 전거 ―즉, 플라톤의 작품들― 에 직접적으로 접근할 수 있다. 그것은 우리가 크세노폰이나 아리스토텔레스의 권위에 굴복하지 않고도 현대의 역사적 문헌학의 비판적 관점으로부터 이 원문들을 평가할 자유와 책임을 모두 가졌음을 뜻한다.

로 두 차례 인용하는데, 한번은 소크라테스에게 정관사가 붙고(1권 9장 1367b 8), 한번은 붙지 않는다(3권 14장 1415b 31). Deman(1942), 61쪽의 원문들을 보라.

5. 역사적 소크라테스: 최소한으로 보는 쪽

앞 절의 논증이 옳다면, (그의 개인적인 행동, 외양, 성격과 별도로) 소크라테스 철학의 어떠한 역사적인 설명이라도 플라톤의 저술들로부터만 나와야 한다. 그러나 플라톤은 위대한 창작 예술가일 뿐만 아니라 전(全) 시대에서 가장 독창적인 사상가 중 한 사람이다. 우리는 역사를 예술로부터 어떻게 구별할 수 있는가? 우리는 스승의 가르침에 대한 플라톤의 회상이 끝나고 그의 발전과 이 가르침의 변형이 시작하는 지점을 어떻게 말할 수 있는가?

우리가 이런 질문을 염두에 두고 플라톤의 저술들을 개관한다면, 『소크라테스의 변론』과 플라톤의 나머지 작품은 근본적으로 서로 대조된다. 무엇보다도 문학 형식의 첨예한 차이가 있다. 『소크라테스의 변론』은 출판을 위해 개정된 법정 연설이라는 전통적인 장르에 속한다. 다른 모든 대화편들은 모두 '소크라테스와의 대화들'이라는 새로운 장르에 속한다. 그러나 이러한 문학적 대조의 바탕에는 보다 근본적인 차이점이 있다. 『소크라테스의 변론』은 실제로 일어났고 플라톤과 수백 명의 다른 아테네인들이 참석했던 공적 사건인 소크라테스의 재판을 반영한다. 대화편들은 사적인 대화를 재현하는데, 거의 모두 허구적이다. 대화편의 배경이 의심할 여지없이 역사적인 후자의 경우에서, 즉 『파이돈』에 나오는 소크라테스의 임종 장면에서 우리는 플라톤이 불참했다는 말을 명시적으로 듣는다.[32] 따라서 플라톤의 대화편들 중 어느 것도 작가가 목격한 실제 사건을 뜻하지 않는다. 플라톤은 의도적으로 자신에게 소크라테스적 대화들의 형식과 내용을 상상할 거의 전폭적인 자유를 주었다.

---

32 위에 지적한 바와 같이(1장의 각주 28), 나는 플라톤의 부재가 역사적이지 않고 예술적이어서 그 점을 훨씬 부각시킨다고 생각한다.

『소크라테스의 변론』의 상황은 사뭇 다르다. 연설자에 의해서가 아니라 청중의 한 사람에 의해 작성된 공적 연설의 문학적 버전으로서, 『소크라테스의 변론』은 당연히 페리클레스의 추도 연설의 투퀴디데스적 버전처럼 준(準)역사적인 문서로 간주될 수 있다.[33] 우리는 우리가 가지고 있는 그 연설이 소크라테스가 실제로 말했던 바를 얼마만큼 반영하는지, 플라톤에 의해 얼마만큼 추가되거나 변경되었는지 확신할 수는 없다. 그러나 우리가 상상하듯, 플라톤이 소크라테스의 기억을 옹호하기 위해, 그리고 그가 불의하게 유죄 선고를 받았다는 점을 세상에 보여 주기 위해 이 연설을 작성했다면, 진짜라고 인정될 수 있을 정도로 생생하게 법정에 선 소크라테스의 모습을 제시해야 했다. 여기에서 플라톤의 문학적 가공이 수행한 큰 역할을 인정한다고 해도, 소크라테스에 관한 우리의 모든 증언 가운데 『소크라테스의 변론』을 가장 신뢰할 만한 것으로 만드는 외적 제약조건들이 있다.[34]

우리가 소크라테스 고유의 철학관에 관하여 개연성 있는 내용을 합당하게 알 수 있다면, 우리는 이것을 『소크라테스의 변론』에서 찾아야 한다. 우리가 거기서 발견하는 것은 우리가 대화편들에서 배우는 것과는 종종 차이가 많이 난다. 그럼에도 그것은 아이스키네스에서 비롯한 증거에 의해 몇 가지 중요한 점에서 확인된다. 또한 『크리톤』에 기댐으로써 이런 정보를 보완하는 일은 솔깃하고, 아마도 정당할 것이다. 왜냐하면 『크리톤』 자체

---

33 이 비교는 Vlastos(1991, 49쪽 각주 15)가 한 것이다. H. Patzer(1965), 27쪽의 다음 문장과 비교하라. "『소크라테스의 변론』이 명백하게 문학(Dichtung)이라고 해도, 그것은 소크라테스에 관한 문서(Sokratesdokument)로 의도되어 있다."

34 이것은 (내가 아는 한) Harald Patzer에서 시작하여, 현재 많은 독일 학자에 의해 인정되었다. 또한 A. Patzer(1987), 442쪽 이하, Döring(1992), 1-16쪽을 그의 이전 출판물을 언급한 각주 3과 4와 더불어 보라.

플라톤의 『소크라테스의 변론』에서 역사적 요소를 문학적 요소로부터 구별하려는 뛰어난 학자의 개연성 있는 시도에 대해서는 Wilamowitz(1920), 2권 50-55쪽을 보라.

가 탈옥하지 않겠다는 소크라테스의 결심을 세상에 설명하고 정당화하려고 설계된 『소크라테스의 변론』의 속편 같은 것으로 제시되기 때문이다. 그러나 여기에서 우리는 좀 더 신중하게 진행해야 한다. 『크리톤』은 상상적인 대화이고, 외적 제약조건들이 그다지 강하지 않다. 최소한으로 보는 쪽(minimal view)은 가능한 한 『소크라테스의 변론』에 한정되어야 한다.

(1) 철학은 지혜(sophia)에 대한 추구이다. 소크라테스는 이 추구에 전념하지만, 그는 어떤 것도 찾을 수 없다. 아니 오히려 그는 '가장 중대한 것들'에 관한 지혜(인간을 더 낫게 만드는 방법, 훌륭한 삶을 이루는 것, 사후에 우리를 기다리는 것 등)는 인간 존재에게는 획득이 가능하지 않고 신들만 소유할 뿐(23a-b)이라고 결론을 내린다. 그는 자연 세계에 관한 참된 지혜의 가능성을 배제하지 않는다. 그러나 그는 개인적으로 그 지혜를 전혀 갖고 있지 않고, 이 영역에서 일반적으로 앎으로 통하는 것이 아마도 전혀 앎이 아닐 거라고 암시한다(19c). 무엇보다도, 소크라테스 자신은 어떤 기술도(technē, 20c 1), 어떤 앎도(mathēma, 33b 5), 그에게 다른 사람들을 가르치도록 허락할 어떤 종류의 앎도 갖고 있지 않다.[35] 그의 지혜는 기껏해야 자신의 무지를 인지하는, 즉 그가 "지혜에 관련하여 참으로 결핍된 상태에 있다"는 것을 깨닫는 '인간적 지혜'이다(23b 3).

(2) 소크라테스는 자신을 교사가 아니라 추구하는 자로 내세우고, 그의 추구는 지혜와 덕의 측면에서 자신과 남들을 검토하는 데 있다. 검토(exetasis)와 시험(elenchos)은 직접적인 성과의 면에서 대부분 소극적이다. 소크라테스는 대화 상대자를, 그가 불완전하고, 그래서 자신을 돌볼

---

35 『소크라테스의 변론』 33a-b, 19b 8 이하를 참고하라. 이 논점은 아이스키네스가 쓴 『알키비아데스』의 결론에서 명시적으로 확증된다(조각글 11, Dittmar 편집 = SSR VI A 53, 61). 1장 62-63쪽을 보라.

(epimeleisthai heautou) 필요가 있거나 자신이 혼(psychē)이 가능한 한 좋은 상태에 있도록 돌볼 필요가 있다는 점을 적절하게 지각하는 데로 데려가려고 시도한다(29e-30b).[36] 적극적인 계기는 이렇듯, 개인 자신의 ―또는 이와 동등하게 그의 혼의― 본래적인 성품으로서 내재된 탁월성(aretē) 개념과 더불어, 자기 검토와 자기 개선으로의 요청이다. 이것은 아레테를 출생, 행운, 또는 외적 성공에 의존적인 것으로 간주하는 전통적 견해와 (전혀 선례가 없는 것은 아니라고 해도) 근본적으로 단절함을 의미한다.

(3) 혼의 탁월성을 돌봄은 실천적 지혜 또는 지성(phronēsis 29e 1, phronimōtatos 36c 7)의 추구를 포함한다. 그래서 아이스키네스의 『알키비아데스』에서 우리는 소크라테스가 젊은 귀족이 앎과 훈련의 필요성을 깨닫도록 시도하는 모습을 발견한다.[37] 그러므로 소크라테스적 덕(aretē) 관념은 확실히 인지적 또는 지적인 요소를 포함한다. 그러나 『소크라테스의 변론』의 어떤 부분도 덕이 단순히 일종의 지혜이거나 지혜와 같다는 점을 시사하지 않는다.[38] 이와 반대로, 소크라테스는 자신이 가장 중요한 것에 대한 진정한 지혜나 앎을 가지고 있다는 점을 부정하지만, 결코 그는 자신이 좋은 실천적 감각(phronēsis)과 도덕적 탁월성을 갖고 있다는 점을 부정하지는 않는다. 실제로

---

[36] 자신을 돌봄(epimeleisthai heautou)이란 표현은 『소크라테스의 변론』 36c 및 아이스키네스의 조각글 8(Dittmar 편집 = *SSR* VI A 50의 42행)에 나온다. 플라톤은 혼을 돌봄(epimeleisthai tēs psychēs)이라는 표현을 선호한다(『소크라테스의 변론』 29e 2, 30b 2).

[37] 아이스키네스의 조각글 *SSR* VI A 50의 31, 30, 50행에서 지혜(phronein)와 앎(epistēmē)을 언급한 부분을 보라. 소크라테스가 도시를 통치하는 능력을 기술과 공예와의 유비에 의해 기술(technē)로 간주했을 수 있다. 그러나 그가 플라톤이 『고르기아스』, 『에우튀데모스』 등에서 생각했던 것처럼, 정치의 기술(politikē technē)을 소유하는 것으로 생각했다는 점을 지시하는 것은 『소크라테스의 변론』 어디에도 없다. 아래 5장 221-24쪽, 7장 333-34쪽, 8장 343-44쪽을 보라.

[38] 안티스테네스가 아레테를 많은 교설(logoi)이나 배움(mathēmata)보다는 오히려 행위의 문제로 본 점과 비교하라. D. L. 6권 11절.

그는 자신이 멜레토스와 아뉘토스보다 도덕적으로 더 우월하다고 여긴다는 점(30d 1), 그리고 훌륭한 사람으로서 자신이 신들에 의해 악으로부터 보호받는다는 점(41d 1)을 분명하게 밝힌다.

(4) 혼을 돌봄은 또한 불의하거나 수치스러운 어떤 것도 행하기를 거부함을 함축한다. 정의(正義)를 혼의 건강한 상태로, 불의(不義)를 혼의 질병이나 부패로 보는 점은 『소크라테스의 변론』이 아니라 『크리톤』(47d-e)에서 표현된다. 그러나 『소크라테스의 변론』은, 소크라테스의 입장에서는, 조금이나마 쓸모 있는 사람이라면 위험이나 죽음의 염려를 계산하지 않고, "그가 행동할 때, 그 행동이 옳은지 그른지, 훌륭한 사람의 행위인지 나쁜 사람의 행위인지만을 고려할 것이라는" 점을 분명하게 밝힌다(28e 6-9). 극단적인 민주정 아래에서, 그리고 30인 과두정 아래에서 자신이 보인 행동에 대해 그가 이야기하는 부분은 자신의 일차적 관심사가 "그 어떤 올바르지 못한 짓도 그 어떤 불경한 짓도 행하지 않는 것"(32d)이었음을 보여 주고자 계획된 것이다. 그가 불법적인 재판을 묵인하거나 불법적인 체포를 수행하기를 거부했던 경우가 그렇듯이, 훗날 사형 집행 이전에 그가 탈옥하는 것을 거부한 경우에서도 그러하다.

(5) 『크리톤』에서 어떤 상황 아래에서도 불의하게 행동하는 것을 거부하는 일은 누구에게도, 심지어 이전에 당신에게 잘못했던 자에게도, 의도적인 손해나 손상을 가하는 것을 거부하는 일을 포함한다. 이것은 소크라테스가 가끔 과거에 동의했던 원칙, 즉 "올바르지 못한 짓을 한다는 것은 그 행위자에게 모든 면에서 나쁘고 부끄러운 것이기"(49a-b 6) 때문에 결코 올바르지 못한 짓을 해서는 안 된다는 원칙에서 도출된다고 말해진다. 옳지 못한 것을 옳지 못한 것으로 또는 손해를 손해로 되돌려주는 전통적인 보복의 원리와 이렇게 극적으로 단절하는 모습은 『크리톤』에서만 완전하게 증언된다(그리고 『국가』 1권 335b-e에서 되풀이된다). 하지만 그것이 진정 소크라테스

에서 유래한다는 점은 그것이 "전에 우리 사이에 여러 번이나 합의를 보았던"(49b 6) 것의 일부로 『크리톤』에서 도입된다는 점에 의해 강하게 시사된다. 그리고 이것은 자신의 이웃에게 해를 끼치기를 원하는 것은 불합리하다는, 멜레토스에 반대하는 논증(『소크라테스의 변론』 25d-e)에 의해 확인되는 것으로 보인다.

(6) 이러한 규범적 원리들에 비추어 자신과 남들을 시험하는 일은, 검토되지 않은 삶은 살 가치가 없기 때문에(38a), "인간 존재에게 가장 좋은 것"으로 기술된다. 이러한 소극적인 의미의 시험과 적극적인 의미의 자기 개선에의 권고를 추구하면서, 그의 목표가 동료 아테네인들을 더 나은 사람과 더 나은 시민으로 만드는 일이기 때문에 ―이것에 대해 그가 어떤 테크네, 즉 기술도 갖고 있지 않다는 사실에도 불구하고(『소크라테스의 변론』 20b 4-c 3)― 소크라테스는 자기 자신을 그들의 은인으로 보고 있다.

(7) 소크라테스는 자신이 이러한 논박을 실천하는 것을 신이 부과한 임무로, 자신에게 '신이 부여한'(theia moira) 능력의 행사로 생각한다.[39] "지혜를 사랑하며, 또한 자신과 남들을 캐물으며, 철학적인 삶을 사는 일"(28e 5)에 놓여 있는 소크라테스의 개인적인 임무는 델포이의 신탁에 의해, 꿈에 의해, 다이모니온(daimonion) 또는 자신에게 내린 신적인 신호에 의해, 그리고 "다른 어떤 신적인 섭리(theia moira)가 인간 존재에게 실천하도록 지시한 온갖 방식에 의해"(33c) 확인되었다.

(8) 모든 소크라테스적 역설들 중 가장 유명한 것, 즉 아무도 기꺼이 잘못을 저지르지 않는다는 역설이나 아무도 자발적으로 나쁘지 않다는 역설은

---

39 알키비아데스를 돕는 자신의 능력을 언급하면서 소크라테스가 신의 부여(theia moira)라는 표현을 사용한 것에 대해서는 (위의 1장 62쪽에 인용된) 아이스키네스의 조각글 11A, Dittmar 편집= SSR VI A 53의 6행을 보라.

어떤가? 우리는 『소크라테스의 변론』이나 『크리톤』에서 이 역설을 명시적으로 진술하는 부분을 발견하지 못한다. 그러나 『소크라테스의 변론』의 몇몇 구절들은 그러한 테제를 암시하는 것 같다. 두 번째 연설에서 소크라테스가 진술하는 부분 ―"저는 제가 그 누구한테도 고의로(hekōn) 죄를 지은 일이 없다는 점을 확신하고 있습니다"(37a 5)― 이 그 역설을 함축할 필요는 없지만, 그것을 함축할 수도 있다. "아무도 해를 입기를 바라지 않으므로," 동료 시민을 고의로 타락시키는 일은 어리석음의 극치일 것이라며 멜레토스에 반대하여 펼치는 소크라테스의 논증은 더욱 효력이 있다. 왜냐하면 그들을 타락시키는 일은 그들을 나쁘게 만드는 것이고, "나쁜 사람들은 주변인들에게 잘못을 저지르고자 하기"(25d-e) 때문이다. 소크라테스는 말한다. 그런데 내가 그들을 고의로 타락시킨다면, 내게 필요한 것은 처벌이 아니라 가르침이다. "내가 더 잘 알게 된다면, 내가 본의 아니게(akōn) 하는 것을 그만두게 될 것이 분명하니까"(26a). 이것은 아무도 고의로 악한 행동을 하지 않는다는 보편적인 주장과는 거리가 있다. 그러나 그것은 무지가 악한 행위의 원인이고, 도덕적 앎은 덕행의 원인이라는 점을 시사한다. 좀 더 구체적으로 말하자면, 여기에서 소크라테스가 펼치는 논증은 이해타산적인 역설(아무도 고의로 자신에게 나쁜 어떤 것, 즉 불리한 어떤 것을 행하지 않는다)에 호소함으로써 옹호되는 도덕적 역설(아무도 고의로 악을 행하지 않는다)의 사례로 여겨질 수 있다.[40]

---

40 역설에 대한 이해타산적인 각색과 도덕적인 각색을 구분하는 문제에 대해서는 아래 8장 5절을 보라. 이해타산적인 역설은 『소크라테스의 변론』 25c 5-d 3에 꽤나 분명하게 함축되어 있다. 도덕적 각색은 25e 2(mochthēron: '못된 사람')에 시사되어 있다.

이 역설이 진정으로 소크라테스적이라는 점은 무지(amathia)가 가장 큰 악이기 때문에 그것은 본의 아닌 것이라는, 안티스테네스의 『오뒤세우스』에서 나오는 주장에 의해 확인된다 (SSR V A 54의 22행과 78행).

(『크리톤』에서 가져온 몇 가지 점들과 더불어) 『소크라테스의 변론』에 제시된 소크라테스 철학에 대한 이러한 개관은 아리스토텔레스가 소크라테스에게 귀속시킨 다음의 세 가지 핵심을 해명되지 않은 채로 남겨 둔다.

① 덕을 앎 또는 지혜로 정의 내리는 것
② 아크라시아(자제력 없음)의 부정
③ 보편적 정의 또는 본질의 추구

그런데, ①과 ②는 자연스럽게, 아무도 고의로 악을 행하지 않는다는 역설의 이론적인 산출의 일부로 여겨질 수 있다. 누군가가 본의 아니게, 즉 무지로 인해 그릇된 행동을 한다면, 좋은 것에 대한 앎은 그가 올바르게 행동하리라는 점을 보증해야 한다. ("내가 더 잘 알게 된다면, 내가 본의 아니게 하는 것을 그만두게 될 것이 분명하니까," 『소크라테스의 변론』 26a 4.) 좋은 것을 아는 일은 덕의 필요충분조건인 것 같다. 아크라시아라고 불리는 것은 사실상 무지의 결과임에 틀림없다. 우리는 이러한 노선들에 따른 이론적 전개를 정확하게 플라톤의 『프로타고라스』에서 발견한다. 최대한으로 보는 쪽(the maximal view)은 이 교설을 소크라테스에게 부과할 것이다. 이 자리에서 내가 제안하는 좀 더 신중한 해석에 따르자면, 그것은 소크라테스적 역설에 대해 플라톤 자신이 한 가지 가능한 답변을 다듬어 놓은 것이다.

그것은 우리에게 정의의 문제를 남겨 놓는데, 이 문제의 흔적은 『소크라테스의 변론』이나 『크리톤』에는 없고, 플라톤의 가장 초기 저술들에 속한다고 합당하게 간주될 수 있는 다른 짧은 두 대화편 『이온』과 『소 히피아스』에도 없다. 적절한 기록물도 없는 상태에서 우리가 그것의 실행을 소크라테스에게 귀속시키는 아리스토텔레스를 따를 어떤 이유가 있는가? 아니면 우리는 『라케스』, 『에우튀프론』, 『메논』의 'X는 무엇인가?'라는 물음을 플라톤적 혁신으로 간주해야 하는가?

나는 두 번째 질문에 대한 대답이 "그렇다"임이 틀림없다고 믿는다. 이와 동시에 나는 침묵을 바탕으로 한 논증이 결정적이지 않다는 점을 인정한다. 아리스토텔레스가 보편자들에 관한 자신의 관념을 소크라테스에게 시대착오적으로 귀속시킨다는 사실이 소크라테스가 정의 문제에 관심을 갖지 않았다는 점을 증명하지 않듯이, 이와 마찬가지로 『소크라테스의 변론』과 초기의 세 대화편(『라케스』, 『에우튀프론』, 『메논』)에서 플라톤이 정의를 언급하는 데 실패한다는 사실은 소크라테스가 '용기란 무엇인가?' 또는 '경건이란 무엇인가?'를 결코 묻지 않았다는 점을 보여 주기에 충분하지 않다. 하지만 적어도, 한편으로 (크세노폰의 『소크라테스 회상』 4권 6장의 유사 구절과 더불어) 아리스토텔레스의 보고와, 다른 한편으로 『소크라테스의 변론』과 가장 초기의 세 대화편에 보이는 소크라테스의 문답법 실행 사이에는 현격한 차이가 존재한다.

이러한 불일치는 우리가 정의에 대한 두 가지 요청을 구분한다면 완화될 수 있다. (1) 나는 나와 나의 대화 상대자가 같은 것에 대해 말하고 있다는 점을 확인하기 위해 "당신은 X란 말로 무엇을 뜻하는가?"라고 물을 수 있다. 이 경우에, 사용하는 단어들의 정의에 관한 합의는 논쟁적인 주제를 토론하는 데 유용한 사전 준비이다. 이것은 명료성의 요구에, 또는 좋은 방법의 규칙에 상응한다. 『고르기아스』에서 소크라테스가 고르기아스로부터 연설술에 대한 정의를 끌어내는 것은 바로 이런 의미에서이다. 그 결과는 철학적으로 무해하지 않지만, 그것은 어떤 종류의 인식론적 우위나 형이상학적 깊이를 주장하지는 않는다. (2) 다른 한편으로, X란 무엇인가?(ti esti)라는 물음이 『라케스』와 『메논』에서 소개될 때에는, 훨씬 더 많은 것이 문제가 된다. 먼저, 최근 학계에서 '정의의 우선성'(priority of definition)으로 알려진 원칙이 있다. 이것은 X가 무엇인지를 알지 못한다면 X는 Y라는 것을 ('안다'

는 말의 어떤 강한 의미에서) 알 수 없다는 인식론적 주장이다.[41] 더 나아가, 『에
우튀프론』과 『메논』에서 추구되었던 정의들은 의미의 명료성 이상의 것을
목표로 삼는다. 그러한 맥락에서, X가 무엇인지에 대한 앎은 사물들이 왜 X
인지 또는 무엇이 그것들을 X로 만드는지를 설명하는 본성이나 본질(eidos,
idea, ousia)을 아는 것을 포함한다. 아리스토텔레스가 소크라테스적 정의를
그가 X는 무엇인가?(ti esti) 또는 X가 있다는 것은 무엇인가?(ti ēn einai)와 실
체(ousia), 즉 사물들의 본질이라고 부르는 것에 대한 추구와 비교할 때, 염두
에 두고 있는 것은 바로 이러한 더욱 강한 개념이다.[42]

정의에 관련된 이러한 두 가지 계획을 구분하는 문제는 6장 3절에서 더
욱 깊게 논의될 것이다. 여기에서는 첫 번째 의미의 정의에 대한 요청이 방
법적 명료성을 위한 합의로서 『소크라테스의 변론』에 제시된 소크라테스
적 철학 개념과 전적으로 양립 가능하지만, 두 번째 의미의 정의에 대한 추
구는 그렇지 않다는 점만을 지적하고자 한다. 정의들은 사물을 설명하는
본질이나 본성을 드러내는 것을 목표로 삼을 때, 또 오직 그럴 때에만 인식
론적 우위를 주장할 수 있다. 그러나 그러한 정의들을 성취하는 일은 『소
크라테스의 변론』의 소크라테스가 신들에게만 귀속시키는 종류의 앎이나
―그가 명시적으로 부인하는― 가르칠 수 있는 종류의 테크네를 획득하는
것이다.[43]

---

41 이 원칙에 대한 논의는 6장 4절을 보라.
42 소크라테스와 to ti esti에 대해서는 『형이상학』 13권 4장 1078b 23을 보라. ti ēn einai와 ousia에
    대해서는 『동물의 몸에 관하여(동물 부분론)』 1권 1장 642a 26을 보라.
43 Woodruff(1982, 141쪽)는 『소크라테스의 변론』의 견지에서 본질에 대한 정의의 추구가 "초인
    간적인 정당화 기준을 설정하지만, 우리는 소크라테스가 그렇게 한다는 것에 놀라서는 안 된
    다"고 제대로 파악한다. "왜냐하면 소크라테스는 자신이 추구하는 앎을 인간 존재들 사이에서
    발견하는 것을, 수많은 실패를 한 뒤에도, 기대하지 않기 때문이다." 이는 본질에 대한 정의의
    추구를 무지의 공언과 화해시키기 위한 독창적인 제안이다. 그러나 이 제안은 여기서 문제가

정의에 관련된 대화편들에서 플라톤은 무엇보다도 도덕적 개념들에 초점을 맞추고[44] 이 대화편들에서 정의에 대한 중심적 추구가 결코 성공하지 못하게 조처함으로써 그러한 불일치를 솜씨 좋게 감췄고, 그래서 그곳의 대화는 아포리아(난관에 빠짐)로 끝나고 소크라테스는 자신의 무지에 대한 주장을 유지할 수 있게 된다. (『라케스』, 『에우튀프론』, 『메논』에 제시된) 본질에 대한 정의의 추구는, 운 좋게 성공적으로 추구된다면, 『소크라테스의 변론』에 나타난 소크라테스의 인식론적 태도와 형식적으로 양립 불가능하다는 사실이 남는다. 사물들을 설명하는 정의의 추구는 테크네의 자격이 부여된 앎에 대한 추구일 것이다. 이렇게 해서, 『라케스』에서 덕 또는 용기에 대한 정의를 요구하는 일은 해당 주제에서 기술적 역량을 시험하는 역할을 한다. 그러한 정의들을 체계적으로 추구하는 소크라테스는, 자신의 무지만 알 뿐 본성을 설명하는 앎을 추구하지는 않는 질문자의 모습과는 어울리지 않는다. 나는 정의에 관련된 대화편들에 보이는 소크라테스의 추구가 『파이돈』이 차선의 방법(deuteros plous)으로 묘사하는 것, 즉 아낙사고라스의 자연 철학을 대체하는 것으로서 말들(logoi)에 의한 설명의 추구를 미리 보여준다고 생각한다. 그러나 『파이돈』의 소크라테스는 『소크라테스의 변론』의 소크라테스로부터 멀리 떨어져 있었다. 『소크라테스의 변론』이 역사적 소크라테스에 대한 우리의 기준이라면, 아리스토텔레스가 그에게 사물의 본질에 대한 정의의 추구를 귀속시키는 것은 역사적으로 타당할 수 없다.

되는 논점, 즉 그러한 정의들의 추구가 『소크라테스의 변론』에서 소크라테스가 하고 있는 것으로 묘사된 행위의 일부를 구성하는지의 문제를 해결된 것으로 받아들인다. 이와 반대로 나는 본질에 대한 정의의 인식론적 우위 개념이 근본적으로 새로운, 특별히 플라톤적인 출발을 나타낸다고 주장한다. 6장의 논의를 보라.

44 하지만 『라케스』는 속도에 대한 정의를 제시하고(192b), 『메논』은 그런 정의의 추구가 아주 일반적이라는 점을 지적한다(72d-e, 74b-77a).

다른 한편으로, 『고르기아스』에 제시되는 연설술에 대한 정의처럼, 의미를 명료화하는 정의의 추구가 역사적 소크라테스가 실천한 일에 자리 잡을 수 있을 것이라는 점은 확실히 가능하다.[45] 소크라테스는 대화 상대자들이 당연하다고 여긴 개념들에 대해 보다 주의 깊게 생각하도록 그들을 자극하기 위해서 "경건이란 무엇인가?" 또는 "덕이란 무엇인가?"라고 자연스럽게 물었을 것이다. 그러나 플라톤이 『라케스』, 『에우튀프론』, 『메논』에서 시작하는 탐구는 출발부터가 독특하게 비(非)소크라테스적인 인식론적·형이상학적 열망과 연결된 새롭고 보다 야심 찬 어떤 것이다.

6. 아포리아의 기능: 소크라테스에 대한 플라톤의 재해석

『소크라테스의 변론』에 제시된 바와 같이, 소크라테스의 철학적 입장에는 정말 곤혹스러운 뭔가가 있다. 인간의 가장 중요한 관심사들에 관한 앎을 총체적으로 부인하는 소크라테스의 입장은 그가 도덕적인 문제들에서 ―특정 행동이 불의하다는 판단에서뿐만 아니라, 원칙적으로, 불의한 행동을 하기보다는 차라리 죽겠다는 자세에서― 보여 주는 절대적 확실성과 어떻게 양립 가능한가? 그의 이론적 불가지론은 실천적인 결정에 관련하여 어떤 도덕적 의심의 흔적도 남기지 않은 채 어떻게 그토록 강력할 수 있는가? 그가 재판관들을 대면하고 후에 죽음을 대하는 그런 절대적 평온은 어디에서 왔는가? 유사한 난문이 소크라테스적 논박의 소극적인 계기와 적극

---

45 그것은 크세노폰이 『소크라테스 회상』 1권 1장 16절의 정의를 묻는 물음을 열거할 때("경건이란 무엇인가? 불경이란 무엇인가? … 정의란 무엇인가? 불의란 무엇인가?" 등) 염두에 두는 점일지 모른다. 하지만 대조적으로, 『소크라테스 회상』 4권 6장에 나오는 정의들의 맥락과 내용은, 앞서 지적했듯이, 플라톤의 영향을 받은 흔적을 지니고 있다.

적인 계기 간의 대조에 의해서도 제기된다. 남을 논박하고 자신에게는 지혜를 부인하는 경향은 도덕적으로 발전하고 자기 혼을 가능한 한 좋게 만들라는 적극적인 권고와 어떻게 공존하는가? 지혜도 없이, 소크라테스는 혼을 좋게 만드는 것을 어떻게 알 수 있는가?

논박의 소극성과 소크라테스가 인간 및 시민으로서 갖는 적극적인 태도 간의 대조는 한 학자에 의해 『소크라테스의 변론』의 수수께끼로 기술되었는데, 이것은 "이러한 개념적 모순을 한 위대한 인간의 단일한 개성 안에 재현함으로써"[46] 그 영웅이 크게 보이는 데에만 도움을 준다. 다른 독자는 무지의 아이러니가 결국 위선적이었다고 의심하는 데로 마음이 이끌릴 수 있을 것이다. 실제로 소크라테스는 정의(正義)가 무엇을 뜻하는지, 그리고 왜 불의가 그 누구에게도 이익이 되지 않는지를 아주 잘 알고 있었음에 틀림없다. 어쨌든, 플라톤은 이것이 소크라테스 계승자로서 자신의 임무였다고 확실히 깨달았다. 그가 『고르기아스』에서 그리고 재차 더욱 방대한 규모로 『국가』에서 착수하는 것처럼, 소크라테스적 덕 개념을 전적으로 이성의 견지에서 옹호하는 일은 그에게 달려 있었다. 그리고 그렇게 하는 것은 그에게 지혜 개념에 적극적인 내용을 제공할 것을 바로 요구할 것이고, 그래서 철학은 단지 추구만이 아니라 앎의 형태, 즉 교육 가능한 기술로 재구성될 수 있다.

하지만, 『소크라테스의 변론』에서 소크라테스는 자신이 소유하고 있지 않은 지혜에 대해 어떤 요구도 드러내지 않는다. 그는 자신의 행동이 정의로웠고, 그가 죽음을 전혀 두려워하지 않는다는 점을 평온하게 확신한다. 이런 확신은 어디서 오는가? 원문의 차원에서는, 사실 어떤 수수께끼도 없다. 『소크라테스의 변론』 자체가 완벽하게 분명한 대답을 제공한다. 소크

---

46 H. Patzer(1965), 37쪽.

라테스는 그가 신적인 명령에 의해 인도되었다고, 내부로부터의 목소리 및 그가 언급하는 꿈과 더불어 델포이의 신탁이 모두 그가 올바르게 행동하고 있고 그의 운명은 좋은 쪽이라는 점을 그에게 재확인시키기 위해 결합된다고 확신한다. 신탁에 대한 첫 번째 언급(20e)에서 세 번째 연설의 마지막 말에 이르기까지, 소크라테스는 자신이 수행하는 신적인 사명을 언급함으로써 거듭 자신의 삶과 행동을 정당화한다.

불경죄 재판의 맥락에서 소크라테스 자신이나 소크라테스의 이름으로 저술하는 플라톤이 소크라테스의 도덕적 헌신이 지닌 이런 종교적 측면을 과장했을 수도 있다. 그러나 『소크라테스의 변론』은 우리가 가진 최상의 전거이고, 우리는 그 강조점을 바로잡을 어떠한 근거도 갖고 있지 않다. 그리고 사실, 『소크라테스의 변론』은 소크라테스를 일상적 의미에서 이성주의자가 아니라 "저의 고소인들 중의 아무도 미치지 못할 정도로"(35d 6) 신들을 믿는 철저히 종교적인 사람으로 제시한다. 여기에서 '종교적 믿음'에 대해 말하는 것은 오해의 소지가 있다. 왜냐하면 이 용어는 신적 계시에 근거한 독단적인 신조를 암시하고, 따라서 이교도의 생각에는 이것이 전혀 낯선 믿음과 이성 간의 잠재적인 갈등을 암시하기 때문이다. 그 대신에 우리는 소크라테스의 종교적 믿음을, 초자연적인 확신에 의존하는 그의 지적인 자세를 말할 수 있다. 이 점은 『소크라테스의 변론』에만 있는 것이 아니다. 소크라테스가 꿈을 신의 메시지로 믿는 모습은 『크리톤』(44a-b)에서, 그리고 다시 『파이돈』(60e-61b)에서 확인된다. 그리고 크세노폰에서 두 개의 역사적인 보고 중 하나에서, 소크라테스는 신탁을 의뢰하러 크세노폰을 델포이에 보낸다.[47]

---

47 『아나바시스(페르시아 원정기)』 3권 1장 5절. Grote가 인정했듯이, "소크라테스는 예언, 신탁, 꿈, 특별한 계시에 많은 영향을 받은 매우 종교적인 사람이었다"(1875), 2권 195쪽 각주.

『소크라테스의 변론』에서 플라톤은 우리에게 자신이 보았던 대로 소크라테스의 참모습을 제공했던 것 같다. 그러나 플라톤에게 소크라테스는 기원전 399년에 사망한 소중한 친구 훨씬 이상의 의미가 있다. 그는 철학자의 모범이기도 하다. 그리고 철학은 그 자체로 종교적인 확신에 의존할 수 없다. 플라톤은 자신의 소크라테스가 도덕적 삶에 헌신하는 모습에 대해 이성적인 토대를 구성해야만 할 것이다. 아마도 우리는 『크리톤』에서 이 과정의 시작을 볼 수 있을 것이다. 여기에서 소크라테스는 신의 신호에 대해서는 전혀 언급하지 않고, 그 대신 언제나 "반성해 보고서(logizomenos) 내게 가장 좋은 것으로 보이는 logos(추리, 논증) 이외에는 그 어떤 것에도 따르지 않았다"(『크리톤』 46b)고 주장한다. 그러나 적극적인 철학적 입장을 구성하기 위해서, 플라톤은 소크라테스적 논박을 사뭇 다른 어떤 것, 즉 그가 『메논』에서 소개하는 가설의 방법으로 변형시켜야만 할 것이다. 그리고 『소크라테스의 변론』과 『메논』 사이에서, 플라톤적 소크라테스는 몇 가지 다른 역할을 할 기회를 갖게 될 것이다.

『소크라테스의 변론』에서 묘사된 논박은 명제들에 대한 시험이 아니라 사람들에 대한 시험이다. (이러한 논박 관념은 종종 대화편들에, 예컨대 『라케스』 187e-188b와 『프로타고라스』 333c에 제시된다. 아래 6장 279쪽과 10장 469쪽을 보라.) 이는 『이온』에도 해당된다. 음송시인은 어떤 논제도 옹호하지 못한다. 『소크라테스의 변론』의 시인들처럼, 그의 기술 결핍은 그가 아는 것과 행하는 것에 대해 정합적인 설명을 제공하지 못하는 무능력에 의해 증명된다. 고르기아스를, 그의 이름을 딴 대화편에서 논박하는 부분에서도 같은 점을 말할 수 있다. 그러나 폴로스와 칼리클레스에 대한 논박에서 그 부담은 사람 자신에서 그가 옹호하는 논제로 옮겨 간다. 이 논증은 여전히 대인 논증이고, 이런 의미에서 논제뿐만 아니라 사람이 시험되고 논박된다. 비도덕성을 옹호하는 자들을 상대로 한 소극적 사례는 성공적으로 논증되지만,

소크라테스적인 도덕적 이상에 대한 적극적인 정당화는, 우리가 5장에서 살펴보겠지만, 덜 효과적이다. (멜레토스에 대한 반대 심문에서처럼) 모순으로 귀결하는 소극적인 논박 이외에도, 오래된 소크라테스적 연장통은 한 가지 형태의 적극적인 논증, 즉 귀납법(epagōgē) 또는 유사 사례들을 바탕으로 한 유비 추론만을 포함했던 것 같다. 『고르기아스』의 마지막 건설적인 부분에서 사용된 것이 바로 그러한 유비 추론이다. 그러나 이 방법은 설득력 있는 철학적 논증에 요구되는 엄밀성을 결여하고 있다. 그래서 나는 『고르기아스』 다음에, 플라톤이 새로운 어떤 것, 즉 아포리아적 대화편을 시작할 이유를 갖게 되었다고 주장한다.

형식적으로 아포리아적인 것은 『프로타고라스』, 『메논』, 『뤼시스』뿐만 아니라 정의(定義)에 관련된 세 대화편(『라케스』, 『카르미데스』, 『에우튀프론』)이다.[48] 이 대화편들은 이후의 장들에서 논의될 것이다. 여기에서 나의 관심은 그것들이 『소크라테스의 변론』의 소극적 논박을 —소크라테스가 중기 대화편들에서 체계적인 이론들을 발전시킬— 그의 긍정적인 방법으로 변형시키는 데에서 담당한 역할에만 있다.

정의에 관련된 세 대화편은 모두 명백히 소극적인 결론과 해당 탁월성에 대해 약간 함축된 적극적인 테제 간의 긴장에 의해 특징지어진다. 『라케스』와 『카르미데스』의 경우, 함축된 테제는 좋음과 나쁨에 대한 앎과 관계가 있다. 『에우튀프론』에서 그것은 경건을 신들과 관계된 정의(正義)의 일부분인 것으로 잠재적으로 정의 내리는 것과 관계가 있다. 같은 것이 『프로타고

---

48 이후 대화편들 중에서는 『테아이테토스』가 아포리아적 형식으로 되돌아간다. 이 경우에 난관(aporia)의 철학적 동기는 상당히 다를 것이다. 『파르메니데스』의 비판 다음에 오는 —이럴 가능성이 아주 크다— 『테아이테토스』는 플라톤적 저술과 사유의 새로운 국면을 시작한다. 아포리아적 형식은 여기에서, 앎을 마치 처음부터 다시 탐구하듯, 완전히 새로 출발해야만 한다는 인상을 독자에게 주도록 설계된다.

라스』에도 유효하다. 단, 이 경우에는 (좋음과 나쁨에 대한 앎에서 덕들이 하나라는) 적극적인 테제를 위한 논증이 보다 풍부하게 다듬어진다. 우리는 『뤼시스』도 대화편의 결론에서 무시되는, 우정(philia)에 대한 적극적인 테제를 전개한다는 점을 (9장 3절에서) 보게 될 것이다. 그리고 『메논』은 많은 건설적인 생각들 ―상기로서의 배움, 가설의 방법, 앎과 참된 믿음 간의 구분― 을 소개한다. 나는 『메논』과 『뤼시스』의 이러한 적극적인 발단이 중기 대화편들의 핵심 교설들을 여는 길을 준비하도록 계획되어 있다는 점을 논증할 것이다. 지금은 이 작품들의 소극적인 기능을 살펴보기를 원한다. 그것들은 모두 소크라테스적 무지 인정에 해당하는 것으로, 제안되었던 탐구를 성공시키지 못하는 데에서 끝난다.

소극적 양태에서 적극적인 양태로 이행하는 계기의 신호는 『메논』에서, 노예 소년과의 기하학 수업에서 분명하게 나타난다. 여기에서 새로운 소크라테스는, 지혜로운 남녀 제관들로부터 윤회와 상기에 대해 배워, 난관에 빠짐(aporein, 84b 6)의 인식론적 이점을 메논에게 설명하기 위해 노예 소년의 예를 이용한다. 메논은 자신이 앞서 대단히 유창했던 덕의 주제에 대해 소크라테스가 난관에 빠짐과 마비됨을 자신에게 감염시킴으로써 자신을 현혹시켰다고 불평했다(80a-b). 그러나 전에는 정사각형의 면적을 두 배로 만드는 일이 쉽다고 생각했던 노예 소년은 (두 차례 실패한 뒤에) 자신의 무지를 인정하게 되었고, 그는 이제 기꺼이 해결책을 찾으려고 한다. 이렇듯, 그는 마비됨으로써 결국 혜택을 보게 되었다(84c 8).

이러한 언급들은, 새로운 방법과 새로운 대화 형식으로 이행하는 계기에서, 일반적으로 아포리아적 대화편들에[49] 대한 플라톤의 견해로 읽힐 수 있다. 아포리아의 기술은 학생을 철학적 계몽의 첫 단계 ―그가 그 중요성과

---

49 나는 이 의견을 David Sedley의 언급에 빚지고 있다.

난점을 이해하지 못했던 문제의 재확인— 로 이끌 수 있다. ('동굴의 비유'에서, 그에 상응하는 계기는 동굴 벽면의 그림자가 실물이 아니라고 죄수가 알아차리는 순간이다.) 『소피스트』에서도 소크라테스적 논박은 고귀한 정화 기술, 즉 배움에 장애가 되는 생각들 —특히 알고 있지 못한 것을 안다는 생각— 을 마음에서 정화해야만 하는 교육의 첫 단계로 기술된다(『소피스트』 230a–231b). 두 대화편에서 플라톤은 소극적인 논박을, 앎에 대한 건설적인 추구를 구성하지 않지만 그것을 준비하는 필수적인 예비 행위로 인정한다.

난관에 빠짐의 기능에 대한 이러한 메타-대화적인 성찰은 우리에게 아포리아적 대화편을 만든 플라톤의 동기를 꿰뚫어 보는 지침 역할을 할 수도 있다. 이것은 소크라테스적 논박을 건설적인 철학의 준비 과정으로 재해석하기 위한 그의 문학적 장치이다. 독자는 어떤 문제의 인식에서 대화 상대자를 따라 가야 한다. 그러나 보다 기민한 독자라면 해결책에 대한 몇 가지 암시 또한 알아차릴 것이다. 따라서 난관에 빠진 상태의 표면적인 결론과 적극적인 교설에 대한 함축적인 암시 사이에는 긴장이 있다. 이 대화편들은 그 문학적 형식에서 창조적인 난관(creative perplexity)이란 개념을 구체화하는데, 이는 소크라테스적인 논박에 대한 플라톤의 재해석이다.

그러나 모세와 달리 소크라테스는 약속의 땅으로 들어가는 것이 허용된다. 플라톤이 자신의 철학을 소크라테스가 시작한 것의 연속으로 생각하기 때문에, 그의 소크라테스는 논박과 난관의 단계에 제한되지 않는다. 어떤 남녀 제관들로부터 불사의 혼과 이것이 지닌 상기의 능력을 배운 뒤에, 소크라테스는 지혜로운 여성 디오티마에 의해, 초월적 형상에 대한 직관에서 절정에 달하는 형이상학적 사랑의 신비 의식에 입문할 것이다. 그래서 그는 『파이돈』과 『국가』에서 참된 앎의 대상들에 대해, 그리고 그러한 앎에 기초를 둔 철학적 삶과 정의로운 도시에 대해 자신의 이름으로 말할 수 있게 될 것이다. 이런 가르침을 위한 중대한 대화편들에서, 『소크라테스의 변론』의 무지한 탐구자는 거의 자취를 감췄다.

이렇듯, 플라톤은 창조적인 난관(aporia) 및 논박법의 단계와 건설적인 이론 형성의 단계 간의 원칙적인 차이를 완전하게 인지하고 있다. 그는 『국가』 1권과 그다음의 아홉 권들을 대조할 때 그러한 구분을 어느 정도 형식적으로 재현했다.[50] 그러나 지혜의 목표는 하나이고, 철학도 지혜의 추구로서 궁극적으로 하나이다. 따라서 플라톤의 관점에서는, 소크라테스의 철학과 플라톤 자신의 철학 간에 어떤 근본적인 불일치도 없다.

50 Kahn(1993a)을 보라.

4장

소(小) 소크라테스주의자로서의 플라톤:
『이온』과 『소 히피아스』

1. 서론: 두 개의 초기 대화편

우리는 작가로서의 플라톤의 경력이 어떻게 시작되었는지 모른다. 하지만 소크라테스 재판이 있은 지 얼마 지나지 않아, 그리고 아마도 '소크라테스적 담론들'(Socratic discourses)이라는 새로운 형식이 확고한 형태를 갖추기 전에 『소크라테스의 변론』이 처음으로 나왔다고 생각하는 것이 합당하다. 이 새로운 형식에서 플라톤의 첫 번째 모험은 아마도 『크리톤』이 될 것이다. 이것은 『소크라테스의 변론』의 후속편과도 같기 때문이다. 『소크라테스의 변론』과 마찬가지로, 『크리톤』도 여전히 소크라테스의 삶에서 마지막에 일어난 사건들과 밀접하게 관계되며, 그의 삶과 죽음의 의미에 대해 광범위한 독서 대중에게 설명하는 데에 관심이 있다. 『이온』 및 『소 히피아스』와 더불어 우리는 새로운 것을 마주치게 된다.

이 두 대화편은, 『크리톤』과 더불어, 플라톤의 모든 작품들 중 가장 짧다. 또한 그것들은 가장 초기의 대화편들일 것이다. 『이온』에서 우리는 저술 시기가 기원전 390년대 후반, 즉 플라톤이 정치적 경력의 꿈을 버리고 전적으로 철학자이자 저술가가 되기로 결정하기 이전이라는 점을 가리키는 몇 가지 증거들을 가지고 있다.[01] 그리고 이 짤막한 작품들을, 장인이 초보자일 때 조그만 항아리로 자신의 기술을 연마하며 만든 습작이라고 생각하는 것이 자연스러운 것 같다.

형식을 말하자면, 『이온』과 『소 히피아스』는 서로 매우 유사하다. 둘은 『크리톤』처럼 도입부나 이야기 전달의 틀 없이 단순한 소극(笑劇)의 형식을 취한다. 『이온』에서 소크라테스의 대화 상대자는 (『크리톤』에서처럼) 한 사람이다. 『소 히피아스』에서 그의 대화 상대자는 두 명이지만, 그 가운데 한 사람인 에우디코스는 매우 짧게 대화에 참여한다. 두 대화편은 소크라테스가 대화 상대자에게 질문하는 두 개의 대칭적 부분으로 이루어져 있고, 이는 그가 자신의 견해를 적극적으로 개진하는 중간 구절에서 나뉜다. 두 대화편은 호메로스로부터 많은 부분을 인용하고 있다는 점에서 더 밀접하게 연관된다. 이후에 올 것의 관점에서 되돌아 읽어 보면, 두 대화편은 플라톤의 평생 작업에 연속되는 중요한 점들을 가리킨다. 『이온』에서는 음송시인에 의해 표현된 시의 지적 권위를 의도적으로 깎아내린다. 그리고 『소 히피아스』는 한 쌍의 도착적인 도덕적 역설을 다루는데, 이는 어느 누구도 자발적으로 잘못을 저지르지 않는다는 소크라테스의 핵심 역설에 간접적으로 이른다. 그리하여 『히피아스』의 중심 문제들은 이른바 소크라테스적 주지주의와 관련되는데, 그 문제들은 이 책 8장에서 논의될 것이다. 두 대화편은 모두 플라톤에 대한 최근의 연구에서 상대적으로 소홀하게 다루어져 왔

---

01 스테파누스 쪽수로 『크리톤』은 12쪽, 『이온』은 12쪽 반, 『소 히피아스』는 13쪽 반이다. 『이온』의 저술 시기는 기원전 394년과 391년 사이인데, 이에 대해서는 Méridier(1931), 23쪽 이하와 28쪽을 보라. Flashar(1958, 100쪽 이하)도 그것이 394년 또는 바로 그 이후에 저술되었다고 본다.

다. 이에 나는 내가 플라톤이 작가로서 경력을 쌓기 시작하는 바로 그 지점으로 잡는 시기에서 플라톤이 펼친 철학적 논제들과 기교들을 엿보는 창으로서 그 두 대화편을 상세하게 검토하고자 한다.

이 두 작품에 흐르는 공통된 철학적 맥락은 테크네 또는 기술적 앎의 개념에 대한 관심이다. 『이온』에서 소크라테스는 음송시인이 (그리고 함축적으로, 시인이) 테크네를 소유하고 있다는 점을 부인한다. 『소 히피아스』에서 소크라테스는 덕과 기술들 간의 그럴듯한 유사성에 의해, 의도적으로 잘못을 저지른 사람이 본의 아니게 잘못을 저지른 사람보다 더 낫다는 엉뚱한 주장을 확립할 수 있었다. 이렇듯, 이 두 대화편을 통하여 우리는 테크네 개념과 이것이 도덕적 행위와 성격의 영역에 적용되는 면모에 대해서 성찰해 볼 수 있다.

2. 테크네 문제의 소크라테스적 배경

『소크라테스의 변론』에서 소크라테스는 자신이 지식 또는 지혜(sophia)를 결하고 있다고 주장한다. 물론 그는 자신이 모든 측면에서 무지하다고 주장하지는 않았다. 또한 그는 어떤 상황에서도 잘못을 저지르거나 불의한 행위를 하는 것은 나쁘고 부끄러운 것임을 알고 있다고 주장한다(『소크라테스의 변론』 29b 6. 28b 8, 32b-c, 33a 참조). 그는 인생에서 가장 중요한 것은 아레테, 즉 도덕적 탁월성에 관심을 두고(38a. 31b 5, 41e 참조), "지성(phronēsis)과 진리 그리고 자신의 혼을 최대한 훌륭하게 만드는 일에 관심을 두고, 자신을 검토하는 일"이라고 확고하게 주장한다. 이는 "철학을 실천하면서(philosophein) 그리고 자신과 남들을 시험하면서"(28e 5) 자신의 삶을 보내는 것이 의미하는 내용이다. 만약 이러한 실천이, 철학(philosophia)이라는 말이 암시하듯, '가장 중대한 일들'(22d 7)에 관한 지혜의 추구를 포함한다면, 그것은 확실히 그러한 지혜의 소유를 의미하지 않는다. 우리가 보아 온 것처럼, 소크라테스는 그가 이런 종류의 어떤 것도 가지고 있다는 것을 부정한다. 특히, 그는 자연 철학자들에 의해서 추구되어 온 학문적인 앎(19c), 소피스트들이 사람들을 가르치는(paideuein anthrōpous) 수단인 솜씨나 기술(19d-20c), 즉 "인간적, 시민적 탁월성에 대해 전문가(epistēmōn)인 사람"(20b 4)의 것으로 묘사하는 기술, 이와 같은 종류의 것을 자신이 가지고 있다는 점을 부정한다.

소크라테스가 결여하고 있지만 추구하는 지혜는 무차별적으로 소피아(지혜), 에피스테메(앎), 테크네(기술)라 불린다. 여기에서 '테크네'라는 말은 보다 특별하게, 남을 가르칠 수 있는 능력을 의미한다.[02] 소크라테스가 그러한 전문 지식 또는 테크네의 소유를 전적으로 부정했다는 (아이스키네스로부터 유래한) 증거가 독립적으로 존재하기에, 우리는 이것이 역사적 소크라테스의 전형적인 태도였다는 점을 합당하게 추론할 수 있을 것이다.[03] 그런데 『크리톤』으로 눈을 돌리면, 상황이 똑같지는 않다. 소크라테스는 크리톤이 역설한 대중적인 견해, 즉 탈출할 수 있는데도 시민들로 하여금 자신을 죽이도록 방기하는 것은 비겁한 태도일 거라는 견해에 응수하며, 다른 의견들, 즉 신체 건강의 문제에 대해 의사나 코치가 잘 판단하는 것처럼 도덕적 문제에 대해 현명하게 판단하는 사람들이 품은 의견들에 호소한다. 신체적 안녕과 도덕적 탁월성 간의 이러한 유비는, 건강 문제에서 의사가 차지하는 위치에 상응하는, 도덕 문제에서의 전문가 개념을 소개하는 데 이바지한다. 그래서 선악(善惡)과 시비(是非)의 문제에서, 전문 지식을 가지지 않

---

02 Kube(1969), 4쪽 등을 보라.
03 아이스키네스 구절에 대해서는 1장 62쪽을 참고하라.

은 다수의 견해는 중요하지 않다. 그러한 문제에 있어서도 "지식을 가진 어떤 사람이 있다면, 우리는 그 한 사람의 견해를 따라야 한다"(『크리톤』 47d 1), "올바른 것들과 올바르지 못한 것들에 관해 아는 자(ho epaiōn), 그 한 사람을, 그리고 진리 자체"(48a 6)를 따라야 한다.

『크리톤』의 어느 부분에서도 소크라테스는 그러한 전문 지식을 소유하고 있다고 주장하지 않는다. 그는 "반성해 보고서 내게 가장 좋은 것으로 보이는 추리(logos)"(46b)를 따를 뿐이라고 주장한다. 그러나 그는 평생을 그러한 반성 속에서, 덕(aretē)을 향한 관심 속에서 보냈다. 그는 이전에도 종종 동의했던 일정한 도덕적 원리들(logoi)에 충실한 자세를 유지한다(45d 8, 46b-c, 49a-b). 『크리톤』에서 소크라테스가 옳고 그름의 문제에 관한 전문가(epistēmon)로 제시되지 않는다고 하더라도, 그가 그러한 지식의 가능성에 대해 긍정적으로 언급하는 사람으로 그려진다는 점은 확실하다. 이는 『소크라테스의 변론』의 회의론으로부터 벗어나는 중대한 변화를 만들어 내는 듯하다. 『소크라테스의 변론』에서 지혜에 대한 소크라테스의 탐구는 결실을 맺지 못하고, 그를 신만이 지혜로울 수 있으며 "인간의 지혜는 별로, 아니 전혀 가치가 없다"(23a)는 결론으로 이끈다. "올바른 것들과 올바르지 못한 것들에 관해 아는 자"라는 이상은, 소크라테스가 『소크라테스의 변론』이나 다른 곳에서 지혜를 가지고 있다고 자신하는 사람들에 대해서 일반적으로 적용하는 반어법(irony) 없이, 『크리톤』에서 형성된다.[04]

『크리톤』에서 모호한 모습으로 등장하는 도덕적 기술 개념은 『고르기아스』와 『프로타고라스』 같은 다른 대화편들에서는 점점 더 중요한 역할을

---

04 이 점과 관련한 『크리톤』과 『소크라테스의 변론』 간의 대조는 Grote(1875, 1권, 308쪽 이하)에 의해 선명하게 인지되었다. 여기에서 그는 소크라테스를 도덕적 문제에 있어서 전문가 역할을 맡는 사람으로 본다.

할 것이다. 가장 잘 알려진 사례는 『국가』의 철학자-왕이 될 것이나, 우리
는 이것을 훨씬 뒤에 『정치가』의 왕도적 기술 또는 정치적 기술에서도 발견
한다. 하지만 그런 기술의 가능성에 대한 첫 번째 긍정적인 언급이 "그러한
지식을 가진 어떤 사람이 있다면"(『크리톤』 47d 1)이란 신중한 조건문 형태로
소개된다는 점은 놀라운 일이 아니다. 『소크라테스의 변론』에서 소크라테
스가 단호하게 거부하는 점으로 볼 때, 좋은 것과 나쁜 것에 관한 진정한 지
식의 가능성은 미심쩍은 것으로 간주될 수밖에 없었을 것이다. 하지만 나
중에, 플라톤 자신의 입장은 마찬가지로 선명해질 것이다. 즉 개인 안의 덕
과 도시 안의 정의는 궁극적으로 도덕적 인식에, 가장 강한 의미의 지식에
의존해야 한다. 지금 논의 중인 두 개의 짧은 대화편은 이러한 관심사에 비
추어 가장 잘 읽힐 것이다. 도덕적 기술의 존재를 확립하기 위해서, 플라톤
은 그가 여기에서 시도하듯이 먼저 기술 개념을 명료화해야만 한다.

　『이온』과 『소 히피아스』를 논할 때, 나는 먼저 각 대화편의 주 내용을 다
루고, 그다음에 결론들이 도출되는 논증 형식을 다룬다. 만약 이 두 대화편
이 (『크리톤』과 더불어) 철학 작가로서 플라톤이 작업을 시작한 가장 초기 단
계를 대표한다는 나의 생각이 옳다면, 이러한 자료는 특히나 흥미로울 것
이다.

3. 『이온』: 왜 시는 테크네일 수 없는가?

　이온이 에피다우로스에서 펼쳐진 시 경연에서 우승했다고 자랑스러워하
지만, 소크라테스는 그가 가진 기술의 허식을 날카롭게 지적한다. "이온, 나
는 당신과 같은 음송시인들을 보며 그 기술에 경탄을 금치 못할 때가 많았
소. 무엇보다도, 당신의 몸은 가능한 멋져 보이도록 그 기술에 걸맞게 치장

되었소. 그리고 둘째, 당신은 많은 탁월한 시인들, 특히 가장 훌륭하고 가장 신적인 시인인 호메로스에 많은 시간을 보내고 있음이 틀림없소"(530b). (여기에서 우리는 음송시인의 복장을 그 기술의 특정으로 언급하는 데 함축된 아이러니를 놓칠 수 없다.) 소크라테스가 강조하고, 이온도 동의하듯이, 음송시인의 중요한 특징은 시인의 생각을 이해하고, 그 생각을 청중에게 해석해 주는 것이다(530c). 단지 시의 공연뿐만 아니라 시의 해석에 이목을 집중시킴으로써, 플라톤은 일반적으로 시가, 특별히 호메로스의 시가 그리스 교육에서 맡은 근본적인 역할을 가리킨다. 시가 플라톤 저술의 여기저기에서 비판의 대상이 되는 것은 예술적 형식 때문이 아니라 그것의 도덕적·지적 영향력 때문이다.

뒤따를 논의는 세 부분으로 구성된다. I부에서 소크라테스는 이온이 단지 호메로스에 대해서만 유능하기에, 음송시인으로서 그의 성공은 기술에 기인한 것이 아니라고 이온을 상대로 대인논증을 펼친다. 왜냐하면 만약 그가 관련 기술이나 앎을 소유한다면, 그는 시에 대해서 전반적으로 말할 수 있었을 것이기 때문이다. II부는 좀 더 적극적이다. 여기에서 소크라테스는 그 유명한 자석의 이미지를 사용하면서 신들림 또는 영감(靈感)이라는 용어로 이온의 성공을 다른 관점에서 설명한다. 무사(뮤즈) 여신은 자석과도 같아 자신의 힘을 시인에게 전달하고, 시인은 음송시인이나 배우에게 그 힘을 넘겨주고, 이들은 다시 ―마치 자석이 쇠 반지들을 끌어당기고, 나아가 계속해서 다른 쇠 반지들과 쇳조각들을 끌어당기듯이― 청중에게 사로잡는 힘을 행사한다. 시인과 음송시인은 무사 여신이 자신의 힘을 청중에게 발휘하는 데 사용하는 수동적 도구로 생각된다. 우리는 이러한 관념이 음송시인이 성취한 것뿐만 아니라 시인이 성취한 것에 대해 비인식론적 설명을 제공하고, 그럼으로써 시인의 생각(dianoia)이 교육에 지적인 기여를 한다는 어떤 주장도 무너뜨리고 있음을 알게 된다.

이온은 자신의 성공이 신들림이나 '제정신이 아닌 상태'에 따른 단순한 결과라는 설명에 설득당하지 않는다(536d 5. 534b 5-6 참조). 그는 자신이 행하고 있는 바를 알고 있다고 생각하길 원한다. 따라서 대화편의 Ⅲ부에서, 소크라테스는 음송시인이 어떠한 기술도 갖고 있지 않다는 점을 보다 일반적인 논증을 통해 보여 준다. 기본 전제는 『국가』에 등장하는 전문화(specialization)의 원리 ―노동 분업의 토대가 되는 원리― 의 변형이다. "신에 의해서 각각의 기술에 그것이 알아야 할 어떤 특정한 과제(ergon)가 할당되어 있지 않은가?"(537c 5). 이러한 사실은 다시 기술들에서 개별화의 원리로 재구성된다.

두 기술이 각기 다른 대상(pragmata)에 대한 앎일 경우, 나는 그 두 가지 기술이 구별된다고 말한다네. (537d 5)

이로부터, 인식된 대상들이 다르면 기술들(technai)도 다르고, 그 반대의 경우도 마찬가지라는 점이 따른다. 그래서 "우리가 한 기술로써 알고 있는 것을, 우리는 다른 기술로써 알지 않을 것이네"(537d 2). 그런 다음, 소크라테스는 이러한 원리를 호메로스의 다양한 구절들에 적용하고, 시들에서 언급된 어떤 주제에 대해서든 이 특정 주제를 판단하는 데에서 음송시인보다 더 능력 있는 전문가가 언제나 존재하는 것 같다는 점을 보여 주는 데로 나아간다. 음송시인은 특별히 자신에게 속한 대상을 갖고 있지 않다.

이온은 전차몰이꾼, 의사, 어부, 여타 많은 전문인들의 경우를 인정하면서도, 음송시인이 "남자와 여자가 말하기에 적합한 것, 그리고 노예와 자유인, 지배자와 피지배자가 말하기에 적합한 것"(540b)을 잘 안다고 주장한다. 하지만 소크라테스는 이러한 것이 특별한 경우들에서는 무너질 수밖에 없음을 보여 준다(음송시인은 배가 폭풍우를 만날 경우에 배의 선장이 말하기에 적합한 것에 대해서 알지 못한다). 그러나 이온은 음송시인이 장군이 군대의 사기를 북돋아 주기 위해서 말할 바를 아는 경우를 들며 완고하게 저항한다. 그는 자신이 "호메로스의 작품들로부터 이런 것을 배운"(541b 5)[05] 탁월한 음송시인이자 탁월한 장군이라고 주장한다. 그는 심지어 두 기술이 동일한 것이라고 주장한다.

소크라테스는 이런 별난 주장에 맞서 몇 가지 논리적 조치를 시도하지만, 이 조치는 이온을 자신의 패배를 인정하지 않는 데로 이끌지 못한다. 그럼에도, 소크라테스는 이온이 소크라테스 자신을 기만하고 있으며, 그가 "호메로스에 관한 지혜에 정통하다"(542a 1)는 점을 보여 주려 하지 않는다고 결론을 내린다. 그런 다음, 그는 이온으로 하여금 마지막 딜레마에 맞서게 한다. "자네가 정말 기술을 가지고 있다면, … 나를 속이는 것은 옳지 못하네. 하지만 자네가 신적인 시여에 의해 호메로스에 사로잡혀 있다면, … 자네 잘못은 없을 것이네. 원하는 쪽을 택하게. 우리가 자네를 부정직하다고 여기는 쪽인가, 아니면 신들림을 받았다고 여기는 쪽인가." 이러한 선택에 직면해서, 물론 이온은 더 매력적인 쪽을 택한다.

견실한 철학적 내용을 대신하는 이 짧은 대화 속에서 우리는 무엇을 발견하는가? 그곳에는 (1) 시에 대한 적극적인 이론, (2) 기술에 대한 초기 이론, 그리고 (3) 음송시인을 통해 시에 대해 부정적으로 기술 이론을 적용하는 내용이 있다.

(1) 시적 영감을 신적인 광기 또는 황홀경으로 보는 전통적 관념을 재해석하는 시 이론은 아마도 데모크리토스에 의해서 예견되었을 것이다. 알

---

05 아리스토파네스의 『개구리』(1036행)에서 호메로스는 사람들에게 "진법(陳法)과 무용(武勇)과 전사들의 무장"(천병희 옮김)을 가르친 것으로 칭송받고 있다.

렉산드리아의 클레멘스(150-215년쯤의 신학자)는 그를 인용하여 다음과 같이 말한다. "시인이 신들림(enthousiasmos)과 신성한 영감(pneuma)으로 쓴 모든 것은 지극히 아름답다."[06] 하지만 비록 그가 시적 신들림이라는 개념을 차용했을지라도, 플라톤은 여기에서 그것을 코뤼반테스(퀴벨레 또는 레아의 시중을 드는 사제들)적 황홀경, 예언자적 광란, 그리고 주신(酒神) 디오뉘소스의 시녀들이 신들렸을 때 가지는 초자연적인 힘에 견줌으로써 체계적으로 발전시켰다. 쇠 반지들을 연쇄적으로 끌어당기는 자석에 멋지게 비유한 부분은 확실히 플라톤 자신의 것이었고, 그것은 시적인 창작을 음송 공연과 똑같이 설명하는 계획된 효과를 지니고 있다. 이렇게 해서 이온에 대한 공격은 호메로스와 시인들에 대한 공격이 된다.[07] 물론, 신적인 영감을 받았다고 주장하는 이들은 시인들이었다. 그리고 그리스 교육에서 중요한 역할을 했던 것은 그들의 '지혜'와 '생각'이었다. 플라톤은, 그 이전의 헤라클레이토스처럼,[08] 그들의 공적(功績)으로부터 지성적인 요소를 제거함으로써, 지혜로운 자들(sophoi)을 자임하는 시인들에 도전한다. 그래서 그는 『소크라테스의 변론』에서 소크라테스가 가리킨 길을 따라갔다. 소크라테스는 그곳에서 시인들을 검토함으로써 다음과 같은 결론에 이르렀다. "이들은 자신들이 짓는 시들을 지혜나 솜씨(sophia)에 의해 짓는 것이 아니라, 어떤 자연적 재능에 의해서(physei tini) 그리고, 마치 예언자들이나 신탁의 대답을 들려주는 사람들처럼, 영감을 얻은 상태에서 짓게 되는 것이라는 말씀입니다. 이들 또

06 DK 68B.18. 그대로 인용된 것처럼 보이지는 않는다. 클레멘스의 표현은 그가 바로 전에 언급한 『이온』의 구절에서 영향을 받았다. 언어적으로 보다 설득력 있는 것은 데모크리토스의 조각글 B21이다. "호메로스는 신적인 본성을 부여받았기에, 다채로운 시들을 우아하게 작성했다." 하지만 이 텍스트는 신들림을 함축하지는 않는다. 비판적인 논의에 대해서는 Tigerstedt(1970), 163-78쪽을 보라.
07 이 점을 Méridier(1931, 13쪽)는 올바로 보고 있다. 그의 견해는 Schleiermacher 등을 따른 것이다.
08 헤라클레이토스의 조각글 B 42, 56, 57(DK).

한 많은 아름다운 것들을 말하기는 하지만, 자신들이 말하는 것들에 대해서 아무것도 알지 못하니까요"(박종현 옮김).[09] 『이온』의 이론은 『소크라테스의 변론』의 이러한 암시를 체계적으로 다듬은 결과이다. 그의 궁극적인 비판 대상은 당대 아테네의 시인들뿐만 아니라 그들의 위대한 선지자인 호메로스 자신이다.[10]

호메로스의 시가 유년기부터 그리스인들의 지적 성장에 지속적으로 엄청난 영향을 미쳤다는 점은 의심할 여지가 없다. 하지만 많은 주석가들은 플라톤의 공격이 시의 이러한 일반적인 영향을 향해 있을 뿐만 아니라, 특별히 직업적 소피스트들이 자신들의 교육 과정의 일부로 시인들을 이용한다는 점을 향해 있다고 생각한다.[11] 우리는 그러한 관행이 『프로타고라스』에 예시되어 있음을 발견한다. 거기에서, 시모니데스의 시를 해석할 즈음 그 유명한 소피스트는 언급한다. "나는 인간 교육(paideia)의 가장 중요한 부분이 시에 능함이라 생각하오. 이는 시인이 무엇을 잘 말했고 무엇을 잘 말하지 못했는지를 알아볼 수 있고, 그걸 잘 판가름할 줄 알고 질문을 받고서는 설명해 줄 수 있는 것이지요"(『프로타고라스』 338e 이하). 그런데 이것은 원래 이온이 호메로스를 위해 하기로 약속한 것이다. 플라톤이 이러한 교육 개념을 경멸하는 점은, 시에 대해서 대화하는 것은 자신들의 대화를 즐길 능력이 없어서 쇼의 재미를 요구하는 연회 참석자들처럼 행동하는 것이라는 소크라테스의 비평에 반영되어 있다. 게다가, 시인들은 우리의 질문에

---

09 『소크라테스의 변론』 22b 9. 이에 대해 버넷은 다음과 같이 논평한다. "여기에서, 소피아가 보통 ―특히 음악이나 시에서 보이는― 예술적 솜씨를 뜻하는 단어였다는 점을 기억하는 것이 좋다."

10 Woodruff(1983, 6쪽)의 다음 구절과 비교하라. "호메로스를 공격하기 위해, 그(즉 소크라테스, 하지만 나는 플라톤이라 말하고 싶다)는 그의 대리인들인 음송시인들을 공격해야만 할 것이다."

11 예를 들어, Flashar(1958), 32쪽, Friedländer(1964), 129쪽.

대답할 위치에 있지 않아, 대화는 무익하다(347c-348a). 플라톤은 프로타고라스나 히피아스처럼 오래전에 죽은 인물들의 가르침을 공격하고 있는가? 아니면, 당대의 교육 관행에 더 초점을 두고 있는가? 우리는 호메로스에 대한 해석이 다시 문제가 되는 『소 히피아스』를 논의하면서 이 질문으로 되돌아갈 것이다. (이 장의 7절 이하를 보라.)

(2) 플라톤의 테크네 이론은 『이온』에서 기술과 대상 간의 일대일 대응이라는 근본 원칙과 더불어 시작한다. 이러한 원칙은 대화편(537c-538a)에서 아주 조심스럽게 정형화되어, 그 결과 그것은 테크네에 대한 다른 논의(예를 들어, 『고르기아스』 462b-465a, 『카르미데스』 171a)에서도 당연하게 받아들여질 수 있다. 능력들(dynameis)까지 포함하기 위해 확장된 이 원칙의 변형은, 『국가』 5권 447d에 있는 의견의 대상으로부터 앎의 대상을 구별하는 데 사용될 것이다. 본래의 원칙은 대상의 개념이 내포적으로, 즉 학문의 접근에 의해 한정되는 것으로 받아들여진다면 분명히 옹호될 수 있다. 그 경우에, '한 탐구 대상일 때에만 오직 그때에만 한 학문'이라는 원리는 개념적 진리 같은 것이 된다. 『이온』은 일정한 탐구 대상을 가진다는 것이 학문의 본질을 이루는 개념의 일부라는 통찰을 표현하는 대화편으로 보일 수 있다. 다른 한편으로, 만약 '탐구 대상'이 세계의 다른 부분들, 즉 다양한 그룹의 대상들이나 개별 존재들을 언급하도록 외연적으로 받아들여진다면, 그 원리는 더욱 모호해진다. 이런 의미에서, 다른 기술들이 결국 같은 대상들을 탐구할 수 있는 것처럼 보일 것이다. 예를 들어, 인간 존재의 그룹은 인류학과 심리학의 대상이 될 수도 있고 언어학과 인간 유전학의 대상이 될 수도 있다. 앎과 의견에 상응하는 두 종류의 대상을 옹호하는 『국가』의 논증은 '대상'을 내포적으로 읽는 것과 외연적으로 읽는 것 사이에 있는 모호함을 이용한다는 비판이 있을 수 있다. 충분히 논의된다면, 내포적 대상 개념을 더욱 심도

있게 분석함으로써 플라톤을 이러한 비난으로부터 옹호할 수 있을 것이다. 그러나 여기에서 그것은 우리의 논제가 아니다.

(3) 테크네와 대상 간의 일대일 대응 원칙은 자신의 재능이 호메로스에 국한되어 있다는 이온의 시인(是認)에 의존하는 첫 번째 대인논증에 이미 함축되어 있다. 시는 단일 주제이므로, 이에 대응하는 해석의 기술도 마찬가지로 일반적이어야 할 것이다. 테크네에 의해 이온이 호메로스를 설명할 수 있다면, 그는 다른 시인들에 대해서도 똑같이 말할 수 있을 것이다. "왜냐하면 나는 시를 짓는 것이 전체라고 생각하기 때문이네"(532c 8). 조금만 재조정된다면, 같은 원칙이 해석자의 작업뿐만 아니라 시인의 작업에도 적용될 수 있을 것이다. 우리는 이러한 사실을 통해 아리스토데모스가 기억할 수 없었던 논증, 즉 『향연』의 끝에서 어떻게 소크라테스가 꾸벅꾸벅 조는 아가톤과 술 취한 아리스토파네스로 하여금 "희극을 만들 줄 아는 것과 비극을 만들 줄 아는 것이 같은 사람에게 속한다는 것, 그리고 기술로써 비극을 만드는 자는 기술로써 희극을 만드는 자이기도 하다는 것에 동의하도록"(223d) 만들었는지를 재구성할 수 있을 것이다. 비극이나 희극을 짓는 테크네가 있다면, "시를 짓는 것은 전체이기에," 그 둘에 대한 테크네도 같은 것이어야 할 것이다. 다만, 어떤 시인은 비극을 짓고 다른 시인은 희극을 짓고, 어떤 시인은 서사시를 짓고 다른 시인은 독설의 시를 짓고, "그들 각각이 다른 종류의 시에는 정통하지 않게"(『이온』 534c) 되는 것은 그저 그들이 각기 다른 무사 여신들에 의해서 영감을 받기 때문이다.

이온에 맞선 이 첫 번째 논증에 함축된 일대일 대응 원칙은 III부(537c-538a)의 보다 엄격한 논증에 형식적으로 서술된다. 음송시인이 테크네를 가지고 있다면, 그 테크네가 유일하게 알 자격이 있는, 그에 대응하는 대상이 있어야만 할 것이다. 하지만 우리가 보았듯이, 호메로스의 어떤 특정한 구절에 관련하여, 묘사된 행위를 더 잘 판단할 자격이 있는 별개의 기술이 존재하는 것 같다. (만약 그 행위가 전차 경주라면, 전차몰이꾼은 음송시인보다 더 나은 판단자이다. 그리고 이런 식으로 계속될 것이다.) 그러나 이 지점에서 우리는, 일대일 대응 원칙이 타당한 것으로 받아들여지는 경우들조차, 소크라테스가 그것을 사용할 때 교묘하거나 고약한 뭔가가 있다는 점을 주목해야 한다. 왜냐하면 그것을 이 논증에 적용하는 것은 예술 작품을 사라지게 하는 효과를 가지기 때문이다. 다시 말해, 우리는 시를 통해, 묘사된 다양한 인간 행위에만 초점을 맞추는 쪽에 시선을 둔다. 묘사 자체, 그리고 그러한 것으로서의 시는 결코 시야에 들어오지 않는다. 이온은 "남자가 말하기에 적합한 것, 여자가 말하기에 적합한 것, 노예가 말하기에 적합한 것, … 그리고 통치자가 말하기에 적합한 것"(540b)이 음송시인에게 고유한 탐구 대상이라고 특정할 때, 시인의 성격 묘사 기술(技術)에 주목하고자 필사의 노력을 기울인다. 그러나 소크라테스는 이온이 시 외적인 일급 기술들의 영역으로 되돌아오도록 강요한다. ("바다에서 폭풍을 만났을 때 배의 통치자가 말해야 할 바를 선장보다 음송시인이 더 잘 아는가?") 예술 작품으로서의 시는 독립적인 위상을 지니지 않는다. 그것은 시를 지혜로 간주할 것을 요구하는 주장을 약화시키려는 플라톤의 목적에 직접 이바지하므로, 그의 입장에서는 매우 신중한 조처임에 틀림없다. 이처럼 기술(예술)을 경시하는 유사한 생각이, 시인과 화가를 실재로부터 두 단계 떨어져 모방하는 사람들로 제시하는 『국가』 10권에 전개된다. 다만 『이온』에서 개략된 예술론은, 시가 청중에 끼치는 긍정적이고 '신적인' 충격을 고려하므로, 덜 적대적이다. 그러나 그 충격은 전적으로 지적인 이해를 결여한 것으로 간주된다.

4. 『이온』의 논증

플라톤의 초기 대화편들에서 기본적인 논증 형태는 종종 소크라테스적 논박이라고 받아들여진다. 그런데, 논박을 어떤 엄격한 검토 또는 반박, 즉 대화 상대의 믿음이 틀리거나 일관되지 않다는 것을 보여 주는 시험이라고 한다면, 이는 실제로 소크라테스가 다른 초기 대화편들에서처럼 『이온』에서도 취하는 절차의 전형이다. 그러나 로빈슨(R. Robinson)의 고전적 연구 이래로, '논박'(elenchus)이란 용어는 좀 더 엄밀한 것을 가리키는 것으로 사용되어 왔다. 즉, 그것은 대화 상대는 테제를 진술하고, 소크라테스는 대화 상대가 인정한 전제들로부터 그 주장의 부정을 이끌어 냄으로써 반박하는 논증이다.[12] 그런데, 이런 의미에서 논박은 『소크라테스의 변론』에서 멜레토스를 반대 심문하는 데에서 예시되었듯이, 역사적으로 소크라테스적인 것이다. 더 나아가, 그것은 『국가』 1권뿐만 아니라 『고르기아스』, 『프로타고라스』, 그리고 정의와 관련된 대화편들에 풍부하게 제시되어 있다. 하지만 흥미롭게도 『이온』에는 이런 종류의 형식적 논박이 없다. 소크라테스는 반박하고자 하는 명제를 대화 상대로부터 뽑아냄으로써 논의를 시작하지는 않는다.

이 대화편에는 명제를 시험하지 않고 사람을 시험하는 본래의 소크라테스적 논박으로 추정되는 것이 있다. 반박되어야 하는 명제(즉 음송시인은 그런 자로서 테크네를 소유하고 있다)는 결코 이온에 의해서 주장되지는 않는다. (물론, 그는 예를 들어, 530c 8에서 그것을 당연한 것으로 받아들인다. 그러나 형식적으로 논박되기 위해서는, 그것이 형식적으로 확언되어야 할 것이다.) 다른 한편으로,

---

12 R. Robinson(1953), 6쪽을 보라. Vlastos의 논박 개념은 더 주의를 요구한다(Vlastos, 1994, 4쪽). 논박과 관련된 Vlastos에 대한 나의 비판은 Kahn(1992), 248-56쪽을 보라.

모순되는 테제, 즉 음송시인이 테크네에 의해서가 아니라 신적인 시여나 신들림에 의해서 작업한다는 테제는, 소크라테스에 의해서 논증의 결과로 주장되지만 이온에 의해서는 결코 수용되지 않는다. 결국, 그는 그것을 말로는 수용하지만, 그것은 단지 그가 정의롭지 못한 사람이라는 부담을 피하기 위해서 그렇게 한 것일 뿐이다. 비록 이온이 소크라테스의 논지를 인정하려 들지 않을지라도, 이것은 소크라테스가 논증에서 이겼다는 점을 보여 주는 플라톤의 우아한 방식이다.

대화편의 중간 부분은 전혀 논박이 아니다. 그것은 소크라테스에 의해 제시되는, 시가 지닌 힘에 대한 긍정적인 설명이다. I부와 III부에서 우리는 전형적인 소크라테스적 에파고게, 즉 기술과 수공에서 끌어들인 귀납적 일반화의 형식으로 구사된 체계적인 논증들을 볼 수 있다. I부에서 소크라테스는 어떤 주어진 기술의 사례에 대한 좋은 판단자는 동일한 기술을 가진 다른 실행자들에 대해서도 좋은 판단자여야 한다는 점을 보여 주기 위해 수학, 의술, 회화, 조각, 그리고 다양한 형태의 음악을 끌어들인다. III부에서 그는 호메로스가 묘사한 모든 행동과 관련하여, 이러한 행동을 음송시인보다 더 잘 판단할 수 있는 전문가가 있다는 점을 보여 주기 위해서 전차 몰이꾼, 의사, 어부, 예언자, 목동, 직조기술자, 장군을 끌어들인다. 만약 이 방법이 역사적 소크라테스를 보여 주는 것이라면, 여기에서 플라톤이 그것을 고도로 일정한 양식에 맞춰 사용하고 있다는 점은 확실하다.

그러한 논증들은 얼마나 유효한 것인가? I부에서 귀납(epagōgē)은 형식적으로 완벽한 것은 아니지만,[13] 건전한 논지를 제시한다. 어떤 확정된 영역

---

13 다음의 (1)로부터 (2)로 교묘하게 빠져 들어가는 점이 있다. (1) 만약 우리가 훌륭한 시인들이 우월하다는 점을 알 수 있다면, 우리는 다른 시인들이 열등하다는 것도 알 수 있다(531d 12-532b 2). 이는 평범한 사실이다. (2) 만약 우리가 훌륭한 기술자를 이해하고 설명할 수 있다면, 우리는 열등한 기술자도 설명할 수 있다(532e 7-533c 3). 이것은 독립적인 주장이자 이온의

에서의 능력이 그 분야를 주도하는 대표자에게만 뻗어 있고, 그의 동료들에게 뻗어 있지 않다면 그것은 정말 기이한 일이다. Ⅲ부의 논증은 더욱 야심 차다. 여기에 소개된 일대일 대응의 원칙은 플라톤의 나중 작품에서 사용되기 때문에 역사적으로 중요하고, 주어진 학문에 적합한 대상을 한정하기 때문에 철학적으로도 중요하다. 우리가 주목했듯이, 소크라테스가 이러한 원칙을 음송시인과 (그리고 함축적으로) 시인에 적용하는 것은 더욱 의심쩍다. 이온이 좀 더 명민했더라면, 그는 음송시인이 공연하는 『오뒤세이아』의 구절들을, 음송시인이 묘사된 행위에 대한 특권적 판단자임을 보여 주는 하나의 사례로 인용함으로써 두 번째 귀납을 막을 수도 있었을 것이다. 플라톤은 이러한 가능성을 알고 있었다. 그리고 그는 소크라테스가 음송시인들의 판단 행위를 533b-c에 나오는 이전 귀납의 한 가지 사례로 언급하도록 교묘하게 짜 놓았다. 그러나 호메로스의 사회에서 가인(歌人)의 위상이 너무나 미약하게 되어, 이온은 이런 기능에서만 자신을 전문가로 만들 테크네에 그다지 만족하지 않는다. 그래서 그는 덜 개연적이지만 좀 더 고상한 역할, 즉 군대의 사기를 진작시키는 장군 역할을 선택한다(540d 이하). 그가 선택한 모델은 눈먼 가인 데모도코스가 아니라 헥토르와 아가멤논이었다.

논리적인 관점에서 본다면, Ⅲ부에서 가장 재미있는 구절들은 소크라테스가 이온 쪽의 그런 어리석은 움직임에 반격하기 위해 마지막으로 노력을 기울이는 부분이다. 이 음송시인이 논리적 측면의 패배에 둔감하기 때

경우에서는 분명히 거짓이다. (이러한 빠져 들어감은 532a 3 이하에서 완수된다: "같은 사람이 두 가지 경우에 모두 정통하다." 이 말은 두 주장 사이에 애매하게 있다.) 하지만 명제 (2)는 그것에 속한 귀납에 의해서 지지된다. 그래서, 명제 (1)은 논리적으로는 요구되지 않는다. 그것은 논리적으로 쓰러뜨리기 이전에 상대의 "저항력을 약화시키는" 소크라테스의 연설술적 기술의 일부분이다.

문에, 소크라테스는 이온을 반박하는 데 성공하지는 못한다. 그러나 그는 그런 친숙한 유비 논증을 넘어서는 몇 가지 세련된 기교들을 보여 준다. 이 온이 장군이 병사들의 사기를 진작시키는 법을 알고 있다고 주장할 때, 소 크라테스는 이온이 두 가지 다른 기술 ─음송시인의 기술과 장군의 기술─ 을 가지고 있다고 넌지시 말한다. 이러한 구분을 전개하면서, 소크라테스 는 아마도 철학사에서 처음으로, 'X의 자격으로서' 또는 'Y라는 특징 아래에'라 는 용어를 소개한다. "자네가 전차몰이꾼이면서 동시에 키타라 연주자라고 해 보세. ⋯ 이온이여, 자네는 내가 말들이 제대로 훈련되어진 때를 어떤 기술에 의해 알 수 있느냐고 묻는다면 어쩌겠는가? 전차몰이꾼의 자격으로 서인가, 아니면 키타라 연주자의 자격으로서인가?"(540d-e)[14] 이온은 이러한 경우에서는 그 구별을 인정하나, 장군과 음송시인의 유사한 경우에서는 그 것을 인정하려 들지 않는다. 그래서 소크라테스는 두 번째 조치를 취한다. "자네는 음송시인과 장군이 동일한 기술을 가진다고 말하는가?" "그렇습니 다." "그렇다면 훌륭한 음송시인이라면 모두 훌륭한 장군이란 말인가?" 이 온은 이것이 정확히 그의 주장이기 때문에, 이러한 함축에 기꺼이 동의한 다. 하지만 그는 그 두 가지 기술을 동일시하는 것에 의해 수반되는, 그 반 대의 경우에 대해서는 주저한다. "그렇다면 훌륭한 장군이라면 모두 훌륭 한 음송시인이기도 한가?" "그렇게는 생각하지 않습니다"(541a).

소크라테스는 그런 대화 상대자와 무엇을 하고자 하는가? 그의 최종 계 략은 이온이 받아들일 수 있는 함축, 즉 훌륭한 음송시인은 훌륭한 장군일 거라는 함축으로 되돌아가는 것이다. 그래서 그는 원급에서 최상급으로 넘 어가며 논한다. "아니, 자네가 그리스에서 가장 훌륭한 음송시인라면, 자네 가 가장 훌륭한 장군이기도 하단 말이오?" 이온은 기분 좋게 그런 칭찬을

---

14 Ποτέρᾳ τέχνῃ ⋯ γιγνώσκεις ⋯; ἢ ἱππεὺς εἶ ἢ ἢ κιθαριστής;

받아들인다(541b). 그런데도 소크라테스는 그에게 왜 음송시인으로서의 역할만 수행하고 장군으로서 훨씬 더 명예로운 직책은 추구하지 않는지를 묻는다. 대화편은 이온처럼 에페소스 출신인 어떤 사람이 실제적으로 아테네에서 장군 노릇을 할 수 있는지에 대한 엉뚱한 논쟁으로 끝난다. 소크라테스는 확실히 그 논증에서 이겼으나, 이온의 우둔한 고집으로 인해서 그의 승리는 논리적으로 극에 달하지 못했다. 그는 이온으로 하여금 부정직하다고 생각되는 것과 영감을 받았다고 생각되는 것 중 하나를 선택하도록 강제하는 연설술적 책략에 의해서만 우세했다.

5. 『소 히피아스』: 테크네와 도덕적 지식

철학적으로 말해서, 『소 히피아스』는 플라톤의 모든 대화편에서 아주 당황케 하는 것 중 하나이다. 그것이 단순히 역설로 끝날 뿐만 아니라, 도덕적 허위, 즉 자발적으로 잘못을 저지르는 사람이 본의 아니게 잘못을 저지르는 사람보다 더 낫다는 주장으로 끝나기 때문이다.[15] 다른 한편으로, 문학적 관점에서 볼 때 『소 히피아스』는 (우리가 1절에서 주목했듯이) 보다 직선적인 『이온』과 형식 면에서 놀라울 정도로 유사하다.

히피아스는 직업적 교육가이고, 엄밀한 의미에서, 돈을 받고 가르침을 제공하는 소피스트이다(364d). 그러나 그는 수학자, 천문학자이자 생각할 수 있는 거의 모든 기술에 대한 전문가이기도 하다(368b-e. 『프로타고라스』 315c

---

15 여기에서부터 줄곧 나는 hekōn에 대해서는 '자발적인'(voluntary)과 '의도적인'(intentional)을 교환 가능한 말로 사용하고, akōn에 대해서는 '비자발적인'(involuntary)과 '본의 아닌'(unintentional)을 그렇게 사용한다.

참조). 결과적으로, 테크네와 교육에 대한 한 쌍의 물음은 『이온』에서보다 여기에서 훨씬 더 날카롭게 제기된다. 동시에, 그 대화편과의 연속성은 이 장 1절에서 언급된 형식적으로 유사한 측면들뿐만 아니라, 대화편이 시작될 때 히피아스가 "호메로스와 다른 시인들에 대한" 연설을 방금 마쳤다는 사실에 의해서 더욱 직접적으로 유지된다(363c 2). 『이온』으로부터 『소 히피아스』로 옮겨 온 독자는, 이온이 약속했고 소크라테스가 그에게 연기하기를 요청했던 호메로스와 관련된 전시(展示) 연설과 같은 것을 히피아스가 했을 것이라고 추측할 수 있다.[16] 호메로스적 자료로부터 아킬레우스와 오뒤세우스를 비교함으로써 대화가 시작되고, 이러한 호메로스적 비교로부터 대화가 끝날 무렵에 충격적인 역설이 소개된다. 이렇듯, 『이온』과 마찬가지로 『소 히피아스』에서도 강하게 배경으로 깔린 주제는 교육에서 시가 맡는 역할이다.

소크라테스는 히피아스에게, 아킬레우스가 오뒤세우스보다 더 나은 사람이라는 친숙한 견해에 동의하는지를 물음으로써 논의를 시작한다. 히피아스는 동의하지만, 'polytropos'(꾀가 많은)라는 오뒤세우스의 별명을 '거짓된, 기만적인'(pseudēs)으로 간주하는 그의 해석은 소크라테스에 의해 도전을 받는다. "당신은 진실한 사람과 거짓된 사람이 서로 다르다고 생각합니까?"(365c). 그러자 소크라테스는 우회적인 논증으로 이 합당한 주장을 반박하고자 한다. 그는 먼저 지적인 기만은 주제에 대한 지식을 요구한다는 점

---

16 히피아스는 그런 주제들에 대해 작품들을 출간한 것으로 보인다. 그중 한 작품은 다음과 같이 시작한다. "이러한 것들 중 어떤 것은 아마도 오르페우스가 말했을 것이고, 어떤 것은 무사이오스가 간략하게 여기저기에서, 어떤 것은 헤시오도스가, 어떤 것은 호메로스가, 어떤 것은 다른 시인들이 말했을 것이다. 또한 그리스인들과 비-그리스인들의 산문 작품들(syngraphai)에서도 누군가 말했을 것이다. 나는 이 모든 것들 중에서 가장 좋은 것들을 모아 종류에 따라 분류하여, 이 새롭고 다채로운 글로 만들어 낼 것이다"(DK 86B 6).

을 확인한다(365e 이하). 그다음에 효과적으로 거짓을 말할 수 있는 능력은 항상 진실을 말할 수 있는 능력과 공존한다는 점을 보여 준다. 예를 들면, 히피아스의 전문 분야 중 하나인 산술에서, "무식한 사람은 거짓말을 하고자 할 때, 잘 모르기 때문에 우연히 본의 아니게(akōn) 진실을 말하는 경우가 있으나, 이와 반대로 이런 문제에 지혜로운(sophos) 자네는 거짓을 말하고자 한다면, 언제든지 조리 있게 그렇게 할 수 있을 것이네"(367a). 그다음, 이 두 가지 능력이 공존한다는 점은 기술들에서 공들여 끌어온 일련의 사례들에 의해 예시되는데, 그것들 모두는 "진실한 사람은 거짓된 사람과 같으므로, 진실한 사람은 거짓된 사람보다 조금도 더 낫지 않다"(367c 8)는 점을 보여 주기 위해서 계획되었다. 따라서 이것은 아킬레우스와 오뒤세우스의 차이점이 될 수 없다(369b).

이렇게 대화편의 I부는 끝난다. 히피아스는 설득되지 않은 채, 아킬레우스가 우월하고 오뒤세우스가 기만적임을 보여 주는 말을 하겠다고 제안한다. 그 대신에, 소크라테스는 거짓을 말하는 사람은 오뒤세우스가 아니라 아킬레우스라는 점을 보여 주기 위해서 『일리아스』에서 몇 개의 구절을 인용한다. 히피아스는 아킬레우스가 한 거짓말은 "미리 생각해 보고 한 것이 아니라 본의 아니게" 한 것인 반면에, 오뒤세우스가 한 거짓말은 "자발적으로, 고의로" 한 것이라 주장하며 응수한다(370e). 히피아스의 견해는 우리 모두가 호메로스를 읽으면서 가지는 인상을 충실하게 반영한다. 하지만 소크라테스는 이제 매우 심술궂게 『일리아스』 9권의 출범 장면에서 아킬레우스가 오뒤세우스를 고의로 속이고 있다고 논증한다. 더 일반적으로, 그는 자발적으로 거짓을 말하는 사람이 본의 아니게 거짓을 말하는 사람보다 더 낫다고 주장한다.[17] 계속해서 좀 더 일반적으로 말하자면, 자발적으로 잘

---

17 이 역설이 소개되는 371e 7에서, 소크라테스는 그것이 이전의 논의에서 확립된 것이라고 주장

못을 저지르는 사람은 본의 아니게 그렇게 하는 사람보다 더 낫다(372d-e). 처음에 소크라테스는 이러한 주장에 대해 얼마간 염려하는 마음을 보인다. 그러나 그는 대화편의 III부에서 그것을 지지하는 데로 나아간다(373c 이하). 그는 이를 광범위하고 다양한 인간 기술과 실천의 사례들 및 몇 가지 동물 사례들을 가지고서 체계적인 귀납으로써 시도한다. 그리고 이는 "자발적으로 불의를 저지르는 것은 좋은 사람의 표시이고, 본의 아니게 그렇게 하는 것은 나쁜 사람의 표시이다"라는 주장에서 절정에 달한다. 그래서 대화편은 혼란 상태에서 끝난다. 히피아스는 소크라테스의 추론에서 흠을 잡을 수는 없지만, 그의 이상한 결론에는 설득되지 않은 채로 남아 있다. 그래서 그는 "저는 당신에게 동의할 수 없습니다"라고 말한다. 이에 소크라테스는 "나도 나 자신에게 동의할 수 없네. 하지만 우리의 논증에 따르면 이렇게 보일 수밖에 없네"라고 응답한다.

그런데 무엇이 잘못되었는가? I부의 오류는 '거짓말할 수 있다'에서 '거짓말쟁이이다'로 옮겨 가는 데에서 쉽게 찾아낼 수 있다. 인용된 사례들은 어떤 문제에 대해서 거짓을 잘 말할 수 있는 사람은 같은 주제에 관해서 참을 말할 수도 있을 것이라는 점을 보여 준다. 그러나 그렇다고 동일한 사람이 거짓을 말하고 참을 말한다고 결론 내리는 것은 오류일 뿐만 아니라 명백한 거짓이다. 히피아스는 그것이 거짓임을 알았으나 그것의 오류를 탐지해 낼 수 없다. 그는 거짓을 말할 수 있는 능력이 거짓말쟁이이기 위한 필요조건이라는 소크라테스의 반복된 주장에 의해 속아 넘어갔던 것이다(366b, 367b 2-5). 이렇게 해서, 그는 그것이 또한 충분조건임이 틀림없다고 생각하게 된

한다. 그러나 이런 주장은 366d 4-367a 3에서 실제적으로 논증된 내용, 즉 주어진 주제에서 가장 뛰어난 사람은 자발적이면서도 우연에 의하지 않고서 거짓을 말할 수 있기에 더 성공적으로 조리 있게 거짓을 말할 수 있다는 내용을 왜곡한다.

다. 그래서 소크라테스가 "요컨대, 거짓말쟁이들은 지혜로우면서 거짓을 말할 수 있는 사람입니다"라고 결론을 내릴 때, 히피아스는 동의한다(366b 5).

그런데, 플라톤이 여기에서 그 오류를 알고 있다는 점을 의심할 이유는 없다. 텍스트에는 거짓말쟁이라는 것은 거짓말하는 능력뿐만 아니라 그렇게 하고자 하는 의지, 욕구, 또는 의도를 필요로 한다는 암시들로 가득 차 있다. '원한다'는 뜻의 동사 boulesthai는, 능력에 대한 정의 —"원할 때 원하는 것을 하는 자는 유능하다"(366b 6. 앞서 366b 2에서도 그렇다)— 로부터 시작해서, 이 문맥(366b-367a)에서 아홉 번 나온다. 아리스토텔레스의 용어를 빌리자면, 오류는 기술이나 앎 같은 개방된 능력(dynamis)과 고정된 성향 또는 성품(hexis) 간의 구별이 붕괴된 데에 있다. 지적 능력은 반대되는 것들에 대한 능력이다. 즉 의사는 치료하는 법뿐만 아니라 독살하는 법도 안다. 다른 한편으로, 도덕적 탁월성과 같은 성향은 고정된 방향으로 향한 능력으로서, 일정한 목표를 지향하도록 훈련되어 있고, 아리스토텔레스가 '선택'(prohairesis)이라고 부른 것에 의해서 확실하게 인도된다.[18] 플라톤은 선택이란 말을 쓰지 않고, boulesthai(원함 또는 이성적인 욕구)란 말을 쓴다. 첫 번째 오류의 핵심 요지는 이런 요인의 중요성에 주의를 환기시키는 것으로 보일 것이다.

더욱 당혹스러운 것은 두 번째 역설 —자발적으로 잘못을 저지르는 것이 본의 아니게 그런 것보다 더 낫다— 에 대한 소크라테스의 옹호이다. 그런

---

18 아리스토텔레스의 『니코마코스 윤리학』 5권 1129a 7 이하와 비교하라. 정의는 올바른 행동을 산출하고 올바른 결과를 욕구하는(boulesthai) 성향이다. "그러나 앎이나 능력의 경우는 성향의 경우와 같지 않다. 능력이나 앎의 경우 같은 능력이나 앎이 반대되는 것들에 관계하는 것 같지만, 성향의 경우에는 한 성향이 그에 반대되는 것에 관계하지는 않는 것 같기 때문이다. 예컨대 건강(이라는 성향)으로부터는 반대되는 것들이 행해지지 않고, 오직 건강한 것들만이 행해진다." 아리스토텔레스는 『소 히피아스』의 수수께끼에 매혹되는데, 이 대화편을 『형이상학』 1025a 6 이하에서 거명한다. 『니코마코스 윤리학』 6권 1140b 21-24도 보라.

데, 광범위하게 다양한 신체 활동과 기술적 능력에 대해서, 이 명제는 그럴 법하게 적용된다. 예를 들어, 빨리 달리는 것이 잘 달리는 것이고 느리게 달리는 것이 잘 못 달리는 것이라면, 잘 달리는 사람은 의도적으로만 느리게 (잘 못) 달릴 것이나, 잘 못 달리는 사람은 싫든 좋든 느리게 (잘 못) 달릴 것이다. 또한 레슬링을 잘 못하는 것, 가락에 맞지 않게 노래를 부르는 것, 활을 쏘면서 목표물을 빗맞히는 것, 키타라를 잘 못 연주하는 것 등에서 그렇다. 그런데 오류는 그것이 정의(正義)에 적용될 때 발생한다. 고의로 사람을 죽이거나 물건을 훔치는 사람은 본의 아니게 그렇게 하는 사람보다 더 낫지 않다. 소크라테스는 정의를 "능력이나 지식의 일종 또는 둘 다"(375d 8)로 간주함으로써만, 그런 이상한 결론을 옹호할 수 있다. 그래서 그는 정의를 I부의 기술들에, 예컨대 산술과 기하학에 비유한다. 여기에서 의도적으로 실수를 저지르는 것은 앎을 가진 사람의 특권이다. 반면, 무지한 사람은 본의 아니게 실수를 저지른다. 하지만 이러한 비유는 일부러 잘못 인도된 것이다. 정의, 그리고 일반적으로 도덕적 탁월성은 반대되는 것들에 대한 양극의 능력이 아니다.[19]

왜 아닌가? 역사적 소크라테스가 덕을 일종의 앎과 동일시했든 안 했든, 그것은 확실히 플라톤적 소크라테스가 『메논』, 『프로타고라스』 등에서 승인할 주장이다. 소크라테스가 자신의 충격적인 역설을 옹호하기 위해서 무시해야 하는 관련된 차이점은 무엇인가? 덕에 대한 앎이나 테크네는 산술을 아는 것과 어떻게 다른가? 『소 히피아스』의 III부에서 우리에게 유일하게 힌트를 주는 것은 소크라테스가 마지막으로부터 두 번째에서 한 다음과 같

---

19 양자택일적으로 (그러나 등가적으로) 오류는 상대적인 또는 기능적인 의미의 '좋은'(X에 솜씨가 좋은: 달리고 계산하는 데 솜씨가 좋은)으로부터 절대적인 또는 도덕적인 의미의 '좋은'(좋은 사람, 좋은 인간)으로의 이행으로 진단될 수 있다. 이러한 노선을 따르는 분석은 Sprague(1962), 74-77쪽을 보라.

은 말이다. "그러니까 의도적으로 잘못을 저지르고, 부정하고 수치스러운 일을 하는 사람은, 만약 이런 종류의 누군가가 있다면, 그 사람이 바로 좋은 사람일 것이네." 그런데 이 조건절은 일반적으로 —어느 누구도 의도적으로 잘못을 저지르지 않는다는— 소크라테스적 역설을 비밀리에 생각나게 하는 것으로 인정되어 왔다.[20] 하지만 왜 그렇지 않은가? 이 대화편은 이러한 물음을 거의 고려하지 않는다. I부는 불레스타이 —사람들이 진실로 원하는 것은 무엇인가?— 를 강조하며 힌트를 하나 제공한다. 만약 우리가 이것을 안다면, 우리는 왜 아무도 자발적으로 잘못을 저지르지 않는지, 그리고 왜 도덕적인 성품이 반대되는 것들에 대한 능력이 아닌지를 이해할 수 있을 것이다. 플라톤은 이러한 사유 노선을 『고르기아스』에서 추구할 것이다.

그런데 그러한 힌트들이 우리에게 『소 히피아스』에 있는 두 개의 핵심 오류들을 해결할 수 있는 몇 가지 아이디어를 제공해 줌에도, 많은 의문점들이 남아 있다. 플라톤은 여기에서 왜 소크라테스로 하여금 플라톤과 그의 독자들이 틀림없이 잘못된 것으로 생각할 명제들을 주장하게 했을까? (소크라테스도 반복적으로 회의감을 표출한다. 그는 372e에서, 두 번째 역설이 발작처럼 자신을 덮쳤다고 묘사하고, 히피아스에게 자신의 잘못을 제거함으로써 "자신의 혼을 치유해 줄 것"을 요청한다.) 때때로 소크라테스적 대화술의 기본적인 원리로 언급되는 "당신이 실제로 생각하는 바를 말하라"라는 규칙을 소크라테스 자신은 여기에서 확실하게 어긴다. 다른 한편으로, 히피아스는 (플라톤의 작품이 아닌 것으로 알려진 『대 히피아스』에 있는 동일한 이름의 우매한 인물과는 달리) 건전한 상식의 입장을 용감하게, 하지만 무능하게 옹호한다. 플라톤은 여기

---

20 예를 들어, 같은 견해를 말하는 학자로 Taylor와 Shorey를 언급하는 Sprague(1962, 76쪽)가 그렇다. 그녀는 또한 Shorey(1933, 471쪽)로부터 『고르기아스』 480e("만일 누군가에게 나쁜 짓을 해야 한다면")와 『에우튀프론』 7d("만일 신들이 의견의 차이를 보인다면")에 있는 유사한 암시적 조건절들을 인용한다.

에서 왜 소크라테스를 신중치 못한 소피스트로 제시하면서, 오류 논증들을 써서 틀린 주장들을 옹호하게 하는가? 만약 이 대화편이 아리스토텔레스에 의해서 명시적으로 인용되지 않았다면, 우리는 많은 학자들이 그것을 플라톤에게 어울리지 않은 것, 따라서 그의 작품이 아닌 것으로 판정을 내렸을 것이라고 상상할 수도 있다. 소크라테스가 정말로 이와 같았다고, 플라톤이 인물 묘사를 충실하게 했다고 우리는 믿어야 하는가?[21]

우리는 이런 가능성을 배제할 수 없다. 그러나 플라톤이 상당한 정도의 예술적 자유를 구사하고 있다고, 그가 철학적인 효과를 얼마간 내기 위해 우리에게 이러한 오류들을 제시하고 있다고 가정하는 쪽이 더 개연성이 있다. 두 오류가 그것에 달려 있으므로 확실하게 분명한 하나는 덕이나 악덕은 단순히 훈련된 능력이나 기술인 것으로 생각될 수 없다는 것이다. 인간 존재로서 좋음은 달리기 솜씨가 좋다든가 산술 솜씨가 좋은 것과 같지 않다. 만일 덕이 테크네라면, 그것은 매우 드문 종류의 기술 또는 앎이어야 하고, 매우 특정한 방식으로 이성적 의지나 욕구(boulesthai)를 포함한다. 플라톤이 항상 도덕적 탁월성에 든 인식적 요소가 결정적으로 중요하다는 점을 강조하고자 한다는 주장은 맞다. 최고 단계의 덕은 항상 테크네, 일종의 앎으로 제시된다. 하지만 정의를 일상적 기술이나 능력과 동일시하는 이런 껄끄러운 일을 체험하게 함으로써, 플라톤은 어떤 종류의 앎이 그 소유자에게 덕을 보증해 줄 수 있는지를 아는 데에서 생길 어려움을 우리에게 경고해 주고 있다. 우리의 유일한 단서는 그 역설에 의해서 제공되는 힌트, 즉 그에 대응하는 무지의 형태가 잘못을 저지름을 비자발적인 것으로 만들 수

---

21 이것은 Hermann(1839, 251쪽의 각주와 더불어 432쪽)의 견해인 것처럼 보인다. 그는 그 내용이 '소크라테스적이지 않다'는 점을 보여 주기 위해 크세노폰의 『소크라테스 회상』 4권 2장 20절을 인용한다. Stallbaum과 Grote의 견해를 인용하는 Guthrie(1965, 197쪽)도 같은 입장이다.

밖에 없다는 점이다.

『소 히피아스』는 형식적으로 아포리아적(미해결의 대화편)이지는 않지만, 우리에게 다른 대화편들이 해결할 문제들을 남겨 놓는다. 물론, 넓은 관점에서 볼 때 『이온』과 『히피아스』 두 대화편은 미래로 가득 차 있다. 플라톤의 나중 작품에서 되돌아볼 때, 우리는 소크라테스가 음송시인과 나눈 대화가 그가 『향연』에서 시인들과 만나는 일의 전조임을 알 수 있다. 마치 그와 히피아스의 만남이 그가 『고르기아스』와 『프로타고라스』에서 더 위압적인 소피스트들과 대결하는 일의 전조이듯이 말이다. 하지만 이 두 작품 사이에는 중요한 차이점이 있다. 따로 놓고 볼 때, 『이온』은 자기 완결적인 반면, 『소 히피아스』는 완결되어 있지 않다. 뒤의 대화편에서 제기된 문제는 『고르기아스』에서 더 심도 있게 논의될 것이다. 그곳에서 정의는 분명하게 테크네로서, 정치적 기술의 일부(464b-c)로서 해석되지만, 그 기술 개념은 의술이 건강을 목적으로 삼는 것처럼 하나의 형태 또는 다른 형태 안에 있는 좋음을 목적으로 삼으면서, 그곳에 짜 넣은 목적론 개념에 의해 보강된다(464c-465a). 다른 대화편들은 덕을 선과 악에 대한 앎으로 말하거나 (『라케스』, 『카르미데스』), 아니면 기술들의 올바른 사용을 보장함으로써 그것들을 유용하게 만들 일종의 지혜와 지성을 불러낸다(『메논』 88e, 『에우튀데모스』 280e 이하, 288e 이하). 『국가』는 그러한 앎이 '좋음'의 이데아를 그 대상으로 가져야 함을 주장할 것이다. 그런데 이러한 것들 중 어느 것도 『소 히피아스』에는 함축되어 있지 않다.[22] 하지만 그 모든 것은 도덕 이론에 나타난 가장 심오한 물음들 중 하나이자 우리의 대화편에서 처음으로 제기된 물음

---

22 Friedländer(1964), 140쪽과 대조하라: "이 모든 것은 여기 『히피아스』에 수수께끼처럼 함축되어 있다." 그는 의지의 참된 행위는 항상 좋음을 목적으로 삼는다는 교설을 위해 『메논』과 『고르기아스』를 인용한다. 어느 누구도 『히피아스』만으로 그러한 교설을 추론할 수 없다는 Szlezák(1985, 89쪽)의 지적은 옳다.

—도덕적 앎과 도덕적 성품의 관계, 이성과 덕의 관계를 어떻게 이해해야 하는가?— 에 대해 플라톤이 주는 답변 중 일부이다.

6. 『소 히피아스』의 논증

『소 히피아스』의 I부는 표준적 형태의 간략한 논박을 포함한다. 히피아스는 진실한 사람은 거짓말쟁이와 구분된다는 명백히 참인 명제에 동의하지만(365c 5), 소크라테스는 이를 반박하는 데로 나아간다(369b). 이와 비슷하게 III부에서, 히피아스는 의도적으로 잘못을 저지르는 사람이 본의 아니게 그러는 사람보다 더 나쁘다는 자명한 이치에 함축적으로 동의한다(372a). 그러나 각 경우에서 논리적·극적 강조점은 히피아스에 의해 긍정된 주장의 논박에 있지 않고(그는 단순히 상식적인 입장에서 말하기 때문이다), 소크라테스에 의해 옹호된 터무니없는 역설에 있다. 그래서 여기의 논증은, 『이온』에 있어서와 마찬가지로, 형식적 논박의 전형적인 사례는 아니다.

I부와 III부의 역설들은 각기, 그에 대응하는 『이온』의 부분들에서처럼, 기술과 수공으로부터 가져온 긴 귀납에 의해서 확립된다. 하지만 『이온』에 있는 유사한 논증들과 달리, 『히피아스』의 두 논증은 개연적으로 확립된 일반화로부터 뻔뻔한 거짓 결론으로 옮겨 가는 오류를 포함한다. 앞의 5절에서 우리는 두 개의 잘못된 추리를 분석했다. 그중 하나는 거짓을 말하는 능력과 진실을 말하는 능력을 동일시하는 것으로부터 거짓말쟁이와 진실한 사람을 동일시하는 것으로 옮겨 가는 추리이고, 다른 하나는 자발적인 실수를 기술적 능력의 표시로 인정하는 것으로부터 자발적인 악행이 도덕적 탁월성의 표시라고 주장하는 것으로 옮겨 가는 추리였다. 이러한 오류들은 명백하게 독자들에 대한 도전으로 계획된 것이다. 우리는 스스로에게

묻지 않으면 안 된다. 무엇이 잘못되었고, 왜 그런가? 분석 철학적 경향의 교수는 논리적 오류를 조사하기 위해 학생들에게 이런 원문들을 분석하길 요구할지도 모른다. 그러나 플라톤은 아마도 본질적인 문제, 이 경우, 도덕 심리학의 문제 —지적 능력으로부터 도덕적 성격으로 옮겨 가는 것을 그토록 매력적이면서도 위험한 것으로 만드는 것은 무엇인가?— 에 더 관심을 가졌을 것이다. 이는 아리스토텔레스가 그 도전을 이해한 방식이기도 하다. 그리고 여기에서 그는 스승의 작품에 대한 명민한 독자였던 것으로 보인다.[23]

오류들을 제쳐 두자면, 『히피아스』의 유비 논증들은 『이온』의 것들보다 더 복잡하지 않다. 그 대화편이 더 논리적인 정교화의 표시를 보여 주고 있는 곳은 철학적 논증 과정에 대한 플라톤의 성찰 안에 있다. 히피아스와 같은 전문 지식인과 논쟁하는 것은 결국 음송시인과 논쟁하는 것보다 더 진지한 일이다. 세 번째 화자인 에우디코스가 지적하듯이, 여기의 대화자들은 "철학의 실천에 동참하고 있다고 각별히 주장할 법하다"(363a). 그래서 이곳은 우리가 다음과 같이 초기의 논리와 관련된 용어의 흔적들을 더 발견할 만한 곳으로 적합하다. (1) 368e 3에서, 우리가 전제들이라 부르는 것에 대한 표현인 "동의된 것들"(ta hōmologēmena). (2) 369a 5에서, 우리가 결론이라고 부르는 것에 대한 표현인 "우리의 논의(logos)로부터 따라 나오는 것." (3) 368e-369a 1에서, 귀납에서 유사 사례들을 열거하는 것은 완전하거나, 쉽게 그렇게 될 수 있을 것이란 주장. (4) 369d 5에서, 진술들이 일관적인지를 보기 위해 그것들을 비교하는 행위(symbibazein ta legomena). 그리고 371a 6에서, 자기모순을 범하는 것에 대한 표준적인 표현(heautōi enantia

---

23   각주 18에 인용된 구절들을 보라. Sprague(1962, 79쪽 각주 37)가 지적하였듯이, 아리스토텔레스는 그 대화편이 I부와 III부를 결합하는 하나의 논증으로 이뤄진 것으로 여긴다.

legein). 무엇보다 중요한 것은, 아마도 우리가 여기에서(373a) 소크라테스적인 짧은 문답의 기술과 소피스트적인 긴 말의 선호가 최초로 신중하게 대조되고 있는 모습을 발견한다는 점일 것이다. 우리가 10장에서 보게 되듯이, 『고르기아스』와 『프로타고라스』에 이러한 대조를 체계적으로 전개하는 일은 플라톤 자신이 변증법 개념을 명료화하는 데 토대를 형성할 것이다.

7. 안티스테네스와 『소 히피아스』

플라톤은 왜 이 이상한 소 대화편을 썼을까? 그런데 그것은 한마디로 답변될 수 있는 질문이 아니다. 플라톤의 작품을 총체적으로 보는 관점에서, 우리는 이미 두 가지 답변을 개략했다. 첫째, 소크라테스와 소피스트의 대결은 『소크라테스의 변론』에 보고되어 있는, 지혜라고 주장하는 것에 대한 소크라테스적 시험이 ―철학(philosophia)이라는 바로 이 용어에 의해 자신들의 활동성을 묘사하고자 하는 시인들 및 소피스트들이 내세운 주장에 맞서 소크라테스·플라톤적 의미에서 철학을 정의하고 옹호하기 위해― 『프로타고라스』 같은 대화편들에서 전개될 수 있는지를 보여 준다는 점이다. 여기에서 살펴본 두 개의 작은 대화편은 플라톤의 거대한 프로젝트 ―우리가 이해하고 있는 대로 철학을 정의하는 것― 를 위한 약소한 시작을 의미한다. 둘째, 『히피아스』에 제시된 역설들과 오류들은 덕의 본성과 덕이 지식과 맺는 관계에 대한 좀 더 깊은 논의로의 길을 열어 준다. 하지만 이 답변들 중의 어느 것도 호메로스에 대한 논의가 두 대화편에서 차지하는 중요한 위치에 대해 충분하게 설명하지 못한다. 그런데 동시대인 안티스테네스에서 유래하는 인용과의 놀랄 만한 접촉점은 『히피아스』의 중요성을 평가할 수 있는 세 번째 관점을 제공할 것이다.

그 논의는 히피아스가 오뒤세우스를 polytropōtatos('가장 책략이 많은' 또는 '여러 가지 방식으로 전환되는')라 부르면서 의미하는 바를 소크라테스가 알아내고자 하면서 시작된다. 이에 응하여 히피아스는 아킬레우스의 솔직한 성격과 대조하며, 이를 『일리아스』 9권으로부터 인용한 것, 즉 아킬레우스가 오뒤세우스에게 "사실 나는 그 자가 하데스의 문만큼이나 밉소. 가슴속에 품고 있는 생각과 하는 말이 서로 다르기 때문이오"(365a = 『일리아스』 9권 312행이하, 천병희 옮김)라고 말한 것으로써 예시한다. 그런데 바로 이와 같은 시구가 안티스테네스의 소실된 작품에서 두 영웅들의 성격 대조를 예시하기 위해 인용되는데, 그 작품의 핵심적인 부분이 발췌되어 포르퓌리오스의 『오뒤세이아』 주해에 보존되어 있다.[24] 우연이라고 하기엔 두 부분이 너무나도 정확하게 일치한다. 문제는 누가 그런 맥락에서 처음으로 그것을 인용했느냐일 뿐이다. 학자들은 두 가지 가능성을 논증했으나, 나에게 가장 그럴듯해 보이는 것은 플라톤이 여기에서 안티스테네스에게 반응하고 있다는 쪽이다.[25]

우리가 주목했듯이(1장 40쪽), 안티스테네스는 다작의 작가였다. 명백히 플라톤만큼 저서가 많았다. 안티스테네스의 전 작품 중 약 5분의 1은 호메로스와 관련된 주제에 바쳐진 것으로 보인다.[26] 대부분의 경우 우리는 제목

---

24 *SSR* V A 187.

25 A. Patzer(1970, 176쪽)도 같은 생각이다. 안티스테네스는 플라톤보다 훨씬 더 나이가 많고, 기원전 390년대에 더 정평 있는 작가였다. 안티스테네스가 플라톤이 여기에서 표적으로 삼은 사람들 중 한 사람이라고 가정한다면, 우리는 『히피아스』에 보이는 소크라테스의 장난스러운 해석과 『이온』에 나오는 호메로스 해석에 대한 공격의 의미를 훨씬 더 잘 이해할 수 있다. 어떤 쪽이든 우리는 여기에서, Patzer가 말하듯, 두 명의 소크라테스 추종자 간에 벌어진 문학적 대결(Auseinandersetzung)의 최초 사례로 알려진 것을 가진다.

26 D. L. 6권 15-18절(*SSR* V A 41)에 보존된 목록의 10권 중에서 대략 2권. 2권의 『테오그니스에 관하여』(*On Theognis*)란 제목과 8권의 『해석자들에 관하여』($\pi\epsilon\rho\grave{\imath}$ $\dot{\epsilon}\xi\eta\gamma\eta\tau\hat{\omega}\nu$)란 제목을 주목하라.

만 알고 있으나(『호메로스에 관하여』, 『칼카스에 관하여』, 『오뒤세이아에 관하여』, 『헬레네와 페넬로페에 관하여』, 『프로테우스에 관하여』 등), 두 경우에서 우리는 아킬레우스의 갑옷과 투구를 두고 경쟁하는 아이아스와 오뒤세우스가 한 것으로 추정되는 연설을 확보하고 있다. 이 두 연설의 장르는 고르기아스의 『헬레네 찬사』와 『팔라메데스 변론』에 의해서 규정된 장르, 즉 허구적인 서사시적 배경을 동반한 전시 연설이다. 문체는 고르기아스의 영향을 보여주나, 이 연설들의 내용은 분명히 소크라테스적인 생각들 —무지가 가장 큰 악이기에 무지는 비자발적이라는 생각,[27] 그리고 덕에 대한 전문가의 판단과 병에 대한 의사의 진단 간의 비교— 을 많이 반영하고 있다.[28]

이 두 개의 현존하는 연설은 어떻게 안티스테네스가 자신의 생각을 분명히 하기 위해 사이비(似而非) 호메로스적 배경을 동반한 연설술적 문학 장치를 사용할 수 있었는지를 보여 준다. (바로 이와 같은 설명이 소피스트 히피아스에 대해서도 맞는 것처럼 보인다.)[29] 더 나아가, 안티스테네스는 명백하게 오뒤세우스를 소크라테스와 같은 현인(賢人)으로 생각했다. 이 점은 포르퓌리오스에 의해 보존된 호메로스 해석의 사례에서 더욱더 두드러진다. 그 구절은 온전히 인용할 가치가 있다.

첫 번째 화자(아포리아 또는 문제의 진술): 호메로스가 오뒤세우스를 polytro-pos(기만적인)라 부를 때, 그것은 그를 칭찬하기보다 비난하는 것이다. 그러나

---

27 *SSR* Ⅴ A 54의 22행 이하와 78행.

28 *SSR* Ⅴ A 53의 20행.

29 『대 히피아스』에서, 히피아스는 트로이아의 멸망 이후 네스토르가 네오프톨레모스에게 명성을 얻기 위해서 청년이 준비해야 할 것에 관해 조언하는 내용의 연설문을 작성했다고 주장한다(286a-b). 『프로타고라스』 347a 7에서, 히피아스가 시모니데스의 시에 대해서 준비해 두었던 연설을 해 주겠다고 제안하는 것과 비교하라.

그는 아킬레우스와 아이아스는 이런 식으로 묘사하지 않고, 순박하고 관대한 사람으로 언급한다. 그리고 그는 지혜로운 네스토르를 책략이 많고 교활한 성격의 사람으로 제시하지 않고, 아가멤논 등의 사람들에게 그리고 병사들에게 솔직하게 말하는 사람으로 제시한다. 충고해 줄 좋은 말이 있으면, 그는 그것을 억제하지 않는다. 아킬레우스는 그러한(오뒤세우스와 같은) 성격(tropos)을 인정하는 것과는 거리가 멀어, 자신이 죽음처럼 미워하는 사람이 바로 "가슴 속에 품고 있는 생각과 하는 말이 서로 다른 사람"(『일리아스』 9권 313행, 천병희 옮김)이라고 말한다.

두 번째 화자(해결): 이러한 문제에 응하여 안티스테네스는 다음과 같이 말한다. 오뒤세우스는 지혜로운(sophos) 사람이 아니라 악한 사람(ponēros)이었기에 polytropos(책략이 많은)라고 불렸는가? 결국, tropos란 말은 성격뿐만 아니라, 말(logos)을 사용하는 방식을 의미한다. 그래서 우리는 어떤 사람의 성격이 훌륭한 전환을 가지면 그 사람을 eutropos(선량한)라고 부르지만, '논의의 방식들'(tropoi logōn)은 다양한 종류의 형식들이라 부른다.

그런데, 지혜로운 사람들은, 대화(dialegesthai)에 재주가 있을 경우, 같은 생각을 많은 방식(tropoi)으로 표현할 줄 안다. 그들은 같은 것에 관련해 말의 많은 방식들을 알고 있기에, 많은 방식인 사람들(polytropoi)일 것이다. 호메로스가 오뒤세우스를 polytropos라 부르는 것은 지혜로운 사람이 사람을 다루는 데 뛰어나기 때문이다. 즉, 지혜롭기 때문에, 그는 사람들과 다양한 방식으로 관계할 줄 안다.[30]

---

30 SSR V A 187. 원문에서 두 화자의 대화를 나눌 때, 나는 A. Patzer(1970, 168-90쪽)의 제안을 따랐다.

첫 번째 화자는 폴뤼트로포스를 '기만적인'을 의미하는 것으로 받아들이고, 이런 취지로 『일리아스』 9권 313행을 인용한다. 그의 입장은 본질적으로 우리의 대화편에 등장하는 히피아스의 것과 동일하다. 두 번째 화자(아마도 소크라테스 또는 안티스테네스 자신)는[31] 호메로스가 오뒤세우스에 대해 비호의적인 견해를 제시한다는 점을 거부한다. 그의 해석은 폴뤼트로포스를 (1) 논의(logoi)에 유연하고, 대화하는 데 솜씨가 있는 사람, 그리하여 (2) 논의를 다른 대화자의 성격에 맞추면서 다양한 사람들을 다양한 방식으로 다루는 데 지혜로운 사람을 의미하는 것으로 받아들인다. 호메로스를 해석하면서, 안티스테네스는 소크라테스의 대화 능력들을 자기 식으로 각색하고 있는 것처럼 보인다.

우리는 이제 어떻게 『이온』과 『소 히피아스』에서 호메로스의 자료가 언급된 하나의 동기가 안티스테네스 —소크라테스의 전통을 잇는 후계자 자리를 두고 결국 플라톤과 가장 적대적으로 경쟁을 벌이는 가장 저명한 인물— 를 겨냥한 논쟁적인 응답인지를 볼 수 있다. 꽤나 가능성이 있는 것처럼 보이는데, 만일 안티스테네스가 소크라테스를 이러한 철학적 형식과 유사한 호메로스 해석에 참여하는 것으로 묘사했다면, 플라톤의 응답은 특히 적절하였을 것이다. 소크라테스 자신은 어떻게 행동했든 —이것을 우리는 잘 모른다[32]— 플라톤은 시의 해석을 철학하는 방식으로 사용하는 것에 완고하게 반대한다. 이러한 반대는 위에서 인용한 『프로타고라스』의 문구(347b–348a)에 가장 풍부하게 표현되어 있으나 다음의 두 가지 점에 의해

---

31 Patzer는 소크라테스가 두 번째 화자라고 생각한다. 1장 80쪽에서 지적했듯이, 안티스테네스가 (크세노폰처럼, 그러나 아이스키네스와 플라톤과는 달리) 자신이 쓴 대화편들에서 화자였을 것이라는 증거가 일부 있다.

32 크세노폰은 소크라테스가 친구들과 함께 원문들을 연구했다고 보고한다. "나는 옛 현인들이 책으로 써서 남긴 보물들을 친구들과 함께 음미한다"(『소크라테스 회상』 1권 6장 14절).

『이온』뿐만 아니라 『소 히피아스』에도 분명하게 함축되어 있다. (1) 호메로스 원문에 대한 깊은 지식에 의해서 지지되는, 아킬레우스의 성격에 대해 계획적으로 잘못된 설명을 제공하는 점, 그리고 (2) 가장 뛰어난 사람은 고의로 잘못을 저지르는 사람이라는 터무니없는 역설의 모델로서 아킬레우스에 대해 그런 왜곡된 그림을 사용하는 점이다. 이것은 호메로스에 대한 도덕주의적 또는 '비유적인'(allegorical) 해석의 환원과 같은 것으로 간주될 수 있을 것이다. 만약 호메로스 해석에서 이것이 가능하다면, 그 어떠한 것도 가능할 것이다. 도덕적 진리에 관심 있는 철학자들은 다른 뭔가로 바빠야만 한다.

5장

『고르기아스』:
플라톤의 철학 선언서

1. 『고르기아스』의 위상

『고르기아스』에서 우리는 플라톤의 가장 위대하면서도 가장 긴 작품들 중 하나를 접하게 된다. (모든 대화편들 중에서 『국가』와 『법률』만이 그것보다 더 길다.) 플라톤의 솜씨에서 철학적·극적 요소들이 소크라테스와 3명의 대화자들이 연속적으로 펼치는 대결에서보다 더 강하게 융합되어 있는 곳은 없다. 플라톤은 두 가지 삶 중 하나의 선택이라는 고대 그리스의 도덕적 주제를 택하여, 이것을 도덕성의 원칙들과 좋은 삶의 본성에 대한 철학적 논쟁으로 탈바꿈시켰다. 그리고 소크라테스와 그의 논적들을 매우 생생하게 소생시킴으로써 플라톤은 이러한 논쟁점들을 잊지 못할 만큼 강렬하게 제시한다.

또한 『고르기아스』는 철학의 두 영역에서 기초적인 원문이다. 그것은 윤리학과 정치 이론에서 최초의 주요 작품이다. 같은 논쟁점들 중 몇 가지는 소크라테스가 자신이 감옥으로부터 탈출하지 않는 이유를 밝히고 있는 『크리톤』에서 논의되었다. 그래서 플라톤은 도덕 철학을 두 번 수립하였다고 말할 수 있는데, 첫 번째는 『크리톤』에서고 두 번째는 『고르기아스』에서다. 물론 플라톤은 소크라테스에 의해, 우리가 결정할 수 없는 정도까지 예상 되어 있었다. 『고르기아스』의 권위는 주로 이 대화편의 소크라테스가 역사 적 개인으로서의 소크라테스뿐만 아니라 소크라테스의 삶과 죽음의 의미 에 대한 플라톤의 철학적 반성도 드러낸다는 사실로부터 유래한다.

『크리톤』은 우리가 어떻게 중요한 실천적 결정을 하는 데로 이성을 가져 갈 수 있는지를 논증함으로써 도덕 철학을 예시한다. 소크라테스는 "반성 해 볼 때 내게 가장 좋은 것으로 판단되는 논증(logos)에 따를"(46b) 준비가 항상 되어 있는 사람으로 묘사된다. 『크리톤』의 소크라테스는 그러한 도 덕적 추론이 어딘가로부터, 어떤 기본 원칙 또는 아르케로부터 출발해야 만 한다는 사실에 대해 확신한다. 또한 그는 자신의 원칙 ─즉, 결코 부정 하게 행동하지 말라, 결코 남에게 잘못을 저지르지 말라, 비록 너에게 행해 진 잘못에 대한 보복일지라도─ 을 대부분의 사람들이 수용하지 않을 것이 라는 점도 안다. 이 원칙을 적용하면서, 소크라테스는 크리톤이 그에게 강 요하는 사항, 즉 감옥에서 탈출하는 것이 불의한 행위가 될 것이라는 점을 보여 주기 위해 체계적인 논증을 구성한다. 그래서 소크라테스는 죽음을 받 아들이는 쪽을 선택한다. "가장 중요한 것은 사는 것이 아니라 잘 사는 것이 네. 그것은 고귀하고 정의롭게 사는 것을 말하네"(48b). 불의는 혼의 질병이 고, 병들고 부패한 혼을 가진 삶은 살 만한 가치가 없는 삶이다(47d-e). 만일 소크라테스가 정당하게 도덕 철학의 수호성인으로 간주된다면,[01] 이것은 그 가 해야 할 올바른 것에 관한 비판적 반성의 필요성을 역설하고, 그러한 반 성을 세심한 논증으로 전개한다는 이유 때문만은 아니다. 『크리톤』에서 소

---

01 이 표현은 William Frankena의 것이다. Frankena(1973), 2쪽을 보라.

크라테스는 자신의 삶의 원칙들과 조화를 이루는 죽음을 조용히 맞이함으로써, 이성의 인도에 대한 무조건적인 헌신 또한 증명한다.

크리톤과 대화하는 가운데 이러한 원칙들은 당연한 것으로 받아들여질 수 있다. 왜냐하면 그것들은 양쪽에 의해 동의되기 때문이다. 독자에게 이 원칙들의 개연성은 소크라테스에 대한 극적인 묘사에 의해, 이 원칙들을 이성적으로 수용함으로써 그의 성격이 지닌 비상한 힘을 그가 이끌어 내는 것으로 보이는 방식에 의해 강화된다. 이렇듯, 『크리톤』에서 우리는 플라톤의 문학적 재능이 그의 주요 철학적 기획들 중 하나 ―소크라테스가 도덕적으로 완전한 삶에 헌신하는 모습을 정당화하는 일― 에 사용되고 있음을 본다. 『고르기아스』에서 플라톤은 보다 큰 규모로, 보다 깊은 철학적 차원에서 같은 기획을 추구한다. 여기에서 소크라테스는 그가 가진 가장 기본적인 신념들에 도전할 준비가 된 대화자들에 맞서기 때문이다.

첫 번째 대화자인 고르기아스는 유명한 작가, 연설가, 교사이다. 그는 연설이 성취할 수 있는 힘을 자랑하면서도, 그 힘의 사용으로 인해 야기된 결과에 대해서는 도덕적 책임을 지지 않으려는 인물이다. 그의 제자인 폴로스는 부도덕한 수단에 의해, 심지어는 잔혹한 수단에 의해서 정치권력을 얻는 사람들을 거리낌 없이 찬양한다. 마지막으로, 칼리클레스는 신계몽주의의 산물로서, 소크라테스가 생각하는 정의와 도덕성의 개념을 기꺼이 공격하려는 야심만만한 젊은 정치인이다. 플라톤은 칼리클레스의 입에다 "유럽 문학에서 비도덕주의자의 사례에 관한 가장 유창한 진술"을[02] 올린다. 그러한 논적들을 대면해서, 소크라테스는 자신의 도덕적 원칙들뿐만 아니라 자신의 삶의 방식 전체를 옹호해야만 한다.

---

02 Shorey(1933), 154쪽. Williams(1985), 22쪽과 비교하라: "적어도 한번 철학사에서 비도덕주의자는 칼리클레스의 성격에서 놀라운 모습으로 구체적으로 재현되었다."

그런데, 『크리톤』에서 소크라테스는 결코 올바르지 못한 짓을 해서는 안된다는 그의 확신을 공유하지 않는 대화자들과 합리적인 토론이 가능할지에 대해 심각한 의구심을 드러낸다. "이는 소수의 사람들에게나 그렇게 여겨지고 있고 또 여겨질 것이라는 사실을 내가 알고 있기 때문일세. 그러니 어떤 사람들에게는 이렇게 여겨지나 다른 사람들에게는 이렇게 여겨지지 않을 경우에, 이들에게 공동의 결정(koinē boulē)은 없고, 상대방의 결정 사항들(bouleumata)을 보고서 이들은 필연적으로 서로를 경멸하게 되네"(49d, 박종현 옮김). 다른 한편으로, 『고르기아스』에서 플라톤은 권력과 성공에 대한 거리낌 없는 추구라는 가장 격렬한 대안을 대변하는 사람들의 공격에 맞서, 소크라테스적 도덕성의 기본 원칙들을 옹호해야 하는 싸움을 받아들였다. 『크리톤』이 예고하는 상호 경멸은 폴로스의 야비함에 대응하는 그답지 않은 소크라테스의 무례함에서 충분히 확인되고(461e, 463e, 466a, b 1, c 3-5), 공공연한 반목은 소크라테스와 칼리클레스 사이의 논쟁을 덮고 있는 너그러움의 베일을 통하여 가끔 엿보인다. 열정이 그토록 강렬하다면, 그건 판돈이 아주 크기 때문이다. 여기에서 문제는 누가 논쟁에서 승리하느냐가 아니라, 사람은 어떻게 살아야만 하고, 필요할 경우 사람은 어떻게 죽어야만 하느냐이다.

이렇듯 『고르기아스』는 『소크라테스의 변론』과 『크리톤』으로부터 『국가』에 이르는 도덕적인 관심 —도덕적 냉소주의와 현실정치를 대변하는 자들의 과격한 도전에 직면하여 소크라테스적 도덕성을 옹호하려는 관심—의 직행 노선 위에 놓여 있다. 그런데 이 작품들에서 맞닥뜨리는 폭발적인 논쟁점들은 내가 과도기 대화편이라고 부르는 것들에서는 대부분 회피된다. 그 대신에 이 대화편들에서는 덕의 본질과 가르침 가능성, 덕의 단일성, 우정의 본질과 관련된 보다 이론적인 문제들에 관심을 기울인다. (8장 8절에서) 우리가 보게 되겠지만, 『프로타고라스』와 『메논』은 소크라테스적 역설을 도덕적으로 중립적이거나 신중한 형태에서 옹호한다. 오직 『고르기아스』와 『국가』만이 이 역설 —우리는 결코 자발적으로 불의하게 행동하지 않는다— 을 명시적으로 도덕적인 입장에서 해설한다.

『고르기아스』와 과도기 대화편들 간의 이러한 분업은 플라톤 쪽에서 심사숙고한 것이 틀림없다. (『라케스』와 『카르미데스』부터 『메논』과 『에우튀데모스』에 이르는) 과도기 대화편들은 플라톤이 시칠리아 여행에서 돌아오고 난 후, 아카데미아에서 바쁘게 강의와 연구를 새로 기획할 때 쓰였다는 것이 나의 추측이다. 다른 한편으로, 『고르기아스』는 플라톤이 '약 40세'(『일곱째 편지』 324a) 때 아테네 정치와 극적인 단절을 시도하면서 시칠리아로 떠나는 것에 의해서 표시되는 그 이전의 시기를 반영하는 것처럼 보인다.

하지만 생애와 관련된 그러한 추측은 해석에 있어서 필수적이지 않다. 그리고 독자들은 이 모든 대화편들이 동시다발적으로 쓰였다고 생각하는 쪽을 선호할 수도 있다. 그럼에도, 만일 우리가 『고르기아스』가 먼저 쓰였다고 가정한다면, 불일치하는 많은 점들을 좀 더 쉽게 설명할 수 있다. 예를 들어, 『메논』은 『고르기아스』(492e-493d)에 나오는 같은 교설에 대한 다소 신중한 언급들보다 혼의 초월적 운명(81a-e)을 훨씬 더 단정적으로 주장한다. 『고르기아스』에서는 심판 신화가 윤회에 대한 명시적인 언급을 포함하지 않는다. 나는 아포리아적 형식이 『라케스』와 『카르미데스』에서 새롭게 채택된 것이라고 생각한다. 『고르기아스』도, 그리고 아마도 그 이전의 것일 아주 짧은 대화편들(『크리톤』, 『이온』, 『소 히피아스』)도 형식이 아포리아적이지 않다. 6장에서 나는 일반적으로 정의(定義)에 관련된 대화편들이, 특별히 『메논』이 『고르기아스』에서는 그 흔적이 없는 형상 이론을 위한 길을 준비하도록 계획되었음을 주장할 것이다. 그리고 7장에서 우리는 『고르기아스』보다 나중에 쓰인 것으로 보이는 『카르미데스』에 방법론적인 혁신이 있음을 보게 될 것이다. 따라서 여기에서 선택된 설명의 순서는 『고르기아스』가

7개의 과도기 대화편들에 앞서 쓰였다는 나의 믿음을 반영한다.

하지만 본질적인 논점은 저술 연대가 아니라 주제와 관련되어 있다. 과도기 대화편들, 『향연』, 『파이돈』과 대조적으로, 『고르기아스』의 철학적 동기는 근본적으로 『국가』의 동기와 같다. 그것은 앞의 작품에서 칼리클레스와 폴로스에 의해, 뒤의 작품에서 트라시마코스에 의해 표명된 비도덕주의자의 도전에 대응하는 것이다. 그런데 플라톤 자신도 확실히 느꼈음에 틀림없지만, 『고르기아스』의 도덕성 옹호는 눈부시게 펼쳐짐에도 철학적으로는 충분하지 못하다. 이것은 이후에 그가 『국가』에서 동일한 기획을 다시 시도해야 했던 이유이다.

『고르기아스』의 논증은 여기에서 모두 분석하기에는 너무 길다. 나의 논의는 『고르기아스』와 나머지 플라톤의 작업 간의 관계에 본질적으로 관련된 주제들에 초점을 맞출 것이다.

2. 『고르기아스』에서 테크네

『소 히피아스』는 우리에게 미해결의 딜레마를 남긴다. 아무도 자발적으로 잘못을 저지르지 않거나, 누군가 그렇게 한다면 그 사람은 비자발적으로 잘못을 저지르는 사람보다 더 낫다. 두 번째 선택지가 도덕적으로 잘못되었으므로, 첫 번째 선택지가 참이어야 한다. 하지만 그 반대인 것처럼 보이는데도 아무도 자발적으로(hekōn) 잘못을 저지르지 않는다는 것이 어떻게 참일 수 있는가? 나는 소크라테스가 플라톤에게 이러한 역설을 남겼고, 대화편들은 그 역설에 대한 플라톤의 답변을 나타낸다고 생각한다.

소크라테스적 역설에 의해 야기된 반성의 한 노선은 플라톤이 뚜렷하게 도덕적인 테크네 ―좋은 것과 나쁜 것, 옳은 것과 그른 것을 아는 기술 혹은 학문— 라는 개념을 전개하는 부분이다. 『소 히피아스』는 그러한 도덕적 탁월성의 관념이, 기술과 학문의 유비에 의해, 진실뿐만 아니라 거짓에도 이를 수 있다는 점을 보여 준다. 만일 정의와 도덕성의 영역에서 전문 지식 또는 테크네라고 불릴 만한 가치가 있는 어떤 것이 있다면, 그것은 여타 기술들과는 근본적으로 다른 것임에 틀림없다. 이것이 플라톤이 다른 곳에서, 특히 『프로타고라스』에서 추구하게 될 문제이다. 뒤의 대화편에서 플라톤은 도덕적 지혜와 기술적 숙련 간의 대조를 강조한다(8장 2절을 참고하라). 다른 한편으로, 『고르기아스』에서 플라톤은, 기술과 수공의 유비를 토대로 도덕적 테크네 개념을 체계적으로 다듬는 시도를 함으로써, 고르기아스의 연설술로부터 소크라테스의 철학을 구별하는 데 관심을 둔다.

플라톤은 우리가 『이온』에서 만났던 하나의 원칙을 모든 곳에서 가정한다. 그것은 기술 또는 학문은 그 대상과 관련하여 정의되어야 한다는 원칙이다. 왜냐하면 주어진 어떤 대상에는 하나의 —오직 하나의— 테크네가 있기 때문이다(『이온』 537d 5). 『고르기아스』의 I부에서 소크라테스는 고르기아스에게 연설술의 대상을 "정의로운 것과 부정한 것"(454b 7)으로 특정하게 한다. 이것은 나중에 "정의로운 것과 부정한 것, 추한 것과 아름다운 것, 좋은 것과 나쁜 것,"[03] 즉 간단히 말해 도덕의 전체 영역으로 확장된다. 더 나아가, 고르기아스는 연설가가 이러한 대상에 대한 앎을 전하지 않고, 오직 설득만을 전한다는 데 동의한다(455a 2). 그는 나중에 연설가 자신이 그런 앎을 소유해야 하는지 아닌지에 대한 물음에 주저한다. 연설가에게 그러한 앎을 기꺼이 요구할 때, 그는 마침내 난관에 빠진다(460a 이하). 그리고

---

03 459d 1. 이렇게 『연설술』에서 아리스토텔레스는 연설의 세 종류를 구분하는데, 각 종류에는 그것에 고유한 목적(telos)이 있다. 조언 연설은 어떤 것이 좋은지(이로운지), 나쁜지(해로운지)를 살핀다. 재판 연설은 그것이 정의로운지, 부정한지를 살핀다. 칭찬과 비난에 관련된 전시 연설은 그것이 아름다운지(kalon), 추한지(aischron)를 살핀다(1권 3장 1358b 20 이하).

폴로스가 고르기아스를 옹호하기 위해 대화에 끼어들었을 때, 그는 그러한 요구를 포기하면서 논의를 시작한다(461b-c). 그래서 소크라테스는 연설술에 관한 자신의 설명을, 연설술은 관련 대상에 대한 앎을 소유하지도 전달하지도 않기에 실제로 전혀 테크네가 아니라는 가정에 의거할 수 있다.

하지만 문제가 되는 대상에, 즉 도덕성의 영역에 대응하여, 정확하게 이런 역량을 갖춘 진정한 테크네가 있어야 한다. (그러한 테크네의 가능성은 일대일 대응의 원칙으로부터 직접 따른다.) 이것은 소크라테스가 폴리티게, 진정한 정치술이라 부르는 것으로, 사법술(dikaiosynē)은 그것의 중심부를 이룰 것이다. 소크라테스에 따르면, 고르기아스의 일상적인 연설술은 그저 사법술이라는 부분적 기술에 대한 모상(eidōlon)이자 모방물일 뿐이다(463d-e).

이처럼 정치학을 도덕적 테크네로서 새롭게 이해하는 것은 (우리가 4장 2절에서 보았듯이) 이상적인 도덕 재판관, "옳은 것과 그른 것에 대해 아는 사람"에 관한 『크리톤』의 제안을 이어간 것이다. 하지만 소크라테스 자신의 무지 공언을 인정한다면, 『크리톤』에서 그러한 앎의 실재성이 문제가 되지만, 여기에서 그 개념은 도덕적 이상 —일상적으로 이해된 정치학에 대한 철학적 대안— 으로서 확고하게 단언된다. 따라서 대화편의 끝 부분에서 소크라테스가 "나는 진정한 정치 기술을 시도하는 유일한 사람은 아닐지라도, 그런 소수의 아테네인 중 한 명이다"(521d)라고 주장할 수 있는 것이다. 말할 필요도 없이, 그러한 테크네를 열망하는 소크라테스는 더는 『소크라테스의 변론』의 무지한 소크라테스가 아니다.

그러한 관념과 연관된 것은 이전의 논의에 더 풍부하게 설명되어 있다. 기획된 기술은 체육술과 의술이 신체를 위해 이바지하듯이, 혼을 위해 이바지할 것이다. 그러한 기술은 그것이 돌보는 본성(physis)과 그것의 절차에 대한 원인(aitia)을 탐구하게 될 것이다. 마치 의사가 신체의 본성과 질병의 원인을 연구하여 자신이 행하는 치료를 설명할 수 있는 것처럼, 그 둘에 대해 합리적 설명(logos)을 제공할 수 있도록 말이다.[04] 의사의 조처가 목적론적으로 신체적 건강이라는 목표에 종속되어 있는 것처럼, 정치 기술의 이론과 실천은 시민들의 도덕적 복리라는 목적(telos), 즉 "그들의 혼에 정의와 절제를 심어 주고," 그들의 마음(dianoia)을 가능한 고귀하게 만드는 목적과 맺는 관계에 의해 합리적으로 조직된다.[05] 그러므로 혼을 위해 좋은 것, 또는 전체로서의 개인을 위해 좋은 것을 목표로 삼을 때, 도덕적 기술은 좋고 유익한 즐거움을 택하고 나쁘고 해로운 즐거움은 피해야 한다(500a). 이것은 도덕적 기술이 한 개인을 더 나빠지게 만드는 욕구들이 아니라 그를 더 좋아지게 만드는 욕구들을 충족시켜야만 한다는 것을 의미한다(503c 7, 505b 3). 따라서 도덕적 기술은 개인의 욕구들을 변화시켜야 하지 그러한 것들에 굴복해서는 안 되고, 설득을 사용하되 시민들을 개선시키기 위해서, 즉 사람들의 혼에 정의와 절제를 심고 불의와 방탕을 제거하기 위해서(504e 1) 필요할 경우에는 강제력까지도 사용해야 한다(517b 5. 521a 3 참조). 그러한 것이 참된 정치가의 기술이거나, 플라톤이 간혹 말하고자 하듯이 "기술을 가진 훌륭한 연설가"(ho rhētōr ekeinos, ho technikos te kai agathos, 504d 5. 503b 1 참조)의 기술이다. 그러나 좋은 쾌락과 나쁜 쾌락들 사이에서 선택하기 위해서, 문제의 전문가는 무엇이 좋고 무엇이 나쁜지를 알고 있어야 한다(500b 3).

『고르기아스』에서 정치적 기술을 이렇게 파악하는 것은 이 작품을 관통하여 플라톤의 도덕적·정치적 사상을 결정짓는 다음과 같은 많은 특징들

---

04 465a와 501a. 원문과 관련하여 첫 번째 구절에 보이는 모호한 점들은 두 번째 구절과의 비교에 의해 제거된다. Dodds(1959), 229쪽 이하를 보라.

05 504e 1-2, 514a 1. Dodds(1959)가 499e 8에서 관찰하듯이, 이 문맥은 아마도 "아리스토텔레스 이후 그리스어에서 흔한, '목적,' '행위의 목적'이라는 의미로 분명하게 쓰인 telos의 최초 사례"를 제시할 것이다. 명사가 아닌 동사 teleutan의 형태로 같은 생각이 전개되는 점에 대해서는 『뤼시스』 219d 이하, 220b 3, d 8을 보라.

을 제시한다.

① 정치가와 의사의 유사함.
② 도덕적 덕을 혼의 건강한 상태로 파악함.
③ 테크네가 그 기술을 사용하는 사람들의 이익을 목표로 삼지 않고, 피지배자 및 수용자의 선을 목표로 삼는다고 생각함.
④ 통치의 목적이 피통치자의 덕, 즉 시민들을 가능한 한 좋게 만드는 것이라고 생각함.
⑤ 이것은 피지배자의 욕구들을 통제한다는 것, 어떤 것들은 만족시키고 어떤 것들은 제한하며 혼을 절제 있게 만든다는 것을 의미함.
⑥ 정치적 기술자는 무엇이 좋고 무엇이 나쁜지에 대한 자신의 앎 때문에 이러한 목적을 추구할 수 있음.

이러한 모든 점에서 『고르기아스』의 정치적 기술자는 『국가』의 철학자-왕을 미리 보여 주고 있다. 소크라테스가 이러한 기술을 수행한 유일한 사람이기 때문에, 『고르기아스』의 전문가(technikos)도 물론 철학자를 의미한다.[06]
이제 우리는 『소 히피아스』의 역설로 되돌아갈 수 있다. 만일 정의가 기술이라면, 왜 그것을 소유한 사람은 결코 그것을 남용하려 하지 않을 것이며, 결코 자발적으로 잘못을 저지를 수 없는가? 『고르기아스』는 이중의 답변을 함축한다. 첫째, 진정한 테크네는 그것의 대상에 의해서뿐만 아니라 그것의 목적에 의해서도 규정된다. 즉 무엇을 하든, 그것은 뭔가 좋은 것

---

06 『고르기아스』와 『국가』 간의 이러한 연속성 때문에, 플라톤은, 마치 그가 『고르기아스』 시기에 이미 『국가』의 교설들을 구성해 놓았던 것처럼, 35년쯤 지난 뒤에 그것들을 인용할 수 있다. "진실하게 철학하는 부류의 사람들이 권좌에 오르기 전까지는 … 인류에게 재앙이 그치지 않을 거라고 말하지 않을 수 없었습니다"(『일곱째 편지』 326a-b).

―이 경우에는 그것을 수용한 사람의 도덕적 복지― 을 위해서 한다. 둘째, 문제의 기술자는 (정의에 따르면) 적절한 앎을 소유하기 때문에, 결코 실수할 수 없다. 트라시마코스가 『국가』 1권에서 표현하듯이, 기술자는 기술자인 한에서 결코 실수하지 않는다(340d-e). 그런데, 잘못을 저지르는 것을 피하기 위해 두 가지가 요구된다. 첫째는 잘못을 저지르지 않으려는 욕구이고, 둘째는 잘못을 저지르지 않을 기술 또는 능력이다. 가정에 의해, 문제의 기술을 소유한 사람은 누구든지 필요한 기술을 가질 것이다. 다른 한편, 욕구는 당연한 것으로 받아들여질 수 있다. 즉 "아무도 잘못을 저지르기를 원치 않으며(mēdena boulomenon adikein), 잘못을 저지르는 사람은 모두 본의 아니게 그렇게 한다"(509e 6). 아무도 관련된 욕구를 결여하고 있지 않다.[07] 그러므로 잘못을 저지르는 모든 행위는 앎의 실패, 적절한 기술의 결핍을 반영함에 틀림없다.

이렇듯 소크라테스적 역설은 폴로스에 반대해 여기에서 논증된 다음 두 개의 테제로부터 나온다. (1) 모든 행동은 우리가 진정으로 원하는 좋은 것을 목표로 행해진다(467c-468b). (2) 잘못을 저지르는 것(adikein, 올바르지 않게 행동하는 것)은 가장 큰 악이므로(469b), 그것은 우리가 진정으로 원하는 어떤 것이 아니다. 그러므로 모든 잘못들은 본의 아닌 것임에 틀림없고, 그것은 오로지 무지에 기인한다. 정의의 기술을 가지고 있고, 따라서 무엇이 올바른지를 아는 사람은 결코 올바르지 않게 행동하지 않을 것이다. 즉 어느 누구도 알면서 의도적으로(hekōn) 잘못을 저지르지는 않는다. "만일 누군가가 자발적으로 잘못을 저지른다면, 그렇다면 …"이라는 조건문에서 전건의 조건은 결코 충족되지 않는다. 이렇게 해서 우리는 수용하기 힘든 『소 히피아스』의 결론을 성공적으로 피한다.

07 『메논』 77b-78a와 8장 7절 아래의 논의를 참조하라.

우리는 여기에 정형화된 역설로부터, 어떻게 덕과 지식을 동일시하는 것이 손쉬운 다음 단계인지를 또한 알 수 있다. 무엇이 부도덕한 사람으로부터 유덕한 사람을 구별하는 마음 상태 또는 성격인가? 만일 모든 사람들이 동일한 것, 즉 좋은 것을 욕구한다는 점이 맞다면, 그것은 사람들의 심층적인 욕구의 본성 속에 놓여 있을 수 없다. 사람들은 행위들이 좋은 목적의 성취에 기여하는(또는 기여한다고 믿어지는) 한에서만 중립적이거나 목적에 부합하는 수단적인 행위를 하고자 욕구한다(468a-c). 그러므로 부도덕한 행위나 범죄 행위를 저지르는 사람들은 이러한 행위가 좋은 것에 이를 것이라는 잘못된 믿음에 근거해서만 그렇게 한다. 만일 그들이 무엇이 좋고 무엇이 나쁜지에 대해 필요한 앎을 가지고 있다면, 그들은 그러한 행위를 피하고, 그 대신 유덕한 행위를 할 것이다. 그러므로 그러한 앎의 소유는 유덕한 사람이고 유덕한 행위를 하기 위한 충분조건이다.

덕을 일종의 앎과 동일시하는 것은, 『메논』과 『프로타고라스』의 경우에서 그렇듯, 『고르기아스』의 명시적인 테제는 아니다. 그것에 매우 근접한 것은 '정의를 앎'으로부터 '정의로움'으로 추론하는 것에 함축되어 있는데, 이 추론은 『고르기아스』 460a-b에서는 문제가 되지 않는다. 하지만 『고르기아스』에서 플라톤은 앎을 덕과 동일시하거나, 앎으로써 덕을 정의하길 중단한다. 507a에서 덕들이 하나임이 절제(sōphrosynē)로부터 도출될 때, 지혜(앎)는 눈에 띄게 덕의 목록에서 빠져 있다. 우리가 『프로타고라스』, 『메논』 등의 여타 과도기 대화편들에서 보듯, 앎의 견지에서 아레테를 특징짓는 모습은 『라케스』에 —니키아스가 제시하고 소크라테스가 반박한, 용기에 대한 '소크라테스적'인 정의에— 아마도 처음 등장할 것이다. 바로 이러한 이유로, 즉 니키아스의 정의는 너무 일반적이어서 그것이 그 자체로 용기에 적용되는 것이 아니라, 덕 전체에 적용되기 때문에 반박되었던 것이다!(6장 5절을 보라).

왜 『고르기아스』는 덕을 앎으로 특징짓지 않는가? 『고르기아스』가 그 대화편들보다 더 초기의 것일 경우, 플라톤이 아직 덕과 지혜(phronēsis) 간의 소크라테스적 연결을 명시적인 정의나 동일시로 발전시키고자 마음먹지 않아서일 것이다. 그러나 『고르기아스』의 논증에 내재한 설명도 있다. 여기에서 명확히 설명된 도덕적·정치적 테크네 관념에서, 덕은 텔로스로, 즉 기술이 적용된 사람들의 혼의 좋은 상태로 나타난다. 도덕적 앎 또는 테크네는 그것의 산물, 즉 통치받고(받거나) 교육받은 사람들의 탁월한 혼에 대한 언급에 의해 부분적으로 정의된다. 만일 테크네의 산물인 덕이 앎 또는 테크네(기술 자체)와 동일시된다면, 그것은 이 기술의 목적론적 구조를 흐리게 할 것이다. 왜냐하면 플라톤의 어휘에서 기술, 앎, 지혜를 나타내는 낱말들 (technē, epistēmē, sophia)은 서로 교체 가능한 말들로 사용되고 있기 때문이다. 그런데 이러한 용어들은 정치적 기술자의 기술에 적용되지, 그가 피지배자들의 혼에서 발생시켜야 하는 덕에는 적용되지 않는다. 그러므로 덕과 앎의 동일시를 위해 요구되는 전제들이 전부 또는 대부분 『고르기아스』에 제시되어 있지만, 여기에서 그 둘은 동일시되지 않는다.

3. 『고르기아스』에서 논박

우리가 보았듯이, 소크라테스적 논박은 원래 명제들에 대한 시험이라기보다는 사람들에 대한 시험이었다. 소크라테스는 대화자들의 삶이 자신들이 인정한 원칙들과 일치하는지를 보기 위해 그들에게 캐묻는다.[08] 고르기아스, 폴로스, 칼리클레스, 이 세 사람에 대한 연이은 논박은 플라톤이 논박

---

08 『소크라테스의 변론』 29e와 3장 174쪽을 보라.

의 작동에 대해 가장 화려하게 문학적으로 묘사하고 있는 면모를 보여 주는데, 여기에서 대화자의 성격은 그 자신이 대화에서 패배하는 데서 본질적인 역할을 한다.[09]

세 개의 논박은 모두 규범 윤리학의 논쟁점들 —무엇이 좋은 삶을 구성하는가, 그리고 과연 올바르지 않게 행동하는 것이 우리에게 이익이 되는가— 과 일차적으로 연관되어 있다. 고르기아스와 벌인 첫 번째 논쟁은, 대중설득의 기술에 의해 정치권력을 추구하는 것이 정의와 도덕적 책임의 문제로부터 분리될 수 있는지를 고려함으로써, 이러한 주제들을 간접적으로 다룬다. 폴로스와 더불어 논쟁점은 정면으로 부딪힌다. 즉 불의를 저지르는 것이 더 나은가, 아니면 그것을 겪는 것이 더 나은가? 성공적인 범죄 행위는 좋은 삶을 이끄는가? 그러나 도덕성에 대한 도전은 칼리클레스와 벌인 논쟁에서 가장 과격하게 표현된다. 칼리클레스에게, 권력과 쾌락의 추구를 도덕적으로 제한하는 것은 약한 사람들이 자연적으로 우월한 사람들에게 부과하는 관습일 뿐이다. 이렇게 해서 칼리클레스와 소크라테스는 좋은 삶을 구성하는 것에 대해 완전히 상반된 두 가지 견해를 제시한다.

고르기아스에 맞서 소크라테스는 리더십과 정치권력을 목표로 젊은이들을 가르치고 있는 사람들은 그 가르침의 활용에 대한 도덕적인 책임을 공공연히 부인할 수 없다는 점을 보여 준다. 소크라테스는 고르기아스로 하여금 그의 설득 기술이 전능하다고 공언하도록 교묘하게 부추김으로써, 연설술이 앎이 결여된 신념만을 산출할 수 있다는 점을 고르기아스가 인정한 후, 그가 연설술의 도덕적 책임을 부정하지 못하도록 만든다. "연설가 자신이 좋은 것과 나쁜 것, 옳은 것과 그른 것에 대해 무지하지만, 옳고 그름에 관해 앎을 가지고 있지 않으면서도 가진 것처럼 무지한 청중에게 보이도

---

09 세 개의 논박들에 대한 보다 상세한 논의에 대해서는 Kahn(1983), 75-121쪽을 보라.

록, … 그리고 좋은 사람이 아닌데도 좋은 사람인 것처럼 보이도록, 그런 문제들에 관하여 설득할 계책이 마련되어 있습니까?"(459d 2-e 6). 이에 고르기아스는 어쩔 수 없이 "소크라테스, 내 생각에는 학생이 그러한 것들을 알지 못한다면, 그는 나한테서 그것들을 배우게 될 겁니다"(406a)라고 대답한다.

그런데 고르기아스의 답변은 분명히 위선적이다. 메논은 고르기아스가 결코 덕을 가르친다고 주장하지 않았으며, 덕을 가르칠 수 있다고 주장하는 사람들을 비웃었다고 우리에게 전한다(『메논』 95c). 하지만 연설가는 "무엇이 올바르고 고귀하고 좋은지"를 알 필요도 없고, 또한 이런 문제들에 무지한 학생에게 이런 것들을 가르치지 않을 것이라는 점을 인정하길 (폴로스가 지적하듯) 부끄러워하기 때문에, 고르기아스는 그렇게 대답할 수밖에 없다(461b). 이와 관련된 그의 수치심은 대중적 의견에 대한 그 자신의 관심을, 그리고 아테네의 미래 지도자들을 가르치고 있는 외국인으로 노출된 그의 지위를 반영한다.[10] 연설술을 정치권력의 가치 중립적 도구로 보는 고르기아스의 견해에 개념상의 모순은 없다. 그러나 이런 견해를 공개적으로 표명하는 것과 엘리트 교육자로서 고르기아스가 차지하는 지위 사이에 개인적이면서도 사회적인 양립 불가능성은 있다.

폴로스에 대한 소크라테스의 논박은 더욱 복잡하다. 폴로스는 비록 불의를 저지르는 것이 더 수치스러운 행위라고 할지라도, 그것은 불의를 당하는 것보다 더 낫다고 주장한다. 이에 소크라테스는 의도적인 역설의 형태로 그와 반대된 주장을 옹호한다. "나는 자네와 나뿐만 아니라 다른 사람들도 불의를 저지르는 것이 불의를 당하는 것보다 더 나쁘고, (불의의 대가로)

---

10 그렇게 답변하도록 고르기아스에게 가해진 압박에 대해서는 Kahn(1983), 79-84쪽을 보라. 나는 정의를 앎과 정의로운 사람임의 구별이, 다른 문맥에서는 중요하나, 여기에서는 관련성이 없다고 주장한다.

처벌받지 않는 것이 처벌받는 것보다 더 나쁘다고 믿네"(474b). 소크라테스의 논증은, 만일 불의를 저지르는 것이 더 수치스러운 것이라면, 그것은 또한 더 나쁜 것임이 틀림없다는 점을 보여 주는 데 달려 있다. 소크라테스가 제시한 논증의 타당성은 이미 많이 논의되어 왔다.[11] 여기서 우리의 관심사는 논증의 타당성이 아니라, 수치심의 역할에 대한 강조이다. 바로 폴로스가 고르기아스의 실수가 자신의 입장에 대한 수치심 때문이라고 우리에게 말했듯이, 플라톤은 칼리클레스로 하여금 폴로스의 패배에 대해 논평하게 할 때에도 동일한 장치를 사용한다. 칼리클레스에 따르면, 폴로스의 실수는 불의를 저지르는 것이 더 수치스럽다는(aischion) 점을 인정한 것이었다. 그는 "(불의는 정말로 감탄할 만한 것이라는) 자신의 생각을 말하길 수치스러워(aischyntheis) 했기"(482e 2) 때문에 논박되었다.

폴로스는 권력과 부(富) —비록 그것들이 어떻게 획득되든지 간에— 에 대한 자신의 칭찬과, 올바르지 못하거나 죄 있는 행위들이 일반적으로 불명예스럽고 "수치스러운" 것이라는 자신의 승인을 조화시킬 수 없었기 때문에 논박을 당한다. 폴로스는 도덕성의 사회적 기능에 대한 개념이 전혀 없기 때문에, 쾌락과 유용성으로는 이러한 도덕적 비난을 설명할 수 없다. 반면에, 칼리클레스는 올바르지 못한 행위에 부착된 불명예가 단지 노모스 —약자들이 자신들의 이익을 위해 설정한 도덕적 관습들— 에만 근거하고 있다는 점을 보여 주기 위해, 자연(physis)과 관습(nomos) 간의 친숙한 대비를 이론적 원천으로 사용하려 한다. 다른 한편으로, 강자들에게 명예와 불명예의 기준은 관습에 의해 정해지지 않고, 약자에 대한 강자의 지배를 정당

---

11 Vlastos(1967), 454-60쪽, Vlastos(1991), 140-48쪽의 논의를 보라. Kahn(1983), 90-92쪽에서, 나는 그 논증이 폴로스를 물리칠 정도로 강하지만, 불의를 저지르는 것이 그 행위자에게 더 나쁘다는 소크라테스의 적극적인 주장을 정당화시킬 정도로 강하지는 않다고 주장한다.

화하는 자연에 의해 정해진다.

소크라테스는 처음 두 명의 대화자들이 자신들의 과도한 수치심 때문에 실패하게 되었다는 데 동의한다. 고르기아스와 폴로스로 하여금, "여러 사람들 앞에서 가장 중요한 문제들에 대해서 자기모순적인 말을 하게"(487b) 만든 것은 바로 부끄러워함(aischynesthai)이다. 칼리클레스는 흉금을 터놓고 이야기하길 부끄러워하지 않기 때문에, 일부분 이상적인 대화자로 간주된다(487d 5). 그는 "다른 사람들은 마음에 있어도 말하고 싶어 하지 않는 것"을 거리낌 없이 말하려 한다(492d 2).

그럼에도, 칼리클레스의 패배 역시 그 자신의 수치심에 의해 촉진될 것이다. 논박은 행복한 삶, 즉 관습적인 억압으로부터 벗어난 강한 사람들의 삶은 쾌락을 극대화하고 모든 욕구를 만족시키는 데에 있다는 칼리클레스의 주장으로 향한다. 소크라테스는 칼리클레스에게 목이 마를 때 물을 마시는 것처럼, 가려울 때 몸을 긁는 것이 욕구의 충족인지, 그리고 그렇게 몸을 긁으면서 보낸 삶이 행복한 삶인지 물으면서 논박을 시작한다(494c). 칼리클레스가 그 질문이 저속하다며 항의할 때, 소크라테스는 폴로스와 고르기아스의 패배의 원인이었던 수치심에 대해 조심할 것을 경고한다. 따라서 칼리클레스는 수치심 없이, 자신의 몸을 긁으면서 보낸 삶이 즐겁고 행복한 것이라고 대답한다(494d-e). 소크라테스의 다음 질문은 더욱 결정적이다. 그는 칼리클레스에게 키나이도스(kinaidos) ─대략 말하자면, 항문 성교 시에 수동적인 상대가 되기를 좋아하는 사람─ 의 쾌락을 어떻게 생각하느냐고 묻는다. 아티카의 법은 명백하게 이것을 남창(男娼)과 같은 것으로 여기고, 유죄의 당사자로부터 시민권을 박탈하기에 충분한 것으로 여긴다. 소크라테스가 묘사할 것을 요구할 때, 남성적인 덕을 찬양하고 정치적인 야망을 가진 칼리클레스는 진지하게 키나이도스의 삶을 복되거나 행복한(eudaimōn) 것으로 묘사할 수 없다. 그는 논의를 이 지경으로까지 몰고 간데 대해 소크라테스에게 수치스럽지 않냐고 물을 수 있을 뿐이다(494e).

그런 요구에 직면해서, 칼리클레스는 일관성을 지키기 위해 쾌락과 좋음이 같다고 주장한다(495a 5). 사실상 그는 쾌락주의에 반대한 첫 번째 논증에 의해 패하고, 자신의 주장에 따르는 수치스러운 결과들(polla kai aischra symbainonta, 495b 5) 때문에 패한다.[12] 하지만 칼리클레스가 패배를 인정하려 들지 않기 때문에, 소크라테스는 좋음과 즐거움이 같은 것이라는 주장에 맞서 두 개의 형식적 논증을 제시한다. 이 중 결국 칼리클레스로 하여금 그 자신의 주장을 포기하도록 이끄는 두 번째 논증은, 만일 쾌락과 좋음이 구별되지 않는다면 칼리클레스가 언명한 대로 비겁한 사람들에 대한 용감한 사람들의 도덕적 우월성의 기반은 존재하지 않을 것이라는 점을 보여준다. 수치스러운 쾌락을 바탕으로 한 첫 번째 논증에서처럼, 여기에서 논박되는 쾌락주의는 추상적인 주장으로서의 쾌락주의가 아니라, 칼리클레스에 의해 옹호된 주장으로서의 쾌락주의이다. 칼리클레스가 일관된 쾌락주의자일 수 없는 이유는, 그가 자존심 강한 귀족이자 야심 찬 정치가이기 때문이다. 그 주장 자체가 필연적으로 일관적이지 못한 것은 아니다. 그런데 일관적이지 못한 것으로 입증되는 것은 사람과 그의 주장 간의 연결이다. 그것이 바로 칼리클레스가 "자신을 올바로 관찰할 때"(495e 1) 그 자신의 주장을 부정할 것이라고 소크라테스가 주장할 수 있는 이유이다. 처음부터 소크라테스는 칼리클레스에게 그의 입장이 부조화에 이를 것이라고 경고했다. "칼리클레스여, 칼리클레스는 칼리클레스와 일치하지 않고 평생 동

---

12 키나이도스의 예에 의한 반론이 지닌 결정적인 특성에 대해서는 Kahn(1983), 105-7쪽을 보라. 키나이도스들의 사회적 지위에 대해서는 Dover(1978), 19쪽 이하 및 그 밖의 곳들, Winkler(1990), 176-97쪽을 보라. 만약 우리가 세 번째 논증에서 '비겁한 자'를 '남성 매춘부'로 대체한다면(498a-499a), 우리는 그것이 첫 번째 반론을 더 풍부하게 진술한 버전임을 알 수 있다.

안 틀린 음을 낼 거네. 하지만 나는 혼자서 내 자신과 맞지 않은 음을 내고 내 자신에 모순되는 말을 하기보다는 차라리 내 뤼라가 … 어울리지 않는 음을 내는 게 더 낫고, 대부분의 사람들이 나에게 동의하지 않고 모순되는 말을 하는 게 더 낫다고 생각하네"(482b 5-c 3).

4. 논박의 적극적 기능

세 가지 논박 모두의 결과는 본질적으로 소극적이다. 즉, 그것은 대화자의 삶과 이론 간의 모순, 같은 사람이 주장하는 여러 견해들 간의 불일치에 반영된 모순을 드러내는 것이다. 그러나 우리는 이러한 소극적 결과들을 어떻게 폴로스에 맞선 역설들에서 제시되고 칼리클레스를 논박한 이후 대화편의 마지막 부분에서 전개되는 적극적인 도덕 이론에다 연결할 수 있는가? 소크라테스가 (불의를 저지르고서도 처벌을 피하는 것은 가장 나쁜 악이라는) 자신의 도덕적 테제를, 폴로스와 칼리클레스를 논파하기 위해 사용한 것과 같은 논박에 의해서 확립된 것으로서 제시한다는 점은 확실하다.

> 이러한 결론들은 우리의 이전 논의에서 무쇠 같고 아마다스(가장 단단한 물체) 같은 논증들에 의해 묶이고 고정되었네, 또는 그렇게 보이네. 그리고 자네나 자네보다 더 혈기 찬 다른 누군가가 이 끈들을 풀지 않는 한, 다르게 말할 길이 없고 더군다나 잘 말할 길이 없을 걸세. … 내가 지금까지 만난 사람들 중에, 지금의 경우처럼 웃음거리가 되지 않고 그러한 주장들을 부정할 수 있는 사람은 아무도 없었네.(508e-509a)

폴로스에 맞서 확립된 결론들은, 똑같이 칼리클레스에 맞서, 사실상 다른 모든 사람들에 맞서 유효한 것으로서 제시된다. 그 결과, 모순에 빠지지 않은 채 그것들을 부인할 수 있는 사람은 아무도 없다. 그러나 어떻게 그토록 지극히 개인을 상대로 한 논박들이, 그리고 폴로스에 맞선 중심적인 사례에서 그토록 복잡하고 이중적인 논증이 그토록 강하고 보편적인 주장들을 정당화할 수 있는가?

나는 세 개의 논박들에서 수치심에 부여된 중요한 역할이 그 논박들의 광범위한 타당성에 대한 하나의 실마리라는 점을 주장하고자 한다. 수치심은 우리의 본유적 도덕 감정 개념에 대응하는 플라톤적 관념을 반영한다. 플라톤은 그것을 좋은 것에 대한 보편적인 욕구로 기술한다. 이것은 폴로스에 맞서 논증된 첫 번째 역설에서 제시된 테제, 즉 모든 인간 존재는 좋은 것을 욕구하고, 자신의 모든 행동에서 그것을 추구한다는 테제이다(『고르기아스』 468b-c, 499e. 『메논』 77c-78b, 『국가』 6권 505d 11 참조). 수치심은 이 대화편에서 소크라테스와 대화하는 사람들 쪽에서 좋음에 대한 모호한 직관으로서 작동한다. 폴로스나 칼리클레스가 불가피하게 소크라테스 자신에게 동의하거나, 아니면 그들 자신들과 불일치할 것이라는 소크라테스의 주장이 기대고 있는 곳은 그러한 종류의 직관임에 틀림없다. 왜냐하면 (소크라테스가 말하듯) 모든 사람은 좋음(善)을 욕구하기 때문이다. 그리고 이 좋음은 사실상 소크라테스적 아레테, 즉 혼의 도덕적·지적 탁월성이다. 이것이 바로 아무도 부정하게 되거나 부정하게 행동하기를 원하지 않는 이유이다.

그런데 소크라테스가 자신의 기본 주장 —아레테는 우리가 진실로 원하는 것, 우리의 진정한 선과 행복이다— 을 지지하기 위해 암시하는, 모순을 견뎌 내는 그런 면모는 소크라테스를 바로 이러한 주장을 구현한 존재로 묘사하는 극적인 호소에 의해 강화된다. 소크라테스에 대한 묘사는 논박의 소극적인 결과들을 적극적으로 보완하는 경향이 있다. 그리고 여기에서도 플라톤의 예술성은 개인적 요소들과 이론적 요소들을 결합시키는 데에 있다. 그리고 이 요소들은 소크라테스의 경우에는 완벽하게 서로 조화를 이루지만, 소크라테스에 동의하지 않는 사람들의 경우에는 절망적으로 불일치한다. 플라톤의 관점으로부터, 소크라테스에 대한 그의 문학적 묘사에 의해 발휘된 엄청난 힘의 철학적 의미를 이해하기 위해서, 우리는 모두 좋음에 대한 이성적 욕구(boulesthai)에 의해 움직인다는 그의 주장이 지니는 몇 가지 함축을 고려해야 한다.[13]

폴로스에 맞선 첫 번째 역설(연설가와 정치가는 자신들이 진정으로 원하는 것을 하지 않고, 다만 가장 좋은 것이라고 생각하는 것만을 하기에 실질적인 힘을 가지고 있지 않다)은 우리는 오직 좋은 것들만을 또는 좋음만을 원한다는 주장, 그래서 무엇을 하든 우리는 그것을 뭔가 좋은 것을 위해(또는 간단히 좋음을 위해, heneka tou agathou, 468b 1, b 7) 한다는 주장에 의존한다. 그런데 소크라테스에게, 좋은 것이란 일차적으로 혼을 위해 좋은 것이다. 올바르게 행동하는 것이 혼을 고양하듯, 어떤 행동은 혼을 고양할 때에만 나에게 좋다. 그러나 이것은 사적인 진리는 아니다. 나에게 좋은 것은 또한 다른 모든 사람에게도 좋다. 그리고 모든 사람들은 자신들에게 좋은 것을 원한다. 그런데 실제로, 올바르게 행동하는 것은 그들에게 좋다. 그러므로 모든 사람은 올바르게 행동하기를 원한다. 그들이 그것을 알든 모르든 말이다. 그리고 어떤 사람도 올바르지 않게 행동하기를 원하지 않는다. 왜냐하면 (그들이 그것을 알든 모르든) 그런 행동은 자신들에게 해가 될 것이기 때문이다. 그리고 해를 입길 원하는 사람은 아무도 없다. 올바르지 않게 행동하는 사람은 비자발적으로(akōn), 즉 본의 아니게(왜냐하면 그는 해를 입길 원하지 않기 때문이다), 그리고 모르는 상태에서 (왜냐하면 그는 자신의 행위가 해롭다는 것을 깨닫지 못하기 때문이다) 그렇게 한다.

논증을 이런 식으로 이해하는 것은 509e에서 소크라테스 자신이 그것을

---

13 여기에서부터 5장 끝까지, 나는 Kahn(1983), 113-21쪽의 내용을 자유롭게 가져다 쓸 것이다.

요약하는 부분에 의해 요구되는 것처럼 보인다. "폴로스와 나는 어느 누구도 불의를 저지르기를 원하지 않으며(boulomenos adikein), 불의를 저지르는 사람들은 모두 비자발적으로 그렇게 한다는 말에 동의하네." 이는 우리에게 좋은 것(우리의 복지 또는 행복)은 혼의 정의롭고 유덕한 상태에 달려 있으므로, 우리 모두가 무의식적일지라도 완전히 이성적인, 정의와 덕에 대한 깊은 욕구, 일종의 참된 의지를 갖고 있다는 점을 뜻한다. 그러나 우리가 정의와 덕에 대한 앎이나 테크네를 결여한다면, 우리는 우리 자신의 좋음에 대해서 알지 못한다. 우리는 우리 자신의 이성적 욕구의 대상을 확인할 수 없다.[14] 그러한 테크네에 욕구의 진정한 대상(본래적 선)을 인식하는 일과 그것을 성취할 수단(도구적 선)을 확보하는 일이 요구된다.

좋음(善)에 대한 무의식적인 또는 부분적으로만 의식적인 이성적 욕망이

---

14 여기에서 무의식적 욕구라는 개념을 피하기 위해서, 어떤 학자들은 관념적(de dictu) 욕구 대상과 현실적(de re) 욕구 대상을 구분하는 방법으로 소크라테스의 논증을 분석했었다. 그래서 모든 사람들은 좋은 것을 관념적으로 원할 것이다. 즉 그들은 그들이 좋다고 여기는 것은 무엇이든지 원할 것이다. 그러나 그들이 좋다고 여기는 것들(권력, 부, 그리고 무엇이든)에 차이가 있으므로, 그들이 현실적으로(또는 구체적으로) 욕구하는 것에서 차이가 날 것이다. 만일 좋은 것이 덕이라면, 그리고 폴로스가 잘못 생각해서 좋은 것이 권력이라 믿는다면, 그는 현실적으로 덕을 욕구하지 않는다. 이러한 노선에 따른 분석은 Santas(1979), 186쪽 이하와 이를 따른 Vlastos(1991), 150-54쪽을 보라.

이런 분석은 그 논증이 형식적으로 부당한 이유를 보여 줄지 모른다. 하지만 그것은 역설을 단조롭고 빈약하게 만든다. 욕구 대상에 대한 두 개념 사이의 논리적 구분은, 폴로스와 그 밖의 모든 사람은 불의를 저지르는 것이 불의를 당하는 것보다 더 나쁘다고 믿는다는 소크라테스의 진술(474b)을 설명할 수 없다. 그리고 만약 이것을 인정하지 않는다면, 칼리클레스는 칼리클레스와 일치하지 않고 평생 동안 틀린 음을 낼 것이라는 주장(482b)도 설명할 수 없다. 이러한 역설들은, 그 점을 알든 모르든 그들이 진정으로 원하는 것은 그들 자신의 혼의 좋음이며, 이것은 불의를 저지르는 것과 양립할 수 없다는 점을 함축하는 것으로 가장 자연스럽게 이해될 수 있다. 이것은 왜 (모든 사람이 욕구하는) 행복이 혼의 탁월성이며, 왜 그것이 필연적으로 혼의 탁월성으로부터 따르는지를 이야기 전달의 방식으로 보여 주고자 하는 『고르기아스』 심판 신화의 요점이다.

라는 이 개념은, 어떻게 플라톤이 이 대화편이나 다른 곳에서, 전문적인 용어로 욕구에 대한 '투명한'(transparent) 해석이라고 부를 만한 것에 —이것은 보통 논리적 실수로 간주될 법한 것이다— 기댈 수 있는지를 우리에게 보여 준다. 왜냐하면 '원한다' 또는 '욕망한다' 같은 동사에 의해 지배되는 문맥은 일반적으로 내포적인(비-외연적인) 것으로 간주되고, 따라서 동일한 대상을 가리키는 다른 표현들의 대체를 허용하지 않는 것으로 간주되기 때문이다. 오이디푸스가 부친 라이오스를 죽인 자를 처벌하기를 원하고, 라이오스의 살인자가 자기 자신이라 할지라도, 오이디푸스가 자기 자신을 처벌하기를 원한다는 것은 논리적으로 뒤따르지 않는다. 또는 리골레토가 자루 속에 든 사람이 죽기를 원하나, 그 자루 속의 사람이 자기 딸이라면, 그가 자기 딸이 죽기를 원한다는 것은 뒤따르지 않는다. 이와 비슷하게, 우리는 보통 다음과 같은 논증 형식을 타당한 것으로 간주하지 않는다. 즉, 칼리클레스는 좋음을 원한다. 좋음은 사실상 덕이다. 그러므로 칼리클레스는 덕을 원한다. 아마도 우리는 플라톤이 그러한 논증을 연역적인 것이 아니라 권유적인 것으로 사용했다고 해석해야 할 것이다. 만약 당신이 덕이 좋다는 (따라서 당신에게 좋다는) 것을 알게 된다면, 당신은 그것을 욕구할 것이다. 논박의 기능은 소크라테스를 덕의 본보기로 제시함으로써 강화되어, 대화자나 독자를 그 점을 볼 수 있는 데로 데려가는 것이다. 그리고 그 동력은 단지 소크라테스의 대화 기술에 의해서만 제공되지는 않고, 비록 행위자 자신이 그 욕구의 본성이나 대상에 대해 무지하더라도, 모든 이성적 행위자에게 동기를 부여하는 좋음에 대한 깊은 욕구로 이끄는 소크라테스의 능력에 의해서 제공된다.

만일 이것이 플라톤의 견해라면, 우리는 세 논박에서 수치심이 맡은 역할을 더 잘 이해할 수 있다. 각각의 경우에서 수치의 감정은, 대화 상대자가 인지해야 하고, 올바르게 이해될 경우 아레테를 그가 진정으로 욕구하

는 좋음인 것으로 올바로 파악하게 할 그런 도덕적 관심사들을 소크라테스
가 이용하고 있다는 사실을 명시한다.[15] 그런데 그러한 지각이 대화자 쪽에
서 실제로 일어나지는 않는다. 대화편은 철학적 삶으로의 귀의에 대한 일
화들을 묘사하지 않는다.[16] 하지만 그것은 어떤 독자들 쪽에서 그러한 귀의
를 야기하는 데 도움을 줄 수 있다(그리고 역사적으로 말해서 확실히 도움을 주
었다). 아리스토텔레스의 소실된 대화편은 코린토스 농부의 사례를 전한
다. 이 농부는 『고르기아스』를 접한 뒤 "곧바로 그의 농장과 포도밭을 버
리고 플라톤에게 자신의 혼을 맡기고 이 플라톤적 '토지'에 씨를 뿌리고 그
것을 경작하게 되었다."[17] 이 이야기는 그러한 대화편을 쓸 때 플라톤이 가
진 중요한 목표들 중 하나에 대한 상징의 역할을 한다. 그리고 플라톤은 독
자에게 끼치는 영향이 두 가지 ―좋음에 대한 우리의 사랑, 그리고 소크라
테스의 삶과 아레테의 실천에서 좋음을 인식하는 우리의 능력― 로 이루어
진 우리 모두에게 있는 도덕적 진리에 대한 감각에 의존할 수 있다고 말했
을 것이다. 아니면 그를 대신해서 우리는 그렇게 말할 수 있을 것이다. 『고
르기아스』, 『소크라테스의 변론』, 『크리톤』의 독자들이 그러한 영향을 철
학으로의 귀의로 느끼지 않더라도, 적어도 소크라테스의 인격에 대한 경외
감, 그리고 칼리클레스에 맞선 그의 입장에 대한 깊은 공감으로 폭넓게 느

---

15 이를 나는 소크라테스의 두 주장 ―불의를 저지르는 것이 더 나쁘다는 주장(474b)과 아무도
    불의를 겪는 것보다 불의를 저지르는 것을 선호하지 않는다는 주장(475a)― 에 깔린 토대로
    받아들인다. 그렇다고 (블라스토스가 언젠가 주장한 것처럼) 그러한 주장들이 그의 대화자들
    이 실제로 믿은 전제들로부터 따르는 것은 아니다. 그러한 주장들은 오히려 권유적인 것이다.
    즉, 이것은 문제가 되는 것을 이해한다면 모든 사람들이 믿고 선호할 바의 것이다. 그래서 칼리
    클레스는 "자신을 제대로 보기에 이르렀을 때"(495e 1) 마음이 바뀔 것이다.
16 그러한 귀의에 대한 암시로는, 『향연』 173c-e에 나오는 아폴로도로스의 언급을 보라. 그러한
    귀의를 가능하게 하는 인격적 힘에 대한 풍부한 묘사는 앞의 대화편 215b-216c에 나오는 알
    키비아데스의 연설을 보라.
17 Aristotle, *Nerinthos* 조각글 1, Ross(1955), 24쪽(=Rose³, 조각글 64).

낀다는 사실 —수 세기를 거쳐 내려오도록 소크라테스에 대한 플라톤의 문학적 묘사가 지닌 이 엄청난 영향— 은 우리가 좋음에 대해 가진 욕구의 '투명성'(transparency)에 대해 플라톤이 취한 입장을 확증해 주는 것으로 간주될 수 있을 것이다.

독자에게 끼치는 영향은 대화편 밖에 있다. 원문 안에 있는 것은 대화자들에게 끼치는 영향이다. 소크라테스는 대화자들의 수치심을 조종하여 그들로 하여금 그들 자신의 입장과 불일치하는 데 이르게 하고, 그리하여 지혜의 시작이 되는 무지에 대한 자각으로 첫걸음을 내딛게 한다.

비열한, 남자답지 않은 또는 정치적으로 비참한 쾌락들을 자신의 도덕적 틀 안에 허용하는 수치심으로 인하여 정치권력과 무차별적 욕구 충족에 바쳐진 삶의 모순성을 인정하게 되었을 때, 칼리클레스는 사실상 에피튀미아 —'욕망' 또는 무조건적 쾌락의 추구— 를 포기하고, 불레스타이라는 소크라테스적인 원리 —좋은 것에 대한 일정한 기준에 따른 충동 평가와 욕구 충족— 를 택할 수밖에 없다. 이렇듯 칼리클레스에 대한 반박의 이면에서 우리는 욕구에 대한 두 가지 파악 간의 근본적인 차이를 찾아내고, 그중 하나는 좋은 삶에 대한 정합적인 이론을 위한 토대로서 부적합하다는 점을 깨닫게 된다. 어떤 쾌락들은 더 좋고 어떤 쾌락들은 더 나쁘다는 것을 받아들인 이상(499b), 칼리클레스는 사실상 에피튀미아 또는 전적인 욕망 대신 불레스타이 또는 이성적 선택을 덕과 행복의 결정적인 기준으로 받아들였다. 이렇게 해서 우리는 즉시 행위의 목적이자 목표로서의 좋음(善) 개념으로 되돌아가고(499e-500a), 결국 덕들의 실천 속에서만 실현될 수 있는 행복에 대한 이성적 욕구로 되돌아간다(509c 9 이하). 그러므로 "불의를 저지르길 진정으로 원하는 사람(boulomenos)은 아무도 없으며, 올바르지 않게 행동하는 사람들은 모두 비자발적으로 그렇게 한다"(509e 5-7). 우리가 보았듯이, 좋음에 대한 이러한 이성적인 욕구는 부분적으로는, 칼리클레스의 경우에서 분명히 그렇듯 무의식적일 수 있다. 논박의 기능은 이러한 욕구를 의식으로 끌어내는 것이다. 칼리클레스는 적어도 부분적으로는 주저하며 그렇게 할 수밖에 없다. 대화편이 그를 잘 묘사하고 있듯이, 그러한 이성적인 욕구에 대한 소크라테스의 믿음이, 그 윤리 이론이 논박될 수 없다면 "칼리클레스여, 칼리클레스는 칼리클레스와 일치하지 않을 것"(482b-c)이라는 소크라테스의 확신이, 그가 논박에서 공언하는 신념의 밑바탕에 깔려 있다. 모순을 범하는 사람은 자기모순에 빠질 수밖에 없고, 그런 사람이 의식적으로 추구하는 것들은 결코 그의 가장 깊은 욕구와 조화를 이루지 못할 것이기에, "평생 동안 틀린 음을 낼" 수밖에 없다.

5. 『고르기아스』의 한계

칼리클레스에 대한 논박은 그가 499e에서 어떤 쾌락은 다른 쾌락보다 더 낫다고 인정하는 수준을 넘어서, 505b에서 칼리클레스의 도덕적 명제를 직접적으로 부인하는 결론 ―혼을 위해서는 무차별적인 욕구 충족보다 욕망을 훈련하고 통제하는 것이 낫다― 으로 확장된다. 이러한 결론은, 덕들을 혼의 질서(taxis)와 조화(kosmos)로 보는 생각에 본질적으로 의존하는 논증에 의해서 도달된다. 이러한 관념은 여기에서 기술들로부터의 체계적인 귀납 또는 에파고게에 의해 소개된다. 회화, 건축, 조선(造船)에서처럼, 도덕적·정치적 기술자는 작품에 형상(eidos)과 정돈된 배치(taxis)를 부여하기 위하여, "그의 작품(ergon)에 주의를 기울일" 것이다. 집과 배가 질서(taxis)와 조화로운 구조(kosmos)를 갖출 때 좋고, 이와 마찬가지로 우리 자신의 신체도 그렇고 혼도 그렇다. "혼은 무질서보다는 질서와 구조를 갖췄을 때 좋지 않겠는가?" 칼리클레스는 이에 동의한다. "앞의 경우들에 따르면 이것에 또한 동의할 수밖에 없습니다(anankē)"(504b 6).

여기에서 칼리클레스를 구속하는 필연성은 엄밀히 말하자면 유비의 필연성이다. 건강을 몸에서의 조화로운 질서의 산물로 보는 것에 유추하여, 혼의 질서를 평온한 덕들인 정의 및 절제와 동일시하는 다음 단계도 마찬가지이다(504c-d). 이렇듯, 전적으로 기술들로부터의 유비를 토대로, 소크라테스는 칼리클레스에 대한 최종 논박(505b)에서 무제한적인 욕구 충족에 대한 도덕적 훈련의 우월성을 확립한다.

좋은 사람은 행복하고 나쁜 사람은 비참하다는 주장(507c 3-5)을 지지하기 위해서, 훨씬 더 광범위한 유비가 508a에서 도입된다. 행복하길 원하는 사람은, 칼리클레스가 주장하듯 자신의 욕구들을 제멋대로 방치한 채 그것들을 모두 충족시키고자 "끝없는 악"을 애쓰며 "해적과 같은 삶을 살고" 사람과도 신과도 친해질 수 없는 삶을 살지 않을 것이다.

그는 함께 나눌 수 없는 자이며, 함께 나눔이 없는 자에게는 우애가 없을 테니까. 칼리클레스, 현자들은 함께 나눔과 우애와 절도 있음과 절제와 정의로움이 하늘과 땅과 신들과 인간들을 함께 묶어 준다고 말하네. 그렇기 때문에, 친구여, 그들은 이 전체를 세계질서(kosmos)라고 부르며 무질서나 무절제라고 부르지 않는 것이네. (507e-508a, 김인곤 옮김)

그런데 칼리클레스는 이러한 통찰을 놓쳤다. 신들 사이에서, 그리고 인간들 사이에서 기하학적 비례(isotēs geometrikē)의 힘이 얼마나 큰지를 보지 못했기 때문이다.

조화롭고 질서정연한 혼에 대한 이러한 통찰은, 한편으로는 우주의 자연적 질서와 유사하고 다른 한편으로는 기술의 성공적 산물과 유사한 것으로서, 소크라테스적인 삶이 최선의 삶일 뿐만 아니라 인간 존재가 살 수 있는 가장 행복한 삶이라는 확신에 대한 이론적 뒷받침을 『고르기아스』의 한계 내에서 제공하고자 하는 플라톤의 마지막 시도이다. "어떤 사람들이 행복한 것은 정의와 절제를 소유해서이고, 다른 사람들이 불행한 것은 악함을 소유해서이다"라는 이러한 결론으로부터, 이제 소크라테스는 폴로스와 고르기아스에 맞서 이전에 논증했던 역설들 —불의를 저지르는 사람은 불의를 겪는 사람보다 더 나쁘다는 것, 그리고 진정한 연설가는 정의로운 사람이어야 하고 정의가 무엇인지를 알아야 한다는 것— 을 끌어낼 수 있다 (508b-c 3). 그다음에, 이러한 결론들은 508e-509b로부터 233쪽에 인용된 구절 중의 "무쇠와 아마다스 같은 논증들"에 의해 확립되었던 것으로 아주 강한 표현을 통해 재차 확인된다.

우리는 여기에서 그토록 자신 있게 주장된 논증들을 어떻게 생각해야 하는가? 우리는 폴로스에 맞선 논증이 소크라테스의 결론을 확립할 만큼 그렇게 강력하지 않다는 것을 알고 있다.[18] 그리고 플라톤이 이 사실을 전혀 모르고 있었다고 믿기는 어렵다. 칼리클레스에 맞선 적극적인 논증은 모두 어떤 것을 좋게 만드는 것은 그것이 갖는 적절한 질서 때문이라는 전제, 그리고 혼에 적절한 질서는 절제와 정의라는 전제에 근거하고 있다. 우리가 보았듯이, 이러한 견해는 인간 기술의 산물들에 대한 유비에 의해서 지지된다. 좋음으로부터 행복으로의 추가적 추론은 '잘 행함'(eu prattein)이란 말에[19] 대한 의미 있는 말장난에 기댄다. 그리고 이러한 결론은 우주의 질서정연함과 더불어 또 다른 유비에 의해 강화된다. 논증이라기보다 확신을 표

---

18 위의 각주 11을 보라.

19 "좋은 사람은 무엇을 하든 잘 그리고 훌륭하게(eu te kai kalōs) 행할 것이며 잘 행하는 사람(eu prattonta)은 복되고 행복할 것이다"(507c 3-5). 여기에서 잘 행함이란 말의 첫 번째 등장은 명료하게 도덕적이다. 두 번째 등장은 행운과 성공의 의미를 이용한다.

현하는 말장난은 차치하고, 이 절에서의 모든 추론은[20] ―한편으로는 덕과
기술의 산물들 사이에서, 다른 한편으로는 덕과 자연의 산물들 및 자연의
전체 질서 사이에서 이루어지는― 유비 또는 비교의 형식을 띠고 있다. 더
나아가, 그것은 정치술과 건축술(514a 이하), 정치술과 의술 및 체육술(514d,
517e 이하 등), 정치가와 가축관리인(516a), 정치가와 전차몰이꾼(516e) 사이에
서 이루어진다. 『고르기아스』를 저술했을 때, 플라톤은 아마도 이러한 논증
들이 우리가 생각할 정도보다 더 강력한 것이라고 믿었을지도 모른다.[21] 그
러나 우리는 플라톤의 친구 에우클레이데스가 유비에 근거한 논증을 비판
했다는 점을 알고 있다. 그리고 『카르미데스』에서 플라톤은 크리티아스로
하여금 유사한 비판을 하게 한다.[22] 조만간 플라톤은 『고르기아스』의 적극
적인 논증들이 불만족스럽다고 깨달았음에 틀림없다. 그가 이후에 『국가』
를 써야만 했던 것은 더 나은 작업을 하기 위해서였다.[23]

무엇보다도, 『고르기아스』에 결핍되어 있는 것은 『국가』 4권과 8-9권에
서 전개될 것과 같은 종류의 도덕 심리학이다. 이는 정의가 혼의 건강이고,
따라서 소크라테스 같은 인품을 지닌 사람은 유덕할 뿐만 아니라 행복함이
틀림없다는 직관적인 확신에 합리적인 근거를 제공할 수 있는 심리 이론이
다. 또한 결핍되어 있는 것은 테크네 개념에 대해, 도덕적 지식을 철학적인

---

20 507a-c에 펼쳐진 덕들의 단일성에 대한 연역 논증만은 한 가지 예외다.
21 R. Robinson(1953, 209쪽)은 "플라톤이 '유비들'과 '기하학적 비례'가 실재계에서 빈번하고 그 구
    조에 기본적이라고 믿고 있다"는 자신의 의견을 지지하기 위해, "신들과 인간들 사이에" 발휘되
    는 기하학적 비례의 힘이 언급된 『고르기아스』 508a를 인용한다. 하지만 우리가 보게 될 것처
    럼, 플라톤은 『카르미데스』에서보다 『고르기아스』에서 더 유비 논증에 기꺼이 기대고자 한다.
22 『카르미데스』 165e, 166b 7-c 아래 7장 4절의 논의를 보라. 에우클레이데스가 귀납에 의한 추
    론을 반대하는 것에 대해서는 1장 52쪽을 보라.
23 Williams(1985, 22쪽)도 같은 의견이다. 칼리클레스에 맞선 소크라테스의 논증은 "사실, 설득
    력이 없어서, 이후에 플라톤은 그것을 개선하기 위해 『국가』를 저술해야 했다."

삶의 결정적인 구성요소로 보는 것에 대해 더 많은 내용을 제공할 수 있는 인식 이론이다. 그리고 플라톤에서, 인식론은 또한 지식의 대상에 대한 이론, 바꿔 말해 형이상학을 요구할 것이다. 『고르기아스』의 기술자(technikos)로부터 철학자-왕에 이르기 위해서 우리는 형상 이론을 필요로 할 것이다. 그리고 어떻게 형상들이 덕의 삶을 인도하고 유도하는지를 설명하기 위해서는 철학적 에로스[24] 이론이 필요할 것이다. 마지막으로, 그러한 이론들을 설명하고 옹호하기 위해서 플라톤은 『고르기아스』에서 사용된 논박과 귀납의 기술을 넘어서는 논증 방식이 필요할 것이다. 더 구체적으로 말하자면, 플라톤은 가설의 방법과 더불어 『메논』에 소개된 변증법에 대한 보다 강력한 개념이 필요할 것이다.

그럼에도, 『고르기아스』가 제공하는 것은 하찮은 것이 아니다. 여기에서 소크라테스의 도덕적 입장을 지지하는 가장 유력한 논증은 소크라테스 자신의 모습에 대한 긍정적인 묘사와 더불어, 칼리클레스의 대안을 완전히 붕괴한다는 점이다. 소크라테스의 반대자들은 좋은 것과 나쁜 것, 옳은 것과 그른 것에 대한 설명을 자신들의 삶, 신념과 일치하는 방식으로 제공할 수 없다는 점이 논박을 통해 드러난다. 혼의 탁월성이라는 소크라테스의 이상은 논박에 의한 시험이 제공할 수 있는 유일한 뒷받침, 즉 그의 경우에서만 삶과 죽음이 자신의 이론과 조화를 이루는 것으로 드러난다는 점에 의해서 정립된다. 따라서 여기서 자주 암시된 소크라테스의 재판과 죽음은, 트로이 함락이 『일리아스』 줄거리의 일부를 이루는 것과 마찬가지로, 『고르기아스』 논증의 일부를 이룬다.

---

24 아래 9장을 보라. 『고르기아스』에 보이는 그러한 이론의 씨앗에 대해서는 481d 이하에 나오는 철학에 대한 에로스와 아테네 대중에 대한 에로스 사이의 대조를 주목하라. 소크라테스의 논증들에 의해서 칼리클레스가 설득되는 것을 방해하는 것은 그의 혼 안에 있는 뒤쪽의 에로스이다(513c 7).

『고르기아스』는 소크라테스가 상대하는 사람들의 주장은 그렇지 않은 데 비해 소크라테스의 가르침들은 불레스타이, 즉 선에 대한 이성적인 욕구와 일치하기 때문에 삶과 신념의 그러한 조화가 유지된다는 점을 함축한다. 논박의 개인적 차원과 플라톤의 욕구 이론 사이의 이러한 연관은 아마도 이 대화편의 가장 근본적인 통찰일 것이다. 그것은 소크라테스란 인물의 ―그의 행복한 혼이 지닌 내적인 힘과 고요한 자기 확신은 플라톤이 『국가』에서 전개할 심리 이론을 예시하고 확인해 줄 욕구의 조화에 의존한다― 철학적 중요성을 설명한다. 소크라테스에 대한 이런 묘사가 지닌 비범한 매력은 우리들로 하여금 적어도 직감적인 차원에서, 플라톤의 철학적인 주장에 공감하도록 도와준다.

비우호적인 비평가라면 우리가 그의 논증 안에 있는 빈틈을 보지 못하도록 플라톤이 현란한 묘사로 우리를 현혹시키면서, 우리의 눈에다 문학적인 먼지를 뿌렸다고 불평할지도 모른다. 나는 문학과 철학의 관계에 대해 보다 우호적인 견해를 취하고 있기에, 우리가 플라톤을 다음과 같이 보기를 제안한다. 플라톤은 제일 먼저 그 자신에게, 그리고 최초의 독자들의 삶에 소크라테스가 끼친 개인적인 영향력의 이미지를 우리 독자들에게 심어 주기 위해 자신의 예술적 능력을 이용한다. 『이온』에 나오는 자석의 연쇄의 비유를 빌리자면, 저자로서의 플라톤은 ―앞선 자석이자 『이온』의 시인과 유사한― 소크라테스로부터 그 자신이 받은 철학적 에로스를 그 대화편의 독자들에게 전하는 음송시인이다. 그러나 시인이 그의 능력을 최초의 자석인 무사 여신들로부터 끌어내듯이, 소크라테스는 참으로 아름답고(kalon) 좋은 것을 사랑하고 추구하는 가운데 자신의 가르침과 인격이 지닌 거대한 힘을 그것들의 원초적 근원과 목적으로부터 끌어낸다. 나는 플라톤이 소크라테스에 대한 자신의 (그리고 시대적으로 많이 떨어져 있긴 하지만, 우리 자신의) 사랑은 자신을 일정한 원칙들에 완전히 내맡김으로써 삶이 아름다워지는 혼에 대한 사랑이라고 말했을 것으로 생각한다. 그리고 이 사랑의 힘은 (중기 대화편들의 이론에 따르면) 참으로 존재하고 무조건적으로 좋은 것을 ―맨 처음에 소크라테스에게, 그다음에는 플라톤에게, 그리고 마지막으로 우리들에게― 호소하는 에로스에 의해 설명될 수 있다.

『고르기아스』에서 사정은 더 간단하다. 왜냐하면 선에 대한 우리의 이성적 욕구는 어떤 초월적인 형상에 향해 있지 않고, 바로 삶을 감탄할 만하고 사랑받을 만한 것으로 만드는 덕으로써, 혼을 치장하는 데로 향해 있기 때문이다. 여기에서, 『소크라테스의 변론』과 『크리톤』에서처럼, 소크라테스의 삶과 죽음은 그의 도덕적 가르침에 대한 중요한 근거로 제시되는데, 이는 그의 상대들에 대한 대면 논박이, 추상적으로 고찰했을 때 그들의 이론이 주장할 법한 모든 것을 무너뜨리는 것과 동일하다. 논증을 대화자의 삶과 성격에 의존하게 하는 측면에 대한 플라톤의 철학적 정당화, 그리고 또한 그러한 논증과 성격의 연결이 대화편들의 극적인 영향력의 면에서 그토록 뚜렷한 성공을 거두는 이유에 대한 심리적인 설명(이를 우리는 플라톤의 관점에서 덧붙일 수 있다), 이러한 설명과 정당화는 대화자와 독자 양쪽에 있는 깊은, 부분적으로는 무의식적인 선에 대한 욕구에서 발견될 수 있다. 우리는 플라톤에게서 선에 대한 욕구가 흄(D. Hume)과 같은 철학자에게 공감 또는 도덕 감정이 하는 역할을 한다고 말할 수 있다. 합의나 동의의 유형들을 형성하는 데서 이러한 근본적 욕구가 하는 역할을 무시한다면, 어떠한 철학적 논증이나 증명도 플라톤의 대화편들에서 묘사되는 것과 같은 철학의 실천에 대해 적절한 설명을 제공할 수 없다.

6장

정의(定義)의 우선성:
『라케스』에서 『메논』까지

1. 과도기 대화편들

플라톤은 도덕 철학의 근본적인 문제들에 대해 『고르기아스』에서 제시한 입장을 계속해서 견지한다. 특히, 그가 고수하는 입장은 바로 이성적 정치의 목적이 도덕 교육의 목적과 같다는 것, 즉 사람들의 혼에 덕을 산출하는 것이라는 점이다. 이는 덕(aretē)에 관한 기술자(technikos)를 필요로 할 것이다. 그러나 『고르기아스』의 기술자는 아직 철학자–왕이 아니다. 이를 위해서 우리는 『국가』의 심리학, 인식론, 형이상학이 필요할 것이다. 이는 또한 『고르기아스』와 중기 대화편들 ―『향연』, 『파이돈』, 『국가』― 사이에 플라톤 사상의 큰 발전이 이루어질 공간이 남아 있다는 뜻이기도 하다.

이 남겨진 공간에 나는 일곱 개의 과도기 대화편들 ―『라케스』, 『카르미데스』, 『에우튀프론』, 『프로타고라스』, 『메논』, 『뤼시스』, 『에우튀데모스』― 을 놓고자 한다. 이 대화편들은 기술(technē)이 철학자–왕의 지배 기술인 변증술(dialektikē)로 나타나는 곳인 『국가』의 중심 권(卷)들에 모이는 주제들을 제시하고 가공한다. 그런데 플라톤은 기술을 그것의 대상 또는 주제와 관련하여 정의한다. 『국가』에서 변증술의 대상은 사물들의 형상과 본질일 것이다. 그래서 철학자-왕의 기술에 대해 플라톤이 단계적으로 명료화하는 가운데에서 가장 결정적인 단계는 정의를 묻는 대화편들에 본질 개념을 소개하는 것이 된다. 나는 『라케스』, 『에우튀프론』, 『메논』에 소개된 본질에 대한 추구가 애초부터 미래 지향적인 것, 다시 말해 형상 이론을 준비하는 과정으로 계획된 것이라고 생각한다. 그러나 플라톤의 개진 방식이 아주 미묘할 만큼 점진적이기 때문에, 이 계획은 그것을 반성적으로 중기 대화편들의 유리한 지점으로부터 뒤돌아볼 때 파악될 수 있을 뿐이다.

일곱 개의 과도기 대화편들은 다양한 내용을 가진 하나의 그룹을 형성한다. 그들이 공통으로 가진 유일한 특징은 아마도 아포리아로 끝나는 구성일 것이다. 이 대화편들은 답을 주면서 끝나지 않고 물음을 남긴 채 끝난다. (이 그룹에서 이질적인 『에우튀데모스』는 직접적으로 아포리아적이지는 않다. 그러나 이것도 명확한 결론 없이 끝난다.) 『라케스』, 『카르미데스』, 『에우튀프론』은 모두 정의를 묻는 대화편들이다. 용기란 무엇인가, 절제(sōphrosynē)란 무엇인가, 경건이란 무엇인가, 이런 물음들에 답을 구하지만 결국 모두 실패한다. 이렇게 각각의 개별적인 덕들이 부분적으로 탐구되는 과정 속에서도 『메논』은 전체로서의 덕을 규정하려 한다. 여기에서 '덕은 가르쳐질 수 있는가?'라는 메논의 질문에 답하기 위해 반드시 사전에 해명돼야 할 것으로 '덕이란 무엇인가?'라는 질문이 제기된다. 『메논』은 어느 하나에 대해서도 확실한 결론을 내리지 못한 채 덕의 본성과 가르침 가능성 사이를 왕복한다. 한편 덕의 가르침 가능성, 그리고 덕과 개별적인 덕들의 관계에 대한 물음은 『프로타고라스』에 등장하는 두 가지 중심 주제이기도 한데, 이 대화편은 『메논』이 시작하는 바로 그 지점에서 끝난다. 이렇듯 주제의 내용 면에서 『라케스』, 『카르미데스』, 『에우튀프론』, 『프로타고라스』, 『메논』, 이 다섯 대화편들은 서로 밀접하게 연결되어 있다.

나머지 두 과도기 대화편 『뤼시스』와 『에우튀데모스』는 다른 다섯 대화편들에 비해 그 그룹에 연계성이 없다. 그러나 이 두 대화편은 『라케스』, 『카르미데스』와 어떤 공통점을 가지고 있다. 이것들은 모두 도입부를 학교 분위기로 설정하고 있으며, 청년 교육 문제에 대한 관심을 공유한다. 『라케스』와 『카르미데스』의 이야기 전달 방식의 매력은 쌍둥이 대화편으로 기술되어 올 정도로 닮았다.[01] 그리고 『에우튀데모스』와 『메논』에도 주제와 논의 면에서 많은 공통점이 있다.[02] 그렇기 때문에 대화편 모두를 한 가지 주제나 형식으로 특징지을 수는 없다 하더라도, 이들 사이에는 서로 겹치는 일련의 '가족 유사성'이 존재한다. 그래서 이 일곱 대화편들은 비록 아포리아 상태로 끝나지만 중기 대화편들에 예비적 가르침을 주는, 그리고 서로 밀접하게 연관된 하나의 그룹으로 간주될 수 있을 것이다.

이 그룹에 대한 논의를 『라케스』에서 시작한다. 이 장에서 나는 다음과 같은 몇 가지 논쟁의 여지가 있는 나의 주장들을 제시하고 힘닿는 대로 이것들을 변호할 것이다.

(1) 『라케스』, 『에우튀프론』, 『메논』, 이 세 대화편은 정의의 논리에 대해 하나의 통합적인, 연속적인 설명을 이룬다.

(2) 『라케스』는 세 대화편에서도 그렇고, 과도기 대화편들 전체에서도 자연스럽게 서론의 역할을 한다.

(3) 정의를 우선으로 하는 인식론적 원칙은, 『라케스』에서 처음 언급되고 『메논』에서는 보다 풍부하게 전개되는데, 메논의 역설을 낳고, 그로 인해 상기설을 준비한다.

---

01 Wilamowitz(1920, 1권 187-89쪽)의 견해도 그렇다.
02 『메논』과 『에우튀데모스』의 유사성에 대해서는 7장 332쪽과 8장 359쪽 이하를 보라.

(4) 『메논』에 소개된 대로의 상기설은 상기의 대상들이 일상적인 경험의 대상들과 근본적으로 다르지 않다면, 메논의 역설을 해결하지 못한다. 따라서 『파이돈』에서 자세하게 논의되는 초월적 형상들에 대한 상기는 이미 『메논』에서 상기가 도입된 부분에 의해 암시된다.

(5) 따라서 『라케스』로부터 『파이돈』에 이르기까지 정의되어야 할 것인 본질들에 관한 이론의 개진은 '하나의' 철학적 입장을 점진적으로 드러내는 과정이지, '초기 플라톤'(또는 소크라테스)에서 '중기 플라톤'으로 옮겨 가는 과정이 아니다. 이 대화편들에서 가장 중요한 움직임은, 그 내용이 '좋음과 나쁨에 대한 앎'이라는 정도로만 모호하게 설명되는 철학적 기술 개념으로부터 그 내용이 형상 이론에 의해 규명되는 변증술이라는 기술 개념으로의 움직임이다. 이 움직임은 『라케스』와 『에우튀프론』에서 설명적 본질(사태나 주제에 대한 설명을 위해 탐구되는 본질)에 대한 탐구와 함께 시작된다.

(6) 『라케스』·『에우튀프론』의 본질들과 『파이돈』·『국가』의 형상들 사이에 있는 이러한 연속성은 형상에 대한 전문 용어 ―'to ho esti (ison),' '바로 동등한 것,' '동등함 자체'― 를 선택한 플라톤에 의해 명시적으로 확인된다.

(7) 마지막으로, 과도기 대화편들의 아포리아적, 예비 교육적 기능은 앎의 선결 조건으로서 아포리아가 하는 기능과 관련해서 플라톤이 『메논』에서 수행한 반성적 논의를 참고해야 가장 잘 이해할 수 있다.

그러면 정의의 물음에 가장 직접적으로 관련된 세 대화편 『라케스』, 『에우튀프론』, 『메논』으로 논의를 시작해 보자. 외형적으로 정의를 묻는 대화편처럼 보이는 『카르미데스』는 실제로는 다른 주제들에 초점을 맞추고 있다. 그래서 『카르미데스』는 7장에서 따로 다루고자 한다. 그리고 8장에서는 『프로타고라스』를, 9장에서는 『뤼시스』를 다룰 것이다. 『에우튀데모스』에 대한 논의는 10장으로 미뤄 두고자 한다. 그 장에서 변증법을 다루면서 함께 논의하겠다. 나는 이런 식으로 중기 대화편에 지시된 형상 이론(11장)

을 본격적으로 논하기 전까지, 7개의 과도기 대화편들 모두에 대해 부분적인 해석들을 제시할 것이다.

2. 서론적 대화편 『라케스』

『라케스』는 플라톤이 새로운 일련의 대화편들 —특히, 아포리아로 끝나기 때문에 전형적인 '소크라테스적' 작품으로 간주되어 온 대화편들— 에 대한 서론 격으로 기획한 대화편이라는 나의 가정을 가장 잘 설명해 줄 몇 가지 두드러진 특징을 가지고 있다. 『라케스』의 서론적 기능을 나타내 주는 한 가지는 어느 대화편들보다 긴 도입부이다. 그 분량이 이 짧은 대화편 중에서도 절반이나 된다.[03] 이 도입부는 대화 상대자들의 비범한 명성과 더불어, 소크라테스를 소개하는 방식이 독특해서 주목할 만하다. 『라케스』가 다른 소크라테스적 대화편들과 구분되는 특징은 소크라테스가 도입부의 대화에 참여하지 않는다는 점이다. 소크라테스가 대화에 개입하기 전까지 몇 쪽에 걸쳐 논의가 진행된다. 플라톤은 뤼시마코스를 첫 번째 화자로 내세우고 그 다음에 소크라테스가 소개되게 함으로써, 두 장군 라케스와 니키아스가 소크라테스를 젊은이의 교육에 특별한 관심을 가진 훌륭한 시민이자 군인으로 극구 칭찬할 기회를 만든다. 그럼으로써 서론은 소크라테스의 특별한 위치와 과도기 대화편들의 중심 주제 —젊은이들에게 덕을 교육하는 일— 양

---

[03] 『라케스』의 도입부는 어느 대화편보다도 길다. 대화편 전체가 스테파누스의 편집으로 23쪽인데, 본격적으로 정의를 묻는 대화가 189e-190d에서 시작되기 전까지 이어져 11쪽이나 차지한다. 이에 비견될 만한 것이 『프로타고라스』의 3중 도입부인데, 『라케스』보다 2배 이상 긴 이 대화편 중 10쪽을 차지한다. 대개 도입부는 4-6쪽 정도의 길이이다. 『국가』 1권의 도입부는 5쪽이 채 되지 않는다.

자를 모두 세심하게 준비한다. 이 주제에 관한 『라케스』의 논의는 곧바로 덕들을 정의하는 문제로, 따라서 정의의 우선성 원칙으로 이어진다.

먼저, 대화 상대자들의 면면을 살펴보자. 아들을 훌륭하게 교육하기를 원하는 두 아버지 뤼시마코스와 멜레시아스가 등장한다. 이들 중 한 사람의 아버지는 5세기 아테네에서 가장 유명한 정치가로 알려진 정의로운 사람 아리스테이데스였고, 다른 사람의 아버지는 페리클레스의 정적 투퀴디데스였다. 그리고 아들들의 교육에 대한 충고를 요청받았던 두 장군, 라케스와 니키아스는 페리클레스 사후 아테네에서 정치적으로 가장 영향력 있는 인물들이었다. 라케스와 니키아스의 높은 사회적 지위, 그리고 대화가 시작된 동기가 된 자녀 교육에 대해 고민하는 두 아버지들과 연결된 그보다 훨씬 더 저명한 가족 관계. 이 두 가지는 모두 젊은이들에게 덕이 생기도록 교육하는 최선의 방법이 무엇인지 논하는 데 대화편의 극적 관심이 맞춰지도록 한다. 모두가 예견할 수 있듯이, 논의는 소크라테스가 저명한 두 장군이 나름 용기를 정의하려 하지만 실제로는 그들 자신이 논하는 내용에 대해 전혀 알고 있지 못하다는 점을 보여 주는 것으로 끝난다. 반면에 대화편의 도입부에선 주목할 만한 점이 진행된다. 거기서 소크라테스는 도시의 가장 중요한 인물들에 속하는 두 사람에게 높은 평가를 받는, 특별히 존경할 만한 시민으로 소개된다. 게다가, 아리스테이데스의 아들 뤼시마코스와의 대화는, 소크라테스의 집안이 아테네 상류층과 매우 친밀한 관계에 있다는 점을 알려 준다. 이러한 사실들은 독자에게 『소 히피아스』나 『고르기아스』와는 다른 인상을 준다. 『소 히피아스』에서 소크라테스는 터무니없는 도덕관을 변호하고, 『고르기아스』에서는 페리클레스와 그 밖에 역사적으로 유명한 아테네 인물들의 명성을 비판하고 있기 때문이다. 『라케스』의 도입부는 소크라테스를 젊은이들을 교육하기에 적합한 후견인으로 소개하면서, 덕의 본성과 교육에 관한 일련의 대화편들에서 소크라테스가 도덕적 안내자 역할을 할 무대를 마련한다. 그리고 정의되어야 할 덕인 용기에 대해 가장 잘 알려 줄 자격을 갖춘 인물로 소크라테스를 소개하며, 『라케스』는 또한 정의에 대한 이론적 추구를 도덕 및 정치 교육에 대한 폭넓은 실천적 관심 안에다 끼워 넣는다. 그래서 젊은이들이 탁월성(aretē)을 얻으려면 어떻게 교육받아야만 하는지를 묻는다. 서론의 첫 부분에서 탁월성은 정치적 성공이나 대중적 명성으로 이해된다. 하지만 그 끝 부분에서 소크라테스는 그 목적을 "그들의 혼을 가능한 한 좋게"(186a) 만드는 것이라고 조심스럽게 수정한다. 이러한 탁월성에 대한 사뭇 다른 두 이해 사이의 긴장은 『고르기아스』에서 이미 격렬한 대립으로 나타났었고 여기서도 잠재된 채로 지속되고 있다. 그것은 '용기'라는 주제가 두 견해를 적어도 피상적으로나마 하나의 관심으로 묶어 주기 때문이다.

서론의 직접적인 목적은 젊은이들을 교육할 방법을 결정하는 데 기초가 될 정의에 대한 탐구를 이끌어내는 것이다. 가르침 가능성과 실제적인 효용성이라는 두 주제는 처음부터, 즉 라케스와 니키아스가 중무장 상태로 싸우는 법을 아들들이 배워야만 하는가를 논할 때부터 제기된다. "이것은 배울 가치가 있는 주제(mathēma)인가, 아닌가?"(182e) 그러나 이 물음은 소크라테스에 의해 도덕 교육의 목적(hou heneka, 185d)을 규정하려는 시도로 일반화되고 변형된다. "어떻게 하면 아들들의 혼에 덕(aretē)을 생기게 하여 그들을 더 나은 사람들로 만들 수 있을 것인가?"(190b) 물론, 이것은 『고르기아스』에서 정의된 정치 기술의 목적과 똑같은 것이며, 여기서도 우리는 『고르기아스』에서와 마찬가지로 전문가(기술자)를 찾고 있다(185a 1, b 11, d 9, e 4 등). 게다가 전문가들에게 요구되는 자격 또한 『고르기아스』와 동일하다. 그의 스승은 누구였는가? 그 자신이 이룬 업적은 무엇인가?[04] 소크라테스는 여기서만

---

04 『라케스』 186e-187c, 189d 5-7과 『고르기아스』 514b-c, 515a 이하를 비교하라.

전혀 다른 방책을 구사하기로 마음먹는다.

우리를 같은 결론으로 이끌 테지만 좀 더 근본적인 출발점이 될 다른 탐구 방법은, 우리가 전문가를 필요로 하는 주제에 대해, 그리고 추구되어야 할 목적에 대해 정의를 내리는 일이라고 소크라테스는 주장한다.[05] 그러한 출발점을 확립하기 위해, 그는 먼저 덕이 무엇인지를 알아야 한다고 말한다(190b). 그러나 덕 전체는 논하기에 너무 큰 주제이기 때문에, '아들들이 중무장을 하고 싸우는 법을 배워야만 하는가?'라는 첫 번째 질문과 가장 연관성이 많은 것으로 보이는 일부 덕을 다룬다. "그렇다면 먼저 용기가 도대체 무엇인지(andreia ti pot' estin)를 말해 보도록 합시다. 그리고 그다음으로 그것이 실천과 배움(mathēmata)을 통해 획득될 수 있는 한, 어떤 방식으로 젊은 이들에게 생기게 할 수 있는지를 우리는 살펴볼 것입니다"(190d 7).

우리는 다음 절에서 'X란 무엇인가?'라는 형식으로 제기되는 물음을 다룰 것이다. 이 물음은 여기서 도덕 교육의 실천적 기획에 선행하는 이론적 예비 작업으로 소개된다. 바로 이런 관계는 『메논』에서 이루어지는 정의에 대한 보다 풍부한 논의에 보존된다. 거기서 '덕이란 무엇인가?'라는 질문은 "덕은 가르쳐질 수 있는가?"라는 메논의 질문에 선행하는 필수적인 물음으로 제기된다. 두 대화편에서 공히 주장되고 있는 정의의 우선성은 무엇보다도 이론이 방법론적으로 실천에 앞선다는 점을 뜻한다. 정의를 묻는 다른 두 대화편인 『카르미데스』와 『에우튀프론』에서 탐구의 동기는 적어도 피상적으로는 똑같이 실천적 관심에 의해 부여된다. 소크라테스는, 카르미데스가 이미 절제를 소유하고 있는지, 아니면 그가 그의 두통을 치료

---

05 189e 2-3의 '보다 근원적인 것'(mallon ex archēs)의 의미는 앞서 185b에서, "우리가 숙고하고 있는 것이 무엇인지, 우리 중에서 누가 기술자이며, 이를 위한(toutou heneka) 교사들을 두었는지, 그리고 누가 두지 않았는지에 대해 시작 단계에서 합의를 볼" 필요성을 언급한 부분에 의해 설명된다.

할 주문을 필요로 하는지 알아내기 위해, 그에게 그 덕을 정의해 보라고 요구한다. 그리고 에우튀프론에게는 그 자신이 불경한 인물이 아님을 법정에서 변호할 때 경건에 대한 앎을 사용할 수 있는지 보기 위해 경건을 정의해 보라고 요구한다. 하지만 정의의 우선성 원칙이 가장 명시적으로 정형화된 『라케스』와 『메논』에서 실천적 동기는 소크라테스-플라톤적 기획의 주 관심사 ─덕을 도덕 교육의 목적으로 정의할 필요성─ 를 반영한다.

X란 무엇인가? 라는 물음을 이렇듯 실천적인 관심사에 끼워 넣은 면모는 종종 간과되어 왔다. 아리스토텔레스는 소크라테스가 목적(telos)은 덕을 아는 것이라고 생각했다고, 그리고 그가 정의란 무엇인가, 용기란 무엇인가? 라고 물은 것은 정의를 아는 것이 곧 정의롭다는 것과 같은 것이라고 생각했기 때문이라며 비판한다. "그렇듯 그는 덕이 무엇인지를 탐구했지, 그것을 어떻게, 어디로부터 얻는지는 탐구하지 않았다"(『에우데모스 윤리학』 1권 5장 1216b 3-10). 여기에서 아리스토텔레스는 『라케스』에서 매우 강조된 사실 하나를 무시한다. 그것은 덕을 정의하는 일이 도덕 교육 프로그램을 위한 출발점이지 목적이 아니라는 사실이다. 정의와 관련된 대화편들과 함께 시작되는 이러한 실천적 관심은 『국가』의 수호자들에 대한 교육 이론에서 그 정점에 이를 것이다. 하지만 그 과정은 어떤 점에서 순환적이다. 덕을 교육하기 위한 계획을 짜기 위해서는 우선 덕 또는 탁월성이 무엇인지를 먼저 알아야 하지만, 교육의 최고 단계는 바로 탁월성과 '좋음'의 이데아에 대한 한층 깊은 이해를 의미하기 때문이다.

『라케스』의 문학적 형식은 주목할 만한 가치가 있다. 이 대화편은 드라마적 도입부를 가지고 우리가 마주친 최초의 대화편이자, 특정의 허구적 연대에 대화를 설정한 최초의 대화편이기도 하다(물론, 소크라테스의 재판 및 죽음과 관련되어 불가피하게 시기가 정해진 『소크라테스의 변론』, 『크리톤』은 예외이다). 라케스가 기원전 418년에 죽었고 대화편에서 델리온 전투(기원전 424년)

가 최근의 사건인 것처럼 언급되고 있는 것으로 볼 때, 허구적 대화의 연대는 기원전 420년대 후반쯤이다. 이때는 니키아스가 자신의 이름을 딴 평화협정을 맺을 시점이다. 이러한 종류의 극적 도입부는 『메논』을 제외한 다른 모든 과도기 대화편들에서도 쓰이는 전형적인 형식이며, 『향연』과 『파이돈』도 이 형식을 따르고 있다. 그리고 몇몇 경우, 도입부는 특정한 극적 연대에 맞추기 위해서 하나의 사건을 언급하면서 시작한다. (『카르미데스』는 처음 대화를 전개하며 기원전 432년 포티다이아 전투를 언급함으로써 대화 시기가 정해지고, 『에우튀프론』은 소크라테스의 재판에 의해, 『프로타고라스』는 알키비아데스의 갓 자라난 턱수염에 의해, 『향연』은 아가톤의 첫 비극 경연 우승에 의해 대화 시기가 정해진다.) 이런 관점에서 보자면 『라케스』는 플라톤의 문학 기법에 혁신을 가져다준 작품이다. 하지만 『라케스』는 『카르미데스』, 『뤼시스』, 『프로타고라스』, 『에우튀데모스』 등 다른 대화편들과 『국가』의 도입부에서 전형적으로 사용되고 있는 문학적 장치 하나 ―이야기 전달 형식― 를 결여하고 있다. 『라케스』는 유일하게 이전에 행했던 대화가 전달자에 의해 보고되지 않는 긴 극적 도입부를 가진 대화편이다. 형식의 측면에서 『라케스』는 여전히 『고르기아스』나 아주 짧은 세 대화편(『크리톤』, 『이온』, 『소 히피아스』)에서 플라톤이 사용한 직선적인 극적 ―소극(笑劇)의― 구조를 보인다. 하지만 그 극적 도입부는 『카르미데스』에서 『국가』에 이르는 플라톤의 저술에서 전형적으로 사용되는 새로운 형식을 앞서 가리키고 있다.[06]

---

06 (아이스키네스에서처럼) 아포리아 상태로 끝나는 대화편들에서 이야기 전달자는 소크라테스 자신이므로, 플라톤은 『라케스』에서 이야기 전달의 틀이 없이 긴 극적 도입부를 구성하는 이 독특한 사례 ―즉, 소크라테스의 등장을 늦추는 것― 에 대해 충분한 예술적 동기를 가졌다.

3. 두 종류의 정의

3장 4절에서 나는 정의에 대한 두 종류의 요구를 구분했었다. 하나는 다른 질문들에 대한 인식론적 우선성을 주장하고, 다른 하나는 그렇지 않은 것이다. 후자는 『고르기아스』에도 예시되어 있다. 그곳에서 소크라테스는 고르기아스를 압박하여 자신의 전문 기술(즉 연설술)의 특징을 규정하게 한다. 그래서 둘이 그것을 평가할 수 있도록. 소크라테스는 '연설술이란 무엇인가?'라는 물음이, 연설술이 칭송될 만한 것인지를 결정하기 전에 답변되어야 한다고 주장한다(448e, 462c 10, 463c). 그는 또한 전자의 물음이 해결되지 않으면 후자에 대해서도 대답하지 않을 것이라 말하는데, 이는 그 반대 방식이 옳지 않기 때문이다(ou dikaion, 463c 6). 이것은 내가 '좋은 방법의 규칙'이라고 불렀던 것이다. 이것은 당신이 논하고자 하는 바가 도대체 무엇인지를, 그것의 논쟁적 요소들을 논하기 전에 명확하게 밝힘으로써 시작하는 것이다. 소크라테스와 그의 대화 상대자들이 연설술이 무엇인지에 대해 합의한 후에야, 그는 왜 그것이 전문 지식(technē)이 아니고, 따라서 칭송받을 만한 것이 아닌지를 보여 주는 데로 나아갈 수 있다. 그리고 이 우선성의 원칙은 연설에 대해서도 동일하게 적용된다. 『향연』 195a와 『파이드로스』 237b-d에서도 비슷한 요구 —에로스를 찬양하기 전에 먼저 합의를 통해 에로스가 무엇인지를 명확하게 밝히라는 요구— 가 이루어진다.

다른 한편으로, 『라케스』에서 그것은 단순히 합의의 문제가 아니라, 앎의 문제이다. "그렇다면 덕이 무엇인지 아는 것이 우리에게 필요하지 않겠습니까? 우리가 덕이 도대체 무엇인지를 전혀 알지 못한다면, 어떻게 해야 덕을 가장 잘 얻을 수 있을지를 묻는 이에게 조언자 역할을 할 수 있겠습니까?"(190b 7) 이는 단지 명료화의 규칙에 지나지 않는 것이 아니라 인식론적 우선성의 원칙이다. 이것은 어느 주제에 있어서건 진정한 능력은 그 주제가 무엇인지를 알도록 요구한다는 원칙이다. 『라케스』에서 문제가 되는 것은 젊은이의 교육이다. 그리고 소크라테스는 이와 관련된 결정이 다수결의 방식이 아닌 앎(epistēmē)을 토대로 이루어져야 한다고 주장하면서 논의에 끼어들었다. "우리 가운데 이 주제에 대한 전문가(기술자)가 있습니까?"(185a) 만약 그렇지 않다면 우리는 먼저 그를 찾아야 한다. ('technē'와 'technikos'라는 용어가 이 문장 이후로 185a 1-e 11에서 일곱 번 등장한다.)

하지만 전문가가 필요한 바로 그 주제는 규정되어야 할 것으로 남아 있다. 이 규정은 185b 6에 모호하게 처음으로, 185b 10에 보다 직설적으로 등장하는 '그것은 무엇인가?'(ti estin)라는 물음에 의해 요구된다. 이 질문의 실천적 지향점은, 전문가가 요구되는 것, 즉 '어떤 것이 위하는 것'(for the sake of which)을 뜻하는 'hou heneka'라는 설명적 표현에 의해 명확해진다. 소크라테스가 내놓는 첫 번째 답변은 젊은이들의 혼을 가능한 좋게 만드는 것"이다 (186a 5). 하지만 그 물음의 표준형과 그것의 우선성에 대한 강조는 대화편 후반부에 소크라테스가 두 장군의 의견을 검토하기 시작하면서부터 이루어진다. 그는 두 장군이 기꺼이 조언 요청에 응하는 것을 보고, 그들이 스스로를 교육 전문가로 여기고 그렇게 한 것으로 이해했다. 왜냐하면 그들이 만일 적절한 앎을 가지고 있다(hikanōs eidenai)고 확신하지 않았다면, 젊은이들의 교육에 대해 그렇게 자신감 있게 공언하지는 않았을 것이기 때문이다 (186d 3). 소크라테스는 그들이 자격을 갖춘 인물인지 시험하려 했다. "그들을 가르친 자들은 누구인가?", "그들은 교육을 통해 누구를 발전시켰는가?" 그러나 소크라테스는 이 물음을 "같은 결론으로 이끌 다른 탐구, 즉 (그들의 능력을 시험하는 데) 출발점으로 더 적절할 탐구(mallon ex archēs)"인 정의에 대한 탐구로 대체한다. 그래서 '덕이란 무엇인가?'라는 물음이 190b에 제기된다. 그리고 라케스는 이 물음을 전문성의 시험으로 받아들인다(190c).

여기서 진술된 원칙은 친숙한 것처럼 보이지만 새로운 면을 지니고 있다.

이 원칙은 실제로 친숙한 다음 두 가지 것의 수렴을 보여 주고 있다. (1) 좋은 방법의 규칙. 이것은 역사적으로 소크라테스의 방법으로 여겨지는 것인데, 우선성 원칙이 185b에서 처음으로 소개될 때 —"저는 우리가 숙고하고 있는 바가 무엇인지에 대해 처음부터 동의했다고 생각하지 않습니다"— 여기에 진술된다. 그리고 (2) 『소크라테스의 변론』에 기술된, 앎이나 지혜의 소유 주장에 대한 소크라테스의 검토. 바로 지혜에 대한 소크라테스의 탐구라는 맥락에서 좋은 방법의 규칙은 인식론적 우선성의 원칙으로 재구성될 수 있다. 하지만 이 원칙 자체는 순전히 플라톤의 것이다. 왜냐하면 이 원칙은 플라톤의 체계 내에서 본질들이 근본적으로 맡은 설명적 역할에 기대기 때문이다. 이 주제에 대해서는 다음 4절과 11장에서 더 자세히 논할 것이다.

이러한 두 종류의 '그것은 무엇인가?'라는 물음은 아주 다르게 취급된다. 『고르기아스』에서는 반례를 들어 논박하는 방법이 아주 느슨하게 진술된 정의항을 피정의항에 알맞은 진술로 다듬는 데 사용된다(454e). 하지만, 『라케스』에서는, 정의를 묻는 다른 대화편들에서처럼, 똑같은 방법이 진술을 개선해 나가는 데 사용되는 것이 아니라, 제시된 정의들을 연달아 제거하는 데 사용되어, 결코 만족스러운 결과가 이루어지지 않는다. 이러한 실패는 이 대화편들의 아포리아적 구조가 지니는 직접적인 기능이다. 플라톤이 『국가』4권의 건설적인 목적들을 위해 (완전하게 적합한 것은 아니더라도) 효과적인 덕에 대한 정의들을 제공하고자 할 때, 그는 아무 문제없이 그 일을 해낸다. 사실 『라케스』 자체에 용기와 덕에 대한 개연성 있는 정의가 함축적으로 제공되어 있다. (아래 5절을 보라.) 과도기 대화편들에서 덕들에 대한 정의가 체계적으로 실패한 것은 플라톤이 기획한 것이다.[07] 이는 소크라테스

---

07 『라케스』에 함축된 용기에 대한 정의는 외연적인 기준을 충족할지도 모른다(이 장의 5절과 6절의 '1) 외연적 관계들'을 보라). 설명적인 것이 되려면 정의는, 『국가』4권에서처럼, 심

의 무지 고백을 지켜줄 뿐만 아니라, 이와 동시에 아포리아의 인식론적 장점들을 예시한다. 그것은 또한 본질들에 관한 앎은, 근본적일 때 얻기가 무척 어렵다는 점을 알려 준다.

4. 정의의 우선성

정의와 관련한 인식론적 우선성의 원칙은, 로빈슨(R. Robinson)의 모범적 연구서 『플라톤의 초기 변증술』에서 확인되었다. 이에 대한 최근의 논란은 피터 기치(Peter Geach)가 자신이 소크라테스적 오류라 부른 것에 대해 공격함으로써 촉발되었다. 기치에 따르면 그 오류는 다음과 같이 가정한다. "만일 당신이 주어진 용어 'T'를 올바르게 서술하고 있음을 안다면, 당신은 어떤 것이 T임의 일반적인 기준을 제공할 수 있다는 의미에서 '어떤 것이 T라는 게 무엇인지를 알고' 있어야 한다."[08] 이는 사례를 통해 T에 대한 정의에 도달하는 걸 불가능하게 만든다. 왜냐하면 만일 당신이 이미 T에 대한 정의를 가지고 있지 않다면, 당신이 'T'를 올바르게 서술하고 있는지를 알 수가 없어 사례들이 T의 진정한 사례들인지 알 수 없기 때문이다. 이렇게 보자면, 정의의 우선성 원칙은 이중적으로 오류를 범하고 있는 것 같다. 왜냐하면 (1) 우리가 올바르게 술어를 사용한다고 할 때, 보통 일반적인 정의를 먼저 알아야 하는 것은 아니고, (2) 몇 가지 사례들(그리고 반례들)에 기댈 수 없다면, 정의에 대한 합의를 얻을 수 있는 방법을 보기 힘들기 때문이다.

리 이론에 얼마간 의지해야 할 것이다. 물론 『국가』 4권에 내려진 정의들은, 플라톤이 435d와 504b-d에서 명시하듯, 여전히 본질들에 대한 적절한 설명에 미치지 못한다. 형상들에 대해 말로 하는 설명이 지닌 한계점들에 대해서는 12장을 보라.

08 Geach(1966), 371쪽.

소크라테스의 오류를 지적한 기치의 주장이 불합리하다는 점을 원문에 근거해 밝힌 글들이 많이 나왔다.[09] 기치가 기대고 있는 것으로 보이는 『에우튀프론』의 한 구절(6e)은 단지 경건함의 형상 또는 본질에 대한 앎이 여러 논쟁적 사례들을 판단할 수 있도록 도와준다고 말하고 있을 뿐이다. 즉, 그런 앎은 '경건함'이란 말을 올바르게 적용하는 데 충분조건일 수는 있어도 필수조건은 아니다. 이는 개연성 있는 주장이다. 여기에 오류로 지적될 만한 것은 없지만, 인식론적 우선성의 단서가 드러나 있지는 않다. 논쟁적 사례들에 대한 판단을 언급하는 부분은 에우튀프론이 친부를 살인죄로 고소하고 있는 이 대화편의 특별한 면모이다. (에우튀프론의 행동은 소크라테스에게 터무니없는 짓으로 보이지만, 에우튀프론은 자신의 행동이 종교적인 근거 때문에 요구되는 것이라고 주장한다. 이 사례에 대한 판단은 분명히 경건함에 대한 각자의 일반적인 개념에 의존하고 있다.) 정의를 묻는 다른 대화편들에는 사례에 대한 합의가 이루어지지 않는 경우가 없다. 『라케스』, 『메논』, 『국가』 1권에서 인식론적 우선성의 원칙이 호소될 때, 당면 문제는 아주 다르다.

『라케스』에서 정의를 요구한 목적은 당사자가 도덕 교육을 할 자격을 갖추고 있는지 시험하는 데 있다. 그리고 우리가 이미 살펴보았듯이, 라케스는 그것을 그대로 수용한다. "우리는 덕이 무엇인지 안다고 말합니다. … 그리고 우리가 진정 알고 있다면 그것이 도대체 무엇인지도 말할 수 있을 겁니다"(190c). 이렇듯 덕(또는 관련된 덕의 일부인 용기)의 정의에 대한 요구는 한 단어의 올바른 사용이나 사례들에 대한 올바른 인지를 위해 필요한 기준으로서 나온 것이 아니다. 그것은 적합한 전문성, 즉 플라톤이 의미하는 전문 지식을 소유하고 있는지, 주어진 주제를 숙달하고 있는지를 시험하기

---

09 Vlastos(1990), 15쪽의 보다 상세한 참고문헌들과 함께 가장 최근의 연구인 Vlastos(1994), 67-86쪽을 보라.

위한 것이다. 『라케스』의 경우는 도덕 교육과 관련하여 누군가가 선생이 되거나 권위 있는 조언을 해 줄 자격이 있는 덕의 전문가인지를 가려 줄 시험이다. 라케스가 용기를 정의하는 데 실패한다고, 그가 델리온 전투에서 소크라테스가 보인 용맹한 행동을 인정한 것이 의문시되는 것은 아니다.[10] 그 대신 라케스는 좌절감에 빠졌고, 자신의 무지를 인식하기 시작한다. "용기가 무엇인지에 대해 안다고 생각하는데, 그게 어떻게 해서 제게서 빠져나가, 그걸 말로 포착해서 그것이 무엇인지를 말하지 못할 정도가 되었습니다"(194b).

용기에 대해 정의를 내리지 못했다고 두 장군이 용감하지 않다거나 그들이 용기의 사례들을 제대로 인지할 수 없다는 건 아니다. 그것은 그들이 덕의 교육에 대해 가르치거나 전문가적 조언을 해 줄 수 있는 엄밀한 의미의 '앎'을 결여하고 있음을 보여 준다.[11]

『메논』에서 소크라테스는 그의 대화 상대자에게 지적 겸손에 관해 비슷한 교훈을 준다. 그러나 메논은 자신의 무지를 깨닫기는커녕 잘 알려진 그의 역설로 맞선다. 다시금 '덕이란 무엇인가?'란 물음이 먼저이고, '어떻게 그것을 획득할 수 있는가?'란 물음이 뒤따른다. 『라케스』와 다른 점은 이렇다. 여기에서 (1) 앎은 두 물음 모두에서 강조된다. 그리고 (2) 정의의 우선성 원칙은 '메논이 누구인지를 앎'의 사례로 예시된다.

내가 어떤 것이 무엇인지를 알지 못하는데, 어떻게 그것이 어떤 종류의 것인지(hopoion ti) 알겠는가? 아니면 자네는 메논이 누구인지를 전혀(to parapan)

---

10 『라케스』 193e에서 소크라테스는 말한다. "누군가 우리의 대화를 듣는다면, 그는 우리가 행위(ergon)에서는 용기에 관여하고 있지만, 말(logos)에서는 그렇지 않다고 말할 것입니다."

11 정의와 전문 지식이 교육과 맺는 관계에 대해서 Woodruff(1982), 139-41쪽과 (1990), 65-75쪽의 언급을 참조.

알지 못하는 사람이 그가 잘생겼는지 부자인지 귀족 출신인지, 아니면 이와 반대인지를 아는 게 가능하다고 생각하는가? 자네는 그게 있을 수 있는 일이라고 생각하는가? (71b)

여기에서 일반화와 예시는 모두 메논의 역설을 정식화하는 데에 이용될 복잡한 양태를 끌어들이고 있다. 명확성을 기하기 위해서 우리는 ─문제가 되는 앎에서 '안다'는 것의 약한 의미와 강한 의미에 상응하는─ 상식과 인식론적 우선성에 대한 역설적 주장을 구분하면서 시작해야 한다. 상식의 원칙은, 우리가 논의하고 있는 주제에 대해 뭔가를 더 알려면, 그에 대한 최소한의 인지적 접촉이나 친밀함을 어느 정도 가져야 한다는 것만을 요구한다.[12] 메논과 같은 개인의 경우, 우리는 그를 논의의 주제로 확인할 수 있어야 한다. 용기나 덕과 같은 개념의 경우는 그 사례들을 인지할 수 있어야 한다. 만일 우리가 그 주제에 대해 전혀 모른다고 한다면, 즉 우리가 논하고 있는 것이 무엇인지를 전혀(to parapan) 알지 못한다면, 우리는 그것이 어떤 속성을 가지고 있는지를 거의 알 수 없다. 우리는 이것을 '기술(記述)에 대한 지시의 우선성'이라 부를 수 있을 것이다. 그리고 이 약한 의미의 인식론적 우선성에는, 우리가 '메논이 누구인지를 앎'의 사례에서 볼 수 있듯이, 본질이나 정의에 관한 물음이 없다. 요구된 종류의 앎은 실제로 참인 믿음의 개념보다 결코 강하지 않다. 이 대화편의 독자로서, 우리 모두가 메논이 누구인지를 아주 잘 안다는 것은 그가 실제로 잘생겼고, 부유하고, 귀족 출신임

---

12 물론 '그가 누구인지 앎'(gignōskei hostis estin)은 직접적인 친분을 포함하고 있지만, 그것을 필수적으로 요구하지는 않는다. 이렇게 인식론적 우선성을 약하게 읽는 좋은 사례가 『메논』 92c에 나온다. 아뉘토스가 소피스트들과 개인적 친분이 없다면 그들의 일 자체가 좋은지 나쁜지 어떻게 알 수 있겠는가? 아뉘토스는 그것이 쉽다고 대답한다. 왜냐하면 "저는 그들이 누구인지 알기 때문입니다."

을 안다는 것을 뜻한다. (이 사례는 문제가 되는 앎이 철학자들이 말하는 '친숙함을 통한 앎'이 아니라는 점을 분명하게 보여 준다. 우리는 메논과 개인적으로 친분이 없어도 그에 대해 많은 것을 안다.) 이렇게 해석해 볼 때, 그 우선성의 원칙은 『고르기아스』에서 예시된 '좋은 방법의 규칙'의 온건한 인식론적 형태라 하겠다. 그것은 우리가 논의하고 있는 것이 무엇인지를 알아야 한다는 건전한 상식의 원칙을 표현한다.

우선성에 대한 온건한 파악과 '안다'의 약한 의미에 대해서는 이 정도로 해 두자. 『메논』은 『라케스』에서 전문가의 자격 조건으로 요구되었던 것에 상응하는, 다른 종류의 우선성과 훨씬 강한 의미의 앎에 대해서도 다루고 있다. 이 앎은 설명적 본질, 즉 덕의 단일한 형상을 포함하는 종류의 앎이다. 이 형상은 모든 개별적인 덕들이 다 가지고 있는 것으로, "이것 때문에 그것들이 덕이다"(72c 8). 그리고 그것은 "실제적으로 덕인 것"(ho tynchanei ousa aretē)이다(72d 1). 이것이 바로 소크라테스가 덕은 가르쳐질 수 있는지에 관해 말하기 전에 요구한 의미에서 '덕이 무엇인지'에 대한 앎이다. 이렇게 이해한다면, 우선성의 일반화된 원칙은, 임의의 주제 X의 본질에 대한 앎 없이는 X에 대해 아무것도 알 수 없다고 단언한다.[13] 본질들에 대한 앎이 없다면 어떠한 앎도 불가능하다. 그렇다면 본질들에 대한 앎은 처음에 어떻게 획득될 수 있는가?

우리는 소크라테스가 처음에 정의를 요구한 것이 극(劇)의 차원에서 충분히 이해할 만한 것이라는 점을 인정해야 한다. 소크라테스와 메논은 탁월성(aretē)에 대해 근본적으로 완전히 다른 관념을 가지고 있다.[14] 그리고 가르

---

13 앎의 의미를 이렇게 강하게 읽는 것에 대한 분명한 진술과 옹호는 Benson(1990a), 19-65쪽을 보라.

14 이는 메논이 덕을 "사람들을 지배할 수 있음"으로 정의할 때 극명하게 드러난다. 그는 그 지배함에 '올바르게'를 덧붙여야 한다는 소크라테스의 지적을 받을 수밖에 없다(『메논』73c 9-d 8).

침 가능성 문제에 대한 답은 분명히 가르치려고 하는 그것이 도대체 무엇인지에 달려 있다. 명료한 정의에 대한 이런 합리적인 요구는, 논의되는 주제의 친숙함에 대한 일상적인 이해와 더불어, 그와는 확연히 다르게 설명적 본질들에 대한 우선적 앎을 특별히 요구하도록 플라톤이 사용하는 기술의 일부이다. 『메논』의 1부에서 정의들을 체계적으로 추구하는 데 등장하는 것은 바로 이 두 번째의 보다 강한 요구이다.

'그것은 무엇인가?'라는 물음에 솜씨 좋게 감춰진 이러한 근본적인 이중성을 배경으로, 메논의 역설이 지닌 애매성과 소크라테스의 답변이 지닌 양가성(兩價性)을 이해할 수 있다. 한편으로, 소크라테스는 메논의 논증이 매우 쟁론적이라고 지적한다. 다른 한편으로, 그는 영혼불멸과 윤회의 신화적 비유를 들고 대화편의 그다음 부분을 주도할 상기론을 내세워 응답한다. 하지만 그 양가성은 깊은 당혹감을 불러일으킨다. 메논의 논증이 쟁론적이라면, 소크라테스가 그렇게 강하게 반응할 필요가 있을까? 나는 이 점에서 인식론적 우선성의 약한 의미와 강한 의미를 구분할 때 그런 당혹감을 해소하는 데 필요한 실마리를 얻을 수 있다고 생각한다.

메논은 묻는다. "소크라테스여, 당신이 그것이 도대체 무엇인지를 전혀 알지 못한다고 한다면 이것을 어떤 방식으로 탐구하려고 하십니까? 당신이 알지 못하는 것들 중 어떤 것을 탐구 대상으로 내세우겠습니까? 그리고 당신께서 그것을 발견한들 어떻게 그것이 선생께서 알지 못했던 것이라는 점을 알게 되겠습니까?"(『메논』 80d). 이 논증이 '안다'의 이중적 의미에 의존해 있다는 걸 알게 된다면, 그것은 쟁론적이고 소피스트적인 것으로 간주될 것이다. 이렇게 볼 때, '앎'이란 말의 애매성이 제거되는 순간 메논의 역설은 아주 쉽게 해결될 수 있다. 우리에게는 단지 탐구 주제에 대해 (확인하는 정도의) 약한 의미의 앎만 있으면 된다. 그리고 이 앎은 보다 완전한 의미의 앎을 결여하고 있고 더 탐구될 필요가 있는 앎이다.[15] 이는 또한 분명히 어떤 주제의 학문적 탐구에도 해당된다. 그리고 '안다'는 말의 이 약한 의미가 대화편의 처음 부분에 '메논이 누구인지를 앎'의 비유를 통해 제시되었다.

다른 한편으로, 플라톤이 메논의 역설을 상기론을 소개하는 데 이용하고 있다는 사실은, 그가 설명적 본질 개념과 연관된 강한 의미의 우선적인 앎을 염두에 두고 있다는 점을 보여 준다. 메논의 역설은 플라톤이 이에 대항하기 위해 꺼내든 중화기(重火器: 강한 의미의 우선적 앎의 요구)를 정당화하는 구실을 한다. 그 유일한 이유는 메논의 '쟁론적' 논증이 강한 의미의 인식론적 우선성 원칙에 의해 제기된 보다 깊은 문제를 정확하게 짚어 주기 때문이다.

메논의 역설은 기치가 정의의 우선성에 대해 제기한 것과 같은 종류의 반론을 일반화한 것이기 때문에 진지하게 살필 필요가 있다.[16] 만일 당신이 X에 대해 다른 무엇인가를 알기 위해서 X에 대한 본질적인 앎, 즉 X가 무엇인지에 대한 완전한 이해를 갖춰야 한다면, 도대체 당신은 어떻게 그것에 대한 앎을 획득할 것인가? 나중에 대화편에 소개된 참인 믿음(또는 의견, doxa) 개념에 호소하는 건 도움이 되지 않을 것이다. 왜냐하면 믿음은 단지 사례들을 인지하고 개별자들을 확인하는 데 필요한 약한 의미의 앎만을 줄 뿐이기 때문이다. 이것은 우리에게 어떤 개념에 대한 외연적인 설명 ―필

---

15 (1) 탐구 주제를 확인하는 정도로만 아는 것과 (2) 그 주제에 대한 과학적이거나 설명적인 완전한 앎을 성취하는 것 사이의 구분은 그 역설에 대한 소크라테스의 다음과 같은 부연 설명도 제거할 것이다. "사람들은 자기가 아는 것을 탐구할 수 없다(이미 알고 있어 더 탐구할 필요가 없기 때문이다). 그리고 알지 못하는 것도 탐구할 수 없다(무엇을 탐구해야 할지 알지 못하기 때문이다)"(80e). 이와 같은 애매성이 『카르미데스』에 의미심장하게 등장하는데, 여기에서 소크라테스는 모르는 것에 대해 어떻게 알 수 있는지를 묻는다. 7장의 각주 25와 더불어 319쪽 이하를 보라.

16 물론 기치가 지적한 오류는 메논의 역설과 동일하지 않다. 그러나 둘 다 정의의 우선성을 강한 의미로 읽음으로써 야기된 문제들이다. 이 둘이 연결되어 있다는 점은 Vlastos(1994, 78쪽)와 Benson(1990b, 148쪽)에 의해 인지되었다.

요조건들과 충분조건들의 결합ㅡ 을 제공하는 것을 허용할 수 있을지도 모른다. (아래 6절의 '1) 외연적 관계들'을 보라.) 믿음은 우리를 설명적 본질들로 이끌 수 없다. 아무리 덕에 대해 참인 믿음들을 축적하더라도 '덕이란 무엇인가'에 대한 앎이 제공될 수 없을 것이다. 그렇다면, 본질들은 직접적으로 인식되거나, 아니면 전혀 인식될 수 없어야 하는 것처럼 보인다.

독자들은 『메논』의 몇몇 단락들을 읽으면서, 플라톤이 우리가 자력으로 참인 믿음에서 앎의 단계로 나아갈 인식론적 가능성을 인정하고 있다고 믿을 수도 있겠다. 노예 소년은 마침내 정확한 앎에 도달할 참인 믿음들을 산출했다고 인정된다(85c-d). 그리고 소크라테스는 참인 믿음들이 근거의 추론(또는 '원인의 추론')에 의해(aitias logismō) 묶이면, 앎이 될 것이라고 나중에 진술한다(98a 6). 하지만, 이 두 경우에 있어 참인 믿음에서 앎으로 옮겨 가는 것은 상기ㅡ이미 있었고, 어떤 의미에서 여전히 "그 사람 안에" 있는 앎을 되찾는 것ㅡ 를 의미한다(85d 6). 비유적으로 말해, 참인 믿음들은 혼에 잠들어 있었던 앎이 깨어나는 첫 단계를 나타낸다.[17] 여기에서 플라톤의 사유는 형식의 측면에서 엘레아학파의 것을 따르고 있다. 있는 것(존재)이 없는 것(비-존재)으로부터 나올 수 없듯이, 앎은 앎이 아닌 것으로부터 나올 수 없다. 만일 본질들에 대한 앎이 실제로 인지되어 실현될 수 있다면, 그건 그 앎이 어떤 방식으로든 우리의 혼에 이미 존재하고 있었기 때문이다.

그러면, 강한 의미의 인식론적 우선성의 원칙에 따른다면, 우리는 무엇인

---

[17] 참인 믿음이 잠들어 있어 깨어날 필요가 있는 앎을 나타낸다는 생각에 대해서는 85c 9("마치 꿈에서처럼")와 86a 7("질문에 의해 일깨워짐으로써")을 보라. 노예 소년이 "지금 앎을 가지고"(85d 9) 있다고 말할 수 있는 것은 바로 이런 의미에서이다. 왜냐하면 "있는 것들(ta onta)에 관한 진리는 항상 우리의 혼 안에 있기"(86b 1) 때문이다. Scott(1987, 351쪽)이 지적하듯, 상기는 "어떻게 우리가 우리의 의견들을 초월해 앎을 획득할 것인지의 문제에 대한 해결책"으로서 제시된다.

가를 알고자 할 때는 사물의 본질을 알아야만 한다. 이는 우리가 사실상 그러한 앎을 이미 가지고 있다고 확인해 줌으로써 상기설이 소개되면서 충족시켜야 할 요구 사항이다. 물론, 상기는 (『파이드로스』에 나오는, 영혼이 탄생 이전에도 존재했다는 신화와 더불어) 어떻게 사태의 본질들에 대한 앎이 그것들의 특수한 적용 사례들에 대한 앎에 우선하는지를 설명할 수 있다. 그러나 상기가 상기되는 본질적 형상들에 대한 이론과 함께 완성될 때에만 그 점을 완전하게 설명할 수 있다. 본질들에 대한 우선적인 앎은 일상적인 앎과는 다른 종류의 앎일 수밖에 없다. 그렇지 않으면, 어떻게 그런 앎이 획득되었는지의 문제는 그 이전 단계에 다시 나올 뿐이다. 『라케스』에 나오는 우선성의 원칙에 의해서 함축적으로 제시되고 『메논』에서 명시적으로 제시된 이 인식론적 도전은 우리가 『파이돈』에 등장하는 형상과 결합된 상기를 알기 전까지는 결코 응할 수 없는 것이다. 『파이돈』은 형상 이론과 『메논』에 등장하는 초월적 혼에 관한 이론의 결합을 명확하게 밝힌다.[18]

　『파이돈』의 지점에서 『라케스』를 뒤돌아볼 때, 우리는 플라톤의 문학적 전략이 어떤 맥락에서 우선성 원칙의 인식론적 형태를 소개하는 것이라는 점을 볼 수 있다. 그 맥락에서 우리는 ('메논을 앎'의 언급, 그리고 『라케스』의 처음 진술 ―"만일 우리가 가르치길 원하는 것을 알고 있지도 못한다면, 그것의 교육에 대한 조언이 어떻게 가능하겠는가?"― 의 경우처럼) 약한 의미를 쉽게 수용할 수 있고, 그런 다음에 메논의 역설과 함께 보다 강한 의미로 서둘러 향할 수 있다. 하지만 주의 깊게 살펴보면, 강한 의미의 인식론적 우선성 원칙은 『라

18　『파이돈』 76d-77a. 여기에서 앎이 형상들에 의존되어 있다는 점은 혼의 선재(先在)에 대한 증명으로서 호출된다. "거기에는 놀랍도록 똑같은 필연성이 있는 것 같습니다. … 태어나기 전 우리의 혼도 당신이 말하고 있었던 (형상들의) 존재와 같은 경우인 것(즉, 같은 필연성이 있는 것) 같습니다"(76e 8 이하). 이 점은 다음 『메논』 86b 1에도 함축되어 있다. "있는 것들(ta onta)에 관한 진리가 언제나 우리의 혼 안에 있기 때문에."

케스』에 이미 함축되어 있음이 틀림없다. 왜냐하면 그렇지 않을 경우, 두 장군이 용기에 대해 정의를 내리는 데 실패했다는 점은 그들의 능력, 즉 그들이 도덕 교육에 적합한 앎을 가지고 있는지의 자격을 시험하는 역할을 할 수 없을 것이기 때문이다. 이 정도로, 이 대화편들에서 정의의 추구는, 강한 의미의 앎에 선행하는 조건으로서, 형상 이론이 해결할 문제를 제시하는 데 직접적으로 기여한다.

『메논』에서 자신들에게 맡겨진 역할을 하기 위해서는, 상기의 대상들이 태어나면서 사람들의 혼에 깊이 새겨지는 선험적인 개념들이어야만 한다는 점이 분명해져야 한다. 그리고 그 개념들은 인간의 경험과 배움을 가능하게 하는 객관적 실재의 본질들을 나타낸다.[19] 따라서 『파이돈』에, 그리고 『파이드로스』의 신화에 풍부하게 전개된 상기 이론이 여기 『메논』에는 함축적으로만 드러나 있다고 할 수 있다. 더 나아가, 자연 세계의 본질들이 초월적 혼에 접근 가능한 것이라면, 그 본질들 자체가 초월적임에 틀림없다. 그리고 그런 본질들에 대한 파악이 세계에 대한 우리의 경험을 가능하도록 만든다면, 감각 세계 자체는 어떤 식으로든 이러한 본질들에 의해(또는 그것들을 '분유함으로써') 형성됨이 틀림없다.

이렇듯, 플라톤의 형이상학이 지닌 가장 근본적인 특징들은 모두 상기를 통한 배움의 이론에 의해 함축된다. 하지만 이 이론 자체는 ―『라케스』에 단언되고 『메논』에서 탐구의 역설에 의해 거듭 강화된― 정의의 인식론적 우선성 원칙에 의해 명시적으로 야기된다. 나는 플라톤이 『메논』의 바로 이 지점에서 그 역설을 소개하기로 선택했을 때 그 모든 것을 염두에 두었다는 걸 의심할 이유가 전혀 없다고 생각한다. 우리는 단지 그가 『라케스』에서 인식론적 우선성의 원칙을 제시할 때 얼마나 멀리까지 내다볼 수 있었

---

19 『메논』 81c 9 참조: "자연 전체는 동족이고, 우리의 혼은 모든 것들을 배웠다."

는지 짐작만 할 수 있을 뿐이다. 이미 살펴보았듯이, 『메논』은 명시적으로 진술하지는 않은 많은 원칙들을 암시하고 있다(2장 126쪽). 그러나 『고르기아스』에서 흐릿하게 내비친 혼의 초월적 운명은 여기에 아주 명확하게 진술되어 있다. 이렇듯 『메논』에서 플라톤은 자신의 형이상학, 인식론, 그리고 마지막으로 자신의 심리학까지 위치시킬 피안적인 공간을 처음으로 드러낸다.

5. 용기에 대한 정의

『라케스』 같은 대화편은 여러 차원에서 읽혀질 수 있다. 우리는 지금까지 이 대화편에서 정의의 인식론적 관심사를 살펴보았다. 하지만 이제 우리는 『라케스』를 논리학의 차원에서 정의의 연습으로서 다뤄 볼 것이다. 『에우튀프론』과 『메논』은 그 후속편으로 간주될 수 있다. 『라케스』는 '용기'라는 개념을 탐구하기 위해 『프로타고라스』와 『국가』 4권에서도 탐구되는 주제를 들고 나온다. 결국 이 대화편은, 두 장군을 상대로 한 대면 논박으로 볼 수 있는데, 여기에서 두 사람의 성격과 신념에 대한 설명이 검토된다. 지금 우리의 관심은 이 마지막 두 가지 주제, 즉 두 장군이 제시한 용기에 대한 설명이다. 우리들은 어떻게 플라톤이 사용하는 아포리아 형식이 이 주제에 대한 이해를 드러내기도 하고 감추기도 하는 데 기여하는지 보게 될 것이다.

라케스는 철학적 논의에 익숙하지 않다. 소크라테스가 그에게 용기가 무엇인지 물었을 때 그 물음이 의미하는 바를 곧바로 파악해 내지도 못한다. 그는 다음과 같이 대답한다. "그것은 말하기 어렵지 않소. 누군가 대오를 지키면서 적들을 막아 내고자 하고 도망치지 않는다면, 당신은 그가 용감한 사람이라고 확신해도 좋소"(190e). 라케스의 진술은 맞지만, 그것은 소크라테스의 질문에 대한 대답은 아니다. 라케스는 무엇이 용기인지, 즉 어떤 것이 용기의 사례인지를 말했지, 도대체 용기가 무엇인지를 말하지는 않았다. 그래서 소크라테스는 '빠름'의 예를 들어 설명한다. 용기가 전형적인 중무장 보병뿐만 아니라 기병대와 보다 복잡한 책략들에서, 그리고 전시뿐만 아니라 다른 종류의 위험에서도, 즉 질병, 가난, 정치적 위협에 대면해서도, 심지어 쾌락과 욕망에 맞서 싸우는 데에서도 발견될 수 있는 것처럼, '빠름' 도 달리기뿐만 아니라 뤼라 연주, 말하기, 배움, 신체 운동에서도 발견될 수 있다. 소크라테스가 '빠름'이 무엇이냐고 물었을 때, 그가 묻고자 하는 것은 무엇이 이 모든 사례들에서 동일한 것인가이다. 그는 정의의 본보기를 제시한다. 빠름이란 짧은 시간에 많은 일들을 해내는 능력(dynamis)이다. 이와 비슷하게, 무엇이 용기의 다양한 사례들 모두에서 똑같이 발견될 수 있는 능력인가?

자신이 요청받은 질문이 무엇인지를 이해한 다음, 라케스는 이제 다음과 같이 대답한다. "그것(용기)은 혼의 어떤 인내 또는 확고부동함이라고 생각되오"(192b 9). 이 대답은 용기를 어떤 특정 유형의 행위에다 놓지 않고 성격적 특성으로서의 혼 안에 놓는 장점을 지닌다. 그리고 그 혼은 바로 덕들이 속해 있는 곳이기도 하다. 하지만 라케스가 선택한 그 특성은 외연이 너무 넓다. 완강한 인내가 때로는 어리석고 해로울 수도 있기 때문이다. 반면에 용기는 칭송받을 만하고 이로운 것이어야 한다. 그래서 소크라테스는 라케스가 제안한 것을 "현명한 인내"로 재해석하는데, 라케스는 이를 받아들인다(192d).

현명함 또는 분별(phronēsis)에 의해 인도된 성격적 특성으로 규정됨으로써, 라케스의 수정된 정의 '현명한 인내'가 이제 형식상 올바른 것이긴 하지만, 우리는 이것이 어떤 종류의 현명함인지 알아봐야 한다. 그것은 무엇에 관계된 현명함인가?(192e 1). 대화편의 나머지 부분은 이 문제에 대한 탐구로 봐도 무방하다. 순수한 인내가 맹목적인 고집에 빠지지 않으려면, 또는 반대로 신중한 계산만을 반영하려면 어떤 종류의 앎 또는 지혜가 요구되는가? 소크라테스는 라케스를 당황스럽게 만들고 모순에 빠지게 할 반대 사례들을 나열한다. 그것들은 다양한 종류의 기술적 앎들로부터 나오는 대담함의 사례들이다. 여기에서 그러한 기술적 앎 없이 위험에 맞서는 사람이 그렇지 않은 자보다 더 용감한 것처럼 보인다. 그래서 훈련을 받고 기마전에 임하는 자가 훈련받지 않고 임하는 자보다 덜 용감하고, 특별한 기술 없이 우물 속으로 잠수하는 자가 그 일에 기술을 가진 자보다 더 용감한 것으로 여겨진다(193b-c). 지금의 이 논증이 흥미로운 것은 소크라테스가 이와 똑같은 두 가지 사례를 『프로타고라스』에서도 사용하는데, 여기와는 정반대의 논점으로 사용한다는 점이다. 훈련된 기병과 숙련된 잠수부들이 보이는 더 큰 대담함은 논증의 전제 역할을 하고, 그 결론은 지혜가 용기라는 것이다(350a-c). 그러나 『프로타고라스』의 논증은 만족스럽지 못하다. 프로타고라스는 그 논증의 논리를 공격하고, 소크라테스는 즉각 그것을 포기한다. 프로타고라스는 훈련받지 않은 기병과 미숙한 잠수부의 대담함은 용기가 아니라 광기에 가깝다고 지적한다(『프로타고라스』 350b 5). 그리고 이 언급은 『라케스』 193c 9-d 4에서 소크라테스가 내린 결론, 즉 그와 같은 사례들이 용기가 아니라 "어리석은 모험과 인내"를 나타낸다는 결론과 일치한다. 바로 유사한 사례들을 통해 프로타고라스가 간파해 내는 점을 라케스는 파악하지 못했다. 그것은 어떤 상황들 속에서 대담함은 도덕적 덕목이 아니고, 따라서 용기의 지표가 아니라는 점이다.

라케스에 대한 논박은 우리에게 다음과 같은 질문을 남긴다. 모험과 인내가 무모함이 아닌 용기가 되는 것을 보장하려면 어떤 종류의 앎이 필요한가? 지금까지의 논의가 줄 수 있는 답은, 그것이 기마술이나 궁술과 같은 전문 기술이 아니라는 것이다. 그렇다고 그 앎이 전혀 전문 지식이 아니라는 것은 아니다. 지금의 상황은 『소 히피아스』에 함축된 결론 ―정의(正義)는 틀림없이 일상적인 기술이나 숙련된 능력과는 적절하게 달라야 한다―과 유사하다. 그리고 같은 질문이 제기된다. 그렇다면 도대체 어떤 방식으로 다른가?

이 지점에서 니키아스는 소크라테스로부터 종종 들었던 것에 바탕을 둔 주장을 가지고 등장한다. 그에 따르면 소크라테스는 "우리들 각자는 자신이 지혜로운 일들에서는 훌륭하지만, 자신이 무지한 일들에서는 졸렬하다"고 말한다. 따라서 용기는 일종의 지혜일 수밖에 없다고 니키아스는 말한다(194d). 소크라테스가 그것이 무엇에 대한 앎인지 묻자, 그는 "용기는 전쟁에서든 그 밖의 모든 일에서든 두려워할 것과 두려워하지 말아야 할 것(ta deina kai tharralea)에 대한 앎"이라고 규정한다(194e 11). 이에 대해 라케스는 의사와 농부는 용감하지 않으면서도 이런 종류의 앎을 가지고 있다고 항변한다. 니키아스는 소크라테스가 『고르기아스』에서 사용한 논증을 되풀이하며 대응한다. 의사는 당신이 사는 게 나은지 죽는 게 나은지 알지 못하며, 심지어 미래를 예견할 수 있는 예언자조차도 당신이 무엇을 겪어야 최선인지 알지 못한다(『고르기아스』 511c-512b와 유사한 내용의 195c-196a 3). 우리는 여기에서 (1) 전문적 능력과 (2) 덕에 요구되는 특별한 앎, 즉 무엇이 최선인지에 대한 앎 사이의 선명한 대조를 본다.

소크라테스는 니키아스에 대한 논박을 두 단계로 진행한다. 먼저, 그는 일반적으로 용감한 동물로 인정되는 사자와 멧돼지를 예로 든다. 그렇다고 이 동물들이 이 문제들에서 지혜롭다고 볼 수 있을까? 니키아스는 여기에서 용감한 것과 겁이 없는 것을 구분함으로써 능숙하게 답한다. 동물, 어린아이, 어리석은 남자와 여자는 용감함은 소유할 수 없지만 겁이 없음은 소유할 수 있다.[20] 두 번째 단계에서 니키아스는 궁지에 몰린다. 먼저, 그는 용기가 덕의 일부라는 이전의 가정을 수용한다. 그다음 소크라테스는 (1) 두려움은 미래의 나쁜 것에 대한 예상이라는 점, 그리고 (2) 주어진 주제에 관한 앎은 과거, 현재, 미래에서 동일해야 한다는 점에 그가 동의하게 만든다. 이로부터, 미래의 좋은 것들과 나쁜 것들에 대한 앎을 가진 사람은 시간에 구애받지 않고 선악에 대해 일반적으로 알고 있어야 한다는 결론이 따른다. 그런데, 이런 "모든 상황에서 모든 좋은 것들과 나쁜 것들에 대해 아는 것"은 덕의 일부에 지나지 않는 것이 아니라 덕 전체여야 한다(199e). 그러나 우리들은 지금까지 덕의 일부를 찾고 있었으므로, 결국 용기가 무엇인지 알아내는 데 실패했다. 그리고 철학적 논의는 이렇게 실패를 인지하면서 끝난다.

이와 같은 결론은 몇 가지 측면에서 우리를 당혹스럽게 만든다. 먼저, 니키아스에 의해 제시되었지만 결국엔 거부된 그 정의는 소크라테스가 『프로타고라스』에서 옹호했던 용기에 대한 정의와 실질적으로 일치한다. 그것은 "두려워해야 할 것(deina)과 그렇지 않아야 할 것에 관한 지혜이다"(『프로타고라스』 360d 4). 게다가, 소크라테스는 『라케스』에서 이 정의를 보다 확장된 형식으로, 즉 "그것은 모든 좋은 것들과 나쁜 것들에 대한 앎이다"로 수정했는데, 이는 덕 전체에 맞게 고쳐진 것이기 때문에, 그 결론은 실패라기보다는 성공으로 간주되어야 한다. 논의의 최종 목적은 덕을 정의하는 것이었다. 우리가 용기를 택해 논한 유일한 이유는 그것이 더 쉬운 일이었기 때문이다(190c-d). 아이러니하게도, 더 쉬운 것(용기)을 찾으려는 노력은, 그 대신 더 어려운 것(덕)을 찾음으로써 '실패'했다. 한 세기 전 보니츠(H. Bonitz)를

---

20 이로써 니키아스는 프로타고라스가 방금 인용된 『프로타고라스』 350c-351b 2에서 주장한 비이성적 대담함과 본질적으로 같은 주장을 한다. 이러한 주장은 『메논』 88b 3-6과 『국가』 4권 430b 6-9의 용기에 관한 정의에 반복된다.

비롯한 많은 해석자들은, 만일 소크라테스에 의해 수정된 라케스의 정의에다 니키아스의 정의를 더한다면 용기에 대한 제대로된 정의로 평가받을 만한 것 ―즉, 좋은 것과 나쁜 것, 두려워할 것과 그렇지 않은 것에 대한 앎에 의해 인도된 혼의 인내와 강인함― 을 얻게 된다고 지적해 왔다.[21] 그리고 이 정의는 『국가』 4권에 실제로 주어진 용기에 대한 다음의 정의와 별반 다르지 않다. "그것은 두려워할 것들과 두려워하지 않을 것들에 관한 바른 판단을 보존하는 능력으로서, 강력한 쾌락과 고통, 두려움과 욕망의 시험에도 확고하게 남아 있는 혼 안의 물감과도 같다"(429c-430b).[22]

이렇듯, 플라톤은 주의 깊은 독자라면 (1) 좋음과 나쁨에 대한 앎이 덕에 대한 일반적 설명으로 제시된다는 점, 그리고 (2) 혼의 인내와 두려워할 것들과 그렇지 않은 것들에 대한 특별한 적용이 용기에 속한 특징이라는 점을 알 수 있도록 『라케스』를 구성해 놓았다.[23] 표면적으로는 실패한 듯 보이는 결론은 독자들에 대한 도전으로 의도되어 있다. 모든 것이 해명되지는 않았지만 해답의 실마리들은 보인다. 그리고 문학적 관점에서 보자면, 그 해답의 두 부분을 두 장군에게 나눠 놓은 점은 전적으로 조화를 이룬다. 둔하고 실천적인 라케스는 용기가 일차적으로 성품이나 기질의 특징이라는 점을 인정한다. 반면, 지성을 자부하는 니키아스는 앎의 조건에서 덕에 대한 '소크라테스적' 정의를 제시한다.[24] 이제 우리에게 두 가지 물음이 남아 있다. 용기에 대한 『라케스』의 정의는 『프로타고라스』의 정의와 어떤 관계

---

21 Bonitz(1871), 413-42쪽, O'Brien(1963), 131-47쪽과 (1967), 114쪽을 보라.
22 『국가』 4권에서 내려진 대부분의 정의는 앎보다는 올바른 의견에 대한 예시들이다. 그 이유는 철학적 앎(따라서 앎에 기초한 철학적 덕)의 개념은 우리가 철학자-왕을 만나게 되는 5권 전까지는 소개되지 않기 때문이다.
23 인내(karteria)가 용기의 한 요소라는 점은 소크라테스 자신이 194a 4에서 인정한 것이다.
24 두 장군의 성격과 그들이 대화에서 맡은 입장의 배합에 대해서는 O'Brien(1963)과 (1967), 114-17쪽, Devereux(1977), 134쪽 이하를 보라.

에 있는가? 그리고 그것은 소크라테스적 주지주의 —도덕적 탁월성, 즉 덕을 순수한 앎의 측면에서 설명하려는 입장— 라 불려 왔던 것과 어떤 관계에 있는가?

『라케스』와 『프로타고라스』 사이에는 구별되면서도 상호 연관된 네 가지 유사점이 있다. (1) 용기에 대한 물음의 과정에서 제시되었던 훈련된 기마병과 숙련된 잠수부의 예(『라케스』 193b-c, 『프로타고라스』 350a), (2) 나쁜 것에 대한 예상으로 두려움을 정의 내리는 점(『라케스』 198b 8, 『프로타고라스』 358d 6), (3) 두려워해야 할 것과 두려워하지 말아야 할 것에 대한 앎으로 용기를 정의 내리는 점(『라케스』 194e 11, 『프로타고라스』 360d 5), (4) 용기와 단순한 대담함 또는 겁이 없음 사이의 구분(『라케스』 197a-b, 『프로타고라스』 350b, 351a). (2)와 (4)에서는 두 대화편이 같은 입장이지만, (1)과 (3)에 대해서는 서로 전혀 다르게 다루고 있다. 『라케스』에서는 소크라테스가 (1)의 사례들을 어떤 사람이 가진 전문 지식이 그 사람이 용기 있다는 주장을 증대시키기보다는 감소시킬 수 있다는 점을 보여 주는 사례로 끌어들이지만, 『프로타고라스』에서는 용기를 지혜와 동일시하도록 계획되었으나 실패로 끝난 논증의 일부로 불러들인다. 그리고 용기와 지혜의 동일시는 『라케스』에서는 니키아스에 의해 제안되어 소크라테스에 의해서 거부당하지만, 『프로타고라스』에서는 소크라테스 자신에 의해 수용된다. 이런 불일치한 점들을 우리는 어떻게 생각해야 하는가?

폰 아르님은 이 부분을 상세하게 논의하는 가운데, 『프로타고라스』가 『라케스』보다 시기적으로 이른 작품이고, 『라케스』가 용기에 대한 플라톤의 보다 성숙한 논의를 대변한다는 결론에 이르렀다.[25] 그러나 이러한 저술

---

25 Von Arnim(1914), 24-34쪽. Vlastos(1994, 117쪽)도 『프로타고라스』에서 플라톤이 도덕적 지혜와 전문 기술 간의 의미 있는 구분을 분명하게 보지 않았다는 점을 근거로 비슷한 결론을

연대 추정은 설득력이 없다. 한 예를 든다면, 프로타고라스는 필요한 능력 없이 위험을 무릅쓰는 대담한 자들은 용감한 게 아니라 어리석은 것이라고 즉시 항의한다(『프로타고라스』 350b). 이런 구별이 『라케스』 193b-c의 소크라테스 논증과 일치한다고 볼 수도 있겠지만, 그것은 실제로 나중에 다른 맥락(『라케스』 197b)에서 소개된다. 이렇듯, 프로타고라스는 『라케스』에서 독자가 혼자 힘으로 생각해 내기로 기대되는 바를 직접 우리에게 말한다. 그리고 플라톤은 『라케스』에서는 도전받고 『프로타고라스』에서는 옹호되는 용기에 대한 정의를 (수정할지언정) 포기하지 않는다. 우리가 보았듯이, 두려워할 것과 두려워하지 말아야 할 것에 대한 통찰은 『국가』 4권에서 용기에 대한 정의의 일부로 남아 있다. 『프로타고라스』는 그만의 특징을 많이 지니고 있다. 이에 대해서는 나중에 8장에서 다룰 것이다. 다만 여기서 짚고 넘어가야 할 점은, 『프로타고라스』가 『라케스』에서 용기의 감정적 또는 기질적 측면, 즉 인내(karteria)에 의해 표현되는 측면에 대해 아무런 언급도 하지 않는다는 것이다. 왜냐하면 이렇게 비인식적 요소를 소홀히 대하는 것은 또한 니키아스가 제시한 용기에 대한 정의 —그는 이것을 소크라테스로부터 얻은 것이라 주장한다— 의 두드러진 면모이기 때문이다.

우리는 여기에서 —아리스토텔레스로부터 덕들을 그만큼 많은 형태의 앎들로 정의한 인물로 평가받은— 역사적 소크라테스의 주지주의를 다루고 있는 것일까? 많은 학자들은 이런 견해를 역사적인 것으로 수용해 왔다. 3장에서 나는 앎이 덕과 긴밀하게 연관되어 있다는 견해가 역사적으로 소크라테스의 것임은 틀림없지만, 여기에서 이러한 견해를 정의(定義)의 형식

내리고 있다. 블라스토스는 플라톤과 소크라테스를 동일시하면서, 프로타고라스의 연설에서 이루어진 선명한 구분을 무시했다(『프로타고라스』 321d 4-5, 322b 5-7, c 5 이하. 318e-319a와 이 책의 8장 344쪽 이하 참조).

으로 제시하는 것은 플라톤 자신의 작업일 거라고 주장했다.

어쨌든 분명한 점은, 『라케스』의 작가에게도, 분별력 있는 독자들에게나 마찬가지로, 용기를 순전히 앎으로만 설명한다는 게 만족스럽지 못하다는 것이다. 라케스가 말한 인내는 용기의 본질을 이루는 한 가지 요소이다.[26] 그러나 대화편의 마지막 강조점은 인식적 관념, 즉 좋음과 나쁨에 대한 앎에 있다. 이러한 관념은 자신이 충분히 이해하지 못한 견해를 순진하게 내뱉는 니키아스에 의해 불충분하게 제시된다. 니키아스에 대한 논박에서, 예언자들이 거듭 언급되는 부분은 그가 예언자의 조언을 믿고 시라쿠사에서 저지른 참담한 과오를 상기시키려고 의도된 게 거의 확실하다. 그는 그곳 전투에서 월식을 불길한 징조로 보고 미신적 공포를 느껴 아테네군을 거의 전멸로 이르게 했다.[27]

장군의 지휘술은 예언술에 종속되어야 한다고 생각할 게 아니라 그것을 지배해야 한다고 생각하는데, 이는 그것이 전쟁에서 일어나는 일과 일어날 일들에 대해 더 잘 알고 있기 때문입니다. 그리고 법률은 예언자가 장군을 다스릴 게 아니라, 장군이 예언자를 다스리도록 지시하고 있습니다. (198e-199a)

여기서 소크라테스가 주의를 주는 점은 지혜, 즉 무엇을 두려워해야 하는지에 대한 앎이 참된 덕의 본질적 요소로서 반드시 필요하다는 것을 확인시켜 준다. 이것이 바로 니키아스가 그 중대한 결정적 순간에 그토록 눈

---

26 위의 각주 23을 보라. 그래서 니키아스의 관점을 정확히 소크라테스의 것으로 여기는 몇몇 학자들은, 플라톤이 여기서 덕을 순전히 지적으로 설명하는 것에 대해 고쳐 생각하고 있다고 판단한다. Santas(1971a), 196쪽 각주와 Devereux(1977), 136, 141쪽을 보라.

27 Thucydides, 7권 50장 4절과 7권 86장의 니키아스 죽음까지의 서술. 이 역사적 사건과의 연관성은 O'Brien(1963)에 잘 설명되어 있다.

에 띄게 결여하고 있었던 바로 그 지혜이고, 대화편에서 그가 소크라테스의 공격에 대해 적절한 반론으로 대처하지 못하는 모습에 의해 상징적으로 표현되는 것이다. 이런 방식으로 소크라테스의 논박은 니키아스로 하여금 자신의 삶을 되돌아볼 수밖에 없게끔 만든다.

6. 정의의 논리에 대해

이제 『라케스』가 『에우튀프론』과 『메논』에서 추구될 정의의 논리에 대한 체계적인 연구의 입문적 시도라는 점을 살펴보자. 물론, 플라톤이 정의 문제를 어떻게 다루는지도 그 자체로 흥미롭다. 그러나 여기에서 나의 관심사는 무엇보다도, 세 대화편에서 그 문제의 개진이 누적되는 방식으로 연속되어 있는 모습이 그것들이 맞물린 하나의 그룹으로서 계획되고 그렇게 읽히도록 의도되어 있음을 보여 준다는 점을 지적하는 데 있다. 이것은 과도기 대화편들 사이에 보이는 개진의 연속성이 보다 두드러진 경우들 중 하나로서, (『라케스』와 『프로타고라스』 사이에) 용기에 대한 논의가 연속되는 경우에, 그리고 (『라케스』와 『메논』 사이에, 그리고 『카르미데스』, 『프로타고라스』, 『뤼시스』, 『국가』 1권에 반복되어) 정의의 우선성이 연속되는 경우에 견줄 만한 것이다. 이 대화편들에 보이는 주제적 연속성의 또 다른 좋은 사례는 본인은 저명하지만 아들에게 덕을 전하는 데는 실패한 아버지들의 집합이다. 이는 세 구절에 등장하는데, 『라케스』에서 아들들에 의해 소개되는 아리스테이데스와 투퀴디데스, 『프로타고라스』 319e-320a에서 마찬가지로 아들들에 의해 소개되는 페리클레스, 그리고 마지막으로 『메논』 93c-94d에서 이 세 명과 더불어 등장하는 테미스토클레스가 바로 그들이다. 주제적 연속성을 보이는 이 네 가지 사례 각각에서 『라케스』를 그 그룹 중 첫 번째 대화편으로 간주하는 것이 자연스럽다(그리고 첫 번째 사례와 네 번째 사례에서는 『메논』을 마지막 대화편으로 간주하는 것이 자연스럽다).

『라케스』가 네 가지 주제의 개진에서 가장 먼저라는 주장은 유사 구절들에 관한 이후 논의에 함축되어 있을 것이다. 여기에서 그 점을 명시적으로 짚어 보자. '유명한 아버지들의 하찮은 아들들'은, 그 논의가 『라케스』에서 '용기에 대한 정의'만큼 아주 상세하고 폭넓게 다뤄지고, 가장 주의 깊게 유도되었다. (『라케스』에서, 유명한 아버지를 두었지만 자신들이 부친들로부터 내버려 둠을 당했다고 불평하며 대화편의 주제를 용기로 삼은 사람은 바로 그 아들들이다.) '정의의 우선성 원칙'은 『라케스』의 규정이 『메논』에서 이루어진 것보다 인식론적으로 덜 명시적이고, 일반화의 정도가 낮다. (그리고 또한 관련된 테크네, 즉 전문 지식을 소유했는지를 가늠해 보는 하나의 시험으로서 더욱 공들여 소개된다.) 이제 '정의의 논리' 문제에 이르면서, 우리는 정의의 필요성이 『라케스』의 도입부 대화에 의해 더욱 주의 깊게 준비된다는 점을 다시 한 번 확인하게 된다. 게다가, 이 대화편에서 적용된 유일한 기준은 (『에우튀프론』이나 『메논』과 달리) 정의의 외연이다. 그리고 거기에는 (ousia, eidos, idea 같은) 전문 용어도 전혀 없다.

정의의 논리에 대해 말한다는 것은 약간 시대착오적이다. 왜냐하면 '정의'라는 용어는 (아리스토텔레스의 경우와는 달리) 플라톤에서는 아직 고정된 개념이 아니기 때문이다('논리'라는 용어는 더 말할 것도 없다). 플라톤은 한 번도 아리스토텔레스에서 정의를 나타내는 말(horismos)을 사용한 적이 없다. 그가 때때로 그 개념을 표현하기 위해 사용하는 용어 horos는 '경계표지'라는 그 문자 그대로의 맛을 간직하고 있다. 우리가 '정의 내리기'(defining)라고 부르는 것은 플라톤에서는 '경계 긋기' 또는 '한계 정하기'(horizesthai)이다.[28]

---

28 '의미를 규정한다(정의하다)'는 뜻의 horizesthai는 『라케스』(194c 8)에 한 번 나오는데, 여기에

'정의와 관련된 대화편들'이란 표현을 쓰는 것이 거부할 수 없을 정도로 편하긴 하지만, 우리는 정의의 개념이 여기에서 아직 탄생 단계에 있다는 점뿐만 아니라, 무엇보다도 플라톤의 초점이 언어학적 정의항 자체에 맞춰진 게 아니라, 본질을 파악하는 데에서, 즉 어떤 것이 도대체 무엇인지를 말하는 데에서 그것이 갖는 객관적 기능에 맞춰져 있다는 점을 염두에 둘 필요가 있다.

1) 외연적 관계들

스테파누스 쪽수로 두세 쪽 정도(190d-192d)를 차지하는 라케스와의 짧은 대화 속에 정의항과 피정의항의 동연성(同延性) 원칙 개념이 훌륭하게 소개되어 있다. 이 원칙은 정의(정의항)는 반드시 정의되는 것(피정의항)에 대한 필요조건과 충분조건을 모두 명시해야 한다는 것이다. 중무장 보병대의 전투와 관련지어 라케스가 한 첫 번째 답변은 용기의 충분조건은 제공했지만 필요조건을 제공하진 못했다. 그것은 너무 좁은 규정이었다. 그리고 용기는 도덕적 강인함 또는 인내라는 그의 두 번째 답변은 필요조건을 제공하지만 충분조건을 제공하진 못한다. 이 규정은 너무 넓은 규정이다. 반면에 소크라테스가 수정하여 제안한 '현명한 인내'라는 정의는 종차(種差)를 써서 피정의항을 더 넓은 유개념(類槪念)에 위치시킴으로써 올바른 형태의 표준적 정의를 제시한다. 플라톤이 『라케스』를 통해서 우리에게 정의의 형식적

서 니키아스는 라케스의 용기에 대한 정의들을 비판한다. 유사한 용례가 『고르기아스』 453a 7에 나오고, 보다 체계적으로는 『카르미데스』(163d 7, 173a 9. 163e 11의 dihorizomai, 173e 9 의 aphorizesthai 참조)에 나온다. 그러나 그 단어는 '정의하다'는 뜻보다는 '구분하다'는 뜻으로 자주 쓰인다(『카르미데스』 171a 5, 9, 『에우튀프론』 9c 7, d 5. 『고르기아스』 491c 1, 513d 5 참조). 그리고 때로는 '표준이나 기준을 정하다'는 뜻으로 쓰인다(『고르기아스』 470b 10에 나오는, 더 좋은 것과 더 나쁜 것 사이에 '경계선을 긋다'는 뜻의 horon horizesthai 참조. 475a 3의 horizomenos, 495a 1의 dihorizesthai도 그와 비슷하다).

특징들을 소개하는 것은 이 정도에서 멈춘다. 동연성과 유(類)-종(種) 관계는 『에우튀프론』과 『메논』에서 보다 정밀하게 다뤄지는데, 우리의 논의는 이제 이곳으로 향한다.

에우튀프론이 '경건함이란 무엇인가'라는 질문을 받았을 때, 그도 라케스처럼 지나치게 협소한 답변으로 시작한다. "경건함이란 지금 제가 하고 있는 바로 이것입니다. 즉 살인에 관해서건 신성한 물건을 훔치는 것에 관해서건, 또 이런 종류의 다른 어떤 잘못에 관해서 잘못을 저지른 자를 기소하는 것입니다"(5d 8). 소크라테스가 모든 사례들을 포괄하는 하나의 규칙을 고집하자, 에우튀프론은 즉시 보다 일반적인 규정을 만들어 낸다. "신들의 사랑을 받는 것은 경건하지만, 신들의 사랑을 받지 못하는 것은 경건하지 못합니다"(6e 10). 라케스에 대한 논박에서는 상세하게 다뤄졌던 동연성이 여기에선 빠르고 쉽게 성취된다. (나는 이것을 단순히 에우튀프론이 똑똑하다는 표시로 읽으면 안 되고, 대화편들 사이에 보이는 개진의 연속성의 표시로 보아야 한다고 생각한다. 플라톤 스스로도 동연성 문제를 되풀이할 필요가 없다는 것을 안다.) 에우튀프론의 두 번째 정의도 거부되지만, 그 이유가 외연과 관련된 것은 아니다. 그러므로 이에 대한 고찰은 잠시 뒤로 미뤄 두기로 하자. 그 후 세 번째 정의는 소크라테스 자신에 의해 개시된다. 그는 모든 경건한 것이 또한 올바르다고 주장하면서, 다른 한편으로 모든 올바른 것이 또한 경건한지를 에우튀프론에게 묻는다. 에우튀프론이 질문을 이해하지 못하자, 소크라테스는 경외(敬畏, aidōs)와 두려움(deos)을 예로 들어 주의 깊게 설명한다. "많은 사람들이 질병과 가난 그리고 그 밖의 많은 것들을 두려워합니다. 하지만 그것들을 경외하지는 않죠. … 두려움이 경외보다 외연이 더 넓습니다(epi pleon). 왜냐하면 경외는 두려움의 한 부분이니까요. 마치 홀수가 수의 한 부분인 것처럼 말입니다"(12b-c). 이와 비슷하게, 경건한 것이 있는 곳엔 올바른 것이 있다. "그러나 올바른 것이 있는 모든 곳에 경건한 것이 있는 건 아닌데, 그것은 경건함이 올바름의 한 부분이기 때문입니다"(12d 1-3). 형식 논리학에서 집합의 포함 관계에 해당될 이 두 개념의 외연적 관계는 여기서 전체와 부분의 관계로 표현된다. 이는 아리스토텔레스의 유와 종 구분에 상응하는 것이다. 소크라테스가 계속해서 "올바름의 어떤 부분이 경건함인가?"를 물을 때, 그는 사실상 경건함을 올바름의 다른 형태들로부터 구분해줄 종차를 묻고 있다. 그리고 『에우튀프론』의 나머지 부분은 이 종차를 규정하려는 다소간 비성공적인 시도에 바쳐진다.

『라케스』(190c 8-9, 198a, 199e)에 짧게 소개되고, 방금 인용한 『에우튀프론』으로부터 인용한 구절들에 더 전개된, 전체-부분의 관계로 표현된 유-종 관계에 대한 논의는 『메논』에서 체계적으로 진행된다. 덕은 사람들을 지배함이라는 메논의 덕에 관한 두 번째 정의에 응해, 소크라테스는 "부정한 방식이 아니라 정의로운 방식으로"를 덧붙여야 하지 않겠느냐고 묻는다. 메논은 덕이 정의롭게 다스림을 함축한다는 점에 동의한다. "정의(正義, 올바름)는 덕이기 때문이다." 그러자 소크라테스가 묻는다. "그것은 덕인가, 아니면 덕의 일종인가?(aretē tis)." 에우튀프론이 유사한 상황에서 그랬던 것처럼, 메논도 소크라테스의 물음을 이해하지 못한다. 그래서 소크라테스는 설명을 제공해야 한다. (대화자가 보다 명확한 설명을 요구하는 것은 플라톤이 중요한 새 지점을 표시하는 데 쓰는 표준적 장치이다.) "둥긂을 예로 들자면, 난 그것이 '형태의 일종'(schēma ti)이라고 말하지, 단순히 그것이 형태라고 말하지는 않을 걸세. 그리고 내가 이렇게 말하는 까닭은 다른 형태들도 있기 때문이네"(73e). 메논은 바로 그 의미를 깨닫는다. "맞는 말씀이십니다. 저도 정의뿐만 아니라 다른 덕들도 있다고 말하니까요." 다른 덕들(용기, 절제 등)은 모두 나중에 덕의 부분들로 언급된다(78e 1, 79a 3 이하). 처음에는 동일성(identity)의 '…이다'와 술어(predication)의 '…이다'의 구분('덕이다'와 '덕의 일종이다'처럼 보이는 것이 개념적 '전체'와 그것의 논리적 '부분들' 간의 외연 관계로 재해석된다. 소크라테스가 원하는 것은 전체로서의(kata holou, 77a 6) 덕에 대한 규정이다. 그리고 그는 지금, 이전에 정의에 대해 인정된 인식론적 우선성의 원칙을 부분에 대한 전체의 우선성에도 적용하려 한다. "자네는 누군가가 덕 자체가 무엇인지를 모르는데도, 그가 덕의 어떤 부분이 무엇인지를 알 수 있다고 생각하는가?"(79c 8). 인식론적 우선성의 원칙은 여기에서 변증술적 탐구를 위한 일반 법칙 ―여전히 찾고 있는 것들과 아직 동의되지 않은 것들을 통해서는 질문에도 대답할 수 없다(79d 3)는 법칙― 으로 해석된다. 이때 발생할 무한 소급의 위험은 곧바로 가설의 방법이 도입됨에 의해 제거된다(86e 이하). 이 방법은 조건부로, 즉 논리적으로 선행하는 문제들을 해결된 것으로 가정해 놓고서, 탐구의 진행을 허용한다.

2) 동연성을 넘어선 요구들

경건함은 신들이 인정하는 것이라는 에우튀프론의 두 번째 정의는 사실상 동연성의 기준을 충족시킬 수 있다. 그러나 그것은 즉각적으로 분명해지는 않는다. 에우튀프론이 그에 앞서 인정한 것처럼 신들이 서로 다툴 가능성이 열려 있기 때문이다. 그런데, 신들이 싸운다고 한다면, 그들이 좋아하는 것이 모두 같지는 않을 것이다. 어떤 행동이 어떤 신들에게는 기쁜 것이고 다른 신들에게는 싫은 것이라면, 그 행동은 에우튀프론의 정의에 따라 경건하기도 하고 불경스러운 것이기도 할 터이다. 그의 정의가 모순으로 귀결되는 것을 막기 위해서는 신들 간의 의견 불일치 가능성을 제거해야 한다. 그런데 소크라테스에게 이것은 문제가 되지 않는다. 첫째 그는 신들이 서로 싸운다는 얘기를 받아들이려 하지 않았기 때문이다(6a 7). 에우튀프론에게 그것은 그 정의가 모든 신들이 동의하고 있는 사안들에서만 적용됨을 뜻한다.[29] 이런 한계 내에서 정의에 대한 외연적 요구 조건들이 갖춰졌다. 어떤 행동은 신들이 그것을 인정할 경우에만 경건하다.

이러한 상황 아래에서, 반대 사례의 방법은 더는 그 정의를 논박하는 도구로 쓰일 수 없다. 그럼에도, 에우튀프론의 정의는 거부될 것이다. 그 이유는 다음과 같다. "에우튀프론! 당신은 경건함이 도대체 무엇인지에 대해 질문을 받았지만, 그것의 본질(ousia)을 밝히려고 하지는 않고, 그것의 한 속성(pathos) ―경건한 것은 모든 신들에게서 사랑받는 속성이라는 점― 만을 말했소. 그것이 무엇인지는 아직 말하지 않았소"(11a). 이 구절은 철학에 본질 개념을 도입하는데, 이 개념은 해당 사물이 (진실로, 본질적으로) 무엇인지를 서술함으로써, 술어의 올바른 적용을 위한 필요조건과 충분조건을 규정하는 수준을 넘어선다. 논리적인 속성과 본질을 대조하면서, 플라톤은 여기서 (1) 에우튀프론의 정의가 충족시키는 외연적 동치(同値)라는 조건과 (2) 그것이 충족시키고 있지 못한 내포적 내용 또는 '의미'라는 기준을 구분하고 있다. 그리고 이 내포적 내용에 대한 플라톤의 생각은 에우튀프론을 반박하는 논증에서 꽤나 정밀해진다.

이 논증의 예비 사항들은 영어로 명쾌하게 번역될 수 없는 그리스어의 몇 가지 특성으로 인해 흐려진다.[30] 하지만 이 논의의 핵심은 전적으로 분명하다. 에우튀프론의 정의는 만족스럽지 못하다. 설명적이지 못하기 때문

29 9d. 에우튀프론의 수정된 정의가 소크라테스의 가정(모든 신들의 의견일치)과 양립할 수 있다는 점을 주목하라. "저로서야 신들이 모두 사랑하는 것이 경건한 것이며, 그 반대의 것, 즉 모든 신이 미워하는 것은 경건하지 못한 것이라고 말해야겠군요."(9e 1). 신들의 의견이 같지 않은 중간의 경우가 여기에서 언급되지 않기 때문에, 플라톤의 표현은 소크라테스와 에우튀프론 사이에 벌어진 신학적인 간격에 조심스럽게 다리를 놓았다.

30 (10b-c의 유사 구절들과 더불어) 10b 1에서 사용되고 있는 수동분사 pheromenon과 정형동사 pheretai의 논리적 구분을 영어로 표현하기는 불가능하다. 둘 다 모두 '운반되는'으로밖에 번역될 수 없기 때문이다. 같은 어려움이 '(신들에게) 사랑받는'(phileithai)과 '신의 사랑을 받는 것'(theophiles)을 구분하여 번역하는 데에도 있다. 플라톤이 지적하고자 하는 것은, (능동형이든 수동형이든) 정형동사에 의해 표현된 행위나 태도가 분사나 형용사(philoumenon, theophiles)로 표현되는 결과에 대한 기술보다 논리적으로 앞서고, 그것을 설명한다는 점이다.

이다. 그것은 경건한 행위들을 경건하게 만드는 것이 도대체 무엇인지를 규정하지 않는다. 소크라테스는 곧바로 결정적인 질문을 한다. "경건한 것은 그것이 경건하기 때문에 신들에게 사랑을 받는 것인가, 아니면 그것이 신들에게 사랑받기 때문에 경건한 것인가?"(10a 2) 그리고 나서 이 질문의 참신성과 중요성은 플라톤이 흔히 쓰는 다음과 같은 문학적 장치를 통해 강조된다. 대화 상대자는 질문의 의미를 이해하지 못하고, 이에 대해 소크라테스는 질문을 다시 던지기 전에 공들여 설명을 해줄 수밖에 없다(10d). 그러자 에우튀프론은 망설임 없이, 경건한 것이 신들에게 사랑받는 것은 바로 그것이 경건하기 때문이라고 답한다(10d 5). 그러나 경건한 것이 신들에게 사랑받는 게 그것이 신들의 사랑을 받기(theophiles) 때문이라고 말하는 것은 의미가 없다.[31] 그렇게 대체하지 못하는 것은, 에우튀프론의 정의가 경건함에 대해 타당하지만(그리고 유일하게 타당하지만), 그것이 무엇인지에 대한 진술(logos tēs ousias)의 설명적 힘을 결여한다는 점을 보여 준다. 여기서 명시적으로 드러난 설명에 대한 요구는, 소크라테스가 에우튀프론에게 "그것에 의해 모든 경건한 것들이 경건한 것이게 되는 그 형상(eidos) 자체"(ᾧ πάντα τὰ ὅσια ὅσιά ἐστιν, 6d 11)를 규정하도록 요구했을 때 일찍이 암시되었다.

이렇게 ousia에 대한 진술에다 설명에 대한 요구를 도입함으로써, 『에우튀프론』은 『라케스』에 적용된 외연에 관련된 고찰들을 결정적으로 넘어

---

31 10a-11a의 논증에 대한 나의 분석은 Cohen(1971, 165쪽 이하)의 것과 본질적으로 일치한다. 코헨은 논증 속의 '때문'이 두 가지 각기 다른 관계(하나는 논리-의미론적 '때문'이고, 다른 하나는 신들의 태도에 대한 이유)를 나타내고 있다고 하는데, 이는 맞는 분석이지만 본문의 요점과는 무관하다. 여기에서 핵심은 '신들이 그것을 사랑하기 때문에, 경건함은 신들의 사랑을 받는 것이다'와 '그것이 경건하기 때문에, 신들은 그것을 사랑한다'는 두 진술에서 '때문에'가 모두 설명적이라는 점이다. 다른 한편으로, '그것이 신들의 사랑 받는 것이기 때문에, 신들은 그것을 사랑한다'는 진술은 거짓이다. 왜냐하면 앞의 원인절이 어떤 설명도 제공하지 않기 때문이다.

선다. 『메논』쪽을 볼 때, 우리는 『에우튀프론』에서 이루어진 모든 혁신들이 『메논』에 흡수되어 있음을 발견한다. 여기에는 설명적 조건(δι ὃ εἰσὶν ἀρεταί, '그 때문에 그것들이 덕인 것,' 72c 8)뿐만 아니라, 정의되는 대상에 적용되었던 eidos(형상)와 ousia(본질)라는 용어들(『메논』 72b 1, c 7, d 8, e 5)도 포함되어 있다. 이제 소크라테스는 우리의 관심을 다른 곳 —정의항과 피정의항 모두에 대한 단일성의 요구— 으로 돌린다. 메논이 그에게 (남자의 덕, 여자의 덕, 아이들의 덕 등) 사례들을 열거하는 방식으로 정의를 제시할 때, 소크라테스는 자신이 단일한 본성 또는 본질에 대한 단일한 설명을 원하고 있다고 말한다. 이것은 열거된 다양한 사례들에 공통된 것이다. 벌들의 경우도 그렇다. "자네는 그것들이 벌들이라는 점에서(τῷ μελίττας εἶναι) 다양하고 서로 다르다고 말하는가? 아니면 그것들은 이 점에서는(τούτῳ) 다르지 않고, 다른 어떤 점, 가령 크기나 아름다움 등에서 다른가?" 이에 대해 메논은 대답한다. "벌들인 한(ᾗ μελίτται εἰσίν) 그들은 전혀 다르지 않습니다"(72b). 『이온』 540e에 소개되었던 '…로서 / …인 한에서'의 형식이 여기에서 단일한 집합에 속한 다양한 원소들의 본질이나 공통 성질을 규정하는 방식으로서, 내포적 내용의 개념('F임에 의해')을 지시하는 데 사용된다.[32] 그래서 다양한 기하학적 도형들 —원, 정사각형 등— 은 그것들이 '형태들인 한에서' 서로 다르지 않다. 그들은 '형태라는 점과 관련해서는' 모두 같다.

이런 내포적 단일성은 여기에서 전칭 명사가 가리키는 지시체 —"그 이름이 '형태'인 것"(74e 11)— 로서 제시된다. "자네는 이 여럿을 하나의 이름으로 지칭하네. … 이것들이 서로 반대되기까지 한데도 말이네. 그러니까

---

32 그래서 남자의 힘셈과 여자의 힘셈도 "힘이라는 점과 관련해서는(πρὸς τὸ ἰσχὺς εἶναι) 전혀 다르지 않다"(『메논』 72e 6). 73a 1의 "덕이라는 점과 관련해서는"(πρὸς τὸ ἀρετὴ εἶναι)도 마찬가지다.

곧은 것과 마찬가지로 둥근 것을 포함하는(katechei) 이것, 자네가 '형태'라고 이름 붙이는 이것은 무엇인가?"(74d 5) 단일성에 대한 추구는 여기에서, 바로 형상을 확인하는 데에서 정점에 이른다. "우리가 같은 이름을 적용하는 많은 것들의 각 경우에서 우리는 어떤 한 형상을 놓는 버릇이 있네"(『국가』 10권 596a).

『메논』에서 소크라테스는 세 가지 사뭇 다른 정의의 사례를 제공한다. 그 중 하나만이 진정한 의미의 본질로 향해 있는 것으로 추천된다. 형태를 "유일하게 항상 색에 수반되는 것"(75b 10)이라고 정의한 첫 번째 사례는, 형태의 본질보다는 오히려 그 속성(pathos)을 지시하는 명백한 결함을 갖는다. 우리가 이 경우에서 외연적 등가성을 인정하더라도, 이 정의는 구분점이나 속성만을 제공해 줄 뿐이다. 그것은 형태가 도대체 무엇인지를 우리에게 말해 주지 않는다. 메논의 마음에는 들지만 소크라테스가 비극 투(과장된 것, tragikē)라고 평가한 사례는 색에 대한 엠페도클레스식의 정의이다. "색이란 시각에 들어맞고 지각될 수 있는, 형태들의 유출물이다"(76d 4). 이 정의는 시각에 관한 특정한 역학 이론을 수용할 때에만 설명력을 갖는다.

소크라테스가 선호하는 정의는[33] 형태에 대한 두 번째 정의, 즉 입체의 한계이다(76a). 이 정의는 보다 큰 틀의 수학적 지식 내에 도형 개념을 위치시키고, 그것을 공간 속에 있는 물체들의 삼차원적 구조와 연결한다. 플라톤에게는 이 정의가, 엠페도클레스의 자연 철학에서 가져온 정의는 사이비-과학적 표현과는 대조적으로, 진실로 과학적인 설명을 제시한다.[34] 여기서 드러난 수학적 정의에 대한 소크라테스의 선호는 『파이돈』의 마지막 부분

---

33 76e 7: "형태에 대한 정의가 색에 대한 정의보다 더 낫다." 몇몇 학자들은 더 나은 형태에 대한 정의가 방법상의 이유로(79d 2) 거부되었던 첫 번째 정의를 가리킨다고 본다. 그러나 분명히, 선호되는 정의는 두 번째의 수학적 정의이다. Sharples(1985, 137쪽)도 이처럼 맞게 해석한다.

34 『메논』에서 수학이 가지는 중요성에 대해서는 Vlastos(1991), 4장. '논박과 수학'을 보라.

에서 그가 소크라테스-이전 자연 철학에 가한 비판을 예기한다.

3) 피정의항의 본성

『라케스』는 용기가 빠름처럼 능력(dynamis)이라는 것과, 위험이나 유혹 등 여러 가지 상황 속에서, "모든 경우들에서 동일한 것"(191e, 192b 7)이라고 제시한 것을 넘어서, 피정의항(인 정의)의 위상에 대해서는 할 말이 많지 않다. 『에우튀프론』도 이와 비슷하게 "경건한 것은 그 자체로 모든 행위에서 동일한 것"(5d 1)이라고 말한다. 그러나 『에우튀프론』은 더 나아가, 본질은 사물들이 가진 속성들을 설명해 주기 때문에, 본질에 대한 앎은 그 사물들의 올바른 기술(記述)을 위한 기준으로 쓰일 수 있다고 말한다. 소크라테스는 에우튀프론에게 묻는다. "당신은 경건하지 못한 것들이 경건하지 못하고, 경건한 것들이 경건한 것은 하나의 형상에 의해서(μιᾷ ἰδέᾳ)라고 말하지 않았소? … 그렇다면 내게 이 형상 자체(αὐτὴν τὴν ἰδέαν)가 무엇인지 설명해 주시오. 내가 그것에 주목하며(εἰς ἐκείνην ἀποβλέπων) 그것을 본(paradeigma)으로 삼아, 당신이나 다른 누군가가 행하는 것이 그와 같은 것(toiouton)이면 경건하다고 말하고, 그와 같은 것이 아니면 경건하지 못하다고 내가 말할 수 있도록 말이오"(6e. '그것은 무엇인가?'라는 물음에 대답할 때 『메논』 72c 8에 나오는 표현 "그 형상에 주목함으로써" 참조). 정의를 묻는 대화편들에서 형상들 또는 본질들을 언급하는 모든 구절들 가운데 『에우튀프론』의 이 구절이 완전한 형태의 형상 이론을 예기하는 용어와 표현 면에서 가장 풍부하다.

11장에서 우리는 다시 이 본질들에 대한 논의로 돌아와, 그것들이 중기 대화편들의 형상들과 연속되어 있는 점을 추적할 것이다. 지금은 이 연속성이 'X는 무엇인가?'라는 물음에서 파생된 전문 용어에 의해 강하게 표시된다는 점만 주목하고자 한다. 그 물음이 명사화된 것으로 여기에 등장하는 ousia라는 용어는(『에우튀프론』 11a 7, 『메논』 72b 1) '본질'만을 나타내는 것이 아니라, 형상들의 '존재'를 나타내는 단어이기도 하다(예를 들어, 『파이돈』 76d 9, 77a 2). 물론 형상과 본질을 나타내기 위한 플라톤의 가장 전문적인 표현은 정확히 그 물음을 바꿔 놓은 것 —'(각각의 것이) …인 것,' 'to ho esti' (hekaston)— 이다(『파이돈』 75b 1, d 2, 『국가』 6권 507b 7 등).

7. 아포리아의 이점

내가 주장하듯, 만일 플라톤이 『라케스』, 『에우튀프론』, 『메논』을 정의의 논리에 대한 누적적인 가르침으로 기획한 것이었다고 한다면, 이 가르침은 라케스와 니키아스, 에우튀프론과 메논에게는 아무런 효과가 없었다. 이 가르침이 누적적이라는 점에서, 그것은 소크라테스가 계속 바뀌는 그의 대화 상대자들에게 주는 것이 아니라, 플라톤이 이 대화편들을 읽는 독자들에게 주는 것이다. 말하자면 이 대화편들에 나오는 상대들에게는 이해되지 않는 것이다. 오직 우리 독자들만이 한 대화편에서 다른 대화편으로 이어지는 발전의 과정을 따라갈 수 있다. 나는 이제 이와 비슷한 메타-대화편적인 의도를 『메논』에서 아포리아의 이점에 대해 전반적으로 논평한 부분들에서 볼 수 있다는 점을 지적하고 싶다. 이 논평은 아포리아적 대화편들을 하나의 그룹으로 묶어 해석할 때 독자들을 잘 인도해 준다.

전형적으로 '소크라테스적'인, 이 아포리아적 대화편들은 주로 플라톤의 가장 초기 작품들로 간주된다. 이와 반대로, 나는 그것들이 모두 『고르기아스』 이후의 시기에 속한다고 주장했다. 이는 한편으로는 『메논』과 아포리아적 대화편들 사이의, 다른 한편으로는 『메논』과 『파이돈』 사이의 밀접한 주제적 연관성을 설명할 수 있게 해 준다. 또한 덕의 본성과 가르침 가능성에 관련해, 아포리아적 대화편들과 그 주제에 관해 『국가』에서 이루어지는 건설적인 논의 사이에도 강한 연결점들이 있다. 우리는 문학 형식의 측면에서, 가장 짧은 세 대화편 —『크리톤』, 『이온』, 『소 히피아스』— 이 모두 극적 프롤로그나 이야기 전달의 도입부 없이, 단순한 소극(笑劇)의 형태로 쓰였다는 점을 기억한다. 이 대화편들을 (『소크라테스의 변론』과 함께) 플라톤의 가장 초기 저술로 보는 견해도 있지만, 이 대화편들 중 어느 것도 아포리아 상태의 결론이 나지 않는다. 다른 어떤 소크라테스 작가가 쓴 대화편도 아포리아 형식으로 알려진 것이 없다. 나는 플라톤이 아포리아적(그리고 그 점에서 많은 학자들에게 전형적으로 '소크라테스적'인) 대화편을 새로 창출한 것이라고 주장한다. 이것은 (극적 프롤로그와 이야기 전달의 틀과 같은) 새로운 문학적 형식들을 통해 시도되는 실험이고, 중기 대화편들의 보다 야심 찬 기획을 신중하게 준비하는 작업이다. 그리고 왜 플라톤이 아포리아의 형식을 택했는지는, 우리가 『메논』에서 그가 아포리아의 이점에 대해 반성적으로 고찰한 부분들에 유의할 때 가장 잘 이해될 수 있다.

플라톤이 노예 소년과의 배움의 훈련 장면에서 소크라테스적 논박에 대한 새로운 해석을 제공하고 있다는 주장은 나만의 주장이 아니다.[35] 논박은 여기에서 건설적인 철학을 위해 꼭 필요한 예비 작업으로 제시된다. 그러나 그것은 단지 예비 작업의 의미만을 가진다. 반면, 『고르기아스』에서는 논박법이 귀납법(epagōgē) 또는 유비 논증과 더불어, 폴로스와 칼리클레스에 대항해 적극적인 테제들을 옹호하는 데 사용된다. 그리고 이와 비슷한 방법들이 『이온』과 『소 히피아스』에서는 역설적인 주장들을 뒷받침하는 방식으로 사용된다. 정의를 묻는 대화편들에서는 논박이 부정적인 결론에 이를 뿐이다. 이 대화편들에서 소크라테스와 그의 대화 상대자들은, 『메논』의 처음 부분에서처럼, 문제가 되는 덕을 정의할 수 없는 것으로 드러낸다. 하지

---

35 특히 Beson(1990b), 130쪽을 보라.

만 우리가 기하학적 훈련을 통해 보았듯이(3장 176쪽), 그러한 실패는 교육적 가치를 지닐 수 있다. 알고 있다는 환상을 마음에서 깨끗이 지우는 것은 더 나은 탐구를 위한 준비 작업이 된다. 『메논』에서 소크라테스는, 노예 소년이 두 번의 잘못된 대답으로 인해 겪게 된 혼란과, 정의에 대한 시도에서 계속 실패함으로써 메논이 겪은 정신적 마비 상태를 분명히 대비시키고 있다. "자네는 이 소년이 상기에서 어디쯤 와 있는지 알겠는가?" 소년은 그 전에도 지금처럼 전혀 알지 못했었지만, 지금 그는 자신의 무지를 깨닫고 아포리아에 빠졌다. 하지만 그는 더 나은 상태에 있다. 왜냐하면 그는 이제 그 이전에는 가지지 못했던 더 알고자 하는 욕구를 가졌기 때문이다(『메논』 84a-c).

이 훈련을 통해 메논이 배우는 것은 많지 않을 것이다. 그러나 우리 독자들은 이것이 전반적으로 아포리아가 지닌 기능이자, 특히 아포리아적 대화편들이 지닌 기능이라는 점을 알게 된다. 그 기능이란 이러저러한 문제들이 단순한 문제라거나 쉽게 이해될 수 있는 것이라는 거짓된 확신을 제거하는 것이고, 더 나아간 탐구에 대해 욕구를 불어넣는 것이다. 따라서 아포리아적 대화편들은 모두 우리를 철학의 실천으로 재촉하는 권유적 대화편이기도 하다.

정의를 묻는 대화편들을 보자면, 아포리아는 메논의 역설에서 인식론적 우선성의 원칙이 나올 때 절정에 달한다. 이는 플라톤이 부정적, 정화적 논박으로부터 적극적 상기 이론과 가설로부터 추론하는 건설적 방법으로 전환하는 순간이다. 이러한 관점에서 『메논』은 아포리아적 방식을 끝내고, 중기 대화편들로 가는 길을 연다.

물론, 정의를 묻는 대화편들의 내용이 전적으로 부정적이고 정화적이라는 건 아니다. 우리는 이 대화편들에서 정의의 논리에 관한 연구를 추적했다. 그리고 우리는 어떻게 『라케스』에 용기에 대한 합당한 정의와 덕에 대한 소크라테스-플라톤적 정의가 부분적으로 표현되어 있는 것으로 발견될 수 있는지를 보았다. 이것은 기민한 독자들에게 적극적인 단서를 제공한다. 『일곱째 편지』에서 플라톤은 가장 중요한 철학적 문제들을 글로 써내려는 시도가, "약간의 지적(smikra endeixis)만 받아도 스스로 진실을 알아낼 수 있는 소수의 사람을 제외하고는"(341e), 독자에게 좋은 영향을 미치지 않을 것이라고 말한다. 이러한 종류의 지적은 플라톤의 여러 작품에 걸쳐 두루 흩어져 있다. 특히, 그것은 아포리아의 상태로만 끝나는 것처럼 보이는 대화편들 내의 적극적인 암시들에 있다.

8. 정의의 우선성에 대한 후기

인식론적 우선성의 원칙은 덕과 관련해서는 『라케스』에서 확인되고, 다른 경우와 관련해서는 『메논』에 일반화된다. 그것은 만일 X가 무엇인지를 전혀 알지 못한다면, X에 대해 그 어떤 것도 알 수 없다는 원칙이다. 우리가 보았듯이, 다른 몇몇 대화편들에도 이 원칙의 암시, 적용, 변형이 보이는 곳들이 있다. 가장 가까운 일례가 『국가』 1권의 마지막 부분에 등장한다. 여기에서 소크라테스는 말한다. "올바름(正義)이 무엇인지를 내가 알지 못한다고 한다면, 나는 그것이 실로 덕인지 아닌지, 그리고 그것을 지닌 이가 행복한지 불행한지도 거의 알 길이 없을 것이오"(354c). 여기서 우리는 『메논』의 우선성 원칙이 직접적으로 적용된 실례를 본다. 다른 한편으로, 『뤼시스』의 마지막 부분에서는 그 원칙이 간접적으로만 암시되어 있다. 여기에서 소크라테스는 그와 두 소년이 자신들을 우스운 꼴로 만들어 버렸다고 농담조로 언급한다. 왜냐하면 그들은 서로 친구라고 생각하고 있지만 "아직 친구가 무엇인지 발견해 내지 못했기"(『뤼시스』 223b 6) 때문이다. 여기에서, 우정에 대한 정의(定義)가 없다면, 우리들이 친구인지 아닌지 알 수 없다는 주장은 없다. 정말 친구 사이라면 우정이 무엇인지 찾아낼 수 있어야 한다고 기대하는 것이 합당할 뿐이다. 마찬가지로, 카르미데스가 진정으로 절제 있는 사람이라면, 그는 절제가 도대체 무엇인지 말할 수 있어야 한다(『카르미데스』 159a). 이런 기대들은 좌절된 것일 수도 있다. 그러나 그것들이 기치가 지적한 오류를 범하고 있지 않다는 것은 확실하다. 왜냐하면 이것들이 인식론적 우선성을 전혀 주장하지 않기 때문이다.

우선성의 원칙에 보다 근접한 사례는 『카르미데스』의 마지막 부분(176a)에 나온다. 그것은 대화편과 같은 이름의 사내가 자신이 절제를 소유하고 있는지 그렇지 않은지 알지 못한다고 주장할 때 드러난다. "더군다나 당신들(소크라테스와 크리티아스)도 그것이 무엇인지 발견할 수 없었던 것을 제가 어떻게 알 수 있겠습니까?" 여기에서 카르미데스는 적어도, 그들이 절제에 대해 정의를 내리지 못한 것이 그 주제에 관해 더 아는 것을 가로막는 장애물이라고 느끼는 척한다.

『프로타고라스』의 마지막 부분에서는 소크라테스가 약한 의미의 인식론적 우선성 원칙을 언급한다. 여기에서 덕에 대한 정의는 덕의 가르침 가능성이라는 논쟁점을 해결하기 위한 충분조건이지 필요조건은 아닐 것이다. "왜냐하면 덕이 무엇인지를 명확하게 밝혀낼 수 있다면, 우리가 그것이 가르쳐질 수 있는지 그렇지 않은지 보게 되리라는 점을 저는 알기 때문입니다"(361c). 하지만 같은 원칙이 강한 의미에서 (필요조건으로서) 같은 대화편 앞부분에 —젊은 히포크라테스가 프로타고라스에게 배우고자 하는 열망을 소크라테스와 논의하는 과정 속에— 확실하게 함축되어 있다. 히포크라테스는 소피스트가 무엇인지 알지 못한다(313c 1-2). 그렇다면 그는 프로타고라스에게서 배우는 것이 해로울지 이로울지 어떻게 알 수 있는가?(314b).

(기치가 오류 문제를 제기할 때 단초로 삼은) 『에우튀프론』에서 우리는 매우 합

당한 주장, 즉 경건함의 본성을 알아야만 불경스러운 일들을 가려내는 게 가능하다는 주장(6e)을 만난다. 여기에서 정의는 사례들을 판단하는 데 필요조건이 아니라 충분조건인 것으로 제시된다.

플라톤 전집을 통틀어 소크라테스가 실제로 기치가 지적한 오류를 범하고 있는 유일한 곳은 『대 히피아스』이다. 여기에서 소크라테스는 정의에 대한 앎(아름다움이 무엇인지를 아는 것)이 사례들(아름다운 것들)을 판단하는 데 선행 조건이라고 주장한다. 인식론적 우선성의 원칙은 그 대화편 286c~d에 함축되어 있고, 304d~e에는 기치가 지적한 오류와 정확하게 일치된 형태로 선명하게 진술되어 있다.

제가 아름다움(to kalon)이라는 주제에 관해 그토록 분명하게 논박을 당하고, 이 아름다움 자체가 무엇인지조차 알지 못한 것으로 드러났는데도, 아름다운 활동들에 대해 제가 논하려고 무모하게 달려드는 건 부끄러운 일이 아니겠습니까? 그리고 제게 질문하고자 하는 이는 이렇게 말할 것입니다. "당신이 아름다움을 모른다면, 누가 강연을 아름답게 했는지 또는 그 밖의 다른 일들을 아름답게 행했는지 당신은 어떻게 알지요?"

하지만 이는 내가 한 논문에서 다른 근거들을 제시하며 주장했던 견해, 즉 『대 히피아스』는 플라톤의 작품이 아니라는 견해를 확증해 줄 뿐이다. 이 대화편의 작가는 『메논』과 『국가』로부터 인식론적 우선성의 원칙을 빌려 와, 명백히 관련된 문제를 제대로 의식하지 못한 채 그곳에 서투르게 잘못 적용했다. 플라톤은 이보다는 더 노련한 사람이다. 그는, 메논의 역설을 통해 그가 직접 드러내기 전까지는, 우선성의 원칙에 내재된 순환 논법의 문제가 표면으로 떠오르는 것을 허용하지 않는다. 그리고 그는 메논의 역설을 극적인 방식으로, 즉 상기에 대한 큰 이론적 반응을 환기시키는 방식으로 제시한다.

결론적으로, 나는 블라스토스(1994, 67쪽 이하)와 비버스루이스(J. Beversluis, 1987)가 주장하듯 우선성의 원칙을 고유한 의미의 '소크라테스적' 대화편들로부터 제거할 수는 없다는 점을 주목한다. 두 학자는 이 원칙을 세 개의 '전이적' 또는 후–소크라테스적 대화편들(『메논』, 『뤼시스』, 『대 히피아스』)에만 국한시켜 보려 한다. 저술 연대의 문제와는 전혀 별개로, 그들의 주장은 『라케스』190b에 나오는 'X란 무엇인가?'라는 물음이 가지는 인식론적 우선성에 대한 주장과 양립할 수 없다. 그리고 『카르미데스』(176a)와 『프로타고라스』(312e 이하)에 보이는, 이 원칙에 대한 분명한 암시들과도 들어맞지 않는다. 왜냐하면 이 세 대화편들은 블라스토스가 논박적이라고, 따라서 완전히 소크라테스적이라고 간주한 대화편들의 전형적인 사례들이기 때문이다.

7장

『카르미데스』와
유익한 앎에 대한 추구

1. 『카르미데스』에 대한 개관

『카르미데스』는 『라케스』와 짝을 이루는 작품으로 제시된다. 그곳에서 절제(sōphrosynē)를 정의하려는 시도가 실패한 것은 『라케스』에서 용기를 정의하는 시도가 실패한 것에 필적한다. 하지만 사실상 이 두 대화편 사이에는 많은 차이점들이 존재하며, 『카르미데스』는 그것만의 많은 문제들을 제기한다.

『카르미데스』와 다른 과도기 대화편들을 연결해 주는 핵심 실마리는 전문 지식(technē)과 같은 엄격한 의미의 앎과, 덕 또는 도덕적 탁월성(aretē)을 유사하게 주제로 삼은 고찰이다. 『카르미데스』는 『라케스』, 『프로타고라스』, 『메논』, 그리고 나중에 『국가』에서 중심 무대를 차지하는 덕의 가르침이라는 주제에는 관심이 적다. 『카르미데스』의 일차적인 관심은 절제를 앎의 이로운 형태, 즉 우리들이 '훌륭하게 행동하고'(eu prattein) 행복한 삶을 이끌 수 있도록 해 주는 그런 종류의 앎으로 해석하는 것이다. 『카르미데스』

의 가장 두드러진 특성은 (대화 상대자들의 독특성은 제외하고서라도) 무엇보다도, 절제가 다른 어떤 것에 대한 앎이 아니라, 앎에 대한 앎 또는 자기 자신에 대한 앎이라는 난해한 주장에 몰두한다는 점이다.

이 대화편의 논증 과정이 뒤틀려 있으므로, 먼저 내가 결론으로 취합한 내용을 서술해 보자. 우리는 명백히 아포리아적인 이 대화편에서 적극적인 의미로서 다음의 세 주장을 만나게 된다. (1) 모든 종류의 앎은 반드시 특정한 대상에 관계되어 정의되어야 하며, 자신에 관계되어 재귀적으로 정의되면 안 된다. (2) 가장 유익한 종류의 앎은 좋음과 나쁨을 그 대상으로 삼을 것이다. 그리고 (3) 그런 앎이 도시를 지배할 수 있을 경우에만, 도시의 모든 사람이 자신에게 어울리는 일(ergon)을 할 수 있는 위치에 있게 되어, 그들에게도 도시 전체에도 좋은 삶을 살 수 있을 것이다. 요컨대, 그런 앎이 온전하게 유익하려면, 그것은 반드시 정치적 권력을 행사해야 한다.

테제 (1)은 또한 『이온』과 『고르기아스』로부터 익숙한 주제를 발전시킨다. 테제 (2)는 『라케스』에서 함축된 결론으로 보인다. 그러나 그것은 소크라테스의 꿈에 의해 제시된 보다 전문적인 다른 앎과 대조되어 여기서 체계적으로 전개된다(아래 7절 참고). 테제 (3)은 『국가』의 핵심 주장을 예시한다. 그리고 우리가 나중에 보겠지만, 『뤼시스』와 『에우튀데모스』의 논증들과 부분적으로 닮아 있다.

『카르미데스』는 다른 특징들도 가지고 있다. 재귀적 개념들과 비재귀적 개념들에 대한 정교한 분석은 그것을 모든 과도기 대화편 중 가장 전문적인 대화편의 하나로 손꼽히게 한다. 169a-175d의 복잡한 조건부적 추론은 『메논』의 가설적 방법과 얼마간 유사하다. 이 두 대화편에 보이는 추론과 비슷한 사례로는 『프로타고라스』에 나오는 쾌락주의로부터 준-조건부적으로 논증을 펼치는 것이 유일하다. 마지막으로, 『카르미데스』가 자기인식을 자기 자신의 무지와 다른 사람들의 무지에 대한 앎으로 해석하는 소크라테스에 대해 비판적인 거리를 두고 반성하고 있다는 점은, 이 대화편이 많은 해석과는 달리 전형적인 '소크라테스적' 대화편일 수 없다는 사실을 알려 준다.

2. 대화편의 구조

『카르미데스』와 『라케스』는 자주 한 쌍으로 간주될 만큼[01] 유사점들이 아주 많다. 두 대화편 모두 저명한 가문의 청년들에게 미치는 소크라테스의 영향력을 강조한다. 그는 이미 대화가 시작되기 전부터 청년들에게 잘 알려져 있다(『라케스』 181a, 『카르미데스』 156a). 그리고 두 대화편은 각각 특정 청년들을 보살펴 달라고 그에게 부탁하는 것으로 끝난다. 『카르미데스』도 『라케스』처럼 소크라테스의 전장(戰場)의 경험에 대한 언급으로 시작한다. 그리고 두 작품에 등장하는 대화자들은 아테네 정치사의 유명한 인물들이다. 이러한 외적 유사점들 외에도, 이들 사이에는 철학적 주제와 관련된 보다 본질적인 연관성이 존재한다. 모두 특정한 덕에 대한 정의를 시도하고 있으며, 또한 덕을 좋음과 나쁨에 대한 앎의 조건에서 설명할 가능성을 시사한다.

이러한 유사점들에도 불구하고, 『카르미데스』는 많은 점에서 특이하다. 『라케스』는 문제의 덕을 곧바로 정의하지만, 『카르미데스』는 얼마 지나지 않아 '앎에 대한 앎'의 개념을 추적하는 데로 빠진다. 게다가, 『라케스』의 대화 상대자들은 많은 존경을 받은 명망가들이다. 니키아스는 처참한 최후를 맞긴 했지만, 투퀴디데스로부터 자신의 전 생애에 걸쳐 "우리가 덕이라 일

---

01 Pohlenz(1913, 56쪽)의 견해가 그렇다.

컫는 것"을 실천했다고 평가받는다(『펠로폰네소스 전쟁사』 7권 86장 5절). 반면에, 『카르미데스』의 두 명의 주요 대화 상대자는 30인의 참추가 정권을 거머쥔 아테네 역사의 가장 어두운 시기와 관련된 인물들이다. 크리티아스와 카르미데스 모두 그 30인에 속한 인물이었고, 더욱이 크리티아스는 크세노폰에 의해 "30인의 참주들 가운데 가장 탐욕스럽고 폭력적이며 잔인한 인물"이라고 묘사된다.[02] 플라톤이 이런 인물들을 택해 전형적으로 억제, 겸손, 자기 통제의 의미를 함축하는 덕인 '절제'를(!) 주제로 소크라테스와 토론하게 한 것은 지극히 이상해 보인다.

이 대화편의 극적 구조는 보통과 달리 세심하게 짜여 있다. 『카르미데스』는 전달 형식을 띤 최초의 플라톤 대화편일지도 모른다. 그리고 이 대화편은, (소크라테스의 재판과 죽음을 언급하는 대화편들을 제외한다면) 플라톤이 정확한 가상적 시기를 정해 놓은 매우 드문 대화편들 중 하나이다. 왜냐하면 그것은 기원전 432년의 포테이다이아 전투를 언급하며 시작하기 때문이다.[03] 정확한 연대가 제시된 이유는 대화 상대자의 선택과 관련이 깊다. 플라톤

---

02 『소크라테스 회상』, 1권 2장 12절.

03 Thucydides, 1권 63장. 『카르미데스』의 작중 대화 시기는 가상일 뿐만 아니라 명백히 거짓을 포함하고 있다. 왜냐하면 소크라테스는 (대화편 153b 5에서 묘사된 것처럼) 전장으로부터 그렇게 빨리 아테네로 돌아올 수는 없었을 것이기 때문이다. 플라톤은 포테이다이아 전투가 2년간의 길었던 포위전(기원전 432-430년)의 막바지 전투가 아닌 초기 전투였다는 사실을 망각했거나 아니면 일부러 무시했다. 소크라테스가 이 전투에 참여했다는 사실과 관련해서는 『카르미데스』156d와 『향연』 219e 이하를 보라. Gomme(1945), 219쪽과 비교.

소크라테스의 재판과 죽음에 의해 대화 시기가 정해지는 대화편들을 제외하면, 『향연』이 아마도 유일하게 비교적 정확한 연대를 가질 것이다. 그것의 연대는 아가톤이 비극 경연에서 우승한 해인 기원전 416년이다. 『향연』에서 정확한 시기가 제시된 이유는 『카르미데스』와 마찬가지로 대화 상대자의 생애와 관련이 깊다. 플라톤은 알키비아데스를 그가 정치적 이력에서 절정을 달리고 있었던 때에 대화편에 등장시키길 원한다. 그때로부터 1년 후, 그는 시칠리아 원정의 지휘관으로 출정하고 헤르메스상(像) 훼손의 추문에 연루된다.

은 크리티아스를 아직 사악한 정치적 행보를 시작하지 않은 비교적 젊은 인물로 제시하고,[04] 카르미데스는 전도유망한 겸손한 청년으로 보여 주고자 한다.

이러한 대화 상대자들의 선택은 무엇을 해명하는가? 크리티아스와 알키비아데스를 타락시켰다는 죄목으로부터 소크라테스를 변호하려 했던 크세노폰과 달리, 플라톤은 일부러 소크라테스가 두 사람과 아주 친밀한 사이라고 묘사하는 것 같다. 실제로 그랬다 해도, 그러한 사실이 플라톤의 문학적 동기를 설명해 주지는 못한다. 이에 비하면 그가 알키비아데스를 다룬 것은 훨씬 이해하기 쉬워 보인다. 소크라테스와 알키비아데스 사이의 친교는 안티스테네스와 아이스키네스의 저술들에서도 익숙한 주제였기 때문이다. 반면에 크리티아스와 카르미데스에, 그리고 그 둘과 소크라테스의 친밀한 관계에 초점이 맞춰지는 부분에 대해서는 얼마간 설명이 필요하다.

먼저, 플라톤은 『카르미데스』를 『라케스』와 대응을 이루는 작품으로 계획했던 것 같다. 『라케스』에서 용기는 그들의 도시를 위해 싸우다 죽은 용감한 두 장군에 의해 분석된다. 『카르미데스』에서 절제는 이후의 삶에서 이덕을 확연하게 결여하고 있음을 보인 두 사람에 의해 논의되는데, 이들은 바로 자신들의 개인적인 권력을 위해 동료 시민들을 상대로 싸우다 죽은 인물들이었다. 소크라테스를 설득하기보다는 그에게 강제력을 행사해야 하겠다는 이들의 농담 섞인 언급 속에는 미래의 참주적인 모습이 은근히 암

---

04 크리티아스는 기원전 415년 헤르메스상에 대한 신성모독에 연루되었지만, 과두정의 혁명이 일어난 411년 이후에야 비로소 정치 활동을 한 것으로 보인다. Ostwald(1986), 403, 428, 462-65쪽을 보라. 소크라테스가 카이레폰에 의해 크리티아스를 소개받는다는 사실은 의미심장하다(153c 6). 카이레폰은 나중에 크리티아스가 30인 참주정체로 권력을 쥐었을 때(『소크라테스의 변론』 21a) 추방당한 민주파의 인물 가운데 한 사람이기 때문이다. 대화는 이후에 발생할 정치적 혼란에 비추어 볼 때, 그와 대조적으로 행복하고 조화로운 사회에서 이루어지고 있다.

시되어 있는 것처럼 보인다(176c-d, 156a 3 참조).

그러나 가장 명백한 그 실마리가 아마도 다른 방향으로는 플라톤이 자신의 가문에 대해 갖는 자부심을 가리킬 것이다. 카르미데스는 외조부인 글라우콘의 아들로 소개된다(154b 1). 그러니까 카르미데스는 플라톤의 외숙부이고, 크리티아스는 그의 어머니(페리크티오네)의 첫째 사촌인 셈이다(그리고 크리티아스는 카르미데스의 후견인, epitropos이다. 155a 6). 소크라테스가 카르미데스는 분명 "자네(크리티아스)의 집안사람이기 때문에"(154e 2) 틀림없이 태생적으로 고귀한 혼을 가졌을 거라고 말했을 때, 그 집안은 바로 플라톤의 집안이다.[05] 소크라테스가 다음과 같은 이유로 카르미데스를 칭찬할 때에도 같은 경우다. "다른 어떤 아테네의 가문도 자네를 낳은 이 두 가문보다 더 훌륭하고 고귀한 자손들을 길러 내리라는 기대를 갖게 할 수 없다고 생각하네"(157e). 두 가문은 한 쪽으로는 크리티아스, 카르미데스, 플라톤의 어머니의 가계로서, 많은 시인들이 "그 아름다움과 덕에서, 그리고 행복이라 불리는 것에서 특출했다"고 찬양한 가문이다. 다른 쪽으로는 카르미데스의 외숙부인 퓌릴람페스가 있다. 그는 페리클레스의 동료였고, 또한 페르시아 왕에게 보내진 아테네 대사(大使)였는데, 페르시아 궁정에 있는 어떤 인물보다도 키가 훤칠하고 출중한 외모를 지녔다고 일컬어졌다(157e-158a).

---

05 버넷이 인정하고 있는 것처럼, "『카르미데스』의 도입부는 가문 전체에 대한 찬미이고 … 플라톤의 대화편들은 소크라테스에 대한 회상일 뿐만 아니라, 그의 가문의 행복했던 시절에 대한 회상이기도 하다." Burnet(1964), 169쪽 이하.
  자신의 가문에 대한 플라톤의 언급은 계속되어, 소크라테스는 크리티아스에게 두 사람의 배움과 시(詩)에 대한 사랑이 "솔론과의 친족 관계에서" 연유한다고 말한다(155a 3). Witte(1970, 51쪽)는 플라톤이 자신을 카르미데스에 대비시켰을 가능성을 강조한다. 하지만 나는 같은 책 49쪽에서 그가 주장한 바, 플라톤이 참주에 대한 대중들의 비난을 바로잡으려 한다는 견해에 대해서는 동의하지 않는다. 이 대화편에서 크리티아스에 대한 플라톤의 묘사는 그를 도덕적 타락으로 이끌 허영, 야망, 지적 불성실로 채워져 있기 때문이다(162c, 169c 2-d 1).

그러나 퓌릴람페스는 플라톤의 의붓아버지이자 작은 외할아버지이기도 했다. 그러니까 카르미데스라는 훌륭한 청년을 낳은 행복한 두 집안은 플라톤의 가계 안에서 결합된, 사실상 같은 가문이다. 이 결합은 처음엔 플라톤의 외조부모에 의해, 다음엔 그의 어머니의 두 번째 결혼에 의해서 이루어졌다.[06]

우리는 크리티아스와 카르미데스에 대한 플라톤의 깊은 감정이 어땠는지에 대해 단지 상상할 수 있을 뿐이다.[07] 그리고 우리가 대화편의 본문을 통해 알 수 있는 것은, 플라톤이 이 대화 상대자들을 선택함으로써 자기 가문의 명성과 차별성, 그리고 혼인에 의한 인맥에 대해 상세히 말할 기회를 얻는다는 점이다. (그리고 크리티아스가 훨씬 뒤 『티마이오스』에 다시 등장할 때, 플라톤의 선조와 솔론의 연고는 다시 한 번 강조된다. 『티마이오스』 20d-21d.) 이 정도로, 크리티아스와 카르미데스의 등장은 소크라테스적 대화 형식의 익명성 위에 덧씌워진 일종의 사적인 서명과 같은 역할을 한다. 이는 주요 대화 상대자로 플라톤의 두 형제(글라우콘과 아데이만토스)가 등장하는 것이 『국가』에 플라톤의 서명을 찍는 것과도 같다. 『카르미데스』의 도입부에 묘사된 이러한 눈에 띄는 자기 언급은 이 작품도 플라톤이 개인적으로 비상하게 관심을 가진 작품임이 틀림없다는 점을 시사한다.

이러한 극적 구조는 다른 관점에서도 중요하다. 재능 있는 젊은 귀족 카르미데스에 대한 묘사는 매우 사랑스럽게 이루어진다. 이 청년의 아름다움

---

06 Davies(1971), 329쪽 이하를 보라.

07 플라톤이 크리티아스와 알키비아데스와 같은 인물들의 타락한 재능에 대해 동정심을 가지고 있다는 개연성 있는 통찰에 대해서는 Jaeger(1944), 영역본 267-71쪽을 보라. 또 『국가』 4권 494-96과 비교하라. 카르미데스에 대한 묘사는 특히 시사하는 바가 많다. 귀족의 전통에서 믿듯, 덕의 능력은 타고나는 것일 수도 있다. 하지만 그것이 어떻게 전개되느냐는 도덕 교육에 달려 있을 것이며, 이 경우에는 카르미데스의 후견인(epitropos)이 그에게 미친 악영향에 달려 있다.

은 소크라테스에게 육체적 충격을 주는데, 이에 대한 묘사는 그리스 문학 작품에서 에로틱한 감정에 대한 가장 생생한 표현 중 하나이다.

> 내 고귀한 친구여! 그때 나는 그의 옷 안쪽에 있는 것들을 보고서 달아올라 더는 나 자신을 주체할 수가 없었네. 그리고 난 퀴디아스가 사랑 문제에서 정말 지혜로웠다고 생각했네. 그는 어떤 이에게 미소년에 대해 충고하면서 "사자 앞에 놓인 어린 사슴처럼 먹잇감이 되지 않도록 조심하라"고 말했네. 나 자신도 그런 야수에게 잡혔다고 생각했네. (155d)

이 일화는 소크라테스는 곧바로 자기 통제력을 회복하는 모습을 제시함으로써 대화편의 주제를 미리 보여 준다. 반면, 크리티아스는 이후에 자신이 제안한 정의가 조롱거리가 되었을 때 자신을 억제하지 못하는 모습을 보인다(162c-d).

우리는 카르미데스의 음부를 흘끗 보았을 때 소크라테스에게 분열을 일으킨 관능적인 감정의 영향, 그리고 그가 이성적인 통제력을 다시 얻도록 쏟았던 노력에 대해 플라톤이 묘사한 부분(156d)의 철학적 의미를 놓치지 말아야 한다. 『라케스』에서 인내가 강조되듯이, 도덕적 감정들에 대한 그러한 극적인 표현은 덕을 앎의 일정한 형태와 동일시하는 이 두 대화편의 '주지주의적' 경향과 의도적인 대조를 이루는 것으로 보인다. 이 두 대화편에서 대화자들의 말이 무엇을 함축하든, 『카르미데스』와 『라케스』의 저자는 도덕적인 삶에 대한 어떠한 설명에서도 감정들이 중요하다는 점에 확실히 주목한다.[08]

---

08 『카르미데스』 167e에서 쾌락에 대한 욕구(epithymia), 좋음에 대한 욕구(boulēsis), 아름다움에 대한 욕구(erōs)를 언급한 부분을 주목하라. 이는 『고르기아스』에서 이뤄진 도덕적 감정들에

3. 절제(sōphrosynē)에 대한 정의

카르미데스와의 대화는 문제가 되는 덕을 정의하려는 두 가지 소박하지만 진지한 시도로 시작된다. 하나는 외적 행위와 관련한 것으로 "모든 것을 질서정연하고 차분하게 행하는 것"(159b)이라는 규정이고, 그다음은 도덕적 감정과 관련한 것으로 절제는 "사람들이 부끄러움이나 수치를 느낄 수 있게 하는 것이며, 수치심 또는 자중과 같은 것(aidōs)"(160e 4)이라는 규정이다. 고대 그리스의 도덕적 의식의 관점에서 볼 때, 두 제안은 틀리지 않다.[09] sōphrosynē는 많은 의미를 갖지만, 무엇보다도 '적합하고 어울리는 것'을 의미한다. 따라서 그것은 여성에서는 정숙함을, 남성에서는 품위와 자제(自制)를 가리킨다.

카르미데스는 그 자신이 절제를 소유했는지 질문받았을 때 얼굴을 붉혔으며, 자기 자랑으로 비춰질 만한 어떠한 행동도 피하려 했다(158c 5-d 6). 그럼으로써 그는 연장자들 앞에서 젊은이가 취해야 할 알맞은 태도, 즉 겸손을 나타내 보였다. 그래서 절제가 수치심이나 겸손이라는 그의 두 번째 답변은 그가 자신 안에서 절제(이 말을 지금부터 sōphrosynē란 말의 표준적인 번역어로 받아들인다)로 보는 것을 정확히 읽어 낸 것이다. 하지만 라케스와 함께 용기에 대해 대화했을 때와 마찬가지로, 여기에서 카르미데스와 함께 절제를 논할 때도, 소크라테스의 관심은 덕에 대한 만족스러운 설명을 구축하

대한 초기 단계의 논의를 가공한다. 『카르미데스』에서 절제가 극도로 지적으로 설명되는 모습이 예외적인 경우라는 사실에 주의하기 바란다. 플라톤은 sōphrosynē를 일반적으로 '쾌락과 여러 가지 욕망의 통제'와 연관시킨다. 예를 들어, 『고르기아스』 491d 10, 『파이돈』 68c, 『필레보스』 45d-e, 『법률』 4권 710a.

09 프로타고라스가 전하는 신화에서 수치심(aidōs)은 절제(sōphrosynē)에 대응하는 것으로 설명된다(『프로타고라스』 322c 2, 323a 2).

는 데 있기보다는 대화 상대자가 그간 당연하게 받아들여 왔던 개념을 비판적으로 반성해 보도록 하는 데에 있다. 그래서 소크라테스는 ("가난한 자에게 수치심이 있는 것은 좋지 않다"는) 호메로스의 시구(詩句, 『오뒤세이아』 17권 347행)를 임의로 인용해(161a 3), 수치심이 반드시 좋은 것은 아니라는 점을 보여 준다. 반면에 절제는 아름다운 것(kalon, 159c)이자 좋은 것(agathon, 160e)이라는 데 동의하게 만든다.[10]

카르미데스의 두 번째 정의는 이렇듯 신속하게 물러간다. 소크라테스는 카르미데스의 첫 번째 제안을 이보다는 더 주의 깊게 다뤘다. 첫 번째의 경우도 마찬가지로 문제의 실체와 관련하여 피상적이지만, 그에 대한 반박은 소크라테스가 전형적으로 사용하는 귀납(epagōgē)의 형식을 취한다.[11] 두 경우를 통해 알 수 있는 가장 중요한 내용은, 절제와 같은 덕목을 규정하는 데에서는 외적 행위도 주관적 감정도 믿을 만한 토대를 제공하지 못한다는 것이다. 행위와 감정은 잘못 인도될 수 있다. 적절한 것에 대한 올바른 이해가 필요하고, 이는 일종의 앎이나 통찰을 필요로 한다. 이런 한에서, 여기서 진행되는 논의 과정은 『라케스』, 『프로타고라스』, 『에우튀데모스』, 『메논』의 논의 과정과 동일한 것일 수 있다. 그것은 바로 덕의 실행에서 앎이나 올바른 판단이 맡는 결정적인 역할을 드러내는 것이다.

---

10 160e 11의 원문은 뭔가 잘못되어 있는 것으로 보인다. 추정컨대 sōphrosynē가 사람들을 좋게 만들기 때문에, 그것은 아름다운 것(kalon)일 뿐만 아니라 좋은 것(agathon)이기도 하다(160e 13)는 점을 보여 주는 논증이 있어야 한다. Van der Ben은 이 논증을 전승된 원문에서 찾아내려고 시도한다(1985, 30쪽). 논증의 내용에 맞춰 본문을 수정하려는 시도에 대해서는 Bloch(1973), 65쪽 각주 18을 보라.

11 소크라테스의 첫 번째 반박은 카르미데스의 언급 kosmiōs panta prattein(모든 것을 질서정연하게 행함)을 무시하고, 차분함(hēsychiotēs)의 속성을 자의적으로 '느림'으로 해석하며 이에 대해서만 공격한다. 161d-162a에서 '자기 자신의 것을 행함'에 대한 그의 처음 해석도 마찬가지로 잘못된 것이다. (sōphrosynē를 차분함과 느림으로 보는 생각을 보다 긍정적인 의미로 전개시키는 논의에 대해서는 『정치가』 307a 이하를 보라.)

하지만 『카르미데스』의 논의는 앎의 개념으로 직진하는 대신, 카르미데스의 세 번째 정의를 통해 우회한다. 그는 누군가로부터 들은 걸로 기억한다며, 절제는 "자기 자신의 것을 행하는 것"(ta heautou prattein, 161b 6)이라고 말한다. 『국가』를 읽어 본 독자라면, 플라톤이 이것을 정의(正義)를 규정하는 데 사용했다는 것을 알아차릴 것이다. 이 구절의 정치적 함축에 대해서는 아래 8절에서 논의할 것이다. 이 세 번째 정의의 소개로 나타난 직접적인 효과는 크리티아스가 대화에 참여하게 되었다는 것이다. 그가 이 새로운 정의의 제공자이며, 이제 그것을 변호해야 하기 때문이다. 대화편의 나머지 부분에서는 그가 소크라테스의 대화 상대자가 된다.

크리티아스와의 대화는 행함(prattein)과 만듦(poiein)의 차이에 대한 크리티아스 쪽의 다소 소피스트적인 언어유희와 더불어 시작된다. 이 논의는 기존의 정의를 수정하도록 만든다. 자신에게 속한 것(oikeia)은 좋고 이롭지만, 자신에게 속하지 않은 것(allotria)은 나쁘고 해로운 것이므로, 절제는 좋은 것들을 행하는 것이지 나쁜 것들을 행하는 것은 아니다(163e). 좋음이 자신에게 고유한 것 또는 자신의 것(to oikeion)이라는 해석은, 덕을 '자신의 것을 행함'으로 규정하는 것과 밀접하게 연결되어 있으며, 이러한 해석은 다른 대화편들, 특히 『뤼시스』와 『향연』에서도 만나게 될 것이다.[12] 하지만 여기에서 그 이상으로 논의가 이어지지는 않는다.

이 지점에서 소크라테스는 앎의 문제를 끌어들인다. 절제 있는 사람은 자신이 행하고 있는 것을 알아야 하는가? 어떤 사람이 무지의 상태에서 좋은 것들을 행한다면, 그것을 절제라고 할 수 있을까?(164b-c). 대화가 전적으로 소크라테스의 주도 아래 이루어진다고 가정할 때, 우리는 그의 다음 단계가 어떤 행위에 그것에 대한 앎을 추가하는 방식이 될 거라고 짐작할

---

12 이 책의 9장 417쪽과 451쪽 이하를 참조.

수 있다. 절제는 좋은 것을 알고서 이것을 행하는 것일 테고, 나쁜 것을 알고 이것을 피하는 것일 테다. 이는 대화편의 마지막 부분에서 제안되지만 형식적으로는 단념되는 정의처럼, 좋음과 나쁨에 대한 앎을 포함하는 규정으로 곧장 이어졌을 것이다.

하지만 크리티아스는 소크라테스가 그리 만만하게 다룰 수 있는 대화 상대자가 아니다. 그는 새로운 방향으로 대화를 전개시킨다. 크리티아스는 절제가 무지의 상태에서 행함이 결코 아니라고 말한다. 그리고 그는 이것이 자신이 지금까지 이야기한 것들에서 뒤따르는 것이라면, "자신에 대해 무지한 사람을 절제 있는 사람으로 받아들일 바에는 저의 실수를 기꺼이 인정할 겁니다. 왜냐하면 저는 자기 자신에 대해 아는 것이 바로 절제라고 주장하기 때문입니다"(164d)라고 말한다. 뒤이어 크리티아스는 델포이 신전의 경구인 '너 자신을 알라!'의 의미에 대해 부연한다. 그는 이 경구를 신전에 들어서는 자들에게 '절제하라!'는 신의 명령으로 간주한다. 이렇듯 무지 상태에서 행함에 관한 소크라테스의 물음은, 결과적으로 크리티아스가 앞서 말한 '자신의 것을 행하는 것, 자기 자신에게 속한 것을 행하는 것'이라는 절제의 정의를, 전혀 새로운 정식인 '자기 자신을 앎'으로 대체하도록 이끌었다.[13]

여기에서 어떤 일이 벌어지고 있는가? 이것은 대화편의 몇 가지 예기치

---

13 164d 4에서 크리티아스가 '자기 자신을 앎'(τὸ γιγνώσκειν ἑαυτόν)으로 전환하게 된 것은 소크라테스가 다음과 같이 재귀적 표현을 거듭 사용함으로써 조심스럽게 준비된다. 164c 1에서 "의사는 어떻게 행동했는지 그 자신을 알지 못한다"(ὁ ἰατρὸς οὐ γιγνώσκει ἑαυτόν ὡς ἔπραξεν). 이와 비슷하게 164c 6에서 "그는 자신이 절제 있다는 것을 알지 못한다"(ἀγνοεῖ δ᾽ ἑαυτὸν ὅτι σωφρονεῖ). 이것을 크리티아스는 '절제 있는 사람은 자기 자신을 알지 못한다'는 뜻으로 받아들인다. Tuckey(1951), 23쪽 이하와 비교하라. 새로운 규정으로 크리티아스가 갑자기 전환하게 되는 것은 (교활함이라고 할 정도는 아니지만) 그의 지적인 변덕스러움을 보여 주고, 이와 동시에 앞선 정의에 진지하게 몰두하지 못함을 보여 준다.

못한 논의의 방향 전환 중 첫 번째의 것인데, 이는 『카르미데스』를 플라톤의 작품들 중 더욱 당황케 하는 작품으로 만든다. 많은 과도기 대화편들의 특징이라 할 수 있는 도덕적 앎에 대한 탐구는 여기에서 자기-인식으로 재귀적 전환을 취하는데, 이 인식은 sōphrosynē의 일상적인 의미와 카르미데스가 내린 이전의 정의들과 모든 접촉을 상실한다.

이 전환은, 델포이 신전의 '너 자신을 알라!'가 다음과 같이 두 가지 다른 의미로 읽힐 수 있기 때문에 가능하게 되었다. (1) 네가 죽을 운명의 인간이며, 신이 아니라는 점을 알라. 너의 한계와 세계 내에서의 너의 처지를 알라. 그리고 (2) 너 자신의 무지를 알라. 너의 지혜가 부족함을 깨달아라. 첫 번째의 보다 일반적인 해석은 sōphrosynē(절제)에 대한 전통적인 이해에 부합한다. 그리고 이는 크리티아스가 왜 새로운 정의를 승인하는 데 그토록 주저함이 없는지 그 이유를 설명해 준다.[14] 그러나 두 번째의 인식론적 해석은 특별히 더 소크라테스적이다. 이것은 『소크라테스의 변론』에서 소크라테스가 '그보다 더 지혜로운 자는 없다'는 신탁에 대해 스스로 내린 해석과 정확하게 일치한다. 『카르미데스』의 나머지 부분에서 소크라테스의 전략은 이 '소크라테스적' 해석을 크리티아스가 내놓은 델포이 신전의 표현에 덧입히는 것이다. 플라톤은 이 표현을 나중의 작품에서 속담처럼 들리는 다음의 금언에다 '자신의 것을 행함'과 결합시킨다. "자신을 알고 자신의 것을 행하는 것은 오직 절제 있는(sōphrōn) 사람에게만 속한다는 옛말은 훌륭한 말입니다"(『티마이오스』 72a). 하지만 『카르미데스』에서 '행위'는 거의 잊힌다. 여기서부터는 '앎'이 논의의 주제가 된다. 결국, 일상적인 의미의 절제는 관심에서 밀려난다.

---

14 Tuckey(1951), 9쪽 이하와 North(1966)를 보라.

4. 크리티아스에 대한 논박과 귀납(epagōgē)에 대한 비판

소크라테스는, 크리티아스에게 (절제는 '자기 자신을 앎'이라는 데 동의하는지에 대해) "나 자신이 제시된 것을 알지 못하기 때문에"(165b 8), 그것에 대해 함께 조사해 보기 전까지는 그 정의에 대한 동의 여부를 밝히지 못하겠다고 한다. 이 무지의 고백은 우리가 앞으로 나올 논증을 준비하는 데 정교하게 기여한다. 이 논증은 '무엇을 알고 무엇을 모르는지'를 알고자 하는 소크라테스의 시도에 집중될 것이다. 하지만 먼저 대화편은 재귀적 앎과 관련된 문제들을 조사한다. 크리티아스의 정의에 대한 소크라테스의 논박은 세 부분으로 나뉜다. (1) 자기-인식의 개념을 명료화하기 위해 (그리고 그 개념에 독특한 소크라테스적 변형이 가해지기 위해) 고안된 첫 단계의 말 주고받기 (165c-167a). (2) 가능성의 물음: 앎에 대한 앎이 있을 수 있는가?(167b-169d). (3) 유용성에 대한 물음: 그런 앎이 가능하다 하더라도, 그것은 얼마나 유익할 것인가?(171d-175e). (2)와 (3) 사이에 이 대화편의 철학적 중심 —앎에 대한 앎의 가능성을 인정한다 하더라도, 그것의 내용이 극히 제한되어 있다는 논증— 이 자리하고 있다(169d-171c). 이 지점에서 대화편은 가장 자기반성적인 색채를 띠게 된다. 여기서 소크라테스는 직접 (『소크라테스의 변론』에서의) 소크라테스적 자기-인식의 가능성을 검토한다. (1)은 지금 이 절에서 다루고, (2)와 (3)은 이어질 절들에서 다룰 것이다.

소크라테스는 자기-인식이 무엇에 대한 앎인지, 그리고 그것이 어떤 산출물(ergon)을 제공하는지를 묻는다.[15] 의술은 건강을 제공하고, 건축술은 집을

---

15 플라톤이 여기서 『이온』과 『고르기아스』에서 적용된 원칙을 보충하고 있다는 점을 주목하라. 그 원칙은 "전문 지식(technē)은 그것이 다루는 대상에 의해 개별화된다"는 것이었고, 지금 이에 추가된 원칙은 "각각의 능력 또는 자질에는 특정한 산출물 또는 기능(ergon)이 대응한다"는 것이다. 이 두 원칙은 『국가』 5권 477d에서 결합되어 다시 정형화된다.

제공한다. 그렇다면 자기-인식은 무엇을 산출하는가? 크리티아스는 이 비유를 의심한다. "소크라테스여, 선생께서는 탐구를 올바르게 진행하고 있지 않습니다. 이 앎들은 본성상 서로 같지 않은데도, 당신은 그것들을 서로 같은 것으로 취급하고 있습니다." 산술과 기하학은 건축술이나 직조술(織造術)과 달리 산출물을 제공하지 않는다(165e).

우리는 『고르기아스』(450d-457c)에서도 산술과 기하학이 비-산출적 앎으로 언급되었다는 사실을 기억할 것이다. 『고르기아스』에서처럼, 다시 소크라테스는 이어서 그 대상에 대해 묻는다. 산술(logistikē)은 산출물을 제공하지 않지만, 그 자신과는 다른 대상, 즉 홀수와 짝수를 갖는다. 무게를 다는 기술도 무거움과 가벼움에 관련되어 있다. 절제는 특별히 무엇을 대상으로 갖는 앎인가? 다시 크리티아스는 소크라테스의 귀납이 토대로 삼고 있는 균일성의 전제를 의심한다. "선생께서는 절제와 다른 앎들 간의 닮은 점을 찾고 계시지만, 절제는 바로 이 점에서 나머지 모든 것들과 다릅니다. … 절제만이 다른 앎들에 대한 앎인 동시에 그 자신에 대한 앎이기도 합니다"(166b 7-c 3). 그리고 크리티아스는 소크라테스의 반칙 행위를 비난한다. 그가 논의의 주제를 명료화하기보다는 대화 상대자를 논박하려 든다는 것이다.

이 상황은 소크라테스에게 그의 무지를 선전할 또 한 번의 기회를 준다. 그가 크리티아스에게 여러 가지 질문을 던지는 유일한 이유는 부지중에 자기 자신이 알지도 못하는 것을 안다고 생각할까 두렵기 때문이다(166d 1). 그래서 크리티아스가 절제에 대한 자신의 설명을 "자신 및 다른 모든 앎들(epistēmai)에 대해 아는 유일한 앎"으로 재차 진술했을 때, 소크라테스는 "그것은 또한 무지에 대한 앎이기도 한가?"(166e 7)라고 단순하게 묻는다.

크리티아스는 이에 동의하는 데 문제될 게 없다고 본다. 그리고 대립되는 것들에 대한 앎은 하나이고 같은 것이라는 가정은, 물론 확고한 소크라테스-플라톤적 가정이다.[16] 하지만 이 경우에서 무지를 첨가함으로써 크리티아스의 규정에 대한 소크라테스의 해석으로 이행하는 것이 결정적으로 가능하게 된다.

따라서 절제 있는 사람만이 그 자신을 알고 자신이 무엇을 알고 모르는지도 검토할 수 있을 겁니다. 그리고 그는 같은 방식으로 다른 이들에 대해서도, 어떤 사람이 무엇을 알고 그 사람이 안다면 무엇을 안다고 생각하는지, 그리고 다시 그가 무엇을 안다고 생각하지만 모르고 있는지 살펴볼 수 있습니다. (167a)

우리는 '자기 자신을 앎'에 대한 새로운 해석을 얻는다. 그것은 무엇을 알고 무엇을 모르는지에 대한 앎이다.[17] 이제, 절제는 소크라테스가 『소크라테스의 변론』에서 자신의 지혜에 대한 유일한 기준으로 인정한 것, 즉 그 자신의 무지에 대한 인정을 명시적으로 본뜬 것이다.

대화편의 나머지 부분에서 논의는 이 자기-인식에 대한 개인적인 해석(자신이 무엇을 알고 무엇을 모르는지를 앎)과 '앎에 대한 앎'이라는 보다 추상적인 해석 사이를 오간다. 어떤 맥락들에서는 추상적인 정식이 단순히 개인적인 해석의 변형으로서 기능하는 것처럼 보인다. 크리티아스는 다음과 같이 말할 때 이 점을 아주 분명하게 알고 있다. "어떤 사람이 아름다움을 지니고 있을 때 그는 아름답고, 그가 앎을 지니고 있을 때 그는 안다. 그리고 그가 자기-인식(직역하면, 앎에 대한 앎)을 지니고 있을 때 그는 자기 자신을

---

16 예를 들어 『파이돈』 97d 5를 보라.

17 167a 5-7. 크리티아스가 내린 이 세 번째 규정은 "세 번째 헌주(獻酒)는 구원자 제우스에게"라는 기원으로 환영 받는다. 앞선 두 규정은 (1) 좋은 것들을 행함으로서의 자기 자신의 것을 행함(163e 10), 그리고 (2) 델포이 신전의 경우 "너 자신을 알라!"(를 논하며 정립한 '자기 자신을 앎')이다(164d 3-165a 1). 이와 유사한 분석은 Van der Ben(1985), 50쪽을 보라.

안다"(169e). 이는 자기-인식(epistēmē heautēs)이란 추상적인 정식을 마치 그
것이 자기 자신을 앎 ─이것은 여기에서 소크라테스식으로, 무엇을 아는지를
앎으로 이해된다─ 을 명사화한 형태인 것처럼 받아들인다는 것을 뜻한다.
그리고 개인적인 형식인 자기 자신을 앎에 대한 그런 소크라테스적 해석(무
엇을 아는지를 앎)이 대화편의 이후 논의에서 줄곧 우세한다. 그러나 몇몇 부
분들은 개인적인 형식으로 전환이 안 되는 방식으로, 앎에 대한 앎의 개념을
분석한다. 그리고 이러한 애매성은 『카르미데스』를 이해하기 힘든 작품으
로 만드는 특징들 중 하나이다.[18]

논박의 두 번째 단계로 넘어가기 전에, 이 첫 번째 부분에서 이루어진 중
요한 두 가지 방법론적 요점을 주목해 보자. 첫째, 크리티아스는 유비 논증
이 기댈 수밖에 없는 유사성의 암묵적인 가정을 두 번 의심함으로써 소크라
테스의 귀납 사용을 막아 낸다. 만일 카르미데스가 이전에 이런 전략을 대
화편에서, 또는 라케스가 그의 이름을 딴 대화편에서 썼더라면, 그들은 소
크라테스가 자신들의 정의를 반박할 때 썼던 수단들을 받아넘길 수 있었을
것이다. 이는 단순히 크리티아스가 그들보다 더 능숙한 변증가이기 ─물론
그는 실제로 그들보다 더 능숙한 변증가이다─ 때문은 아니다. 요점은 다음
과 같다. 『카르미데스』의 작가는 인용 사례들과 논의 주제 간의 적절한 유
사성을 암묵적으로 가정하는 귀납을 통한 논증이 지닌 약점을 독자들에게
일깨워 줬다.[19] 독자들은 이제 보다 견고한 논증 방법을 기대하게 된다. 그
리고 두 번째 방법론적 요점은 부분적으로 이러한 기대에 부응한 것이다.
소크라테스는 논박을 통해 탐구될 두 가지 별개의 질문을 조심스럽게 구분

---

18 자기 자신을 앎과 앎에 대한 앎의 관계에 대한 다양한 이론들은 Tuckey(1951), 33-37쪽과 109쪽
   이하를 그곳에 인용된 해석자들과 더불어 보라.
19 이런 형식의 논증에 메가라 출신의 에우클레이데스가 가한 비판과 비교하라. 이 책의 1장 52쪽.

한다. (1) 자신이 무엇을 아는지, 그리고 무엇을 모르는지를 아는 것이 가능한가? (2) 그것이 가능하다고 한다면, 이 앎을 우리가 가질 때 어떤 유용성이 있을 것인가?(167b, 그리고 169b에서 거듭 진술됨).[20] 여기에 나타난 귀납적인 유비 논증에 대한 신뢰감의 하락은 연역 추리에 가정된 전제들을 확인하는 작업에서 더 큰 주의와 융통성을 요청한다.

5. 앎에 대한 앎의 가능성(167b-169a)

그런 앎의 가능성에 대한 분석은 두 부분으로 나뉜다. 이 둘은 169c-d의 막간에 의해 분리되는데, 여기에서 크리티아스는, 다른 이가 하품하는 것을 보면 자신도 따라서 하품하게 되는 것처럼, 소크라테스의 아포리아에 감염되는 모습으로 그려진다. 첫 번째 부분은, 재귀적인 관계들에 대한 일반론의 일부로서, 추상적으로 받아들인 '앎에 대한 앎'의 가능성을 분석한다. 두 번째 부분은 소크라테스적으로 '무엇을 아는지 그리고 무엇을 모르는지를 앎'으로 받아들인 자기-인식의 개념을 구체적으로 다룬다.

'앎에 대한 앎'의 가능성에 대한 일반적인 논의는 철학적으로 이 대화편 중 가장 전문적인 코스이다. 우리는 여기에서 관계 개념들의 논리에 대한 체계적인 탐구로서 처음 시도되는 것과 만난다. 이 시도에 따라 어떤 관계들이 재귀적이고, 어떤 관계들이 그렇지 않은지 결정된다. 플라톤은 어떤 일반 이론을 전개하지 않는다. 그는 관련된 몇 가지 근본 문제들을 제기할 뿐이다.

---

20 여기에서 다시 『국가』 5권이 예기된다. 그곳에서 앎의 가능성과 그 유용성에 대한 물음들은 체계적으로 구분된다(452e 이하, 456c 등). 이 장의 329쪽 이하를 보라.

(1) 오직 자신 및 다른 앎들만을 대상으로 갖는 앎의 개념에 대한 첫 번째 반론은 지각, 욕구, 의견 등의 개념들과의 유사성을 비교해 논증하는 귀납이다. 소크라테스는 이 지향적인 상태들 각각이 자신과 구별된 어떤 것을 대상으로 삼는다고 지적한다. 시각은 색을 봄이 없이는 자신을 보지 못하고, 청각은 소리를 들음이 없이는 자신을 듣지 못한다. 욕망(epithymia)은 쾌락을 대상으로 하고, 의욕(boulēsis)은 좋음을, 사랑(erōs)은 아름다움을 대상으로 한다. 이러한 지각들과 욕구들은 모두 대상-지향적이다. 그리고 두려움과 의견도 이와 마찬가지이다. 이러한 유사성은 앎도 그와 마찬가지임이 틀림없다는 점을 강하게 시사한다. 그러나 귀납의 논리적 한계점들이 지적되었으므로, 소크라테스는 다음처럼 개연적인 결론만 내릴 뿐이다. 우리는 그러한 것이 없다고 확신하지 못한다. 그러나 자신 및 다른 앎들만을 내용(mathēma)으로 갖는 그런 앎이 있다고 한다면, 이상할 것이다(168a 6-11).

(2) 상관 개념들을 살펴보자. 만일 더 큼과 더 작음처럼 A가 그것이 갖는 의미(dynamis)에 의해 B와 관계한다면, A가 재귀적일 경우, 즉 B에 관계하듯이 자기 자신과 관계할 경우, A는 B의 본성(ousia)도 가져야 한다. 이것은 (동등함이 아닌 다른) 양적 관계에서는 불가능하다. 하나의 사물은 자기 자신보다 크면서 이와 동시에 자기 자신보다 작을 수 없고, 마찬가지로 자신의 두 배이거나 절반일 수 없다. 이와 같은 예들을 인용함으로써 플라톤은 사실상 비-재귀적 관계들의 존재를 인정한다(168b 5-d 3, e 5-8).

(3) 다른 사례들에서 관계가 재귀적일 수도 있지만, 그것은 첫 번째 용어가 두 번째 용어의 본질을 가질 경우에만 가능하다. 청각이 소리를 가진다면, 그것은 자기 자신을 들을 수 있다. 그리고 시각이 색을 가지고 있다면, 그것은 자기 자신을 볼 수 있다. 다른 방식으로는 가능하지 않다.[21] 이러한

---

[21] 아리스토텔레스는 『혼에 관하여』 3권 2장에서 이 문제를 논하고 해결한다.

관계들, 그리고 자기-운동과 자기-가열에 관하여 소크라테스는 어떤 결정도 내리지 못한다. 그는 문제의 중요성만을 인지할 뿐이다. "모든 경우에서 적합하게 이러한 구분을 해내려면 대단한 사람이[22] 필요하네. 어떤 것이 자기 자신과 관계(dynamis)를 맺는지, 아니면 다른 어떤 것에만 관계하는지, 아니면 어떤 것들은 그렇지만 어떤 것들은 그렇지 않은지, 그리고 자기 자신과 관계하는 것들이 얼마간 있다고 한다면 (우리가 절제라고 말하는) 앎도 거기에 포함되는지를 결정하려고 해도 그렇다네"(169a).

우리는 여기에서 관계들에 관한 이론을 나타내는 전문 용어의 출발점에 서게 된다. 이는 『에우튀프론』과 『메논』에서 다루어진 외연적 관계들에 대한 논의보다 훨씬 더 발전된 전문적 철학의 표본이고, 아마도 『파르메니데스』의 두 번째 부분에서처럼, 전문가들이 아카데미아에서 연구했을 법한 문제들에 대한 암시일 것이다.

여하튼간에 소크라테스는 자신이 그런 문제들을 해결할 능력이 있다고 느끼지 않는다. 크리티아스도 분명히 힘에 겹다. 그렇기 때문에 새로운 탐구 방법이 필요하다. 앎에 대한 앎이 추상적인 경우에 가능할 뿐만 아니라 (169d 3), 구체적으로도 어떤 사람이 자기-인식을 가질 수 있다고(169e 4-7) 가정해 보자. 그렇다면 이것은 누군가가 자신이 무엇을 알고 무엇을 모르는지를 알 수 있다는 것을 의미하는가? 이는 우리들을 다시 소크라테스적 해석으로 데려간다.

하지만 이 해석을 따르기 전에, 우리는 추론의 방식에 소개된 그 미묘한

---

22 『파르메니데스』 135a에도 여기에서 재귀적 속성들의 문제를 해결하기 위해 요구되는 '위대한 사람'이 유사하게 등장한다. 그곳에서 형상 이론의 난점들은 '아주 타고난 재능이 뛰어난 자'(π άνυ εὐφυής)만이 해결할 수 있다. Witte와 Bloch를 인용하는 Szlezák(1985, 138쪽 이하)에게는 실례지만, 나는 이것을, 몇몇 해석자들이 제안하는 것처럼 품위 없게 플라톤이 자신을 지칭하고 있는 표현으로 보지 않고 비유적인 표현으로 본다. Erler(1987), 191쪽 이하 참조.

혁신을 주의해야만 한다. 여기에서 우리에게 주어진 것은, 『메논』에서 우리가 마주했던 가설의 방법에 원칙적으로 필적하는 일종의 조건부 논증이다 (10장 6절을 보라). 문제를 직접 풀 수 없기 때문에, 우리는 가정을 함으로써, 즉 일단 잠정적으로 하나의 전제를 수용함으로써, 조건부로 가정된 명제가 수용될 만한 것인지 나중에 다시 돌아와 알아보도록, 문제를 단순화해야 한다. 그래서 우리는 그러한 가정이 함축하는 점들을 탐구하기 위해, 당분간 자신에 대한 앎을 포함한 재귀적 앎을 가지는 것이 가능하다고 가정한다. 이것은 대화편의 결론부에 조심스럽게 일람될 일련의 예비적 가정들 가운데 첫 번째이다(175b 4-d 2).

6. 소크라테스적 자기인식의 가능성(169e-171c)

어떤 이가 자기 자신에 대해 알 수 있다고 가정할 때, 그것은 그가 자신이 무엇을 아는지 그리고 무엇을 모르는지를 알 수 있다는 것을 의미하는가? 크리티아스가 이 물음의 의미를 제대로 파악하지 못하자(170a), 중요한 새 아이디어가 소개될 때 종종 그렇듯, 소크라테스는 어쩔 수 없이 부연 설명을 하게 된다. 자신이 무엇을 알고 있는지에 대한 앎은 문제가 되지 않을 수도 있다. 자신의 무지에 대한 앎은 어떤가?(170a 3). 뒤이은 조심스러운 논증은 이차적 앎, 즉 크리티아스가 규정한 오직 앎에 대한 앎이 일차적 앎, 즉 특정 대상에 대한 전문 지식이 없이는 공허하고 무의미하다는 걸 보여 주고자 계획된 것이다. 왜냐하면 의술이 건강과 질병에 대한 앎이고, 정치술 (politikē)이 올바름(正義)에 대한 앎이듯, 탐구 대상은 서로 다른 전문 분야를 구분해 주기 때문이다.[23] 그래서 만일 절제 있는 사람이 이차적 지식만을 소유하고 건강이나 정의와 같은 특정 탐구 대상에 대한 일차적 지식이 없다면, 그는 아마도 자신이 뭔가를 알고 있다는 사실은 알지도 모른다. 그러나 그는 자신이 무엇을 아는지 또는 무엇을 모르는지는 알 수 없을 것이다. 그는 서로 다른 전문 분야를 구분하지 못할 것이기 때문이다. 그래서 우리는 '자기-인식'에 대한 소크라테스적 이해를 '무엇을 알고 무엇을 모르는지를 앎'으로 해석하기를 그만두어야 한다(170c 9-d 2).

이러한 결론은 다른 이들의 지혜를 시험하고자 하는 소크라테스의 기획에 심각한 결과를 초래한다. 의술에 대한 전문 지식을 얼마간 소유하고 있지 않다면, 훌륭한 의사와 돌팔이 의사를 구분해 낼 수 있을까? 소크라테스는 다소 느슨하게 이차적 지식인 '앎에 대한 앎'이 의사가 무언가를 알고 있다는 사실을 알 수 있는 시금석이 될 가능성을 관대하게 인정하지만, 그것이 의사가 어떤 종류의 앎을 가지고 있는지 결정해 주지는 않을 것이다. 따라서 일반적으로, 절제가 앎에 대한 앎일 뿐이라면, 절제 있는 사람이 또한 그 분야의 전문가이지 않은 한, 그 앎은 어떤 이가 어떤 분야에 전문 지식이 없음에도 가지고 있는 체하고 있는지, 아니면 실제로 전문가인 것인지 구분할 수 있도록 돕지 못할 것이다(171c). 이 논증에 따르면, 앞서 반복되었던 소크라테스의 무지의 고백은 두 가지 점에서 문제가 있다. 그는 자신이 무엇에 대해 무지한지 어떻게 알 수 있는가? 그리고 문제가 되고 있는 전문 지식을 자신이 갖고 있지 않다고 한다면, 전문 지식을 가지고 있다고 거짓으로 속이는 자들을 어떻게 알아낼 수 있겠는가? 만약 여기서 펼쳐진 이 논증이 옳다고 한다면, 또는 플라톤이 실제 이 논증을 옳다고 여겼다면, 『소크

---

23 170b 3. 『고르기아스』 464b 4-8, 510a 4, 521d 7에 반복된 (또는 그와 유사한) 내용을 주목하라. 그곳에서 의술이 건강에 대한 앎이듯 정치술(politikē technē)은 올바른 것에 대한 앎이다.
    여기에서 다시 당연시되고 있는, 기술들이나 학문들에 적용되는 개별화의 원칙은 『이온』과 『고르기아스』로부터 친숙하며, 『카르미데스』에서도 이전에 166a-b에 암시되고, 형식적으로 171a 5-6에 재차 진술된다.

라테스의 변론』에서 묘사된 소크라테스의 지혜 탐구는 심각한 문제에 봉착하고 만다.[24]

이 논증은 적절한가? 또는 플라톤은 이 논증이 얼마나 적절하다고 생각했던 것일까? 먼저, 일차적 내용이 없는 이차적 지식이라는 개념이 가능한 건지 다소 의심스럽다. 이런 의심은 인식론에, 또는 아마도 학문 이론 같은 것에 속한 문제인가? 대화편은 이 점에 대해 계속해서 확실한 언질을 주지 않는다(169a, d, 175b 6-7). 그것이 플라톤의 핵심 논제가 아니라는 것은 분명하다. 그러나 그러한 이차적 지식의 가능성을 가정한다면, 위의 논증은 네 가지 다른 경우로 나뉘어 평가되어야 한다.

① X는 자신이 F(예를 들어, 의술)에 대한 앎을 가지고 있다는 것을 안다.
② X는 자신이 F에 대한 앎을 가지고 있지 않다는 것을 안다.
③ X는 Y가 F에 대한 앎을 가지고 있다는 것을 안다.
④ X는 Y가 F에 대한 앎을 가지고 있지 않다는 것을 안다.

첫 번째 경우, 즉 자신의 일차적 앎에 대한 앎의 경우에는 어떠한 모순도 없다. 그리고 이 앎은 170b 6-7의 논증에서 함축적으로 인정된다. (또한 172b를 보라.) 플라톤은 (170a 2-4에서) 이것을 조심스럽게 두 번째의 경우와 구분한다. 그는 이 경우가 모순된 것이라고 명시적으로 말한다. "자신이 전

---

24 여기에서 플라톤이 『소크라테스의 변론』에 기술된 소크라테스적 논박을 신중하게 언급하고 있다는 사실은 그가 무지를 반복해서 주장한다는 점에만 근거한 것이 아니며(165b 8. 166d 2 참조), 소크라테스가 의견들을 검토하는 태도를 특정적으로 보여 주는 용어 exetasai(캐물음)의 반복(167a 2, 170d 5, 172b 6-7)에 근거한 것이기도 하다. 『소크라테스의 변론』22d 6, 23c 4-5, 38a 5, 41b 5와 비교하라. Pohlenz(1913, 53쪽 이하)도 그렇게 올바로 해석한다. 그리고 Tuckey(1951), 66쪽도 보라: "만일 이 논증이 옳다면, 소크라테스는 자신의 주장들을 무효화하고 있는 셈이다."

혀 모르는 것을 어떤 식으로든 안다는 것은 불가능하다"(175c 5).

여기에서 우리들은, 플라톤이 앞서 6장 4절에서 분석한 유형의 '지시의 애매성'을 이용하고 있다고, 또는 그것에 희생되고 있다고 생각할 수 있다. 왜냐하면 나는 어떤 주제 F에 대해서 내가 F를 알지 못한다는 점을 실제로 알 수 있기 때문이다. 그래서 양자역학을 알지 못하더라도 내가 그것에 관해 무지하다는 점을 알 만큼은 나는 양자역학에 관해서 알고 있다. 물론 나는 그 주제의 명칭 외에도 그것에 대해 뭔가를 알고 있음에 틀림없다. 그렇지 않으면 나는 나의 무지에 대해 확신할 수 없을 것이다. 내가 그 주제에 대해 전적으로 무지할 수는 없다. 소크라테스의 논증은 이 경우에서도 그 논점을 잃지 않는다. 즉 주제 F에 대한 자신의 무지함을 안다는 것은 결국 F에 대한 일차적 지식을 얼마간 가지고 있음을 함축한다.[25] 하지만 그의 논증이 가장 설득력 있게 적용될 수 있는 경우는, 대화 상대자가 아는지 모르는지 시험하려는 소크라테스의 기획과 맞아떨어지는 ③과 ④의 경우이다. 내가 만일 양자역학이나 컴퓨터공학에 대해 상당한 지식을 가지고 있지 않으면, 나는 그 분야의 전문가라고 주장하는 이들의 자격 진위를 가려내지 못할 것이다. 물론 나는 다른 사람들, 즉 그의 동료들의 판단에 의지할 수도 있다. 그러나 이 방법은 그의 논증이나 여러 대화편들에 제시된 소크라테스적 기획과 무관하다. 『라케스』에서 두 장군에게 용기가 무엇인지 말해 보도록 물음으로써, 소크라테스는 명시적으로 그 물음을 두 사람이 덕에 대한 전문 자격을 갖춘 인물인지 가려 줄 하나의 시험으로 제시하고 있다. 이렇듯 전문가적 지식의 시금석으로 'X란 무엇인가?'라는 물음을 사용하는 것은, 필자가 주장해 왔듯이, 플라톤적 소크라테스의 특징이다. 그럼에도 이

---

25 '안다는 것'의 강한 의미와 약한 의미를 구분했던 위의 논의를 보라(이 책의 6장 263쪽 이하). 약한 의미의 앎이 여기에서는 적용 가능하지만, ③과 ④의 경우에는 그렇지 않다.

정의에 대한 물음이 역사적 소크라테스의 특징이라 할 수 있는, 덕에 대한 물음에서 펼친 대면 논박으로부터 발전시킨 것이라는 사실은 의심할 여지가 없다.

그렇다면, ③과 ④의 경우에 소크라테스의 논증은 타당한 것으로 보인다. 시험하는 사람 자신이 전문 지식을 결여하고 있다면, 그는 해당 분야의 전문가라 주장하는 다른 이들의 자격을 심사할 수 없다. 만일 이러한 결론이 옳다면, 또는 플라톤이 그렇게 여겼다면, 이것이 소크라테스적 자기-인식에 대해 함축하는 점들은 무시할 수 없다. 그 점들이 무엇인지 추적하기 전에, 먼저 소크라테스의 논증에 대해 제기할 수 있는 두 가지 반박을 검토해 보자.

하나의 반박은, 여러 대화편들에 나타난 소크라테스의 모습들에 근거해 지금의 결론을 부정하려는 것이다. 소크라테스가 (카르미데스나 크리티아스뿐만 아니라) 라케스와 니키아스, 에우튀프론, 메논을 논박할 수 있었던 것은, 그가 덕의 가르침이나 그 이론에 관한 전문가이기 때문이 아니라 논박의 전문가이기 때문이다. 즉 대화 상대자가 내세운 명제의 귀결들을 추적해 거기에 숨겨진 모순들을 드러내는 그의 기술 때문이다. 이 대화편들에서 소크라테스는 논박술의 전문가일 뿐, 덕이 무엇인지, 그리고 그것을 어떻게 생겨나게 하는지에 대한 앎을 가지고 있는 전문가가 아니다. 왜냐하면 후자는 엄밀히 말해, 그가 가지고 있지 않다고 일관되게 주장한 그런 종류의 지혜이기 때문이다.

내 생각에 이 반박은, 앎은 본질적으로 그 대상에 의해 한정된다는 논증의 테제에 응답하지 못한다. 전문 지식의 의미와 관련해서, 논박술과 관련한 지식과 같은 것은 없다. 의술에 대한 지식, 건축술에 대한 지식, 덕에 관한 지식을 포함한 좋음과 나쁨에 관한 지식만이 있을 뿐이다. 누군가 이러한 분야들에서 전문 지식을 결여하고 있다는 것을 보여 주기 위해서는, 검증하는 사람 자신이 해당 분야의 전문 지식을 소유하고 있어야만 한다. 이러한 사실은 우리들에게, 소크라테스가 대화 상대자들의 무지를 드러낼 때, 아포리아적 대화편들에서 실제로 진행되고 있는 것이 도대체 무엇인지 묻게 한다. 우리는 논박술의 전문 지식과 같은 것이, 앎의 주장에 대한 논리적 비판이 그런 대화편들에서의 소크라테스의 행적을 정당화한다고 장담할 수가 없다. 왜냐하면 그것은 바로 『카르미데스』 169e-171c의 논증에서 의문시되는 앎이기 때문이다.

좀 더 가능성 있는 반박은, 도덕적 지식과 기술적 지식의 근본적인 차이에 근거해 있다. 이 구분은 『소 히피아스』에 나오는 역설에 함축되어 있으며, 『고르기아스』와 『프로타고라스』에서 자세하게 전개되어 있다.[26] 전문가만이 전문 지식을 소유하고 있다고 주장하는 사이비 전문가를 가려낼 수 있다는 주장은, 의술이나 양자역학과 같은 기술 분야에서는 참이다. 하지만 덕에 대한 앎의 유비에서는, 바로 두 지식 간의 근본적인 불일치 때문에 적용이 불가능하다. 프로타고라스가 지적하게 되듯이, 기본적인 도덕적 덕목들은 모든 사람이 최소한이라도 갖추고 있어야 할 것이다. 그러므로 누구든 좋음과 나쁨의 영역에서 적어도 잠재적인 전문가이다. 그래서 소크라테스는 특정 분야에 대한 전문 지식에 전혀 호소하지 않고, 대화 상대자와 자신의 직관에 의지해 도덕적 탁월성의 문제에 관련된 무지와 혼동을 폭로할 수 있다.

이 반박은 대화편들에서 실제로 벌어지고 있는 것을 보다 더 올바로 다룬다. 실제로, 그것은 『고르기아스』에서 좋음(善)에 대한 깊은 욕구로 인정된 인간의 보편적인 도덕 감정을 고려한다. (5장 234-46쪽을 보라.) 그러나 『고르기아스』는 또한 그것이 전문 지식을 필요로 한다고 주장한다. 그리고

---

[26] 8장 2절을 보라.

『카르미데스』처럼, 『라케스』도 좋음과 나쁨에 대한 앎에 부합하는 전문 지식을 찾는 작업을 수행한다. 그래서 그 반박은 주제가 앎에 관한 주제라는 사실을 간과하고 있다. 우리는 어떻게 다른 사람의 앎의 유무를 알 수 있는가? 자신이 전문 지식을 가지고 있지 않은 분야에서 다른 사람의 자격을 검증할 수 있는가?

역사적 소크라테스는 자신이 그러한 전문 지식을 소유한다고 주장한 적이 없다. 하지만 『카르미데스』의 소크라테스는, 덕에 관한 전문 지식을 소유하지 않고서는 좋음과 나쁨의 문제, 덕의 문제에서 다른 사람의 무지를 드러낼 수 없다고 주장하고 있다. 우리는 오로지 자신과 같은 영역에 있는 동료(homotechnoi)들에 한해서, 그들이 진짜 전문가인지 가짜 전문가인지를 시험할 수 있다(171c 6).

이것이 소크라테스적 논박에 대해 함축하는 점들은 무엇일까? 그중 하나는 소크라테스가 절제에 관하여 그의 대화 상대자들을 시험할 수 있으려면, 그 자신이 절제 있는 사람이어야 한다는 것일 테다. 하지만 그것은 그에게 놀라운 요구가 아닐 것이다. 여하튼 이 점은 대화편의 서두에 묘사된 그의 행동이, 카르미데스의 육체적 매력으로 인해 일었던 욕정을 잠재운 그의 통제력이 독립적으로 보여 준다(155d 이하). 더 중요한 함축은, 소크라테스도 자신이 무지한 주제의 앎에 대해서는 성공적으로 검증할 수 없다는 점이다. 그렇기 때문에 소크라테스가 이 대화편과 또 다른 곳에서 내세운 주장, 즉 자신은 오직 이차적 지혜, 그러니까 자신의 무지에 대한 앎만을 가지고 있다는 주장은 액면가대로 받아들일 수 없는 주장이다.

따라서 『카르미데스』의 소크라테스가 『소크라테스의 변론』의 소크라테스를 비판적 반성하고 있다고 보는 것이 합당하다. 소크라테스가 자신이 무지하다고 주장했던 문제에 대해 다른 사람들의 무지를 폭로하려는 작업에 착수할 때, 그의 논박은 사기일 수밖에 없거나, 아니면 그의 무지 고백이 반어적이고 어떤 의미에서는 진정성이 없는 것일 수밖에 없다. 그의 논박이 대화 상대자들이 실제로 하지도 않은 애매한 전제를 뽑아내어 허를 찌르는 변증술적 속임수에 기댄 것이라면, 그것은 사기일 것이다. (이것은 『에우튀데모스』에 아주 유쾌하게 묘사되어 있는 방법이다. 이 대화편의 기능 중 하나는, 소크라테스의 변증술이 종종 정도에서 벗어난 경우가 있긴 하지만, 그러한 종류의 것, 즉 소피스트들의 쟁론술이 아니라는 점을 밝히는 것이다. 10장 8절을 보라.) 소크라테스적 논박이 대화 상대자들의 무지를 드러내는 데 성공적인 기술인 한, 소크라테스 자신은 적절한 종류의 일차적 지식을 소유했음이 틀림없다. 『카르미데스』170a-171c의 논증이 분명히 그 점을 함축한다.

소크라테스는 소유하고 있지만, 그의 대화 상대자들은 하나같이 결여하고 있는 그 앎은 무엇인가? 대화편의 마지막 부분은 그에 대해 필요한 실마리를 제공한다. 덕과 훌륭한 삶과 관련하여 동료 아테네인들을 성공적으로 시험하려면, 소크라테스 자신이 사람의 탁월함에 대해, 좀 더 일반적으로는 좋음과 나쁨에 대해 뭔가를 알고 있어야만 한다. 그는 사람들에게 유익한 앎, 그들을 행복하게 만들어 줄 앎을 소유해야 한다.

『소크라테스의 변론』에서는 이런 종류의 앎에 대한 어떠한 주장도 반어적인 무지의 베일 뒤에 숨겨져 있다. 『카르미데스』가 보여 주는 바는 표면적으로 이차적 지혜, 즉 무지에 대한 앎만을 겸손하게 주장하는 것이 이야기의 전부일 수 없다는 점이다. (적어도 대화편들에서, 그리고 아마도 실제 삶에서) 소크라테스의 논박이 거둔 성공은 그 자신이 관련된 앎이나 전문 지식을 소유하고 있어야 한다는 점을 전제한다.

놀랍게도, 이 논증이 소크라테스의 무지 고백에 대해 진지한 비판을 가하고 있다고 파악한 주석가들은 얼마 되지 않는다. 이 점을 파악한 최근의 한 학자는, 플라톤이 이 부분에서 소크라테스적 논박이 철학적 방법으로서 한계를 지니고 있음을 지적하고 있다고 보았다.[27] 플라톤이 여기에서 논증 기술들의 창고를 체계적으로 확장해 나가고 있다는 의미로 본다면, 그것은 맞는 주장일 것이다. 그러나 이것을 두고 플라톤 자신이 역사적 소크라테스와 거리두기를 시도하고 있다고 볼 필요까지는 없다. 다른 소크라테스 작가들뿐만 아니라 플라톤에게도, 소크라테스라는 인물(persona)이 역사적인 또는 시대적인 한계를 벗어난 독립적인 삶을 누린다는 점은 소크라테스적 대화편 형식이 지닌 본질적인 특징이다. 그러므로 여기에서 소크라테스의 무지 고백을 비판하고 있는 사람은 바로 소크라테스 '본인'이다.

이러한 장치를 통해, 플라톤은 소크라테스를 비판하고 있기보다는, 그에게 진정한(즉, 플라톤적) 철학자의 완전한 특권을 부여하고 있다. 그러한 철학자는 여기에서 새로운 분석 및 논증의 기술들을 탐구하기 위해 부정적인 방식의 논박과 유비 논증을 넘어설 준비가 되어 있다. 이러한 관점에서 『카르미데스』의 소크라테스적 자기-인식에 대한 비판은 『메논』의 아포리아에 대한 논평들과 같은 방향을 가리킨다. (6장 7절을 보라.) 아포리아와 무지의 단계를 넘어 진정한 긍정적 방식의 앎으로 나가는 탐구를 원하는 (플라톤, 따라서 플라톤적 소크라테스와 같은) 철학자는 무지 고백을 포기해야만 하며, 전문가(technikos)임을 자임해야 한다.

이 문제에 대한 플라톤 자신의 생각이 무엇인지 내가 추정한 바를 감히 말하자면, 궁극적으로 그는 자신의 이론이 소크라테스의 도덕적, 지적 입장에 필요한 기반을 마련해 주고 있다고 여긴 것 같다. 이런 의미에서 플라톤의 형이상학과 인식론은 다음과 같은 질문에 대한 답변으로 볼 수 있다. 『소크라테스의 변론』에서 서술된 소크라테스의 논박이 성공적이려면 논리적으로 어떠한 종류의 앎이 필요한가? 『카르미데스』에서 소크라테스적 무지에 대해 가해진 비판은 플라톤에게는 그것이 답변을 요구하는 물음이라

---

27 McKim(1985), 59-77쪽.

는 점을 분명히 하도록 신중하게 계획된 것으로 보인다. 물론 그 답변은 소크라테스가 역사적으로 실제 그런 앎을 소유했다는 걸 함축하려는 것은 아니었을 것이다. 그보다는, 플라톤 자신의 이론은 소크라테스가 시작한 도덕적 지혜의 탐구를 온전하게 수행하려면 어떠한 종류의 앎이 필요한지에 대한 정합적인 설명을 세상과 자기 자신에게 제공하려는 시도라고 볼 수 있다.

7. 소크라테스의 꿈: 어떠한 종류의 앎이 유익할 것인가?

우리가 『고르기아스』를 통해서, 그리고 『국가』와 『법률』을 통해서 알 수 있듯이, 플라톤에게 덕의 이론이란 윤리학뿐만 아니라 정치학의 주제이기도 하다. 『고르기아스』에서 주장되듯, 진정한 정치술은 도덕 교육의 기술이다. 『라케스』와 『카르미데스』에서 덕과 교육의 문제가 논의될 때, 정치적 주제는 이면에 머물러 있지만, 그것은 대화 상대자들의 선택에 의해 극적으로 표현된다. 한 대화편에서는 장래에 참주가 될 인물들을 선택했고, 다른 대화편에서는 유명한 두 장군과 이들보다 훨씬 더 유명한 정치인들의 아들들이 등장한다. 『프로타고라스』에 등장하는 젊은 히포크라테스처럼, 『라케스』의 두 아버지가 자신의 아들들을 위해 원하는 것은 도시의 공적인 일에 종사하며 뛰어난 역할을 감당해 낼 수 있도록 준비시켜 줄 훈련의 형태이다. 폴리스(국가)와 정치적 삶은 덕의 자연적 터전이다.

『카르미데스』에서 정치적 주제는 절제가 "자신의 것을 행함"(161b 이하)이라고 정의될 때, 처음으로 모습을 드러낸다. 우리들은 플라톤이 이 문구를 『국가』에서 정의(正義)를 규정할 때 다시 사용하리라는 것을 알고 있다. 『카르미데스』를 처음 읽는 독자들이라면 이러한 관계를 거의 알 수 없겠지만,

그들도 그 문구가 몇 가지 정치적 함축을 지닌다는 점은 파악할 수 있을 것이다. "'그렇다면 자네는 모든 국민 각자가 자신의 옷을 직접 짜고 빨기도 하며, 신발도 스스로 제작하고, 또 그 밖의 것들도 그렇게 하도록 법이 명령해야 국가가 잘 다스려진다고 생각하나?' … 그(크리티아스)는 대답했네. '그렇게 생각하지 않습니다.' 이에 나는 말했네. '그렇지만 절제 있게 다스려지는 도시가 잘 다스려지는 도시가 되지 않겠나?' '물론입니다'"(161e 11). 이 논증은 농담의 형식을 빌려, '자신의 것을 행함'의 의미를 노동 분업을 금하는 뜻으로 경솔하게 해석하는 것을 배제하는 데 기여한다. 따라서 이 논증은 같은 표현을 쓰면서 바로 그러한 노동 분업을 명하는 『국가』의 구절들(2권 369b-372a, 4권 433a-d)과 전혀 모순을 일으키지 않는다.

이렇게 볼 때, 『카르미데스』의 그 구절은 『국가』의 정의론(正義論)에 대한 장난스러운 언질로 보인다(옷과 구두 만들기에 대한 비유는 『국가』 2권 369d 이하에 다시 등장할 것이다). 하지만 우리가 (그룹 I에 속한 모든 대화편들과 마찬가지로) 『카르미데스』가 초기 작품이라고 확신한다면, 우리는 플라톤이 여기서 자신이 앞으로 정치 문제를 다루는 주요 대화편에서 진지하게 다룰 생각을 만지작거리고 있다고 말할 수 있다. 『국가』와 닮은 유사 구절들은 곧이어 등장할 것이다.

정치적 주제는 『카르미데스』의 마지막 단락에서 다시 논의된다. 이는 소크라테스가, 일차적 대상 없이도 가능하다고 크리티아스가 이해한 '앎에 대한 앎'이 단지 그 소유자가 자신(또는 다른 사람)이 뭔가를 알고 있거나 모르고 있다는 사실을 알게 할 수 있을 뿐, 그가 무엇을 알고 모르는지 특정하게 할 수는 없다는 점을 보여 준 뒤에 일어난다.

크리티아스여! 절제가 이러한 종류의 것이라면, 그것으로부터 우리가 무슨 유익을 얻을 수 있겠는가? 우리가 처음에 가정했듯이, 만일 절제 있는 사람이 자신이 무엇을 알고 있는지를 알고 또 그 사실을 알며, 무엇을 모르는지를 알고 또 그 사실을 안다면, 그리고 만일 그가 같은 방식으로 다른 이들을 검토할 수도 있다고 한다면, 절제 있음은 우리들에게 정말 큰 유익을 가져다줄 것이네. 절제를 지닌 우리들은 아무런 잘못도 저지르지 않고서 삶을 영위할 것이고, 우리에 의해 지배받는 다른 이들도 그렇게 되겠지. (이 부분에서 독자들은 소크라테스가 지금 미래의 참주에게 말하고 있다는 점을 기억하자.) … 절제에 의해 지배될 때, 집안일은 잘 꾸려지고, 국가는 공적인 일들을 잘 수행할 것이며, 그 밖의 모든 일들도 그럴 것이네. 왜냐하면 잘못은 제거될 것이고, 올바름(orthotēs)이 우리를 인도할 것이기 때문이지. 또 그러한 조건 속에서 살아가는 사람들은 필연적으로 모든 행위를 훌륭하게 할 것인데, 그 때문에 또한 행복하게 될 것이네. … 이것이 누군가 무엇을 알고 무엇을 모르는지를 안다는 점이 가진 최대의 혜택일 테지. (171d-172a)

여기에 이상 사회의 모습이 그려져 있다. 이곳에서 소크라테스적인 '앎에 대한 검증' 같은 것은 각 분야의 전문가들에게만 그에 대한 전권을 위임하는 일을 담당한다. 그리고 그러한 검증은 "우리가 지배하는 사람들이 올바로(orthōs) 해낼 수 있는 일, 즉 그들이 전문 지식을 가지고 있는 일 외에는 다른 어떤 활동에도 참여하도록 허락하지 않는다"(171e 3-5).

다시 우리는 『국가』의 도시를 구성하는 전문화의 원칙을 떠올리게 된다. 그 도시에서 각 계층과 각 시민은 "자신의 일들을 담당하는" 제 분야의 전문가이다. 그러나 이러한 광경은 『카르미데스』에서 두 가지 사뭇 다른 이유로 거부된다. 먼저 소크라테스는, 크리티아스가 어떠한 일차적 내용도 없는 이차적 앎으로 정의한 절제를 가진 사람이 일차적 영역에 대한 전문 지식을 가진 자를 검증할 수 없다는 논증을 펼쳤다. 이에 따르면 방금 묘사한 정치적 상황은 불가능하다. 더 나아가, 소크라테스는 그것이 가능하다고 하더라도, 그 결과 전문가들이 각자의 영역에서 군림하는 일이 인류에게 커다란 유익을 가져다주지는 않을 것이라고 주장한다(172d 7-173a 1). 『카르미데스』는 이 논의를 통해 다시 『국가』의 정의론을 예시한다. 하지만 내용은 반대다. 『국가』 5권에서 플라톤은, 첫째, 제안된 제도들(여성의 교육과 아내의 공유)이 실현 가능하고, 둘째, 그 제도의 확립이 유익할 거라고 주장한다. 하지만 플라톤이 꿈꾸는 폴리스(국가)를 익살스럽게 그린 『카르미데스』에서는 그 폴리스가 (1) 불가능하고, (2) 이룬들 커다란 유익이 없는 것으로 증명된다.[28]

(2)의 주장을 뒷받침하는 논증은, 소크라테스가 자신이 꿈속에서 본 것이라고 말하는 내용에 포함되어 있다(173a 7). 전문가들 사이의 노동 분업은 분명 견실한 결과물들을 산출할 것이다. 만일 적임자인 의사들만 치료하도록 허락한다면, 사람들은 더 건강해질 것이다. 만일 진짜 선장들만 항해할 수 있도록 한다면, 바다에서의 삶은 더 안전해질 것이다. 일반적으로 모든 일들이 솜씨 좋게(technikōs) 행해질 수 있을 것이다. 그러나 앎을 지닌(epistēmōs) 삶과 행동이 훌륭하고 행복한 삶을 의미할지는 분명하지 않다(173d). 그러한 목적을 성취하기 위해서는 한 가지 특별한 종류의 전문 지식이 요구된다. 그것은 바로 좋음과 나쁨에 대한 앎이다(174b 10). 이것이야말로 이로움(ōphelia)의 산출을 기능으로 삼는 유일한 앎이다(175a). "이것 없이는 모든 것이 훌륭하게 행해지고 유익해지는 결과를 얻지 못할 것이다"(174c 9).

---

28 ('자신의 것을 행함'에 대한 해석에서, 그리고 먼저 어떤 제안이 가능한지, 그다음으로 유익할 것인지를 고찰하는 논증 형태에서 보이는) 『카르미데스』와 『국가』의 상반된 관계는 두 대화편에서 대화 상대자들이 플라톤의 가까운 친척들이라는 사실로 연결될 수 있을 것이다. 그의 형제들과 더불어 우리는 건설적인 논의와 적극적인 이론을 만나게 되지만, 그의 삼촌 및 사촌과는 그러한 진전이 불가능하다. 후자는 도시를 유익하게 조직하려면 어떻게 해야 하는지를 성공적으로 논의하려는 플라톤을 통해 우리가 엿볼 수 있는 플라톤 가계의 어두운 측면이다.

소크라테스의 꿈은 엉뚱한 생각이다. 이에 대해 그는 꿈을 말하기에 앞서 얼마간 변명을 한다. "자네는 내가 말도 안 되는 이야기를 한다(lērein)고 생각할지도 모르네"(173a 3). 엉뚱함의 핵심은, 좋음과 나쁨에 대한 앎이 유능한 전문가들을 선택하는 문제나 다양한 일차적 전문 분야에서 생산되는 훌륭한 기술적 산물들에 대해 평가하는 문제와는 완전히 분리될 수 있을 것이라는 그의 주장에 있다. 결국, 건강은 좋은 것이고, 바다에서 살아남는 일도 좋은 것이다. 여기에서, 소크라테스의 꿈에 의해 제시된 플라톤의 과감한 가정은 일종의 사고 실험이다. 그것은 무조건적인 좋음과 ("모든 것들이 고려된") 바람직함의 차원을 훌륭한 삶과 건강한 혼의 덕 안에 예시되는 것으로서 개념적으로 독립시켜, 이 특별한 도덕적 앎(좋음과 나쁨에 대한 앎)을 올바름과 성공의 기술적 표준들과 대조하기 위해 계획된 하나의 장치이다.

같은 주장이 『고르기아스』의 유사 구절에 등장한다. 거기에서 선장은 안전한 항해로 승객의 생명을 지켜 준 일이 잘한 일인지 알지 못한다는 점이 지적된다(511e-512a). 『라케스』에서는 니키아스가, 의사들은 환자들이 언제 사는 것이 최선인지 또는 언제 죽는 것이 나은지 알지 못한다고 주장한다 (195c-d). 플라톤이 대부분의 상황에서 생명과 건강이 좋은 것이라는 것을 부정하는 것은 아니다. 하지만 그것들이 무조건 좋은 것은 아니다. 『고르기아스』(467c-468c)에 나오는 용어를 빌리자면, 그러한 것들은 그저 수단으로 좋은 것이다. 이것들의 좋음은 그것이 사용되면서 '향한' 목적들에 의해 결정된다. 따라서 의사가 가질 건강에 대한 앎은, 왜 그리고 언제 건강이 좋은 것인지에 대한 앎과 같은 것이 아니다.

소크라테스의 꿈에 나오는 '올바름'을 생산하는 앎과 거기에는 결여된 유익한 앎 사이의 구분은 ─우리가 앞 단락에서 주목한─ 전문적인 기술과 도덕적인 앎의 구분을 『카르미데스』 내에서 발전시켜 전개한 것이기도 하지만, 『고르기아스』에 나오는 수단과 목적의 구분이 적용된 것이기도 하다.

이 구절들이 염두에 두고 있는 것은, 덕과 동일시될 만한 좋음(善), 그리고 개인의 행복을 위해서도 국가를 훌륭하게 다스리기 위해서도 꼭 필요한 좋음에 대한 앎의 개념이다. 그렇기 때문에 플라톤은 여기에서 다시 정치적 주제를 꺼내어 논하고 있는 것이다.

이미 살펴보았듯이, 『카르미데스』는 '자신의 것을 행함'을 논하면서 『국가』에서 플라톤의 국가를 구성할 노동 분업에 대한 소극적인 묘사를 우리들에게 제공한다. 이와 비슷하게, 소크라테스의 꿈에서 앎의 유토피아적인 지배에 가해진 비판은, 바람직한 결과를 성취하기 위해서는 도시를 다스리는 자가 단지 소크라테스식의 인식론적 신중함뿐 아니라, 『국가』에서 수호자들이 획득하기 위해 훈련받아야 하는 종류의 좋음에 대한 일정한 적극적인 앎에서도 달인이 되어야 한다는 점을 보여 준다.

이렇듯 소크라테스의 꿈은 덕이라 간주할 수 있는 유익한 앎을, 다음과 같은 이중적인 대조를 통해 명확하게 한정하는 구실을 한다. 그것은 한편으로, 그 앎을 기술적인 앎 또는 기술적인 전문 지식과 구별한다. 그리고 다른 한편으로, 특정 대상에 대한 긍정적인 앎, 즉 좋음에 대한 앎을 얻기 위해서는 소크라테스의 '무지의 지'를 넘어서야 한다고 주장한다.

8. 앎, 권력, 올바른 사용

소크라테스의 꿈에 강조된, 앎과 정치적 지배의 본질적 연관성이라는 주제는 과도기 대화편들 전체를 통해 추적될 수 있다. 소년 뤼시스와의 매력적인 대화를 통해 소크라테스는 다음과 같은 점을 지적한다. 뤼시스의 행복을 바라는 그의 부모는, 뤼시스가 앎을 결여하고 있는 그러한 일들에서는 오히려 그의 노예들이 그를 다스리도록 한다. 하지만 "자네의 아버지가 자신보다 자네가 더 사리 분별을 잘한다(beltion phronein)고 생각하게 되는 날에는, 자신도 그리고 자신의 것들도 자네에게 맡길 것이네"(209c). 뤼시스에게 요구되고 있는 이 지혜의 영향력은 그의 가족에게만 국한되지 않고 그의 이웃에게, 그리고 그의 보호 아래 도시의 공적인 일들을 맡길 준비가 되어 있는 아테네인들 전체에게까지 미친다(209d). 소크라테스는, 자신의 대화 상대자가 아직 어린 나이라는 것에 마음이 쓰였는지, 자신의 생각을 그에 맞춰 아주 재미있는 극단으로 몰고 간다. 페르시아의 왕은, 뤼시스가 만일 적절한 지혜를 가지고 있기만 한다면, 그에게 왕의 고기를 요리할 때 무슨 양념을 쓸 것인지에 대한 일도 맡기고, 심지어 왕자의 눈을 치료하는 일까지도 허락할 것이다. "우리가 어떤 일들에 대해 지혜로운 자가 될 때, 그리스인이든 이방인이든, 남자든 여자든 간에 모든 사람들이 우리에게 그 일들을 맡길 것이다"(210a 9-b 2). 권력, 자유, 이득이 모두 지혜에 따를 것이다(210b-c).

『카르미데스』에 나오는 소크라테스의 꿈과 달리, 『뤼시스』의 이 쾌활한 구절에는 소년을 "쓸모 있고 훌륭하게"(210d 2) 만들 앎의 내용이 무엇인지에 대해 자세한 설명이 없다. 하지만 『메논』과 『에우튀데모스』에는 유용성 개념이 핵심적 역할을 하는 아주 유사한 논증이 두 개 나오는데, 이 중 두 번째 논증은 우리를 정치적 역할의 주제로 되돌릴 것이다. 두 논증은, 앎 또는 지혜만이 올바른 사용(orthē chrēsis)으로 우리를 인도하며, 따라서 좋은 것과 유익한 것(ōphelimon)의 유일한 원천이라고 주장한다. 우리는 이 두 논증을 다음 장에서 소크라테스의 주지주의를 다룰 때 논할 것이다. (8장 4절을 보라.) 지금은 그것들에 공통된 특징과 『에우튀데모스』에 따르는 정치적인 적용 문제에만 관심을 두고자 한다.

이 두 논증에서 눈에 띄는 것은, 건강처럼 보기에 좋은 것들, 심지어 절제, 정의, 용기는 그 자체로 좋은 것이 아니라는 주장이다. 그것들은 앎 또는 지혜의 인도 아래 올바로 인도되고 사용될 때에만 유익하다. 그에 반해 그것들이 무지의 인도 아래 올바르지 못하게 사용될 때에는 해로울 수 있다. 그러므로 앎만이 무조건적으로 좋고 유익하다(『메논』 87e 5-89a 2, 『에우튀데모스』 280e-281e).

이전에 『뤼시스』로부터 인용한 구절처럼, 『메논』의 논증도 어떤 종류의 앎이 올바른 사용을 보장해 주는지는 밝히고 있지 않다. 하지만 『에우튀데모스』는 이 문제를 정면으로 다룬다. 소크라테스는 자신의 첫 번째 권유 논변을 소피스트들에 대한 도전으로 매듭짓는다. 젊은 클레이니아스는 모든 종류의 앎을 획득하고자 노력해야 하는가? "아니면 그가 행복한 삶을 살고 훌륭한 사람이 되기 위해 얻어야 하는 어떤 한 가지 앎이 있습니까? 있다면, 그것은 어떤 앎입니까?"(282e). 이것은 물론 『카르미데스』의 마지막 물음과 닮아 있다(173e-174d). 『카르미데스』 구절과의 유사성은, 소크라테스가 두 번째 권유 논변에서 "우리에게 유익하게 될 앎은 무엇인가?"라는 질문으로 그것을 재구성했을 때 더욱더 현저해진다(『에우튀데모스』 288e-289b). 나중에 논할 테지만, 뒤따르는 구절은 수수께끼로 가득 차 있다. 여기서는 『카르미데스』의 물음과 직접적으로 연관된 것에만 손대기로 하자. 어떠한 종류의 앎이 유익할 것인가?

이 질문에 답하고자 했지만 몇 차례 실패한 후, 마침내 소크라테스와 그의 대화 상대자들은 우리들에게 행복을 가장 잘 확보해 줄 만한 앎의 형식인 '왕의 기술'에 이른다. 이 기술은 유일하게, 다른 기술들의 산물들을 어떻게 사용해야 하는지 알고 있기 때문이다(291b 5, c 9). 왕의 기술은 여기서 정치가의 기술(정치술, politikē technē)과 동일시된다(291c 4). (『고르기아스』와 『카르미데스』 170b 1-3에서 보았듯이) 그것의 대상은 정의(正義)이고 그 산물(ergon)은 시민들의 덕이다. 그러나 『에우튀데모스』의 맥락에서 이러한 결론은 역설적이다. 왜냐하면 이에 앞선 논의에서 앎 또는 지혜만이 좋은 것이라고 결론 내렸기 때문이다(281e). 그러니, 만일 왕의 기술이 사람들을 지혜롭고 좋게 만든다고 한다면, 그들은 어떤 일에서 지혜롭게 될 것인가? 목수일이나 구두공의 일은 아니지 않는가? 왕의 기술이 산출하는 것은 좋지도 나쁘지도 않은 어떤 것일 수 없다. 그러나 만일 그것이 본래적으로 좋은 어떤 것을 야기하려면, "(왕의 기술이 제공하는) 앎 자체는 (다른 앎을 제공해서는 안 되고) 오직 그 자체만을 야기해야 한다."[29] 그러나 그런 앎은 무엇을 위해 좋을 수 있는가? 그것은 어떤 방식으로 유익할 것인가? 혹 우리들은 그것이 다른 사람들을 좋게 만드는 데 기여한다고 말할 것인가? 그렇다면 또 이들은 무엇을 위해 좋을 것인가? 계속해서 우리들은 이들이 또 다른 이들을 좋고 유용하게 만들고, 이들이 또 다른 이들을 다시 그렇게 만들 거라고 말할 것인가? 우리들은 무한 소급에 빠진 것처럼 보인다. 그리고 우리들을 행복하게 만들 수 있는 앎이 도대체 무엇인지를 확인하는 쪽으로 조금도 진행하지 못한 것처럼 보인다(292d-e).

『에우튀데모스』는 어떻게 하면 이러한 소급을 멈출 수 있을지에 대해 어떠한 단서도 제공하는 않는다. 그러나 『국가』 6권에서 소크라테스는 "앎의 최고의 대상"(megiston mathēma)인 '좋음'(善)의 이데아에 대해 ―"이것의 사용에 의해 정의(正義)와 나머지 것들은 유용하고 유익하게 된다"― 우리에게 말해 주기 시작할 것이다.

우리는 이 이데아를 충분히 알고 있지 못하네. 그리고 만일 우리가 이것을 모른다면, 다른 모든 것을 안다고 할지라도, 그건 우리에게 아무런 유익이 되

---

29 "이는 여기에서(즉, 『에우튀데모스』에서) 추구되는 앎과 『카르미데스』에서 제안된 '앎에 대한 앎'의 연관성을, 지금까지 보아 온 어떤 유사 구절들보다도 선명하게 보여 주고 있다," Hawtrey(1981), 137쪽 이하. Tuckey(1951, 79쪽)는 이 연관성에 대해 다른 근거들을 제시하고 있다.

지 않을 걸세. 마치 좋음을 빠뜨린 채 어떤 것을 소유한들 아무것도 얻는 것이 없듯이 말이네. 혹 자네는 많이 소유하는 것이, 좋은 것이 아닌데도, 어떤 이득이 있다고 생각하나? 또 좋은 것을 제외한 다른 모든 것을 알지만, 아름답고 좋은 것은 전혀 모르는데도 그렇겠는가? (『국가』 6권 505a-b)

『라케스』와 『카르미데스』에서 시작된 논의는 『메논』과 『에우튀데모스』에서, 유익한 앎, 도구적 선의 올바른 사용에 대한 앎을 탐구하는 데로 이어진다. 그리고 이 논의는 여기 『국가』 6권의 마지막 부분에서, '좋음' 자체에 대한 앎을 호소하는 데에서 그 정점에 이른다.

『국가』에 소개되고 있는 '좋음'의 이데아에 관한 이론은 그 자체로 많은 문제들을 떠안고 있긴 하지만, 한 가지 사실은 분명하다. 플라톤이 보기에, '좋음' 자체가, 좋은 것인 한에서의 좋음이 바로 왕의 앎, 즉 철학자-왕들의 기술이 대상으로 삼아야 하는 것이다.[30] 그리고 그런 앎은 유익할 것이다. 왜냐하면 이것이 통치자의 수완을 통해 다른 모든 기술들의 작업과 산물들이 올바르게 사용되도록 인도할 것이기 때문이다. 그리고 그런 앎은 바로 지배자들의 손에서, 진정으로 좋은 것에 비추어 사회 전체를 다스림으로써 다른 모든 기술들의 작품과 산물의 올바른 사용을 인도할 것이기 때문에 유용할 것이다. 그리고 그것은 잘못 이용될 가능성으로 인해 『에우튀데모스』의 논증에서 거부되었던 재산, 자유, 그리고 시민들 간의 조화와 같은 언뜻 보기에 좋은 것들의 올바른 사용도 포함한다.[31] 이것이 바로 『카르미

---

30 Hawtrey(1981, 119쪽)는 『에우튀데모스』 292d-e의 무한 소급과 『국가』 6권 505b의 연결점을 인지하고 있다.

31 『에우튀데모스』 281a-d를 언급하는 292b. 정치학을 다른 모든 학문들을 인도하고 사용하는 지배적 기술로 보는 아리스토텔레스의 관점과 비교하라(『니코마코스 윤리학』 1권 2장 1094a 26 이하).

데스』의 좋음과 나쁨에 대한 유익한 앎과 『에우튀데모스』의 왕의 기술 뒤에 놓인 배경이다. 아니 우리는 아마도 이것이 그것들 앞에 놓인 것이라고 말해야 할 것이다. 왜냐하면 『카르미데스』와 『에우튀데모스』를 처음 접하는 독자라면, 플라톤이 구두(口頭)로 준 가르침을 듣는 특권을 누리지 않고서는, 그가 어느 쪽을 향해 가려는지 짐작하기가 쉽지 않을 것이기 때문이다. 위의 대화편들을 읽는 독자들은 『국가』 6권을 읽고 나서 되돌아볼 때에야 비로소 이 모든 것을 명확하게 이해하게 될 것이다. 우리가 가끔 보듯이, 여기 과도기 대화편들에서 모든 길들은 『국가』로 통한다.

8장

『프로타고라스』:
앎으로서의 덕

1. 대화편 『프로타고라스』의 위상

여기에서 과도기 대화편들로 분류된 7개 작품 가운데 『프로타고라스』는 단연 문학적 걸작이다. 이 대화편은 그것들 가운데 가장 긴 작품으로, 대략 『향연』이나 『파이돈』과 맞먹는 분량이다. 플라톤적 극예술의 전형이라 할 『프로타고라스』는 등장인물의 수와 인지도, 대화의 생동감, 장면 묘사의 다채로움 등의 측면에서 대화편 『향연』이 지니고 있는 명성에 필적한다. 플라톤은 여기서 『라케스』에서 소크라테스가 제기했던 물음 —도덕 교육의 적절한 목적은 무엇인가? 그리고 어떻게 이 목적을 실현할 수 있는가?— 을 충분한 규모로 다루기 위한 배경으로, 자신이 출생하기 6년 전인 페리클레스 시대 말기의 아테네 문화의 모습을 빼어나게 묘사하고자 고심했다.

그러나 『프로타고라스』는 플라톤의 대화편들 가운데 가장 빼어난 작품 중 하나이지만, 가장 곤혹스러운 작품 중 하나이기도 하다. 무엇보다 의문이 생기는 것은 소크라테스가 그토록 공을 들여가면서까지 시모니데스의 시(詩)를 잘못 해석하고 있는 이유이다. 이 부분은 종종 소크라테스의 숭배자들에게 낭패감을 안겨 주었는데, 그가 여기에서 철학자보다는 소피스트의 역할을 수행하고 있는 듯 보이기 때문이었다. 여타의 대화편에서 우리가 접하는 내용과 달리, 소크라테스가 마지막 부분의 논증에서 쾌락과 선을 동일시하고 있는 점도 많은 논란을 일으켰던 문제이다. 그뿐만 아니라 같은 부분의 논증에 아크라시아 ―보다 나은 판단에 역행하여 행동하는, 우리가 의지의 박약 내지는 유혹에의 굴종이라 부르는 것― 를 부정하는 이상한 모습도 있다. 여기에서 소크라테스는 인간의 본성에 관련된 명백한 사실들을 부정하고 있는 것처럼 보인다. 그리고 플라톤이 태어날 즈음 상연된 에우리피데스의 두 비극 『메데이아』와 『히폴뤼토스』에서 그 중요성이 강조되어 왔던 것들이기 때문에 플라톤의 독자라면 익히 알고 있을 사실들을 부정하고 있는 것처럼 보인다. 그렇다면 플라톤은 왜 소크라테스로 하여금 그토록 역설적인 방식으로 처신하게 만드는가?

이러한 물음들에 답하기 위해서는 쾌락주의와 아크라시아 개념이 나오는 마지막 부분의 논증이 상세히 분석되어야 할 것이다. 하지만 이에 앞서 대화편의 전반적인 흐름을 개관해 봄으로써 그보다는 논란의 여지가 크지 않은 주제들을 명확히 해 둘 필요가 있겠다.

『프로타고라스』는 세 부분으로 이루어진 복합적인 프롤로그로부터 전개된다. 첫 번째 부분은 소크라테스가 익명의 대화 상대자에게 이야기를 전하는 틀 밖 대화이고, 두 번째는 소크라테스가 당대 최고의 현자로 간주된 프로타고라스로부터 배우기를 열망하는 젊은 히포크라테스와 나누는 예비적 담화이며, 세 번째는 소크라테스와 히포크라테스가 3명의 소피스트들이 접대를 받고 있는 칼리아스의 집에 도착하는 장면이 그림과 같이 펼쳐지는 부분이다. 이어지는 프로타고라스와의 대화는 4개의 주요부로 이루어져 있는데, 소크라테스가 자리를 뜨겠다고 위협하지만 좌중의 만류에

못 이겨 머무르게 되는 막간에 의해 양분된다. 첫 번째 주요부는 프로타고라스가 교육의 목적을 설명하는 것에서 시작한다(318e-319a). 이에 대해 소크라테스는 덕이 가르쳐질 수 있는지에 대한 물음으로 응수한다. 그다음에 프로타고라스는 이른바 '위대한 연설'을[01] 통하여 덕의 가르침 가능성을 옹호하는 자신의 입장을 제시한다. 두 번째 주요부에서 소크라테스는 물음을 덕의 가르침 가능성으로부터 덕의 부분들 또는 종류들로 전환시켜, 여러 가지 덕들이 어떠한 방식으로 서로 관계되어 있는지를 묻는다. 소크라테스는 상식선에서 덕들의 상호 구분을 시도하려는 프로타고라스를 논박하며 아포리아를 유도한다. 이에 프로타고라스는 인내심을 잃게 되고 소크라테스는 결국 대화를 중단하자고 한다. 이 막간이 지난 뒤, 세 번째 주요부에서 두 사람의 역할이 우스울 정도로 바뀌게 된다. 프로타고라스는 덕에 관한 시모니데스의 시가 내포하고 있는 모순을 받아들이는 소크라테스를 비난한다. 소크라테스는 다소 소피스트적인 전략을 구사하며 이에 대응하지만 프로타고라스는 이를 반박한다. 다음으로 우리가 마주하게 되는 것은 첫 번째 주요부에 등장했던 프로타고라스의 '위대한 연설'과 형식상 대응을 이루는, 시모니데스 시의 의미에 관한 소크라테스의 장광설이다. 마지막 네 번째 주요부에서 소크라테스는 용기가 앎의 한 형태라는 일련의 논증을 제시하는데, 이에 대한 전제로 먼저 쾌락과 선을 동일시하는 쾌락주의를 사용하고, 그다음에 아크라시아를 판단 착오로 설명하는 전략을 사용한다.

『프로타고라스』의 이 마지막 부분에서 소크라테스가 옹호하는 입장은 과도기 대화편들을 중기 작품들의 철학에 대한 아포리아적-선취적 서론으로 간주하는 필자의 해석에 하나의 도전이 된다. 학자들은 덕들을 지혜와

---

01 이 분야의 고전이 된 *Plato's Protagoras* (Ostwald-Vlastos, 1956)의 '머리말'에서 Vlastos가 사용한 이래로 통용되는 용어이다.

동일시하는 동시에 아크라시아를 명백히 거부하는 소크라테스의 견해가
『국가』의 영혼 삼분설(三分說)이나 비합리적 행위 동기의 수용과 전혀 양립
할 수 없다는 믿음을 폭넓게 공유한다. 이러한 관점은 대화편들 내부로부
터, 『프로타고라스』가 뚜렷이 소크라테스적 사유의 시기에 속하는 작품이
라는 주장을 강력히 뒷받침한다. 따라서 이는 추후에(아래 4-8절에서) 우리
가 짚어 볼 중대한 쟁점이 아닐 수 없다. 하지만 이 맥락에서 먼저 생각해야
할 점은 『프로타고라스』가 과도기 대화편들의 중심부에 자리 잡고 있는 방
식, 그리고 그것이 정의(定義)의 문제를 다루는 대화편들 및 『메논』과 주제
적으로 밀접하게 연결되어 있는 방식이다.

『라케스』와 『카르미데스』, 『에우튀프론』이 각각 용기, 절제, 경건의 덕들
에 대한 탐구에 이바지하고 있는 반면, 『프로타고라스』는 이러한 덕들의 상
호 관계를 살피면서 이것들의 단일성 문제를 제기한다.[02] 『프로타고라스』
가 덕을 가르칠 수 있는지를 판단하기 전에 덕이 무엇인지를 먼저 알아야
한다는 소크라테스의 주장으로 끝나듯이, 『메논』은 "소크라테스여, 부디 제
게 말씀해 주십시오. 덕은 가르쳐질 수 있는 것입니까?"라는 메논의 질문에
응하여 소크라테스가 같은 주장을 반복하면서 논의가 시작된다. 토론 주제
의 측면에서, 『메논』은 『프로타고라스』의 직접적인 후속편으로 간주될 수
가 있다. 그래서 위의 다섯 대화편들은 상호 연결된 논의들로 된 형식상 단
일한 그룹을 구성하는데, 여기에서 덕의 주제가 다음과 같은 이중적인 의
미에서 전문 지식(기술, technē)의 주제와 긴밀하게 얽혀 있다. 사람들을 유덕
하게 만드는 기술이 존재하는가? 그리고 덕 그 자체가 전문 지식의 일종, 즉
앎이나 전문 지식의 한 형태인가?

02 『라케스』와 『프로타고라스』의 용기에 관한 논의에서 구체적으로 중복된 부분에 대해서는 이
    책의 6장 5절을 보라.

2. 테크네와 덕의 가르침 가능성

『프로타고라스』의 주제적 단일성은 우선적으로는 덕의 본성에 대한, 부차적으로는 덕의 가르침 가능성에 대한 지속적인 관심에 의해 확보된다. ('덕이란 결국 무엇인가?'라는) 명시적인 개념 정의의 문제는 대화편의 종결부(360e 8, 361c 5)에 이르러서야 제기된다. 그러나 그 물음은 가르침 가능성의 논의(주요부 1)와 통일성의 문제(주요부 2, 4), 심지어는 시모니데스의 시에 대한 논의(주요부 3)에, 실질적으로 대화편의 전반에 걸쳐 모습을 드러내고 있다.

이면에 자리 잡고 있는 가정은 덕이 기술이나 전문 지식일 경우에 그리고 오직 그 경우에만 가르쳐질 수가 있다는 것이다.[03] 사실, 덕이 테크네인가? 라는 물음은 덕을 가르치는 일이 테크네인가? 라는 물음과 종종 동일시된다. 두 물음은 거의 구분되지 않는다. 그리고 이때에 기본이 되는 생각은 테크네가 일단(一團)의 교육자들과 훗날 교육자 역할을 수행하게 될 피교육자들에 의해 조직된다는 것이다. 그래서 프로타고라스가 자신이 단언하고 있듯 그 기술(technē, technēma, 319a 4와 8)을 가지고 있는지에 대해 소크라테스가 처음 가졌던 의심은 덕이 가르쳐질 수 있는지의 물음으로 재구성된다(319a 10, 320b 5, 320c 1). 그리고 이 영역에서의 능력은 전문적인 기술의 분야(en technēi einai, 319c 8)로 인정된 다른 능력들과 대조된다.

만일 덕의 교육이 기술이라면, 그것은 특별한 종류의 테크네이다. 그것은 전통적인 기술이나 지식 분과 중 하나에서 이루어지는 훈련과 비교되고

---

03 이러한 쌍조건명제는 테크네 개념을 에피스테메(앎, 학문) 개념으로 대체하더라도 성립하는데, 『프로타고라스』 361b가 이를 우회적으로 암시하고 있다면 『메논』 87c는 이를 명시적으로 드러내 보이고 있다.

대조된다. 그래서 프로타고라스는 지혜의 전문가인 소피스트(sophistēs), 즉 지혜의 전문가로 자칭한 최초의 인물이었음에도, 그 직업(technē)이 실은 호메로스와 헤시오도스의 시대까지로 거슬러 올라가고 시인뿐만이 아니라 의사와 체육 교사, 음악가도 포괄하는 오래된 직업이라는 점을 주장할 수 있었다(316d-e). 하지만 이러한 전문가들이 자신들의 특화된 전문 기술들(technai, 316e 5)의 뒤편에 몸을 숨기고 있었던 데 비하여, 프로타고라스는 공공연히 스스로를 교육자로서 내세우는 최초의 인물이다(317b 4).

여기에서 테크네 개념의 의미는 아주 애매하다. 그것은 소피스트의 새로운 직업뿐만 아니라 시(詩), 의술 등 보다 전통적인 기술들을 가리키고 있기 때문이다. 그리고 이러한 애매함은 소크라테스가 청년 히포크라테스에게 소피스트의 가르침을 받는 목적을 묻게 될 때에 불거진다. 히포크라테스가 피디아스로부터 수련을 받는다면 조각가가 될 수 있겠지만, 확실히 그는 프로타고라스에게 배움으로써 소피스트가 되기를 원하지 않는다. 프로타고라스로부터의 학습은 오히려 학교의 선생님이나 체육 교사로부터의 배움과 유사하다. 그러한 배움은 전문 기술자가 되기 위한 것(epi technēi)이 아니라 자유인이자 아마추어인 사람에게 적합한 '교양'을 지향한 것(epi paideiāi)이다(312b). 따라서 이 경우, 학생들이 모두 교육자가 되지는 않을 것이다. (전문 기술자가 될 목표로 프로타고라스에게 배우고 있던 멘데 사람 안티모이로스의 상황과 대조해 보라, 315a 5.)

역사적인 맥락을 고려해 볼 때, 이와 같은 일반적 교양 교육과 전문적('기술적') 교육 간의 구분은 소피스트들이 고등 교육에 종사한 최초의 교사로서 등장한 점을 반영한다.[04] 『프로타고라스』의 문맥에서 두 가지 교육의 대조는 그 초점이 더욱 좁혀져 있다. (히피아스와 같은) 여타의 교사들이 학생들에

---

04 Marrou(1950), 5장을 보라.

게 "산술, 기하학, 천문학, 음악을 가르치면서"(이 학문들은 나중에 중세 대학의 교양학부에서 4과가 된다) 그들을 다시 기술들 쪽으로 강요하는 것과 대조적으로, 프로타고라스는 학생들이 배우러 온 것만을 그들에게 제공하고자 한다. 그것은 "집안일을 꾸려나가고 도시의 공무를 수행하기 위해 요구되는 좋은 판단력(euboulia)을 길러 줌으로써, 결과적으로는 공무 수행 과정의 연설과 행위에서 최대한의 능력을 발휘할 수 있도록(dynatōtatos) 지도하는 것이다"(318e). 이것이 프로타고라스가 제공해야 할 덕의 개념이다. 그가 덕을 교육 가능한 기술 내지 앎으로 제시하므로, 덕에 대한 가르침도 테크네로 진술될 수가 있다. 소크라테스는 말한다. "선생께서는 그러니까 '정치의 기술'을 가르침으로써 좋은 시민들을 육성하려 하시는군요." 이에 프로타고라스는 동의한다(319a).

테크네는 여기에서 다시 상호 대조를 이루는 두 가지 의미를 띠고 나타난다. 그러나 전문 기술들과 기량들은 잘 규정되어 있고,[05] 확립된 전통에 의해 그것들의 성공적인 전수가 보증되는 반면, 프로타고라스의 새로운 기술은 의심쩍은 구석이 있고, 그것이 교육 가능한 테크네로서 자리 잡고 있는지는 즉시 반론의 대상이 된다.

하지만 먼저, 우리는 소크라테스가 프로타고라스의 새로운 기술을, 다른 곳에서(『고르기아스』 521d 7) 시민들의 혼을 고양하는 기술을 설명하기 위해 사용한 용어로써 묘사했다는 점에 주목한다. 그러한 기술이 추구하는 궁극적인 목적과 가치는 (『카르미데스』 170b 1-3에서) 정의(正義)이고, 그 기술은 『에우튀데모스』에서 사람들을 현명하고 선하게 만들어 주는 왕의 기술, 즉

---

05 그래서 아리스토텔레스는 『정치학』 1권 4장 1253b 25에서 '특정 기술들'(hōrismenai technai)을, 프로타고라스가 새로이 제시하고 있는 직업의 일부인 가사(家事) 경영의 기술(oikonomia, 『프로타고라스』 318e 6)과 대조한다.

정치술(politikē technē, 291c 4)과 동일시된다. 그리고 이 용어는 우리로 하여금 정치술에 대해 보다 특별하게 플라톤적인 개념 ―즉, 기술적인 성공을 보장하는 종류의 도구적 역량과 대조를 이루는, 궁극 목적들에 대한 앎으로 이해된 도덕적·정치적 지혜― 을 기대하도록 우리를 인도할지도 모른다. (우리가 보았듯이, 이것은 『카르미데스』의 마지막에 나오는 소크라테스의 꿈에서 강조된 대조이다, 7장 329쪽 이하.) 그러나 『프로타고라스』의 독자들은 선악에 관한 진정한 앎인 이 지배적 테크네 개념에 익숙할지 모르지만, 대화편의 등장인물들은 그러한 것을 들어 본 적이 없다. 소크라테스는 좌중의 모든 사람들이 "공무 수행 과정의 연설과 행위에서 최대한의 능력을 발휘할 수 있음"의 의미를 알고 있으리라는 프로타고라스의 가정에, 『라케스』에 등장하는 아버지들이 걸출한 공적인 경력이 무엇인지는 누구나 알고 있다고 가정할 수 있듯이, 정면으로 이의를 제기하려 들지 않는다.

그래서 정치적인 성공에 대한 전통적인 관념들은, 『고르기아스』에서 그랬듯이, 여기에서 의심되지 않는다. 유일한 비판의 말투는 소크라테스가 소피스트를 해로운지 이로운지 잘 알지 못하면서 혼의 상품들을 파는 장사꾼으로 서술하고 있는 프롤로그(313c-314b)에서 들린다. 젊은 히피아스는 소크라테스가 혼에 대한 치유의 지식을 가질 전문가(epistēmōn)를 두고 누구를 의미하는지 알지 못할 것이지만(313e 2-3), 박식한 독자라면 『크리톤』(47c-48a)에 제시된 이후 『고르기아스』에서 완연히 전개된 교설을 인지할 것이다. 이 교설에 따르면 정치적인 전문가(technikos)는 무엇이 혼에 좋은 것인지를 정확히 체득하고 있는 전문가이다. 그래서 소크라테스가 히포크라테스에게 "자네가 몸보다 훨씬 소중하게 여기는 것"(313a)인 혼의 건강을 챙기기를 권고했을 때, 이 권고는 그의 대화 상대자를 제쳐 두고 플라톤 편의 독자에게 주는 신호와도 같은 것이다. 그러나 덕을 혼의 건강, 개인의 내적 행복으로 보는 이러한 소크라테스-플라톤적 관념은 여기에서는 배경에 머물고, 나중에 세 번째 주요부의 시모니데스 시에 대한 해석에서 몇 가지 실마리로만 다시 나타날 따름이다.[06] 그렇다면, 시모니데스 시의 해석에서 이렇게 흐릿하게 암시하고 있는 것들과 더불어 프롤로그에서만, 우리는 『프로타고라스』에 등장하는 덕을 진정으로 소크라테스적인 덕으로 파악하는 면모를 볼 수 있는데, 이는 『소크라테스의 변론』, 『크리톤』, 『고르기아스』에 제시된 '혼을 돌봄'에 의해 규정된 의미이다. 『프로타고라스』의 대부분은 덕에 대한 다른 생각들을 탐구하는 데 바쳐질 것이다.

소크라테스는 궁극적으로 덕을 앎 또는 지혜인 것으로 이해하는 입장을 지지한다. 그런데 앎과 지혜를 나타내는 단어들(epistēmē, sophia)이 기술이나 기량을 나타내는 단어(technē)와 종종 상호 대체되므로, 덕과 기술들(technai) 간의 관계가 이 대화편의 근본 주제가 된다. 우리는 이것을 프로타고라스가 '위대한 연설'을 시작하며 말하는 신화에서 볼 수 있다. 헤르메스는 제우스에게, 인간들로 하여금 정치의 기술(politikē technē), 즉 나라에서 살아가는 기술을 갖도록 만들 정의(dikē)와 염치(aidōs)의 선물이(322b-c) 여타 기술들처럼 소수 전문가들에게 분배되어야 할지 아니면 모두에게 분배되어야 할지를 묻는다. 이에 제우스는 "모두에게 분배해서 모두가 나눠 갖게 하시오. 다른 기술들처럼 소수만이 그것을 나눠 갖게 된다면, 나라가 존재하지 못하게 될 테니"(322d)라고 답한다. 그리고 그 연설을 마무리하는 논증에서 프로타고라스는 덕을 문외한이 있어서는 안 되는 기술로 분류한다(327a 1). 이 기술은 사회생활을 위해 필수불가결하며, 따라서 아버지가 아들에게만 전수해 주는 여타의 기술들과는 달리(328a), 모든 사람이 모두에게 열심히 가

---

06 『프로타고라스』 345b 5: "유일한 불행(kakē praxis)은 앎을 빼앗기는 것이오." 345e 1: "지혜로운 사람들은 모두 나쁘고 수치스러운 짓을 하는 모든 사람이 비자발적으로(akontes) 그런 행동을 한다고 생각합니다."

르치는 기술이다(327b). 이러한 대조는, 소크라테스가 쾌락과 고통의 계산을 '우리 삶의 구원'으로 거론하며 이것을 크기를 측정하는 기술과 홀수와 짝수를 측정하는 기술인 산술에 비유할 때(356d-357a), 네 번째 주요부에서 되풀이된다. 그래서 쾌락과 고통(다시 말해서 선과 악)의 올바른 선택도 측정의 테크네, 즉 전문적 앎(epistēmē)의 한 형태이다. "그러나 이것이 어떠한 기술이고 앎인지는 다음 기회에 살펴보기로 하지요"(357b).

이렇듯, 인정된 기술들과 기량들에 대해 덕이 갖는 유비 관계는, 플라톤의 다른 작품뿐만 아니라 『프로타고라스』에서도, 플라톤의 덕과 도덕적 앎에 관한 논의가 갖는 한결같은 특징이다. 다만 『프로타고라스』에서는 실천적인 지혜와 여타 유형의 전문 기술들 간의 차이에 강조점이 있다. 쾌락주의적 계산의 모델을 도입함으로써, 『프로타고라스』는 덕과 '정치적인 기술'을 다른 어떤 대화편보다도 밀접하게 일상생활의 테크네에 동화시키는 데다가간다. 그렇다면, 이 대화편의 저자가 처음부터 테크네의 차이점들을 역설하며 보이는 체계적인 세심함을 우리가 알아내는 일이 더욱더 중요하다.

3. 덕의 단일성

『프로타고라스』를 지배하고 있는 주제가 하나 있다면, 그것은 지혜에서 덕들이 하나가 된다는 주장이다. 이 주장은 두 번째 주요부에서 소크라테스가 밀어붙인 논박적인 논증들에 함축되어 있다가 네 번째 주요부의 프로타고라스에 대한 마지막 반박에서 명시된다. 그러나 덕에 대한 단일화된 관념이 차지하는 위치는 어떤 것인가? 그리고 이 관념은 프로타고라스의 주요 연설에서 두드러진 정의와 절제에 대한 보다 전통적인 관념과, 히포크라테스 같은 야심찬 젊은이들로 하여금 "나라에서 명성을 날리게 되기를 열망하여"(316c 1) 그 소피스트에게 가르침을 받도록 자극하는 다소 다른 아레테(덕) 관념과 어떤 관계에 있는가?

그래서인지 첫 번째 주요부에서 덕의 가르침에 대한 논의는 시민들의 일상적인 덕과 뛰어난 정치 지도자들의 비범한 재능 간에 보이는 애매성으로 시작한다. 한편으로, 히포크라테스는 프로타고라스의 문하에서 기량(sophia)을 연마함으로써 유능한 연설가가 되려는 열의에 불타고 있다(312d). 왜냐하면 그는, 소크라테스가 지적하듯, 공적인 직무에 적합한 자질과 수완을 타고났기 때문이다(316b 9). 다른 한편으로, 프로타고라스의 말에 대해 소크라테스가 다음과 같이 논평한 것에는 훨씬 더 평등주의적인 점이 있다. "선생님은 사람들을 좋은 시민들로 육성하려 하시는군요"(319a 4).

덕의 가르침 가능성에 대한 소크라테스의 의심은 그러한 애매성을 그대로 유지하는 경향을 보인다. 그는 아테네 시민들이 이 문제에서 전문가가 없다고 여긴다고 주장함으로써 논의를 시작한다. 그런 다음에 페리클레스의 경우를, 시민들 가운데 가장 지혜롭고 뛰어난 인물들이, 그들이 지녔던 덕(aretē)을 자식들이나 친척들에게 전수하기에 역부족이었던 사례로 든다(319e). 이는 좋은 시민의 덕과 위대한 정치가의 덕 사이의 구분이 단지 정도의 차이라는 점을 암시하고 있는 듯하다. 바로 이런 가정이 프로타고라스의 답변을 가능하게 만든다. 왜냐하면 신화로부터 시작하여 좋은 경험을 바탕으로 한 논증으로 끝맺는, 세심하게 구성된 그의 긴 연설은 일상적인 시민적 덕이 가르쳐질 수 있는 것임을 보이도록 고안된 것이기 때문이다. 그러나 그 자신의 보다 엘리트주의적 교육 방식에 대한 유일한 언급은 연설의 종결부에 나온다. "모든 사람이 각자 할 수 있는 만큼 덕을 가르칩니다. … 하지만 우리들 가운데 소수만이 보다 수준 높은 훈련의 과정을 제시하고 누군가를 고귀하고 좋은 사람(kalos kai agathos)이 되도록 도움을 줄 수 있습니다"(327e-328b). 그러나 이것은 소피스트적 교육의 본질과 목적을 전혀 검토하지 않은 채로 놔둔다.

하지만 프로타고라스는 전통적인 의미의 도덕 교육에 대한 매우 사려 깊은 설명을 제공한다. 대체적으로 그의 논증은 흄의 정의론을 예기하는 것이다. 정의와 타인에 대한 존중 없이는 도시 국가에서의 사회적 협력이나 평화로운 삶이 가져다주는 혜택들을 누릴 수 없다. 그러므로 사회는 모든 구성원들이 이러한 자질들을 갖추도록 각별한 주의를 기울인다. 이렇게 덕을 사회적 조건으로, 사회의 규범을 수용하고 이에 순응하게 되는 것으로 보는 관점은 혼의 건강에 대한 소크라테스적 이해와 '검토되지 않은 삶'에 대한 소크라테스적 비판이 지닌 도덕적인 깊이를 갖지 못한다. 그러나 프로타고라스는 애드킨스(A. W. H. Adkins)가 평온한 또는 공조적인 덕목(quiet or cooperative virtues)이라 칭했던 정의와 절제의 가치를 확고하게 옹호한다.[07] 이것들은 플라톤이 『국가』에서, 세 계급 중 가장 신분이 낮고 구성원 수가 많은 생산자 계급을 포함한, 모든 시민들에게 도야를 요구했던 바로 그 덕들이다. 요컨대, 프로타고라스가 첫 번째 주요부의 '위대한 연설'을 통해 제공하는 것은 통속적인 또는 대중적인 덕의 훈육에[08] 관한 설득력 있는 설명이며, 플라톤은 이러한 전통적인 훈육을 『국가』 2-3권에서 음악과 체육에 관한 보다 정제된 교과 과정으로 대체하게 된다.

이렇듯 『프로타고라스』의 덕론은 덕에 관한 전통적인 관념에 보이는 두 가지 사뭇 다른 경향, 즉 시민적이고 공조적인 덕 개념과 보다 야심 찬 경쟁

---

07 Adkins(1960), 6쪽 이하. 프로타고라스가 신화를 인용하며 정치의 기술, 즉 시민 공동체에서 살아가는 기술이라 일컬었던 것의 내용이 바로 정의와 절제라는 공조적 덕목들이다.

08 이러한 개념의 성격은 『파이돈』 82a 11의 다음 언급에서 가장 명시적으로 드러난다. "대중적이고(dēmotikē) 시민적인(politikē) 덕을 길러 온 사람들. 이 덕을 사람들은 절제와 정의라고 부르는데, 그것은 철학이나 합리적 이해(nous) 없이 습관과 실천에 의해 생겨나는 것일세." 『국가』 6권 500d 7 참조: "절제와 정의, 그 밖의 모든 대중적인 덕."

적 견해 간의 긴장에 의해 제기된 문제들을 피해 가도록 설계되어 있다. 이 것은 『고르기아스』에서 소크라테스가 칼리클레스와 대결하면서, 다시 『국가』 1권에서 소크라테스가 트라쉬마코스와 대결하면서 분출하는 긴장 관계이다. 그러나 이러한 잠재적 갈등이 『프로타고라스』에서는 조심스럽게 회피된다. 도덕적 실체에 대한 어떠한 물음도 제기하지 않는 대신 소크라테스는 프로타고라스의 연설에 어렴풋이 언급된, 외관상 사뭇 다른 주제 —덕의 부분들과 이것들의 상호 관계— 에 눈길을 돌린다.

소크라테스로 하여금 지혜에서 덕들이 하나가 된다는 점을 논증하게 하는 플라톤의 의중은 무엇일까? 먼저, 덕의 단일성 논증은 프로타고라스에 의해 합당한 방식으로 해석된 전통적인 견해들에 도전한다. 덕들을 일상적인 의미로 받아들이면서, 대부분의 그리스인들은 그것들이 따로 소유될 수 있다고, 그래서 정의롭지만 지혜롭지는 못한 사람들이 발견될 뿐만 아니라 (329e 6), 많은 병사들은 지극히 용감하지만 아주 부정의하고 불경하고 무지하며 성적으로 자제력이 부족하다는(349d 6) 프로타고라스의 견해에 동의할 것이다. 덕의 단일성을 지지하는 소크라테스의 논증들은 그와 같은 덕들을 표준적이지 않은 의미로 해석하고서, 용기의 범위를 두려운 것들에 맞서는 것뿐만 아니라 "욕망과 쾌락에 맞서 싸우는 능력"(『라케스』 191d)을 포괄할 정도로 확장시키며, 소프로쉬네를 절제와 자제라는 통상적인 의미보다는 (『카르미데스』에서처럼) 실천적 지혜나 건전한 분별이라는 오래된 어원적 의미로 해석한다.[09] 『파이돈』에서 이 주제에 대해 이어지는 논의 과정에

---

09 『파이돈』 68c 8의 다음 구절과 비교하라. "대부분의 사람들이 절제라 부르는 것, 즉 욕망들 (epithymiai)에 동요되지 않고 그것들을 하찮게 여기며 적절히 통제할(kosmiōs echein) 수 있는 능력." 아가톤의 연설에 나오는 다음의 말도 그와 비슷하다. "일반적으로 사람들은 절제가 쾌락과 욕망에 대한 지배라는 데 동의합니다"(『향연』 196c 4). 유사한 구절들에 대해서는 이 책 7장의 각주 8을 보라.

서 분명히 드러나듯이, 덕들이 지혜에서 하나가 된다는 것은 사실, 『소크라테스의 변론』과 『크리톤』으로부터 『향연』과 『파이돈』에 이르는 대화편들에서 플라톤이 묘사해 온 소크라테스의 모습에 이론적 대응물을 이루는 새로운 도덕적 이상을 천명하고 있는 것이다. 이곳 『프로타고라스』와 『메논』(73e-75a)에 전개된 논의의 특징은 새로운 덕 이론에 대한 플라톤의 준비가 '하나와 여럿'과 관련된 문제들에 대한 전문적인 논의의 형식을 띤다는 점이다.

훨씬 뒤에 인생의 황혼기에 접어든 플라톤이 술회하듯, 덕들이 어떻게 여럿인지는 말하기 쉽지만 그것들이 어떻게 하나인지를 말하기는 어렵다. 왜냐하면 그것들 모두에서 동일한 것, "용기, 절제, 정의, 지혜에서 우리가 하나라고 말하는 것, 그래서 마땅히 덕이라는 하나의 이름으로 칭하는 것"(『법률』 12권 963d 4-7, 965d 1-3)을 아는 일은 어렵기 때문이다. 그러한 덕의 단일성에 대한 탐구는, 이 문제에 대한 예비적 묘사 및 프로타고라스의 다수성 옹호에 대한 형식적인 논박과 더불어, 여기 두 번째 주요부에서 시작된다.

단일성 문제는 『프로타고라스』와 『법률』에서 이름과 그 지시 대상의 관계에서 제기된다. 어떻게 해서 '덕'이라는 한 이름이 다른 여러 이름들로 불리는 것에도 적용되는가? 프로타고라스에 던져진 소크라테스의 질문은 다음과 같은 것이다. 프로타고라스가 공언했듯이 덕이 하나라고 가정한다면(325a 2), 그의 연설에서 또한 언급되었던 정의, 절제, 경건은 어떻게 되는 것인가? 이들은 덕이라 불리는 한 가지 것의 부분들인가, 아니면 단일한 것을 나타내는 그만큼 많은 다양한 이름들인가? 프로타고라스는 그것들이 단일한 것의 부분들이라고 대답한다.

프로타고라스가 거부했던 선택지, 즉 덕들 사이에 진정한 차이점들이란 없고 용기, 절제, 정의는 단지 동일한 것을 나타내는 상이한 이름들일 뿐이라는 점에 관하여 잠시 생각해 보자. 이것은 사실 플라톤이 『크라튈로스』에서 전개하는 '지시적 동의어'의 개념이다.[10] 우리가 보았듯이, 이와 다소 유사한 견해가 플라톤의 친구였던 메가라의 에우클레이데스에 의해 주장되었다. 그와 메가라학파라 불렸던 그의 추종자들은 덕은 하나이지만 많은 이름들로 불린다고 주장한 것으로 전한다.[11] 에우클레이데스 자신의 저술이 남아 있지 않은 상황에서 우리는 그의 견해가 『프로타고라스』에 언급되었지만 분명히 옹호되지 않은 채로 남은 견해에 얼마나 가까운지 알지 못한다. (소크라테스가 결국 그 견해를 옹호할 생각이 있었는지는 조금 뒤에 논의할 것이다.) 그럼에도 확실할 정도로 유사하다는 것은 한 사물에 대한 여러 이름들의 문제가 플라톤과 에우클레이데스 사이에서 토론의 주제가 되었을 가능성을 추측하게 한다. 『프로타고라스』의 이 구절에는 언어에 대한 플라톤의 이론적 관심을 가리키는 최초의 징표들 중 하나가 드러나 있다. 유사한 이론적 탐구는 『메논』에도 반영되어 있다. (여기에서는 어떻게 다양한 덕들이 한결같이 '덕'으로 불리며, 다양한 도형들이 정말 '도형'이라는 동일한 이름으로 서술될 수 있는가? 라는 상반된 문제가 제기된다.) 그러한 탐구는 『크라튈로스』에서, 그리고 그 후 『소피스트』에서 더욱 풍부하게 전개된다.

소크라테스의 다음 물음은 덕의 부분들 간의 관계에 관한 것이다. 그것들은 얼굴의 이목구비와 같이 각각의 부분이 여타의 부분들과는 다른 자신만

---

10 『크라튈로스』 393a-394c: 헥토르와 아스튀아낙스는 동일한 것, 즉 지배자 또는 군주를 나타낸다(394c 3). 이러한 동의어 개념은 『프로타고라스』의 마지막 부분의 논증에서도 사용되는데, 이 논증의 성패는 '좋음'과 '즐거움'이(마찬가지로 '나쁨'과 '괴로움'이) 같은 것을 나타내는 두 개의 이름으로서 상호 대체 가능한지의 여부에 달려 있다(355b 이하). 여기에서 사용된 동의어 개념은 의미보다는 지시에 관련된다. 즉, 문제가 되는 지시체들(nominata)은 개념들이나 '의미들'이라기보다는 (지배자나 쾌락 등의) 사물들인 것으로 생각된다. 그러나 이러한 구분이 플라톤에서 엄격하게 이루어지고 있는 것은 아니다.

11 이 책의 1장 50쪽.

의 기능 또는 능력(dynamis)을 가진 것일까? 아니면, 금의 부분들과 같이 상호 간 동질적일 뿐만 아니라 전체와도 동질적인 것일까?[12] 프로타고라스는 덕에 물(水)과 같은 부피 개념에 속한, 논리적으로 보다 단순한 단일성을 부여하게 될 두 번째 선택지를 거부하는데, 그렇게 되면 부분들의 다수성이 말 그대로 우연적인 것으로 되고, 공간상의 위치와 크기를 제외한 내적인 다양성의 원리가 확보될 수 없게 되기 때문이다. 프로타고라스는 그리하여 용기, 절제 등의 덕들이, 눈과 귀가 구조와 기능이라는 두 가지 측면에서 서로 다르듯이, 그 자체로 그리고 특유의 능력에서 서로 다를 것이라고 말한다.

프로타고라스는 다른 기능을 가진 다른 신체기관의 유비를 받아들였지만, 단일성의 문제는 전적으로 해결되지 않은 상태로 남는다. 덕들이 공통으로 갖는 것은 무엇인가? 이목구비의 비유는 우리에게 명확한 단서를 제공해 주지 않는다. 이어지는 소크라테스의 논박은, 단일한 전체의 부분들이 서로 종(種)적으로 구분되면서도 유(類)적인 본성을 공유할 수 있을까? 라는 물음이 지닌 모호함에 달려 있다. 사실상, 프로타고라스는 가짜 양도논법(兩刀論法) ─개별적인 덕들은 서로 완전히 달라야 한다. 그렇지 않으면 그것들은 서로 구별되지 않을 것이다─ 의 함정에 빠져 옴짝달싹할 수 없는 처지에 있다. 이보다 깊은 논리적인 측면의 '다양성 속의 단일성' 문제는 다루어지지 않은 채로 남는다. (이 문제는 이름과 사물 간의 관계를 거론하는 상응 구절 『메논』 74d-e에서 명시적으로 제기되지만 다시 미해결로 남는다.)

소크라테스는 『프로타고라스』에서 덕의 단일성을 결코 분명하게 옹호하

---

12 여기에서 플라톤은 나중에 아리스토텔레스가 동질소(同質素)로 이루어진 것이라 부르게 될 사물 ─그 부분들이 종(種)적으로 서로와 같고 전체와도 같은 전체─ 을 다소 투박하기는 하지만 다음과 같이 분명하게 특징짓고 있다. 여기에서 투박한 점은 "더 작거나 큼에 의해서만 부분들이 서로 차이가 나고 전체와도 다르다"는 표현이다(329d 8). 금의 부분들은 형태와 위치, 내구성 등에서도 서로 다를 수 있기 때문이다.

지 않는다. 그는 프로타고라스가 주장한 덕의 다수성과 다양성을 반대하는 논증을 펼칠 뿐이다. 그러므로 이 대화편은 어떤 방식으로 덕들이 지혜에서 하나가 된다는 점을 이해할 수 있는지 우리에게 말해 주지 않는다. 그럼에도 현대의 학자들은 소크라테스의 입장에 대하여 스토아학파가 시도했던 다양한 해석의 방식들을 따랐다.

테리 페너(Terry Penner)는 가장 영향력 있는 현대의 해석들 중 하나를 제공한다.[13] 페너는 최근 학계의 주목을 끌어왔던 다음 두 가지 해석에 대하여 설득력 있는 반론을 펼친다. (1) 덕들은 서로 분리될 수 없으므로 한 가지 덕을 갖춘 사람은 다른 모든 덕들마저 갖춰야 한다는 점만을 주장하는, 동일성에 대한 약한 견해. (2) (정의, 용기, 지혜 등) 개별적인 덕들을 나타내는 이름들은 모두 같은 의미를 갖는다는, 의미의 동일성 내지 엄격한 동의성(同義性)의 강한 견해. 이것들 대신 페너는, 소크라테스가 그 용어들이 '단일한 사물을 나타내는 다섯 이름들'(349b 1-3. 329d 1 참조)이라는 점을 암시하면서, 그것들의 의미가 모두 같다거나 다섯 단어들이 모두 같은 것을 의미한다는 점을(이는 명백히 오류인 듯하다) 주장하려는 것이 아니라, 다섯 단어들이 모두 같은 지시 대상을 가진다는 점, 그것들 모두가 단일한 사물을 가리킨다는 점을 주장하려 한다고 논증한다. 이에 따르면, '용감함이란 무엇인가?'라는 물음에서 용감이라는 용어는 "특정한 사람들이 용감한 행동을 한다는 사실을 설명하는 심리 상태 ―우리가 이론적 실재라고 부를 만한 것― 를 가리킨다." 그것은 다시 말해 "다수의 혼 안에 있으면서 그 혼을 용감하게 만드는 것"이다.[14] 그렇다면 덕들의 단일성 테제는, 사람들을 지혜롭게 만들 뿐만 아니라 용감하게 만들고 정의롭고 절제 있고 경건하게 만드는 것이

---

13 Penner(1973), 35-68쪽.
14 같은 책, 41쪽과 57쪽.

혼의 동일한 성향 또는 동일한 심리적 추동력이라는 주장이다. 이렇듯 동일성 테제는 도덕 심리학에서의 견고한 요구, 즉 덕행에 대한 인과적 설명이 된다. 이러한 인과적 설명의 원리는 플라톤의 대화편들에서 지혜, 즉 선과 악에 대한 앎으로 서술된다.

지금까지는 꽤나 만족스럽지만, 앞의 해석은 다음의 물음들에 답하지는 못한다. (1) 그렇다면 다양한 덕들은 도대체 어떻게 서로 차이가 나는가? 그리고 (2) 선과 악에 관한 지식은 어떻게 덕행을 보장할 만한 추동력을 가질 수 있는가?

덕들의 다양성 문제와 관련하여, 나는 플라톤이 『프로타고라스』에서 일부러 덕의 단일성 테제를 확정되지 않은 채로 놔두면서 논의가 추가될 여지를 남겼다고 생각한다. 덕들이 개별적으로 정의되고 그것들의 단일성이 정의(正義)에 대한 정의(定義)에 의해 함축되어 있는 『국가』에서조차, 플라톤은 자신이 제시한 설명이 부적합하다고 주장한다.[15] 그리고 『법률』에서 여러 덕들이 어떻게 하나가 되는지를 보기란 그리 쉬운 일이 아니라고 말하면서, 그는 이 경우에서 '여럿(多) 안의 하나(一)'에 관한 탐구가 특히 철학적 사고 훈련을 위해 좋은 논제라고 역설한다.[16] 플라톤이 『프로타고라스』의 단일성 테제를 개념적으로 덜 규정된 상태로 남겨 두었다는 점은, 우리가 소크라테스적 전통에서 의식적으로 연구한 스토아 철학자들이 이런 논의를 지속했다는 사실을 잠깐 본다면, 분명해질 것이다.

스토아학파의 창시자인 키티온의 제논은 덕들이 그 작용 면에서 구분될 뿐 모두가 한 가지, 즉 지혜(phronēsis)라고 주장했다. 그의 추종자들은 그러

---

15 『국가』 4권 435d, 6권 504b, 504c 9. 정의는 혼의 각 부분이 그에 적합한 일을 수행하기를 요구하므로(441d-e, 443c-e), 정의의 덕을 갖추는 것은 필연적으로 나머지 덕들의 소유를 수반한다.
16 『법률』 12권 963d 이하.

한 구분이 어떻게 이해되어야 할지에 대하여 의견이 분분했다. 키오스의 아리스톤은 용기, 절제 등의 덕들이 그것들에 내재한 본성에 관한 한 전적으로 하나이며, 오로지 그것들이 외부 상황에 대해 갖는 관계와 적용에 의해서만 서로 구별된다고 주장했다. 그래서 용기는 위험한 상황에 적용되는 지혜이고, 절제는 욕망과 쾌락의 상황에 발휘되는 지혜라는 식이다. 하지만 솔로이의 크뤼시포스는 이에 동의하지 않았다. 그에 따르면, 덕들의 구분은 단지 외적인 관계들(pros ti pōs echein)에 의한 것이 아니라 내재적인 성질에 의한 것이었다(『덕들이 성질들이라는 것』은 그가 쓴 책의 제목이었다). 크뤼시포스에 따르면, 덕들은 그것들 각각이 가진 일차적 초점 또는 주요 영역(kephalaia)에 의해 서로 구분되지만, 그것들은 다른 덕들의 내용과 부차적인 관계를 갖는다. 따라서 그것들은 내재적으로 서로 다르지만, 그럼에도 서로 분리될 수 있는 것이 아니다. 한 가지 덕을 갖춘 사람은 모든 덕들을 갖춰야 하며, 그것들 가운데 한 가지 덕을 예시하는 모든 행위는 그것들을 모두 예시할 것이다.[17]

스토아학파의 정묘한 구분은 플라톤이 덕들의 단일성에 대한 분석을 위해 남겨 둔 공간이 얼마나 큰지를 예증한다. 그러나 스토아학파의 그런 교설은 또한 덕들의 단일성 테제가 얼마나 '심하게 역설적인' 것이었는지를 우리에게 일깨워 준다.[18] 스토아학파에 따르면, 그러한 덕들은 흠잡을 데 없는 도덕적 완벽함의 전형인 현자(ho sophos)만이 갖출 수 있다. 그들은 어떤 인간 존재가 실제로 그런 경지에 도달할 수 있다고는 믿지 않았다. 소크라테스와 같은 인품을 지닌 사람들은 예외적으로 다만 그러한 목표를 향한

---

17 Schofield(1984), 83-95쪽을 보라. 이 부분의 논의는 Schofield의 논문과 D. Hutchinson의 구두 발표에 힘입은 바가 크다. Long and Sedley(1987), 1권 377-84쪽을 보라.

18 Schofield(1984, 93쪽)는 스토아학파의 덕 이론을 가리키며, "그토록 심하게 역설적인 형태의 도덕적 절대주의"라는 표현을 쓴다.

'전진'이 가능하다는 점만을 보여 주었을 뿐이다.

그렇다면, 스토아학파에서 덕들의 단일성 테제는 모든 스토아 철학자가 있는 힘을 다해 접근하길 갈망해야 하는 절대적인 이상을 표현한다. 나는 플라톤에서도 단일성 테제가 진귀하고도 어려운 이상을 가리키고 있다고 생각한다. 덕들의 단일성은 『라케스』의 니키아스나 『국가』 1권의 케팔로스처럼 버젓하고 존경할 만한 인물들의 일상적인 사례들에서 실현되지 않을 것이다. 대부분의 경우에서 우리가 기대할 수 있는 최상의 것은 일상적인 또는 대중적인 덕인데, 이것은 『파이돈』에서 노예적인 것으로 묘사되고 『국가』 6권에서 진정한 철학자의 덕과 대조된다.[19] 진정으로 지혜로운 자, 즉 『국가』의 철학자-왕의 경우에만, 좋음(善)에 대한 앎이 매사의 행위를 결정하고 실천적으로 덕을 보장할 정도로 충분히 강하다. 『프로타고라스』가 주는 당혹스러움의 대부분은 그 대화편이 사뭇 다른 두 가지 덕 개념과 더불어 작동한다는 사실에 기인한다. 그중 하나는 보통의 시민이 획득할 수 있고 프로타고라스가 '위대한 연설'에서 기술한 방식으로 가르쳐지는, 일상적인 의미의 대중적인 덕이고, 다른 하나는 소크라테스를 통하여 인격화된, 진정한 철학자의 예외적인 덕이다. 철학적 의미를 가진 두 번째의 덕이 『프로타고라스』에서 명시적으로 인정되거나 주제화된 적은 결코 없다. 하지만 단일성 테제가 설득력 있게 적용될 수 있는 것은 첫 번째 의미가 아니라, 오직 두 번째 의미이다.[20]

---

19 각주 8에 인용된 구절들. 이와 같은 대조는 『향연』 212a 4-5에서 진정한 덕과 이것의 모상 간의 대립에 의해 함축된다.

20 덕들의 단일성 테제는 『국가』 4권의 수호자 계급에게도 이차적으로 적용된다. 왜냐하면 이들의 혼이 정의롭다면, 다른 모든 덕들을 가질 것이기 때문이다. (각주 15를 보라.) 그러나 그들의 경우에는 단일성이 지혜에 의해 이루어질 수 없다. 왜냐하면 그들은 좋음에 대해 철학적인 앎을 가지지 않고, 그것에 대해 참된 믿음만을 가지기 때문이다.

그렇다면 철학적 지혜는 어떻게 추동력으로서 그토록 효과적일 수 있는가? 이 물음에 대한 답변은 우리에게 역설만을 남기는 『프로타고라스』를 토대로 모색될 수 있는 것이 아니다. 이에 대한 답변을 얻기 위하여 우리는 플라톤의 욕구 이론과 철학적 에로스 이론으로 가야 한다. 이에 대해서는 9장에서 논의될 것이다.

4. 소크라테스적 주지주의의 문제

5장과 6장에서 우리는 과도기 대화편들을 통해 도덕적·정치적 앎이 철학자-왕의 기술을 예시하는 앎 또는 기술로 파악되는 모습이 단계적으로 구체화되는 과정을 추적했다. 『프로타고라스』에서 우리는 프로타고라스와 소크라테스에 의해 각각 대변되는, 도덕적 전문 지식에 관한 두 가지 서로 다른 개념과 마주친다. 프로타고라스가 통속적인 또는 대중적인 덕 개념의 대변자 역할을 한다면, 지혜에서 덕들이 하나가 된다는 소크라테스의 테제는 궁극적으로 『국가』의 핵심 권들에서 발견되는 철학적 덕의 개념을 언급함으로써 이해되어야 한다.

하지만, 네 번째 주요부에서 소크라테스가 제시하는 심리적인 설명은 『프로타고라스』를 5장과 6장에서처럼 '일원론적인' 해석을 하는 데에 극복하기 어려운 장애가 되는 것 같다. 덕과 앎을 동일시하는 것이라든가 자제력 없음(akrasia)을 지적인 실수로 재해석하는 것은 덕과 비합리적 행위 동기에 관한 『국가』의 이론과 양립하기 힘들다. 이 두 가지 도덕 심리학의 차이가 너무나도 커서 『프로타고라스』의 소크라테스는 『국가』의 소크라테스와 완전히 다른 철학자 ―또는 적어도, 다른 철학의 대변자― 로 보인다. 그래서 왜 아리스토텔레스가 『프로타고라스』에 표명된 견해들이 역사적 소크라테스의 것이라고 결론 내렸는지, 그리고 왜 그토록 많은 고대와 현대의 학자들이 그의 가정을 추종했는지, 그 이유를 보는 것은 쉽다. 우리가 역사적 소크라테스의 문제를 제쳐놓는다고 하더라도, 하나의 도덕 심리학 이론으로부터 새롭고 상이한 이론으로의 전개를 입증하는 명백한 근거가 있는 것으로 보인다. 블라스토스의 기억해 둘 만한 표현에 따르자면, 『프로타고라스』의 소크라테스에게 "지성은 행위의 근원들을 통제하는 데에서 전능한 힘을 발휘한다. 그는 그릇된 행위는 선에 대한 무지에 기인할 수 있을 뿐이라고 확신한다." 나아가 블라스토스는 이러한 견해가 격정과 욕망을 행위 동기의 독립적인 근원들로 인정하는 『국가』의 영혼 삼분설에 의해 결정적으로 거부된다는 점을 보여 준다. 덕의 개념은 그에 따라 다시 규정되어야 한다. 그래서 『프로타고라스』(360d)에서 "인식적 성과이자 이성적인 혼의 탁월성"인 용기는 『국가』(4권 442b-c)에서 "감정적 성과이자 격정적인 혼의 탁월성"이 될 것이다.[21] 이러한 불일치는 플라톤 작품에 대한 발전론적 견해를 옹호하는 가장 강력한 텍스트상의 증거를 제공한다. 양립 불가능한 것으로 보이는 이 문제를 해결할 수 있도록, 우리는 과도기 대화편들에 대한 우리의 일원론적인 해석에 대해 제기되는 가장 중요한 반론을 제거할 것이다.

무엇보다도 먼저 『프로타고라스』의 교설을, 여타 대화편들이 보여 주는 이른바 주지주의 도덕 심리학이 구성하는 보다 넓은 맥락 내에 위치시키는 것이 좋을 것이다. 이 심리학은 서로 밀접하게 연결되어 있는 다음 두 가지 주제로 이루어져 있다. (1) 덕을 앎의 측면에서 파악함. 앎은 올바른 행위를 위한 필요충분조건이며, 따라서 좋은 것을 아는 사람이라면 누구든 좋은

---

21 Vlastos(1988), 89-111쪽. 이와 비슷한 견해에 대해서는 Kraut(1992)에 수록된 Kraut의 논문 5쪽 이하와 Penner의 논문 127쪽 이하를 보라.

것을 행할 것이다. (2) 자발적으로 악을 행하는 사람은 없다는 소크라테스적 역설. 이 두 가지 견해는 (3) 사람들은 좋은 것을 원한다는 가정과 논리적으로 연결되어 있다. 만일 어떤 사람이 나쁜 것을 행한다면, 그것은 오직 실수에 의한 것일 수밖에 없다. 그러므로 덕은 좋은 것에 대한 올바른 인지에 놓여 있다. 그룹 I의 대화편들에서 이러한 견해들을 지지하는 증거를 간략하게 검토해 보겠다.

『라케스』와 『카르미데스』는 선과 악에 대한 앎의 측면에서 덕을 정의하는 일을 암시하지만, 이 일을 상세하게 발전시키지는 않는다. 『고르기아스』는 올바른 것을 아는 사람이 올바른 사람이며 정의롭게 행동할 것이라고 주장한다(460b). 이 대화편은 올바른 행위를 위해 요구되는 선과 악에 대한 일종의 전문 지식을 거듭 언급하고,[22] "아무도 올바르지 않게 행동하기를 원하지(boulomenos) 않으며 불의를 저지르는 사람들은 비자발적으로 그런 행동을 한다"(509e 5)고 명시적으로 단언한다.

아무도 나쁜 것들을 원하지 않으며 모든 사람들은 좋은 것을 원한다는 점을 보여 주는 논증이 『메논』에도 비슷하게 있다(77b-78b). 그럼에도 덕은 모든 사람들이 공유하지는 못하는 예외적인 것이므로, 덕은 아마도 좋은 것들을 제공해 주는 능력에 자리 잡고 있을 것이다(78c 1). 『메논』의 이후 논의는 우리가 행복해지기 위해서 필요한 것은 좋은 것들의 단순한 소유가 아니라 그것들의 올바른 사용임을 밝힌다. 그러므로 덕이란 보기에 좋은 것들의 올바른 사용에 대한 실천적 앎으로 이해되는 지혜의 일종임에 틀림이 없으며, 결과적으로 그 좋은 것들이 참으로 좋고 유익하고 해가 되지 않는다는 점을 보장해 주는 능력이다(87d-89a). 한편 『에우튀데모스』의 관련 논증에 따르면, 지혜는 유일하게 좋은 것인데, 그 이유는 그것이 행복의 필

---

22 『고르기아스』 500a 6, b 3, 503d 1, 509e 1, 510a 4.

요충분조건이기 때문이다(281e-282a). 앞의 두 논증이 공유하는 점은 정의, 절제, 용기와 같은 통상의 덕들은 그 자체로(auta kath' auta) 좋지 않고, 오직 올바르게 활용될 때에만, 바꾸어 말해 그것들의 사용이 앎과 지혜의 인도를 받을 때에만 좋다는 가정이다. 이 두 논증은 사실상 도덕적인 삶에서 실천적 지혜가 맡은 결정적인 역할을 지지하는 쪽으로 결론을 내리며, 따라서 『라케스』와 『카르미데스』에서 덕에 대한 정의로 암시되는, 좋음과 나쁨에 대한 앎을 위해 보다 명확한 내용을 제공한다. 우리가 진정으로 원하는 단적으로 좋은 것들을 얻기 위하여 우리가 가져야 하는 앎은 바로 그러한 앎이다.[23]

『프로타고라스』는 이처럼 덕을 실천적 앎으로 설명하는 것에 어떠한 내용을 덧붙이고 있는가? 먼저, 『프로타고라스』는 두 번째 주요부에서 몇 가지 논박들을 통해 개별적인 덕들을 서로 같은 것으로 놓고, 궁극적으로 이것들이 지혜와 같다고 논증한다(330d-333e). 그러나 이 논증들로써 의도했던 결론에 이르지는 않는다. 그것들은 여하튼 설득력 있는 논증이기보다는, 방금 『메논』과 『에우튀데모스』로부터 인용한 '덕=앎'의 테제를 지지하는 권유적 논증의 성격을 지닌다. 『프로타고라스』의 핵심적인 기여는 네 번째 주요부에서 생산적으로 발전되는 쾌락주의적 의사결정 모델이며, 이 모델은 그에 상응하여 계산적 관점에서 선택을 규정하는 까닭에 모든 나쁜 행위는 계산을 잘못한 결과로서 규명될 것이다. 그리고 이것은 플라톤의

---

23 하지만 『메논』 87d-89a와 『에우튀데모스』 278e-282a의 논증들은 덕과 행복을 위해 지혜가 필요하다는 점만을 확립할 뿐, 그것으로 충분하다는 점은 확립하지 않는다. 만일 지혜가 좋은 것들의 올바른 사용에 관한 앎이라면, 그러한 앎이 사용할 (잠재적으로) 좋은 것들이 얼마간 있어야 한다. 『메논』의 논증에 앎만이 그러한 도구적 선들을 제공할 수 있다고 주장되지는 않는다. 그러나 지혜를 가졌다면 추가로 행운(eutychia, 279c-280b)이 필요하지 않다는 점을 보여 주는 것이 『에우튀데모스』의 논증 중 진기한 구절이 드러내고자 하는 요점일 것이다.

대화편을 통틀어 가장 신중하게 다듬어서 ―아무도 자발적으로 나쁜 것들을 행하지는 않는다는― 소크라테스적 역설을 옹호하고 있는 부분이다.

5. 소크라테스적 주지주의의 평가

'소크라테스적 주지주의'(Socratic intellectualism)라는 제목 아래에 모인 이러한 주장들을 우리는 어떻게 생각해야 하는가? 적어도 아리스토텔레스까지 거슬러 올라가는 전통적인 해석에 따르면, 이러한 견해들은 인간 행위의 동기와 의사결정에 대한 순수 이성주의적인 설명을 제시한다. 그리고 그것들은 이러한 관점으로부터 세찬 비판을 받아 왔다. 그에 대한 비판이 아리스토텔레스에서 처음 시작된 것은 아닌 듯하다. 플라톤 스스로가 『국가』 4권에서 영혼 삼분에 의해 행위의 동기를 분석하는 이론을 도입하며, 자신의 심리 이론을 소크라테스적 주지주의에 대한 명백한 수정으로 제시하고 있는 듯하다.

우리는 『국가』 4권의 이 부분을 나중에 살펴볼 것이다. 그 전에 우리가 진지하게 고려해야 할 것은 소크라테스의 논증들을 인간 존재의 실제 행동 방식에 대한 기술(記述)적인 설명으로 읽을 때, 이것이 함축하는 의미이다. 우리는 이것들이 인간 행동의 동기 분석에서 감정적인, 정서적인, 기타 비이성적인 요소들을 송두리째 무시하고 있다는 점 때문에 곧바로 충격을 받는다. 『고르기아스』, 『메논』, 『에우튀데모스』의 관련 논의들 가운데 감정에 관한 고찰이 있다면 그것은 행복에 대한 욕구 또는 선에 대한 욕구를 다루고 있는 구절들이 유일하다. 더구나 『프로타고라스』의 관련 논증들을 면밀히 살펴보면, 우리는 그곳에 욕구가 아예 언급조차 되지 않고 있음을 알 수 있다.[24] 보다 정확히 말해, 두려움, 분노, 사랑(erōs)과 같은 감정적인 요인들은 단지 아크라시아에 대한 통속적인 설명의 일부로만 언급되고 있을 뿐이며 이러한 설명은 이내 거부되고 만다(352b 7 이하). (분명, 『프로타고라스』에서는 감정들의 문제가 주목되고 있지 않다. 감정들은 명시적으로 언급되고 있지만, 논의에서 벗어난다.) 『프로타고라스』에서 욕구 개념은 추구의 대상이자 극대화되어야 할 양(量)으로서의 쾌락 개념으로 대체되며, 따라서 인간 행위의 동기 문제는 추구와 회피의 문제로서 거의 행동주의적 언어로 환원되어 표현될 수 있다. 이렇듯, 『프로타고라스』는 인간 정신의 감정적·정서적 요소들을 간과하는, 또는 이 요소들을 좋은 것과 나쁜 것에 대한 이성적 판단의 측면에서 재해석하려는, 소크라테스적 주지주의의 극단적인 사례를 보여준다.

역사적인 관점에서, 인간 행위에서 이성적 숙고가 맡은 역할에 관한 논쟁—이 논쟁은 우리가 보았듯이 플라톤이 태어나기 전에 시작되었다— 의 맥락에서 『프로타고라스』를 보는 것이 자연스럽다. 기원전 431년과 428년에 각각 공연된 비극 『메데이아』와 『히폴뤼토스』에서 에우리피데스는 내면의 격정과 분투하는 여주인공의 모습을 묘사하는데, 그녀의 판단력은 그러한 격정에 저항하거나 그것을 억누르라고 요구한다. 메데이아로 하여금 자신의 두 아이를 살해하도록 이끈 것은 남편 이아손에 대한 분노와 증오이다. 파이드라를 파멸로 치닫게 한 것은 의붓아들 히폴뤼토스를 향한 그녀의 애욕이었다. 에우리피데스는 작중의 여주인공들로 하여금 공개적으로 그러

---

24 행위와 선택에 대한 『프로타고라스』의 모델이 고의적으로 욕구에 대한 언급을 피하고 있는 점은 소크라테스가 '욕구함'을 나타내는 두 단어 boulesthai와 epithymein을 구분하는 일이 거의 같은 의미인 단어들을 구분하는 프로디코스의 기술에 속한 사례로 든다는 사실(340a 8)에 의해 강조된다. 이와 유사하게 337c 2-3에서 프로디코스가 '즐거워하다'를 나타내는 두 동사(euphrainesthai와 hēdesthai)를 구분하는 것이 환원주의적 쾌락주의에 대해 가지는 간접적인 함축들을 주목하라.

한 분투를, 그리고 이성적 통제력의 한계를 성찰하도록 만든다. 메데이아는 "나의 격정(또는 분노, thymos)은 나의 결단보다 힘이 세지. 인간들에 가장 큰 해악을 끼치는 그 격정이!"(1079-80행)라고 부르짖는다. 파이드라도 그러한 정조(情操)를 되풀이한다(『히폴뤼토스』377행 이하). 브루노 스넬(Bruno Snell)은 이 구절들을, 인간사에 미치는 이성의 역량 문제를 두고 소크라테스와 에우리피데스 사이에 진행된 논쟁의 표현으로 해석했다.[25] 기원전 431년의 역사적 소크라테스가 가진 견해들에 대한 정보가 너무 빈약하기 때문에 에우리피데스가 여기에서 실제로 소크라테스의 견해를 언급하고 있는지 아닌지 알 길이 없다. (스넬은 『프로타고라스』와 여타 소크라테스에 관한 기원전 4세기의 기록들에 의존하고 있었다.) 다른 한편으로, 플라톤이 격정, 쾌락, 사랑을 '대부분의 사람들'에서 앎을 지배하는 요인들로 말할 때, 그는 메데이아와 파이드라를 염두에 두고 있었을 가능성이 농후하다.[26]

『프로타고라스』의 소크라테스는 에우리피데스가 묘사한 것과 같은 심리적인 사실들, 즉 이성을 지배하는 감정의 힘을 정확히 부인하고 있는 듯하다. 그리고 이것이 바로 소크라테스와 프로타고라스가 서로 공감대를 형성하는 지점인 것으로 보인다. 그러나 이 테제에 대한 구체적인 진술은 신중하게 검토될 필요가 있다. 소크라테스가 프로타고라스에게 동의를 요구한 것은 다음과 같은 것이다.

선생님은 앎이 이러한 여타의 모든 요소들에 의해 노예처럼 끌려다닌다고 생각하십니까, 아니면 앎이 사람을 지배할 만한 고귀한 어떤 것이라고 생각하

---

25 Snell(1953), 182쪽. Ostwald-Vlastos(1956, xliv쪽)의 Vlastos도 이 입장을 따른다.
26 『프로타고라스』 352b. 『메데이아』의 격정(1079행), 『히폴뤼토스』의 사랑(eran, 347행 이하)과 쾌락(382행 이하) 참조.

십니까? 만일 어떤 사람이 좋음과 나쁨을 안다면, 그는 어떤 것에 굴복하여 그러한 앎이 명하는 것 이외의 것을 행하지 않을 것이고, 지혜가 사람을 도와주기에 적합하지 않을까요? (352c)

이 구절은 앎이나 지혜를 어떻게 이해하느냐에 따라 기술적(記述的)으로 해석될 수도 있고, 규범적으로 또는 권유적(勸誘的)으로 해석될 수도 있다. 앎이 노예가 아니라는 가치 평가적인 함축, 그리고 앎을 "사람을 지배할 만한(hoion archein) 고귀한(kalon) 어떤 것"으로 기술하는 점은 지혜를 "사람을 도와주기에 적합한(hikanēn boēthein)" 것으로 언급하고 있는 점과 더불어 권유적인 쪽의 해석을 뒷받침한다. 그리고 이러한 규범적인 관점은 프로타고라스의 다음과 같은 답변이 지닌 성격에 의해 더욱 힘을 얻는다. "앎과 지혜(sophia)가 인간에 속한 모든 것들 가운데 가장 강력하다는 점을 부인한다는 것은 다른 누구보다도 내게는 부끄러운(aischron) 일이겠지요"(352d 1). 규범적으로 해석할 때, 이러한 원문들의 내용은 우리가 분별없는 격정이나 충동에 굴종하지 않기 위해서는 도덕적인 앎과 행위 결과에 대한 실천적 통찰력을 배양해야 한다는 당위성을 함축한다. (소피스트들이 가르친다고 공언하는 것은 바로 이러한 종류의 실천적 통찰력이다. 그러기에 이성의 힘을 부정한다는 것은 "다른 누구보다도" 프로타고라스에게 수치스러운 일이 될 것이다.) 기술적으로 해석할 때, 앞의 같은 구절은 두 가지 방식으로 이해될 수 있다. 그 가운데 첫 번째의 것은 의미상 방금 제시한 규범적 해석에 가깝다. 앎을 강한 의미로 받아들인다면, 그러한 앎은 필연적으로 완전한 자기-통제력을 포함하고, 따라서 이 능력이 그러한 앎의 소유 여부에 대한 판단기준이 될 수 있다. 이런 의미로 이해된 앎은 소크라테스에 대한 플라톤의 묘사를 거쳐 『국가』 6권의 철학자-왕에 대한 기술에서, 그리고 그 후 현자에 대한 스토아학파의 설명에서 이론적 발전을 이루게 될 철학적 덕 개념에 상응할 것이다. 이것이

브루노 스넬이 『프로타고라스』를 해석한 방식이다.[27]

이와는 다르게, 블라스토스는 아리스토텔레스의 관점을 수용하면서 소크라테스가 인간 심리의 사실들, 즉 비이성적인 공포나 순간적인 충동이 지닌 힘을 무시하고 있다고 비판한다.[28] 이러한 비판은 소크라테스가 ―앞서 철학적 덕으로 언급되었던― 좋음에 대한 진정한 앎이라는 초-강력한 의미에서 이성의 주권을 역설하고 있을 뿐만 아니라, 그가 지성 일반 ―합리적 판단 또는 단순한 신념― 이 행위의 단초들을 제어하는 전능한 힘이라고 주장하고자 한다고 가정한다.

이와 같은 이성 만능주의의 테제는 분명히 잘못된 것으로 보인다. 에우리피데스의 관객들은 인간 행위의 동기에서 비이성적인 요소들이 갖는 힘을 발견하기 위하여 현대의 심층 심리학을 기다릴 필요가 없었다. 하지만 다음의 텍스트는 바로 그러한 믿기 어려운 테제를 주장하는 것처럼 보인다.

> 만일 즐거운 것이 좋은 것이라면, 다른 어떤 것이 자신이 행하고 있는 것보다 더 좋고 자신이 할 수 있는 것이라는 점을 알거나 믿고 있으면서도, 더 나은 것을 할 수 있는데도 원래의 그것을 하는 사람은 없을 것입니다. 또 자기 자신에게 지는 것(to hēttō einai hautou)은 무지와 다르지 않고, 자기 자신을 이기는 것(kreittō heautou)은 지혜와 다르지 않지요. … 아무도 나쁜 것이나 나쁘다고 생각하는 것을 자발적으로(hekōn) 추구하지는 않으며, 좋은 것 대신에 나쁘다

---

27 Snell(1953), 182쪽: "소크라테스의 요구는 가혹하다. 극소수의 사람들만이 그것을 실천에 옮길 수 있을 정도로 가혹하다. 소크라테스는 사람들로 하여금 자신들의 격정들과 충동들을 완전히 이성의 지배하에 놓을 것을 요구한다."

28 Vlastos(1971a), 15쪽 이하. 소크라테스의 주지주의에 대한 비판은 그 기원을 George Grote까지 거슬러 올라갈 수 있다. 이 주제에 관한 19-20세기의 연구에 대한 조망은 O'Brien(1958), 451-72쪽을 보라.

고 생각하는 것을 추구하길 원하는(ethelein) 것은 인간의 본성에 있지 않은 듯합니다. 그리고 두 개의 악 가운데 하나를 선택할 수밖에 없을 때, 더 작은 악을 택할 수 있는데도 더 큰 악을 택하는 사람은 없을 것입니다. (『프로타고라스』 358b-d)

이상과 같이 제시된 소크라테스의 합리적 의사결정 모델은 놀라울 만큼 간명한 도식으로서, 현대 철학과 사회 과학에서 합리적 선택 이론의 토대를 이루는 도식과 아주 비슷하다.[29] 하지만 인간의 일상적 행위에 대한 기술적 설명으로서는 적잖이 의심스럽다.

여기에서 어떤 일이 일어났는가? 방금 인용된 구절에서 권유적 해석이나 규범적 해석의 가능성은 제거되었다. 소크라테스의 주장은 지금 인간 본성의 사실로 제시되어 있다. 그리고 철학적 덕을 필요로 하는 아주 강한 의미의 앎 개념도 배제된다. 이전의 구절 352c에 나오는 앎과 지혜 대신에, 소크라테스는 여기에서 어떤 것이 더 좋다고 '믿고 있음'이나 어떤 것이 나쁘다고 '생각하고 있음'을 말한다. (358b 7, c 7, d 1에서 쓰이는 동사는 oiesthai이다.) 이렇듯 소크라테스는 다른 추동력들이 자신들의 나은 판단을 굴복시킬 수 있다는 메데이아와 파이드라의 주장을 정확히 부정하고 있는 것처럼 보인다.

---

29 현대의 합리적 선택 이론에 대해서는 Herrnstein(1990), 356-67쪽을 보라. "우리는 (최적 선택 이론이라 불리기도 하는) 합리적 선택에 관한 경제 이론이 인간의 실제 행동을 제대로 설명하지 못한다는 역설로부터 논의를 시작한다. 하지만 이 이론은 행동 과학에서 근본 원리의 역할을 할 정도에 이르고 있다. 어떠한 잘 다듬어진 행동 이론도 그토록 다양한 분야에서 그토록 많은 추종자를 얻지 못하고 있다"(356쪽). 그 이론은 "어떤 사람이나 동물의 선택은 효용의 총합을 극대화시키는 경향이 있다"고 주장하는데, Herrnstein은 이를 현대 행동심리학의 '강화'(強化, reinforcement) 개념과 동일시한다. 그는 합리적 선택이론이 "실제 행위에 대한 기술로는 실패이지만, 규범 이론으로서는 견줄만한 것이 없는 상태"라고 결론을 내린다. (나의 이 언급은 Richard McNally로부터 도움을 받은 것이다.)

이러한 견해가 얼마나 별난 것인지는 이를 소크라테스적 역설을 구성하는 다른 진술들과 비교해 보더라도 분명해진다. 다른 대화편들로부터 가져온 구절들을 통해 우리가 조망했던 소크라테스적 사유의 골격은 다음과 같다. 좋은 것과 나쁜 것에 대한 올바른 판단은 인생에서 결정적인 요인이며, 이것만이 우리가 좋고도 행복한 삶을 살도록 보장해 준다. 덕은 바로 모든 경우에서 올바른 판단을 제공하는 앎 또는 지혜의 형태이다. 모든 사람들은 좋은 것을 원하며 나쁜 것을 행하게 되는 것은 단지 착오 때문일 뿐이라는 『고르기아스』와 『메논』의 역설들은 누군가가 더 나은 판단에 거슬러 행동할 수 있다는 가능성을 고려하지 않는다(따라서 배제하지 않는다). 예를 들어, 『고르기아스』의 첫 번째 역설은 최선이라고 생각하는 것을 행하는 많은 사람들이 그들이 원하는 것을 행하지 않는 까닭은 그들의 판단이 나쁘기 때문이라는, 즉 그들이 좋음에 대한 앎을 결여하고 있기 때문이라는 논증을 펼친다(『고르기아스』 468c-d). 이러한 종류의 역설들은 분명히 규범적·권유적인 호소력이 있다. 그것들은 대화 상대(그리고 독자)로 하여금 자신이 진정으로 원하는 것이 무엇인지, 그리고 자신에게 참으로 좋은 것이 무엇인지를 숙고해 보도록 고안된 것이다. 왜냐하면 사람들은 나쁜 것들을 ―그들 자신에게 나쁜 것들, 그리고 절대적으로 나쁜 것들을― 실제로 원하고 있음이 분명해 보이기 때문이다. 이런 외양들에 도전하면서, 소크라테스의 역설들이 단지 도덕적 앎의 중요성을 강조하는 데 도움을 주는 것만은 아니다. 내가 이 책에서 제시한 해석에 따르면(5장 237쪽 이하), 그것들은 칼리아스 등의 사람들로 하여금 자신들의 건강한 부분과 접촉시킬 목적을 갖기도 한다. 이 부분은 바로 소크라테스와 플라톤이 좋음으로써 이해하는 바를 진정으로 원한다. 그것은 우선적으로, 유덕한 혼이다.

그런데 소크라테스의 역설에 대한 그런 진술들에서, 플라톤은 올바른 도덕적 판단을 가지고 있지만 종종 통제력을 잃고 자신의 판단에 어긋나게 행동하는 사람들에 관심을 두지 않는다. 그 대신, 그는 나쁜 도덕적 판단들을 제출하고 방어하는 칼리클레스, 폴로스, 트라쉬마코스 같은 사람들, 또는 올바른 원칙들에 관여하지만 일관성과 진정성이 없는 메논 같은 사람들에 관심을 둔다. 역설들은 논박의 가시처럼 충격 효과를 산출하도록 계산된 것이다. 그것은 (마치 위협이 자제력 없음에서 오기라도 하듯) 유혹에 직면한 누군가의 결의를 강화하기 위한 것이 아니라, 대화 상대(또는 독자)를 '무지의 자각'의 의지적(意志的) 등가물, 즉 비옥한 자기-회의의 상태로 이끌기 위한 것이다(이는 계속 전진할 수 있기 위한 필요조건이다). 나아가, 그것은 앎 또는 적어도 참된 믿음의 의지적 등가물 —우리가 반쯤은 의식하고 있는, 좋은 것에 대한 깊은 욕구의 자각— 을 성취하기 위한 것이다.

만일 이러한 독해가 소크라테스의 역설들에 대해 일반적으로 맞다면, 그것은 모든 것 가운데 가장 도발적인 진술이라 해야 할 이것, 즉 어떤 사람도 결코 최선의 것에 대한 자신의 판단을 거슬러 행동하지 않는다는 주장을 어떻게 조명할 수 있는가? 이 주장이 소크라테스 자신의 입장이었을까? 그러나 역사적 소크라테스가 실제로 그렇게 진술했다고 우리가 확신할 수 있다고 하더라도 우리의 문제가 해결되는 것은 아닐 것이다. 왜냐하면 우리는 왜 소크라테스가 그랬는지를 여전히 알지 못할 것이기 때문이다. 그가 단순히 이성의 만능을 믿었기 때문인가? 아니면, 역설들을 옹호함으로써 대중들을 자극하고 싶었기 때문인가? 아니면, 그가 (『프로타고라스』의 영향 아래에) 스토아주의자들이 후대에 발전시킨 것과 같은 복잡한 심리학적 견해, 즉 병리적인 감정들은 지적인 착오로부터 결과한다는 견해를 가졌기 때문인가?[30] 『프로타고라스』의 독자로서 우리가 답해야 할 물음은 소크라테스

---

30 사실, 이런 극단적 형태의 주지주의가 역사적 소크라테스로부터 기원한다는 주장은 충분한 근거를 갖지 못하는 것 같다. 우리가 『니코마코스 윤리학』 7권 2장에서 접하는, 소크라테스의

가 어떤 말을 했고 무엇을 믿었느냐가 아니라, 오히려 왜 플라톤이 그런 견해를 소크라테스의 입에 올리는지, 그리고 그것이 그 대화편의 광범위한 논증 내에서 어떠한 역할을 하느냐이다.

이 물음에 답하려면, 어떻게 이성주의자 테제가 그 맥락에 의해 자격을 인정받는지 또는 해명되는지를 보도록 텍스트를 면밀하게 검토해야 할 것이다. 하지만 이러한 작업에 들어가기에 앞서, 나는 『프로타고라스』의 작가가 문제의 구절(358b-d)에 나오는 이성 만능주의를 인정하고자 한 것은 아님을 우리가 장담할 수 있다고 생각한다. 예컨대, 『프로타고라스』의 저자가 욕구에 대한 언급을 피하고 있는 점은 우리의 의심을 불러일으킬 수밖에 없다. 우리는 『고르기아스』의 저자가 다양한 욕구들과 이에 따른 욕구들의 상호 대립 가능성을 숙지하고 있었다는 점을 알고 있다. 칼리클레스가 찬양했던 쾌락에 대한 욕구들(epithymiai)은 소크라테스가 추구하는 선(善)에 대한 이성적인 욕구(boulesthai)와 사뭇 다르고, 그것에 잠재적으로 대립된다.[31] 이러한 대조는 『고르기아스』에 한정되지 않는다. 앞서 보았듯이, 『카르미데스』는 대상에 따라 구분되는 세 가지 욕구를 인정한다. 그것은 쾌락에 대한 욕망(epithymia)과 선에 대한 희망(boulēsis) 그리고 미에 대한 성적인 욕구(erōs)이다(『카르미데스』 167e). 『카르미데스』의 도입부에 소크라테스가 카르미데스의 외투 안에 든 것을 힐끗 보고서는 순간적으로 관능적인 반응에 사로잡혔다는 묘사가 등장한다(같은 책, 155d-e). 그리고 다른 어조로, 용기에 관한 『라케스』의 처음 논의는 강인함 또는 인내(karteria)와 같은 비이성적인 요소에 초점이 맞춰져 있다. 이러한 것들은 바로 우리가 어떤 경우든

'자제력 없음' 부정에 대한 논의는 『프로타고라스』에 대한 역사적 설명이라기보다는 그것에 대한 학문적인 숙고에 가까운 것이다. 크세노폰의 혼란스러운 논의도 똑같이 『프로타고라스』에 의존하고 있는 것처럼 보인다. 이 책의 부록 596쪽을 보라.

31 이 책의 5장 239쪽을 보라.

추정할 수 있는 점에 대한 몇 가지 사례들이다. 그것은 플라톤 같은 위대한 드라마 작가가 에우리피데스가 그랬듯이 평범한 인간 존재의 삶에서 격정과 기질이 맡는 역할을 예리하게 의식했다는 점이다.

소크라테스와 관련하여 특이한 점은 그가 감정적 본성을 아주 완전하게 이성의 통제하에 두고 있다는 사실이다.[32] 그리고 이러한 사실 때문에, 소크라테스에 대한 플라톤의 묘사는 철학적 덕의 모델로서, 나중에 스토아주의적 현자의 모델로서 봉사할 수 있었다. 이러한 이성적 극기 개념은 소크라테스의 역설을, 일상적인 판단이나 믿음을 위한 이성 만능주의의 관점이 아니라, 성격 전체를 관통하는 조건으로서의 도덕적인 앎 또는 지혜라는 초-강력한 의식의 관점에서 해석하도록 만든다. 이 조건은 아리스토텔레스가 자제력(enkrateia)과 대조하여 덕이라고 부르는 이상적인 조건과 같은 것이다. 그것은 실천적 지혜(phronēsis)와 도덕적 품성(ēthos)의 완벽한 결합으로서, 최선의 것에 대한 신중한 판단이 비이성적 감정이나 욕구의 저항을 초극하여 언제나 자신의 선택과 행위를 지배할 수 있도록 보장해 준다. 게다가, 아리스토텔레스의 관념은 『국가』의 —여기에서 올바른 도덕적 훈련은 철학적 이해의 전제조건이다— 철학자-왕의 경우에서 덕을 혼의 조화로서 설명하는 것과 대체로 일치한다.

이렇듯, 다른 대화편들로부터, 우리는 플라톤이 규범적인 또는 이상적인 형태의 소크라테스 역설 —좋음에 대한 참된 앎을 가진 사람이라면, 결코

---

32 파이돈의 『조퓌로스』에 나오는 소크라테스의 진술, 즉 그를 관능적인 오입쟁이로 진단한 관상가가 그의 타고난 경향들을 올바로 파악했지만 그가 그것들을 이성적인 훈련과 철학에 의해 극복했다는 진술과 비교하라. (이 책의 1장 47쪽.) 이와 비슷하게, 카르미데스의 관능미에 대한 소크라테스의 강렬한 반응을 묘사하면서, 플라톤은 소크라테스의 감성적인 기질과 그의 도덕적 성품 간에 놓인 긴장을 지적한다. 또한 플라톤은 『파이드로스』에서 그러한 성공적인 결실과 관련하여 사나운 검은 말에 대한 철학적 길들임이라는 우의적(寓意的)인 설명을 제공한다(256a 7-b 7).

나쁜 행동을 하지 않을 것이다— 에 빠진 모습을 본다. 『프로타고라스』이외의 대화편들에는 플라톤이 소크라테스의 역설을 일상적인 인간 행동에서 이성 만능주의를 주장한 것으로 해석하는 데 빠져 있는 모습을 보여 주는 증거가 없다. 그런데 이렇듯 보다 개연적인, 제한된 해석은 문제가 되는 구절의 한 부분, 즉 "극기는 지혜(sophia)와 다른 것이 아니지요"(358c 3)라는 주장에 대해 가능하다. 그러나 우리의 텍스트에서 소크라테스는 세 차례에 걸쳐 어떤 사람도 자발적으로(hekōn, ethelein) 좋은 것에 대한 자신의 판단(oiesthai)을 거스르는 행위를 하지 않는다고 주장한다. 이러한 주장은 우리가 통상적으로 이해하는 의미의 자제력 없음을 부정하는 데 이른다. 플라톤이 소크라테스로 하여금 그토록 극단적인 입장을 갖게 한 이유는 무엇일까?

6. 『프로타고라스』 358b-d의 맥락 해석

(내가 이후 '이성주의자 텍스트'로 언급하게 될) 문제의 구절은 플라톤의 전(全) 작품에서 가장 복잡하다고 할 수 있는 변증법적 책략들 중 하나의 형태로 중대한 순간에 나온다. 네 번째 주요부의 대부분을 차지하는 이 대화편의 마지막 논증은 대화 상대자의 교체에 따라 세 부분으로 나뉜다. 첫 번째 부분은 소크라테스가 대중과 나누는 긴 대화인데(353a-357e), 여기에서 소크라테스는 프로타고라스에게 대중을 대표하여 질문에 답할 수 있는 공동 대화 상대자의 권한을 부여한다. 이성주의자 텍스트는 짧게 지나가는 구절인 두 번째 부분(358a-e)에 끼워져 있으며, 세 명의 소피스트들에게 향한 것이다. 마무리하는 세 번째 부분(359a-360e)에서는 프로타고라스 혼자만 지혜가 용기로부터 분리되어 있다는 자신의 테제를 방어하며 질문에 답할 것을 요구

받고, 그는 마침내 패배를 인정하기에 이른다(360e).

세 번에 걸친 대화 상대자들의 변경은 마지막 논증의 논리와 수사의 뼈대를 만드는 데 기여한다. 논증의 본질적 전제들은 대중이 말할 것을 토대로 첫 번째 부분에 확립된다. 두 번째 부분에서는 이전의 논증에서 도달한 결론들이 세 명의 소피스트 모두에 의해 수용되고, 논증의 마지막 단계를 위해 필요한 몇 가지 명백히 무해한 명제들에 의해 보충된다. 세 번째 부분에서는 참담한 결론이 대중 및 다른 두 명의 소피스트와 고립된 채 프로타고라스가 홀로 소크라테스와 대화를 나누는 과정에서 뒤따라 나온다.

첫 번째 부분에서 소크라테스는 대중의 보다 나은 판단이 쾌락에 의해 압도될 수 있다고 믿더라도, 궁극적으로 그들은 고통에 대한 쾌락의 지배 이외에 좋은 것에 대한 기준을 갖지 않기 때문에, 이 문제에 관한 그들의 설명은 일관성을 결여한다고 (프로타고라스와 의견의 일치를 보며) 주장한다. 따라서 그들 자신의 기준에 의해서, 자제력 없음 또는 '쾌락에 의해 압도됨'은 사실 쾌락과 고통의 장기적인 지배 관계를 잘못 측정한 결과이다.

두 번째 부분에서 다음과 같은 두 가지 중요한 조처가 이성주의자 텍스트를 선행하여 등장한다. (1) 소크라테스가 세 명의 소피스트 모두의 참여와 동의를 얻기 위해 '대중과의 대화'를 그만두며 대화 상대자들을 교체하는, 극적으로 고조된 계기. (2) 세 명의 소피스트가 나중에 세 번째 부분의 마지막 소크라테스-프로타고라스 대화에 활용될 명제를 수용하는, 상대적으로 눈에 띄지 않는 다음의 구절. "고통 없는 즐거운 삶에 이르는 모든 행위들은 고귀하지(kalai) 않은가요? 그리고 고귀한 행위들은 좋고 유익하지요?"(358b 4. 이 구절은 359e 6을 준비한다). 우리는 곧 이 새로운 명제가 어떻게 마지막 결말에 기여하는지를 볼 것이다. 그러나 먼저 우리는 이성주의자 텍스트의 기능을 확인해야 한다. 우리가 세 번째 부분에 나오는 프로타고라스에 대한 논박에서 시작한다면, 그것의 역할은 보다 더 분명해질 것이다.

소크라테스는 마지막 논증을, 네 번째 주요부가 시작하는 349e에서 용기와 지혜의 동일성을 증명하고자 했으나 실패로 끝난 자신의 첫 번째 시도에서 시작된 추론의 연속으로 제시한다.[33] 이러한 예비적 시도는 소크라테스가 자신이 인정한 점들을 왜곡하고 부당하게 추론하고 있다는 프로타고라스의 불평에 의해 중단된다(350c 이하). 이에 소크라테스는 이전의 대화과정에서 다음의 두 가지 점에 대해 의견의 일치를 보았다는 사실을 환기시키고, 프로타고라스는 이를 재차 확인한다. 그것은 첫째, 용기 있는 사람들은 대담하다는 점(tharraleoi), 둘째, 그들은 대다수의 사람들이 두려워하는 것들을 과감히(itai) 대면하고 추구한다는 점이다(349e 2-3. 359b 8-c 4에서 환기됨). 그런데 (사람들은 일반적으로 그렇게 말하겠지만) 비겁한 사람들은 안전한 것을 추구하는 반면, 용기 있는 사람들은 무서운 것들(deina)을 추구한다고 말하는 것은 불가능하다. 그렇게 말하는 것은 지나가는 두 번째 부분에서 세 명의 소피스트 모두로부터 인정된 다음의 두 가지 점에 의해 배제되었다. (1) 무서움은 악에 대한 예견이다(358d). (2) 어떠한 사람도 악이라고 생각하는 것을 추구하지는 않는다. 따라서 어떠한 사람도 무섭다고 생각하는 것을 추구하지 않는다(358e 3-6. 359d 5에서 환기됨). 명제 (2)는 물론 우리의 이성주의자 텍스트로부터 도출되고, 그것이 지닌 보다 넓은 함축들은 이곳 마지막 논증의 맥락에서 환기된다. "자기 통제의 상실은 무지라는 게 밝혀졌으니까요"(359d 6). 자제력 없음의 가능성을 배제하는 이런 이성주의자 교설이 지닌 결정적인 기능은 그것이 또한 용기와 비겁에 대한 일상적인 이해를 배제한다는 것으로 드러난다. "모든 사람들은, 비겁한 사람이든 용감한 사람이든, 안전하다고 여기는 것을 추구하며, 이 점에서 그들은 동일한 목적을 추구하고 있는 것입니다"(359d 7). "앞의 논증들이 제대로 증명된 것

---

33 이 점과 이후의 몇 가지 논점들에서 나는 John Cooper와의 토론으로부터 도움을 받았다.

이라면"(359d 3-5), 이 모든 것이 따라 나온다. 여기에서 '앞의 논증들'이란 어떤 사람도 악이라고 생각하는 것을 추구하지 않는다는 이성주의자 교설로부터 도출된 논증들을 말한다.

그럼에도 용감한 사람들은 기꺼이 전쟁터로 향하고, 겁쟁이들은 그렇지 않다. 왜일까? 이 지점에서 우리는 용기 개념에 대한 새로운 해석과 만나게 되는데, 이 해석은 용기를 지혜에 동화시키게 된다. 전장에 나서는 것은 고귀한(kalon) 일이다(359e 5). 그러나 우리는 고귀한 것은 또한 좋은 것이라는 점에 동의했다. (여기에서 두 번째 부분의 눈에 띄지 않은 전제가 그 기능을 발휘하기 시작한다.) 따라서 겁쟁이들은 고귀하며 좋은 어떤 일을 하려 들지 않는다. 그러나 그것이 고귀하고 좋은 것이라면 그것은 또한 즐겁다(360a 3, 이는 '대중과의 대화'에서 좋음과 즐거움을 동일시한 쾌락주의적 시각을 환기시키는데, 이 시각은 이후 두 번째 부분에서 소피스트들에 의해 암묵적으로 수용된다). 이렇게 좋음으로부터 즐거움을 추론하는 것은 다음과 같은 결정적인 질문을 제기하는 데 이바지한다. "비겁한 자들은 알면서도(gignōskontes) 더 고귀하고 더 좋고 더 즐거운 것을 추구하지 않는 건가요?"(360a 4). 프로타고라스는 만일 우리가 그 점을 수용한다면, "우리는 앞에서 동의한 점들을 깨뜨리게 될 것"이라는 점을 잘 알고 있었다. 그 점을 수용하여 깨뜨리게 될 것은 바로, 사람이면 누구나 좋다고 여기는 것을 추구하는 법이라는 이성주의자 전제이다. 이제 우리는 여기에다 쾌락주의적 시각에 힘입어 '즐거운 것'을 추가할 수 있다. 만일 겁쟁이들이 전장에 나서는 일이 고귀하고 좋은 것이자 또한 즐거운 것이라는 점을 안다면, 그들은 기꺼이 나서려 할 것이다! 그들은 무지로 말미암아 행동하고 있음이 틀림없다.

여기에서 쾌락주의에, 즐거움으로 이해되는 좋음에 호소하는 것은 논리적으로 불필요하다. 선을 추구하고 악을 피한다는 관점에서, (1) 출정이란 고귀한 것이라는 판단과 (2) 고귀함으로부터 좋음을 이끌어 내는 추론을 연결하면서, 이성주의자 전제의 토대만으로도 논증은 아주 순조롭게 전개될 수 있을 것이다. 이러한 맥락에서 쾌락주의는 강조되지 않는다. 왜냐하면 용감한 사람들은 집에 머무는 것보다 전장에 나서는 것이 더 즐거운 일이라 생각해서 혼쾌히 전장에 나선다는 주장이 직관적으로 그다지 개연적이지 않기 때문이다. 그럼에도 쾌락주의의 노선은 소환된다. 왜냐하면 그것은 행위의 선택을 위한 계산적 모델의 기초를 제공했고, 이 모델은 다시 겁쟁이들은 알면서 더 나은 것을 회피할 수 없다는 이성주의자 교설을 지지하기 때문이다. 엄밀히 말해, 쾌락주의의 전제는 자제력 없음에 대한 통상적 이해를 제거함으로써 '대중과의 대화'에서만 논리적으로 작동했다. 그러나 그 전제는 논증 전체에 그림자를 드리운다. 왜냐하면 (우리가 보게 되듯이) 자제력 없음이 부정되지 않는다면, 이후에 길게 펼쳐지는 논증은 붕괴될 것이기 때문이다.

소크라테스가 프로타고라스로 하여금 겁쟁이들은 출정의 좋음 또는 나쁨에 대해 잘못 판단하고 있다는 점을 인정하게 한 이상, 소크라테스는 논증에서 여유가 있게 되었다. 용기는 이제 무서운 것과 무섭지 않은 것, 즉 나쁜 것과 나쁘지 않은 것에 대한 앎의 측면에서 규정될 수 있다. 비겁은 그에 상응하여 무지의 형태일 것이다. 이 논증을 위한 거의 모든 전제들은 이미 지나가는 두 번째 부분에서 확립되었다. 그곳에서 세 명의 소피스트 모두 앞선 '대중과의 대화'에서 전개된 행위의 선택을 위한 인지적 모델을 구현하고 확장시켜 주는 명제들(즐거움의 좋음, 고귀함과 좋음의 연계, 선에 대한 이성주의자적 계산, 두려움을 악에 대한 예견으로 정의함)을 수용한다. 세 번째 단락에서 소크라테스가 프로타고라스를 최종적으로 반박하기 위해 추가로 인정될 필요가 있게 될 전제들은 다음의 두 가지일 뿐이다. (1) 용감한 자들은 기꺼이 출정하려 하는 반면, 비겁한 자들은 그러려 하지 않는다는 논란의 여지가 없는 관찰, (2) 전장에 나서는 일은 고귀하다는 도덕적 판단.

소크라테스와 프로타고라스는 모두 사안에 대해 전형적인 그리스적 관점을 공유하고 있으므로, 두 번째 명제도 그들에게는 전혀 논란의 여지가 없다. 따라서 논증 전략의 측면에서, 프로타고라스는 이제 피할 곳이 없는 처지에 놓인다. 그가 변증술적 함정에 빠진 것만은 아니다. 소크라테스는 논쟁의 조건을 바꿨다. 고귀함과 좋음 간의 연결고리가 사전에 확립됨으로써, 출정은 고귀하다는 이 명제는 가치 중립적 공리 계산으로 보일 법한 곳에다 도덕적 가치들을 도입하는 중대한 결과를 갖고, 이는 이익을 보느냐, 손해를 보느냐의 관점에서 좋음과 나쁨을 협소하게 해석하는 결과를 동반한다. 소크라테스는 앞서 351c의 1행에서 프로타고라스로 하여금 고귀한 것들(ta kala)로 대변되는 도덕적인 측면의 고찰을 못 하도록 막았다. 이러한 이전의 포석이 지닌 의미가 바로 논증의 마지막 단계에 이르러 비로소 분명해진다.[34] 사실, '대중과의 대화'에서 좋음과 쾌락, 나쁨과 고통을 동일시한 부분은 좋음을 '내가 내 자신의 이익이 되는 것으로 지각하는 것'으로 보는 주관적·타산적인 해석을 강요하는데, 이 해석은 좋음을 '도덕적으로 올바르거나 객관적으로 최상인 것'으로 보는 규범적인 이해와 구별된다. 하지만 두 번째 부분에서 고귀함(to kalon)이 추가됨으로써, 마지막 논증은 용기를 고귀하고 좋은 것으로 볼 도덕적·사회적 관점과 다시 접촉하게 된다. 이렇게 고귀함 개념을 도입하는 것은 소크라테스가 용기와 비겁을 지혜와 무지로 변형시킬 마술 같은 책략을 얼마나 능숙하게 사용하는지를 설명해 준다.

---

34 프로타고라스는 즐거운 삶은 "고귀한 것들에서 즐거움을 얻는다는 조건 아래에서" 좋은 것이라고 반론을 펼침으로써, 쾌락주의에 관한 애초의 논의에 사회적·도덕적 승인의 차원을 도입하려고 시도했다. 그러나 선에 대한 쾌락주의적 설명을 제한하려는 이러한 시도는 소크라테스에 의해 무시된다. 그는 대다수의 사람들은 쾌락과 고통을 제외하고서 기댈 만한 궁극적 기준을 갖지 않는다고 주장한다(그리고 프로타고라스가 이에 동의하게 만든다). 고귀한 것(to kalon)에 대한 고려는 '대중과의 대화'가 끝난 다음에야 358b 5와 359e 5 이하에서 다시 재개된다.

나는 도덕적인 측면의 고찰이 처음에는 배제되었다가 마지막 순간에 다시 도입되는 이 주의 깊은 조치가 플라톤의 의식, 즉 도덕적 승인과 비난에 관한 근본적으로 상이한 기준을 불러내지 않고서는 쾌락주의로부터 통상 이해되고 있는 의미의 도덕성에 이를 수 없다는 의식을 반영하고 있는 것으로 볼 수 있다고 생각한다. 이것이 맞다면, 우리는 첫 번째 부분의 쾌락주의와 이를 바탕으로 세워진 두 번째 부분의 이성 만능주의가 모두 여기에서 그것들 자체를 위해서가 아니라 도구적으로, 즉 세 번째 부분에서 도출될 소크라테스의 결론들을 위해 주장된 것으로 볼 수 있다.[35]

그렇다면 논증을 이렇게 이해하는 것은 이성주의자 텍스트의 위상에 어떠한 영향을 미치는가? 이 텍스트에 포함된 자제력 없음의 부정은 이제 논증의 보다 근본적인 목적에 기여하도록, 즉 덕과 지식, 악덕과 무지를 동일시하고, 그럼으로써 소크라테스적 역설을 확립하고 덕들의 단일성을 증명하도록 고안된 교묘한 전략으로 드러난다. 소크라테스는 왜 자제력 없음에 대한 대중적인 견해를 먼저 문제 삼아야 하느냐는 프로타고라스의 조급한 물음을 받고, "저는 이것이 용기가 덕의 여타 부분들과 어떤 관계를 맺고 있는지를 밝혀내는 데 유용하다고 생각합니다"(353b 1-3)라고 대답한다. 지혜에서 덕들이 하나가 된다는 것은 소크라테스가 덕의 부분들이 서로 어떤 관계를 맺고 있는지를 처음 물은 순간부터 대화편 전체에 깔린 주제이다. 그리고 소크라테스로 하여금 용기를(그리고 함축적으로 다른 모든 덕들을) 지혜, 즉 좋은 것과 나쁜 것에 대한 앎과 동일시하도록 용기에 대한 일상적인 이해를 버리게 해 주었던 것은 자제력 없음에 대한 이성주의자 설명과 더불어, 이에 상응하여 두려움을 순수 인지적 상태, 즉 악에 대한 예견으로 환

---

35 쾌락주의에 관한 한, Zeyl(1980, 250-69쪽)은 본질적으로 이러한 입장이다. 그러나 그는 자제력 없음의 부정을 소크라테스가 내린 결론에 속한 것으로 간주하고 싶어 한다.

원시킨 것이었다.

이성주의자 텍스트를 선행하며 첫 번째 부분의 '대중과의 대화'에 등장하는 논의들로 가면, 우리는 주지주의적 교설이 두 가지 측면에서 쾌락주의에 의존하고 있는 점을 본다. 첫째, 좋음과 즐거움을 동일시함으로써, 자제력 없음을 '쾌락에 의해 압도됨'으로 보는 보통의 설명은 일관성을 결여한 것으로서 배제된다. (여기 355a-356a의 논증은 '즐거움'과 '좋음'이 서로 대체될 수 있다는 것에 달려 있다. 이러한 대체는 그 두 용어가 논리적으로 등가일 때에만 정당화된다.) 그리고 자제력 없음에 대한 그런 일상적인 설명이 배척되지 않았다면, "그 누구도 쾌락에 의해 압도되지 않는 이상, 덜 좋거나 더 나쁜 것을 추구하지 않는다"라고 쉽게 말할 것이다. 하지만 이러한 예외를 인정하는 것은 마지막 논증이 기대고 있는 이성주의자 텍스트의 가치를 훼손할 것이다. 무지와 비겁함을 동일시하기 위해, 소크라테스는 자제력 없음을 부정하고, 두려움을 미래의 악에 대한 판단으로 환원시킬 수밖에 없다. 그렇지 않으면 대화 상대자는 비겁자도 고귀하고 좋은 것을 알지만 두려움에 의해 압도당할 뿐이라고 언제라도 이의를 제기할 수 있을 것이다.[36]

측정과 계산에 따른 소크라테스의 합리적 선택 모델은 삶의 모든 결정들이 하나는 긍정적이고 하나는 부정적인 오직 두 가지 계량 가능한 가치들로써 이루어진다는 가정을 근거로 하고 있다. 물론 원칙적으로, 우리는 모델에 어떠한 변경도 가하지 않고 쾌락을(그리고 이에 상응하여 고통을) 만족, 바람직함, 동기 유발, 유용성 등의 다른 개념들로 대체할 수 있을 것이다. 그렇지만 그 결과는 직관적으로 이해가 덜 될 것이다. 우리는 여기에서 대중에게 호소하고 있다. 그리고 대중은 쾌락과 고통의 조건에서 말하기를

---

36 '두려움에 의해 압도됨'의 경우를 망라하기 위해, 유사하게 '쾌락에 의해 압도됨'에 반대하는 논증이 전개되는 측면에 대해서는 Santas(1971b), 284-86쪽을 보라.

선호한다.

그렇다면 궁극적으로, '대중과의 대화'에 나오는 자제력 없음을 부정하는 논증 전체는 좋음과 즐거움을 동일시하는 것에 의존한다. 소크라테스는 이 점을 분명히 알고 있다. 그는 명시적으로 말한다. "모든 증명들이 이것에 달려 있습니다"(354e 7). 그리고 그는 대다수의 사람들이 결국 포괄적인 쾌락과 고통 이외에 선악의 기준에 대해 인식 능력을 갖추고 있지 못한다는 데 그가 기대고 있다는 점을 우리에게 거듭 환기시킨다(353e 6, 354b 7, 354d 8, 355a 1-5). 그리하여 대중은 처음에는 즐거움과 좋음을 동일시하기를 꺼려하지만, 그들에겐 다른 선택의 여지가 없다. 『프로타고라스』의 쾌락주의는 결국 이런 측면에서 대중적인 견해이다.

정말 기이한 것은 이런 쾌락주의 테제를 제안했던 사람이 소크라테스가 아니라는 점이다. 소크라테스는 그저 쾌락은 그런 것인 한에서 좋고 고통은 그런 것인 한에서 나쁘다는 말만 꺼냈을 뿐이다(351c 4-6, 351e 1-3),[37] 이는 쾌락 이외의 다른 좋은 것들이 (예를 들어 명예가) 존재할 가능성을 열어둔다. 소크라테스가 동일성 테제를 주장하고 있다고 오해하는 사람은 바로 이 테제의 수용을 꺼려한 프로타고라스이다(351e 5). 소크라테스는 대중은 결국 선악을 구분할 다른 기준(텔로스 또는 마지막 결과)을 발견하지 못하므로, 그들은 그런 동일성 테제를 받아들일 수밖에 없다고 주장할 뿐이다. 소크라테스는 이제 대중의 쾌락주의를 '쾌락에 의해 압도됨'에 관한 그들의 관념에 맞서 활용한다(355a 이하). 이렇듯 여기에서 소크라테스의 논증은 대

---

37 나는 이것이 351c 4-6의 "καθ' ὃ ἡδέα ἐστίν, … ἀγαθά, καθ' ὃ ἀνιαρά, κακά"(그리고 이와 비슷하게 e 1-2)에 대한 자연스러운 독해라고 생각한다. 소크라테스가 처음부터 쾌락주의를 제안하고 있다고 취하는 보다 강한 해석에 대해서는 Zeyl(1980), 252-54쪽을 보라. 플라톤은 무해한 쾌락은 좋다는 입장을 결코 부인하지 않는다. 『국가』 2권 357b 7과 『필레보스』 63e 2-7, 66c 4-6을 보라.

중들의 테제를 그들이 수용하는 전제들에 근거하여 물리치는 논박의 구조를 전면적으로 띤다. 소크라테스는 선과 악에 대한 대중의 일반적 견해를 채택함으로써, 자제력 없음에 대한 대중의 특별한 입장이 불합리하다는 점을 보여 줄 수 있다. 자제력 없음이 부정된 이상, 용기와 비겁에 대한 대중적인 관념이 그들의 일반적인 견해와 양립할 수 없다는 점을 그가 나중에 보여 주었던 것처럼 말이다.

소크라테스 자신이 몸소(in propria persona) 좋음과 즐거움을 동일시하는 데 동의한 적은 없다. 그가 두 번째 부분을 시작하며 대중으로부터 세 명의 소피스트로 논의의 방향을 틀었을 때, 그는 그 테제를 모호한 형태로 제시한다. "그러면 당신들은 즐거운 것은 좋은 것이고 고통스러운 것은 나쁜 것이라는 데 동의하시는 겁니다"(358a 5. 그리고 다시 b 6에서: "그럼, 즐거운 것은 좋은 것이며 …"). 소피스트들은 앞서 첫 번째 부분에서 수행했던 기능을 염두에 두고서 이 발언이 당연히 동일성 테제를 가리키는 것으로 이해한다. 그러나 소크라테스는 단지 보다 약한 의미의 견해, 즉 즐거운 것은 그런 것인 한에서 좋은 것이라는 점, 그리고 즐거움은 그런 한에서 ―즐거움인 한에서― 좋음이라는 점에만 자신을 맡겼다. 물론 이러한 견해는 이후의 이성주의자 테제를 뒷받침하기에 너무 약하다. 만일 우리가 동일성 테제를 수용하지 않는다면, '즐거움'과 '좋음'의 상호 대체는 불가능하고, 자제력 없음에 대한 반대 논증은 무너진다. 통찰력 있는 독자라면 소크라테스에 의해 제시된 온건한 견해와 대중에 의해 끝내 받아들여진 무제약적 쾌락주의 사이의 간극에 다시 주의할 것이다. 그러한 독자는 자제력 없음을 부인하고 이성 만능주의를 지지하는 논증이, 실제로 그렇듯 쾌락주의자의 가정에 의존하고 있는 이상, 철저히 대중에 호소하는 논증(argumentum ad populum)이라는 점을 인지할 것이다.

이 맥락에서 소크라테스가, 생각하는 것과 반대로 논증을 펼치고 있다는 점을 암시하는 미묘한 실마리는 그것만이 아니다. 세 명의 소피스트가 대중적인 견해를 수용하게 된 것은 주석가들이 지금까지 충분히 평가하지 못한 것으로 여겨지는 소크라테스의 수사적인 책략 때문이었다.[38] 첫 번째 부분의 끝에서 대중과의 대화를 마무리하고, 세 명의 소피스트로 논의의 방향을 틀기 바로 직전, 소크라테스는 쾌락에 의해 압도됨이 무지의 가장 큰형태로 드러났으므로, 그리고 프로타고라스, 프로디코스, 히피아스와 같은교사들이 그러한 무지를 치유할 수 있다고 자부하고 있으므로, 자신들 및아이들의 교육에 돈을 쓰기를 거부하는 대중들은 중대한 실수를 범하고 있다고 발언한다(357e). 그렇다면 소크라테스가 바로 뒤에서 소피스트들에게그가 말한 것이 참인지 물었을 때, 세 소피스트들이 모두 열광적으로 동의한 것은(358a 4) 그다지 놀랄 만한 일이 아니다. 그리고 이 지점에서 주의 깊은 독자라면, 대화편의 도입부에서 소크라테스가 히포크라테스에게 소피스트적 교육의 가치에 대해 상당히 다른 견해를 제시했다는 사실을 기억할것이다(313a-314b). 그리고 그러한 독자가 소피스트들이 그토록 열렬히 삼키고 있는 미끼를 의심하는 것은 당연하다. 플라톤은 이렇듯 우리로 하여금 뒤이은 두 번째 부분에 펼쳐질 소크라테스와 소피스트들의 대화(358a-e)에 경계심을 갖도록 만들었다. 바로 이 구절에서, 프로타고라스에 반대한마지막 논증을 위한 여타 핵심 전제들과 더불어 인간의 본성에 관한 이성주의자 설명이 정립된다.

우리는 다른 대화편들에 플라톤이 즐거움과 좋음을 동일시하는 쾌락주의뿐만 아니라 이성 만능주의에도 몸담지 않았음을 보여 주는 증거들이 있

---

38 예외적으로 훌륭한 주석을 제공하는 사례로는 Zeyl(1980), 268쪽 각주 37을 보라. Zeyl은 또한
『프로타고라스』 357e에 대한 O'Brien(1967, 138쪽)의 논평을 다음과 같이 인용하고 있다. "이
것은 솔직한 해명이 있어야 할 곳에 나오는 아이러니한 방백 이상의 것이다. 그것은 차라리
소크라테스가 전혀 솔직하지 않다는 하나의 단서이다."

다는 점을 앞서 보았다. 우리는 이제 텍스트 안에 신중하게 설치된 일련의 길잡이들을 발견했다. 그것들은 소크라테스가 정교한 일련의 전략적 술수에 몰두하고 있어서 그가 말하는 모든 것들을 액면가대로 받아들일 수는 없다는 점을 독자에게 경고하도록 계획된 것처럼 보인다. 우리가 주목한 단서들을 여기에 열거하는 것은 도움이 될 것이다.

(1) 소크라테스가 '다수와의 대화' 이전의 단계에서 프로타고라스가 사회적·도덕적 차원의 개념(ta kala)을 고려하지 못하도록 제지하지만(앞의 각주 34를 보라), 정작 자신은 '대중과의 대화'가 종결된 이후 은밀하게 이런 개념을 도입하고 있다는 점.

(2) 즐거움과 좋음의 동일성을 주장하는 것을 조심스럽게 거부했던 소크라테스가, 프로타고라스가 그 문제를 숙고해 보기로 하자마자, 그 동일성을 자제력 없음의 부정에 대한 근거로 활용하고 있는 점.

(3) 즐거움과 좋음의 동일성이 즐거움 이외에 좋음에 대한 기준을 세우지 못하는 대중의 무능력에 근거할 뿐이라는 사실이 거듭 강조된다는 점. (이것은 도덕적·사회적 승인의 원리인 '고귀함' 개념이 '대중과의 대화' 내내 좋음에 대한 논의에서 배제되었다는 사실과 상관되어 있다.) 이렇듯 쾌락주의의 전제는 대중의 관점으로부터만 지지된다.

(4) 덕의 측면의 쾌락주의적 계산이 ('우리 삶의 구원'으로 인정되고 있음에도) '대중과의 대화' 내에서 전혀 언급되지 않는 점. 그리고 우리가 그 측정술이 어떠한 종류의 앎인지를 아직 규정하지 않았다고 제한하여 덧붙인다는 점 (357b 5).

(5) 그들의 수첩과 같은 것에 호소함으로써 '대중과의 대화'의 결과들에 대한 소피스트들의 동의를 얻어 내는 장치.

(6) 마지막으로, 용기에 대한 최종 논의에서 즐거움이 차지하는 애매한 위치. 용기에 대한 도덕적 승인은 먼저 '고귀하다'(kalon)로 표현되고, 이것은

다시 '좋음'을 수반하고, 이 '좋음'은 다시 '즐거움'을 수반한다. 덕 자체에 대한 관념은 이렇듯 쾌락주의적 계산에 삽입되어 있다. 도덕적 승인의 측면에서 이뤄진 그런 외적인 고려의 결과로서가 아니라면, 비겁에 대한 용기의 선호는 쾌락주의적 계산에 의해 도출되지도 정당화되지도 않는다. (『프로타고라스』의 논증이 소크라테스적 도덕성의 옹호로서 갖는 한계점들은 8절에서 보다 심도 있게 논의될 것이다.)

우리는 『프로타고라스』의 마지막 논증에서, 소크라테스가 펼치는 추리의 대부분이 조작적이고 불성실하다는 점을 보여 주는 풍부한 암시와 단서들을 가진다. 그렇다면 플라톤은 왜 소크라테스를 그토록 심술궂은 모습으로 보이게 했는가? 나는 소크라테스가 여기에서, 시모니데스 시의 해석에서 스파르타식 철학으로 소피스트들을 기만했던 것처럼, 합리주의자적 선택 이론을 가지고서 그들을 기만하고 있다고 생각한다. 그리고 두 경우에서 그 동기는 같은 것, 즉 자발적으로 악한 사람은 없고, 따라서 의도된 나쁜 행위들은 항상 좋음에 대한 잘못된 견해에 의해 추동된 것이라는 역설을 정립하는 것이었다고 생각한다. 이런 결과는 시모니데스의 시에 대한 해석 부분에 스며들어 있었고,[39] 지금은 쾌락주의적 전제와 합리주의적 의사결정 모델에 토대를 두고 연역적인 방식으로 논증되고 있는 것이다. 『프로타고라스』의 작가는 소크라테스적 역설의 진실성에 빠져 있다.[40] 그는 이전에 시모니데스의 시문에 대한 학자연의 오역에 빠져 있지 않은 것처럼 쾌락주의나 합리주의적 의사결정 이론에 빠져 있지 않다. 후자는 전자와 마찬가지로 소크라테스적 역설을 제시하기 위해 고안된 장치이고, 더군다

---

39 앞의 각주 6을 보라.

40 그리고 그는 이런 모습을 유지했다. 『국가』 9권 589c 6의 "올바름의 적(敵)은 자발적으로 잘못하지 않는다(ou gar hekōn hamartanei)"는 표현과 9절에서 인용하게 될 『티마이오스』와 『법률』의 구절들 및 『소피스트』의 228c, 230a, 『필레보스』 22b 참조.

나 인간의 동기에 관한 특정한 대중적 가정들의 필연적인 귀결로서 그 역설을 제시하기 위한 것이다.

그러므로 이 극도로 정교한 논증을 단순하게 읽지만 않는다면, 우리는 『프로타고라스』의 소크라테스와 플라톤 가운데 그 누구도 인간 행동에 관한 명백한 사실들을 무시하거나, 이후 『국가』의 심리 이론에 처음으로 개념화되는 인간 행위 동기의 복합성을 부인하는 잘못을 범하고 있지 않음을 본다. 『프로타고라스』의 작가는 합리적 의사결정 이론의 단순 모델을 선과 악에 관한 앎인 기술과 관련하여 도래할 더욱 심원한 철학적 사유들에 대한 암시로서 무대에 올리고 있다.

7. 소크라테스의 주지주의에 대한 플라톤의 '수정'

『프로타고라스』의 주지주의와 『국가』의 도덕 심리학 간에 보이는 불일치는 우리가 전자를 일상적인 인간 행위와 동기에 대한 기술적(記述的) 설명이라고 해석할 때에만 문제가 된다. 반면, 우리가 덕이 되기에 충분한 앎을 소크라테스가 제시하는 철학적 덕의 경우에만 적용 가능한 규범적 이상으로 해석한다면, 이것은 비슷한 이상이 나타나는 『국가』의 심리학과 아무 문제 없이 화해를 이룬다. 더불어 자제력 없음의 부정이 소크라테스가 (또는 플라톤이) 빠진 테제가 아니라, 대중과 소피스트들로 하여금 소크라테스적 역설과 '덕들이 앎에서 하나가 됨'을 수용하도록 만들기 위한 변증법적 장치로 이해된다면, 『프로타고라스』와 『국가』는 서로 마찰을 일으키지 않는다.

그러나 『국가』 4권에서 플라톤이 소크라테스적 주지주의를 명시적으로 부인하고 있기 때문에, 그 자신이 그러한 마찰을 인지하고 있었다는 반론이 나올 수도 있을 것이다. 그렇다면 그의 사상에 대한 발전론적 설명에서 보았을 때, 이는 플라톤이 결정적으로 이전의 소크라테스적 인간 심리의 이해를 포기하는 지점이 된다. 그러므로 우리는 이 구절을 면밀하게 검토해야 한다.

혼의 이성적 부분과 비이성적 부분의 차이를 설정할 목적으로, 소크라테스는 목마름 자체가 좋은 음료에 대한 욕구가 아니라 오로지 음료에 대한 욕구일 뿐이라고 주장한다. 이러한 주장에 대해 그는 다음과 같은 반론을 예견한다.

> 아무도 단순히 음료수를 욕구하는 것이 아니라 좋은 음료수를 욕구하며 (epithymei), 음식도 단순한 것이 아닌 좋은 음식을 욕구한다고 누군가가 주장하면서, 미처 생각해 보지 못한 우리를 혼란스럽게 하는 일이 없도록 하세나. 그야 누구나 좋은 것들(ta agatha)을 욕구한다고 하니 말일세. 따라서 목마름이 욕구(epithymia)라면, 그것은 좋은 음료수나 또는 그런 어떤 것에 대한 욕구일 것이며, 다른 욕구들의 경우에도 마찬가지일 거라는 거지. (4권 438a, 박종현 옮김)

이것은 소크라테스가 새로 반박해야 할 '소크라테스적' 반론이다. 왜냐하면 『국가』의 심리학은 "목마른 자의 혼은 그것이 목말라하는 한, 마시는 것 이외의 다른 어떤 것도 바라지(bouletai) 않는다"(439a 9)는 가정에 의존하기 때문이다. 그러므로 모든 생겨나는 욕구, 모든 희망과 갈망의 사건이 좋은 것에 대한 판단이거나 그러한 판단을 수반하는 것은 아니게 된다. "욕구되는 모든 것은 선의 측면에서 욕구된다(quidquid appetitur, appetitur sub ratione boni)"는 중세의 공리가 『국가』 4권에서 플라톤의 승인을 받지 못한다는 점은 분명하다.[41] 플라톤은 좋은 것이나 유익한 것에 대한 일체의 판단과 독립

---

41 나는 이 공리가 불투명하게 또는 표현상(de dictu) 해석된 욕구 개념을 지시하며, 따라서 모든

된, 맹목적인 욕구들의 실재를 인정하고 있다.

그럼에도 이곳과 그 밖의 어디에서도 플라톤은 반대자가 주장하는 일반적인 테제, 즉 모든 사람들은 좋은 것들을 욕구한다는 테제를 부정하지 않는다. 이 테제는 실제로 『메논』(77c 1과 78b 5)에서 따온 것이다. 우리는 같은 견해가 『고르기아스』에 뚜렷하게 나와 있다는 점을 발견했다. "사람들은 언제나 좋은 것을 위해(heneka tou agathou) 행위하는데, 우리가 원하는 것들(boulometha)이 오직 좋은 것들이기 때문이지요"(468b-c). 그런데 이러한 견해는 『국가』에서 포기되지 않고 강력한 어조로 재차 주장된다. 선은 "모든 혼이 추구하는 것이며, 혼은 이것을 위해(toutou heneka) 모든 것을 행하게 됩니다"(6권 505d 11). 그렇다면 플라톤은 다음 두 가지 측면에서 선에 대한 욕구가 보편적임을 주장한다. 첫째, 모든 사람은 그러한 욕구를 갖는다. 둘째, 선은 모든 자발적 행위의 목표이다. 모든 사람은 좋은 것들을 욕구하는데, 그 까닭은 그들이 이성적 원리(logistikon), 즉 이익과 손해를 계산할 줄 아는 능력을 갖기 때문이다. 그리고 우리는 혼이 그 모든 행위에서 선을 지향한다는 주장에서 사실상 소크라테스적 역설을 인정한다. 이 역설에 따르면, 선을 지향하지 못함은 해당 행위를 비자발적인 것으로 만들게 되며, 따라서 그러한 행위는 적절한 행위라 할 수 없을 것이다.[42]

욕구가 선을 목표로서 상정하고 있음을 주장한다고 생각한다. 그러나 이 테제를 목마름과 같은 자연적인 욕구는 실제로 보통은 유익한 대상들을 지향한다고 주장하는 것으로서 투명하게(실제적으로, de re) 해석할 수도 있다. 만일 그 공리를 이렇게 해석한다면, 플라톤이 그것을 거부할 필요는 없다. 그러나 나는 플라톤이 그것을 긍정한다는 증거를 보지는 못한다.

42 소크라테스적 역설을 달리 표현하면, 진정한 욕구는 항상 투명하거나 실제적이라는 것이다. 우리가 실제로 원하는 것은 어느 경우에서든 외관상 좋아 보이는 것이 아니라 사실상 좋은 것이라고 말하는 것이다. (『국가』 6권 505d 5-9를 보라.) 수단과 방법을 가리지 않는 참주의 욕구처럼, 불투명하게 이해된 욕구는 플라톤에게는 판단 착오, 즉 우리가 실제로 원하는 바를 인지하지 못함을 의미할 것이다.

플라톤이 『국가』 4권에서 거부하는 것은 모든 사람은 좋은 것들을 욕구한다는 테제가 아니라, 이것과 쉽사리 혼동될 수 있을 다른 명제, 즉 모든 욕구는 그 자체로 어떤 좋은 것에 대한 욕구이거나, 좋은 것으로 감지된 어떤 것에 대한 욕구라는 명제이다. (마지막 명제는 또 다른 종류의 세 번째 보편적 명제이다.) 그러나 『고르기아스』, 『메논』, 『프로타고라스』의 소크라테스가 이 두 번째 명제에 빠져 있는가? 이 물음에 대한 긍정적인 대답이 내려지는 경우에만 우리는 플라톤의 견해에서 급진적 변화에 대한 증거를 갖게 될 것이다.

『고르기아스』는 여기에서 우리에게 도움이 되지 않을 것이다. 칼리클레스가 극도로 발전시키고 채우고자 할 욕구들(epithymiai)은 오명에 걸맞게도 그것들이 목표로 하는 바가 본래적으로 좋은 것인지 아닌지와 무관하기 때문이다(491e 이하). 칼리클레스에게 행복은 쾌락을 뜻하거나, 어떤 욕구의 대상이든 그 욕구의 충족을 뜻한다. 반드시 좋다고 판단되는 목적을 향할 필요는 없는 욕구에 대한 유사한 개념은 5절에서 인용한 바 있는 『카르미데스』의 구절에도 함축되어 있는데, 그곳에서 쾌락에 대한 욕구(epithymia)는 선에 대한 희망(boulēsis)과 구별된다. 이러한 구분은 모든 욕구들이 어떤 좋은 것에 대한 욕구들이라면 무의미하게 될 것이다.

『메논』의 상황은 더 복잡하다. 관련 논증은 사람들은 손해를 입고 싶어 하지 않기 때문에 아무도 나쁜 것들을 욕구하지 않는다고 주장한다. 사람들이 나쁜 것들을 욕구하는 것처럼 여겨질 때는, 그들이 나쁜 것들을 좋은 것들로 간주하는 잘못된 믿음을 가지고 있는 경우라는 것이다(77b-78b). 이는 어떤 욕구 대상들이 좋지도 나쁘지도 않은 중립적일 가능성을, 그래서 모든 욕구가 좋다고 감지된 어떤 것에 대한 욕구인 것은 아니게 될 가능성을 내버려 둔다. 『국가』 4권에서 거부된 명제가 『메논』의 논증으로부터 따르는 것처럼 보일 수 있다. 하지만 문제의 명제가 부정된다고 하더라도 사실상 『메논』의 논증은 (진행되기라도 한다면) 여전히 무리 없이 진행된다. 왜냐하면 아무도 나쁜 것들을 욕구하지 않는다는 결론이 모든 욕구는 어떤 좋은 것에 대한 것이라는 점을 수반하거나 전제하지 않기 때문이다. 어떤 욕구도 나쁜 (것으로 인지되는) 어떤 것에 대한 욕구가 아닌 한, 욕구들의 전 영역은 좋은 것에 대한 판단과 관련하여 중립적일 수 있다. 『메논』의 소크 라테스가 중립적인 욕구들을 무시하고 있다는 점이 곧 그가 그러한 욕구들의 존재를 부정한다는 걸 의미하지는 않는다.[43]

『프로타고라스』는 어떠한가? 『메논』처럼, 『프로타고라스』는 가치 중립적이거나 선으로부터 독립된 욕구들의 가능성을 무시하며, 이는 욕구 개념을 완전히 무시하고 있기 때문에 훨씬 더 수월하다. 하지만 "다른 어떤 것이 자신이 지금 하고 있는 것보다 더 좋다는 점을 알거나 그렇게 믿으면서도, 더 나은 어떤 것이 유용한데도 지금 하고 있는 것을 할 사람은 없다"(358b 7 이하)는 주장에 의해 『국가』 4권에서 플라톤이 거부하는 명제의 행동주의적 등가물을 이끌어 낼 수 있는 것처럼 보일 수 있다. 그 주장은 좋음-더 좋음 과 나쁨-더 나쁨의 기준에 의한 평가가 행위의 선택에 적용될 때에 행위자는 언제나 더 좋거나 덜 나쁜 것을 선택하게 된다는 점을 함축한다.[44] 사람

---

43 선으로부터 독립된 욕구를 배제하는 것으로 해석될 수 있는 유일한 텍스트는 다소 일관성을 결여한 언어로 표현된 『고르기아스』 467c-468c에 나오는 목적-수단에 대한 분석이다. 이곳에서 소크라테스는 처음에는 우리가 욕구된 목적에 이르는 수단을 욕구한다는 점을 부정하지만 (467d 7, 468b 9), 그다음에는 어떤 수단이 유익할 때에만 우리가 그러한 수단을 원한다고 말한다(468c 4 이하). 이때 '원하다'에 해당하는 동사는 epithymein이 아니라 boulesthai인데, 『고르기아스』에서 이는 의미상 차이가 있다. 따라서 이 부분의 텍스트를 맹목적인 또는 가치 중립적인 욕구들에 대한 일반적인 부정으로 해석하는 것은 잘못일 것이다. 491e 이하에서 칼리클레스가 승인하는 욕구들(epithymiai)은 바로 이런 식으로, 무의식적으로 경험되고 무비판적으로 승인되는 충동이나 열정으로 이해된다. 목마름과 같은 욕구가 유익하거나 해롭거나 아니면 둘 다 아닐 수도 있다는 입장에 대해서는 『뤼시스』 221b 1 이하를 보라.

44 만일 좋음에 관한 이성적인 판단이 어떤 행위에 적용된다면, 그러한 판단은 언제나 그에 상응하는 행동으로서 나타나게 될 것이다. 이성주의자 텍스트가 자제력 없음의 실재성을 부정하

들이 행동할 때마다 좋음과 나쁨의 계산이 개입된다는 점을 함축하는 구절이 『프로타고라스』의 텍스트에 있는가? 『국가』 4권에서 배척된 ("모든 욕구는 어떤 좋은 것에 대한 욕구이다"라는) 명제는 『프로타고라스』에서는 주장될 수 없는데, 그 까닭은 이 대화편에서 소크라테스가 욕구라는 말을 피하고 있기 때문이다. 그리고 이 명제의 행동주의적 등가물은 "모든 행위는 좋음을 위하여 수행된다"일 것이다. 그러나 이것은 앞서 인용했던 『국가』 4권 505d에서도 확연하게 드러나듯이, 플라톤이 포기할 테제가 아니다. 소크라테스적 역설은 "모든 자발적인 행위는 좋은 것 또는 좋은 것으로 감지된 것을 지향한다"는 점을 수반한다. 그러나 이것은 욕구에 관해 배척된 명제를 수반하지는 않는다. 그러므로 플라톤은 『국가』 4권에서 비이성적이고 가치 중립적인 욕구들을 명시적으로 인정한 후에도 소크라테스적 역설에[45] 충실할 수 있고, 또한 충실한 상태로 남을 것이다.

소크라테스적 주지주의와 관련된 일련의 텍스트들을 신중하게 검토해 본 연구자라면, 그것들이 모든 욕구는 어떤 좋은 것을 지향한다는 명제를 내포하거나 수반하지 않는다는 점을 볼 것이다. 그러한 입장이 앞의 대화편들에서 옹호되지 않으므로, 나중의 심리학이 논박하거나 배척해야 할 이전의 도덕 심리학은 존재하지 않는다. 면밀하게 살펴보면, 우리는 문제의 주지주의적 텍스트들이 좋거나 유익한 것으로 인지된 어떠한 것에 대한 이성적 욕구만을 언급하고 있을 뿐이라는 점을 보게 된다. 그러나 소크라테스

는 것은 바로 이런 의미에서이다. 이성주의자 텍스트에 따르면, 맹목적·무반성적인 욕구들은 결코 더 나은 판단을 압도할 수 없지만, 사람들이 전혀 무분별하게 행동할 경우에는 그렇게 될 가능성도 배제하지 않을 것이다. 『고르기아스』 468b-c와 『국가』 6권 505d에 따르면, 모든 행위는 '좋음을 위해' 수행되기 때문에, 그러한 무분별한 행동들은 거의 (자발적인) 행위로 간주될 수 없을 것이다.

45   앞의 각주 40을 보라.

는 어디에서도 이성은 혼이 지닌 유일한 힘이며, 따라서 모든 욕구들은 이성적이라고 주장하지 않는다. 그 텍스트들은 혼에 대해 어떠한 일반적인 주장도 하지 않으며, 따라서 우리에게 『국가』의 심리학과는 다른 어떠한 도덕 심리학도 제공하지 않는다. 그것들이 제공하는 것은 합리적인 행위 선택의 이론에 대한 스케치, 또는 혼 전체가 아닌 혼의 이성적 부분(logistikon)에 대한 청사진이다.[46]

8. 소크라테스적 역설의 옹호

우리는 이제까지 소크라테스의 쾌락주의적 입장과 자제력 없음의 부정을 변증법적 장치로 해석해 왔던바, 그것은 어떤 사람도 자발적으로 악한 것은 아니며, 일반적으로는 악덕, 특수하게는 비겁은 무지에 기인하는 것이라는 소크라테스적 역설을 설득력 있게 옹호하기 위해 고안된 것이었다.

---

46 내가 아는 한, 『국가』 이전에 배아적인 형태로라도 혼의 부분들을 구분하려는 시도는 『고르기아스』 493a 3과 b 1에 등장하는, "욕구들(epithymiai)이 들어 있는 혼의 이 부분"에 대한 언급이 유일하다. 『향연』의 207e에서 우리는 "기질(tropoi), 성격(ēthē), 의견, 욕구, 쾌락, 고통, 두려움"과 같은 심리 현상의 전 영역에 대한 언급을 발견하지만, 혼에 대한 모델이라고 할 만한 설명은 찾아볼 수 없다. 영혼 삼분설을 두 차례에 걸쳐(68c 1-3, 82c 3-8) 미리 선보이는 『파이돈』에서, 혼은 일반적으로 이성적·인식적 원리와 동일시되는 반면, 비이성적 욕구들은 신체에 귀속된다(66c 6-d 1). 엄밀히 말해, 『국가』 이전에는 혼에 관한 플라톤의 이론이 없다.

　『고르기아스』에서 어렴풋이 나타난 영혼 이분설은 마침내 『파이드로스』의 소크라테스의 첫 번째 연설(237d 이하)에서 동기부여 이론의 형태로 뚜렷해진다. 『고르기아스』의 그것을 우리는 『국가』에서 제시되고 나중에 『파이드로스』에서 소크라테스의 두 번째 연설(246a 이하) 속에 비유 형태로 반영되는 영혼 삼분설을 단순화시킨 덜 체계적인 버전으로 볼 수 있다. 그것은 아리스토텔레스가 『니코마코스 윤리학』 1권 13장에서 (이성/비이성의) 이분설에서 활용하는 것과 본질적으로 같은 단순화된 이성-감정의 이원론이다.

『프로타고라스』는 이런 소크라테스적 역설을 아주 정교하기는 하지만 아주 제한된 형태로 옹호한다. 이 점을 분명히 하기 위해서는, 소크라테스의 역설을 도덕적(moral) 버전과 이해타산적(prudential) 버전으로 구분해 보는 것이 편할 것이다.[47]

　도덕적 버전은 선과 악을 옳음과 그름의 관점에서 해석하고, 어떤 사람도 자발적으로 불의를 저지르지 않는다고 주장한다. 이해타산적 버전은 선과 악이 각각 유리함과 불리함을 의미한다고 간주하고, 무엇이 자신에게 최대 이득이 되는지를 알면서도 의도적으로 그러한 이익에 반하는 행위를 수행하는 사람은 없다고 주장한다. 그런데 불의를 저지르는 것(adikein)은 결코 자신에게 이득이 되지 않는다는 소크라테스적 전제(S)를 보태면, 이해타산적 버전의 역설로부터 도덕적 버전의 역설이 따른다.[48] 그리고 전제 S를 정당화하기 위해, 그가 『고르기아스』에서 그리고 상세하게 『국가』에서 그랬던 것처럼, 플라톤은 혼의 좋음 내지는 건강한 상태로서의 덕 개념에 호소해야 한다. 그러나 논란의 여지가 덜한 이해타산적 버전의 역설을 옹호하기 위해서는, 가끔 그러한 전제를 시야 밖에 두는 것이 전략적으로 유용하다.

　우리는 『프로타고라스』에서 이러한 전제의 은폐를 발견한다. 이 대화편에서 쾌락주의자 전제들은 좋음의 개념이 줄곧 주관적으로 파악된 행위 주체의 이익의 관점에서 이해될 것이라는 점을 보장한다. (우리가 보았듯이, 도덕적 차원은 고귀함의 개념이 좋음의 개념에 보태지는 종결부에 달해서야 비로소 소개되고, 그럼으로써 도덕적 승인에 대한 판단은 개인적 이익에 대한 판단과 뒤섞인다.) 물론, 정의와 용기 같은 덕들이 고귀하고 좋을 뿐 아니라 행위 주체에게도 이익이 된다는 점을 입증하는 일은 플라톤의 보다 넓은 전략에 속하는 일

47　Santas(1964), 147-64쪽의 분석 도식을 따른 것이다.
48　이 전제에 대해서는 『크리톤』 49a, 『고르기아스』 469b 8, c 2 그리고 470e 9-11을 보라.

부이다. 결국, 더 큰 관점에서는 이해타산적 버전의 해석이 항상 도덕적 버전의 해석으로 합병될 것이다. 소크라테스가 때때로 독립적인 것처럼 이해타산적 버전을 제시하는 것은 이들 대화편이 지닌 교묘함의 일부를 이룬다. 이 때문에 일부 주석가들은 소크라테스를, 심지어는 플라톤을 도덕적 이기주의자로서 규정하기를 마다하지 않는다.[49]

이렇게 둘로 구분하여 역설을 해석하는 것은 그 역설이 가장 풍부하게 기술되어 있는 『고르기아스』에서 가장 분명하다. 폴로스와의 논쟁에서 소크라테스는 그 역설을 더 강력한 도덕적 형태에서 옹호하려 한다. 그러나 그는 한 번에 한 단계씩 움직인다. (『고르기아스』 468e까지 이어지는) 첫 번째 단계는 이해타산적 버전의 역설만을 정립하는 과정으로 읽힐 수 있다. 왜냐하면 여기에서 소크라테스는 좋음을 모르는 사람들은 자신들이 최선이라고 생각하는 것을 행하면서도 자신들이 원하는 것을 행하지 않을 수도 있다는 논증을 전개하고 있기 때문이다. 폴로스가 우리는 모두 좋고 유익한 것을 원한다는 전제, 그리고 우리가 수행하는 모든 행위는 좋은 것을 위한다는 전제에 주저하지 않고 동의할 수 있었던 것은(468a-c), '좋음'과 '나쁨'이 행위 주체의 이익과 관계된 것이라고 생각하기 때문이었다. 이로부터 (실수로) 나쁜 것을 행하는 사람은 자신이 원하는(bouletai, 468d) 것을 행하

---

49 Kraut(1992), 135쪽과 155쪽 각주 23의 Penner가 그렇다. (그는 Grote를 비롯하여 많은 연구자들의 입장을 따른다.) 그러나 '도덕적 이기주의자'란 용어는 오해의 소지가 있다. 플라톤의 도덕 철학(아마도 또한 소크라테스의 도덕 철학)은 아리스토텔레스와 스토아주의자들의 것과 마찬가지로 이기적인 의미가 있다. 그들은 모두 실천 이성의 목표 또는 목적(telos)이 숙고하는 개인에게 좋은 삶이라는 점을 당연시한다. 하지만 만일 이기주의가 타인들의 행복에 대한 존중의 결여를 의미하는 것이라면, 이들의 도덕 철학은 어떤 것도 이기적이지 않다. 소크라테스적 전통에서 덕은 좋은 삶에 불가결한 ('최상의') 구성요소이므로, 도덕성과 올바르게 이해된 자기 이익 사이에는 갈등이 끼어들 여지가 없다. 플라톤이 자발적으로 불의를 저지르는 자는 없다고 한 이유가 바로 여기에 있는 것이다. 이 각주를 쓰고 난 뒤에, 나는 Annas(1993, 223-26쪽)가 이기주의에 관한 논점을 충분하고 명료하게 전개했다는 사실을 알게 되었다.

고 있지 않다는 결론이 따른다. 폴로스는 이러한 결과에 당황하지만, 충격을 받지는 않는다. 그가 소크라테스에 대해 공공연하게 경멸감을 드러내는 곳은 바로 다음 단계다. 이때 소크라테스는 불의를 저지르는 것은 모든 악 가운데서도 최악이라는 형태로 명제 S와 등가인 명제를 도입하면서(469b 8), 이에 덧붙여 폴로스를 비롯한 다른 모든 사람들도 사실상 자신의 견해에 대해 동의하고 있다고 주장한다(474b). 그리고 이러한 논증의 과정에서 분명한 것은, 이해타산적 버전의 역설이 예비적인 전략적 행보일 뿐인 것으로서, 보다 넓은 범위의 대중에게, 그리고 명제 S로 재현된 소크라테스의 도덕적 입장을 수용할 준비가 되어 있지 않은 폴로스 같은 호전적인 상대에게 호소하기 위해 계획된 것이라는 점이다.

『메논』에 나오는 유사 논증은 더욱 압축적이고 교묘하다. 도덕적 함축들은 문맥에서 정의, 경건, 절제를 언급하는 부분을 통해 분명히 드러나 있다(78d. 73a-c 참조). 그리고 이 논증은 실제로, 덕은 고귀한 것들에 대한 욕구의 관점에서 정의되어야 하는 것이 아니겠느냐는 메논의 제안에 대한 응답이다(77b 4). 그러나 소크라테스는 곧바로 '고귀함'을 '좋음'(agatha)으로 교체하면서, 줄곧 이해타산적 버전의 해석을 허용하는 방식으로 그 논증을 제시한다. 이렇게 해서 그는 메논이 나쁜 것들은 해롭고(blabera) 어떠한 사람도 해를 입기를 원치 않기 때문에, "어떠한 사람도 나쁜 것을 바라지 않는다"(78b 1)는 결론을 내리게 만든다. 나쁜 것들을 욕구하는 사람은 그것들이 좋고 유익하다고(ōphelein) 믿고서 그런다. 그러므로 실제로, 모든 사람은 좋은 것들을 바란다(78b 5).[50]

---

50 플라톤은 『고르기아스』와 『카르미데스』에서는 바람(boulēsis)과 욕구(epithymia) 간의 용어 구분을 시도함으로써 이성적 욕구와 욕망을 아리스토텔레스가 대조하는 것을 미리 선보이지만, 『메논』에서는 어떤 주목할 만한 의미상의 차이도 없이 '욕구하다'(epithymein)와 '바라다'(boulesthai)를 혼용한다. 그래서 『프로타고라스』(340a 8)에서 그러한 의미 구분은 프로디코

지금 우리의 논의에서 관심사는 아니지만, 그러한 논증의 논리에는 우리에게 익숙한 몇 가지 문제점이 있다.[51] 그 가운데 주목할 만한 것은 『고르기아스』와 『메논』에 있어 역설이 선에 대한 욕구의 관점에서 표현되고 있다는 점이다. 그리고 바로 이런 형태로 『국가』 4권에서 같은 교설이 반복된다. 하지만 우리가 보았듯이, 『프로타고라스』는 욕구 개념을 보다 엄밀한 행동주의적 표현이라 할 만한 선의 추구(ienai epi)와 악의 회피로 교체한다. 그렇다면 우리는 어떻게 『프로타고라스』의 행위 선택에 관한 이성주의자 설명에 욕구 개념의 언급이 없는 이 놀라운 사태를 설명할 수가 있을까? 아마도 이러한 사태는 욕구의 다양성과 욕구들 사이의 잠재적 갈등을 또렷하게 의식하고 있는 작가의 신중한 경계심을 표현할 것이다. 다양한 욕구들이 이끌어 낼 상충 가능성에 대한 암시는 『프로타고라스』 358b-d의 이성 만능주의 논증의 설득력을 떨어뜨릴 것이다. 이 대화편의 마지막 논증은 손익을 계산하는 단순하기 그지없는 모델에 의지하고 있고, 이 모델은 일반적으로 감정들을 무시하는 것과 마찬가지로, 바로 욕구를 무시해야만 하는 모델이다.

우리는 논증의 마지막 단계(『프로타고라스』 359e-360b)에 등장하는 고귀함 개념의 도입 및 도덕적 승인의 차원에서는 이해타산적 버전의 역설에서 도덕적 버전의 역설로의 진행이 시사되어 있을 뿐, 전개되어 있지 않다는 사실을 기억할 필요가 있다. 우리가 지적했듯이, 『프로타고라스』에는 정의와 혼의 건강에 관한 소크라테스의 진정한 입장이 전혀 언급되어 있지 않지만, 소피스트를 혼을 위한 잡화를 파는 장사꾼의 일종으로 언급하고 있는 히포크라테스와의 도입부 대화(313c 이하)에 그러한 관심들을 생각나게 하는 부분이 있다. 또한 지혜가 덕의 부분들을 통합시킨다는 생각에서도 플

스다운 현학의 전형적인 사례로서 취급된다.

51 이 책의 5장 237쪽 논의를 보라.

라톤 자신의 견해를 엿볼 수 있다. 그러나 우리가 『프로타고라스』의 작가가 소크라테스의 논증들에 대하여 실제로 생각했던 바를 알고자 한다면, 『파이돈』의 다음 구절에 눈길을 돌리는 것보다 나은 방법은 없지 않을까 싶다.

> 친애하는 심미아스, 이건 덕을 위한 올바른 교환이 아니지 싶어서 말이야. 즐거움들을 즐거움들로, 고통들을 고통들로, 두려움들을 두려움들로, 마치 주화들처럼, 더 큰 것을 더 작은 것으로 교환하는 일 말일세. 오히려 이 모든 것들이 교환되어야 할 올바른 주화는 오직 지혜(현명함, phronēsis)뿐이며, 이것만큼 그리고 이것으로 모든 것들이 사고 팔릴 때, 그것이 진정으로 용기이고 절제이고 정의이고 요컨대 지혜를 동반한 참된 덕일 걸세. 즐거움과 두려움과 그런 다른 모든 것들이 더해지건 빼지건 말일세. 그것들이 지혜와 떨어져서 서로 맞바뀌진다면, 그러한 덕은 일종의 그림자 그림(skiagraphia)일 것이고, 실로 노예에게나 어울리며, 온전한 바도 참된 바도 없는 것일 걸세. (69a-d, 전헌상 옮김)

『파이돈』은 나아가 과도기 대화편들에서는 유례가 없는 형상들(이데아들)의 인식과 직결된 지혜 개념을 상술한다. 그리고 소크라테스의 주지주의를 플라톤의 철학적 발전에서 두드러진 한 단계로서 간주하는 주석가들은 위의 『파이돈』 구절을 플라톤의 심리적 변화를 기록하는 사례로 인정하는 경향이 있는 것 같다.[52] 그러나 나는 『파이돈』의 철학적 개진에 뚜렷한 진전이 있지만, 이전의 관점과 단절을 보여 주는 증거는 없다고 생각한다. 지혜가

---

52 예를 들어, T. Irwin(1977, 161쪽 이하)이 그러하다. 『파이돈』 69a의 "즐거움들을 즐거움들로, 고통들을 고통들로, 두려움들을 두려움들로, 마치 주화들처럼, 더 큰 것을 더 작은 것으로 교환하는 일"이라는 구절이 『프로타고라스』에 대한 언급임을 부정하는 Gosling과 Taylor(1982, 88-91쪽)의 시도는 나에게는 설득력이 없다.

없는 표면적인 또는 노예적인 덕과 지혜에 의해 결정된 진정한 덕의 대조는 앞서 『메논』과 『에우튀데모스』로부터 인용한 올바른 사용에 관한 두 개의 논증에(359쪽 이하) 분명히 준비되어 있다.

『파이돈』의 쾌락 계산에 기초한 덕 개념이 『프로타고라스』의 그것과 같다는 점은 쉽게 간파된다. 그래서 플라톤이 『프로타고라스』에서 덕을 쾌락 계산 모델과 연관시켜 말하려 하지 않고, 그 대신 '우리 삶의 구원'(356d 3, 356e 8, 357a 6) 같은 완곡한 표현을 쓰는 것은[53] 그 대화편에서 전개된 이해 타산적 버전의 기획이 기껏해야 좋음과 즐거움의 통속적인 동일화에 토대를 둔 투미한, 통속적인 또는 '노예와 같은' 덕 개념을 제시할 뿐이라는 그의 인식을 반영하고 있는 듯하다. 그러나 플라톤은 여기에 머물지 않고 여타의 대화편들에서 발전될 보다 의미심장한 지혜 개념을 위해 길을 열어 놓는다. 소크라테스는 말한다. "그것이 앎이라는 것 정도를 확립하는 것으로 충분합니다. 우리는 그것이 어떤 종류의 기술이고 앎인지 다음 기회에 숙고할 것입니다"(357b 5). 이러한 진술을 플라톤의 이후 작품에 비추어 되돌아보면, 우리는 문제의 '다음 기회'라는 표현이 사실상 『파이돈』과 『국가』를 가리킨다는 점을 알게 된다. 그러므로 『프로타고라스』에서 지혜를 측정술(metrētikē technē)로 파악하는 것은 『파이돈』에서 발견되는 형이상학적인 기반을 가진 보다 강력한 지혜(현명함) 개념에 대한 부분적이지만 신중한 전조 역할을 한다.

그렇다면 플라톤이 지혜와 덕에 대한 그런 불충분한 설명을 위해 우리에게 그토록 공들인 논증을 제공하려 안달이 난 까닭은 무엇일까? 먼저, 우리

---

53 이 맥락에서 덕을 언급하지 않는 점은 '대중과의 대화'의 끝 부분의 구절에서 아주 두드러진다. "그것이 가르쳐질 수 있는 게 아니라는 이유로"(357e 6)에서 '그것'은 명시적인 말은 없지만 분명히 덕을 가리킨다.

가 살펴본 것처럼, 『프로타고라스』에서 실천적 앎을 위한 쾌락 계산의 모델은 소크라테스적 역설을 ─그것을 심지어는 일부 비평가들에게 그것의 최대 약점으로 보이는 곳에서, 즉 자제력 없음의 부정에서 확인해 줌으로써─ (완전히 만족스럽지는 않지만) 훌륭하게 옹호한다.[54] 이러한 관점에서, 그 논증은 실로 역작이 아닐 수 없다. 그러나 『프로타고라스』의 마지막 부분은 우리에게 역설에 대한 옹호 이상의 것을 제시한다. 그것은 실천적 지혜에 대해 ─이것을 그 내용인 '좋음' 개념에 대한 예비적인 소묘에 의해 규정함으로써─ 도식적인 설명을 제공한다. 우리는 『라케스』와 『카르미데스』로부터 덕을 선과 악에 대한 앎으로 파악하는 단초를 얻는다. 『메논』과 『에우튀데모스』에서는 좋은 것으로 보이는 것들의 올바른 활용에 대한 앎으로 더욱 구체화된 덕 개념과 마주하게 된다. 이런 정형화된 표현들이 보여 주고 있는 것은 약속 어음 정도의 것이다. 그렇다면 도대체 올바른 활용이란 무엇인가? 좋음이란 무엇인가?

『프로타고라스』는, 『향연』과 『파이돈』의 보다 풍부한 자원들을 배제한 채 과도기 대화편들에서 불거져 나온 그런 문제들을 직접 다루고자 한 플라톤의 유일한 시도로 비쳐진다. 플라톤은 소크라테스와 프로타고라스가 벌인 도덕 교육에 대한 논쟁의 맥락에서 앎과 좋음 간의 관계를 탐색하는 길을 택했다. 그리고 나는 그런 논쟁을 플라톤 자신의 교육 설계에 비추어 해석해야 한다고 생각한다.

교육 문제에서 당시 플라톤의 주 라이벌이었던 안티스테네스와 이소크라테스는, 프로타고라스와 마찬가지로, 성공적이고 좋은 삶을 위해 앎 또는

---

54 플라톤은 아리스토텔레스처럼 자제력 없음과 악덕을 구분하지는 않는 것처럼 보인다. 그래서 이것은 실제로 그의 문제는 아니다. 악덕과 마찬가지로, 진정으로 자제력 없는 행위는 비자발적일 것이다. 아래 9절을 보라.

지혜(phronēsis, sophia)가 갖는 중대한 의미에 대하여 입에 발린 말만을 할 수 있었을 뿐이다.[55] 그들은 그렇게 지극히 유익한 앎의 범위와 내용에 대하여 정확하게 규정할 위치에 있지 않았다. 바로 이러한 일을 행하는 것, 즉 좋은 삶에서 앎이 수행하는 결정적 역할을 입증하고 그러한 앎의 대상에 대해 이론적 설명을 제시하는 것이 과도기 및 중기 대화편들 속에서 플라톤이 가진 주요 목표들 중 하나이다.

앎은 그 내용에 의해 규정되므로, 유익하고자 하는 앎은 선 개념을 명료화함으로써 특정되어야 한다. 이 명료화는 두 단계로 추진된다. 그중 첫 단계는 『프로타고라스』에 제시되는데, 여기에서 소크라테스는 '대중'의 관점을 분명하게 요약한다. 이것은 우리에게 좋음에 대한 대중적인 개념만을 전해 주고 있을 뿐이다. 좋음에 대한 플라톤의 설명에서 보다 철학적인 두 번째 단계를 위해서, 우리는 다음 장에서 논하게 될 『뤼시스』와 사랑에 관한 이론으로 눈길을 돌려야 한다. 『프로타고라스』의 마지막 부분은 유익한 앎의 대상으로서의 좋음 개념에 대해 점진적인 명료화로 향한 플라톤의 첫걸음으로 이해하는 게 가장 좋다. 그리고 이는 그 부분이 『파이돈』 이전의 대화편들 가운데 건설적인 논증을 담은 가장 견실한 부분인 이유를 설명해 준다.

『프로타고라스』에서 우리가 확보하는 것은 물론, 좋음과 즐거움의 '통속적인' 동일시에 기초한, 좋음에 대한 앎의 개요적인 모델일 뿐이다. 그러나 이 모델이 전적으로 우리를 오도하는 것만은 아니다. 쾌락은 좋음을 한 가지 중대한 측면에서 보편적인 욕구와 추구의 대상으로 제시한다.[56] 그리고

---

55 안티스테네스에 대해서는 1장 41쪽을 보라. 또한 이소크라테스에 대해서는 Eucken(1983)과 이것이 참조하고 있는 Marrou(1950, 121-36쪽)와 Jaeger(1944, 영역본 46-155쪽)를 보라.

56 다음 구절과 비교하라. 『필레보스』 20d 8: "좋음을 아는 모든 주체는, 그것을 취하여 소유하길 바라면서, 그것을 추적하고 사냥하네." 그러나 쾌락이 없는 삶은 선택할 만하지 않다(21e).

이성은 플라톤에게 계산 능력(logistikon)으로 남게 될 것이다. 궁극적으로, 쾌락주의적 계산은 일상적인 이해타산을 위해서 나쁜 모델이 아니다. 이해 타산 그 자체는 플라톤에게 지혜가 의미하게 될 것에 대한 일종의 이미지, 열등한 유사물이다.[57]

9. 에필로그: 플라톤에서 자제력 없음

기원전 5세기에 소크라테스와 에우리피데스 사이에 어떠한 일이 있었는 지 우리가 알지 못하므로, 철학사에서 자제력 없음에 관한 논의는 『프로타 고라스』에서 시작한다. 이 주제는 그다음으로 아리스토텔레스가 다뤘다. 그의 『에우데모스 윤리학』 2권 7-8장에 등장하는 자발적인 행위에 관한 논 의는 주로 자제력 없음과 관련된 문제들로 채워져 있다. 인간의 행위는 욕 망(epithymia)에 저항하고 이성적 욕구(바람, boulēsis)에 일치하여 수행될 때 자 발적인가? 아니면 그 반대인가? 유혹에 굴복하는 것은 강제(bia)에 의한 것 인가? "그래서 자제력 있는 사람(enkratēs)과 자제력 없는 사람(akratēs)에 대 한 논란이 많다"(『에우데모스 윤리학』 2권 8장 1224a 31). 그리고 『니코마코스 윤 리학』 7권(=『에우데모스 윤리학』 6권)에서 아리스토텔레스는 10개의 긴 장(章) 을 이 현상 및 그 다양한 유형들의 분석에 할애한다. 그는 자제력 없음과 악

---

57 이런 쾌락주의적 계산이 『법률』 5권 733a-d에 나오는 법률 요강에 대한 서언의 대중적 도덕
성에 다시 모습을 드러내고 있는 점을 주목하라. 동기부여의 측면에서 "본성상 가장 인간적
인 것"을 대변하는 것은 "쾌락과 고통, 그리고 욕구(epithymiai)"이다(732e 4). "행의의 결과들
이 고통보다 큰 쾌락을 동반하지 않는 한, 어떠한 사람도 특정 행위를 수행하도록 기꺼이 설
득되지 않을 것입니다"(『법률』 2권 663b 4). 『법률』의 심리학에서 쾌락과 고통(이것들은 1권
644c 6에서 처음에는 '어리석은 두 조언자'로 등장한다)이 지니는 일차적인 중요성에 대해서
는 Stalley(1983), 59-70쪽을 보라.

덕 사이에는 그어야 할 중요한 구분이 있다는 점을 당연시한다. 자제력 없는 사람은 어떠한 행위가 도덕적으로 나쁜 것임을 알고 있으면서도 격정 (pathos) 때문에 그 행위를 하는 반면, 악한 사람은 자신이 행하는 것이 나쁘다는 것을 인지하지 못한다(『니코마코스 윤리학』 7권 1장 1145b 12).

현대 철학자들 사이에서도 자제력 없음의 문제는 도덕 심리학의 논의에서, 결실이 풍부한 논제가 되었다. 우리는 그 가운데 둘을, 즉 데이비드슨 (Donald Davidson, 1980)과 왓슨(Gary Watson, 1977)의 고전적인 논문을 언급할 수 있다. 특히 왓슨은 플라톤을 논의의 기준점으로 삼으면서, '소크라테스주의'를 가장 잘 알려진 자제력 없는 행위의 부정 사례로 꼽는다.

플라톤의 『프로타고라스』에서 유래하는 이런 수천 년의 전통에도 아랑곳하지 않고, 정작 플라톤 자신은 보다 나은 판단에 반하는 행위의 현상에 그다지 관심을 기울이지 않았으며, 자제력 없음과 악덕의 구분을 계획적으로 무시하고 있다는 주장은 역설적으로 들릴지 모른다. 하지만 그는 실제로 그랬던 것으로 보인다. 다른 곳에서와 마찬가지로 『프로타고라스』에서 플라톤의 일차적인 관심은 '모든 사람이 진정 원하는 것은 좋음이기 때문에, 자발적으로 악을 행하는 사람은 없다'는 소크라테스적 역설의 심오한 의미에 있다. 그러므로 좋음에 대한 무지에서 나온 행위는 비자발적인 것으로 간주된다. 최선의 것에 대한 판단을 거스르는 행위는 거의 행위라고 부를 수도 없는 것이다(그런 것처럼 보인다). 그러한 행위는 무시되거나 무지와 동일시될 만하다. 만일 좋음이나 좋아 보임에 대한 파악이 너무 미약해서 행동으로 옮겨질 수 없을 정도라면, 그러한 파악은 앎으로 간주될 수가 없고, 무지와 다를 바 없다.

나는 플라톤의 견해가 『프로타고라스』뿐만 아니라 『국가』에서도 그렇다고 생각한다. 『프로타고라스』에서 그는 소크라테스로 하여금 (상식과 일상적인 경험에도 불구하고) 그런 자제력 없는 행위를 부정하도록 만든다. 왜냐하면 이것은 용기 개념에 대한 정교한 변증법적 '수정'에서 결정적인 조처이기 때문이다. 우리가 보았듯이, 소크라테스가 (두려운 것과 두려워 말아야 할 것에 관한 앎으로서) 용기를 제시한 것은, 만일 대화 상대가 비겁한 자도 도망치지 말아야 한다는 사실을 간혹 알고 있지만 그저 두려움에 압도되었을 뿐이라고 대답한다면, 붕괴되어 버릴지도 모른다. 하지만 여기서 심오한 점은 다음과 같다. 만일 어떠한 사람이 불명예스러운 삶보다는 전장에서의 죽음이 낫다는 사실을 진정 이해하고 있다면, 두려움에 일말의 영향도 받지 않거나, 여하튼 두려움에 굴복하는 경향을 보이지는 않을 것이다.[58] 그러나 이런 심오한 점은 대중의 대변자라 할 프로타고라스와의 대화 과정에서는 효과적으로 개진될 수가 없다. 그 대신, 자제력 없음의 부정을 토대로 두려움에 관한 앎으로 용기를 정의함으로써, 그 점에 대해 형식상 뜻이 같지만 보다 피상적인 버전이 제시된다.

『국가』에서 플라톤은 자제력 없음을 부정하지 않는다. 이와 반대로, 그는 레온티오스의 이야기에서 자제력 없음의 명백한 사례를 본다. 레온티오스는 사람의 시체를 보고 싶은 충동으로 심리적 갈등을 겪었지만 결국에는 "그러한 욕구에 압도된다"(4권 440a). 소크라테스는 말한다. 이렇듯, "다른 많은 경우에도, 욕구들이 이성적인 판단(logismos)에 반하여 어떤 이의 행위를 강요할 때, 우리는 그가 자신을 꾸짖으며 자신 안의 강요하고 있는 부분에 분개하는 모습을 목격하네. 마치 양편이 싸움을 벌이고(stasiazontoin) 있기라도 하듯이"(440b). 이것은 의심할 여지없이 자제력 없음에 대한 기술이다. 그러나 그것은 "불의와 무절제(akolasia)와 비겁과 무지, 요컨대 모든 악덕"으

---

58 감정에 대한 자기 통제를 전제하는 이 막강한 도덕적 앎 개념에 대해, 덕을 다른 동기를 잠재우는(silencing) 것으로 파악하는 John McDowell의 견해와 비교하라. McDowell(1980), 370쪽을 보라.

로 특징지어지는 심리적 내분(stasis)에 대한 설명과 개념적으로 동일하다. 그리고 그런 내분은 혼의 한 부분이 반란을 일으켜, 순종해야 마땅한 부분에 의해 혼이 지배받을 때 일어난다(444b).

영혼 삼분설이 아크라시아와 악덕의 구분을 위한 이론적 자원을 플라톤에게 제공하고 있음에도 불구하고, 8권과 9권에 등장하는 유덕하지 않은 사람들에 대한 그의 묘사는 그러한 구분을 하지 않으며 레온티오스와 같은 사례들을 고려하지 않는다. 사실상, 플라톤은 『국가』에서 악덕의 심리학에 대해 두 개의 대안을 제공하고 있다. 5권에서 악덕은 혼의 부분들 간의 내분 또는 갈등으로 표현된다. 낮은 단계의 욕망들이 이성에 반란을 일으켜 지배하면, 그에 따른 악덕의 상태는 자제력 없음과 구별되지 않는다. 이렇듯 『국가』 4권 430e 6에서 절제는 쾌락과 욕망에 대한 자제력 있음(enkrateia)으로 정의되는 반면, 431a 7-b 2에서 방종(akolasia)은 자기통제의 상실 내지는 자신에게 짐(hētton heautou)으로 기술된다. 하지만, 이후의 권(卷)들에서는 유덕하지 않은 유형들이 심리적 반란의 상태로 기술되지 않고, 하위의 원리가 혼의 권좌에 편안히 등극해 있는, 혁명을 치른 후 확립된 정권으로 기술된다. 이 문맥에서 플라톤은 혼의 저급한 부분들의 승리를 상위의 이성의 전복보다는 혼의 왜곡 상태로 기술하고자 한다. 그런 사람은 판단 그 자체가 왜곡되어 있기 때문에, 나은 판단에 어긋나게 행동하지 않는다. (『국가』 8권 553d 1-4와 이 책의 9장 5절에서 인용된 텍스트들을 보라.) 레온티오스의 이야기를 제외한다면, 플라톤은 『국가』에서, 판단은 올바르지만 행위는 나쁠 수 있는 상황에 대한 기술을 피한다. 그의 관심은 도덕적인 나약함이 아니라 인간의 혼을 지배할 수 있는 대체적 원리들에 있다. 플라톤이 나약함의 사례들을 무시하는 것은 아마도 그러한 사례들이 악은 결코 자발적인 것이 아니라는 그의 주장을 침식할 우려가 있었기 때문으로 보인다.

하지만 이후의 작품에서, 플라톤은 역설을 재차 단언하는 길을 찾고, 이와 동시에 도덕적 나약함과 자제력 상실의 실재를 충분히 인정한다. 그는 이제 『국가』 4권과 8-9권이 보이는 문제 취급 방식의 차이에 맞게 악덕을 두 종류로 구분한다. 그래서 『티마이오스』 86b에서 그는 두 종류의 심리적 무질서를 인정하는데, 둘 다 어리석음(anoia)으로 규정되면서도 각각 무지(amathia)와 광기(mania)로 구별된다. 무지가 나쁜 사회적 영향과 부적절한 교육의 산물이라면, 광기는 과도한 쾌락이나 고통을 산출하는 신체적 불균형에서 기인한다. 그리하여 "쾌락을 극복하지 못하는(akrateia hēdonōn) 거의 모든 경우에서, 자발적으로 나쁜 사람이 된다는 믿음에서 그것을 비난하는 것은 잘못입니다. 아무도 자발적으로 나쁜 사람인 것은 아니고, 나쁜 사람이 되는 것은 신체의 어떤 나쁜 상태, 교육받지 못한 양육 때문입니다. 이러한 상태들은 누구에게나 혐오스럽고 아무도 그것들을 자발적으로 받아들이지 않습니다"(86d-e).

『법률』 5권의 법전에 대한 서문에서도 동일한 구분이 소크라테스적 역설과 연계되어 언급되지만, 여기에서 광기의 범주는 명백하게 자제력 없음으로 대체된다. "모든 무절제한 자들은 반드시 비자발적으로 무절제한(akolastos) 것입니다. 대다수의 사람들이 절제되지 않은 삶을 살고 있는 것은 무지(amathia) 때문이거나 자제력의 결여(akrateia) 때문이거나 이 둘 모두 때문입니다"(734b). 『법률』에서 자제력 없음의 현상은 최소한 세 경우에 기술되어 있다(3권 689a 1-c 3: 고귀해 보이는 것들을 싫어하고, 비천하며 부정한 것으로 판단되는 것을 좋아하는 경우. 9권 875a 1-c 3: 강한 유혹의 지배를 받은 인간 본성의 나약함. 10권 902a 6-b 2: 가장 열등한 자들의 특징인, 더 나은 판단에 어긋나게 행동함). 그러나 무엇보다도 무제한의 정치권력의 맥락에서, 플라톤은 지적인 통찰력만으로는 유덕한 행위를 행하기에 불충분하다는 점을 인정한다(9권 875a-c. 3권 691c 5-d 4, 4권 713c 6-8 참조).

보다 대중적이고, 명시적으로 덜 이론적인 『법률』의 논의에서도 ─여기에서 지성의 훈련보다는 감정의 훈련에 대한 요구가 우세한 경향을 보인다— 감정들에 대한 지배력의 상실(akrateia)은 악덕과 양자택일할 개념이 아니라 악덕의 근원으로 간주된다. 『국가』의 레온티오스의 이야기에서도 그렇듯이, 『법률』에서도 보다 폭넓게 그렇다. 플라톤은 아크라시아의 현상을 완전하게 인정하고자 하지만, (내가 알 수 있는 한) 그는 자제력 없음과 악덕 사이에 이론적인 선을 긋지 않으려 한다. 자제력 없음은 감정들을 이성과 조화시키지 못하는 극단적인 사례일 뿐이다. 그것은 『소피스트』에서 질병과 갈등(stasis)이란 용어로 정의되었던 바로 그런 종류의 악덕(ponēria, kakia)으로서, 좋음을 지성적으로 파악하지 못함과 대조된다(『소피스트』 228a-e).

'자제력 없음'에 대한 상세한 논의는 스톨리(R. F. Stalley, 1983), 50-54쪽과 보보니치(C. Bobonich, 1994), 3-36쪽을 보라. 스톨리는 플라톤에서 악덕 일반이 비자발적인 것처럼, "의지박약으로 인하여 이루어진 행위들은 진정으로 자발적인 것이 아니다"라는 결론을 내린다(52쪽). 이와 비슷하게 보보니치는 "엄밀한 의미에서 모든 자제력 없는 행위는, 그리고 이에 가까운 행위는 본의가 아닌 행위이다"라고 주장한다(18쪽 각주 33).

9장

사랑의 대상

1. 에로스와 필리아

플라톤만큼 사랑에 관하여 이야기할 것이 많았던 철학자는 없을 것이다. 문학적인 관점에서 볼 때, 이 주제에 대한 그의 관심은 에로스 개념이 소크라테스적 문헌의 전통에서 독립적인 핵심 주제로 정립되어 있었다는 사실에 의해 뒷받침되었다. 그러나 엄밀한 철학적 관점에서 볼 때, 플라톤의 사유에서 이 주제의 중요성은 흔히 사람들이 인지하는 것보다 더 크다. 나는 이 장에서 플라톤의 에로스 이론이 그의 도덕 심리학과 형이상학적 이데아론을 이어 주는 필수 불가결한 연결고리가 되고 있다는 점을 주장하고자 한다. 플라톤이 『향연』에서 에로스에 관한 논의를 '형상들'(이데아들)로 표현되는 실재에 대한 새로운 관념을 세상에 공표하는 기회로 택하고 있는 데에는 충분한 이유가 있는 것이다. 플라톤이 자신의 이론을 진입적으로 제시한다는 관점에서 볼 때, 우리는 『향연』이 아포리아적 대화편들에서 덕과 앎에 관해 결론을 내지 못한 논의들과 『파이돈』 및 『국가』의 대단한 건설적

이론들 사이에서 과도적 단계를 형성하는 것으로 볼 수 있다.

오해를 피하기 위해, 우리는 플라톤이 전개하는 사랑 이론의 의미를 한정해 볼 필요가 있다. 첫째, 그리스인들은 영어의 love, 불어의 amour에 해당하는 것으로 erōs와 philia라는 두 용어를 사용하며, 그 의미의 차이는 상당하다. 플라톤의 이론은 거의 전적으로 에로스와 관련된다. 더 나아가, 에로스에 대한 플라톤의 설명은 그것 자체를 위한 것이라기보다는 윤리학과 형이상학과 관련된 철학적 목적을 위해 전개된다. 우리는 주로 여기에서 에로스 이론이 가진 이런 넓은 의미의 기능에 관심을 가진다. 그러나 먼저 우리는 에로스 개념과 필리아 개념의 차이에 대해 설명할 필요가 있다.

명사 erōs와 동사형 eran은 으레 성적인 격정을 가리키는 반면, philia와 philein은 보다 온건한 형태의 애정을 기술한다.[01] 따라서 philia는 일반적으로 '사랑'보다는 '우정'으로 번역된다. 이 두 개념에 대하여 플라톤과 아리스토텔레스가 가졌던 관심의 차이는 우리에게 적지 않은 도움을 준다. 아리스토텔레스는 자신의 윤리학 저술들에서 세 개의 권을 필리아 또는 우정의 주제에 바치지만,[02] 에로스에 대해서는 '과도한 필리아'로 한 번 언급할 뿐 거의 거론하고 있지 않다.[03] 아리스토텔레스는 에로스 개념을 철학적 주제로서는 중요하지 않은 것으로 간주했거나, 아니면 그 주제에 대해서는 플라톤과 여타 철학자들에 의해 이미 충분한 논의가 이루어진 것이라고 느꼈다. 이에 반하여 플라톤은 에로스의 주제에 관하여 두 개의 주요 대화편을 작성했지만, 필리아는 그보다 짧은 아포리아적 대화편 『뤼시스』에서 논한

---

01 erōs와 philia의 의미에 대해서는 Halperin(1985), 163쪽과 각주 15에 인용된 Dover와 Vlastos의 연구물을 보라.

02 『에우데모스 윤리학』 8권, 『니코마코스 윤리학』 8-9권.

03 『니코마코스 윤리학』 9권 10장 1171a 11. 보다 상세한 논의는 Price(1989), 236-49쪽에 실린 "Aristotle on Erotic Love"를 보라.

다. 그리고 『뤼시스』에서조차도 우정에 관한 담론은 소년 뤼시스에 대한 청년 히포탈레스의 성적인 이끌림을 묘사하는 이야기 전달의 틀에 설정되어 있다. 그리고 우리가 나중에 보게 될 것이지만, 필리아에 관한 논의 자체도 에로스 쪽으로 방향이 맞춰져 있다.

아리스토텔레스는 필리아 개념의 분석에 관심을 집중시킴으로써, 플라톤이 미완의 상태로 남겼던 작업을 완수하려 한 것으로 볼 수도 있다. 연구자들은 아리스토텔레스의 우정론이 사실상 『뤼시스』에서 플라톤이 제시한 문제들(aporiai)을 출발점으로 삼고 있다고 종종 언급했다. 그러나 아리스토텔레스가 상호 간의 우정과 애정의 현상에 대한 적절한 설명 제시에 몰두하고 있는 건 사실이지만, 플라톤이 이에 견줄 정도로 에로스에 대한 설명에 착수하고 있다고 해석하는 것은 잘못일 것이다.

최근 몇몇 연구자들이 지적했듯이, 플라톤은 사랑에 대한 포괄적인 철학을 구축하려고 하지 않는다.[04] 플라톤은 최고로 강렬한 욕구 형태로서의 에로스에 관심이 있다. 그러나 에로스로 간주되는 것은 욕구 일반이 아니다. 플라톤에게, 에로스는 아름다운 것에 대한 욕구이다. 그리고 아름다운 것은 좋은 것(to agathon)과 가까운 친족 관계에 있다. 우리는 이러한 친족 관계의 본질에 대하여 더 이야기하게 될 것이다. 나는 『뤼시스』에 처음 모습을 드러낸 이후 『향연』에서 정형화된 에로스 이론이, 모든 사람이 좋음을 욕구한다는 『고르기아스』와 『메논』의 교설이 직접적으로 전개되고 변형된 형태라고 주장하고자 한다. 좋음이 아름다움으로 나타날 때, 욕구는 에로스의 형태를 띤다.

아름다움에 대한 에로스적 열정은 좋음에 대한 욕구와는 달리 양면성을 지니는 것처럼 보일 수 있다. 이에 대한 인상적인 예를 들자면, 『국가』 9권

---

04 Halperin(1985)과 Kraut(1992), 248쪽 이하에 실린 Ferrari의 논문을 보라.

에서 참주의 혼에 든 범죄적인 독재의 열정도 에로스라 불린다(573a-575a). 그러나 범죄적 욕구들은 혼의 이성적 부분(logistikon)을 타락시킴으로써만 혼을 지배할 수 있다. 그 결과 그 부분은 이 무법적인 욕구들이 그것들의 대상으로 제시하는 것은 무엇이든 좋은 것(에로스의 경우에는 좋고도 아름다운 것)으로 받아들이게 된다. (아래 433쪽에 나오는, 그러한 타락의 사례를 보라.) 이와 마찬가지로 『파이드로스』에 등장하는 욕망의 검은 말은 쌍두마차의 마부인 이성의 승낙을 얻을 때에만 자신의 목적을 달성할 수 있다.

물론, 영혼 삼분설에서는 욕구에 관한 이론이 더욱 복잡해진다. 에로스 개념이 보다 단순한 양태를 띠고 좋음에 대한 욕구와 밀접하게 묶여 있는 『향연』에서 논의를 시작해 보자. 나는 철학자로 하여금 사랑의 사다리를 오르게 하는 에로스적 충동이 『고르기아스』와 『메논』에서 소크라테스적 역설의 실마리로 등장하는 좋음에 대한 보편적 욕구와 근본적으로 다르지 않다고 생각한다. (이 책의 8장 8절을 보라.) 이렇게 좋음에 대한 욕구를 에로스로 특정하는 것은 아름다운 사람으로 인하여 일어나는 성적인 열정이 좋고도 아름다운 것에 대한 강렬한 욕구가 경험되는 가장 일상적이고도 원초적인 형태라는 사실을 반영한다. 『파이드로스』가 말하고 있듯이, '미'는 선명한 시각적 이미지들을 가진 유일한 형상이다. 그러나 그러한 이미지들에 대한 반응은 다양한 모습을 띨 수 있다. 플라톤이 참주의 혼에 내재한 지배적인 격정을 가리키며 '에로스'라는 말을 쓰고 있다는 것은, 적절한 안내를 받을 때 우리를 철학으로 인도할 수 있는 혼의 동일한 원리가, 또한 완전히 그릇된 안내를 받을 때에는 우리의 삶을 강탈과 야만으로 몰아갈 수 있다는 점을 일깨워 준다.

욕구의 가장 강력한 형태로서의 에로스가 인생의 목표를 설정하는 데에서 결정적인 역할을 할 수 있기 때문에, 그 개념은 플라톤에게 필리아 개념보다 훨씬 더 중요한 철학적 의미를 지닌다.[05] 더 나아가, 에로스 개념은 사랑에 관한 플라톤의 설명을 구성하는 적절한 수단이 될 수 있는 논리적인 또는 구조적인 특징을 지닌다. 에로스의 경험은 (그리스인들의 묘사에서도 종종 그렇듯) 비대칭적일 수 있는 반면, 우정은 본래 상호적이다. 플라톤이 구축하고 있는 것이 욕구(궁극적으로는 이성적 욕구)에 관한 이론이므로, 에로스 개념은 필리아 개념이 할 수 없는 방식으로 그의 목적에 기여한다. 예를 들어, 'philos'(친구)라는 말은 '…을 좋아하는 사람'과 '…에게 소중한 사람'이라는 의미를 둘 다 가진다. 플라톤은 이와 같은 능동과 수동의 양면성을 『뤼시스』의 변증법적 문제들 중 몇 가지에서 이용한다. 그러나 이러한 상호성은 에로스의 경우에 부차적이고 우연적인 것이다. 소년애에 대한 그리스의 전통적인 견해에 따르면, 성적 욕망의 대상(paidika)은 사랑하는 자에 대하여 구태여 그런 욕망을 느낄 필요가 없다. 플라톤이 『파이드로스』에서 에로스의 상호성에 대한 생각을 도입하고자 할 때, 그는 '맞사랑'이란 뜻의 '안테로스'(anterōs)라는 새로운 개념을 만들어 낼 수밖에 없는데, 이런 에로스는 사랑받는 사람이 사랑하는 사람의 눈에 자신의 모습이 비치는 것을 본 결과로 솜씨 좋게 설명된다(『파이드로스』 255c-d). 에로스만을 말한다면, 그것은 (필리아와는 달리) 오직 한 방향만을 가리킨다.

에로스의 이러한 비대칭 구조는 인간 혼과 좋고도 아름다운 것 사이의 관계에 잘 들어맞는다. 형상(이데아)들의 경우뿐만 아니라 그 밖의 많은 좋고 아름다운 것들에 대한 욕구에서도, 상호성 개념은 전적으로 부적합할 것이다. 따라서 플라톤의 '사랑 이론'은 필연적으로 에로스 이론이지 필리아 이론이 될 수는 없는 것이다.

---

05 에로스 개념의 중심을 이루는 의미는 성적인 것이지만, 성적이지 않은 욕구와 관련한 보다 폭넓은 용례도 오래되었고 잘 확립되어 있다. 예를 들어, "고기와 음료에 대한 그들의 에로스(욕구)가 충족되었을 때"(호메로스의 『일리아스』 1권 469행 외에 다수).

이러한 이론에서, 욕구의 대상은 처음에만 또는 수단적인 측면에서만 인간이다. 개인들이 맺는 상호 관계는 필리아에 대한 논의에서 취급되어야 하겠지만, 플라톤은 이를 전개하지 않았다. 이상과 같은 구분을 명확히 염두에 둔다면, 플라톤의 사랑 이론에 대한 비판의 상당 부분은 이렇다 할 의미를 상실하고 말 것이다. 분명한 것은 『향연』에서 디오티마가 제공한 에로스에 대한 설명이 개인들 간의 우정이나 애정에 대한 설명이길 요구하지 않는다는 사실이다.[06]

2. 에로스와 욕구

(『뤼시스』의 프롤로그와 『향연』, 『파이드로스』에서) 에로스에 관한 플라톤의 논의가 의문의 여지없이 사랑에 빠짐의 사례들을 다루고 있지만, 『향연』의 교설은 사랑에 관한 이론이라기보다는 (이성적) 욕구에 관한 이론인 것으로 이해하는 게 가장 좋다. 이러한 점은 그 이론이 처음으로 표현되는, 아가톤에게 소크라테스가 묻는 구절에서 분명하게 드러난다. "에로스는 그것의 대상인 것을 욕구하는가, 아닌가?"(『향연』, 200a 2). 이에 대한 대답은 물론 그렇다는 것이며, 욕구를 부족 내지 결여로 분석하는 잘 알려진 부분(200a-e)이 그 뒤를 이으면서 에로스에 관한 이론 전체를 주도한다.

여기에서 플라톤이 욕구에 관련하여 쓰는 어휘에 대해 몇 마디 덧붙이

---

06 『파이드로스』의 사정은 더 복잡하다. 그곳에서 철학적 에로스는 상기의 방식에 의해 일차적으로 형상들을 지향하지만, 플라톤의 설명에는 성적 욕구의 인지(와 제지)와 더불어 진정한 필리아의 가능성과 바람직함에 대한 언급이 포함되어 있기 때문이다(256a-e). 그뿐만 아니라, 플라톤은 그 논리적 구조가 에로스에 상응하는 관계를 언급할 때에도 philos나 philein이란 말을 쓰려고 한다.

는 것이 도움이 될 것이다. 방금 언급한 구절에서 '욕구'에 해당하는 단어는 epithymia이며, 이것이 플라톤이 쓰는 가장 일반적인 용어이다. 『국가』 9권에 따르면, 혼의 각 부분은 각각에 고유한 욕구(epithymia)와 각각에 고유한 즐거움을 갖는다(580d). 하지만 epithymia는 『국가』 4권(437d-e)에서 갈증이 오로지 음료수에 대한 욕구로 표현될 때처럼 보다 좁게, 식욕을 가리키는 개념일 수도 있다. 플라톤은 우리가 아리스토텔레스에게서 찾아볼 수 있는 체계적인 용어법을 결여하고 있거나, 아니면 회피하고 있는 것이다.

아리스토텔레스는 이와 관련하여 orexis(욕구)라는 유(類) 개념을 제시하고 그 아래에 세 가지 종(種) 개념을 포함시키고 있다. 첫째, (가끔 wish로 잘못 번역되는) boulēsis(희망)는 좋은 것이나 좋은 것이라 판단되는 것에 대한 이성적 욕구이다. 둘째, thymos(기개)는 분노나 자부심, 복수심 등과 관련되어 스스로를 내세우는 감정이고, 셋째로 epithymia(욕망)는 쾌락에 대한 욕망 또는 욕구이다. 그런데 아리스토텔레스의 욕구 삼분과 그 부분들에 대한 이름 중 둘은 직접적으로 『국가』의 영혼 삼분에 기초하고 있다. 아리스토텔레스는 한 번도 욕구들에 대한 이러한 분류를 방어하지 않는다. 그는 이를 아카데미아에서 수용된 분석으로서 당연시하는 듯하다.

이와는 대조적으로, 플라톤은 epithymia 이외에 유 개념을 사용하지 않는다. orexis란 말은 그의 저술들 속에서 한 번도 등장하지 않는다. 그는 '원함' 또는 '욕구함'을 나타내는 일상적인 두 단어 boulesthai와 epithymein을 아주 흔하게 혼용한다. 물론 이 두 단어는 의미상 서로 구분되는 뉘앙스를 가진다. 어원적으로 boulesthai는 '회의'(會議)라는 의미의 boulē와 '숙고하다'라는 의미의 bouleuesthai와 연결되고, epithymein은 '분노,' '격정,' '감정적 충동'이란 의미의 thymos와 연결된다. 플라톤의 대화편들에는 이와 같은 어원상의 대비가 고려되고 있는 구절들이 있다.[07] 『카르미데스』(167e)는 아리스토텔레스가 나중에 그랬던 것처럼 그런 구분을 분명한 용어법으로 고정하려는 경향을 보인다. 『국가』에서도 epithymētikon이라는 용어는 혼의 욕구적인 부분을 가리킨다. 그러나 플라톤은 고정된 용어법을 혐오해서, 이두 단어의 용법에 의도적으로 변화를 가할 뿐만 아니라 "boulesthai(원함)와 epithymein(욕구함)을 동일하지 않은 것으로 구분하는" 프로디코스를 놀려댄다(『프로타고라스』 340b 1). 플라톤은 욕구에 대한 유 개념을 하나의 특정 단어로 표현하지 않고, epithymein(욕구함)과 boulesthai(원함), eran(사랑함)을 포함하여, 여러 가지 다양한 표현들 사이를 자유롭게 넘나들며 그것을 표현한다.[08]

우리는 『고르기아스』와 『카르미데스』의 작가는 아리스토텔레스식으로 감각적인 욕망으로서의 epithymia와 이성적 욕구로서의 boulēsis 사이의 구분 가능성을 자각하고 있지만, 『메논』, 『뤼시스』, 『향연』의 작가는(물론 이 두 작가는 동일인이다) 그런 언어적인 대조를 무시하고 이 단어들을 얼마간 혼용한다는 점을 본다. 왜일까? 거기에 엄밀한 용어법의 회피 이상으로 다른 중대한 이유가 있는 것일까?

나는 플라톤이 다양한 욕구 관련 어휘들을 개념적으로 하나인 것으로 융합한 데에는 의미심장한 철학적 동기가 있다고 생각한다. 그것은 (그가 『국가』 9권에서 복잡한 영혼 삼분설을 소개할 때까지) 좋음에 대한 이성적 욕구, 정확히 말해 소크라테스적 역설의 기초가 되는 욕구에만 전적으로 초점이 맞춰진 욕구 이론을 창출하겠다는 의도이다. 이것은 아리스토텔레스가 boulēsis(희망)라 부르는 이성적 욕구이다. 그러나 플라톤의 기획에서,

---

07 『고르기아스』에서 이루어지는 epithymein과 boulesthai의 구분에 대해서는 이 책의 5장 239쪽 이하와 8장 369쪽을 보라.

08 『메논』 77b-78b에서는 epithymein과 boulesthai가, 『뤼시스』 221b 7-e 4에서는 epithymein, eran, philein이, 『향연』 200a 3-201b 2에서는 epithymein, boulesthai, eran이, 204d 5-205b 2에서는 eran, boulesthai가 유사한 방식으로 쓰인다.

boulēsis는 그보다 더 강력한 역할을 수행한다. 『향연』에서 사랑의 사다리를 타고 오르는 에로스는 지금 좋음-아름다움(善-美)으로 파악된 좋음(善)에 대해 인간이 가지는 보편적인 욕구이다. 『향연』의 최종적인 형이상학적 형태의 에로스는 『파이돈』에서는 지혜와 진리에 대한 철학자의 연애로 재등장하고, 『국가』의 중심이 되는 권들에서는 형상들, 궁극적으로는 '좋음'의 형상(이데아)에 대한 애착으로 재등장한다. 이로써 소크라테스적 주지주의의 근간을 이루는 좋음에 대한 보편적 욕구는 배척되지 않고, 에로스 개념으로 재구성되어 심화되고, 플라톤의 성숙한 형이상학 및 심리학으로 풍부하게 통합된다.

만일 우리가 어떤 사람도 나쁜 것들을 욕구하지 않으며 모든 행위는 좋음을 지향한다고 주장하면서, 플라톤이 (또는 소크라테스가) ―좋은 것에 대한 판단으로 환원시킬 것 같지 않은― 인간의 행위 동기에 관한 일반론을 제공한다고 생각한다면, 우리는 『향연』의 이론과 『고르기아스』 및 『메논』의 논증들을 잘못 파악하고 있는 것이다. 우리가 앞 장에서 보았듯이, 오직 『프로타고라스』의 351 이하에 등장하는 교묘한 논증만이 그 자체에 속한 매우 특수한 목적들을 달성하기 위해 그런 일반적인 주장을 내놓는다. 『국가』 이전의 대화편들에서 플라톤은 도덕 심리학에 대한 어떠한 보편적인 설명도 제공하지 않는다. 이와 반대로, 욕구에 관한 그의 논의는 의도적으로 좋음을 향한 이성적 욕구에 제한되어 있는데, 왜냐하면 그러한 것이 소크라테스적 역설에 깔린 근본적인 생각이기 때문이다. 이렇듯, 『파이돈』의 혼은 본질적으로 이성적인 원리이다. 『국가』에서 혼의 비이성적 부분들과 동일시되는 것은 『파이돈』에서 신체에 속한다. 그래서 『향연』의 에로스 이론은 궁극적으로 좋음-아름다움으로 이해된 좋음을 향한 이성적 욕구에 대한 이론이다.

플라톤은 이런 식으로 이성적 욕구의 충만한 힘을 지시해 줄 용어로 에로스를 택함으로써 명백하게 수사적(修辭的) 이점을 누린다. 그리고 플라톤의 도덕 이론에 나타나는 이성과 격정의 이러한 개념적 융합에도 철학적인 정당화가 이루어진다. 이성적인 행위자에서는, 특정 행위를 결정할 때 욕구에 이성이 동반되어야 한다. 숙고한 결과, 배척되지 않는 강렬한 욕구라면 욕구된 대상이 좋다는 판단을 야기하거나 암시해 줄 것이다. 이 점에 대한 추가 논의는 5절에 있다.

3. 『뤼시스』로부터 『향연』으로

『뤼시스』에서 우리는 에로스 이론을 구축할 다양한 조각들을 조심스레 맞추고 있는 플라톤의 모습을 볼 수 있다. 그래서 나는 여기에서 이 대화편을 간단히 다루고, 6절에서 보다 풍부하게 다룰 것이다. 우리는 비록 『뤼시스』가 공공연하게 두 소년 뤼시스와 메넥세노스의 관계에 의해 예시되는 우정을 주제로 다루고 있지만, 프롤로그에서 소크라테스가 구애와 관련하여 청년 히포탈레스에 준 훈계에 의해 에로스 문제가 제시된다는 점을 주목했다. 여기서 소크라테스는 자신이 신으로부터 에로스 문제에 관한 분별력을 받아 가지고 있다고 말한다(204c 1). 히포탈레스의 경우와 관련된 에로스의 비대칭적 방식과 두 소년이 맺는 우정의 대칭성이 선명하게 대조된다. 뤼시스와 메넥세노스는 나이, 미, 고귀한 출생, 소크라테스와 기꺼이 대화하려는 자세의 면에서 비슷하다. 그런데, 사랑하는 자(erastēs) 히포탈레스는 사랑받는 자 뤼시스와 호감 있는 사이(prosphilēs, 206c 3)가 되었으면 한다. 그러나 사실, 그는 자신의 구애가 적의를 불러일으키지나 않을까 두려워한다(207b 7). 그리고 이런 감정상의 비대칭성은 대화편의 종결부에서 소크라테스가 진실로 사랑하는 자는 사랑받는 자로부터 애정(phileisthai)을 되받을 가치가 있다고 주장할 때에 다시 강조된다. 이 지점에 이르러 두 소년은 아주 당혹스러워 하지만, 히포탈레스는 기뻐 날뛴다(222a-b 2). 우리가 기억해야 할 것은 성적인 관계의 진전은 상호적인 것으로 상정되지 않는다는 점이다. 구애를 받은 소년은 무관심을, 심지어는 성가신 심기를 보이도록 되어 있다.[09] 다른 한편, 또래 사이의 우정은 상호적인 관계가 아니라면 아무런 의미도 없다.

이렇듯, 『뤼시스』는 성적인 구애의 틀 속에 설정된 우정에 관한 담론으로 조심스럽게 계획된다. 에로스의 비대칭적 방식은 대화편의 후반부에서 점차 힘을 더해 간다. 그리고 이것은 우연이 아니다. 바로 이 비대칭적 모델의 전개에 의해 『뤼시스』는 『향연』에 제시된 에로스 이론에 길을 터 준다.

우정으로부터 에로스로 옮겨 가는 것은 먼저 215e 4에서 욕구함(epithymein)의 개념이 도입되면서 시작하고(마른 것은 습한 것을, 찬 것은 뜨거운 것을 욕구한다), 그 후 217c 1과 e 8부터 체계적으로 비대칭적 모델의 도입과 더불어 전개된다. 여기에서, 좋지도 나쁘지도 않은 것은 나쁜 것의 현전으로 말미암아 좋은 것을 욕구한다는 주장이 나온다. 호기심을 유발하는 이런 전이의 양태는 전적으로 필리아와 관련된, 네 세트의 아포리아적 논증을 뒤따르는데, 이것들은 모두 미해결된 상태로 끝날 뿐이다. 우리는 A가 B를 사랑한다(philein)고 할 때, A와 B 가운데 누가 진정 친구(philos)라 불릴 수 있는지 말할 수 없다. 마찬가지로, 우정이 비슷한 사람들 사이에 성립하는지 비슷하지 않은 사람들 사이에 성립하는지 말할 수도 없다. 비슷한 사람들뿐만 아니라 비슷하지 않은 사람들(예컨대 좋은 사람과 좋은 사람, 나쁜 사람과 나쁜 사람, 또는 좋은 사람과 나쁜 사람) 사이에 성립하는 필리아 개념을 괴롭히는 것처럼 보이는 이율배반들을 피하기 위해서, 마침내 중립적인 주체, 즉 좋지도

09 Dover(1978), 85쪽 등.

않고 나쁘지도 않은 것이 도입된다(216c-e).

아무 준비 없이 『뤼시스』를 접하는 독자는, 처음에 이 중립적인 주체, 즉 좋지도 나쁘지도 않은 어떤 것의 요점을 보기 어렵다. 그것은 두 가지 사례와 더불어 분명해진다. 이 가운데 두 번째 사례는 철학에 비대칭적 방식을 적용한다. 중립적인 신체가 질병의 악 때문에 의술의 선을 욕구하듯, 인식의 경우도 이와 마찬가지이다. 중립적인 주체들은 지혜롭다고 할 만큼 좋지도 않고, 모르는 것을 안다고 믿을 만큼 구제 불능으로 무지하지는 않은 사람들이다. 이렇게 인지적으로 중간 상태에 있는 사람들은 지혜를 사랑하는 자들이 될 수 있고 철학을 추구할 수 있다(218a-b).

『뤼시스』에서 플라톤은 『향연』의 디오티마가 떠맡게 될, 에로스를 통한 철학 모델을 우리에게 잠깐 제공한다. 사랑의 교설을 우의적으로 도입하는 부분에서, 디오티마는 에로스를 지혜와 무지 사이에 위치한 철학자로 묘사하고자 한다. 왜냐하면 철학자는 지혜를 결여하고 있을 뿐만 아니라 그 결여를 의식하고 있기 때문이다(『향연』 203d-204a. 202a 참조). 『뤼시스』에는 철학에 대한 이야기가 그 이상 나오지 않지만, 『향연』의 에로스 이론을 구성하는 여타 요소들은 필리아에 관한 논증이 어리둥절하게 굴곡을 겪는 과정 속에 시험적으로 제시된다. 『뤼시스』의 이 논증에 대한 분석은 아래 6절에 제공되어 있다. 여기에서는 『뤼시스』가 『향연』의 에로스 이론에 든 중요한 요소들을 암시하거나 미리 선보이는 점들을 다음과 같이 간단히 열거한다.

① 지혜롭지도 무지하지도 않은 애지자(philo-sophos, 218a-b. 『향연』 204a 참조).

② 좋음을 향한 욕구(epithymia)로서의 사랑(217c 1, e 7. 『향연』 204e-205a 참조).

③ 사랑의 대상으로서의 아름다움(kalon)과 환치될 수 있는 좋음(216d 2.

『향연』 204e 참조).

④ 결여 내지 결핍으로서의 욕구(221d 7-e 3. 『향연』 200a-e 참조).

⑤ 친족성을 느끼게 하는 것(oikeion)으로 이해되는 좋음(221e-222d. 『향연』 205e 참조).

⑥ 그것을 위해 여타 모든 것이 소중한 것들이 되는 첫째로 소중한 대상 (prōton philon, 219d, 220b, d 8. 『향연』 210e 6, 211c 2 참조).

⑦ 단순한 모상들(eidōla)과 대조되는 참으로 소중한 것(219d 3-4. 『향연』 212a 4-6 참조).

에로스 이론에 직결되는 이상의 유사 논점들과 더불어, 『뤼시스』는 완전히 성숙한 이데아론의 두 가지 기술적 특징을 또한 미리 보여 준다.[10]

『향연』에 상술되는 교설을 알지 못한 채 『뤼시스』를 접하는 독자는 '그것을 위해 여타 모든 것이 소중한 것들이 되는 첫째로 소중한 것'이라는 표현이 함축하는 의미를 이해할 수 없을 것이다. 그러한 독자는 욕구를 결핍으로 또는 아름다움을 소중한 것으로(216c 6), 좋음의 한 속성으로 간략하게 지칭하는 부분의 중요성을 포착할 수 없을 것이다. 좋음과 아름다움 간의 이러한 중대한 연계는 소크라테스 자신의 주장에 따르면 아포리아로 인하여

---

10 본질로서의 형상(이데아)을 지칭하는 특정 표현은 『파이돈』 74d 6에서 αὐτὸ τὸ ὅ ἐστιν(75b 1, d 2, 78d 3 등 참조)의 형태로 명시적으로 소개되는데, 『뤼시스』 219c 7에서 ἐκεῖνο ὅ ἐστιν πρῶτον φίλον(첫째로 소중한 바로 저것)으로, 『향연』 211c 8에서 αὐτὸ ὅ ἐστιν καλόν(아름다운 바로 그것)으로 미리 선보인다. Kahn(1981), 107쪽 이하를 보라. 『뤼시스』가 미리 선보이는 다른 기술적인 부분은 『향연』에는 더 전개되지 않고, 『파이돈』에만 전개된다. 첫째로 소중한 것을 제외한 여타 사물들은 '참으로 소중한' 다른 어떤 것을 위해 소중하다고 말해지고, 말에서만(rhēmati, 220b 1) ('참으로 소중한 것'과 마찬가지로) 소중하다. 이는 사물들이 그것들이 분유하는 형상에 따라 파생적으로 이름이 붙여진다는 명명(epōnymia) 이론(『파이돈』 102b와 103b 8)을 대강의 형태로 미리 선보인다.

현기증을 느끼고 있던 와중에 스스로 무슨 말을 하고 있는지도 모르는 순간에 내뱉어진 말("나는 좋은 것이 아름답다고 말하거든," 『뤼시스』216d 2)이다. 이렇듯 플라톤은 우리에게 ―입문하지 않은 독자에게는 해독해야 할 난수표이지만 『향연』에 나오는 소크라테스 연설의 시각에서 해석될 때에는 완전히 이해될 수 있는― 수수께끼 같은 일련의 암시들을 제공하고 있다. 그 연설에서 다시금 아름다움은 욕구 대상으로서의 좋음과 동일시되고(204e), 그리하여 아름다움에 대한 욕구로서의 에로스와 행복과 좋음에 대한 보다 일반적인 인간 욕구가 근본적으로 동일하다는 점을 정립하게 된다.

그래서 사전 지식을 가진 독자라면 디오티마의 에로스 이론이 『뤼시스』가 내포하고 있는 일종의 언외 의미라는 점을 발견할 수 있다. 그리고 '그것을 위하여 여타 모든 것이 소중한 것들이 되는' 최종의 목적 내지 목표로서, 참으로 그리고 파생되지 않은 방식으로 소중한 유일한 것으로서 제일 원리(archē)가 필요하다는 점을 설정함으로써, 『뤼시스』는 『향연』의 '아름다움'(美) 자체뿐만 아니라 『국가』의 '좋음'(善)의 이데아로 나아가는 길을 가리킨다.

4. 아름다움으로서의 좋음

형용사 agathos와 kalos는 많은 경우에 의미상 서로를 함축하지만, 정확하게 동일한 의미를 가진 단어는 결코 아니다. 그래서 신사나 훌륭한 사람을 뜻하는 보통의 그리스적 표현 kalos kágathos는 동어반복이 아닌 것이다. 고전적 용법에서 kalos는 광범위한 영역의 의미들을 가지는데, 이의 상당 부분은 agathos의 용법과 겹친다. (실제로 현대 그리스어와 후대의 고전 주석서들에서 kalos는 '좋은'에 대한 통상적인 단어인 agathos를 대체하기도 했다.) 하지만 kalos 개념은 두 가지 측면에서 뚜렷하게 구별된다. 그것은 한편으로 신체적 미를 의미하고, 다른 한편으로 도덕적·사회적 승인을 의미한다. 따라서 agathos 가 아닌 kalos가 종종 '아름다운'으로 번역될 수 있으며, 다른 상황에서는 '칭찬할 만한'이나 '명예로운'으로 번역될 수 있다. 우리가 8장에서 보았듯이, 플라톤은 도덕과 무관하거나 이해타산적인 형태로 소크라테스적 역설을 언급할 때에만 조심스럽게 agathon이란 말을 사용하는데, 여기에서 agathon은 '행위자에게 좋은(이로운)'으로 이해될 수 있다. 다른 한편, kalon은 예컨대, 용기를 덕으로 규정할 때처럼 개인에게 유용한 것과 구별되는 것으로서 사회적 승인을 받는 것을 표시하기 위해 도입된다(『프로타고라스』 359e 이하. 이 책의 8장 5절을 보라). 바로 행위자에게 좋은 것과 사회적으로 칭찬할 만한 것 사이의 불일치 가능성 때문에, 폴로스는 비록 불의를 행하는 것이 불의를 당하는 것보다 더 불명예스럽기는 하지만(덜 kalon하지만), 그렇다고 그것이 더 나쁜 것, 즉 행위자에게 더 나쁜 것은 아니라고 주장하기에 이른다(『고르기아스』 474c).

하지만 to kalon이 에로스의 대상으로 간주될 때, 일차적으로 의도되는 것은 도덕적 탁월함이 아닌 시각적 아름다움(美)이다. 도버(K. J. Dover)가 말하듯이, "어떤 사람을 아름답다(kalos)고 말하게 하는 특징들은 보통 시각적이다."[11] 『파이드로스』의 신화에서도, "신체의 감각들 중 가장 날카로운"(250d) 시각에 의해 우리는 초월적인 '미'의 영상을, 오직 이 형상만의 영상을 파악한다. 결국, 에로스 교육의 첫 단계는, 더는 청춘이 아닌 소크라테스가 순간적으로 카르미데스의 신체적 미에 압도되듯이, 젊은이가 아름다운 신체와 사랑에 빠지는 일이다. 『향연』의 이론에서 새롭게 등장하고, 아리스토파네스가 말한 신화에서 처음 공표되는 것은 그러한 미에 의해 일어난 신체적인 열정의 감정적 소동이 그 자체 안에 형이상학적 요소, 다시 말해 인간

---

11 Dover(1974), 69쪽.

적 조건의 한계를 초월하며 허기와 갈증이 해소될 수 있는 방식으로는 결코 충족될 수 없는 열망을 포함하고 있다는 발상이다.[12] 『국가』에 전개된 영혼론에 따르면, 사랑에 빠지는 현상은 epithymia라는 육체적 욕구뿐만 아니라, 좋은 것, 다시 말해 좋고도 아름다운 것을 욕구하는 이성적 원리에 마땅히 속하는 형이상학적인 요소를 함축한다.

이렇듯 플라톤은 에로스에서 형이상학적 차원을 발견했는데, 이는 (단테가 사랑하는 연인 베아트리체를 승화시키고 있는 데서 보듯) 중세의 신비주의뿐만 아니라 (우리를 고양시키는 '영원한 여성적인 것'에 대한 괴테의 비전에서 보듯) 근대의 낭만주의에까지 이어진다. 그러나 특별하게 플라톤적인 것을 지적한다면, 그의 에로스 이론이 미(美)와 성(性)이 초월적인 열망과 맺는 연계 이상의 것이라는 점이다. 『향연』의 교설에 따른다면, 에로스의 대상인 아름다움(kalon)은 세 가지로 규정된다. 첫째, 그것은 좋음과 동일시된다. 이는 (모든 사람은 좋은 것을 욕구한다는) 소크라테스적 역설에 대한 이해타산적인 버전과 도덕적인 버전에 의해 규정된다. 둘째, 그것은 불멸성의 다양한 가사적(可死的) 형태들과 동일시된다. 이것들은 『메논』에서 묘사된 혼의 불멸적인 운명을 (대체하지 않고 이를) 보충한다. 그리고 마지막으로, 그것은 형상(이데아)론에 의해 규정되는 새로운 영역의 실재와 동일시된다. 플라톤적 에로스에 속한 이런 세 가지 차원은 『향연』에서 디오티마가 내놓은 교육 프로그램의 단계적인 과정들로 제시된다.

디오티마의 가르침은 에로스를, 좋고도 아름다운 것의 소유로 이해된 행

12　Halperin(1985, 169쪽 이하)은 이렇게 욕망과 욕구를 근사하게 구분한다. 그는 플라톤이 "디오티마의 전제들을" 아리스토파네스의 신화에 상징적으로 "끼워 넣음"으로써 독자로 하여금 그녀의 에로스 이론을 준비시켰으며, 이로써 "철학적인 훈련을 거치지 않은 독자에게 일상적인 인간 경험의 차원에서 플라톤적 에로스 철학의 비교(秘敎)로 입문하기 위한 토대를 제공했다"고 지적한다.

복에 대한 욕구로 사뭇 일반적으로 정의하면서 시작한다(204d-e, 205d). 따라서 이 첫 번째 단계에서, 유(類)적으로 받아들여진 에로스는 소크라테스적 역설이 모든 인간 존재에게 귀속시키는, 좋은 것들에 대한 보편적인 욕구와 동일시된다. 그러나 디오티마의 설명이 지닌 에로스적인 문맥은 이러한 주장에 전혀 새로운 굴곡을 야기한다. 이렇게 해서, 우리는 보다 종(種)적으로 에로스와 관련된 두 번째 교육 단계로 나아가게 되는데(206b 이하), 아름다운 신체의 매력은 소유의 욕구 이상을 고취시킨다. 사랑하는 자가 열망하는 것은 창조, 즉 아름다움 속에서의 신체와 혼의 탄생이다.[13] 후손의 획득은 불멸성이 가사적인 형태로 드러난 것이다. 그래서 동물들도 공유하는 불멸성의 생물적인 수준에서, 에로스의 창조적 요소는 번식에서 표현된다. 그러나 이 두 번째 단계도 개인적 초월의 고차적인 형태들을 내포한다. 이것들은 불후의 명성을 보장하는 고귀한 행위들에, 위대한 시와 창작 예술에, 그리고 (플라톤이 최고의 현세적 업적으로 간주했던) 법률 제정 및 훌륭한 도시들의 정치 조직에 있다. 이 모든 것들이 자신 뒤에 무엇인가를 남김으로써 죽음을 이기고 살아남으려는 생물적인 충동의 확장으로 제시된다. "이런 방식으로 가사적인 것은 불멸성에 참여하지요. 하지만 불멸하는 것은 그와 다른 방식으로 참여합니다"(208b 2). 아가톤의 만찬 모임은 『메논』에 공표되고 『파이돈』에 전개된 보다 천상적인 불멸성의 개념을 상술하기엔 적절하지 않은 자리이다.[14]

두 번째 단계가 끝날 무렵, 우리가 불멸성에 대한 에로스적인 추구를 덕(aretē)에 대한 불후의 명성 형태 속에서 살펴볼 때(209a 이하), 상황은 더 복잡

---

13 이렇게 유적인 에로스와 종적인 에로스를 구분하는 것에 대해서는 Santas(1988), 32쪽 이하를 보라.

14 이 점과 관련하여 교설을 청중의 눈높이에 맞추는 것에 대해서는 이 책의 2장 131-33쪽과 11장 527쪽 이하를 보라.

해진다. 여기에서 우리는 디오티마의 설명에 스며든 얼마간의 긴장을 발견한다. 이 긴장은 (1) 다른 연설자들이 표명한 관념들을 포함하여 그리스 문화의 다양한 양상들에 적용될 만큼 충분히 일반적인, 사랑과 덕에 대한 관념과, (2) 덕의 수양을 최고 비의(秘儀)들(telea와 epoptika, 210a 이하)에 서술된 혼의 상승을 위한 도약의 발판으로 간주하는, 보다 특수한 플라톤의 견해 간에 이루어진다. 사랑하는 사람은 "덕에 관한 이야기들(logoi), 그리고 좋은 사람이 어떠해야 하고 어떤 일들을 실천에 옮겨야 하는지에 관한 이야기들"(209b 8 이하)을 하도록 고무된다는 생각은 언뜻 보기에 파우사니아스의 연설에 표현된 동성애의 견해와 양립 가능한 것처럼 보인다. 이 연설에 따르면 나이가 많은 연인은 나이 어린 애인의 교육을 떠맡는다.

그러나 우리는 최고 비의들에 아직 도달하지 않았다. 마침내, 아름다움에서 도덕적·지성적 탄생을 이룬다는 디오티마의 관념은 그와는 다르고, 소크라테스가 대화 상대자들에게 자신들의 삶을 검토하고 자신들의 혼을 고양시킬 것을 권고하는 대화와 훨씬 더 비슷한 것으로 드러난다. 왜냐하면 학습자를 에로스 교육의 마지막 세 번째 단계로 나아가도록 움직이는 것은 파우사니아스의 대화가 아니라, 플라톤의 대화편들에 기록되어 있는 소크라테스의 담론들(logoi)일 뿐이기 때문이다. 이 담론들은 관련 주제에서 "젊은이를 진보하게" 하고(210c 1-3), 화자와 청자 모두로 하여금[15] 관습과 법규의 도덕미를 파악하도록 이끌어(c 3-6), 학문의 지성미로 나아가게 하고(c 6 이하), 그 후 아름다움의 큰 바다를 관조함으로써 "한없이 지혜

---

15 『향연』 210c 3의 설명에는 다소의 모순이 있는 것처럼 보인다. 교육적인 담론의 산출이 어떻게 화자로 하여금 도덕적인 아름다움을 바라보도록 이끌 수 있다는 말인가? ἵνα ἀναγκασθῇ θεάσασθαι란 그러한 담론의 청자를 가리키는 것이 아닐까? 하지만 『파이드로스』 252e-253a의 유사 구절은 두 경우가 서로 비슷한 경향이 있음을 암시해 주고 있다. 『향연』 210a-d의 교사와 학생에 대한 언급에 대해서는 Dover(1980), 155쪽 참조.

422

를 사랑하는(philosophia) 가운데 숱한 아름다운 담론들과 사유들을 산출하게"(210d) 한다.

이와 같은 철학적 담론들에서, 소크라테스가 메논과 같은 미남들에게 추파를 던지며 나눈 대화들뿐만 아니라, 소크라테스가 카르미데스, (『에우튀데모스』의) 클리니아스와 같은 경탄의 대상이 되었던 청년들에게, 그리고 뤼시스와 메넥세노스와 같은 미소년들에게 했던 권고적인 연설들을 암묵적으로 연상해 내는 것은 당연하다. 사랑에 빠진 자를 다음의 마지막 단계에 요구되는 수준까지 끌어올릴 수 있는 것은 이소크라테스가 배양하거나 크세노폰이 상술한 세속적인 철학(philosophia) 관념이 아니라, 플라톤의 대화편들에 점진적으로 펼쳐진 철학 관념일 뿐이다. 사랑에 빠진 자는 지성미에 대한 통찰에 의해, 철학적인 토론 연습에 의해 깨우칠 때에만, 궁극적인 미에 대한 앎인 궁극적인 학문을 잠깐 볼 수 있게 된다(210d 이하). 성적인 욕구에 자리한 이성적·형이상학적 구성요소는 이제 제자리를 찾았다. 이런 방식으로, '미'의 형상(이데아)에 대한 행복한 직관은 이전 대화편들의 아포리아적·권유적 담론들과 더불어 시작한 교육 기획의 정점으로 제시된다.

나는 우리가 디오티마의 연설 중 마지막 부분을, 플라톤이 이전 작업의 철학적·교육학적 의도에 대해 스스로 해석한 것으로 읽어야 한다고 생각하고 있다. 사랑의 사다리는 여기에서 소크라테스적 논박으로부터 이데아론으로, 좋은 것에 대한 보편적 욕구로부터 유일하게 '아름다운 것'에 대한 초월적인 통찰로 우리를 인도하는 통로이다. 결국, 플라톤에게 '좋음'의 이데아와 '아름다움'의 이데아는 상호 치환될 것이다. 아니면 우리는 페라리(G. R. F. Ferrari)나 신플라톤주의자들에 동의하여, "아름다움은 좋음을 빛나게 하고 그것을 우리에게 드러내 주는 성질로 간주된다"고[16] 말할 수 있을

---

[16] Kraut(1992)에 실린 Ferrari의 논문 260쪽. "좋음의 본성은 자신 앞에 아름다움을 휘장

것이다. '미'는 가장 접근 가능한 형태로 '선'을 드러내 보인다. 우리가 『국가』에서 순수 이성의 태양처럼 빛나는 '선'의 이데아를 바라보기 위해 감각의 동굴을 기어 나와야만 하는 죄수들을 대면하기 전에, 여기 『향연』에서 '미'의 이데아에 대한 통찰로의 상승이라는 개념이 우리에게 소개되는 것은 적절하다. 나는 『국가』에서도 죄수가 그림자의 세계로부터 해방되는 장면을, 플라톤이 일련의 대화편들을 통해 묘사하고 독자에게 부추기고자 했던 교육 과정에 대한 또 하나의 반성으로 보는 게 적절하다고 생각한다.

5. 철학적 에로스와 덕의 단일성

에로스의 사다리의 정점에 도달하여 알맞은 기관, 즉 그의 지성(nous)으로 신적인 '미'를 응시하는 철학적으로 사랑에 빠진 자는 "덕의 모상들을 산출하지 않을 것이다. 왜냐하면 그가 접촉하는 것은 모상이 아니라 참된 덕이기 때문이다. 그가 접촉하는 것이 참된 것이니까"(212a). 많은 주석가들이 보았듯이, 이 구절은 성공적인 철학자가 (이와 더불어 그의 동료들이 정상에 도달하게 된다면 그들이) 향유하게 되는 참된 덕과 보다 하위의 수준에서 갖추어지는 일상적인 덕의 형태들 사이의 대조를 뜻한다.[17]

우리가 이미 주목했듯이, 철학자의 참된 덕과 좀 더 대중적인 형태의 덕들 간의 구별은 『파이돈』과 『국가』에 한층 명시적으로 이루어진다.[18] 그러

(probeblēmenon)으로 가지고 있다"(*Enneades* 1권 6장 9절)는 플로티노스의 결론과 비교하라.

17 보다 낮은 수준의 덕에 대해서는 『향연』 209a 및 e 2-3과 함께 Price(1989), 51쪽과 Rettig의 논평을 보라. Rettig는 212a에서 언급되고 있는 덕의 이미지들을 '2등급의 덕들'(Tügenden zweiten Grades)이라고 표현한다(Bury, 1909, 132쪽에서 재인용됨).

18 이 책의 8장 각주 8에 인용된 관련 텍스트들을 보라.

나 이런 구별 자체가 새로운 것은 아니다. 『메논』은 앎에 토대를 둔 덕과 참된 의견에 의존하는 덕을 대조하면서 끝을 맺는다. 나는 (이 책의 8장 356쪽 이하에서) 『프로타고라스』에 제시된 덕의 단일성 테제가 오직 철학적 덕이라는 이상적인 경우에만 적용된다고 주장했다. 이러한 단일성은 프로타고라스의 '위대한 연설'에서 정의와 절제로 대변된, 평범한 시민들의 덕들, 모든 사람에 의해 모든 사람에게 가르쳐지는 덕들에는 들어맞을 수 없을 것이다. 우리는 단일성 테제가 지혜(phronēsis)라 불리는 혼의 특별한 상태 ─ 이 혼의 상태는 지성적 통찰력뿐만 아니라 한 사람을 지혜로울 뿐만 아니라 정의롭고 용감하며 절제 있게 만들어 주는 추동력까지도 관할한다─ 를 함축한다는 점을 보았다. 물론 『프로타고라스』는 이러한 혼의 상태를 상세하게 기술하지 않는다. 그래서 소크라테스적 주지주의의 핵심 물음, 즉 어떻게 선과 악에 대한 앎이자 올바르고 이로운 활용의 기술인 지혜가 올바른 행위를 막는 감정적인 또는 정서적인 장애를 극복하는 데 필요한 심리적인 힘을 가질 수 있는지에 대해 이렇다 할 답변을 내놓지 않는다. 인간의 지성은 어떻게 행위의 단초들에 대해 완전한 지배권을 행사할 수 있게 되어, 좋은 것에 대한 앎이 좋은 것의 실천을 보장하게 되는 것일까?

이 물음에 대한 플라톤의 답변은 복합적이다. 답변의 첫 부분은 이론 교육에 선행하는 인성 교육의 필요성을 인지하는 데에 있다. 프로타고라스의 '위대한 연설'에서도 나타나듯이, 아동뿐만 아니라 성인을 위한 전통적인 도덕 교육을 설명할 때 그러한 필요성은 당연시된다. 이러한 유형의 교육은 정직과 자제라는 통상적인 시민적 덕들, 즉 도시 국가의 존립을 위해 반드시 필요한 정의(dikē)와 염치(aidōs)를 산출할 수 있다. 그리고 이러한 기본적인 도덕 수련의 필요성은 『국가』 2-3권에 한층 공들인 방식으로 역설되는데, 그곳에서 특히 음악 교육은 어린 혼들을 조화로운 상태로 이끌어서, 이들이 옳고 그름에 대한 이성적 설명(logos)을 아직 제대로 알지 못하지만 수치스러운 것들(aischra)을 무의식적으로 거부하는 습관을 갖도록 기획된다. (특히 『국가』 3권 401b-402a를 보라.) 역사적 소크라테스의 생각이 어떠한 것이었든, 『프로타고라스』와 『국가』의 작가는 좋은 도덕적 품성과 시민적 덕의 함양을 위해서는 지적인 이론 교육 이전에 도덕적 훈련이 필수 불가결한 선행 조건이라는 점을 알고 있다. 『국가』가 설명하겠지만, 올바른 의견이 혼을 주관하기 위해서는 욕망들과 경쟁 본능들이 조련되어야 한다.

그러나 (1) 일상적인 시민적 덕 또는 플라톤이 『국가』 4권에 이를 변형시킨 덕과 (2) 지혜에서 하나가 되는 덕에 함축된 철학적인 이상을 분리시키는 엄청난 간격이 있다. 이 간격을 메우기 위해, 철학적인 에로스의 이론이 요구될 것이다.

플라톤에게, 그리고 플라톤이 대변하는 소크라테스에게, 철학에의 헌신은 개종에 비견될 만한 것, 즉 그림자의 세계로부터 빛으로 혼이 전향함으로 간주된다. 이러한 것은 개성의 가치와 우선성과 관련하여 개성을 개조하는 것, 다시 말해 동방의 신비주의자들이 깨달음이라 부르는 영적 변화와 같은 것을 함축한다. 이성주의자이면서도, 소크라테스는 추종자들 사이에서 선(禪)의 대가나 인도의 구루와 같은 역할을 한다. 이 점은 다른 어느 곳보다 『향연』에서 분명하다. 이곳에서 첫 번째 이야기 전달자인 아폴로도로스는 최근에 철학으로 귀의하여 매일같이 소크라테스를 쫓아다니는 제자로 등장하는데, 그는 소크라테스를 제외하고 자신이 만나는 모든 사람을 불쌍한 인간 존재로 여긴다. 특히 그는 부유한 사업가 친구들을 동정한다. "왜냐하면 자네들은 아무 대단한 일도 하지 않으면서 대단한 일을 하고 있다고 생각하기 때문이다"(『향연』 173c). 이 대화편의 감정적인 열기는 알키비아데스가 소크라테스가 자신에게 미치는 영향을 이야기할 때 절정에 이른다. 그는 흥분하여, 다른 사람이 소크라테스의 이야기를 반복할 때조차 이에 흘려 있다. "그의 말을 듣고 있노라면 내 심장은 뛰고 … 눈에서는 눈물이 쏟아지네. 다른 사람들도 많이들 똑같은 일을 겪고 있는 걸 보네." 알키비아데스는 소크라테스가 철학적 삶을 권유하는 것에 너무나 큰 감동을 받은 나머지, 자신이 처한 노예 상태의 삶은 살 만한 가치가 없다는 걸 절감하기에 이른다(215d-216a).

아폴로도로스와 알키비아데스, 안티스테네스와 아리스티포스처럼 서로 다른 개인들에게 미친 이런 영향을 어떻게 설명할 수 있을까?[19] 내가 이해하는바, 이에 대한 플라톤의 해명은 모든 인간 영혼에다 좋음을 향한 깊은, 반쯤 의식된 욕구를 상정하는 데 있다. 이 욕구는 궁극적으로 이성 자체와 동일하지만, 에로스로서 경험될 수 있다. 만일 모든 사람들이 플라톤이 생각하는 그러한 좋음의 본성을 파악할 수 있다면, 어떤 사람도 다른 어떤 목적을 추구하지 않을 것이다. 하지만 대부분의 우리는 탐욕과 관능의 동굴 속에서 부나 명예나 권력을 추구하며 산다. 진정한 철학자만이 모든 사람의 내면 깊은 곳에 있는 욕구의 목적 ―이것을 위해 다른 모든 것들이 소중하다― 을 인지하고 일말의 희망을 가지고서 그것을 추구할 수 있다. 덕의 단일성은 그러한 추구가 성취되었을 때 일어날 수밖에 없는, 인성의 전면적인 변환을 의미한다.

철학적 에로스의 교설은 이와 같은 전환이 어떻게 일어날 수 있는지를 설명하기 위해 기획된 것이다. 우리는 어떻게 적절한 사회적 훈련에 의해 형성되는 일상적인 시민적 덕을 넘어서, 소크라테스에 대한 플라톤의 묘사에 보이는 것과 같은 힘들지 않은 극기의 차원으로 나아갈 수 있는가? 이에 대한 플라톤의 해명에는 두 가지 측면이 있다. 첫 번째 측면은 형상(이데아)들을 바라볼 수 있는 능력을 갖춘 자들에게 그것들을 '봄'이 미치는 직접적인 충격이다. (여기서 '봄'이란 비유적으로 단순히 지적인 접촉을 뜻한다.) 두 번째

---

19 아리스티포스가 철학으로 귀의하는 이야기에 대해서는 이 책의 1장 각주 30을 보라.

측면은 그러한 봄을 추구하고 즐기는 자들 쪽에서 일어나는 욕구의 재정향이다. 플라톤의 이론은 『향연』의 철학적으로 사랑에 빠진 자, 『파이돈』의 해방된 철학자, 『국가』의 철학자-왕이라는 이상적인 사례들을 통해 두 가지 측면을 서술해 준다. 나는 이 대화편들에서 우리가 얻는 것은 세 가지 서로 다른 교설들이 아니라 단일한 심리 이론에 대해 맥락에 따라 나온 세 가지 관점이라고 생각한다.

플라톤이 형상(이데아)들과의 지적 접촉으로 말미암아 철학자가 경험하게 되는 엄청난 희열을 기술하고 있는 구절들은 너무나도 많아 다 인용할 수가 없다. 우리가 보았듯이, 『향연』에서 디오티마는 다음과 같이 말한다. "인간에게 삶이 살 가치가 있는 건, 만일 어딘가에서 그렇다고 한다면, 바로 이런 삶에서일 겁니다. '아름다움' 자체를 바라보면서 살 때 말입니다. 당신이 일단 그걸 보게 되면 황금이나 옷이나 아름다운 소년들이나 젊은이들과는 차원이 다르다고 생각할 겁니다"(211d, 강철웅 옮김). 『파이돈』에서도 이와 비슷하게 에로스와 관련된 말로 표현된다. 일생을 통해 지혜를 사랑하는 자(erastēs)는, 다른 사람들이 아내나 그들이 사랑하는 자들을 위해 기꺼이 죽고자 했던 것처럼, 죽을 각오가 되어 있어야 한다(68a-b. 65c 9, 66b 7, 66e 2-3, 67b 9 참조). 그러나 형상들과의 접촉을 기술하면서 에로스와 관련된 말이 극단적으로 발견되는 곳은 『국가』 6권이다. 여기에서 처음부터, 사랑에 빠진 자로 소개되고 있는(『국가』 5권 464c 8-475c) 철학자는 참-존재를 추구하고, 각 본질적 존재(autou ho estin hekastou)의 본성을 이와 동류의 것인 혼의 부분의 도움으로 파악할 때까지는 그의 열정(erōs)을 누그러트리거나 단념하지 않는다. "혼의 그 부분에 의해 그는 '참으로 있는 것'에 접근하여 그것과 교합하여 지성과 진리를 낳아, 앎에 이르게 되어 진실하게 살며 양육되는데, 그 (사랑의) 진통이 그치는 것은 이렇게 해서이니, 그러기 전에는 이 진통이 그치지 않는다고 말일세"(『국가』 6권 490b, 박종현 옮김).

시대를 관통하며 전해 내려온 종교적 신비주의자들의 영적 체험과 마찬가지로, 초월적 실재들과의 지적 접촉에 대한 플라톤의 경험은 너무도 강렬한 것이어서, 성적 결합의 언어만이 그것을 표현하기에 적합한 것으로 보인다. 물론 형상(이데아)들과의 접촉에 상관된 심적 기관은 사고나 지성의 합리적 원리이다. 그러나 그러한 '존재들'의 본성은 그러한 경험을 가진 사람의 지성뿐만 아니라 감정들, 나아가 도덕적인 품성에까지 깊은 영향을 미친다.[20]

그러한 사람은 아래쪽 인간 세계의 다툼이나 증오에 시선을 두려 하지 않을 것이다. 이와 반대로, 소크라테스는 말한다. "그는 규칙적이고 언제나 똑같은 방식으로 있는 것들을 관조하면서, 서로 올바르지 못한 짓을 행하거나 당하는 일도 없이 모두가 질서 있고 이성에 따르는 그런 것들을 본받으며 최대한으로 닮느라 여념이 없을 걸세. 혹시 자네는 어떤 사람이 찬찬하면서 가까이하는 그것을 본받지 않을 도리가 있다고 생각하는가? … 철학자는 신적이며 절도 있는 것과 함께 지냄으로써 그 자신이, 인간으로서 가능한 한도까지, 절도 있고 신과도 같은 사람이 되네"(『국가』 6권 500c-d, 박종현 옮김).

사랑의 귀결은 사랑받는 것과의 동화(同化)이다. 그런 고귀한 본보기에 대한 접근을 통하여, 철학자-왕은 국가뿐만 아니라 자신을 형상들의 모습으로 만들어 간다. 형상들은 정의와 선의 범형(範型)이기 때문에, 철학자는 스스로가 정의롭고 선하게 될 것이다. 이렇듯 그는 "인간 존재들의 성품 안에다 사적으로 공적으로" 그가 신적인 본보기에서 보는 것을 구현할 것이

---

20 역으로, 온전한 지적 도야의 입문을 위해서는 일정한 품성의 조화가 선행 조건이다(『국가』 6권 486b 11, 496b 2, 『일곱째 편지』 344a). 이것이 바로 미래의 철학자들이 음악과 체육에서 훈련받아야 하는 이유이다. 그래서 logos(이성적인 것)가 다가오면, 그들은 그것을 자신에게 속하는 것으로서(di' oikeiotēta), 혼쾌히 받아들일 것이다(『국가』 3권 402a 3).

다. 그리하여 "절제와 정의, 그 밖의 대중적인 덕 전반에 대한" 숙련된 장인이 될 것이다(500d).

그렇다면 형상들을 봄에 직접적으로 따르는 도덕적 영향은 『테아이테토스』의 유명한 구절에서 묘사된 모방 내지 닮아 감과 동일한 과정이다. 그곳에서 소크라테스는 이 세계의 악들로부터 빠져나가는 유일한 방법은 "가능한 한 신에 동화되는 것(ὁμοίωσις θεῷ)"이라고 말한다. "그리고 동화는 지혜를 갖추고 정의롭고 경건하게 되는 것이다"(『테아이테토스』 176b).

다른 한편, 형상들로의 상승에 따른 간접적인 도덕적 영향은 욕구의 재정립으로 서술된다.

어떤 사람의 욕구들이 한 방향으로 심하게 기울면, 물길이 한쪽으로 방향을 트는 경우처럼 다른 방향들로는 약해질 수밖에 없는 법이라네. 그래서 누군가의 욕구들이 배움 등과 같은 쪽으로 흘러들기 시작하면, 그 욕구들은 혼 자체만의 즐거움들에 관심을 기울임으로써 신체의 즐거움을 포기할 걸세. 그가 참으로 지혜를 사랑하는 자(philo-sophos)라면 말일세. (『국가』 6권 485d)

프로이트(S. Freud)는 '승화'(昇華, sublimation)와 관련한 논의에서 이와 똑같은 물길의 비유를 사용한다. 그는 『향연』에 등장하는 플라톤의 에로스론을 자신의 성욕설의 선구로 인정하면서 기뻐했다.[21] 프로이트의 설명을 앞의 인용문의 의미에 적용해 보았을 때, 우리는 플라톤적 에로스를 동기를 부여하는 에너지의 —이 에너지는 혼의 세 부분 중 어떤 한 부분에 많이 할당될 경우 다른 부분들에는 적게 배분된다— 공통적 원천으로 해석할 수 있을 것이다.

---

21 Santas(1988), 154쪽 이하에 인용된 구절을 보라.

매력적일 수도 있겠지만, 이 프로이트적인 유비는 『국가』의 관련 구절에 대한 해석으로서도 그리고 『향연』의 에로스에 대한 설명으로서도 만족할 만한 것이 될 수 없다. 물길의 비유가 조심스럽게 해석되지 않는다면, 프로이트의 정신분석학과 비교하는 것은 플라톤의 이론에 대한 우리의 시각을 왜곡시킬 것이다. 대상 중립적인 욕구들이 신체적 쾌락의 경로를 떠나 배움 쪽으로 향할 수 있다는 승화 이론에 함축된 생각은 엄밀히 말해 혼의 세 부분이 저마다 각각의 대상에 의해 정의되는 구분된 욕구를 ―앎에 대한 사랑, 승리와 명예에 대한 욕구, 에피튀메티콘(epithymētikon)을 구성하는 다양한 욕망들을― 가진다는 『국가』의 심리 철학(9권 580d-581c)과 양립될 수 없다. 에피튀메티콘의 욕구들은 보다 고귀한 대상으로 옮겨 갈 수 없다. 그것들은 그것들이 욕구하는 바에 의해 규정된다. 우리는 방향 전환의 문제와 관련하여 텍스트를 너무 말 그대로 읽지 않도록 해야 한다. 물길의 비유는 우리로 하여금 동일한 에피튀미아들(epithymiai)이 한 경로에서 다른 경로로 전환될 수 있는 것처럼 그 구절을 읽게 한다. 하지만 욕구가 그것의 고유한 대상에 의해 개별적으로 구분된다는 플라톤의 욕구 개념에 충실히 따르고자 한다면, 우리는 "한 방향으로 심하게 기운 욕구"가 '특정 유형의 욕구가 에로스의 원조에 의해 강화됨'을 뜻한다고 이해해야 한다. 반면, "욕구들이 신체의 즐거움을 포기한다"는 말은 그에 상응하는 욕망들이 평가 절하되어 에로스의 충전을 빼앗김으로써 약해진다는 것을 뜻한다. 어떤 사람이 어떤 것을 최고의 가치를 지닌 것으로 생각하면, 그는 그것을 실행하며 추구하고, 이는 한층 강력해진다. 그가 어떤 것을 그다지 중요하지 않다고 생각하면, 그 결과 그것은 무시되고 감소된다. 『국가』의 수로 변경의 이미지가 가리키는 과정은 사실 대화편 『티마이오스』에서 보다 기계론적인 용어로 서술되고 있는 바로 그 현상이다. 거기서 욕구의 역할은 혼의 각 부분에 고유한 운동 개념으로 대체된다.

혼의 세 종류가 우리 안의 세 군데에 자리를 잡고 있으며, 그 각각이 자신의 운동들을 갖고 있음을 우리가 여러 차례에 걸쳐 말했듯이, 이번에도 똑같이 가능한 한 간략하게 이 점을 말해야만 합니다. 즉 이것들 중 게으름 속에서 지내고 그 자신의 운동을 하지 않고 있는 것은 필연적으로 가장 허약하게 되지만, 단련을 통해 운동을 하고 있는 것은 가장 강건하게 된다는 점을 말씀입니다. (『티마이오스』 89e, 박종현 옮김)

『국가』의 보다 인지적인 심리 철학으로 눈길을 돌린다면, 우리는 logistikon의 욕구 ─진리에 대한, 좋고 유익한 것에 대한 이성적 욕구─ 만이 방향을 잃고 잘못하여 관능적인 희열이나 정치적인 명예와 권력에 유착될 만큼 휘기 쉬운 욕구라는 사실을 알게 된다. (thymoeides, 명예를 사랑하는 부분은 파생적인 의미에서 휘기 쉽다. 왜냐하면 그것은 이성이 좋은 것으로 받아들이는 것에 의해 영향을 받는 경향이 있기 때문이다.) 말 그대로 받아들이면, 수로 변경의 비유는 단지 자신의 고유한 대상으로 재정향이 요구되는, 좋고도 아름다운 것에 대한 잘못 자리 잡은 욕구를 말해 주고 있을 따름이다.[22] 이렇게 앎과 실재 쪽으로 방향을 튼다는 것이 바로 욕구들이 "혼 자체만의 즐거움"에 초점을 맞춘다는 말의 의미이다(『국가』 6권 485d 11. 이러한 표현은 앞서 『파이돈』 65c 7, 66a 1-2, e 1에서도 찾아볼 수 있는데, 여기에서 혼, 즉 프쉬케는 이성적 혼을 가리킨다).

이렇게 『국가』에 나오는 욕구의 방향 전환에 대해 본질적으로 이성적이고 인지적인 해석을 내리는 것은 에로스에 대한 『향연』의 설명에 의해 확인

---

22 『국가』 6권 485에 나오는 '물길의 비유' 맥락에서, 이성적 원리는 앎과 실재를 자신의 대상으로 삼고 있다고 서술된다. 이후 6권의 구절(508e 3)은 이 두 대상이 모두 '좋음'(선)의 이데아로부터 파생된 것이라고 말한다.

될 수 있다.[23] 텍스트는 에로스가 좋은 것들을 향해 인간이 보편적으로 가지는 욕구의 특별한 사례라고 명시적으로 규정하고 있다(205a, d). 우리가 보았듯이, 소크라테스적 역설에 의해 함축된, 좋은 것을 향한 보편적·이성적 욕구는 본질적으로 아리스토텔레스의 boulēsis와 플라톤의 logistikon과 같다. 플라톤의 에로스는 목표와 관련하여 중립적인 심리적 에너지의 무차별적 원천과는 거리가 멀다. 그것은 모든 인간의 혼에 활력을 불어넣는, 좋음(그리고 궁극적으로는 '좋음'의 이데아)에 대한 심원한 욕구일 뿐이다. 이 욕구는 방향을 잘못 잡을 수도 있지만, 본성상 좋고 소중하고(philon) 바람직한 것 쪽으로 설정된 조준 장치를 내장하고 있다. 플라톤에 따르면, 사랑의 사다리를 타고 오르는 철학자에게 일어나는 것, 그리고 『국가』 6권에서 '욕구의 수로 변경'으로 표현되고 있는 것은 우선적으로 그리고 그 무엇보다도 이성적 욕구, 즉 좋고도 아름다운 것에 대한 우리의 욕구를 잘못된 표적으로부터 벗어나 자신만의 고유한 대상 쪽으로 그 방향을 다시 잡아 주는 일이다. 지성은 이러한 과정에서 결정적인 역할을 수행한다. 그러나 좋고도 아름다운 것에 대한 지성의 판단은 욕구의 방향 전환과 관련된 물길의 비유에 표현된 에로스의 강력한 충전을 동반한다. 동물적인 욕망은 여전히 매혹적인 신체를 향해 고정되어 있다. 그러나 에로스적 욕구의 특징이라 할 형이상학적 열망은 보다 위대한 지성적 통찰에 힘입어 위쪽으로 상승하게 될 것이다.

이성이 혼의 저급한 부분들의 노예가 될 때, 우리는 이와는 정반대의 과정을 보게 된다. 그리고 이것의 의미는 『국가』 8권에 나오는 과두제적 성향

---

23 나는 이 자리에서 지금까지 종종 논란을 일으켰던 견해, 즉 에로스 개념에 대한 『향연』의 일원론적 설명은 『국가』의 영혼 삼분설과 양립 가능하고, 이 둘은 『파이돈』의 심리 철학과도 일치한다는 견해를 지지하고자 한다.

의 인간에 대한 플라톤의 설명에서 아주 생생하게 묘사된다. 이 경우, 그러한 혼의 옥좌에 등극해 있는 것은 동물적인 욕망과 부에 대한 집착이다.

> 그는 혼의 이성적인(헤아리는) 부분(logistikon)과 격정적인(기개적인) 부분
> (thymoeides)을 욕구적인 부분 아래 땅바닥 양쪽에 쪼그리고 앉게 하여, 노예 노
> 릇을 하게 하면서, 앞의 것에 대해서는 어떤 수로 더 적은 재물에서 더 많은 재
> 물이 생기게 되겠는지를 셈하거나 생각하는 것 이외에는 그 어떤 것도 허용하
> 지 않을 것이라 나는 생각하네. 그런가 하면, 뒤의 것으로 하여금 부와 부자들
> 이외에는 아무것에 대해서도 감탄하며 존중하지 못하도록 하네. (『국가』 553d,
> 박종현 옮김)

이성이 노예가 되는 것은 이렇듯 이성적인 원리가 그와 다른 혼의 원리
가 부과한 좋음의 개념을 받아들인다는 것, 즉 좋음이 혼의 저급한 부분이
욕구하는 대상과 동일시된다는 것을 뜻한다. 이것이 바로 저급한 혼의 원
리가 지배한다는 말의 의미이다.[24] 유덕하지 않은 행위는 단순히 이성 쪽의
판단 착오로 말미암은 결과가 아니다. 그러한 행위는 행위자가 자발적으로
(hekōn) 행하는 한, 언제나 그러한 착오를 수반한다. 왜냐하면 그것은 이성

---

24 혼의 지배가 가지는 두 가지 의미를 구별하는 것이 유용할 것이다. Klosko가 '규범적 지배'라
불렀던 의미에서, 혼의 원리는 그것의 고유한 욕구 대상들(부, 명예, 관능적 쾌락 등)이 좋음의
내용을 결정하는 것으로 이성에 의해 수용될 때 지배한다. (이성이 이러한 의미에서 지배할
때, 좋음은 올바른 의견이나 철학적 앎에 의해 결정된다.) 다른 의미에서(이는 Klosko가 '직접
적 지배'라 부른 것과 대략 같다), 이성은 절제 가능한 모든 행위의 집행에 대해 감독권을 행사
한다. 즉, 이성은 규범적 지배에 의해 결정된 목적의 달성에 기여할 최선의 행위를 결정한다.
이것은 Hume이 말하는 의미에서 잠재적으로 정념(감정)의 노예인 이성이 갖는 도구적 기능
이다. 플라톤의 이론은 일차적으로 첫 번째 (규범적) 의미에서 혼의 지배에 관심을 가진다. 조
금 다른 형태의 글 Klosko(1986), 69쪽 이하와 더불어 Klosko(1988), 341-56쪽과 비교해 보라.

적인 부분이 동의했다는 것을 뜻하기 때문이다.

좋고 바람직한 것에 대한 우리의 판단을 곡해함으로써, 저급한 혼의 원리들은 『국가』 8-9권의 정도(定道)에서 벗어난 삶들에서 이성을 그것들 자신의 목적을 위해 이용하는 데 성공할 수 있다. 바로 이것이 이성이 노예가 된다는 이야기의 뒤에 깔린 내용이다. 『국가』에 나오는 혼의 능력들이 서로에게 영향을 미치는 방식은 —『파이드로스』의 신화에 나오는 투쟁의 비유들과 나쁜 말(馬)의 우의(寓意)가 시사할 법한— 야만스러운 폭력이 아니라, 유혹, 설득, 습관화이다. 『파이드로스』도 혼의 상충하는 부분들 간의 논쟁과 합의에 대하여 이야기한다.[25] 혼이 이성만을 나타내는 『파이돈』에서, 혼이 (『국가』의 비이성적인 부분들에 상응하는) 신체에 속박되는 모습은 다음과 같이 기술된다.

> 모든 사람의 혼은 무엇인가에 대해 지나치게 즐거워하거나 괴로워할 때면, 그와 동시에 자신이 가장 강하게 그것을 겪은 대상에 대해서 그것이 가장 분명하고 가장 참된 것이라고 —사실은 그렇지 않은데도— 여기게 되지 않을 수 없다는 것이네. … 모든 즐거움이나 고통은, 마치 못을 가진 듯 혼을 몸에 대고 못질해 박아 육체적으로 만들어서는, 몸이 그렇다고 말하는 것이면 무엇이든 참이라고 여기도록 만들기 때문이지. (『파이돈』 83c-d, 전헌상 옮김)

철학의 깨우침을 받지 않은 이성은 관능적 욕망들에 의해 또는 튀모스(thymos) —명예에 대한 야심과 경쟁— 에 의해 구축된 동굴의 어두운 인식 속에서 살아갈 수밖에 없다. 한 인간이 가진 존재론은 그가 기꺼이 추구하는 것에 의해 결정된다. 그러므로 대부분의 인간 삶들에서 형이상학적인

---

25 나쁜 말과 마부 간의 합의(homologia)에 대해서는 『파이드로스』 254b 3, d 1을 보라.

욕구는 빗나간 대상에 초점이 맞춰져 있다. 역으로, 이성의 계몽은 인간 욕구의 방향 전환을 가져온다. 철학적으로 사랑에 빠진 사람이 자신의 형이상학적 에로스를 그것에 고유한 표적으로 인도하기만 하면, 육체적인 쾌락은 이전처럼 그렇게 매력적이지 못할 것이다.

『파이돈』이 금욕적인 양식에서 육체의 감각적 영역으로부터의 해방으로 해석하고 있는 것을, 『향연』은 보다 적극적인 표현을 써서 그것을 욕구의 교육으로, 에로스를 신체의 미로부터 도덕적 미를 향해 방향을 트는 것으로 기술한다. 능숙한 에로스의 인도자는 (『파이돈』의 소크라테스가 이데아에 대한 상기를 설명하는 과정에서 사용하는 감각-지각이 지닌 유인과 마찬가지로) 성적 매력이 처음에 지니는 유인(誘因)을 쓸 것이다. 사랑에 빠진 자가 자신이 욕구하는 대상을 아름다운 것으로, 따라서 여타의 영역에서도 발견될 수 있는 바람직한 원칙의 일례로 볼 수 있게 만들도록 말이다. 『향연』의 현상들을 영혼 삼분설의 개념적 틀로 해석해 볼 때, 우리는 이 첫 번째 단계에 의해 영향을 받는 부분이 —성적인 희열에 대한 욕구로서 본질적으로 epithymētikon에 속하는— 관능적인 욕망 자체가 아니라, 인지적인 요소이며(이것이 이성적 원리를 대변하는 한), 이 요소가 사랑스런 육체에 —이것은 좋고 진실한 것으로 판단된 것, 따라서 잘못 자리 잡은 이성적 욕구의 대상이다— 대한 집착의 함정에 일시적으로 빠져 있다는 점을 보게 된다.

에로스적 입문의 과정에서 이 이성적 요소는 '위쪽으로' 방향을 잡고, 먼저 미가 모든 신체들에 깃든 '동일한 것'이라는 점을 인지하게 된다. 이런 인식적 전환은 특정한 신체에 대한 애착을 평가 절하하고 따라서 그것을 약화시키게 된다(『향연』 210b 5-6). 이러한 과정은 '신체의 아름다움보다 혼의 아름다움을 더 소중한 것'으로 인지하는 데로 이어진다(210b 6-7). 다시금, 상향 운동의 열쇠가 되는 것은 인식적인 재평가이다.[26]

이렇듯, 육욕으로부터 형이상학적 열정으로 욕구가 방향 전환하는 것은 본질적으로 인지적인 과정에 의해, 처음의 욕구 조건을 변경함에 의해 일어난다. 이는 사랑에 빠진 자의 관심을, 세계를 개개인의 신체로 구성된 것으로 보는 시각으로부터 이 현상적인 세계가 지닌 다채로운 아름다움과 합리적인 구조들이 유래하는 비물질적인 원리들을 보는 데로 전환시킨다는 것을 의미한다. 이러한 인식적인 방향 수정은 바로 『국가』 6-7권에 기술되어 있는 것과 같은 종류의 변증법적 훈련을 요구하는데, 이러한 과정을 통하여 입문자는 이 세계의 아름다운 이미지들을 더 높은 단계의 '미'의 이데아에 대한 모상들로 볼 수 있게 될 것이다. 『국가』에 등장하는 '혼의 눈'의 전향과 마찬가지로, 『향연』에서 에로스 교육은 본질적으로 인식적 기획이다. 그것은 이성적 욕구를 부적절한 대상에 대한 집착으로부터 해방시키고, 그 방향을 그것의 고유한 목표, 즉 "미 자체에 대한 앎인 진정한 앎"(211c 7) 쪽으로 재설정하려는 기획이다. 『향연』은 『국가』에서 방향 전환에 대한 기술에 의해 부분적으로만 지적된 점, 즉 이성이 계몽되는 과정은 욕구들이 재교육되는 과정과 실제로 동일한 과정이라는 점을 명확하게 보여 준다. 왜냐하면 참주의 혼을 지배하는 에로스처럼, 덕이 부족한 성품들에 깃든 비이성적 격정의 과도한 힘은, 좋음에 대한 왜곡된 시각을 받아들이고 그와 더불어 플라톤이 에로스라 부르는 놀랄 만한 충동을 가진 이성적 욕구의 연루에 주로 기인하기 때문이다.

그러한 이론으로써, 플라톤은 소크라테스의 삶과 죽음의 현상을, 그리고 어떤 사람도 알면서 악을 행하지 않으며 그러는 것은 좋음에 대한 무지 때문이라는 소크라테스적 역설이 가진 내적 의미를 자신에게, 그리고 세상 사람들에게 설명했다. 소크라테스 자신이 이 교설을 어떤 뜻으로 받아들였는지 우리는 알 수 없다. 그는 어쩌면 신비로운 징표의 부각과 예사롭지 않

---

26 Moravcsik(1971), 285-302쪽과 비교.

은 꿈들에 대한 반복된 언급들이 강력하게 시사하듯이, 자신의 도덕적·지적 입장을 뒷받침해 줄 한층 초자연적 힘에 의지하고 있었는지도 모른다. 하지만 우리는 플라톤과 관련해서는 그러한 종류의 것을 전혀 알지 못한다. 소크라테스의 삶과 가르침은 플라톤에게 퍼즐처럼 남았고, 그는 이를 풀기 위해 순전히 이성적인 해법을 찾아야만 했다. 그 결과가 바로 형상(이데아) 이론과 에로스 이론이다.

플라톤의 이론은 덕인 앎이 또는 덕을 보장하는 앎이, 어떤 의미에서는 모든 사람들이 필요로 하고 욕구하는 것이지만, 너무나 희귀한 일용품이라는 점을 보여 준다. 그래서 『국가』의 교육 설계와 정치 구조는 적절한 재능을 가지고 태어난 희소한 영재들을 보호·육성하며, 이와 동시에 전반적인 시민 공동체를 위한 저차원의 덕을 극대화하도록 계획되어 있다. 이러한 체제 외에, 철학적 덕은 섭리에 따른 우연으로서만, 말하자면 신의 베풂(theia moira, 『국가』 6권 492a 5, e 5, 493a 2)에 의해서만 나타나게 될 것이다. 『향연』의 에로스 이론과 『파이돈』의 철학적 종교는 『국가』의 이상적인 사회·교육 환경이 없더라도 철학이 때때로 그러한 성공을 이룰 수 있다는 점을 우리에게 재확인시켜 준다. 그리고 그러한 성공 가능성은, 만일 소크라테스가 (그리고 플라톤 자신, 그리고 이런 특질을 가진 다른 어떤 사람이) 진정한 덕의 모범으로 간주될 수 있다면, 틀림없이 존재한다.

6. 『뤼시스』에 대한 선취적인 해석

『뤼시스』는 상대적으로 당혹감을 안겨 주는 대화편들 중 하나로, 그에 대한 해석은 끊임없는 논란의 대상이 되어 왔다. 하지만 나는 이 대화편의 난제들이 모두 해결 가능하다고 생각한다. 난제들의 해결은 특히 과도기 대화편들에 대한 나의 해석에 관련이 있다. 왜냐하면 그것은 플라톤이 얼마나 세심하게 표면적으로 젊은이들을 위해 펼치는 소크라테스적 무지와 아포리아에 대한 연습에다 이후의 성숙한 에로스 이론에 대한 암시와 예견을 심어 놓았는지를 보여 주기 때문이다.

나는 『뤼시스』의 전체 논증을 10단계로 나누어 분석하고자 한다. 처음 4개의 단계는 고유한 의미의 필리아, 즉 우정과 가족 성원 간의 애정 문제를 취급한다. 나머지 6개의 단계는 『향연』에서 보다 풍부하게 전개되고 있는, 에로스의 비대칭적 양상에 관한 논의 쪽으로 향해 있다.

1) (207d-210d) 뤼시스와 시작하는 대화는 도덕 문제에 관한 소크라테스적 논박의 전형적인 형식을 띤 것으로, 대화 상대를 무지의 자각으로 이끎으로써 앎의 필요성을 절감하도록 계획되어 있다. 이어지는 소크라테스의 질문들은 원하는 것을 행할 뤼시스의 힘과 능력은 직접적으로 그가 앎과 지혜를 획득하는 데에 달려 있을 것이라는 결론에 이른다. 추론은 유용한 앎에 관한 친숙한 주제를 전개하지만, 놀랄 만한 결론으로 끝난다. 만일 앎이 우리를 쓸모 있는 사람으로 만든다면, 무지는 우리를 쓸모없는 사람으로 만든다. 그러나 우리가 쓸모없다면, 누가 우리를 사랑할 것인가? 소크라테스는 아무도, 심지어 우리의 부모마저도 우리를 사랑하지 않을 것이라고 말한다. 그리고 뤼시스는 이러한 결론에 반박하지 못한다(210c 5-d 6). 그런데 이 구절은 애초에 뤼시스의 부모가 그를 매우 사랑한다는 데에 대한 소크라테스와 뤼시스의 동의로부터 출발한 것이었으며(207d), 그러한 동의에 있어 부모의 사랑이 뤼시스가 가진 유용성에 바탕을 둔 것이라는 점은 전혀 시사되지 않았다. 그들은 좋은 부모들이 으레 그러하듯이 그저 자식이 행복한 삶을 누리기를 바랄 뿐이다(207d 7). 뤼시스와 펼친 이 대화의 시작 부분과 끝 부분 사이에는 엄밀히 말해 모순이 없다. 그러나 우리가 사

랑이 유용성에 바탕을 두어야 한다는 갑작스러운 주장을 의심하기에 충분할 정도로 불일치하는 점이 있다.[27] 우리는 이 예상 밖의 주장을 세 번째 단계에서 모호한 논증의 핵심 전제로서 다시 만나게 된다.

2) (212a-213d)   1단계에서 단순히 처리되었던 우정과 애정(philia)의 문제가 메넥세노스와의 첫 대화에서 중심 화제가 된다. 소크라테스는 이렇게 질문을 시작한다. "한 사람이 다른 사람을 사랑할(philei) 때, 둘 중 누가 누구의 친구(philos)가 되는가? 사랑받는 자(philoumenos)를 사랑하는 자(philos)인가, 아니면 사랑하는 자의 사랑을 받는 자인가, 아니면 차이가 없는가?" 메넥세노스는 아무런 차이가 없다고 대답한다. 그가 생각하는 우정의 모델은, 우리들의 것처럼 상호적인 것이다. 그러나 소크라테스는 문제를 일으키려고 애쓴다. 그래서 일부러 필리아를 에로스로 바꾼다. 만일 사랑받는 사람이 사랑하는 사람에게 무관심하거나 심지어 그를 적대시한다면 어떻게 될까? 이러한 일은, 예컨대 사랑하는 자(erastēs)와 사랑받는 자(paidika) 사이에서 일어나지 않는가? 메넥세노스는 그 점에 확신하여 동의한다("네, 확실히 그렇지요!", 212c 3). 그렇다면 상호적이지 않은 사랑에서는 아무도 친구(philos)가 아닌 것처럼 보이는가? 그러나 이는 새로운 문제들을 야기한다. 말(馬), 포도주, 지혜가 우리에게 사랑을 돌려주지 않는다면, 우리는 어떻게 말, 포도주를 사랑하는 자, 또는 지혜를 사랑하는 자(philosophos)일 수 있는

---

27 우리의 의심은 212e 6-213a 3에서 신생아들이 부모들에게 각별히 소중하다는 의견이 나올 때 더욱 강해질 것이다. 나는 『뤼시스』210c-d, 213e 등의 구절들이 우정이 유용성에 바탕을 두어야 한다는 견해의 직접적인 승인으로 읽힐 수 있다고 생각지 않는다. (Vlastos, 1973, 6-9쪽이 그렇다.) 오히려 D. B. Robinson(1986), 69쪽 각주 15를 보라: "뤼시스가 쓸모없는 사람인 한 그의 부모는 그를 사랑하지 않는다고 소크라테스가 실제로 생각했다고 믿는 것은 페르시아의 왕이 뤼시스를 신망하여 일찍이 자신의 제국을 그에게 맡겼을 것이라고 믿는 것만큼이나 틀린 것이다."

가?(212d).[28]

이 단계의 아포리아들은 대부분 언어적인 것들로서 단어 philos의 능동적 용법과 수동적 용법 간의 구문론적 애매성을 이용하고 있다. 소크라테스는 먼저 이 단어를 수동으로 '…의 사랑을 받는' 또는 '…에게 소중한'(212e 6)을 뜻하는 것으로 쓰고, 나중에는 능동으로 '…를 사랑하는,' '…를 좋아하는'(213b 5 이하)의 의미로 쓴다. 그러나 단순히 애매성을 제거함으로써 의미를 명료하게 하는 대신, 그는 그에 반대되는 개념인 echthros, 즉 적(敵)에 대해 비슷한 추론을 전개함으로써 혼란을 가중시킨다.

이 단계에 나타난 역설이나 모순은 전적으로 수동적·능동적 의미의 애매함으로부터 기인한다. 플라톤이 사고의 혼란에 빠져 있었다고 가정할 이유는 전혀 없다. 명시적인 개념 구분과 함께 이러한 모호성을 십분 활용하는 플라톤의 확고함은 그가 자신이 의도하고 있는 바가 무엇인지를 아주 잘 알고 있음을 암시해 준다. 플라톤이 파 놓은 함정을 비켜서 길을 찾는 일은 우리 독자들에게 큰 도전이 되고 있는 것이다.

3) (213e-215b) 뤼시스가 다시 대화 상대로 나서는 다음 단계에서도 사정은 마찬가지이다. 소크라테스는 여기에서 "우리에게 지혜의 아버지들이자 인도자들"인 시인들을 따라, 우정은 비슷한 사람들 사이에 있을 수밖에 없다고 말한 뒤, 이 원리를 배척할 근거를 찾는다. (우리는 『이온』과 『프로타고라스』에서는 시인들의 지혜에 대한 평가가 다소 다르다는 점을 기억한다. 뤼시스와 메넥세노스 사이의 우정에서도 드러나는) 유유상종의 원리에 대한 반론은 두

---

[28] 소크라테스가 무심결에 유희인 양 내뱉고 있는 이 philosophos라는 말의 활용이 어떻게 철학을 사랑의 한 양태로서 규정하는 218a의 보다 명시적인 해명을 위한 예비가 될 수 있는지 눈여겨보라.

부분으로 구분된다. 그 첫째 부분에서는 나쁜 사람들은 그들과 비슷한 사람들이나 다른 어떤 사람과도 진정한 우정을 나눌 수가 없다는 점이 지적된다. 이것은 플라톤이 지속적인 관심을 두고 있던 주제이므로,[29] 여기에서 진지하게 다뤄지고 있는 것으로 짐작된다. 이로써 유유상종의 원리 중 절반 ―좋은 사람이 좋은 사람들과 친구일 것이다(214c 6)― 만이 우리에게 남는다.

우리는 플라톤의 다른 작품들로부터 풍성한 전거들을 확보할 수 있는 긍정의 결론에 도달해 있는 셈이다.[30] 그렇다면 좋은 사람들 사이의 우정은 아리스토텔레스에 있어서도 완전한 우정의 모델이다. 왜 이것이 여기에서는 받아들여지지 않는가? 소크라테스는 두 개의 반론을 제시하는데, 둘 모두 사랑이 유용성에 바탕을 두어야 한다는 미심쩍은 원리에 근거하고 있다. (1) 두 친구가 비슷한 면모들을 지니고 있는 한, 그들은 각자가 자신에 줄 수 없을 도움을 상대방에게도 줄 수 없다. (2) 두 사람이 모두 좋은 사람들이라면, 그들은 틀림없이 자족적인 상태에 있고, 그렇다면 서로를 필요로 하지 않는다. 첫 번째 반론은 독자적인 힘을 갖지 않는다. 그것이 무엇인가를 증명할 수 있으려면, 좋은 친구들은 자족적일 것이라는, 두 번째 반론의 주장을 전제해야 한다. (그러나 만일 좋은 사람이 자족적이지 못하다면, 그들이 서로에게 도움을 줄 수 있을 가능성은 충분히 가늠될 수 있는 것이다. 아주 사소한 예로 서로의 등을 긁어 주는 것을 들 수 있다.) 그런데, 자족성과 참된 우정의 양립 가능성은 심각한 쟁점이다. 그리고 이것은 아리스토텔레스가 『니코마코스 윤리학』 9권 9장에서 '또 다른 나'로서의 친구에 관한 정교한 이론을 제시하도록

---

29 Price(1989, 5쪽)는 유사한 구절로 『고르기아스』 509e 3-6, 『파이드로스』 255b 1-2, 『국가』 1권 351c 7-352d 2를 인용한다. 크세노폰의 『소크라테스 회상』 2권 6장 10-20절도 이와 비슷하다.
30 『파이드로스』 255b 2, 『법률』 8권 837a-d 등.

부추겼다. 플라톤은 응당 이 문제를, 현자의 자족성을 당연한 원리로 수용하고 있었던 것으로 보이는 소크라테스적 전통으로부터 물려받은 문제로 보았을 것이다.[31] 플라톤은 더 이상 문제의 해결을 추구하지는 않는다. 그리고 이 문제를 지금의 맥락에 끌어들이고 있는 까닭은 사랑과 우정이 언제나 유용성에 바탕을 두고 있는지에 대한 우리의 숙고를 다시 한 번 요청하려는 데 있음이 틀림없다.[32] 만일 그러한 가정이 좋은 사람들은 서로 친구가 될 수 없다는 결론으로 나아가게 된다면, 그 가정에는 확실히 뭔가 잘못된 점이 있다.

4) (215c-216b)   호메로스의 유유상종 원리를 포기한 다음, 우리는 이제 헤시오도스를 따라, 비슷한 사람들은 경쟁자 내지는 적이 되지만 상반되는 사람들은 친구가 될 가능성이 있음을 음미해 볼 것이다. 우정에 관한 이러한 설명은 진지하게 받아들여져서는 안 된다. 그것은 언어적인 측면과 실제적인 측면에서 쉽게 반박된다. 언어적인 측면에서 보자면, 우리가 적과 친구를 한 쌍의 상반자로 간주한다고 했을 때, 어떻게 이 둘 사이에 우정이 가능하겠는가? 실제적인 측면에서 보자면, 어떻게 정의로운 사람이 정의롭지 않은 사람의 친구가 되고, 좋은 사람이 나쁜 사람의 친구가 될 수 있겠는

---

31 자족성에 대한 안티스테네스의 견해에 대해서는 이 책의 1장 42쪽을 보라. 안티스테네스의 관점은 크세노폰에게서도 반향을 일으키고 있는데, 예를 들어, 그는 『소크라테스 회상』 1권 6장 10절에서 다음과 같은 소크라테스의 발언을 전한다. "나는 부족함이 전혀 없는 것이 신적이고, 가능한 한 부족함이 적은 것이 신적인 것에 가장 근접한 것이라고 생각하네."

32 플라톤은 여기서 다시 소크라테스적 (또는 안티스테네스적) 선례를 문제 삼고 있는 것일까? 유익한 소유물로서의 친구 개념에 대해서는 크세노폰의 『소크라테스 회상』 2권 5장 1-5절과 6장 1절 등 여러 곳, 특히 6장 16절의 다음 구절을 보라. "쓸모없는 사람들이 쓸모 있는 (ophelimoi) 친구들을 사귈 수 있는 걸까?" Guthrie(이전의 논의 1969, 462-67쪽을 언급하는 1975, 145쪽)는 "소크라테스가 유용성을 가치나 좋음의 기준으로 고집하는 것"을 두고 그가 실제로 그런 주장을 한 것으로 간주한다.

가? 상반자들 간의 원리는 단순히 대칭을 위하여, 그러니까 유유상종의 원리에 대한 보완의 의미로 소개된 것으로 보인다. 하지만, 사실 그것은 한편으로 결여하고 있는 것에 대한 욕구로서의 에로스 개념을 넌지시 내비치고 있다. "각각의 사물은 자신과 상반되는 것을 욕구한다네. … 즉, 마른 것은 습한 것을, 차가운 것은 뜨거운 것을 … 욕구한다네. 각각의 사물은 상반자로부터 자양분을 공급받으니까"(215e). 그리고 자연 철학에서 끌어온 사례들은 우주적인 차원의 에로스를 가리키는데, 이는 엠페도클레스로부터 우리에게 친숙한 것이고, 『향연』의 에뤽시마코스가 길게 전개하는 것이기도 하다.

5) (216c-e)   이 지점에서, 상호성의 원리는 폐기된다(왜냐하면 비슷한 사람 대 비슷한 사람의 쌍과 반대되는 사람 대 반대되는 사람의 쌍이 모두 제거되었기 때문이다). 그리고 소크라테스는 남은 논의의 토대 역할을 할 비대칭적 모델을 도입한다. 그는 좋지도 나쁘지도 않은 것이 좋은 것의 친구(philos를 능동으로 '…를 좋아하는'의 뜻으로 써서)가 될 수 있다는 주장을 제시한다.[33] 이것은 사실상 다음의 6단계에서 명백히 드러나게 될 철학적 에로스의 모델이다. 하지만 지금으로서는 아무것도 명백하지 않다. 대화 상대는 이 새로운 정식을 이해하지 못하며, 소크라테스는 아포리아 때문에 머리가 어질어질하다고 고백한다(216c 5). 소크라테스가 의미의 명료화를 위하여 제시하는 첫 번째 실마리는 아름다움(to kalon)을 방금 제시된 정식 안에 있는 '좋은 것'(to agathon)의 등가물로 인정하는 것이다. "나는 좋은 것이 아름답다고 말하기 때문이네"(216d 2). 그러나 그는 잠시 이 실마리를 소홀히 하고서 정식을 추

---

33 비대칭적 유형은 이전에(215d), 가난한 자가 부자에게 기대고, 환자가 의사에게 기댄다는 부분에 제시되었다. 그러나 216c에서 처음으로 완전히 정식화된 모습을 보여 준다.

상적으로 옹호하는 쪽으로 나아간다. 모든 것을 좋은 것과 나쁜 것, 그리고 둘 다 아닌 것으로 구분한 뒤,[34] 그는 좋은 것과 (좋은 것 또는) 나쁜 것만으로 구성된 쌍들은 여태까지의 논증에 의해 모두 제외된다는 점을 지적한다. 따라서 중간적인 것을 포함하는 쌍을 염두에 두고, 그는 중간적인 것이 오직 좋은 것과 친구(philon)일 수 있음을 보여 준다. (어떤 것도 나쁜 것과 친구일 수 없다. 그리고 중간자가 중간자의 친구라면, 3단계에서 이미 자격을 상실한 유유상종의 원리가 되살아나게 될 것이다.)

6) (217a-218c 3) 비대칭적 사랑 모델은 이제 다음과 같은 두 가지 사례에 힘입어 그럴듯한 것이 된다. (1) 좋지도 나쁘지도 않은 신체는 (나쁜 질병 때문에) 좋고 유용하기도 한 의술에 우호적이다(217a-b). 그리고 (2) 현명하지도(좋지도), 어리석지도(나쁘지도) 않은 철학자들은 무지의 악 때문에 (좋은 것인) 지혜를 사랑하는 자들이다(218a-b). 그런 다음 소크라테스는 "우리는 친구 또는 사랑하는 자(philon을 능동의 의미로 받아들임)가 무엇이며 그가 무엇을 좋아하는지를 발견했네"[35]라고 처음으로 긍정적인 결론을 요약해 낸다. "혼에서, 몸에서, 그리고 모든 곳에서, 나쁘지도 좋지도 않은 것이, 나쁜 어떤 것의 존재 때문에 좋은 것의 친구이다"(218b 7-c 2).

악의 인과적 요인은 이후 8단계에서 폐기될 것이지만, 그것은 여기에서 잠시 나타나 두 가지 원인의 존재를 구분하는 중요한 기회가 된다. 만일 흼이 금발 위에 흰 분말의 형태로 존재한다면, 그 금발은 단지 희게 보일 뿐, 실제로 그런 것은 아니다. 그러나 나이가 들면서 하얗게 물들면, 그 머리

---

34 『고르기아스』 467e과 비슷한 『뤼시스』 216d. 또한 『메논』 87e 이하, 『에우튀데모스』 280e 이하 참조.

35 Sedley(1989, 108쪽)에 따라, ἐξηυρήκαμεν ὅ ἐστιν τὸ φίλον καὶ οὗ(οὖγα 아니라)로 읽었다.

카락은 "현존하는 그것처럼 되고, 흼이 그 안에 현존하기 때문에 희게 된다"(217d 8). 보다 강한 이러한 현존에-의한-원인 개념은 별다른 설명도 없이 『고르기아스』에서 사용되며,[36] 형상들에의 분유에 대한 한 가지 가능한 설명 방식으로 『파이돈』에 다시 나타난다(100d 5). 여기에서 그것은 다음과 같은 새로운 정식으로부터 배제될 목적으로, 주의 깊게 설명되고 있다. 철학자는 무지의 현존으로 말미암아 나쁜 자가 되지는 않는다(217a-218a).

『뤼시스』는 플라톤의 철학적 에로스 모델을 이처럼 짤막하게 선보이고 있을 뿐, 더 발전시키고 있지는 않다. 하지만 우리는 여기에서 나중의 이론에서 중요한 역할을 하게 될 두 가지 개념, 즉 '어떤 것을 위해'(heneka tou)와 '욕구' 개념을 발견하게 된다.

7) (218c 5-220b)   이 대화편에 펼쳐진 변증술적 드라마 중 가장 강렬한 순간에 (『고르기아스』와 『라케스』 185d-e로부터도 친숙한) '어떤 것을 위해'라는 개념이 이 논의에 도입되는데, 이는 다른 모든 것이 그것을 위해 소중한 것이 되는 으뜸가는 사랑의 대상(prōton philon)에 대한 인정을 준비하기 위한 것이다. 그러나 이 새로운 단계에 앞서, 앞 단계들에서 도출된 정식에 대해 의심과 의혹이 분출된다. 소크라테스는 외친다. "조심해야 해! 우리가 거짓 논변들(logoi alazones)의 희생양일지도 모르네"(218d 2). 그때까지 저지른 오류 전체를 시정하기 위한 최초의 움직임은 바로 '어떤 것을 위해'라는 개념을 끌어들이면서 이전의 정식을 다음과 같이 확장시키는 데에 있다. "좋지도 나쁘지도 않은 것이 나쁘고 적대적인 것 때문에 좋은 것을 사랑하네. 좋고 소중한 것(philon)을 위해(219b 2)."[37]

---

36 『고르기아스』 497e 1-3, 498d, 506d를 보라. 『에우튀데모스』 301a-b 참조.
37 philon이 먼저 여기 219b 1-2의 정식에서는 능동적인 의미('…를 사랑하다')를 띠다가 곧바

하지만 이 정식은 여전히 기만적일지 모른다(219b 9). 우리는 의술이 건강을 위해 소중한 것이라고 말한다. 그렇다면 건강도 소중한 것이 아닐까? 그것이 소중한 것이라면, 어떤 것을 위해 소중하지 않은가? 다시 말하면, 어떤 소중한 것을 위해? 그리고 이 어떤 소중한 것도 다른 어떤 것을 위해 소중한 것이 되지 않을까?

이런 식으로 계속해 나가는 데 지치거나, 아니면 더는 다른 소중한 것을 언급하지 않을 어떤 출발점(archē)에 도달할 수밖에 없는 것 아닌가? 그것을 위해 다른 모든 것들이 소중한 것들이 되는, 으뜸으로 소중한 저것(ekeino ho estin prōton philon)에 우리가 도달하지 않겠는가 말일세. (219c)

소크라테스는 바로 이것이 그가 메넥세노스에게 분명히 경고하고자 했던 바라고 말한다. 우리는 그 자체로 소중한 것이라고 말했던 다른 모든 것들에 기만되어 있는지도 모른다. "그것들은 그것의 모상들(eidōla)과 같은 것들이야. 그러나 그런 으뜸가는 것은 진정으로 소중한 것이라네."[38] 그리고 나서 소크라테스는 그것들 자체로서가 아니라 그것들이 충족시켜야 할 대의명분의 관점에서 가치를 부여받거나 욕구되는 수단과 도구의 두 가지 사례를 제시해 보인다.

소중한 것에 관해서도 똑같지 않은가? 사물들이 다른 어떤 소중한 것을 위

로 수동적인 의미('…에게 소중하다')를 띠고 있는 점을 주목하라. 이는 우연이 아닐 것이다. Burnet 판(版) 텍스트에 따르면, 219d 3의 훨씬 더 당혹스러운 재차의 정식에서는 (두 번은 능동으로, 그다음 두 번은 수동으로) 되풀이되어 의미의 반전이 이루어진다.

38 219d 4의 τὸ πρῶτον 뒤에서 Burnet 판의 쉼표를 생략하고, ὃ ὡς ἀληθῶς ἐστι φίλον을 계사 ἦ의 주어인 ἐκεῖνο τὸ πρῶτον의 술어로 받아들였다.

해 소중하다고 말할 때, 우리는 결국 말로(rhēmati)만 그렇다(소중하다)고 하는 것일 뿐이네. 진정으로 소중한 것은 바로 저것, 즉 우정(philiai)이라 불리는 이 모든 것들이 귀결되는 것이지. … 그렇다면 진정으로 소중한 것은 어떤 소중한 것을 위해 소중한 것이 아니네. (220a-b)

서양 철학사에 나오는 최초의 소급 논증들 중 하나가 여기에서 본래적인 선의 개념, 즉 수단이 아닌 목적으로서 그 자체로 소중하고 바람직한 것을 또렷하게 말하는 데 기여한다.[39] 이 으뜸으로 소중한 것, 진정으로 소중한 한 가지 것이 무엇인지는 곧장 구체적으로 언급되지 않는다. 이와 유사한 『니코마코스 윤리학』 1권 2장의 소급 논증을 근거로 일부의 주석가들은 그것이 최고선으로서의 행복(eudaimonia)이라고 생각하지만, 이러한 해석에 정당성을 부여해 줄 텍스트상의 전거는 발견되지 않는다. 플라톤에게 그것은 좋음일 뿐이다. 그것은 좋음 자체로서 그것의 대체 개념 또는 등가 개념인 아름다움과 더불어 그 자체로 가치 있고 다른 모든 사물들이 지닌 가치의 원천이다.[40]

소크라테스가 경고했던 기만은 이중적인 것으로 드러난다. 첫 번째 착오

39　D. B. Robinson(1986, 75쪽)이 지적하듯, 『고르기아스』 467-68에도 이와 아주 비슷한 표현이 있다. 그러나 으뜸으로 좋음의 유일성은 『고르기아스』에서 주장되지 않는다. 물론 소급 논증이 유일성을 증명하지는 않는다. 단지 여기에서 모든 우정이 귀결되는 하나의 소중한 것(philon)이 존재한다고 받아들여질 뿐이다(220b 2, d 8). 단일성에 대한 주장은 다른 곳에서 전개될 것이다. 이 책의 11장 532쪽 이하를 보라.

40　220b 7에서, 으뜸으로 소중한 것(prōton philon)이라는 개념이 도입된 직후, (219b 2의 "좋은 것이자 소중한 것을 위해"로부터) "좋은 것은 소중한 것"이라는 주장이 환기된다. 그리고 이 논점은 216c 6-d 2의 구절: "아름다운 것(kalon)은 소중한 것이네. … 그리고 나는 좋은 것이 아름다운 것이라고 말하네"에서 처음 이루어졌다. 『뤼시스』에는 행복이 소중한 것 또는 욕구 대상이라는 점이 전혀 나오지 않는다. 『뤼시스』에 함축된 행복에 대한 해석에 관해서는 Vlastos(1991), 117쪽 각주 49를 보라. Irwin(1977), 52쪽과 그의 근작(1995), 54쪽 참조.

는 위에서 살펴본 바대로 사람들이 으뜸으로 좋은 것 자체 이외의 것들을 진정으로 가치가 있는 사랑의 대상으로 간주하는 것이다. 이와 반대로, 여타의 사물들은 오직 '좋은 것을 위해서'만 소중하다. 두 번째 착오는 아래 8단계에서 지적되고 시정될 것이다.

8) (220b 6-221d 6)   좋은 것이 '나쁜 것 때문에' 사랑받을 수 있는가? 이 표현(dia to kakon)은 6단계에서 제안된 정식으로부터 제거되어야 한다. 왜냐하면 그것은 좋은 것이 그것에 상반되는 것으로부터 생겨날 수도 있다는 점을 함축할 뿐만 아니라,[41] 좋은 것은 오직 그것이 지닌 유용성 때문에, "나쁜 것의 치료제로서"(220d 3) 바람직하다는 점, 그리고 본질적으로 '그 자체로는' 아무런 쓸모가 없다는 점(220d 6-7)을 함축하기 때문이다. 이는 공리주의적 가정 ─그리고 다른 어떤 사람에게 쓸모 있는 것만이 소중한 것일 수 있다는 원리로부터 도출되는 또 하나의 수용 불가한 결과─ 에 반대하는 또 하나의 환원(reductio)이다.

여기 220d 8에서 문제가 되고 있는 것은 으뜸으로 소중한 것, 즉 본래적으로 소중한 하나이다. 다른 모든 것들은 도구적으로 소중하다. 다른 어떤 것을 위해 소중하다. 그렇다면 진정으로 소중한 것(τὸ τῷ ὄντι φίλον)이 그것에 상반되는 나쁜 어떤 것 때문에 사랑받을 수 있을까? 나쁜 어떤 것이 현존해 있지 않다면, 진정으로 소중한 것은 소중하길 그치는가?(220e 5).

우리는 여기에서 최종 목적 또는 궁극적 선의 개념과 유희에 빠져 있다. 우리는 어떻게 본래적으로 소중하거나 바람직한 어떤 것에 대한 이런 의미를 포착할 수 있는가? 소크라테스는 사유 실험을 제안한다. 악이 사라진

---

41 상반자들이 서로의 원인이 될 수 없다는 원칙에 대해서는 『국가』 1권 335d, 2권 379b-c와 이 책의 11장 511쪽 이하의 '원인의 전이' 이론을 보라.

다고 가정해 보자. 그렇게 되면 욕망도 사라질 것인가? 소크라테스는 이내 자신의 사유 실험을 비웃는다. "질문 자체가 우스운가? … 누가 알겠는가?"(221a). 우리는 갈증과 허기, 그리고 욕구 일반이 언제나 해로운 것은 아니라는 점을 안다. 그것들은 때로는 유익하고, 때로는 중립적이다. 만일 모든 악덕들이 사라진다면, 적어도 중립적인 욕구들은 여전히 남게 될 것이다.[42] 이러한 욕구들의 대상은 소중할 것(phila)이다. 그러므로 어떤 것이 소중하다는 것의 원인(aitia)은 결국 나쁜 것이 아니다. 그것은 욕구(사랑함, philein)와 사랑받음(phileisthai)이다(221d). 6단계에서 제시된 정식은 이렇듯, 또는 소크라테스가 지금 그렇다고 주장하듯, 허튼 이야기 더미로 드러난다 (221d 5).

하지만, 소크라테스는 이 대화편에서 여러 차례 심술궂은 모습을 보였다. 우리는 그토록 심하게 손상을 입은 처음의 정식 중 무엇이 남아 있는지를 다시 살펴보아야 한다. 처음의 정식은 다음과 같았다. "좋지도 나쁘지도 않은 것은 나쁜 것의 현존 때문에 좋은 것의 친구가 된다"(217b 5, 218c 1). 원인을 설명하는 중간의 구절('나쁜 것의 현존 때문에')은 이제 욕구 개념에 의해 대체되었다.[43] 더 나아가, 7단계의 소급 논증은 으뜸으로 소중한 것, 본래

---

42 유익한 욕구들(221a 7–b 2)도 남을 수 있겠지만, 플라톤은 여기에서 보다 약하게 중립적 욕구들을 가정하는 데에 그친다.

43 von Arnim(1914, 55쪽)도 이렇게 올바로 보고 있다. 그러나 von Arnim은 욕구에 부여된 원인의 역할이 사실상 본래적으로 바람직한 것으로서 좋음이 지닌 객관성과 양립할 수 없다고 믿는다. 그리고 그는 『에우튀프론』 9e 이하의 논증(즉, 신들이 경건한 것을 사랑하는 것은 이것이 경건하기 때문이지, 신들이 경건을 사랑하기 때문에 경건한 것이 경건한 것은 아니라는 논증)이 여기에 함축된 이론을 수정한 것이라고 생각한다(같은 책, 56쪽 이하). 이 점에 대해서 나는 von Arnim의 생각이 틀렸다고 생각한다. 『뤼시스』에서 소크라테스가 욕구를 원인으로 거론하고 있는 것은 왜 좋은 것이 좋고, 따라서 바람직한지를 설명하려는 것이 아니라, 단지 왜 그것이 소중한지, 즉 실제로 욕구되는지를 설명하려는 것이다. 그것은 사랑함과 사랑받음의 원인(aitia tou philein te kai phileisthai, 221d 1)이다. 선의 객관성과 욕구의 주관성은 양립할

적으로 좋은 것을 제외하고는 어떠한 것도 진실로 사랑의 대상일 수 없다는 점을 보여 주는 것으로 해석되었다. 다른 것들은 그저 소중하다고 불릴 뿐이다. 그것들은 그 자체로 가치를 인정받는 것들이 아니다. 그렇게 고쳐진 뒤, 그 정식은 다음과 같은 것으로 여전히 건재하다. 좋지도 나쁘지도 않은 것이 좋은 것을 사랑하고 욕구한다. 그리고 철학은 그 안에서 좋음이 지혜로서 이해되는 형태의 사랑이다.

이로써 우리는 『뤼시스』에서 (좋고도 아름다운 것으로서의 '으뜸으로 소중한 것'의 개념과 더불어) 디오티마의 에로스론을 직접적으로 준비하는 긍정적인 결론을 가진다. 하지만 이 긍정적인 결론은 소크라테스가 마지막으로 펼치는 화려한 아포리아 아래에 파묻힌다. 이러한 측면에서 『뤼시스』의 종결부는 『라케스』나 『카르미데스』와 유사하다. 우리가 이들 대화편에서도 잠깐 보았던 긍정적인 결론이 소크라테스 쪽의 마지막 심술과 불투명함으로 말미암아 시야에서 휙 사라진다. 이 종결부의 교묘한 조치들은 우리가 『향연』에서 다시 만나는 두 개념 ―즉 욕구와 자신에게 고유한 또는 친족인 것(to oikeion)― 에 초점이 맞추어져 있다.

악의 사라짐과 관련한 8단계의 사유 실험이 끝난 뒤, (4단계와 6단계에서 부차적인 주제였던)[44] 욕구가 우정과 사랑 개념과 더불어 나란히 논의의 한가운데 자리를 차지하게 된다. 도입부에서 그토록 두드러졌던 에로스 개념이 극의 대단원을 준비하기 위해 재등장한다. 이 준비는 진실하게 사랑하는 자들에게 사랑을 화답하는 것이 적절한지에 대한 논변에서 이루어지고, 다음 단락에서 사랑에 빠져 있는 히포탈레스는 이를 반기지만, 뤼시스와 메

수 없는 것이 아니다. 이것이 바로 욕구가 자신에게 고유한 대상을 집중할 수 있도록 이성에 의해 깨우침을 받아야 하는 이유이다.

44 215e 4, 217c 1, e 8-9를 보라.

넥세노스는 당혹스러워한다. 그러나 무엇보다도 에로스는 여기에서 욕구를 우정에 직접 연결시킴으로써 분석을 통일하는 데 기여한다.[45] 에로스의 귀환은 비대칭적 사랑 모델이 논의의 기본적인 준거 틀로서 우정의 상호성을 대체했다는 사실을 표명한다.

9) (221d 6-222b 2)   이 짤막한 단락에서 플라톤은 히포탈레스와 두 소년을 두고 에로스와 관련한 유희를 펼칠 뿐만 아니라, 디오티마의 에로스론에서 역할을 하게 될 두 가지 생각 —즉, 욕구는 그 자체로 결핍을 함축한다는 점(221d 7), 그리고 사람들에게 결핍된 것은 그들에게 본래 속하는 것(to oikeion)이라는 점— 을 전개한다.[46]

10) (222b 3-d 8)   대화의 이 마지막 단계는 (부정의 요약과 결론이 제시되는 222e에 앞서) '가까운 것'(친족성, to oikeion) 개념을 사랑의 대상을 가리키는 새로운 명칭으로서 탐구한다. 가까운 것은 비슷한 것(to homoion)과 같은 것인가? 만일 같은 것이라면, 이는 우리가 이전에 무용성을 근거로 거부했던 유유상종의 원칙, 비슷한 자들 간의 우정을 함축한다.[47] 아니면, 가까운 것은 좋은 것과 같은 것인가?(222c 4, d 5). 이는 우리를 다시 진정한 우정의 사례 —좋은 사람은 오직 좋은 사람에게만 친구이다— 로 데려갈 것이다.

---

45 221b 7에 나오는 epithymein(욕구하다), eran(연애하다), philein(친애하다) 간의 연계와 221e 4에 나오는 erōs(연애), philia(친애), epithymia(욕구) 간의 유사 관계를 보라.

46 앞서 210b-d에서 '인척'이나 '친족'을 의미하는 oikeioi가 philoi와 비슷한 표현으로 쓰였다. 『카르미데스』 163c 5-d 3과 비교. 이곳에서 ta oikeia는 ('자신에게 고유한 것을 행함'이라는 표현에서) '자신에게 속하는 것'으로 해석되며, 좋은 것들(agatha)과 동일시된다.

47 유유상종의 원칙은 좋은 사람 대 좋은 사람의 경우에, 서로 도움을 얻을 수 없다고 해서 폐기되었다. 또 다른 유유상종의 경우인 나쁜 사람 대 나쁜 사람의 사례는 앞의 경우보다 더 나은 근거들을 통하여 반박되었으며, 이곳 222d 1-4에서 재차 반박된다.

452

물론 우리는 우리가 이 사례를 또한 반박했다고 **생각했다**. 그러나 그것은 부적합한 근거들을 통하여 이루어진 것이었다.[48]

소크라테스가 뤼시스, 메넥세노스와 나눈 대화는 소년들 자신의 상황에 들어맞는 사랑의 상호성 문제로 잠시 돌아가면서 끝난다. 대부분의 개념적 분석이 에로스를 유일한 원형적 욕구 대상, 즉 으뜸으로 소중한 것(prōton philon)인 좋음에 대한 사랑으로, 즉 아주 달리 파악하는 데로 향한 다음에 말이다.

---

[48] von Arnim(1914, 62쪽)이 관찰했듯이, 222d 7의 '우리는 생각했다'(ᴪόμεθα)라는 말은 플라톤의 입장에서는 "이 명제는 반박된 것처럼 보일 뿐, 실제로 반박된 것은 아니라는 점"을 암시하는 것(Fingerzeig)이다.

10장

변증술의 등장

1. 변증술과 형상들로의 이행

이 지점에서 우리의 연구는 주제에서 변화를 겪을 뿐만 아니라 속도에서
도 변화를 겪는다. 도덕 심리학과 덕에 관한 이론 대신 우리는 이제 플라톤
철학의 보다 전문적인 중심 영역인 변증술 개념과 형상 이론에 들어선다.
이는 또한 초기 대화편들에서 『파이돈』과 『국가』로 옮겨 감을 의미한다. 우
리를 이러한 방향으로 인도한 것은 플라톤 자신의 논변이다. 7-9장에서 우
리는 (『라케스』와 『카르미데스』에 소개된) 선과 악에 대한 유익한 앎을 『고르기
아스』, 『프로타고라스』, 『메논』으로부터 우리에게 친숙한 두 개의 소크라테
스적인 역설 ―아무도 악을 자발적으로 행하지 않는다는 역설과 도덕적인
덕들은 어떤 식으로든 지혜나 앎과 결합되어 있다는 역설― 과 연결하는
사유 노선을 쫓아갔었다. 그러나 어떻게 좋음에 대한 앎이 올바른 행동을
보장할 수 있느냐는 문제는 남는다. 나는 플라톤이 에로스를 좋음-아름다
움에 대한 열정적인 욕구로 파악한 점이 그러한 역설들의 플라톤적 이해에

본질적인 열쇠라고 주장했다. 우리의 가장 근본적인 열정은 좋음에 대한 욕구이기 때문에 아무도 악을 의도적으로 행하지 않는다. 이 욕구는 단지 우리가 좋다고 생각하게 된 것의 추구가 아니라, 투명하게 또는 실질적으로 이해된 욕구, 즉 참으로 좋은 것에 대한 욕구이다(플라톤은 『국가』 6권 505d 5-9에서 좋다고 생각되는 것과 참으로 좋은 것을 명시적으로 구분한다). 만일 우리가 실제로 좋지 않은 어떤 목표나 활동을 실제로 추구한다면, 그것은 무지에서 비롯한 것일 뿐이다.

그렇다면 철학의 임무는 우리를 좋음에 대한 앎으로 인도하는 것이다. 그러나 플라톤에 따르면 이 영역에서 진정한 깨우침은 오직 근본적인 실재들에 대한 지적인 파악으로부터만 올 수 있고, 이것은 또한 끈질긴 훈련을 요구한다. 이러한 훈련 및 접근법은 플라톤이 변증술이라고 말하는 것이다. 실재들 자체, 앎과 욕구의 궁극적인 대상은 우리가 형상들로 언급하는 것이다. 이 장에서 우리는 변증술에 대한 플라톤의 논의를 개관할 것이다. 다음 장에서 우리의 논의는 형상들로 향할 것이다.

내가 제시하고자 하는 것은 플라톤의 인식론과 형이상학을 새롭게 분석하는 일이 아니라, 더 수수한 것이다. 그것은 플라톤의 작가적인 솜씨를 올바로 드러내고, 그가 앎과 실재에 대한 자신의 견해를 명료하게 해 줄 장치로서 소크라테스적 대화편 형식을 기술적으로 사용한 점을 드러내도록 텍스트를 읽는 일이다. 나는 플라톤이 자신의 철학적인 사유를 표현하는 수단인 문학적인 기교들에 초점을 맞춰, 대화편들에 대한 발생적인 접근이 감추기 쉬운 체계적인 통일성과 연속성의 요소를 조명하고자 한다. 이 장에서 나는 변증술 개념과 가설의 방법에 대한 여러 가지 설명들 사이에 있는 다양한 형태의 연결점들을 탐구할 것이다. 11장에서는 같은 작업을 형상 이론에 대해서 할 것이다.

우리가 2장에서 보았듯이(120쪽 이하), 변증술 테마는 선취적인 해명이라는 플라톤의 기교에 대해 보다 두드러진 사례들 중 하나를 『국가』 이전의 대화편들에서, 즉 문체 그룹 I의 대화편들에서 제공한다. 왜냐하면 『국가』 는 플라톤이 변증술로써 의미한 바를 우리에게 말해 주는 바로 첫 대화편 이기 때문이다. 그럼에도 이 주제에 대한 놓칠 수 없는 언급들이 이전의 세 대화편들에, 즉 『메논』, 『에우튀데모스』, 『크라튈로스』에 있다. 『국가』의 유리한 지점에서 되돌아 읽으면, 그 구절들은 완전히 이해 가능하다. 그러 나 직접적인 맥락에서 그것들을 읽으면 그 텍스트들 중 적어도 둘은 불가 해하다. 왜냐하면 우리는 '변증술'이 최고급의 철학적인 지식 ―『고르기아 스』에 나오는 정치가에게 요구되는 기술, 즉 정치술(politikē technē)과 『에우 튀데모스』에 나오는 왕의 기술과 동일시되는 또는 그것들에 꼭 필요한 지 식― 에 대한 공식 명칭으로 선택되었다는 점을 오직 『국가』에서만 배우기 때문이다. 그리고 이러한 관점으로부터만 『에우튀데모스』와 『크라튈로스』 의 관련 구절들이 이해될 수 있다.

가설의 방법을 언급하는 다양한 맥락들에도 ―먼저 『메논』에, 그다음에 『파이돈』에, 마지막으로 『국가』에― 그와 비슷하면서도 보다 복잡한 진전 이 있다. 우리는 『메논』과 『파이돈』에서 가설의 방법이 두 대화편에 길게 걸쳐 기술될 뿐만 아니라 암묵적으로 작동되고 있음을 보게 될 것이다. 두 편의 이전 대화편들에서 가설적 방법에 대한 그러한 정교한 연습들이 가지 는 한 가지 기능은 철학적인 훈련에 대한 관심을 조장함으로써 독자로 하 여금 안 그러면 『국가』 6권 끝의 '선분의 비유'에 나오는 변증술에 대한 다 분히 예기치 않은 설명일 법한 것에 대한 이해를 준비하게 하는 것이다.

『국가』의 핵심적인 권들에서 변증술이 가장 풍부하게 기술되므로, 우리 는 이 기술로부터 논의를 시작한다. 그리고 이를 3절에서 이후 대화편들에 나오는 변증술에 대한 언급들로 보충하고, 다시 5-7절에서는 이전 작품들 에서 나오는 변증술과 가설의 방법의 출현을 추적한다. 그리고 8절에서 우리는 『에우튀데모스』를 보다 가까이 접근하여 살펴볼 것이다. 왜냐하면 이것은 문답법으로의 변증술과 가장 명시적으로 관련된 최초 대화편이기 때문이다.

마지막으로, 플라톤 이후에 —아리스토텔레스, 고대의 스토아학파, 중세의 논리학, 근대의 칸트, 헤겔, 마르크스에서— 'dialectic'이란 말이 전개된 중요한 과정을 (9절에서) 살펴보면, 그 말의 창안자인 플라톤에 의해 사용된 애초의 용법이 얼마나 드물고 제한적인지가 드러나게 될 것이다.

2. 『국가』에 나오는 변증술

『국가』 6권 끝에 있는 '선분의 비유'에서 시작해 보자. 이것은 네 단계의 인식에 맞춰 비례적으로 나뉜 네 개의 선분이다. 위쪽의 두 선분은 가지(可知)적인 영역(to noēton), 즉 시각 등의 감각-지각보다는 이성이나 지성(nous)이 접근할 수 있는 진리와 실재의 영역을 나타낸다. 이 둘 중 낮은 쪽의 선분은 수학적인 지식에 상응하고, 높은 쪽의 선분은 형상들에 대한 지식에 상응한다. 이 두 단계의 관계는 플라톤 인식론에 대한 해석을 위해 더 당혹스러운 문제를 하나 제기한다. 나는 여기에서 그저 우리가 텍스트에서 발견하는 것만을 보고한다.

둘 중 낮은 쪽의 선분에 할당된 수학에 대한 이해는 상대적으로 문제가 되지 않는다. 플라톤은 수학을 부분적으로 또는 잠정적으로 공리화된 연역 체계로 제시한다. 그리고 여기에서 공리는 그로부터 증명과 작도가 시작될 수 있는 가정들 또는 '가설들'의 형태를 취한다. 예를 들어, 기하학자들과 수이론가들은,

각각의 탐구(methodos) 영역에 따라 홀수와 짝수, 기하학적 도형들, 세 종류의 각(角) 등을 가설들로 놓네(hypothemenoi). 그들은 이러한 전제들을 이미 알고 있는 것으로 받아들이고, 모든 이들에게 명백하므로 자신들에게나 남들에게 그것들에 대해 설명을 줄(didonai logon) 필요가 없다고 여기네. 그러나 그것들로부터 출발하여 그들은 나머지 것들을 거쳐 일관성 있게(homologoumenōs) 결론에 이르네. (그들은 눈에 보이는 도형들을 사용하지만, 그들이 생각하고 있는 것은 다른 어떤 것이네.) 즉, 정사각형 자체, 대각선 자체이지, 그들이 그리는 것들이 아니네. … 그들은 우리가 사유(dianoia)에서만 볼 수 있는 바로 저것들(auta ekeina)을 보려고 꾀하네. (6권 510c-d)

가시적인 것에서 비가시적인 것으로, 감각될 수 있는 것에서 가지적인 것으로 이끌면서, 수학적인 연구들은 정신으로 하여금 고차의 진리들을 파악하도록 준비시킨다. 그러나 최고 단계의 앎에 도달하기 위해서, 철학자는 수학의 방법들에 의해 부가된 일정한 제약들을 극복하지 않으면 안 된다. 첫째, 그는(또는 그녀는) 시각적인 보조물들이나 도형들의 사용을 피하고 가지적인 개념들만으로 작업해야 한다. 둘째, 그는 어떤 것도 당연한 것으로 받아들여서는 안 된다. 그는 가설들을 잠정적인 가정들로만 여겨야 한다. 그는 이것을 적절한 단계에서 비판, 해명, 정당화하고(설명하고), 필요한 경우 폐기할 준비를 하게 될 것이다. 이것은 적어도 수학자가 가설들을 손대지 않은 채(akinēton) 놔둔다는 사실에 의해 제한을 받는 반면, 변증술은 가설들을 '제거' 또는 '파괴'할 것이라는 주장(7권 533c)에 대한 하나의 자연스러운 해석이다.

여기에서 지성에 의해 파악될 수 있는 것의 최고 부분은 합리적인 논의(autos ho logos)가 변증술의 힘으로써 파악하는 것을 뜻하네. 가설들을 출발점들(archai)이 아니라 말 그대로 가설들로 삼고, 발판이나 출발선(hormai)처럼 대하며 말일세. 이는 모든 것의 출발점(hē tou pantos archē)에 도달하여 가설이 아닌 것으로 오르기 위함이네. 그래서 이것을 파악하고 이것에 연결된 것을 꽉 붙잡으면, 그러한 논의는 그로써 결론으로 내려갈 수 있을 걸세. 감각될 수 있는 것은 조금도 사용하지 않고, 형상들만 사용하며, 형상들을 통해 형상들로 나아가고 형상들에서 끝을 맺으며 말일세. (6권 511b 3-c 2)

수학이 가지적인 구조들을 명확하고 일관되게 사유하기 위해 가시적인 모델들과 도형들을 사용하듯이, 변증술은 형상들에 관한 앎을 성취하기 위해 수학 자체를 개념적인 모델로 사용한다. 소크라테스는 이것이 정확하게 어떻게 이루어지는지 말하려 하지 않는다. 바로 변증술만이 적절하게 훈련을 받은 사람에게만 그 점을 보여 줄 수 있을 것이라고 말한다(7권 533a 8).

변증술이 수학의 가정들의 '위로 상승'하고 그것들에 대해 설명할 수 있는 과정(511a 6)을 플라톤이 어떻게 이해하는지, 어떻게 변증술이 형상들만을 통해 진전하고 궁극적인 '좋음'의 형상 —모든 것에 대한 보편적인 제일 원리 또는 출발점— 에 도달할 수 있는지 우리는 추정할 수 있을 뿐이다. 플라톤은 우리에게 몇 가지 암시만을 준다. 예비적인 연구들은 수학적인 학문의 다양한 분야들 간의 관계와 유사성에 대한 검토에서 정점에 이를 것이다(7권 531c 9-d 4, 537c). 사물들을 함께 볼 수 있는 사람만이 변증가이다(ho synoptikos dialektikos, 537c 7). 그래서 변증술을 위해 개념적인 모델 역할을 하는 것은 통일된 체계로 본, '조망적으로' 본 수학이다.[01] 그러나 수학의

---

01 이 점에서, 그리고 10장의 다른 점들에서 나는 아테네 Polytechneion의 Karasmanis의 도움을 받았다. 아직 출간되지 않은 그의 옥스퍼드 대학 박사학위 논문 "The Hypothetical Method in Plato's Middle Dialogues"(1987)를 보라.

전문가라는 것만으로는 변증가가 되지 못한다. 왜냐하면 그들에게는 "설명(logos)을 주고받을 능력"이 없기 때문이다(7권 531d 9-e 5). 변증술만이 "논의(logos)를 통해 감각-지각의 도움 없이 각-사물-자체가-무엇-인지를 향해(ep' auto to ho estin hekaston) 나아가고, 좋음-자체가-무엇-인지(auto ho estin agathon)를 지성작용(noēsis) 자체로써 파악하기 전까지 포기하지 않을 능력이 있다"(532a 6-b 1).

여기에서 우리는 형상들이나 본질들에 대한 플라톤의 가장 전문적인 지칭(어떤-사물-자체가-무엇-인지)을 본다. 이는 다음 장에서 논의될 것이다. 우리는 변증가가 그러한 본질들에 대한 설명을 강요할 수 있고, 그러한 설명을 자신과 남에게 제공할 수 있는 사람이라는 점(534b 3-5)만을 지적한다. 그래서 '좋음'의 형상을 아는 사람은 "그것을 다른 모든 것들로부터 구별함으로써 논의에서 정의하고,"[02] 이 설명을 "전투에서처럼 모든 시험들(elenchoi)을 거침으로써, 그것을 의견이나 외견상 그래 보이는 것(doxa)보다는 진리와 실제로 그런 것(ousia)에 의거해" 방어할 능력이 있어야 한다(534b 8-c 3). 미래의 수호자들은 "가장 학문적인 방식으로 질문들을 제기하고 그것들에 답할" 수 있도록 교육을 받아야 한다(534d 9). 그래서 변증술을 고차적인 연구들의 마무리로서 새로 설명하는 바로 그 순간에(534e), 플라톤은 적어도 말로써는 소크라테스적인 논증 방식 —논박과 문답— 에 대한 더 겸손한 언급들로 돌아간다. 이 언급들은 바로 변증술이 그 이름을 얻는 철학적인 대화 유형을 떠올리게 한다.

---

02 dihorizesthai는 말 그대로는 '경계선을 긋다,' '구별하다'를 뜻한다. 6장의 각주 28과 다음 각주를 보라.

3. 『국가』 이후의 변증술

『국가』 이후 대화편들에서 플라톤이 변증술을 언급한 부분을 간략히 개관함으로써, 우리는 우리가 이전 작품들에서 추적하고자 하는 변증술의 출현에 대해 좀 더 완성된 그림을 얻게 될 것이다.

아마도 『파르메니데스』가 플라톤의 수호자들이 변증술 훈련을 받는 5년 동안 경험하게 될 것에 대한 가장 좋은 실례를 우리에게 제공할 것이다. 그 대화편은, 파르메니데스가 형상 이론에 대하여 제기한 반론들에 대한 마지막 논평에서, 변증술을 명시적으로 한 번만 언급한다. 파르메니데스는 말한다. 만일 그러한 어려운 문제들 때문에 누군가가 형상 이론을 포기하고, "각각의 사물에 대해 일정한 형상(eidos)을 구별조차[03] 하지 않으려 한다면, 그는 자신의 사유가 향할 곳을 확보하지 못할 것이네. 만일 그가 하나의 형상(idea)이 존재하는 사물들(ta onta) 각각에 대해 항상 있다는 점을 허용하지 않는다면 말일세. 그리고 그러한 경우 그는 변증술의 힘을 완전히 파괴할 걸세"(『파르메니데스』 135b 5-c 2). 이렇듯 변증술, 즉 합리적인 철학적 사유와 논의의 가능성은 영원한 불변의 형상들을 가정하는 데에 달려 있다. 칸트의 독자들처럼, 우리는 여기에서 형상들의 존재에 대한 초월적인 논증의 낌새를 볼 수 있다.

소크라테스는 젊고 철학적인 준비가 부족하여 파르메니데스의 반론들에 대처할 수 없다. 『국가』의 수호자들처럼, 소크라테스는 길고 엄격한 훈련을 거치고 난 뒤에만 "적절하게 진리를 볼" 수 있을 것이다(136c 5, 135d 6 참조). 『파르메니데스』의 나머지 부분은 이런 훈련이 어떤 모습일지를 가설의 방법을 통한 일련의 정교한 연습들에 의해 보여 준다.

---

03 horietai는 '구분 짓다,' '결정하다,' '규정하다'를 뜻한다.

이러한 연습들은 『국가』에 나오는 가설에 대한 기술과 두 가지 점에서 다르다. 첫째, 가설로 삼은 주제들은 특별한 수학적 개념이 아니라 고도로 일반적인 형상들, 특히 '하나'와 '여럿'이다. 그러나 파르메니데스는 또한 '비슷함,' '비슷하지 않음,' '운동,' '정지,' '생성'과 '소멸,' '존재'와 '비-존재'를 가설을 위한 가능한 주제들로 삼는다. 둘째, 파르메니데스는 긍정의 가설 '만일 p라면'이 그에 상응하는 부정의 가설 '만일 p가 아니라면'에 의해 규칙적으로 균형 잡힐 것을 제안한다. "예를 들어, 제논이 놓은 이 가설 '만일 여럿(의 사물들)이 있다면'과 관련하여, 우리는 '여럿'에게 이것들과 '하나'에 관련하여, 그리고 '하나'에게 이것과 '여럿'에 관련하여 어떤 결과가 나올지 살펴보아야 하네. 그리고 다시 '만일 여럿(의 사물들)이 있지 않다면,' 우리는 어떤 결과가 나올지 다시 한 번 살펴보아야 하네"(『파르메니데스』 126a). 이것은 『국가』에서 말하는 가설을 '제거함' 또는 '파괴함'이 뜻하는 내용에 대한 사례일지 모른다. 어떻게 이것이 연구자에게 모든 가정들을 넘어서 무제약적인 '좋음'의 형상에 도달하는 것을 허락하는지는 설명되지 않는다. 아마도 플라톤은 다음과 같은 『일곱째 편지』의 진술을 넘어서 어떠한 설명도 가능하지 않다고 생각했을 것이다. 오랜 시간에 걸쳐 고된 작업을 많이 한 끝에 "우호적인 검토들이나 반박들(elenchoi) 속에서, 적대감 없이 계속 묻고 대답하면, 지혜와 지성의 빛이 각 주제에 관련하여 빛날 것입니다"(『일곱째 편지』 344b).

『파르메니데스』 이후의 대화편들에서 가설의 방법은 외견상 결코 다시 언급되지 않는다. 그러나 변증술은 사뭇 다른 형태의 탐구 ―나눔의 방법 (dihairesis)― 에 의해 재현된다. 이 방법은 『파이드로스』의 한 구절에 가장 잘 기술되어 있는데, 우리는 잠시 그것을 살펴볼 것이다. 그러나 변증법에 대한 이러한 '이후의' 개념이 우리가 6-7권으로부터 인용한 핵심 논의 이전에 실제로 『국가』에 언급되어 있다는 사실은 주목할 만하다.

변증술에 대한 그런 첫 언급은 철학적인 방법에 대한 명시적인 토론에서 나오지 않고 5권에 나오는 한 반론에 대한 소크라테스의 응답에서 부차적으로 나온다. 그는 여자들이 남자들과 동일한 교육과 정치적 책임을 가져야 한다는 유명한 제안을 했다. (소크라테스가 스스로 제기한) 그 반론은 이러한 평등주의적인 제안과 ─상이한 본성들은 상이한 과업을 가져야 한다는─ 플라톤의 특수화 원칙 간에는 모순이 있다고 주장한다. 남자들과 여자들은 상이한 본성을 갖지 않는가?

이런 반론에 응하여, 소크라테스는 "주제를 종류들로 나누어서(kat' eidē dihairoumenoi) 살펴보지 못하고 논의된 것에 대해 오로지 말뿐인 반대를 추구함으로써"(454a) 그와 그의 대화 상대자들이 무의식적으로 변증술(dialegesthai, dialektos)로부터 빠져나와 그것에 반대되는 것, 즉 반대술(antilogia)이나 쟁론술(erizein) ─반대되는 말을 하는 것 자체를 추구함─ 로 들어갔다고 불평한다. (어떤 점들에서 남자들과 여자들이 본성상 차이 나는지, 그리고 그 차이가 배정된 과업들에 관련 있는지를 살펴보지 못한다는 게 그런 반론의 요점이다.) 이 구절은 그것이 『국가』의 변증술에 대한 중심적인 설명과 주제적으로 연결되어 있지 않지만, 돌아보기도 하고 앞서 보기도 한다는 점에서 더욱 흥미롭다. 뒤로는 우리가 『메논』, 『에우튀데모스』, 『파이돈』에서 발견하는 변증술과 쟁론술 간의 대조를 보고,[04] 앞으로는 변증술을 종류들에 따른 '나눔'(dihairesis)으로서 파악함을 본다. 그리고 이 '나눔'은 『파이드로스』와 이후 대화편들에서 눈에 띄지만, 그 밖에 『국가』에서는 거의 주목되지 않는다.[05]

---

04 우리는 이 대조를 다시 『국가』 7권 539a-c에서 발견한다. 그러나 그것은 변증술에 대한 핵심적인 설명의 일부가 아니다.

05 동사 dialegō('선택하다,' '분리시키다')가 지닌 능동의 의미에 얼마간 관련의 여지가 있을 수 있다. 이는 이 맥락에서 dihaireisthai('나누다')가 같은 방향으로 사용되고, dialektos가 여기에서 '변증술'의 의미로 유일하게 나옴으로써 이루어진다. 능동형 동사와 '종류에 의해 나

7권에 나오는 변증술에 대한 주요 논의는 '나눔'을 언급하지 않는다. 그 대신 그것은 그와 관련된 '조망,' 즉 사물들을 함께 봄의 과정을 강조한다. 플라톤이 이러한 두 가지 상보적인 작업들을 그것들의 상호 관계 속에서 처음 기술하는 곳은 『파이드로스』이다. 한편으로, 우리는 "각 사물을 규정함으로써(horizomenos) 무엇에 대해 말하고자 하는지를 분명하게 하도록, 여러 방식으로 흩어져 있는 사물들을 한 형상으로 데려갈" 줄 알아야 한다(『파이드로스』 265d). 그러나 우리는 또한 "형편없는 푸주한처럼 (자연적인) 부분이 없는 곳에서 그것들을 부수지 않도록, 사물들을 자연스러운 마디들에서 종류들로 나눌" 줄도 알아야 한다(265e).

(소크라테스가 말한다.) 나 자신은 말하고 생각하기 위해 이러한 나눔들과 모음들을 사랑하는 사람이네. 그리고 내가 만일 다른 이가 어떻게 사물들이 본성적으로 '하나'와 '여럿'으로 분류되는지를 볼 줄 아는 사람이라고 믿는다면, 난 '신의 발자국을 뒤쫓듯' 그의 발자국을 뒤쫓아 가려네. 지금까지 나는 이러한 일을 할 수 있는 사람들을 변증가들(dialektikoi)이라고 부르고 있네. 이 말이 맞는지 안 맞는지는 신이 알겠지만 말이네. (266b)

'모음'과 '나눔'으로써 이렇게 변증술을 새롭게 정의하는 것은[06] 그런 다음에 소크라테스의 대화 상대자에 의해 승인된다(266c 7). 그리고 이후 『소피스트』(253d), 『정치가』(285a-287a), 『필레보스』(16c-17a)에서 중대한 변경 사항

눔'(dialegontas kata genē)의 개념 간에 있는 의미의 자연스러운 연상에 대해서는 3장 143쪽에 인용된 크세노폰의 텍스트(『소크라테스 회상』 4권 5장 11절)를 보라.
06 적어도 '나눔'을 강조한 것은 새롭다. 그래서 그 용어에 대한 새로운 방어가 필요하다("나는 …한 사람들을 변증가들, dialektikoi라 부르고 있네"는 아래 503쪽에 인용된 『국가』 7권 532b 4를 반복한다). 이와 더불어 소크라테스는 이것이 새로운 것이 아니라고 강조한다!

들과 더불어 변증술에 대한 언급들의 토대로서 규칙적으로 사용되는 것은 바로 그러한 특징이다.

이후의 그런 다양한 변경 사항들을 모두 검토하는 것은 너무 멀리까지 나가는 것일 테다. 나는 몇 가지 연속점만을 지적한다. 가설의 방법에 대한 언급이 더는 없지만, 이후의 그런 설명들에서 단일성과 다수성이 차지하는 중심적인 위치는 『파르메니데스』의 변증술적 연습들에서 '하나'와 '여럿'이 가지는 가설의 역할에 의해 예상된다. (synopsis, 즉 포괄적인 시각과 개념적인 통일이 맡는 중심적인 역할도, 앞에서 『국가』 7권을 통해 주목한 바 있지만, 최후의 관련 텍스트 ―『법률』 12권 965b-c에 나오는 변증술에 대한 암시적인 언급― 에 유지된다.) 게다가, 형상 이론의 핵심 용어들인 eidos와 idea는, 이 형상들이 『국가』와 『파르메니데스』에 나오는 것들과 같은 것들인지 항상 분명하지는 않지만, 변증술의 성격에 대한 이후의 규정들에 다시 규칙적으로 나타난다.[07] 하지만 『정치가』에서 변증술의 관심사는 감각-지각이 아닌 logos에만 접근 가능한 "비물체적인 실재들, 사물들 중 가장 크고 뛰어난 것들"이다(286a). 그리고 플라톤 저술에서 아마도 가장 늦게 명시적으로 변증술을 언급하는 듯한 『필레보스』에서 '변증술의 힘'은 "단연 가장 진정한 앎"으로서 기술된다. 왜냐하면 그것은 "존재(to on)와 참으로(ontōs) 실재적이고 본성상 항상 같은 것"(『필레보스』 58a)을 다루기 때문이다. 이러한 기술은 명백하게 『파이돈』과 『국가』에서 사용된 존재론적 언어를 되풀이한 것이다.

그래서 로빈슨(R. Robinson)에 따라, 만일 플라톤에서 변증술은 일반적으로 "어떤 것이든 이상적인 방법"이라고 말하는 것이 참이라면, 생애의 각 단

---

07 예를 들어, 『파이드로스』 265d 3(idea), e 1과 4(eidos), 266a 3(eidos), 273e 1(kat' eidē dihaireisthai), 2(idea), 『소피스트』 253d 1(eidos), 5(idea), 『정치가』 285a 4(kat' eidē dihaireisthai), 『필레보스』 16d 1과 7(idea), 『법률』 12권 965c 2(idea).

계에서 플라톤이 그러한 명예로운 칭호를 "그에게 매 순간 가장 희망적인 절차로 보였던 모든 것"에 적용했다는 주장은 오해의 소지가 있다.[08] 처음에 보일 법한 것보다 더 많은 일관성이 여기에 있다. 『메논』에서 『파르메니데스』에 이르는 대화편들은 가설의 방법을 언급하지만 이후의 대화편들은 그렇지 않다는 사실은 우리에게 구술적인 토론에 관련된 플라톤의 실천에 대해 아무것도 말해 주지 않는다. 그리고 『국가』는 가설뿐만 아니라 나눔(과 조망)의 견지 양쪽에서 변증술을 기술하므로, 두 절차가 생애의 다른 단계에 속하는지 전혀 분명하지 않다. 사실, 두 가지 절차에 대한 언급들은 그가 쓴 작품들의 상이한 시기들에서 두드러진다. 그러나 두 가지 경우 모두에서 ─『파이돈』에서 『파르메니데스』에 이르는 가설에서, 그리고 방금 『정치가』와 『필레보스』에서 인용된 구절들에 나타난 '나눔'으로서의 변증법에서─ 변증술이 대상으로 삼는 것은 항상 동일하게도, 초감각적인 불변의 실재이다.

4. 변증술의 기원

플라톤이 『국가』 등에서 변증술 개념에 대해 말한 내용을 보았으므로, 우리는 이제 다시 그의 이전 저술들에서 이 개념이 출현한 부분을 추적하는 데로 되돌아가야 한다. 그리고 여기에서 우리의 주제는 실제로 이중적이다. 먼저, 플라톤이 변증술을 철학의 방법으로서 명시적으로 언급하거나

---

08 R. Robinson(1953), 70쪽. 하지만 로빈슨은 변증술의 주제는 "어떤 의미에서 … 평생에 걸쳐 항상 같은 것"이었다는 점을, 즉 그것은 "불변의 본질들을" 추구한다는 점을 올바로 인지했다 (70쪽 이하).

함축적으로 암시하는 부분이다. 그러한 언급은 보통은 동사 dialegesthai나 이 말의 동족어들 중 하나에 대한 강조적인 사용에 의해, 때로는 『국가』의 중심 이론에 현저하게 모습을 드러내는 hypothesis 같은 용어에 의해 두드러진다. 이런 의미에서 변증술에 대한 반성은 그룹 I의 6개 또는 7개의 대화편에 있는 소수의 구절들에 제한된다. 그러나 다른 한편으로, 넓은 의미에서 소크라테스가 철학적인 대화를 수행하는 방식으로서 변증술의 실천이 있다. 그리고 이에 대한 증거는 모든 대화편에 나오는 모든 논증에서 발견된다. 그래서 명시적인 반성에 의한 변증술 이론의 전개는 우리가 다음 절에서 어느 정도 완전하게 추적할 수 있는 제한된 주제인 반면, 대화편들에 실천으로서 나오는 변증술의 전개는 방대한 주제이고, 이는 우리가 이 자리에서 거의 다룰 수 없는 것이다.

우리가 합리적으로 그럴 수 있듯이, '변증술'은 플라톤이 원래 자신의 철학 개념에서 소크라테스적인 대화가 가진 본보기 역할 때문에 선택한 용어였다는 점을 수용한다면, 여기에서 변증술이 어떤 의미에서는 소크라테스보다 더 오래된 것일 수 있다는 가능성을 고려할 필요는 없을 것이다. 아리스토텔레스는 엘레아의 제논을 변증술의 창시자로 보았다고 전한다.[09] 프로타고라스와 여타 소피스트들은, 『쌍방 논변들』(*Dissoi Logoi*)로 알려진 논증 모음집에 보이듯, 주어진 문제에 대해 양편에서 논증하도록 학생들을 훈련시켰을 것이다.[10] (이것은 그들이, 법정에서 나쁜 소송이 우세하도록 만든 경우에서처럼, "약한 논증을 강한 논증으로 만든다"는 비난을 받는 이유를 설명할 것이다.) 플

09 D. L. 7권 57절, 9권 25절. R. Robinson(1953), 91쪽 이하 참조. 아리스토텔레스는 아마도 플라톤이 『파이드로스』(261d)와 『파르메니데스』(127d 이하)에서 제논을 다룬 것에 의해 영향을 받았을 것이다.
10 DK 90. Sprague(1972), 279-93쪽에 번역됨. Guthrie(1969), 316-19쪽, T. M. Robinson(1979)의 새 텍스트, 번역, 주석 참조.

라톤의 대화편들도 몇 가지 문답 기술이 히피아스, 고르기아스, 프로타고라스가 정통한 기술의 형태였다는 점을 시사한다.[11] 이 모든 전개들이 소크라테스의 실천을 위한 배경을 제공했을 수 있다. 그러나 그러한 전개들은 여기에서 우리의 관심사가 아니다. 우리의 주제는 5세기의 지성사가 아니라 플라톤 저술들에 나타난 변증술이다.

피할 수 없지만 불행하게도 해결할 수도 없는 역사적인 물음 하나는 소크라테스의 개인적인 공헌이다. 플라톤은 우리가 대화편들에서 발견하는 것 중 얼마만큼을 실제로 소크라테스에게 빚지고 있는가? 내가 3장에서 주장했듯이, 소크라테스의 철학에 대한 문헌적인 증거는 너무나 늦은 시기의 것이고 역사적이지 않아 우리는 실제로 그 물음에 자신 있게 대답할 수 없다.[12]

우리가 가진 증거는 소크라테스의 논박 실천이 우리가 플라톤의 대화편들에서 발견하는 것보다는 훨씬 더 개인적이고 비체계적인 것이었다는 점을 보여 준다. 이는 『소크라테스의 변론』에서 멜레토스의 반대 심문과 소크라테스 자신의 진술 양쪽에 나타나 있다. "만일 여러분 중 누군가가 지혜, 진리, 덕에 대해 신경 쓰고 있다고 주장한다면, 난 그를 가도록 내버려 두지 않고, 그에게 묻고 그를 심문하고 시험할 것입니다. 그리고 만일 그가 나에게 덕을 가진 것처럼 보이지도 않으면서 그렇다고 주장한다면, 나는 그를 나무랄 것입니다"(『소크라테스의 변론』 29e). 『라케스』의 니키아스도 소크라테스와 대화하게 되는 사람은 원래 논의되던 문제와 상관없이 결국 "자신에 대해, 그가 지금 어떤 종류의 삶을 살고 있는지, 과거에 어떻게 살았는지

---

11 『소 히피아스』 363c-d, 『고르기아스』 447c 5-8, d 6-448a 3, 449c 7-8, 『프로타고라스』 334e 4-335a 3.

12 소크라테스가 문답에 의한 철학적인 대화술의 대가였다는 점에는, 대화편들에 예시되어 있듯이, 의문의 여지가 없다. 그러나 소크라테스의 실천이 종종 논박에 귀속되는 규칙-지배적인 형태를 띤 것이었는지는 의문의 여지가 많다. Kahn(1992), 251-56쪽을 보라.

를 설명하지" 않을 수 없게 될 것이라고 경고한다(『라케스』 187e-188a). 이러한 지적들과 아이스키네스의 『알키비아데스』에 묘사된 논박의 본보기(1장 60쪽 이하)로부터, 우리는 소크라테스가 추구했던 것은 그다지 형식적인 모순에 의한 입론 반박이 아니라, 그보다는 대화 상대자가 믿는다고 주장하는 것과 그가 실제로 꾸려 가는 삶 사이에 드러난 보다 실생활적인 모순에 의한 입론 반박이었다고 결론지을 수 있다.

5. 『국가』 이전 대화편들의 변증술 언급

우리는 이제 초기 대화편들, 즉 문체 그룹 I의 대화편들에 나오는 변증술에 대한 명시적인 논의로 돌아간다. 우리가 언급했듯이, 변증술 개념의 출현은 동사 dialegesthai와 이것의 동족어들을 철학적으로 두드러지게 사용함에 의해, 그리고 가설의 방법에 대한 논의에 의해 알려졌다. 이 절에서 우리는 첫 번째 종류의 사례들을 살펴본다. 가설의 방법은 6절과 7절에서 검토될 것이다.

dialegesthai와 이와 관련된 어형들이 특별한 의미로 사용된 『국가』 이전의 대화편으로는 여섯 개가 있다. 이곳의 구절들은 형태와 내용에 의해 구별하면 세 그룹으로 나뉜다. 『소 히피아스』, 『고르기아스』, 『프로타고라스』를 포함하는 첫 번째 그룹에서 동사 형태들만이 나오고, 소크라테스의 대화술과 소피스트들의 연설술 선호 간에 대조가 이루어진다. 유일하게 『메논』의 텍스트에 제시된 두 번째 그룹에서, 부사 형태인 dialektikōteron(보다 대화적으로)이 나온다. 그리고 그 대조는 『국가』(464쪽에 인용된 5권 454a)에 나오는 변증술에 대한 첫 언급처럼, 연설술이 아닌 쟁론술과 이루어진다. 세 번째 그룹인 『에우튀데모스』와 『크라튈로스』에서, (『국가』 7권과 종종 이후 대

화편들에서처럼) 형용사 dialektikos('철학적인 대화에 능한 사람,' 다른 말로 '변증가')
가 나온다. 이렇듯 세 그룹은 동사 '대화하다'에 대한 완전히 관용적인 사용
과 『국가』의 중심 권들의 반(半)-전문적인 용어 사이에 걸쳐 있다.

A 그룹: 『소크라테스의 변론』 등에서 소크라테스는 종종 자신의 대화들
을 동사 dialegesthai를 사용함으로써 언급한다. 그러나 이 단어가 특별히 철
학적인 무게를 지닌다는 점을 암시하지는 않는다.[13] 『소 히피아스』에서 우
리는 아마도 dialegesthai를 문답의 기술에 대해 방법론적으로 사용했을 가
장 이른 사례를 발견한다. 그리고 이는 히피아스가 보이는 연설에 대한 선
호와 대조된다. 이 소피스트는 논쟁 주제에 대한 일련의 연설들 간의 경쟁
을 제안했다(369c 6-8). 소크라테스 자신은 긴 연설에서 도움을 얻으려 하지
않는다고, 자신은 자신의 질문들에 대한 답변들에 의해 무지로부터 치유
될 수 있을 것이라고 말한다(373a). 그는 히피아스가 자신에게 대답할 것을
요구하도록 초대자인 에우디코스에게 호소한다. "왜냐하면 당신(에우디코
스)은 저에게 히피아스의 연설들에 경청하는 것이 아니라, 그와 대화할 것
(dialegesthai)을 촉구했기 때문입니다"(373a 6-7).[14]

그와 같은 대조는 『고르기아스』와 『프로타고라스』에서 보다 체계적으
로 이루어진다. 그래서 소크라테스는 고르기아스와 대화하기에 이르고, 그
의 전시(展示) 연설(epideixis)을 듣는 대신 그에게 질문을 던진다(『고르기아스』
447b-e). 폴로스가 고르기아스가 정통한 기술이 무엇인지를 말하도록 질
문을 받았을 때, 그는 그것이 무엇인지를 말하는 대신에 그것을 칭송한다

---

13 예를 들어, 『소크라테스의 변론』 19d(두 번), 21c, 33a, 41c.
14 소크라테스적인 질문과 관련하여 dialegesthai를 강조하여 사용한 것이 플라톤 이전의 것(따라
서 실로 소크라테스의 것)이라는 지적에 대해서는 (4장 211쪽에 인용된) 안티스테네스의 텍
스트 *SSR* V A 187, 17행을 보라.

(448e). 그의 실수는 "그가 dialegesthai보다는 연설술이라 불리는 것을 학습했다"는 점을 보여 준다(448d 9). 만일 그가 대화의 기술을 연습했더라면, 그는 요청받은 대로 그 질문에 대답했을 것이다.[15] 답변의 길이뿐만 아니라(소크라테스는 449c 5에서 길게 말하기보다는 짧게 말하기를 요청한다. 461d 6 참조), 무엇보다도 증명과 논박(elenchos) 방식과 관련하여 두 기술이 대조된다. 폴로스가 그에 반대하여 아무리 많은 수의 증인들을 증언하도록 불러들인들, "그러한 논박은 진실과 관련해서는 아무런 가치가 없다"(471e 7). 왜냐하면 그들은 모두 거짓 증언을 하고 있을지도 모르기 때문이다. 그는 표를 세는 데 익숙하지 않다. 그는 "내가 말하는 것에 동의할 유일한 증인으로 자네 자신을 내세울 수 있을 때에만" 만족하게 될 것이다(472b 6).

대화(dialegesthai)와 연설 간에 이루어진 이런 대조의 한 측면은 철학적인 논의에 대한 플라톤의 생각을 이소크라테스의 것과 구분하는 것이다. 이소크라테스는 자신의 훈련 유형에 대해 philosophia란 용어를 사용하길 좋아했다. 이제 플라톤은 연설 작가로서 기꺼이 경쟁하고자 한다. 『향연』과 『파이드로스』에 나오는 일련의 연설들을 언급하지 않고, 『소크라테스의 변론』과 『메넥세노스』에 나오는 추도 연설을 떠올리기만 해도 된다. 그러나 플라톤은 자신의 경기에서 이소크라테스를 이길 수 있지만, 문답의 방법인 dialegesthai에 그가 맞춘 초점의 의도는 연설과 강의 형식이 진지한 철학적 탐구를 위한 적절한 수단이 아니라는 점을 분명하게 하는 데에 있다.

그와 같은 대조가 『프로타고라스』를 통해서도 줄곧 견지된다. 소크라테

---

15 말하고 있는 것이 좋거나 나쁘다고 판단하기 전에 그것이 무엇인지를 규정하는 것은 좋은 방법의 규칙이다(463c). (6장 3절을 보라.) 『고르기아스』 448d의 구절은 dialegesthai나 이것의 동족어들이 직접 정의(定義)의 추구와 연결되어 있는, 『국가』 이전의 유일한 사례인 것처럼 보인다. 하지만 그곳에서 강조점은 아마도 'X란 무엇인가?'라는 물음 자체보다는 문답의 기술에 있을 것이다.

스는 프로타고라스가 연설뿐만 아니라 문답에서(329b), 긴 답변(makrologia) 뿐만 아니라 짧은 답변(brachylogia)에서(334e 4-335a 3), 전문가임을 주장한다는 점을 그에게 환기시킨다. 이러한 이중의 능력에 대한 요구를 고집함으로써 알키비아데스는, 소크라테스가 긴 연설들을 듣기보다는 차라리 떠나겠다고 말한 위험한 순간에, 그 소피스트로 하여금 소크라테스의 요구에 따를 것을 강요한다. "소크라테스님은 프로타고라스님에게 길게 말하기에서 지십니다. 그러나 저는 그가 대화할 능력에서, 그리고 합리적인 설명을 주고받는 법을 아는 데에서 어느 누구에게 지신다면 놀랄 것입니다"라고 알키비아데스는 말한다(336b 8-c 2). 이 마지막의 표현 ―입론을 합리적으로 방어하는 능력, 또는 그러한 방어를 물음과 대답으로써 강요하는 것― 은 변증가의 뚜렷한 특징으로 남을 것이다.[16]

B 그룹: 지금까지 살펴본 사례들은 모두 동사를 사용한다. 가장 빈번하게는 동사원형(dialegesthai)을 사용한다. 『메논』 75d에서 우리는 (『국가』에서) 변증술에 이름을 제공하게 될 명사 어간 'dialektik-'이 처음 그리스어로 나온 사례라고 볼 만한 것을 발견한다. 여기에서는 연설술이 아니라 쟁론술과 대조가 이루어진다. 다시 말해, 연설하기가 아니라 문답에 의한 논증의 다른 어떤 양식과 대조가 이루어진다. 여기에서 (그리고 변증술이 쟁론술과 대조되는 이후 대화편들에 나오는 몇 가지 사례들에서)[17] dialegesthai는 말다투기 경쟁에 대립되는 것으로서 건설적이고 공조적인 대화 형태를 나타낸다.

쟁론술은 일종의 경기로서 반박 자체를 추구하는 기술이다. 메논은 형태

---

16 logon dounai kai dexasthai(설명을 주고받는 것)로 이해된 dialegesthai와 유사한 표현들에 대해서는 (460쪽에 인용된) 『국가』 7권 531e, 『프로타고라스』 336d 1, 338e 5, 339a 3(그리고 348a, b 5 이하 참조), 『카르미데스』 165b 3, 『라케스』 187c 2, d 2, 10을 보라.

17 『국가』 5권 454a-b, 『필레보스』 17a 4, 『소피스트』 231e 1-5, 『국가』 7권 537e-539c 참조.

(schēma)에 대한 소크라테스의 정의가 색 개념을 사용한다고 불평한다. "하지만 이때 누군가가 자신은 색을 알지 못하고, 형태에 대해서처럼 바로 색에 대해서도 난관에 처해 있다고 말한다면, 선생님께서는 그에게 어떤 종류의 대답을 주셨을 거라고 생각하십니까?" 소크라테스는 대답한다.

맞는 대답을 주었을 거네. 그리고 그렇게 물은 사람이 이런 영리하고도 경쟁적인 쟁론가들 중 한 사람이라면, 나는 그에게 말할 걸세. "나는 답변을 했소. 만일 내 말이 옳지 않다면, 설명을 요구하고(lambanein logon) 나를 논박하는 것(elenchein)은 당신 일이오." 그러나 만일 사람들이 친구들인 자네와 나처럼 서로 대화하기를 원한다면, 더 정중하게, 더 대화적으로(dialektikōteron) 대답해야 하네. '더 대화적으로' 대답한다는 것은 맞게 대답하는 것뿐만 아니라 대화 상대자가[18] 안다고 동의하는 것에 의해 대답하는 것이라고 나는 생각하네. (『메논』 75c 8-d 7)

여기에서 소크라테스 방식의 대화 개념에 훨씬 더 엄밀한 구조가 주어진다. 소크라테스는 나아가 그의 도형에 대한 정의에 사용될 모든 용어들을 이해하고 수용한다고 메논이 동의하도록 만든다(75d 7-76a 3). 우리는 대화 상대자가 아는 것으로 수용할 것에 관계하는, 초보적인 공리화의 개요 같은 것을 가진다. 이렇게 해서 소크라테스는 도형을 입체의 한계로 규정함으로써 명백히 수학적인 정의를 준비한다. 동시에, 정의되지 않았지만 정의에 나타날 친숙한 용어들의 예비적인 수용을 메논으로부터 확보한다. 유사한 절차에 의해 다른 곳에서, 소크라테스는 종종 일정한 기본 개념들이

---

18 여기에서 텍스트는 ὁ ἐρωτώμενος(응답자)이다. 그러나 그것은 아마도 ὁ ἐρωτῶν(질문자)일 것이다. Bluck의 해당 주석을 보라. 의미는 분명하다.

나 언명들에 동의하도록 만듦으로써 논증을 시작한다.[19]

『메논』(75c-d)으로부터 인용한 텍스트에 인식적인 순서에 대한 강조가 있다. 정의(定義)의 계획은 친숙한 것으로부터 덜 친숙한 것으로, 알려진 것으로부터 알려지지 않은 것으로의 움직임을 요구하는 것으로 보인다. 그러나 우리가 6장에서 보았듯이, 이는 알지 못하는 것을 추구한다는 메논의 역설에 이르고, 메논의 역설에 대한 대답은 상기(想起)이다. 상기는 어떻게 알려지지 않은 정의를 추구하는 것이 원칙적으로 가능한지를 설명하지만, 우리는 여전히 덕에 대한 정의를 찾지 못했다. 그래서 소크라테스는 가설의 방법을 대체물로서 소개한다. 만일 덕이 이러이러한 것이라면, 그것은 가르쳐질 수 있다. 그렇지 않다면, 다른 결과가 따른다. 이 방법은 변증술에 관한 이후의 이해에 본질적이므로, 우리는 6절에서 『메논』으로 되돌아올 것이다.

C 그룹: 『메논』에서 방금 인용한 부사적 형태와 같은 어간으로부터, 『크라틸로스』와 『에우튀데모스』에서 우리는 철학적인 대화의 기술에 능숙한 사람들에 대해 형용사 dialektikos가 쓰임을 발견한다. 이 형용사의 전적인 의미는 이렇듯 동사의 관용구적인 용법과 계속 접촉한 상태에 머무른다.

---

[19] 『메논』 75e 1과 76a 1의 τελυτὴν καλεῖς τι;(자네는 무엇을 '끝'이라고 부르는가?)와 ἐπίπεδον καλεῖς τι;(자네는 어떤 것을 '평면'이라고 부르는가?)와 비슷한 표현들에 대해서는 『메논』 88a 7: σωφροσύνην τι καλεῖς;(자네는 어떤 것을 '절제'라고 부르는가?), 『프로타고라스』 332a 4: ἀφροσύνην τι καλεῖς;(자네는 어떤 것을 '어리석음'이라고 부르는가?), 『고르기아스』 495c 3: ἐπιστήμην που καλεῖς τι;(자네는 어떤 것을 '앎'이라고 부르는가?) 등을 보라. 등가적인 표현들에 대해서 또한 『프로타고라스』 330c 1: ἡ δικαιοσύνη πρᾶγμά τι ἐστιν ἢ οὐδὲν πρᾶγμα;(정의는 어떤 것입니까, 아니면 아무것도 아닙니까?), 332c 3: ἔστι τι καλον;(어떤 아름다운 것이 있습니까?), c 5: ἔστι τι ἀγαθόν;(어떤 좋은 것이 있습니까?)을 보라. (Hawtrey가 해당 구절에서 지적하듯) 에우튀데모스는 『에우튀데모스』 276a 3에서 그 방식을 서투르게 흉내낸다. καλεῖςδὲ τινας διδασκάλους ἢ οὔ;(자네는 어떤 이들을 선생이라고 부르는가, 부르지 않는가?)

그러나 두 대화편에서 dialektikoi가 가지는 역할은 새로운 플라톤적 이론의 큰 투여를 함축한다.

『크라튈로스』의 구절은 dialektikos라는 용어를 처음으로 소개하기로 계획된 것이었을 수 있다. 왜냐하면 그것의 등장은 조심스러운 귀납적 과정(epagōgē)에 의해 준비되기 때문이다. 여기에서 변증가는 단어들의 사용자로서, 따라서 단어들을 만든 자, 즉 이름을 정하는 자가 일을 제대로 했는지를 제대로 판정하는 자로서 나타날 것이다. 이러한 생각은 다음과 같이 소개된다(390b). "누가 베틀 북을 만든 목수가 그가 사용하는 나무에다 적절한 형태(eidos)를 부여했는지를 알겠는가?" 대답은 그 북을 사용하는 직조공이다. 그리고 뤼라 연주자는 뤼라 제작자의 일을, 선장은 조선공의 일을 가장 잘 판정하는 사람일 것이다. 그렇다면 누가 이름을 정하는 자의 일을 판정하는 법, 그가 사용하는 모든 음절들에다 적절한 단어 형태(to tou onomatos eidos)를 부여했는지를 알 수 있는 법을 가장 잘 알겠는가? "여기서든 이민족들에서든 그럴 수 있겠는가? 그 제작물을 사용할 사람, 즉 묻고 대답할 줄 아는 사람이 아니겠는가?" "예." "자네는 묻고 질문에 대답할 줄 아는 누군가를 '대화술에 능숙한 사람'(dialektikos)이라고 부르지 않는가?" "네, 그렇습니다"(390c. 390a 5 참조).[20] 이 구절은 "각 사물의 본성에 의한 이름이," 자연적인 이름 또는 적절한 형태가 "무엇인지에 주목함"으로써(390e 2), 친숙한 소크라테스적 문답 기술을 새로운 임무 ―어떤 언어의 단어들이 자연적인 형태를 지니는지에 대해 판단하는 것― 와 교묘하게 연결한다. 이것은 유능하게 이름을 정하는 자가 "이름-자체가-무엇-인지를 주목함으로써(pros

---

20 이 구절은 이후 『크라튈로스』 398d 7에서 ἥρως(영웅)의 어원 설명에 가벼운 마음으로 되풀이되어 나타난다. 여기에서 dialektikoi는 현명한 사람들과 연설가들 다음으로 "질문을 하는 데(ἐρωτᾶν) 능숙한 사람"으로 거명된다.

auto ekeino ho estin onoma) 음성들과 음절들에 넣는 법을" 알아야 할 형태이다(389d 5-7). 여기에서, 처음으로 (그리고 문체 그룹 I의 대화편들에서 유일하게) dialektikos가 성공적으로 자신의 대화 기술들을 발휘하기 위해 형상들 —특정의 이름에 상응하는 형상뿐만 아니라 '이름'의 형상— 에 접근할 수 있어야 하는 사람으로서 파악된다.

『크라튈로스』의 형상들은 어떤 측면들에서 『파이돈』과 『국가』의 것들과 아주 비슷하다. 특히, 여기서나 거기서나, 형상들이 똑같이 전문적으로 "그-사물-자체가-무엇-인지"(auto ekeino ho estin)로 지칭된다. 『크라튈로스』의 이론은 다른 측면들에서는 다소 벗어나 있다. 이는 나중에 11장 8절에서 논의될 것이다.

우리의 마지막 사례는 그룹 I의 대화편들에서 가장 특이한 대화편들 중 하나인 『에우튀데모스』에 나온다. 이 대화편의 무대는 『카르미데스』와 『뤼시스』를 연상케 하는 체육관인 뤼케이온이다. 그리고 그것의 서술 구조는 『프로타고라스』보다는 『파이돈』에 더 가깝다(왜냐하면 소크라테스의 말을 듣는 크리톤이 거듭 대화 중간에 끼어들기 때문이다). 『에우튀데모스』는 내용과 관련하여 『메논』과 많은 연결점들이 있는데, 가장 최근의 주석가는 이 두 대화편들이 한 쌍으로 저술되었다고 주장한다.[21] 그리고 그 문체는 명백히 그룹 I의 문체다.[22]

그렇다면, 모든 점으로 보아 『에우튀데모스』는 『국가』 이전에 쓰였으므로, 우리는 어떤 이전 대화편보다 여기에서 가장 주목할 만한 예기적인 언

---

[21] Hawtrey(1981), 8-10쪽.

[22] 예를 들어, Brandwood(1990), 66쪽과 72쪽에 인용된 Ritter의 표현법들을 보라. 플라톤의 후기 문체에 속한 43개 특징 중 『에우튀데모스』는 『프로타고라스』와 같은 수인 4개만을 가진다. (『국가』 1권은 7개의 후기 특징을 가진다. 『국가』의 나머지 권들은 13-22개에 걸쳐 있다. 『테아이테토스』는 25개, 『파이드로스』는 21개의 후기 문체 특징을 가진다.)

급의 경우를 확보한다. 『에우튀데모스』 290c에 언급된 hoi dialektikoi는 『국가』 6-7권에 기술된 수학과 변증술 간의 관계에 대한 언급으로만 이해될 수 있다. 젊은 클레이니아스는, 갑자기 그리고 신비스럽게 초자연적인 지혜를 부여받아, 왜 장군들의 기술이 행복을 보장하는 앎일 수 없는지 설명한다. 그것은 사냥하는 기술의 일종이기 때문이다. 장군들은, 사냥꾼들과 어부들이 잡은 것들을 요리사들에게 넘겨주어야 하듯이, 정복한 것들을 그것들을 사용할 줄 아는 정치인들에게 넘겨준다.

> 그리고 다시 기하학자들과 천문학자들과 산술가들, 이들도 사냥꾼들이다. 왜냐하면 그들 각각은 도형들을 만드는 사람들이 아니라, 실재에 관한 진리들(ta onta)을 발견하기 때문이다. 그런데 그들은 자신들이 발견한 것들을 스스로 사용할 줄 모르고 오직 사냥할 줄만 알기 때문에, 생각건대 완전 바보가 아닌 이상 그들은 자신들이 찾은 것들을 dialektikoi가 사용하도록 그들에게 넘겨줍니다. (『에우튀데모스』 290c)

『에우튀데모스』는 어려운 점들로 가득하지만, 이것보다 더 어려운 것은 없다. 수학에 대해 변증술이 우월하다는 이 비밀스러운 언급은 '선분의 비유'에 나오는 인식론을 함축할 수밖에 없다. 그리고 이보다 더 정확히는 『국가』 7권에 나오는 수호자들의 교육 과정을 함축할 수밖에 없다. 그곳에서 우리는 앞의 텍스트에서 언급된 수학의 세 분과를 만난다.

이것이 유일하게 『에우튀데모스』에 나오는 변증술에 대한 반(半)기술적인 언급이다. 그러나 대화편 전체는 『메논』 75d의 의미에서 dialegesthai의 기술 —쟁론적인 논박 사냥에 대조되는, 소크라테스적 대화 기법— 과 관련되어 있다. 그러므로 우리는 8절에서 『에우튀데모스』로 되돌아가서, 이것이 후기 플라톤 이론에 대해 다른 많은 암시들을 포함한다는 점을 발견하게 될 것이다.

『국가』에 상술된 이론에 익숙하지 않은 독자에게는 변증술에 대한 290c 의 언급이 당혹스럽게 보일 수밖에 없다. 의도된 효과는 무엇인가? 추측하 건대, 이 구절은 앞으로 올 것들에 대한 도전적인 암시로서 계획된 것이다. 그래서 그것은 우리가 6장 7절에서 aporia(난문)란 말의 사용에 대해 주목했 던 것과 다르지 않은 권유적인 기능을 한다.

6. 『메논』에 나오는 가설

『국가』 6권에 나오는 '선분의 비유' 구절에서, 가설들의 사용은 변증술을 수학으로부터 구별한다. 가설의 방법은 처음으로 『메논』에서 도입된다. 그 것은 다시 『파이돈』과 『파르메니데스』에도 등장한다. 우리가 어느 정도까 지 네 곳의 설명들에 깔린 통일된 개념을 찾을 수 있는지는 다음 7절에서 살펴볼 것이다.

플라톤이 수학자들로부터 빌려 온 것이라고 주장하는 『메논』의 가설 개 념은 우리에게 가장 이른 것으로 알려진, 연역 추리에 관한 이론적인 설명 을 제공한다. 연역의 예들은 물론 모든 대화편들에서 찾아볼 수 있다. 연역 논증들은 수학에서 익숙한 절차임에 틀림없었다. 그것들은 철학에서 파르 메니데스와 제논의 시기부터 문헌적으로 확인될 수 있다. 그러므로 플라톤 의 초기 대화편들에 대화 상대자에 의해 '동의되었던 것' 또는 '수용된 것'(ta hōmologēmena)과 같은 전제들을 나타내는 용어들,[23] '논증으로부터 따르는

---

23 '전제' 개념은 '우리가 동의했던 것'이란 말이 갖는 문맥상 특정된 의미로부터 자연스럽게 등 장한다. 예를 들어, 『고르기아스』 477c 7: ek tōn hōmologēmenōn(『소 히피아스』 368e 3: ek tōn

것'(ta symbainonta ek tou logou)과 같은 귀결이나 결론을 나타내는 용어들,[24] 결론들을 끌어냄 또는 '계산함'(syllogizesthai)을 나타내는 용어들,[25] 그리고 '자신에게 반대되는 것들을 말함'(enantia legein heautōi)과 같은 모순을 나타내는 용어들이[26] 있었다는 사실을 발견하는 것은 전혀 놀라운 일로 느껴지지 않는다. (논리적인 일관성을 나타내는 정확한 용어가 있었는지는 아래에서 논의하게 될 문제이다.) 이전 대화편들도 대화 상대자가 방어하고자 하는 입장이나 입론을 나타내기 위해 가설(hypothesis)이란 용어를 사용한다.[27] 그러나 내가 알기로, 『메논』은 전제의 진리성과 추리의 타당성을 날카롭고도 명확하게 구별한 첫 텍스트이다. 이런 의미에서 플라톤의 가설의 방법은 연역 추리 이론을 개시한다.

플라톤은, 그것을 기하학적 작도의 문제로서 기술하지만, 우리가 수학에서 조건적 증명이라고 부를 만한 것을 예로 언급하며 시작한다. 주어진 삼각형의 면적이 주어진 원 안에 내접될 수 있는가? 대답: 나는 알지 못한다. 그렇지만, 나는 조건적으로, 가정을 토대로 대답할 수 있다(ex hypotheseōs, 86e 3-4). 만일 그 면적이 특정한 조건을 충족시킬 수 있다면, 어떤 것이 결론으로 따른다. 만일 그것이 그 조건을 충족시킬 수 없다면, 다른 귀결이 따른다(allo ti symbainein, 87a 6). 우리는 이와 같은 방식으로 덕이 가르쳐질 수 있는지

---

hōmologēmenōn emoi te kai soi 참조), 479b 4: ek tōn nyn hēmin hōmologēmenōn. 480b 3: ta hōmologēmata도 그렇다. 『프로타고라스』 332d 1 등 참조.

24 『소 히피아스』 369a 5, 『고르기아스』 479c 5 등.

25 『고르기아스』 479c 5, 498e 10. 『소 히피아스』 369d 5의 symbibazō(연결하다), 『프로타고라스』 332d 1의 analogizesthai(정리하다) 참조. 결론 내림은 묶음으로서 생각되고, 만일 모순이 일어난다면 전제들 중 하나를 놓아주거나 풀어 줌으로써 그것을 해결해야 한다(『고르기아스』 509a 2, 『프로타고라스』 333a 1, 6의 lysai).

26 『소크라테스의 변론』 27a 4, 『소 히피아스』 371a 6, 『라케스』 196b 4 등.

27 『에우튀프론』 11c 5, 『고르기아스』 454c 4. 『파이돈』 94b 1도 그렇다. 동사 tithēmi(놓다)와 hypotithemai(가정하다)에 대한 R. Robinson(1953), 93-97쪽의 논의와 비교해 보라.

의 문제를 다룰 수 있다. 나는 그것이 가르쳐질 수 있는지 없는지 알지 못한다. 그러나 나는 '만일 덕이 이러한 조건을 충족시킨다면 그것은 가르쳐질 수 있고, 그렇지 않다면 그럴 수 없다'는 식으로 조건을 규정할 수 있다. 무엇이 조건인가? "만일 덕이 일종의 지식이라면, 그것은 분명히 가르쳐질 수 있다"(87c 5). 여기에서 전건이 가설을 규정하고, 후건은 이 조건이 충족되었을 때 따르는 것이 무엇인지를 우리에게 말해 준다. 후건이 직접 가설(덕은 지식이다)로부터 따르지 않고, 방금 규정된 또 다른 전제 "지식만이 가르쳐질 수 있다"(87c 2)와 연결되어 그것으로부터 따른다는 점을 주목하라.

조건과 귀결 간의 연결이 여기에, 그리고 다시 89c 3과 d 3에 ('만일 p이면, q이다'는 형태의) 조건문으로 표현되어 있다는 사실은 몇몇 주석가들을 문제가 되는 가설이 전건만이라기보다는 '만일 …라면, …다'라는 전체 구문이라고 생각하는 데로 이끌었다.[28] 그러나 이런 해석은 명백하게 조건과 귀결을 구별하는 수학적인 예를 설명하지 못하고, 그 둘을 '만일 …라면, …다' —만일 그 면적이 이러이러한 것이라면, 이러이러한 결과가 따를 것이다(87a)— 라는 형식으로 연결한다. 덕에 관한 가설에서 같은 연결이 동일한 조건문의 형태로 표현된다. "만일 덕이 지식이라면, 분명히 그것은 가르쳐질 수 있다"(87c 5). 여기에서 '분명히 …다'(dēlon hoti)라는 표현은, 수학적인 예에서 '…이 따른다'(symbainei)는 표현처럼, 두 구절을 연결하는 논리적인 귀결을 나타내는 표현이다. 여기에서 조건문 형태('만일 …라면, …다')는 (우리에게 친숙한 명제 계산이 우리를 이끈다고 생각할 법하지만) 단일한 명제를 특정하지 않는다. 그러므로 그것이 가설을 가리킬 수는 없다. 이 조건문 형태는

---

28 R. Robinson의 *Plato's Earlier Dialectic* (1941), 1판, 122쪽 이하. Crombie(1963), 2권 533쪽과 Bostock(1986)도 여전히 그렇다. Robinson은 Cherniss와 Friedländer의 지적에 응하여 2판에서 이런 오류를 바로잡았다(1953, 116쪽 이하). Bluck(1961), 86쪽의 각주 4도 이런 수정을 따른다.

정확히 두 개의 명제 사이에, 즉 가설과 귀결 사이에 있는 연역적 연결에 대한 플라톤의 표현이다.[29]

내가 아는 한, 플라톤에게는 추론의 타당성을 나타내는 단어가 없다. 그러나 그는 명확하게 (1) '덕은 가르쳐질 수 있다'는 결론이 조건부로 참인지, 즉 그것이 가설로부터 따르는지와 (2) 그 가설이 참인지를 구별한다. 두 물음은 사뭇 다르게 다루어진다. 물음 (1)은 즉시 긍정적으로 결정된다(87c 5-10). 물음 (2)는 대화편의 나머지 부분에서 토론된다. 먼저, 가설의 진리성을 지지하는 논변이 우리에게 주어진다(87c-89a 5). 그런 다음에 소크라테스는 이 견해에 대해 의심을 표명하는 한편, 조건문의 진리성을 재차 확언한다(89d 3-5). 즉, 물음 (1)에 대한 긍정적인 답변을 재확인한다. 여기에서 가설에 반대하는 흥미로운 간접 증명이 따른다.

① 만일 덕이 지식이라면, 그것은 가르쳐질 수 있다.

② 만일 덕이 가르쳐질 수 있다면, 덕의 교사들이 있어야 한다.

③ 그러나 덕의 교사들은 없다.

④ 따라서 덕은 가르쳐질 수 없다. 그러므로 덕은 지식이 아니다.

논리적인 형태로 볼 때, 이것은 후건 부정법(modus tollens)의 좋은 사례이다. 귀결들을 부정함으로써 가설을 '파괴'하거나 '제거'하는 데 올바르게 쓰였다. ① p는 q를 함축한다. ② q는 r을 함축한다. 그러나 ③ r이 아니다. 따라서 ④ q가 아니다. 그러므로 p가 아니다. 『국가』 6권에 나오는 변증술 이

---

29 조건문 형태의 추론적 가치는 『파르메니데스』의 가설 사례들에서 훨씬 더 분명하다. 예를 들어, 136a: "제논이 놓은 이 hypothesis, '만일 여럿이 있다면'에 관련하여 어떤 결과가 따를지…", 137b 3: "하나 자체에 관련하여, 하나가 있다면 또는 있지 않다면(eite … eite …) 어떤 결과가 따를 수밖에 없는지를 놓으면서 내 자신의 hypothesis와 더불어 시작할까요?"

론의 측면에서 볼 때, 이것은 가설을 제거함으로써 가설을 넘어서는 데에 도달하기 위한 한 가지 방법일 것이다.[30]

물론 『메논』의 이러한 특수한 논변에 의심의 여지가 없는 것은 아니다. 명제 2에 든 애매성 때문이다. 아뉘토스와 메논과의 후속 대화는 일반적으로 덕의 교사들이 없다고 인정된다는 점을 보여 준다(90a-96c). 이는 덕의 교사들이 존재하지 않는다는 점을 입증하지는 않는다. 그들의 존재가 불가능하다는 점은 말할 것도 없다. 실제로 덕의 교사들이 발견되지 않는다고 하더라도 이는 덕이 현재의 상황에서는 가르쳐질 수 없다는 것만을 의미할 뿐, 그것이 가르쳐질 수 없다는 것을 의미하지는 않는다. (그리스어 didakton의 의미는 '가르쳐지는 것'과 '가르쳐질 수 있는 것' 사이를 손쉽게 오간다.) 그리고 플라톤은 진정한 교사는 ―이 사람은 죽은 자들 사이에 있는 테이레시아스와 같은 존재일 텐데― 그림자들 사이에 있는 덕의 실물로 드러날 것이라는 의미심장한 암시로써 그 대화편을 끝맺는다(100a).

반쯤 숨겨진 오류에도 불구하고, 가설에 반대하는 후건 부정법의 논증은 지식에 토대를 둔 덕과 참인 의견에 토대를 둔 덕 사이의 구별을 소개하는 데 유용하게 쓰인다. 이렇게 해서 (덕은 지식이라는) 가설을 확언하는 긍정적인 쪽의 논증과 그 명제를 부인하는 부정적인 쪽의 논증은 둘 다 진리에 이른다. 우리가 보았듯이,[31] 실제로 두 종류의 덕이 있다. 그리고 『국가』에서 플라톤은 이 둘을 산출하도록 계획된 두 종류의 교육(음악 및 체육 교육, 수학 및 변증술 교육)을 제안할 것이다.

---

30 내가 부정에 의한 논증을 후건 부정법으로 재구성한 것은 역사적인 것이라기보다는 연상적인 것으로 의도되었다. 이 구절에 대한 보다 플라톤적인 독해는, 수학적인 사례에서처럼, 교사들의 존재를 선행 가설로서 구성할 것이다. 만일 덕의 교사들이 있다면, 그것은 가르쳐질 수 있다. 그렇지 않다면, 가르쳐질 수 없다. (이는 Karasmanis의 제안을 따른 것이다.)

31 8장 각주 8과 9장 424쪽 이하를 보라.

다시 그 가설이 확언되는 긍정적인 쪽을 보자. 우리에게 그 가설로부터 '덕은 가르쳐질 수 있다'는 결론을 도출하는 짧고도 쉬운 논변이 있다. 그리고 덕은 지식이라는 가설을 지지하기 위한 보다 긴 논변도 있다. 이것은 보다 일반적인 전제인 '덕은 좋은 것이다'에서 시작하는데, 이것에 명시적으로 가설이라는 명칭이 붙는다(87d 3). 그래서 지식으로서의 덕에 관한 우리의 가설은 덕의 본질적인 성격에 관한 보다 근본적인 가정을 불러냄으로써 지지될 수 있다. 그리고 이 가정은 『파이돈』이 '고차적인' 가설이라고 부르게 될 것을 미리 나타낸다. 여기에서 우리의 결론은 다시 새로운 가설로부터 직접적으로 추론되지 않는다. 우리는 '지식과 별개로는 어떤 좋은 것도 없다'는 전제를 추가로 필요로 한다(87d 4 이하). 이 명제는 '좋은 것들은 이롭다'는 전제로부터 시작하는 추가 논증을 요구한다(87e 2). 세 개의 고차적인 전제들이 모두 '좋음'이라는 용어를 포함한다는 점은 확실히 의미가 있다. 이 용어는 우리의 원래 가설을 '설명하는' 토대를 제공한다. 따라서 우리는 여기 가설의 방법에 대한 최초의 명시적인 예시에서, 고차적인 가설에 호소함으로써 어떤 가설을 지지하는 방법뿐만 아니라 또한 『국가』에서처럼 궁극적으로 '좋음'(善)의 이데아에 대한 이해에 변증술적으로 호소하는 면모를 예시(豫示)했다. 이러한 미래의 발전들은 모두 여기 『메논』의 텍스트 안에, 물 위에서 장차 활짝 피게 될 꽉 뭉친 연꽃처럼, 함축되어 있다.

『메논』에 나오는 가설에 관한 우리의 관찰을 뒤돌아보면, 우리는 86e에서 가설의 방법을 소개하는 데에서부터 대화편의 끝인 100b에 이르는 거의 대화편의 절반이 그 방법에 대한 하나의 긴 연습을 구성한다는 점을 알게 된다. 이 연습에서 소크라테스는 그 가설 자체를 옹호하는 논증뿐만 아니라, 그것을 토대로 논변을 펼치기도 하고 그것을 부정하는 논변을 펼치기도 한다. 우리는 『메논』에서 사용된 그 방법의 긍정적인 쪽 및 부정적인 쪽과 유사한 내용을 『파르메니데스』에서 발견하게 될 것이다. 그러나 우선

『파이돈』에 나오는 가설에 관한 설명을 살펴보자. 이것은 『메논』에서 실행된 그 방법에 관한 이론적인 기술(記述)을 포함한다.

7. 『파이돈』 등에 나오는 가설

『파이돈』은 변증법 자체를 언급하지는 않는다. 그러나 그것이 90b에서 '논증의 기술'(hē peri tous logous technē) ―반대술 또는 반대말을 하는 데에 목적을 둔 논증들(antilogikoi logoi)과 대조되는 기술― 에 대해 말하는 부분이 변증술에 대한 언급과 마찬가지인 것으로 간주되는 것은 옳다. 그리고 소크라테스가 99e 이하에서 자신의 논증 방식을 설명하기에 이르렀을 때, 가설 개념은 중요한 역할을 한다. 여기에서 플라톤은 위에서 (1)과 (2)로 딱지를 붙인 물음들 ―가설로부터 무엇이 따르는지의 물음과 가설 자체가 참인지의 물음― 간에 처음 이루어진 구분을 새로운 방식으로 전개한다. 먼저, 당신은 가설로부터 따르는 것들(ta ap' ekeinēs hormēthenta)을, 이것들이 서로 일치하는지 그렇지 않는지(ei allēlois symphōnei ē diaphōnei)를 보기 위해서 검토한다(101d 5). 그러나 가설 자체의 정당화는 또 다른 문제이다. 반대술의 애호자들(hoi antilogikoi)만이 출발점(archē)에 관한 논의와 이 출발점으로부터 결과하는 것(ta hōrmēmena)에 관한 논의를 혼동할 것이다. 당신이 진리(ta onta)를 발견하길 원하는 철학자라면, 이러한 구분을 분명하게 유지해야 한다(101e).

이런 『파이돈』의 텍스트에 대한 해석은 몇몇 지점에서 곤혹스럽다. 우리는 이를 보다 큰 맥락에서 훑어본 뒤에 논할 것이다. 먼저 『파이돈』의 그 부분이 내려가는 길 ―『메논』에 처음 기술된 적절한 가설의 방법― 에 관해 말하는 것이 무엇인지를 살펴보자. 소크라테스는 말한다. "나는 각각의 경우에서 내가 가장 건전하다고 판단하는 logos를 가정하고서(hypothemenos) 시작하네. 그리고 이것과 화음을 이루는(symphōnein) 것으로 보이는 것을 모두 참인 것으로 놓고, … 그렇지 않는 것은 참이 아닌 것으로 놓네"(100a). 여기에서 가장 건전한 또는 강한(errōmenestatos) logos 개념과 관련하여, 우리는 심미아스의 이전 언급, 즉 불멸성과 같은 아주 어려운 주제에 대해서는 우리가 이 생애에서 확정된 앎을 가진다는 것이 불가능할지도 모르지만, 그럼에도 우리는 모든 방식으로 주장들을 검토하길 꺼려해서는 안 되고, 그래서 만일 우리가 사물들이 실제로 어떤지를 발견할 수 없다면, "우리는 인간의 logoi 중 최선의 것이자 가장 논박될 수 없는 것을 취하고, 오뒤세우스의 뗏목 위에서처럼 그것 위에서 인생의 항해를 하는 위험을 받아들여야 합니다"(85c-d)라는 언급을 비교할 수 있다.

소크라테스가 『파이돈』에서 선택한 뗏목 ―그 자체로 100b에 지정될 뿐만 아니라 사실상 대화편을 통해 계속해서 소크라테스가 가진 입장의 토대 역할을 한 근본적인 가설― 은 형상 이론이다. 소크라테스의 첫 번째 논증, 즉 기꺼이 죽고자 함에 대한 변론(apologia)은 "우리는 바로 올바른 무엇인가가 있다고, 또 아름답고 좋은 뭔가가 있다고 말하는가?"라는 말로 시작한다(65d). 조금 뒤 그 대화편에서 상기설은 다시 혼과 영원한 형상들을 연결한다. "우리가 항상 그것에 대해 말하는 것이, 즉 아름다운 것과 좋은 것과 이와 같은 모든 존재(ousia)가 있다면, … 필연적으로 그러한 것들이 존재(또는 실재, estin)하듯이, 우리의 혼도 우리가 태어나기 전에 이미 존재해야 하네"(76d 7 이하). 그리고 만일 혼이 조화라면 그것은 신체와 더불어 소멸할 거라는 반론에 대해서, 소크라테스는 혼에 관한 그러한 견해는 상기와 양립할 수 없다고, 그리고 심미아스는 둘 중 하나를 선택해야 한다고 지적한다(92c). 조화 이론이 어떠한 증명(apodeixis)도 없이, 개연성(eikota)만을 토대로 수용되었기 때문에 선택은 쉽다. 반면, 상기 이론은 "받아들일 만한 가치가 있는 가설," 즉 혼과 형상들 간의 필연적인 연결에 의해 주의 깊게 정립되었다(92d). 여기에서 가설이란 용어를 사용한 것은 100b의 구절을 예기하는 것으로 볼 수 있다. 그 구절에서 소크라테스는 명시적으로 형상들을 자신의 가설로서 도입한다.

92d에서 심미아스가 대답한 것의 논리는 조화 이론은 상기와 양립할 수 없기 때문에, 그리고 상기는 가장 근본적인 가설, 즉 형상 이론을 토대로 정립된 것이기 때문에, 따라서 조화 이론은 거부되어야 한다는 논리이다. 조화 이론은 상기와 "음이 맞지 않는다"(ou synōidos 92c 8. pōs synaisetai? 92c 3 참조). 그래서 이러한 거부는 내려가는 길 중 부정적인 쪽을 예시한다. "그 가설과 화음을 이루지(symphōnein) 않는 것을 나는 거짓으로 놓네"(100a 6). 다른 한편으로, 형상들을 토대로 상기를 논증하는 것은, 형상들로부터 불멸성을 끌어내는 마지막 논증처럼, 그 방법의 긍정적인 쪽을 예시한다. "내게 그것과 화음을 이루는 것으로 보이는 것을 나는 참인 것으로 놓네"(100a 5). 이렇듯 『파이돈』의 대부분은 『메논』의 후반부처럼 가설의 방법에 대한 체계적인 연습이다. 여기에서 가설이 형상 이론에 의해 제공된다는 점만 다르다.

방금 인용된 100a의 (그리고 다시 조금 뒤에 논의될 100d의) 구절에 사용된 '화음을 이룸'의 개념은 해석가들 사이에서 주요 논쟁점이었다.[32] 만일 논리적인 일관성이 문제라면, 그 가설과 갈등을 일으키는 것은 배척하는 것이 맞지만, 그것과 일치할 모든 것을 참인 것으로 받아들인다는 것은 어리석은 짓이다. (대부분의 가설들에서, 그리고 p를 대체한 많은 경우들에서, p와 -p는 주어진

---

32 R. Robinson(1953), 126-36쪽을 보고, Gallop(1975), 178쪽과 Bostock(1986), 166쪽 이하에 실린 추가 문헌들을 보라. 화음을 이룬다는 음악적인 비유와 유사한 것들에 대해서는 『고르기아스』 457e 2: symphōna, 461a 2: synaidein, 482b 6-c 2: diaphōnein, asymphōna, 『프로타고라스』 333a 7-8: ou synaidousin, synaidoien을 보라. 또한 『크라튈로스』 436c 4-e 1: symphōnein 참조.

어떤 가설과 일치할 것이다.) 다른 한편으로, 만일 우리가 symphōnein이 '…로부터 따르다' 또는 '…에 의해 함축된다'를 의미한다고 받아들인다면, 그 가설로부터 따르는 것을 받아들이는 것은 합리적이지만, 그것으로부터 따르지 않는 모든 것을 거짓으로 간주하는 것은 비합리적이다. (다시, 많은 경우들에서는 p도 -p도 특정 가설로부터 따르지 않을 것이다.) 만일 플라톤이 합리적인 방법을 눈앞에 두고 있다면, 그에게서 '화음'이 의미하는 바는 논리적인 일관성보다는 강하고, 논리적인 함축보다는 약한 것이란 점은 분명하다.

나는 그런 어려움이 우리 자신의 연역 개념을 플라톤의 텍스트에 부과하기 때문에 생긴다고 생각한다. 내가 위에서 플라톤의 가설 방법이 연역 추론의 이론을 개시한다고 주장했을 때, 연역 개념은 다소 느슨하게 받아들인 것이었다. 플라톤의 추론 개념은 아리스토텔레스의 추론이 지닌 형식적인 엄밀성과 다르다. 그는 논리적인 모순에 대한 개념을 분명하게 가지고 있고,[33] '논변으로부터 따르는 결론'(symbainein ek tou logou)이라는 논리적인 귀결에 대한 뚜렷한 개념을 가지고 있다. 그러나 문제가 되고 있는 동사 symbainein은 단지 '일어나다' 또는 '결과하다'를 의미할 뿐이다. 그리고 플라톤은 결코 그러한 논리적인 '결과들'(symbainonta)과 일반적인 결과들

---

33 각주 26에 인용된 형태(enantia legein heautōi)의 구절들에 추가하여 또한 『고르기아스』 495a 5 에서 칼리클레스가 선택하는 대답: "제가 말하는 것이 일관성을 잃지(anhomologoumenōs) 않도록"과 『프로타고라스』 358e 4(이와 비슷하게 360e 4): "그것은 동의된 것들(ta hōmologēmena) 로부터 보건대 불가능합니다." 360a 6: "만일 우리가 그것에 동의한다면, 우리는 앞에서 동의한 것들(homologiai)을 깨뜨리게 될 것입니다"를 보라. 그래서 수학적인 방법은, 일관성을 검토하는 방법만을 사용하기 때문에, 일관성 있게(homologoumenōs) 결론을 내리고(『국가』 6권 510d 2), 동의(homologia)만을 산출할 뿐, 지식을 산출하지는 않는다(『국가』 7권 533c 5).

(무-반대로서의) 무-모순의 원리(모순율)에 관한 플라톤의 가장 형식적인 진술은 『국가』 4 권 436b-437a를 보라. 반대를 나타내는 용어보다는 부정을 나타내는 용어(소크라테스는 알고 있고, 알고 있지 않다)를 써서 그 원리를 다소 서투르게 구성하는 『에우튀데모스』 293c 7-d 6 에 대해서는 아래의 각주 44를 보라.

을 뚜렷하게 구별하지 않는다. 그리고 어떤 경우든 여기에서 '일관성'이나 '귀결'이란 용어는 상대적으로 엄밀하게 사용되고 있지 않다. '화음을 이룬다'(symphōnein, synaidein)는 표현은 그 둘 중 어느 것과도 같지 않다.

귀결하는(symbainein) 것들을 말하는 대신, 플라톤은 여기에서 ta hormēthenta, 가설로부터 '앞으로 나온 것들' 또는 '귀추'를 언급한다. 플라톤처럼 주의 깊은 작가로서는 이러한 단어 선택이 의미 있을 수밖에 없다. 나는 플라톤이 여기에서 가설의 방법을 논리적인 추리보다는 더 유연성 있고, 또한 더 결실이 많은 것으로서 제시하고 있기 때문에, 귀결을 나타내는 용어가 신중하게 기피된다고 주장한다. 그 방법은 단순히 연역의 사슬을 선형적으로 조직함으로써 작동하지 않고, 복합적인 이론을 세우거나 모델을 건축함으로써 기능한다. 이 모델이 지닌 기본적인 특징과 양립할 수 없는 것들은 모두 '음이 맞지 않을'(diaphōnein) 것이다. 또는 화음을 이루지 못할 것이다. 그러나 '화음을 이룸'(symphōnein, synaidein)이라는 긍정적인 관계가 단지 논리적인 일관성만을 뜻하는 것은 아니다. 그것은 그 모델을 어떤 점에서 풍부하게 하거나 확장시키는 일정한 긍정적인 관계를 가짐으로써 그것의 구조에 들어맞는다는 것을 의미한다. 여기에 제시된 해석에서, '음이 맞지 않음'은 단순히 논리적인 양립 불가능성을 의미할 수도 있다. 그러나 '음이 어울림'이나 '화음을 이룸'은, 가락의 여러 음들이나 합창의 여러 성부(聲部)들처럼, 건설적으로 일정한 공헌을 한다는 것을 뜻한다. 『파이돈』 100b에서 형상들에 관한 가설은 결국 (『메논』 87b-c의 가설과 달리) 단일한 명제가 아니라, 설명적 이론이다. 상기 이론과 혼의 불멸성은 형상들이 존재한다는 주장의 논리적인 귀결들로서 제시되어 있지 않다. 상기의 인식론과 영원한 혼의 개념은 사물들에 관한 보다 큰 철학적인 틀 안에 자리 잡고 있다. 이 틀에서 가장 근본적인 구성요소는 형상들에 관한 존재론이다. 함께 놓인 것들이 가설과 '화음을 이루어야' 할 뿐만 아니라 서로에 대해서도 화음을 이루어야 한다는 요구는 여기에서 플라톤의 인식론과 심리학이 그의 존재론과 일치해야 할 뿐만 아니라 통일된 철학적인 구조 안에서 그것과 어울려야 한다는 말과도 같다.

가설로부터 다양하게 전개된 것들(to hormēthenta, ta hōrmēmena)은 그저 연역된 것들이 아니므로, 플라톤이 우리가 "그것들이 서로 화음을 이루는지, 아니면 불협화음을 이루는지"(101d 5) 살펴보아야 한다고 말한 것은 의미가 통한다. 로빈슨은 이것이 "어떤 가설의 귀결들은 서로 불일치할 수 있다"는 것을 의미한다고 생각하고, 어떤 하나의 가설은 "우리의 고정된 가정들에서, 즉 우리가 가진 최고의 믿음들과 결합될 때, 서로 부딪히는 귀결들을 가질 수 있기" 때문에 그것이 논리적인 불합리성일 필요가 없다고 주장했다.[34] 이는 옳다. 그리고 그것은 정확히 『메논』에서 추구된 방법을 기술한다. 그곳에서 '덕은 가르쳐질 수 있다'는 결론은 지식만이 가르쳐질 수 있다는 고정된 믿음과 '덕은 지식이다'라는 가설로부터 도출된다(『메논』 87c 2-9. 481쪽). 그러나 『파이돈』 100b의 가설이 하나의 명제 그 이상인 것처럼, 그 가설로부터 도출된 것의 개념은 『메논』에 나오는 귀결의 개념보다 더 느슨하고 더 풍부하다(고 나는 주장한다). 그것은 수학이나 물리학에 나오는 이론 구성의 개념에 더 가깝다.

지금까지 우리는 『파이돈』에서 가설의 수용과 더불어 시작하며, 내려가는 길을 추적했다. 그러나 소크라테스는 또한 '가설 자체를 설명하는 것'을

---

34 R. Robinson(1953), 131, 133쪽. Bostock(1986), 169쪽도 이와 비슷하다. 하지만 나는 플라톤이 이것을 가설의 시험으로 의도하고, 그래서 만일 가설로부터 전개된 것들(hormēthenta)이 서로 일치하지 않는다면 "그 가설은 거부되어야 한다"고(Bostock, 같은 곳) 생각하지 않는다. 이것은 우리가 정합적인 이론을 도출하고 있는지에 대한 시험이지, 출발점이 맞았는지에 대한 시험은 아니다. 가설을 정당화하는 문제는 101d 3에서 연기되고 다시 d 6에서 채택된다: "그러나 만일 자네가 그 가설 자체를 설명하지 않으면 안 될 때에는 …."

의미할 부분을 살펴보는데, 이것은 『국가』에서 결코 수학자들이 하는 일이 아니라, 변증가에 고유한 작업이다. 소크라테스는 말한다. 여기에서 도전을 받게 된다면,[35] "자네는 같은 방식으로 설명할 걸세. 상위의 가설들 중 최고의 것으로 보이는 다른 가설을 설정하면서, 마침내 자네가 충분한 어떤 것(hikanon ti, 101e 1)에 도달할 때까지 말일세."

우리는 이런 맥락에서 자연스럽게, 『국가』에서 변증술의 가설이 아니라 으뜸 원리인 '좋음'의 이데아를 생각하고 싶어진다. 그리고 이러한 유혹은 소크라테스가 다음 구절에서 가설을 archē(출발점 또는 으뜸 원리)로 언급하는 부분에 의해 강화된다. 그러나 『파이돈』과 『국가』에서 올라가는 길에 대한 공통된 방식이 있다는 점이 사실이더라도, 중대한 차이점들이 있다는 것도 사실이다. 『국가』에 언급된 가설들은 수학을 위한 출발점들이다. 『파이돈』에서 가설들은 형상들에 관한 이론이다. 그리고 『국가』에 변증술에 대한 설명이 있듯, 『파이돈』에 가설들을 넘어서는 데까지 이르는 보다 강력한 방법에 관한 언급은 없다.

출발점을 방어하기 위해 보다 고차적인 가설들에 의지한다는 것에 관한 진술은 플라톤의 정당화 논리에서 아주 일반적인 원칙이다. 수학에서 이러한 원칙은 특정 문제들과 정리(定理)들로부터 보다 일반적인 테제들과 공리

---

[35] 101d 3의 동사 echoito는 '공격하다'가 아니라 '…에 매달리다'를 뜻해야 한다. "만일 누군가가 그 가설에 매달린다면," 즉 그것으로부터 도출될 결과들보다 그것을 논하길 원한다면, 그를 당분간 내버려 두어야 한다. 『메논』의 구절에서처럼, 그 방법에 두 가지 단계, 즉 가설 위에 무엇인가를 세움과 가설을 설명함이 있다. 『메논』에서처럼 쟁론술은 가설의 진리성을 그것으로부터 따르는 것에 관한 문제로부터 구별할 수 없을 것이다. 그래서 여기에서 혼란은 가설의 방어를, 어떤 이론을 전개하기 위해 그것을 사용하는 것과 얼버무리는 데에서 생긴다. 가설에 대해 언급된 시험은 단 한 가지, 즉 그것이 '보다 고차적인 어떤 것'에 의해 지지될 수 있느냐이다. 그러나 이론의 구성요소들에 대한 시험에는 두 가지 ―그것들이 가설과 조화하는지 (100a), 그리고 그것들이 서로 조화하는지(101d 5)― 가 있다. Blank(1986), 154쪽과 비교.

들로 되돌아가는 작업을 의미할 것이다. 플라톤 자신의 해명에서 '고차적인' 가설들에 의지하는 이런 절차는 『파이돈』에 나오는 어떤 것에 의해서가 아니라,[36] 우리가 보았듯이, 『메논』 87d-89a에서 소크라테스가 (덕은 지식이라는) 자신의 가설을 정립하는 논증에 의해 가장 잘 예시된다. 정당화하는 방식은 같지만, 그 적용은 사뭇 다르다. 『파이돈』에서 형상들은 소크라테스가 발견할 수 있는 가장 강력한 logos로서 도입된다(100a 4). 『메논』에서 가설이 필요한 까닭은 우리가 덕에 대한 정의를 발견하지 못했기 때문이다. (그리고 이 정도로, 가설의 방법은 두 가지 경우에서, 소크라테스가 『파이돈』 99c 9에서 말하듯 차선책, 즉 deuteros plous이다.) 『메논』에서 쓰인 가설은 즉시 지지가 필요한 것으로 간주된다. 그리고 소크라테스는 이에 반대하는 논변을 설득력 있게 펼치게 된다. 『파이돈』에 나오는 형상들에 관한 가설은 의심의 여지가 없다. 그리고 어떤 고차적인 가설이 그것을 지지하도록 불러내어질 수 있는지 분명하지 않다. (즉, 만일 우리가 '좋음'의 이데아, 즉 가설이 아닌 archē가 『파이돈』 101e 1의 '충분한 어떤 것'이라고 생각할 준비가 되어 있지 않다면 ….)

여전히, 소크라테스는 근원적인 가설들이 ―비록 이것들이 믿을 만한 것으로 보이더라도― 또한 더 검토되어야 한다고 주장하는 결론을 내리고자 한다. "만일 자네들이 그것들을 충분히 검토한다면, 사람으로서 따라갈 수 있는 한 멀리 논증을 따라가리라고 난 생각하네. 그리고 이 점이 분명해지면, 자네들은 더 멀리 추구하지 않을 걸세"(『파이돈』 107b). 그러한 으뜸가는 가설들이 형상들 말고 어떤 것들일 수 있는지 보기란 어렵다. 소크라테스가 근원적인 가설들을 조사하라고 이곳에서 요구한 것은 이후의 한 대화편에서 파르메니데스가 형상 이론에 대해 체계적으로 비판한 것에 의해 충족된다.

36 물론 『파이돈』에 나오는 불멸성 논증들의 대부분은 '보다 고차적인 가정들,' 즉 형상들에 의존한다.

『파르메니데스』는 가설의 방법이 언급되는 마지막 대화편이다. 그리고 그곳에서 가장 풍부하게 그 방법이 다듬어진다. 나는 『파르메니데스』를 해명할 위험 지역으로 감히 나설 생각이 없다.[37] 나는 이 대화편의 대부분을 차지하는 복잡한 변증술적 연습이 명시적으로 형상들에 한정되어 있다는 점만 되새기고자 한다. 이 형상들은 "우리가 (감각-지각이 아니라) logos에서 가장 잘 파악하고, 형상이라고 간주할 실재들이다"(『파르메니데스』 135e 3). 그리고 그러한 연습은 긍정하는 쪽과 부정하는 쪽 ―먼저 '하나'를 (그리고 나중에 '여럿'을) 긍정하는 쪽과 그런 다음에 같은 가설을 부정하는 쪽― 사이의 균형에 의해 체계적으로 구성되어 있다.

형식을 말하자면, 『파르메니데스』는 가설을 부정하는 쪽을 살펴봄으로써 각각의 가설을 『메논』을 연상시키는 방식으로 '제거한다'. 그리고 『파이돈』에서처럼, 『파르메니데스』에서도 가설들은 형상들을 놓는 데에 그 본질이 있다. 다른 한편으로, 『메논』에서는 그 방법의 목표인 형상들에 대한 언급이 없지만, 가설은 그들이 제시하지 못한 덕이-무엇-인지에 대한 설명을, 덕의 형상(eidos)에 대한 진술을 대체하는 것으로서 도입된다. 이 대화편들 중 어디에서도 그러한 설명은 『국가』의 설명과 전혀 같지 않다. 『국가』에서 가설의 방법은 수학과 연관되어 있고, 변증술은 철학자가 가설들을 넘어서 가설이 아닌 원리에 오르고 전적으로 형상들로써 작업할 때에만 무대에 오른다(『국가』 6권 511b-c).

이러한 차이점들은 플라톤이 한 가지가 아니라 네 가지 다양한 가설의 방법을 가졌다는 점을 보여 준다고 생각될지도 모른다. 다른 한편으로, 우리는 『메논』, 『파이돈』, 『국가』, 『파르메니데스』에 나오는 그 방법에 대한 다양한 개진들 사이에서 많은 연속적 노선들을 추적하였다. 나는 이런 네

---

37 이제 Meinwald(1991)의 책을 보라.

가지 설명들 사이에 있는 확실한 차이점들을 플라톤 이론의 변경 사항들로서 보지 말고, (9장에서 논의된 erōs에 대한 설명들처럼) 단일한 이론의 다양한 관점들로, 그가 특정 대화편의 맥락에서 그 방법에 대해 말하기에 적절하다고 생각하는 것에 든 차이점들로 보아야 한다고 주장하려 한다. 그 차이점들이 부정할 수 없는 것이라면, 우리는 어디에서 단일성을 발견할 수 있는가? 무엇이 이 네 가지로 분리된 설명을 단일한 이론으로 만드는가?

플라톤에서는, 내용이나 주제의 통일성만이 이론을 하나로 만든다. 네 대화편에서 플라톤이 염두에 두고 있는 지적인 작업들은 같다. (1) 가정을 세움, (2) 서로 들어맞는 결론들을 도출함, 그리고 (3) 그 가정을 정당화하거나 제거함 또는 달리 말하면 '설명함'이다. 이 세 가지 작업이 구분되고 또한 그것들이 독립적이라는 점이 분명하게 인정됨으로써 플라톤의 변증술 개념에 속한 핵심 요소인 그의 가설 이론에 근본적인 통일성이 부여된다.

그렇다면, 플라톤에서 통일된 이론은 어떤 단일하고도 확정된 방식으로 형식화될 수 있는 고정된 이론을 뜻하지 않는다. 용어에서나 이론에서나, 플라톤은 고정된 형식을 꺼린다. 언어는, 무엇보다 쓰여 있는 언어는 (우리가 12장에서 보게 될 텐데) 철학자가 이해할 필요가 있는 주제의 정교함과 복잡함을 제대로 전할 수 없다. 그래서 가설 이론은, 여느 이론과 마찬가지로, 통일성과 다수성에서 이루어지는 연습이어야 한다. 우리는, 우리가 제시하는 기술(記述)이 매번 다를지라도, 궁극적으로 우리가 모든 경우에서 말하고 있는 것이, 개념들 간의 논리적 연결점들이나 구별점들을 탐구하고 있는 것이, 동일한 것에 대한 것이라는 점을 볼 수 있어야 한다. 플라톤이 『법률』에서 암시하듯, 다수성을 본다는 것은 가끔 쉽지만 통일성을 본다는 것은 어렵다(12권 963d). 그래서 플라톤에 나오는 가설과 변증술에 대한 대부분 학자들의 설명들은 차이점을, 예를 들어 가설의 방법과 '나눔'의 방법 간의 차이점을 강조한다. 그러나 플라톤의 변증가는 사물들을 그것들의 연관성 속에서 함께 볼 줄 아는 사람이어야 한다(『국가』 7권 537c). 그리고 변증술의 성공은, 유적인 통일성과 분절된 다양성 사이에서 정확한 중간 항들을(ta mesa, 『필레보스』 17a) 확인함으로써, 세부 사항들을 올바로 얻는 데에 있다. 그렇다면 내가 주장하는 것은 플라톤의 변증술에 대한 복합적이고도 통일적인 견해이다. 이것은 '모음'과 '나눔'의 과정에 의해 인지된 유연한 통일성인데, 내용에 깔린 단일성에 대한 시각을 잃지 않고 대화편들 간에 있는 관점의 근본적인 다양성을 존중한다. 변증술은 다양하게 전개된 모습들에서, 이전과 이후 버전 모두에서, 질문과 대답에 관한 훈련된 논쟁 기술에 제시되듯, 영원한 본질들에 대한 탐구에서 이루어지는 지성의 작업들과 관련되어 있다.

8. 변증술, 논박, 쟁론술: 『에우튀데모스』

5절에서 지적했듯이, 『에우튀데모스』는 그룹 I에 속하는 어느 대화편보다도 변증술에 대해 진전된 언급을 한다. 수수께끼 같지만, 그것은 수학이 변증술보다 하위라는 점을 명백하게 언급하기 때문이다. 『에우튀데모스』는 많은 점에서 문제가 있는 대화편이지만, 한 가지 전적으로 분명한 점이 있다. 플라톤이 이 대화편을 저술한 것은 변증술의 이론에 대한 그의 문학적인 반성들과 밀접하게 관련되어 있다. 이 점은 방금 언급된 구절(290c)에서 변증가들(hoi dialektikoi)에 대한 눈에 띄는 언급에 의해서뿐만 아니라, 똑같이 소크라테스가 두 형제인 에우튀데모스와 디오뉘소도로스의 쟁론술적인 기교를 언급하는 애매한 방식에 의해서도 지적된다. 한편으로, 그는 그들의 기술을 가차 없이 "논변에서 싸움을 벌이고, 진실이든 거짓이든 모든 주장을 논박하는 기술"로서 묘사한다(272a 8). 그리고 그는 대부분의 사람들이 그러한 논변들에 의해 논박당하기보다는 그것들에 의해 어떤 사람을 논박하기를 더 부끄러워할 것이라는 점을 인정한다(303d 4). 그러나 동시에 그것을 쟁론술로 기술하고 있는 바로 그 순간에 그는 그들의 지혜를 좋아한다고 주장한다(272b 10). 그는 그들의 제자가 되기를 원하고, 크리톤에게 이에 동참할 것을 촉구한다(272b, d). 그리고 그는 그들을 신적인 존재들처럼 대한다(273e 6).

풍자는 가끔 조금 심한 것처럼 보인다. 우리는 소크라테스가 두 소피스트를 대화의 기술, 즉 자신은 초보자일 뿐인 철학적 대화의 기술에서[38] 노련한 사람들로 언급하는 부분을 발견할 때,[39] 그 풍자의 핵심을 이해하기 시작한다. 그리고 그 두 형제의 재주가 많은 점에서 플라톤의 대화편들에 드러난 소크라테스의 논증 기술을 흉내 내고 익살스럽게 묘사한 것이라는 점을 깨달을 때, 우리는 그 풍자를 더 완전하게 이해한다.[40]

대부분의 주석가들이 인정했듯이, 플라톤이 여기에서 의도하는 바는 겉으로는 비슷함에도 불구하고 (1) 그가 파악하고 대화편들에서 제시하는 변증술과 (2) 문답에 의한 소피스트적인 논박 기술 간에 있는 커다란 차이를 강조하는 것이다.[41] 이러한 대조는 변증가들이 수학자들보다 우월하다는 신비스러운 언급에 의해 뒷받침되고, 소크라테스에게 계속해서 권유 논변을 ─이 논변은 외형적으로 문답 형식을 계속 유지한다─ 하게 함으로써 예시된다. 저술 작업을 하던 어느 시기에, 『뤼시스』와 정의에 관한 대화편

---

38 『에우튀데모스』 295e 2. 288a 5, 301c 3-5, 303e 5 참조.

39 『에우튀데모스』 278d 5-7, 282d 6-8.

40 특히 Hawtrey의 각주와 더불어 276a 3을 보고, 각주 19에 있는 플라톤 저술의 비슷한 표현들을 보고, 다른 '소크라테스적'인 특징들은 285e 7과 295a 4를 보라. 비슷한 표현들의 인지와 관련하여 Hawtrey(1981, 62쪽)는 Guthrie(1975, 275쪽)와 Sidgwick(1872)을 언급한다.

41 Sidgwick(1872, 296쪽)이 이미 그런 견해를 가졌다. "『에우튀데모스』에서 아주 폭넓게 익살스럽고도 극적으로 제시된 차이점이 바로 이러한 (소크라테스의 방식과 쟁론술 간의) 차이점이다."

들에 전개된 상대의 주장을 부정하는 논박으로부터 (『메논』의 뒷부분들, 『향연』, 『파이돈』에 전개된) 철학적 이론들의 적극적인 구축과 가설적 방법의 사용으로 자리를 옮길 때, 플라톤은 일차적으로 부정의 형태를 띠는 논증에 대한 비판적인 재평가를 우리에게 격려하고 있는 것처럼 보인다. 『메논』에서 그는 aporia(난문 또는 난관)가 주는 마비의 아픔이 필요한 첫 단계일 뿐이라는 점을 분명하게 했다. 『에우튀데모스』에서 그는 새로운 형태의 대화편을 작성했다. 여기에서 논박에 속한 모든 파괴적인 성향들은 희극적인 과장에 의해 웃음거리가 된다.

물론 『에우튀데모스』에는 그러한 점보다, 그리고 우리가 이 자리에서 올바로 그 진가를 인정할 수 있는 것보다 훨씬 많은 것들이 있다. 한 가지 견지에서는 교육에 관한 논의가 있다. 여기에서 철학의 추구가 철학의 적수들과 철학을 무가치하게 실천하는 사람들에 대항하여 방어된다.[42] 철학에의 권유는 그룹 I의 거의 모든 대화편들에 함축되어 있지만, 『에우튀데모스』에 가장 명시적으로 이루어진다. 여기에서 플라톤적인 의미의 철학은 ―『고르기아스』, 『파이돈』 또는 『국가』에 언급된 dialegesthai의 진정한 기술에서 예시되듯이― 그것과 혼동될 법한 대안적인 실천들, 즉 연설술적인, 쟁론술적인 실천으로부터 주의 깊게 구별된다. 그것이 소크라테스의 권유 논증들과 두 소피스트들이 실천한 반박들 사이에 보인 대조의 핵심이다. 그것은 또한 (우리가 조금 뒤에 보게 될 텐데) 이소크라테스와 안티스테네스에 대한 공격을 포함하는, 철학에 대한 옹호에 든 핵심이다.

이렇듯 한편으로, 『에우튀데모스』는 교육적 실천들에 대한 진술로서 읽힐 수 있다. 다른 한편으로, 우리는 소피스트 형제들의 논변들과 이에 대한 소크라테스의 응답에서 플라톤의 이후 작품에 나오는 주요 개념들과 이론

---

42 Hawtrey(1981), 19쪽을 보라.

들에 대한 일련의 암시들을 갖는다. 이는 상기로 시작하여,[43] 모순율에 대한 명시적인 진술,[44] '있다 / …이다'의 해석에 나오는 다양하고도 심오한 다의 성들(술어적, 존재적, 진리적 의미)에[45] 이르기까지 뻗어 있고, 『소피스트』가 해명할 '다름'과 '부정' 간의 혼동을,[46] 『테아이테토스』에서 프로타고라스를 상대로 사용된 peritropē(자기-반박 논증)에 정교하게 유사한 부분을,[47] 그리고 무엇보다 전형적인 이데아론에 대한 복합적인 언급을 포함한다. 이렇듯 소피스트 논변 18에서 디오뉘소도로스는 소크라테스로 하여금 많은 아름다운 것들과 '아름다움 자체'를 구별하게 한다. 그다음에 그는 소크라테스가 많은 아름다운 것들에 아름다움이 있다는 점에서 그것들 간의 관계를 설명하려들자 이를 비웃는다(301a). 그다음으로, 소크라테스가 그 소피스트들의 기술을 흉내 내어 이들을 혼란에 빠뜨리려고 자기-술어에 기대는 모습을("아름다운 것은 아름답고, 추한 것은 추하지 않은가?") 발견하는 것은(301b) 놀라운 일이 아니다. 『파이돈』, 『국가』, 『테아이테토스』, 『소피스트』에서 전개될 생각들에 대한 대량의 예비 논의인 것으로 보이는(나는 실제로 그런 논의라고 생각한다) 부분에 의해 제기된 저술 시기상의 문제들과 아주 별도로, 그보

---

43 294e 6-11, 296c 8-d 4. Hawtrey(1981), 155쪽을 Friedländer와 Keulen에 대한 언급과 더불어 보라.

44 293c 7-d 6, 293b 9. Hawtrey(1981), 142쪽 참조: "모순율에 관한 에우튀데모스의 버전."

45 (Hawtrey가 수용한 Bonitz의 번호 매김에 따른) 283c-d의 소피스트 논변 3은 einai(있다 / …이다)가 지닌 연결사-존재사의 의미에 기댄다. 거짓이 불가능함에 관한 논변 4(283e 7-284a 8)는, 누구의 말에 모순되는 말을 할 수 없음에 관한 소피스트 논변 7(285d 7 이하)처럼, 진리적 의미와 장소적-존재적 의미에 기댄다.

46 소피스트 논변 11(298a 1-b 3)은 '부정'(아님)과 '다름' 간의 애매함에 기댄다. 『소피스트』를 또한 가리킬 수 있는 논변은 소피스트 논변 8이다. 이것은 noein('의미하다'와 '생각하다')에 관한 익살로서, 혼이 없으면 사유함도 없다는 주장이다(287d 7-e 1). 『소피스트』 249a 참조.

47 286c 4 이하에서, 자기 자신을 뒤집는(anatrepōn autos hauton) 논변(logos)은 거짓이 불가능하다는 논변이다. 그리고 그것은 프로타고라스에게 귀속된다(286c 2). 이것을 Hawtrey(1981, 109쪽)는 『테아이테토스』에 나오는 것과 유사한 부분으로 인정한다.

다 급박한 작품 내적인 해명의 문제가 우리에게 있다. 왜 쟁론술적인 논박들과 철학적인 변증술 간의 대조에 초점이 맞춰진 대화편이 플라톤 자신의 작업이 지닌 주요 측면들에 대한 그토록 풍부한 일련의 암시들 —이것들은 그런 여타 대화편들이나 같은 주제들에 관한 구술적인 논의에 익숙한 독자들만이 완전하게 이해할 수 있다— 을 포함해야 하는가?

우리는 다양한 그룹의 독자들에게 접근 가능한, 다양한 의미의 수준들로 쓰인 어느 플라톤 대화편에 들어 있을 법한 사례들 중 하나를 『에우튀데모스』에서 갖는다. 가장 단순한 수준에서 『에우튀데모스』는 조심하라는 경고이다. 문답의 방법은 잘못 사용될 수 있다.[48] 『메논』에서 건설적인 학습을 위한 서론 및 선행 조건을 의미하는 소크라테스적 논박을, 게임으로서 연출된 무도한 반박술과 혼동하지 말라는 경고이다. 그렇기 때문에 소크라테스는 두 형제가 악용한 단어상의 오류들은 유쾌한 서론일 뿐이고, 그것들이 곧 진지한 것으로 드러날 것이라고 계속해서 주장한다. 그래서 뤼시스의 첫 번째 논박은, 『에우튀데모스』의 권유 논변처럼 대화 상대자가 배울 준비를 갖추고 배울 열망을 가지도록 한다. 『뤼시스』와 같은 대화편에서, 비록 소크라테스의 반(半)-소피스트적인 논증들이 가끔 명료함보다는 혼란에 이르는 것처럼 보일지라도, 부정적인 외양은, 『뤼시스』와 『향연』 간의 보다 깊은 연속점들이 보여 주듯, 대화편의 겉에만 있다. (9장 3절과 6절을 보라.) 그래서 『에우튀데모스』의 가장 기본적인 메시지는 소크라테스적 변증술의 진정한 의미를 위해, 교활한 반박보다는 긍정적인 권유에 주목하라는 것이다.

이에 덧붙여, 당시 아테네의 교육 현장에 관심이 있는 독자들을 위해서

---

48 대화(dialegesthai)가 트집(antilogia)으로 타락할 위험들에 관한 『국가』 7권 537d-539c 부분과 비교하라.

는, 이소크라테스와의 숨겨지지 않은 논쟁과[49] 안티스테네스에 대한 은연중의 공격은,[50] 진정한 철학과 이를 행한다고 주장하는 사람들을 구별하도록 크리톤에게 마지막으로 한 호소와 더불어, 플라톤 자신이 『에우튀데모스』가 철학을 도덕적·지적 교육의 적절한 형태로서 파악한 것을 옹호한 공개적인 선언이라는 점을 확인해 줄 것이다.[51]

이미 철학에 몸담은 독자들을 위해서는, 『에우튀데모스』는 오류 추론들에 관한 일종의 편람을 제공한다. 무엇이 잘못되었는지는 숙제로 남은 채로 말이다. 그리고 최고의 수준에서, 상기, 변증술, 형상들, 그리고 '있음 / …임'의 논리에 관한 플라톤적 사유에 어느 정도 친숙한 독자들을 위해서는, 그러한 개념들에 대한 암시가 철학적인 교육의 실제 내용을 생각나게 하는 역할을 할 것이다. 플라톤은, 아리스토파네스의 희극에 나오는 파라바시스(극 중에 합창단이 작가의 이름으로 관객에게 말하는 부분)처럼, 직접 독자들을 향한 것처럼 말하기 위해, 대화편의 중간과 끝 부분에서 소크라테스와 크리톤 간의 액자 밖 대화를 사용한다. 그곳의 언급들은 두 형제가 행한 것은 수학을 관장하는 변증술이 아니라는 점(290c)뿐만 아니라, 진정한 철학은 왕의 기술, 즉 앎의 최고 형태라는 점(292c-e)을 ―그러한 앎이 이 대화편의 한도 내에서 완전히 특정될 수 없지만― 우리에게 재확인해 준다. 그러한 앎을 찾으려면 우리는 『국가』의 핵심 권들과 '좋음'의 형상을 주목해야 한다.

우리가 7장의 마지막 부분에서 보았듯이, 소크라테스의 두 번째 권유 논변은 왕의 기술에 담긴 내용이 『국가』 6권에 나오는 앎의 최고 대상(megiston mathēma) ―이것은 수학을 넘어서 있고, 변증술에 의해서만 도달될 수 있

---

49 『에우튀데모스』 304d 4-306d 1(289c 6-290a 6의 logopoios 참조). Hawtrey(1981), 30쪽과 190-95쪽, Guthrie(1975), 283쪽을 보라.
50 285d 7-286b 6과 Hawtrey(1981), 24쪽 이하와 105쪽 이하.
51 Hawtrey(1981, 19쪽)가 이렇게 평한 것도 맞다.

다─ 으로서 확인될 때에만 해결될 수 있는 역행과 더불어 끝난다. 『국가』로부터 우리가 알고 있는 점에 비추어 보자면, 『에우튀데모스』 중 소크라테스의 두 번째 막간에서 변증술을 언급한 수수께끼 같은 부분, 그리고 곧바로 이어지는 왕의 기술에 속한 대상인 앎과 좋음에 관한 역행은 모두 플라톤의 철학자-왕을 위한 훈련 프로그램을 결정할 앎과 실재에 관한 이해를 감질나게 암시하는 것으로서 인정될 수 있다. 『에우튀데모스』는 안개와 지적 혼란(aporia)으로 가득 찬 대기를 맑게 하고, 플라톤의 작가로서의 경력에서 가장 명료한 순간, 즉 중기 대화편들과 변증술에 대한 체계적인 설명의 순간을 준비하도록 계획된 눈부신 희극 작품이다.

9. '변증술'이란 말

옛 학자들은 dialektikē라는 말을 플라톤이 만들었다고 생각했다. 그들의 생각은 틀림없이 옳았다.[52] 왜냐하면 우리는 그 용어가 『국가』 7권 가운데 우리 눈앞에서 모양을 갖추는 것을 볼 수 있기 때문이다. 하지만 6권에서 변증술이 '선분'에서 가장 높은 곳에 위치한 부분으로서 소개될 때, 동사의 부정형(不定形)만이 사용된다. 철학자가 수학의 가설들 위로 오를 수 있는 방법은 변증(dialegesthai)의 능력(dynamis) 및 학문(epistēmē)으로 기술된다(511b 4, c 5).

독자가 어떻게 dialegesthai가 여기에서 '대화하다' 또는 '대화를 해 나가

---

52 D. L. 3권 24절. rhētorikē라는 말과 비슷하다는 점과 그것보다 우월하다는 점은 471쪽에 인용된 『고르기아스』 448d 9에 함축되어 있다. 이에 대한 자세한 문헌학적 연구는 Müri(1944), 152-68쪽 참조.

다' 이상의 것을 의미한다는 점을 알도록 기대되는가?[53] 플라톤이 새롭게 반(牛)-전문적으로 사용한 dialegesthai가 그것이 끼워 넣어진 철학적인 맥락으로부터만 여기에서 이해될 수 있는가? 그렇게 이해하는 것도 가능할 것이다. 그러나 사실 반드시 그럴 필요는 없다. 우리가 보았듯이, 그 동사 및 같은 어원의 명사 dialektos(영어의 dialect)는 6-7권의 변증술에 관한 논의에 앞서 5권에서 철학적으로 두드러진 용례에서 나온다. 여기에서 대조는 dialegesthai와 쟁론적인 토론 사이에 이루어진다(454a, 앞의 464쪽을 보라). 이는 『메논』(75c-d)에서 제시되었고 『에우튀데모스』에 이르기까지 줄곧 함축적으로 전개되었던 대조를 되풀이한다. 그렇게 (『메논』과 『에우튀데모스』와 친숙할 수도 있고 그렇지 않을 수도 있는) 독자는 『국가』 5권에 언급된 dialegesthai 개념에서, 그리고 그곳에서 '유(類)들에 따라 나눔'에 의해 적절한 구분을 할 줄 아는 능력으로서 규정된 그 개념에서, 진지한 철학적 대화에 대해 플라톤 자신이 이해한 것에 대한 언급을 인지할 것이다. 그렇다면, 그러한 독자는 dialegesthai라는 말이 7권 마지막 부분에 나오는 '선분의 비유' 맥락에서 재등장할 때 그것에 새롭고도 보다 강력한 의미를 부여할 준비가 되어 있다.

선분의 비유 구절에서 보통의 동사 형태인 dialegesthai만 나오지만, 더는 보통의 동사에 부여된 사유가 전달되지는 않는다. 그 동사에 비슷한 의미가 부가된 용례들이 7권의 수학 교육에 관한 논의의 시작 부분에 나온다. 여기에서 올바른 물음들이 제기된다. 예를 들어, "여러분은 어떤 종류의 수들에 대해 말하고(dialegesthe) 있습니까?"(526a 2. 525d 6-8 참조). 그러나 변증술에 관한 핵심 논의는 531d 9에서 형용사 형태인 dialektikoi가 도입되면서

---

53 이것, 즉 그 동사가 지닌 보통의 의미는 몇 쪽 뒤인 515b 4에서 동굴 안에 있는 죄수들 간의 대화를 지칭하기 위해 나올 뿐이다.

시작된다(이는 『에우튀데모스』 290c를 되풀이한다). 수학자들은 '변증가들,' 즉 올바른 물음을 던지고 올바른 종류의 설명을 제시하는 대화에 능숙한 사람들이 아니다.

변증술의 방법은 7권의 그런 핵심적인 부분들에서 논의되는 주요 화제이다. 그리고 그것은 먼저 관사가 붙은 부정형 동사(532a 2와 6의 to dialegesthai)에 의해, 그다음에 변증술에 대한 표준 명칭을 제공하게 될 여성형 형용사에 의해 반복적으로 언급된다. "자네는 (가지적인 형상들로 향한) 이러한 움직임을 변증술적(dialektikē)이라고 부르지 않는가?"(532b 4).[54] 여기에서 우리는 마지막으로, dialektikē가 (앞에 나오는 dialegesthai처럼) 전문 용어로서, 즉 더는 일상적인 의미의 '대화적인'이나 '대화의 기술에 능숙한'에 의해 전달되지 않는 철학적인 개념을 나타내는 표현으로서 사용되고 있다고 말할 수 있다.

이 새로운 전문적인 의미의 dialektikē가, 대략 '토론에 의한 철학적인 분석과 설명의 (기술)'을 의미하는 것으로서, 다음 쪽들에 나오는 네 가지 여성형의 추가 사례들에 대해서도 요구된다. 두 경우에서 (그리고 이 두 경우에서만) 이 형태는 문법적으로 독립적인 명사이다. "우리는 변증술(hē dialektikē)을 학문들 위에다 갓돌로서 놓았네"(534e 3). 그리고 수학적인 학문들은 "변증술에 대한 예비 교육으로서 제공되어야 한다"(536d 6).[55] '변증가,' '(철학적인) 대화의 전문가'를 나타내는 남성형 dialektikos는 『국가』와 플라톤의 다른

---

54 여성형 형용사 dialektikē는 여기에서 poreia(움직임, 여정)와 문법적으로 성(性)이 일치한다. 그러나 그것을 독립적인 명사 '변증술'로 읽을 수도 있다. 명사적 용법은 형용사형과 성이 일치하는 명사, 예를 들어 technē(기술)나 epistēmē(학문)를 생략함으로써 만들어진다. (본문에 인용된) 534e 3과 536d 6에 그러한 용법들이 나온다. 그리고 다른 플라톤의 저술에는 나오지 않는다.

55 순수하게 형용사로 쓰인 나머지 둘은 533c 7의 dialektikē methodos와 537c 6의 dialektikē physis 이다.

작품에서 꽤나 흔하지만,[56] 방법 자체를 나타내는 여성형 형용사 dialektikē 는, 그렇게 『국가』 7권에서 무더기로 5번 나온 뒤로, 플라톤의 작품 전체에 서 두 번밖에 다시 나오지 않는다.[57] 그리고 이러한 형태를 독립 명사로 사 용하는 사례는, 즉 아리스토텔레스의 저술과 오늘날 우리 시대에 이르기까 지 후대의 철학 문헌에 흔한 변증술을 나타내는 이름은 『국가』 7권(534e 3, 536d 6)으로부터 인용된 두 가지 사례 이후 플라톤의 저술로부터 완전히 사 라진다.

이러한 언어학적인 세부 사항들은 얼마간 머무를 만한 가치가 있는 것으 로 보였다. 왜냐하면 그것들은 플라톤이 철학적인 언어를 사용하는 방식에 대한 본보기를 제시하기 때문이다. 그것들은 플라톤이 얼마만큼 주의 깊게 독자들에게 새로운 전문 용어가 지닌 보다 특정화된 의미에 대해 준비시킬 수 있는지를, 그리고 또한 그가 얼마만큼 직접적인 목적에 그 용어를 사용 한 뒤에 그것을 완전히 포기할 수 있는지를 우리에게 보여 준다.[58]

56　앞에서 『크라튈로스』 390c 11(398d 7에 되풀이됨), 『에우튀데모스』 290c 5, 『파이드로스』 266c 1로부터 인용한 사례들을 보라.

57　『파이드로스』 276e 5에서 변증술적 기술(technē)과 『소피스트』 253d 2에서 변증술적 앎 (epistēmē)을 나타내기 위해.

58　『국가』 7권 533d 7에 대한 Adam의 설명(1902, 2권 141쪽)과 비교해 보라(그토록 큰 주제들을 연구하는 사람들의 이름은 쉽게 들 수 있다): "플라톤은 끊임없이 우리에게 그가 고정된 용어 를 가지고 있지 않다는 점을 기억하게 하고, 옛 사람들은 이 사실을 잘 알고 있었다. 현대의 플 라톤 해석자들은 이 점을 너무나도 자주 잊고 있지만."

11장

형상들의 소개

1. 플라톤의 형상 이론이란 무엇인가?

플라톤의 작품에 나오는 형상 개념의 중요성은 아무리 강조해도 지나치지 않을 것이다. 철학적인 앎의 뚜렷한 대상으로서, 『국가』에 나오는 형상들은 철학자들과 비-철학자들을 구별하는 기준을 제공한다. 형상들은 바로 그것들이 그의 존재론에서 기본적인 실재들을 이루기 때문에 플라톤의 인식론에서 그런 중심 역할을 한다. 게다가, 우리가 9장에서 보았듯이, 가치와 궁극적인 욕구 대상의 근원으로서 형상들은 플라톤의 도덕 심리학에서도 똑같이 근본적이다. 윤리학과 정치 이론에서 그것들은 본보기(paradeigma), 즉 최선 국가의 건설과 지배에서뿐만 아니라 도덕적인 삶에서도 모방되어야 할 유형을 제공한다. 신학에서도 형상들은 본보기이다. 왜냐하면 신들 자신은 형상들에 관계함으로써 신성하기 때문이다(『파이드로스』249c). 『크라튈로스』와 『소피스트』에서 형상들은 플라톤의 우주론과 자연 철학을 위한 뼈대를 이룬다. 『향연』과 『파이드로스』에서 '미'의 형상은 미학을 위한 원리, 무엇보다도 사랑에 대한 설명을 위한 원리의 역할을 한다. 그리고 그 설명은 철학적인 삶을 구성하는, 특권이 부여된 형태의 에로스에 대한 설명을 포함한다. 철학사에서 그보다 더 야심 찬 이론은 없었고, 어떤 이론도 그것만큼 영향력이 있지 않았다.

그럼에도, 플라톤 작품에서 이 이론이 지니는 위치는 몇몇 지점에서 불확실하다. 먼저, 『파이돈』과 『국가』에 전개된 전형적인 형상 이론은 플라톤 자신에 의해 『파르메니데스』에서 엄격한 비판을 받는다. 그리고 그 이론에 대해 제기된 반론들은 그곳에서 결코 직접적으로 답변되지 않는다. 형상들은 『테아이테토스』에서 앎을 규정하려는 플라톤의 시도로부터 사실상 사라졌다. 그리고 그것들이 『소피스트』, 『필레보스』, 『티마이오스』에서 재등장할 때, 형상들에 관한 이해가 실제로 어느 정도까지 이전과 같은지 분명하지 않다. 또 하나의 문제는 정확히 동일성의 문제이다. 전형적인 형상 이론이 발견될 수 있는 플라톤의 '중기' 대화편들만 언급하자면, 『향연』, 『파이돈』, 『크라튈로스』, 『국가』, 『파이드로스』에서 형식화된 단일 이론이 있는가? 이 이론에 관한 진술들은 너무나 다양하고 너무나 초안적인 것이어서 우리가 이 모든 형식화된 것들의 바탕에 깔린 단일한 정합적 이론을 제대로 재구성할 수 있는지 알기 힘들다. 최근의 한 학자가 표현하듯, 위의 대화편들에서 형상 이론의 소개는 '덜 결정된 것'이고, '불충분하게 전개된 것'이다.[01] 『소피스트』, 『티마이오스』와 같은 후기 대화편들에서 플라톤이 형상들에 관해 언급하는 부분에 대해서도 비슷한 물음들이 제기될 수 있다. 이렇게 한 관점에서는, 플라톤이 몇 가지 다른 이론을 가졌던 것처럼 보인다. 그리고 아직 어떠한 단일한 제시도 완전히 형식화된 이론으로서 간주될 만큼 상술되어 있지 않다.

---

01 Kraut(1992)에 실린 Meinwald의 글 390, 393쪽.

우리는 더 나아가 이 문제를 12장에서 —우리가 철학을 글로 쓰는 작업의 한계에 관한 플라톤의 견해를 검토할 때에도— 다뤄야 한다. 11장에서 나의 논의는 『파르메니데스』의 비판 이전에 쓰인 중기 대화편들에 초점을 맞출 것이다. 그리고 나는 그런 다양하게 형식화된 것들이 플라톤의 철학 개념 내에서 어떠한 위치를 차지하느냐는, 보다 깊은 물음을 아직 대면하지 않은 채로 플라톤의 형상 이론을 보통의 방식으로 언급한다. 나 자신의 가정은 플라톤이 일련의 다양한 문학적 표현들을 —이것들 각각은 그것들이 나타나는 특정 대화편의 필요와 관심사에 따라 재단된다— 창안하게 만든 단일한 근본적 실재관이 있다는 점이다. 우리가 세계를 관찰하거나 보는 방식으로서 theōria(관조)가 가진 어원을 염두에 둔다면, 플라톤이 정합적인 theōria를 표현했는지의 문제를 제외하면 다른 문제는 없어 보인다. 다양하게 형식화된 그러한 것들이 완전히 명료한 이론으로 —이는 체계적으로 연결된 일련의 명제들로 이해된다— 모일 수 있는지, 그리고 플라톤 자신이 그러한 재구성을 타당한 철학적 작업으로 간주했는지는 내가 11장에서 대답하려고 시도하는 문제들이 아니다.

하지만 나는 플라톤이 『파이돈』에서 명시적으로 형상들을 가설이나 가정으로서 언급한다는 사실(100b, 101d), 그리고 일반적으로 그가 그 가정을 옹호하는 논증들을 제공하지 않는다는 사실에 주목한다. 아마도 그가 형상들의 존재를 옹호하면서 제시한 유일하게 직접적인 논증은 『티마이오스』 51d-e일 것이다. 그곳에서 그는 형상들이 존재한다는 점이 이성에 의한 앎(nous)과 참인 의견을 구별하기 위해 필요하다고 말한다. 『파이돈』 74b-c에는, 감각 대상들은 보는 관점에 따라 달리 나타나지만 형상들은 그렇지 않다는 점을 토대로, 형상들과 감각 대상들이 같지 않다는 논증이 있다. (완전하게 판독된다면, 이 두 논증은 같은 논증의 두 가지 버전으로 보일 것이다. 왜냐하면 플라톤에서, 보는 관점에 따른 현상과 doxa, 즉 의견은 외연이 같기 때문이다.) 그리고

『크라튈로스』의 마지막 부분에는, 보편적인 흐름(변화) 이론에 반대하여, 사물들에서 안정적이고도 불변하는 어떤 요소가 없다면 앎도 지시하는 언어도 가능하지 않을 것이라는 주장이 나온다. 그리고 분명히 그러한 불변성은 형상들로부터 유래될 수밖에 없다는 점이 함축되어 있다. 하지만 일반적으로 플라톤의 논증은 형상들로부터 출발하지 형상들로 나아가지는 않는다. 형상 이론은 이 철학자가 자신의 사유를 조직하고 자신의 삶을 꾸려 나갈 기반이 되는 필연적이고도 충분한 가정 역할을 한다. 그것은 심미아스가 『파이돈』에서 오뒤세우스의 거친 뗏목에 비유한 최선의 인간적인 logos와도 같다: "뗏목 위에서처럼 우리는 그것과 더불어 삶을 항해해야 하는 모험을 떠맡아야 한다"(85c-d). 플라톤의 묘사에서, 삶과 이론은 서로를 강화한다. 우리가 앞으로 보게 되듯이, '아름다움'의 형상을 향한 철학적인 에로스에 대한 디오티마의 설명은 우리가 소크라테스의 인품과 행동을 『향연』에 보고된 대로 이해할 수 있게 하는 반면, 『파이돈』에서 연설술적 지지는 이에 반대되는 방향으로, 즉 인품으로부터 이론으로 나아가는 것처럼 보인다. 죽음에 직면한 소크라테스의 고귀한 용기와 뛰어난 논증력은 혼을 초월적인 것으로 이해하고 그것의 기초를 형상들이 존재한다는 사실에 두는 것에다 신뢰성을 부여한다.

하지만, 플라톤은 약속된 이성주의자이다. 그리고 어떠한 가정도 비판이 면제되지 않는다. 우리는 소크라테스가 『파이돈』에서 '으뜸가는 가설들'에 대한 추가적인 검토가 필요할 것이라는 주장(107b)으로 철학적인 토론을 끝맺는 것을 보았다. 그리고 바로 형상들에 관한 가설이 사실상 『파르메니데스』에서 세밀한 검토의 대상이다. 아무런 방어나 답변도 하지 않은 채 작가가 자신의 이론에 반대하여 퍼부은 그토록 냉혹한 비판의 광경과 유사한 사례들은 철학사에서 극히 드물다. 플라톤의 파르메니데스는 그런 문제들에서 진실을 발견할 뿐만 아니라 이를 다른 사람에게 적절하게 설명하려면 비상한 재주를 요구한다고 말한다(『파르메니데스』 135b). 하지만 이것이 바로 진정한 철학자에게 요구되는 점이다. 그것은 "좋음의 형상을 논증(logos)에서 규정하고, 전투에서처럼 모든 시험들과 논박들을 헤쳐 나가고, … 무너지지 않는 자신의 이론(logos)과 더불어 이 모든 것으로부터 빠져나오는 것"이다(『국가』 6권 534b-c).

형상 이론에 대한 그러한 방어는 개인 대 개인의 논증과 탐구에서 주어질 수 있다.[02] 우리가 대화편들에서 가지는 것은 다른 어떤 것, 즉 복합적인 견해에 대한 점진적이고도 부분적인 각양각색의 해명이다. 11장에서 나의 관심은 전형적인 형상 이론에 대한 플라톤의 해명에 나타난 단계들을 구분하는 데에, 그리고 그가 해명할 때 연속성과 다양성을 추구하면서 수단으로 삼은 정교한 반향들과 변형들에 초점을 맞추는 데에 있다. 무엇보다도 나는 형상 이론이 엄밀하게 철학적인 일련의 문제들에 대한 논리적인 해결로서보다는 도덕적인 이상으로서, 삶을 살 만한 가치가 있도록 만드는 보다 고귀한 실재에 대한 직시로서 지닌 실천적이고 규범적인 측면을 강조하길 원한다. 나는 '좋음'의 직시에서 절정에 이르는 그 이론이 어떻게 소크라테스의 도덕적인 삶에, 그리고 우리가 『카르미데스』, 『뤼시스』, 『에우튀데모스』에서 추적했던 이로운 앎에 대한 추구, 즉 그것이 덕이거나 덕을 산출하기 때문에 우리에게 좋다는 앎에 대한 추구에, 깊게 뿌리박혀 있는지를 보여 주길 원한다.

그러나 먼저 플라톤의 이론을 구성하는 몇 가지 언어적인 자원을 살펴보자.

---

02 『일곱째 편지』 344b 참조. 하지만 이곳의 어조는 덜 전투적이다: "호의적인 반박들(elenchoi)에 의한 시험들로부터, 적대감(phthonoi) 없이 질문과 대답이 교환되는 과정에서" 이해의 빛이 터진다.

2. 형상 이론의 원료

나는 여기에서 그리스 사유와 언어의 네 가지 특징을 열거한다. 이 가운데 적어도 셋은 플라톤에게 특정한 것은 아니다. 이 특징들은 플라톤이 '아름다운 것'이나 '동등한 것'과 같은 표현들에 의해 형상 이론을 제시하는 방식이 영어보다는 그리스어로 더 자연스럽게 보이도록 만든다.

(1) 소문자 'p'로 시작하는 플라톤주의(platonism). 이는 우리가 추상적이라고 여길 만한 형태로, '아름다움'(beauty)이나 '동등성'(equality) 같은 명사로써, 또는 이에 상응하는 형용사에 의한 명사적 표현(the beautiful 또는 the equal)으로써[03] 속성들이나 특징들을 언급하는 방식이다. 그리고 그것은 이러한 것들을 이에 상응하는 구체적인 사례보다 ―이것은 같은 형용사의 기술적인 사용에 의해 표현된다― 논리적으로 또는 인과적으로 보다 근원적인 것으로 간주하는 방식이다. 그래서 '아름다움'(또는 '아름다운 것')과 같은 개념을 이에 상응하는 형용사적 기술(記述)들, 즉 '아름다운 얼굴'이나 '아름다운 몸'으로부터 추상된 것으로 여기지 않고, 그것들에 논리적으로 앞선 것으로 여기는 것이 자연스러워 보인다. 예컨대, 『프로타고라스』에서 소크라테스와 프로타고라스는 분별 있는 행동들은 분별(sōphrosynē)에 기인하고, 어리석은 행동들은 어리석음(aphrosynē)에 기인한다는 점을 당연한 것으로 간주할 수 있다(『프로타고라스』 332b-c, d-e). 마찬가지로, 메논은 주저함이 없이, 정의로운 행동은 행위자 쪽에서 정의(dikaiosynē)가 있을 것을 요구한다는 주장(『메논』 73b 1-5), 그리고 사람들은 훌륭함(aretē)을 소유함으로써 훌륭하게

---

03 플라톤의 용법에서 두 가지 언어적 형태들은 종종 상호 교환된다. 그래서 『향연』에서 플라톤은 '아름다움'의 형상을 나타내기 위해 아름다운 것(to kalon)을 선호하지만, 이것 바로 앞에서는 아름다움(kallos)과 아름다운 것을 번갈아 사용한다(210c-d). 『파이돈』 74c에서 동등함(isotēs)은 동등한 것 자체(auto to ison)의 동의어로 사용된다.

(agathoi) 된다는 주장을 수용한다.

추상적인 형태가 개념적으로 우위라는 점은 아리스토텔레스가 파생 관계라 부르는 의미론적 관계에 상응한다. '용감한'은 '용감'으로부터 파생되고, '읽고 쓸 줄 아는'(grammatikos)은 '읽고 쓸 줄 앎'(grammatikē)으로부터 파생된다. 이러한 파생은 언어 형태론의 수준에서 타당하지 않다(왜냐하면 영어와 마찬가지로 그리스어에서 형용사형이 종종 그에 상응하는 명사보다 더 단순하기 때문이다). 그것은 심리적인 또는 도덕적인 설명의 수준에서 타당하다. 한 개인은 실제로 용감을 소유함으로써 용감해진다. 나는 이것을 '플라톤주의'라 부른다. 왜냐하면 그것은 우리 현대인들이 추상적인 보편자로 분류할 법한 항목을 자연스럽게 인과적인 또는 설명적인 요인으로 여기기 때문이다. 이런 항목들은 추상적인 언어 형태나 명사화에 의해 명시될 뿐만이 아니다. 그것들은 또한 감각-지각의 직접적인 대상들이 아니라는 점에서 추상적이다.

(2) 자기-술어. 『프로타고라스』의 잘 알려진 한 구절은 후기 대화편들에서 자기-술어로 알려지게 된 것에 대한 두 가지 사례 —'정의 자체는 정의롭다'와 '경건 자체가 경건하지 않다면, 다른 어떤 것도 경건할 수 없을 것이다'(330c 4, d 8)— 를 제시한다. 여기에서 요점은 (몇몇 비평가들이 생각하듯) 성격적인 특징이 어떤 성격을 가진 개인과 혼동되어 있다는 점이 아니라, 바로 성격적인 특징이 이러한 특별한 종류의 것이기 때문에 그것을 가진 개인들이 그와 비슷하게 규정된다는 점이다.

(3) 방금 기술된 두 개념, 즉 '플라톤주의'와 자기-술어는 때때로 인과 관계의 전이(轉移) 이론이라 불리는 것에 의해 서로 연결된다. 이 이론은, 원인은 그것이 갖지 않은 것을 제공할 수 없을 것이기 때문에 결과는 관련된 측면에서 원인을 닮을 수밖에 없다는 점을 전제한다. 그래서 불이나 불의 열기를 가진 어떤 것만이 다른 사물들을 뜨겁게 만들 수 있다. 이는 어떤 주

제를 이해한 교사만이 다른 사람들이 그것을 이해하게 만들 수 있는 것과 마찬가지다. 이 원칙은 플라톤의 『향연』에서 아가톤에 의해 적절하게 표현된다. "갖거나 알지 못하는 것을 다른 사람에게 줄 수도 가르칠 수도 없다"(196e). 아가톤은 철학적인 이론을 내뱉고 있지 않다. 그는 그리스 상식의 관점에서 말하고 있다. 같은 원칙을 플라톤과 아리스토텔레스는 모든 곳에서 당연한 것으로 받아들인다. 예를 들어, 『국가』 1권 335c-d: "사물들을 습하게 만드는 것은 마름의 기능(ergon)이 아니라, 마름에 반대되는 것의 기능이다." 플라톤에서 이런 원칙을 사용한 주요 사례는 신들은 좋으므로, 그들은 좋은 결과들의 원인일 수만 있고, 나쁜 결과들의 원인일 수는 없다는 주장이다(『국가』 2권 379b-c).[04] 플라톤 이전에 나오는 멋진 사례는 아리스토텔레스가 전하는(조각글 199, Rose 편집), "하나는 홀수와 짝수의 본성을 공유해야 한다"는 피타고라스의 견해를 설명하는 논증이다. 왜 그런가? 그것은 "하나가 짝수에 더해지면 짝수를 홀수로 만들지만, 홀수에 더해지면, 홀수를 짝수로 만들기 때문이다. 이는 하나가 두 가지 본성을 모두 공유하지 않는다면 할 수 없는 일이다."

자기-술어는 위에서 언급된 '플라톤주의'에 의해 설정된 어떤 속성에 대해서든 전이 이론으로부터 평범하게 따른다는 점을 주목하라. 훌륭함이 사람들을 훌륭하게 만든다면, 훌륭함 자체는 훌륭해야 한다. 이는 사실상 『프로타고라스』 330d 8에서 주장된 내용이다. 즉 "경건 자체가 경건하지 않다면, 다른 어떤 것도 경건할 수 없을 것이다."

(4) 성질들이나 속성들을 나타내기 위한 비유로서의 분유. 동사 metechein (공유하다, 분유하다)의 특유한 용법은 좀 더 문자 그대로 그룹 활동에 참여하

---

04   아리스토텔레스에 나오는 사례들로는 (Ross의 주석과 더불어) 『자연학』 2권 7장 198a 26 이하
와 『형이상학』 2권 1장 993b 24, 9권 8장 1049b 24-29를 보라.

거나 분배할 때 자기 몫을 받는 것에 적용될 뿐만 아니라 비유적으로 성질들의 소유에 적용될 수 있다. 철학적인 사례는 아리스토텔레스의 조각글 199로부터 방금 인용된 피타고라스에 관한 부분에 의해 제공된다(홀수와 짝수의 본성을 공유함). 그러나 이 표현에서 특별히 피타고라스에 고유한 점은 없다. 아낙사고라스는 "다른 사물들이 모든 사물들을 공유한다(moiran metechei)"고 선언한다. 이성(nous)만이 섞이지 않은 것이다. 왜냐하면 "만일 그것이 어떤 것과 섞여 있다면, 그것은 모든 사물들을 공유할 것이기(meteichen an) 때문이다"(조각글 12). 이러한 철학적인 비유는 플라톤이 어떤 형상을 분유함을 말할 때 접수할 것이다. 그러나 그러한 비유들은 철학에서 유래하지 않았다. 핀다로스는 '(타인과) 대담함을 공유하지 않음'(οὗ οἱ μετέχω θράσεος, *Pythian* 2.83)에 대해 말하고, 헤로도토스는 '용맹을 공유함'(alkēs metechein, IX.18.3) 같은 표현들을 사용한다. 플라톤도 이런 비유를 형상들과 상관없는 맥락에서 자주 사용한다. '염치와 정의의 감정을 공유함'(『프로타고라스』 322d), 용기를 공유함(『라케스』 193e 2), 불멸을 공유함(『향연』 208b).[05]

덕들과 같은 속성들에 대해 말하고 사유하는 그런 네 가지 방식들의 연결은 어떤 의미에서도 형상 이론을 구성하지 않는다. 그러한 네 가지 특징 중 셋은 플라톤의 이론을 거부한 아리스토텔레스에게도 있다. (아리스토텔레스는 자기-술어를 나타내는 표현을 피하는 것처럼 보인다. 이는 아마도 그가 그것을 플라톤의 가르침과 아주 밀접한 것으로 연결하기 때문일 것이다.) 그것들은 플라톤

---

05 역으로, 성질이나 상태가 어떤 대상 '안에 들어 있음'(παρεῖναι)을 나타내는 비유도 마찬가지로 기원전 5세기의 시로부터 익히 찾아볼 수 있다. LSJ의 항목 πάρειμι II에 인용된 아이스킬로스에 나오는 φόβος(두려움), 소포클레스에 나오는 θαῦμα(놀라움). 플라톤도 그것을 빈번히 사용하고, 어떤 곳에서는 자유롭게(『고르기아스』 497e 1, 498d 2-e 1, 『라케스』 190b 5, e 1, 『카르미데스』 158e 7, 150a 2, 160d 7, 161a 9), 다른 곳에서는 보다 조심스럽게 사용한다(『뤼시스』 217d, 『에우튀데모스』 301a, 『파이돈』 100d 5).

이 그로부터 자신의 이론을 구축하게 될 이론 이전의 원료 중 일부를 제공할 뿐이다. 그리고 '형상'을 나타내는 두 단어들, eidos와 idea에 대해서도 마찬가지이다. 이 단어들은 '외모,' '체형,' '모양,' '구조,' '사물의 종류'라는 의미를 지닌 것들로서 초기의 산문에도 나오는 것으로 잘 확인된다. 그 단어들이 플라톤 이전에 쓰인 방식에 대해서는 충분하게 연구가 되었으니, 이 자리에서 그 주제로 되돌아갈 필요는 없다.[06]

3. 정의를 통한 본질 추구

이 영역에서 뚜렷하게 플라톤적인 생각의 최초 흔적은 정의에 관련된 대화편들에서, 특히 『라케스』, 『에우튀프론』, 『메논』에서 발견된다. 로스의 표현처럼,[07] 사람들은 '이데아론의 씨앗들'을 전통적으로 그런 대화편들에서 인정한다. 발전사적으로 보면, 이 대화편들은 플라톤 사유에서 초기 단계를 나타낸다. 이때는 그가 "보편자들의 존재를 별개의 실재 부류로서 인정하기 위해" 소크라테스의 정의 추구에 의해 인도되었던 때이다. 하지만, 로스는 나아가 『메논』에서조차 "이데아들이 특수자들에 내재한다는 점이 여전히 강조된다"고 주장한다.[08] 앨런도 비슷하게 플라톤의 '초기 형상 이론'을 기술했다. 그에 따르면, 형상들은 '보편자들, 기준들, 본질들'로서 파악되고, 각각의 형상은 "그것의 모든 사례들에서 같은 것이고, 그것의 사례

---

06 eidos와 idea에 관한 문헌 개관에 대해서는 Ross(1951), 13-16쪽(김진성 옮김, 22-25쪽)을 보라. 로스가 다음과 같이 언급한 것은 맞다. "최초였던 것은 그런 단어들의 사용이 아니라, 그 단어들이 나타내는 사물들에 그(플라톤)가 부여했던 지위였다"(14쪽. 김진성 옮김, 24쪽).

07 Ross(1951), 11쪽(김진성 옮김, 20쪽).

08 같은 책, 14, 18쪽(김진성 옮김, 24, 27쪽).

들이 갖는 무엇"이다.[09] 그러나 내재적인 형상들이나 보편자들이란 개념을 쓰는, 초기 이론에 대한 이런 전통적인 설명은 심각한 오도이다. 먼저, 바로 내재적인 보편자란 개념 자체가, 우리에게 친숙하기 때문에, 철학적으로 문제가 있는 말이다. 어떻게 어떤 것이 하나이고 자기-동일적이면서, 많은 곳에 동시에 자리 잡을 수 있는가? 게다가, 보편자들, 특수자들, 그리고 사례들에 대해 말한다면, 이는 우리가 플라톤의 텍스트에서 실제로 발견하는 것보다 훨씬 더 전문적이고도 이론-의존적인 어휘에 호소하는 것이다. 실제로, 전통적인 견해는 텍스트에 대한 부정확한 강독에 바탕을 두고, 과도하게 특정 이론을 소크라테스(또는 초기 플라톤)에게 귀속시킨다는 점에서 아리스토텔레스를 따르고 있다.

그 대화편들에서 유일하게 전문 용어와 비슷한 것은 ousia라는 단어 또는 '본질'이다. 그리고 그것은 ti esti 물음이 명사화된 형태, 즉 '그것은-무엇-인가?'라는 물음이 묻고 있는 '그것의-무엇-임'일 뿐이다. 소크라테스가 강조하는 것은 올바르게 같은 이름으로 불리는 또는 (우리가 말할 법하듯) 같은 술어에 의해 기술되는 모든 것들에 대한 그러한 본질의 단일성과 동일성이다. '용기란 무엇인가?'라는 물음에 대한 대답은 두려움뿐만 아니라 즐거움과 고통 등의 다른 어려움들을 이겨내는 데에서 동일한 무엇을, "모든 사례들에서 같은 것을" 규정해야 한다(『라케스』 191e 10, 192b 6). 그러한 구절들에서 전치사 in(…에서)은 본질이 있는 장소를 나타내기 위해 관용적으로 쓰인 말이 아니라, 본질의 적용을 일반화하기 위한 것이다. 나는 그러한 맥락에서 전치사 'in'을 내재성을 가리키는 것으로 받아들이는 것은 중대한 오해라고 주장한다. 이는 "모든 덕들이 갖는, 그로 말미암아 덕들이 덕인 한 가지 같은 형태"와 같은 표현에서(『메논』 72c 7) 동사 have(가지다)를 말 그대로

---

09 Vlastos(1971a), 319-34쪽에 실린 Allen의 논문.

무엇을 소유하는 것으로 받아들이는 것과 같은 잘못일 테다. 여기에서 in이 특수한 사례들 안에 본질이 있는 장소나 내재적인 현존을 가리키지 않는다는 점은 무엇보다도, 문제의 '사례들'이 정의에 관련된 대화편들에서 결코 특수한 개별자들이 아니라 항상 사례들의 일반적인 유형들이라는 사실이 보여 준다.[10] 플라톤이 in과 관련하여 엄격하게 장소적인 의미를 회피한다는 점은 그가 의식적으로 다른 전치사를 선택한다는 점에 의해서도 분명하게 드러난다. 『라케스』 192b 6의 '이 모든 사례들에서'는 곧바로 192c 1에서 dia pantōn(그 모든 것들을 통해)에 의해 부연된다. 그리고 『메논』 74a 9에서 우리는 dia pantōn을 다시 접할 뿐만 아니라, 73d 1과 74b 1에서 kata pantōn(그 모든 것들에 적용되는)을, 75a 4-8에서 epi pasin toutois tauton(이 모든 것들에 대해 같은 것)을 접한다.

플라톤은 이렇듯 본질들의 본성을, 그리고 그것들이 보다 종적인 사례들이나 특수한 사례들과 갖는 관계를, 규정되지 않은 상태로 조심스레 남겨 두었다. 우리가 정의에 관련된 대화편들에서 본질들에 대해 듣는 내용은 다음과 같은 네 가지 점일 뿐이다. (1) 본질들은 그것들이 적용되는 모든 사례들에 대해 동일한 것이다(왜냐하면 모든 사례들은 그것들을 '가지기' 때문이다). (2) 그것들은 그 사례들을 설명하는 것이다. 예를 들어, 덕이 무엇인지를 앎은 왜 용기가 덕인지를 알게 해 줄 것이고, 따라서 덕들을 덕이 아닌 것들로부터 구별해 주는 공통의 본성이나 성격에 대해 '설명하게' 해 줄 것이다.

---

10 정의에 관련된 대화편들에서 (형상의) 내재성을 읽는 해석자들은 아마도 『파이돈』 102b-103b 에 나오는 플라톤의 용법에 의해 고무되었을 것이다. 그곳에서 내재성이 '우리 안에 있는 반대되는 것들'과 관련하여 반대되는 것들 자체와의 대조에 의해 함축되어 있는 것처럼 보인다. (그리고 『파이돈』의 구절에서 주어들은 사례들의 유형들이 아니라 개인들이다.) 하지만, 『파이돈』에서 플라톤은 분명히 형상들과 관련하여 '(…에) 들어 있음' 개념을 문제가 있는 것으로 여긴다(100d 5). 앞의 각주 5, 뒤의 6절과 비교해 보라.

(3) 어떤 종(種)적인 본질에 대한 앎은 같은 주어가 지닌 다른 속성들에 대한 앎에 논리적으로 앞선다(예를 들어, 우리는 덕이 무엇인지를 알지 못하면 덕이 가르쳐질 수 있는지 알 수 없다). 그리고 (4) 『에우튀프론』은 경건이 무엇인지를 앎은 특정 유형의 행동이 경건한지 그렇지 않은지를 판정하기 위한 본(paradeigma)을 제공할 것이다. 우리가 이 네 가지 조건에서 가진 것은 플라톤 이전에 나오는 인과적인 설명의 전이 이론에 대한 보다 정밀한 버전으로서 앞서 2절에서 기술한 바 있다. 이제 이것은 'X는-무엇-인가?'라는 물음에 의해 규정되는 본질 개념에 의해 이제 제공된 원인 개념과 더불어 있다. 그러나 그러한 본질들의 형이상학적인 지위는 규정되지 않은 채로 남아 있다. 그것들에 대한 앎은 다른 종류의 앎들에 필요하거나 유용하다는 주장을 넘어, 그것들의 인식적인 지위에 대해서는 어떤 점도 언급되지 않는다.

방금 말한 네 가지 조건은 아리스토텔레스가 말하는 본질들이나 플라톤이 말하는 형상들에 의해서도 똑같이 잘 충족될 수 있다.[11] 물론, 우리는 플라톤 자신이 어떤 해석을 선호했는지를 안다. 그리고 그가 『파이돈』에서 형상들의 형이상학적, 인식적 지위를 규정하기에 이를 때, 그는 주의 깊은 독자에게 형상들이 정의에 관련된 대화편들에서 논의되고 있는 것과 같은 본질들이라는 점을 기억하게 하려고 애쓴다. 그는 그것을 두 가지 방식으로 한다. 첫째, 그가 『파이돈』 65d에서 형상 이론을 일반화하기 위해 언급하는 세 가지 예는("내가 말하는 건 … 그 모든 것들의 ousia와 관련하여, 각각의 하나

---

11 조건 (3), 즉 본질들의 인식적인 우선성은, 앎이 가장 엄밀한 의미에서 받아들여진다면, 아리스토텔레스에서도 유효하다. 왜냐하면 그럴 경우 그것은 조건 (2) 설명적 우선성으로부터 따르기 때문이다. 조건 (2)도 (3)도 조건 (1)만을 충족시키는 현대의 보편자 이론들에는 타당하지 않다. 그래서 플라톤의 정의에 관련된 본질들을 보편자들에 관한 이론으로 해석하는 일은 우리를 아주 잘못된 길로 이끈다.

가 참으로 무엇인지라네"), 정확히 『메논』 72d의 정의와 관련된 논의의 첫 부분에 있는 eidos의 예들로 통하는 세 가지 형상들 ―크기, 건강, 힘― 과 같다.[12] 둘째, 『파이돈』에서 그는 '그것은-무엇-인가?'라는 물음의 버전을 본질적인 형상을 나타내기에 적합한 용어로서만 사용하지 않는다(74d 6, 75b 1, 75d 2, 78d 4, 92d 9에 나오는 to ho esti, '그것이-무엇-인지'). 그는 또한 반복해서 초월적인 형상들을 "우리가 묻고 대답하는 가운데 그 있음 / …임(einai)을 설명하는 바로 그 본질(ousia)"로서 언급한다(75d 2-3을 되풀이하는 78d 1). 이러한 형식화에서 동사 '있다 / …이다'(einai)는 '그것은-무엇-인가?'라는 물음 중의 '…이다'를 나타낸다. 그리고 묻고 대답하는 가운데 설명(logos)을 제시함은 분명히 『메논』과 정의에 관련된 대화편들에 나오는 본질에 관한 논의들을 가리킨다. 『파이돈』의 그런 구절들은, 바로 같은 대화편에 나오는 상기에 대한 첫 언급이 『메논』에 대한 지시를 함축하듯이, 겉보기에 독립적인 대화편들 사이에서 플라톤이 의도적으로 텍스트들을 상호 연결시키고 교차 언급하는 기술을 계속 쓰고 있다는 점을 예증한다(『파이돈』 73a-b).

그렇다면, 『파이돈』의 작가는, 바로 상기에 대한 두 가지 설명 사이에 있는 연속성을 표기하듯이, (1) 이 대화편의 형이상학적인 형상들과 (2) 『메논』과 『에우튀프론』의 형이상학적으로 규정되지 않은 본질들 사이에 있는 연속성을 주의 깊게 표기한다. 발전사적인 가설을 충실하게 지지하는 사람조차도 과거로 거슬러 올라가는 이러한 연속성을 인정하지 않을 수 없다. 그러나 그러한 지지자는 나중의 견해가 이전의 견해를 함축하지 않고, 과거로 거슬러 올라가는 연속성은 예기적인 구성을 함축하지 않는다고 반박할지 모른다. 플라톤이 『파이돈』의 입장에 이르러 되돌아보면서 자신의 이전 작품과의 연속성에 주목할 수 있다는 사실은 그가 『라케스』, 『에우튀프

---

12 이러한 관찰은 David Sedley에게 얻은 것이다.

론』, 『메논』을 저술했을 때, 본질에 관한 이론을 중기 대화편들에 의해 정해진 방향으로 전개할 의도를 지녔었음을 의미하지 않는다. 아니, 발전사적 해석은 그렇게 주장할지도 모른다.

정의에 관련된 대화편들을 저술했을 순간에 플라톤이 가졌던 마음을 읽어 낼 수 없으므로, 우리는 소크라테스적인 내재성이나 플라톤 쪽의 형이상학적인 미결정의 이전 단계에 대한 발전사적 주장을 반박할 수 없다. 우리는 이전의 대화편들이 정의에 관련된 본질들을 미결정된 상태로 남겨 둔 체계적인 방식에 주목할 수 있을 뿐이다. 그리고 우리는, 형상들이 차지하는 초월적인 지위는 논리적으로 메논의 역설을 해결하기 위해 사용한 상기에 의해 논리적으로 함축된다는 점을 보여 주기 위해, 6장 3절에 제시했던 논증을 되부를 수 있다. 내 의견으로는, 『메논』과 이후 작품들 간의 연결점들은 너무도 긴밀하고 많아(본질들, 상기, 가설, 앎과 참인 의견의 대조)[13] 우리가 앞의 대화편이 『파이돈』의 기본 이론들을 염두에 두고 저술되지 않았다고 생각할 것 같지는 않다. 『메논』의 작가는 그가 가고 있는 곳을 분명히 알고 있다. 그런데, 『에우튀프론』에서 본질들을 나타내는 용어는 『메논』에 나오는 그것을 예기한다. 마치 『라케스』에 나오는 정의의 우선성이 『메논』에 나오는 이 원칙에 길을 열어 주듯이 말이다. 그리고 6장 5절에서 주장했듯이, 『라케스』-『에우튀프론』-『메논』의 삼부작은 정의에 관한 잘 계획된 시론(試論)으로서 가장 잘 통독된다. 내 의견으로는, 이러한 연결점들의 그물은, 정의에 관한 대화편들이 중기 대화편들에서 보다 풍부하게 다듬어질 동일한 철학에 대한 점차적인 해명에 등장하는 첫 단계로서, 처음부터 설계되었다

---

13 앎과 참인 의견 간의 대조는 『메논』으로부터 지적된 나머지 세 예기들(본질들, 상기, 가설)만큼 『파이돈』에서 눈에 띄지 않는다. 그러나 그것은 『향연』 202a에 재등장하고, 『국가』 5-6권에 새롭게 나오는 doxa(의견)의 용례를 준비한다.

는 우리의 가정에 의해 가장 자연스럽게 설명된다.

만일 이것이 옳다면, 우리가 설명해야 할 것은 플라톤 사상의 발전이 아니라 그가 의도적으로 침묵하는 점이다. 왜 정의에 관련된 대화편들에서 그는 형상들에 관한 형이상학 및 인식론에 대해 암시를 주지 않는가? 우리는 이미 이 문제를 몇 가지 관점에서 논의했다(2장 127쪽 이하와 6장 7절). 플라톤이 그렇게 하지 않은 이유를 보다 완전하게 이해하기 위해서 우리는 이제 논의를 『향연』으로 옮긴다. 이곳에서 (만일 우리 자신이 아가톤의 손님들이라고 상상한다면) 우리는 처음으로 예기치 않게 초월적인 형상이 나옴을 보게 된다.

물론 우리는 『향연』과 『파이돈』 중 어느 것이 먼저 쓰였는지, 또는 그것들이 한 쌍으로 계획되었는지(이런 것 같다) 알 수 없다. 그러나 극적이고도 수사적인 관점에서 본다면, 확실히 『향연』을 먼저 읽도록 계획되어 있다. 왜냐하면 『파이돈』에서 형상들에 관한 형이상학적인 이해는 대화편의 첫 부분부터 당연한 것으로 받아들여지고, 소크라테스는 그를 자신 있게 해명하고 모든 대화 상대자들은 일반적인 이론으로서 그것을 주저 없이 수용하기 때문이다. 그러나 『향연』에서 그와 같은 이해는 한 연설의 마지막 부분에 전적으로 뜻밖의 것으로서, 그리고 소크라테스 자신도 아마도 입문하지 않았을 심원한 비의(秘儀)로서 짧게 제시될 뿐이다. 만일 우리가 『파이돈』을 먼저 읽는다면, 디오티마가 펼치는 계시의 극에 들어가기 위해서, 잠시 그 대화편으로부터 얻은 앎을 억누르지 않으면 안 된다. 나는 플라톤이, 그가 『라케스』를 정의에 관련된 대화편들에 대한 일반적인 입문으로서 계획한 것처럼, 『향연』을 일반 독자를 위해 형상 이론에 대한 입문으로서 계획했다고 주장하고자 한다.

4. 『향연』에서 펼쳐지는 형상의 계시

『향연』의 서술은 소크라테스와 더불어 시작한다. 그는 아가톤의 만찬에 가던 길이었다. 그리고 이야기를 들려주는 사람인 아리스토데모스는 그와 동행했다. 만찬 자리에 도착했을 때 아리스토데모스는 소크라테스가 뒤처진 것을 알고 깜짝 놀란다. 소크라테스는 이웃집 문 앞에 서 있으면서 불러도 대답하지 않은 것으로 드러난다. 만찬 주최자는 그를 데려오길 원하지만, 아리스토데모스는 내버려 두라고 말한다. "그분의 버릇입니다. 어딜 가시든 때때로 잠자코 서 계십니다. 곧 오실 겁니다"(175b). 실제로, 소크라테스는 만찬이 절반쯤 끝난 뒤에서야 도착하고, 아가톤은 그가 바깥에 서 있는 동안 마무리한 지혜로운 사유를 두고 그와 농담한다.

독자는 이 개막 에피소드를 훨씬 나중에, 대화편의 마지막에 이르러 알키비아데스의 연설에서 떠올리게 된다. 여기에서 알키비아데스는 소크라테스가 포티다이아로 출정했을 때 어떻게 꼬박 하루 동안 사유의 고리를 쫓으면서 서 있었는지를 전한다(220c-d).

이러한 에피소드들에서 우리는 소크라테스가 생각했던 것이 무엇이었는지 알지 못한다. 물론 플라톤도 알지 못했다.[14] 그러나 이 대화편의 맥락에서 소크라테스가 실제로 전하는 유일한 사유의 윤곽은 디오티마가 말한 것으로 나온 사랑에 관한 가르침이다. 이는 '아름다움' 자체에 대한 행복한 직시에서 절정에 이른다. 『향연』이 지닌 극적인 구조를 볼 때, 형이상학적인 형상 이론은 소크라테스가 실제로 사랑에 빠진 것을 설명하도록 계획된

---

14 나는 소크라테스의 발작적인 사색이 플라톤이 꾸며 낸 것이 아니라, 실제였다고, 적어도 전하는 이야기였다고 생각한다. 그러나 플라톤은 그 이야기를 아주 자유롭게 다루면서 서술했을 것이다. 아가톤의 만찬은 허구인 듯하다. 그리고 포티다이아 일화는, 실제였다면, 플라톤이 태어나기 4-5년 전에 일어난 일이다.

계시로서 제시된다. 주변으로부터의 개인적인 이탈에 관한 반복된 에피소드들을 보면 소크라테스의 사유는 그것으로 향해 있다. 이런 관점에서, 디오티마의 사랑론은 독자가 소크라테스가 알키비아데스의 유혹을 쉽고 태연하게 뿌리칠 수 있었던 점을 이해하게 해 준다. 디오티마의 가르침에 거의 곧바로 따르는 알키비아데스의 소크라테스 칭찬은 소크라테스를 실레노스상(像)들에 —이 상들을 열면 그 안에 신들의 상이 펼쳐진다— 비유하면서 시작된다. 이렇게 솜씨 좋게 둘을 병렬함으로써, 플라톤은 우리가 디오티마의 계시를 소크라테스 내부에 감춰진 신적인 이미지들에 대한 암시로 취하도록 조정했다. '아름다움'의 형상에서 절정에 이르는, 사랑에 관한 철학적인 설명이 이 대화편 내에서 가지는 문학적인 기능은 소크라테스 현상을 우리에게 이해시키는 기능, 즉 어떻게 그가 우리에게 있을 때나 없을 때나 그런 엘리트 모임에서 내부인이자 외부인일 수 있는지, 잘생긴 젊은 이들에게 구애하는 추남인지를 —사실, 그는 그의 주변에 있는 젊은이들의 에로스적인 열정의 대상이다— 우리에게 보여 주는 기능이다. 그의 세련된 말솜씨와 외견상의 관능, 폭음을 이겨 내는 그의 신체적 능력에도 불구하고, 소크라테스의 모습은 그다지 이 세상 사람의 것이 아니다. 그의 진정한 가치는 다른 곳에 있는 것이다. 그리고 '아름다움' 자체(auto to kalon)에 관한 형이상학적인 이론은 그러한 가치들의 내용일 법한 것을 제시하도록 소개된다.

인간에게 살 만한 가치가 있는 삶이 어딘가에 있다면, 그건 아름다운 것 자체를 보는 것일 겁니다. 당신이 일단 그것을 본다면, 황금과 옷이나 아름다운 소년들이나 젊은이들과는 비교가 안 되는 것으로 당신에게 보일 겁니다. … 순수하고, 정결하고, 섞이지 않은, 인간의 살과 피부색과 다른 소멸될 쓰레기로 가득 차지 않은 아름다운 것 자체를 본다는 것이, 유일하고 단일한 형태인 신적인 '아름다움' 자체를 한번 보게 되는 일이 어떨 것 같습니까? 당신은 어떤 사람이 그러한 대상을 주시한다면 나쁜 삶일 거라고 생각합니까? (211d-e)

현대의 학자들은 플라톤의 형상 이론을 보편적인 용어들이나 개념들이 지닌 논리적인 문제를 해결하기 위한 것으로, 술어 이론에 내한 선구적인 연구로, 대상과 속성 간의 구별을 최초로 인지한 것으로, 또는 보다 일반적으로 앎과 실재에 관한 이론(인식론과 존재론)에 공헌한 것으로 해석하면서 아리스토텔레스를 추종하는 경향을 보였다. 그래서 첼러는 플라톤에서 형상들이 없다면 "진정한 앎도 진정한 존재도" 있을 수 없을 것이라는 관찰로 그 주제에 대한 머리말을 요약한다.[15] 그리고 체르니스(H. Cherniss)는 어떻게 형상 이론이 윤리학, 인식론, 존재론이라는 다양한 영역에서 현상들을 설명하도록 고안된 단일한 가설로 보일 수 있는지를 입증했다.[16] 나는 플라톤에 대한 이러한 관심이 지닌 근본적인 중요성을 부인할 생각은 없다. 그러나 나는 이보다는 『향연』이 형상 이론의 역할에 대해 다른 관점을 제공한다고 주장하고자 한다.

플라톤은 시인과 여타 비-철학자들의 세속적인 모임인 아가톤의 만찬을, 자신의 형이상학적인 시각을 폭탄처럼 공공의 영역에 떨어뜨릴 기회로 삼았다. 그는 이것, 즉 자신의 가장 눈부신 문학 작품을, 형상 이론을 세상에 제시할 수단으로 구성했다. 그러한 실재에 관한 비상한 파악을 열정적인 관심의 문제로 제시하는 사랑 이론의 맥락에서, 철학자들만을 위해서가 아니라, 살 만한 가치가 있는 삶과 자신의 심원한 욕구들의 충족을 원하는 모든 이를 위해서 구성했다. '아름다움'으로의 상승을 에로스적인 열정과,

---

15   Zeller(1889), 643쪽 이하를 요약하는 652쪽.
16   Vlastos(1971b)에 실린 Cherniss의 논문, 16-27쪽.

그다음으로 행복과 불멸에 대한 일반적인 욕구와 연결시킴으로써, 디오티마는 플라톤의 이론을, 아가톤과 아리스토파네스 같은 성공적인 작가들이 또한 의미 있는 것으로 생각할 수밖에 없는 그 어떤 것으로서, 알키비아데스가 소크라테스를 그가 실제로 몰두하고 있는 성공적인 정치 경력보다 더 고귀한 삶을 그에게 제공할 사람으로 볼 수 있는 이유를 설명하는 그 어떤 것으로서 제시한다. 요컨대, 플라톤은 『향연』에서 형상 이론을 특별히 철학적인 문제들에 대한 이론적인 해결책으로서가 아니라, 모든 인간이 삶을 의미 있는 것으로 만드는 것을 파악하는 데 절대적으로 중요한 실천적 이념으로서 제시하려고 했다.

이제, 디오티마의 계시에서 마지막 단계인 telea와 epoptika, '최고 비의'를 살펴보자.

아름다운 것들을 바른 순서에 따라 올바로 관조한 사람은 그다음으로 에로스에 관련된 자신의 추구에서 완성된 목표지점(telos)에 이르고, 갑자기 본성상 놀랄 만하게 아름다운 어떤 것을 직시하게 될 텐데, 이는 그가 이전에 쏟은 모든 노고들이 지향했던 바로 그것입니다.

먼저, 그것은 늘 있고, 생성하지도 소멸하지도 않고,
증가하지도 감소하지도 않는 것입니다. 그것은
어떤 점에서는 아름다운데, 다른 점에서는 추한 것이 아니고,
어떤 때에는 아름다운데, 다른 때에는 아름답지 않은 것이 아니고,
어떤 것과 비교할 때는 아름다운데, 다른 것과 비교할 때는 추한 것이 아니고,
어떤 사람들에게는 아름답고, 다른 사람들에게는 추해서
여기에서는 아름다운데, 저기에서는 추한 것이 아닙니다.

그 아름다운 것은 그에게 얼굴이나 손이나 신체가 공유하는 다른 어떤 것과 비슷한 것으로 나타나지 않을 것이고, 말(logos)이나 앎(epistēmē)과 비슷한 것으로도 나타나지 않을 것입니다. 그리고 그것은 다른 어떤 것 안에는 어디든 있지 않습니다. 살아 있는 것 안에든 하늘 안에든 다른 어떤 것 안에든.

그렇지 않고, 그것 자체는 그 자체로 자신과 더불어 항상 한 가지 모습이지만, 다른 모든 아름다운 것들은 그것을 다음과 같은 방식으로 공유합니다. 즉, 그것들이 생성하거나 소멸할 때, 그것은 더 많아지지도 더 적어지지도 않고 어떠한 변화도 겪지 않는 방식으로 말입니다. (210e-211b)

형상들에 관한 존재론은 여기에서 하나의 대상, 즉 '아름다움' 자체에 집중된 극도로 조밀한 기술에서 제시된다. 플라톤이 사랑의 대상에서 모든 관점, 불완전성, 상대성을 부정하기 위해 부정의 방식(via negativa)을 리듬감 있게 사용한 점은 존재, 즉 "같은 것 안에서 같은 것으로 남아 있고, 홀로 놓여 있는 저 불변의 실재"(조각글 B 8의 29행)에 대한 파르메니데스의 찬가에 어린 어조와 공명(共鳴)을 낸다. 그래서 플라톤의 용어 '한 가지 모습인 것'(monoeides)은 파르메니데스의 '한 종류의 것'(mounogenes, 조각글 B 8의 4행)을 연상시킨다.[17] '늘 있는' 하나의 '아름다움'은 앎과 욕구의 최고 대상이지만, 플라톤은 (파르메니데스와 달리) 많은 아름다운 것들이 있음을 부인하지 않는다. 이것들은 그것의 아름다움을 공유함(metechein)으로써 생겨난다(211b 2).

공유의 비유는, 나중에 반(半)전문적인 개념인 '분유'(methexis)로 굳어지는 것으로 보이는데, 그 구절에서 두 번 등장한다. 첫 번째의 것은 "신체가 공

---

17 파르메니데스의 용어 μουνογενές가 직접적으로 플라톤에서 반영되는 점에 대해서는 『티마이오스』 30b 3을 보라.

유하는 것들에 관한"(211a 7) 순수하게 관용적인, 시적이기까지 한 표현이다. 플라톤이 형상을 나타내기 위해 쓰는 용어들(eidos, idea) 중 어느 것도 이 맥락에서 사용되지 않는다. '아름다움'의 형상에 관한 디오티마의 설명에서 전문적인 표현에 가장 가까운 표현은 (『파이돈』과 『국가』에서) 형상을 나타내는 가장 공식적인 표기가 될 것으로 예기된 것, 즉 '…인-바로-그것'(to ho esti)이다. 이는 눈에 띄는 표현은 아니다. 방금 인용된 부분으로부터 몇 줄 떨어진 곳에서, 디오티마는 에로스에 관한 훈련 프로그램을 요약하면서, 그 것이 다른 어떤 것이 아니라 저 '아름다움' 자체에 대한 것인(ho estin) 배움에서 종결된다고, 그래서 입문자는 "마침내 '아름다움인 바로 그것'(ho esti kalon)을 알게 된다"고 말한다(211c 8). 두 번째의 ho esti 구절은 여기에서 아주 소소하게 나오는데, 『파이돈』이나 이후 대화편들에 등장하는 표준적인 형식을 예시한다(또는 되풀이한다).[18]

　『향연』에서 소크라테스의 청중은 철학적인 대화 상대자들이 아니다. 소크라테스 자신도 그가 들었던 것을 보고할 뿐이다. 이렇듯, 플라톤 형이상학에 속한 핵심의 강렬하고도 순간적인 노출은 여기에서 논평이나 해명이 없는 채로 방치된다. 그 작업은 『파이돈』과 『국가』에서 이루어진다. 이곳에서 디오티마가 짜 놓은 천의 다양한 보풀들이 따로 세워지고 더 나아가 풀려난다. 이러한 이론적인 전개 과정을 따라가기 전에, 우리는 잠깐 멈추면서 『향연』과 『파이돈』을 두 쪽의 그림으로 연결하는 기교적인 점들 —생애의 정점(50대 초)에 있는 소크라테스, 죽음에 직면한 소크라테스— 에 유

18　『파이돈』 74b 2에서도 관계 의문절이 처음에는 동사 '알다' 뒤에서 같은 관용적인 구문으로 등장한다는 사실을 주목하라. esti가 든 특징을 가진 관계절은 아마도 『뤼시스』 219c 7: ἐπ᾽ ἐκεῖνο ὃ ἐστιν πρῶτον φίλον(으뜸으로 소중한 것인 바로 그것에)에 맨 처음 등장할 것이다. 이 구절 이야말로 '좋음'의 형상과('좋음'의 형상 또는) '아름다움'의 형상이 나올 것으로 기대되는 곳이다. 9장의 각주 10과 11장 5-6절을 보라.

의한다. 두 작품 간의 다양한 대조점들은 각 경우를 관장하는 두 명의 신
―『향연』에서는 디오뉘소스, 『파이돈』에서는 아폴론― 으로 구현된다. 대
화 상대자들의 유형도 전적으로 다르다. (대화 참가자들이 짝으로 겹치는 구조
로 된) 『프로타고라스』처럼, 『향연』은 아테네 사회의 문화적 엘리트 가운데
에서 소크라테스의 돋보이는 위치를 예시한다. 반면, 『파이돈』은 그를 소
규모의 친근한 동료들 모임 안에서 기술한다. 그리고 각각의 대화는 각각
의 청중에 맞춰진다. 그래서 『향연』은 주로 수사적인 연설들로 이루어져
있는 반면에, 『파이돈』은 일련의 복잡한 철학적 논증들을 전개한다.

이러한 대조되는 점들에도 불구하고, 두 대화편은 많은 단계에서 밀접하
게 연결되어 있다. (1) 소크라테스의 인품에 대한 복잡한 묘사, (2) 형상 이
론의 제시, (3) 철학을 에로스의 한 형태로 파악함에 의해 연결되어 있다.
그리고 인품과 이론이 함축적으로 연결되어 있다는 점이 두 작품의 공통점
이다. 신체적인 고난과 성적인 유혹에 대면하여 소크라테스가 쉽게 자신을
억제함이 그가 디오티마로부터 배운 형이상학적인 사랑에 대한 가르침에
의해 어느 정도 설명되듯이, 죽음에 대면하여 그가 지고의 평온함을 보인
것은 에로스에 관한 동일한 이론을 새롭게 진술하는 데에 기초를 둔다. 철
학자가 지혜와 실재에 관한 앎 말고, 무엇과 사랑에 빠져 있겠는가?[19] 그리
고 그것은 바로 소크라테스가 『파이돈』의 처음 부분에서 그가 죽음에 대한
준비가 되어 있다고 주장할 수 있었던 이유이다. 신체는 지적인 활동에 방
해가 된다. 그러므로 죽을 때 신체로부터 분리됨은 철학자에게 그가 욕구
하는 대상에 보다 적합하게 접근할 최상의 희망을 제공한다. 이런 방식으
로 형상들은 처음부터 혼의 운명과 연결되어 있다.

---

19 철학자가 '진리'와 '존재'와 연애 중이라는 비유는 『파이돈』 65b-69d에서 펼쳐진 소크라테스의
    첫 변론(apologia)에서 두드러진다.

『파이돈』에서 혼의 불멸성 테제를 설명하면서 소크라테스는 혼의 환생에 관한 오르페우스-피타고라스적인 관념에 호소한다. 이 관념은 『메논』으로부터 우리에게 친숙하지만, 『향연』에서는 결코 언급되지 않는다. 디오티마의 모습은 의심할 여지없이 『메논』에서 환생을 가르치는 현명한 사제들과 여사제들을 우리에게 기억시킨다. 그러나 플라톤은 그의 여사제(디오티마)가 그곳에서 그러한 거친 이론을 언급하는 것을 허락하려 하지 않는다. 그런 언급은 그곳에서 아가톤의 모임에 참석한 세속적인 손님들 가운데 불신의 미소를 불러일으킬지도 모른다. 『향연』에서 계시된 초월적인 형이상학을 『메논』에 개괄된 내세에 관한 심리학과 접목하는 일은 『파이돈』의 보다 친밀하고도 보다 철학적인 설정에 남겨진다.[20]

그러나 먼저, 우리는 디오티마의 가르침으로부터 『파이돈』과 『국가』의 형이상학적인 이론들에 이르는 노선들을 따라가 본다.

5. 디오티마 계시의 실타래를 풂

(이미 지적했듯이, 불멸의 혼과 이것이 상기에서 형상들과 인식적으로 연결되어 있다는 내용만 제외한다면) 거의 모든 형상 이론의 주요 주제들이 사랑에 관한 디오티마의 짧은 설명에 채워져 있다. 이 주제들을 하나씩 살펴보자.

---

[20] 이론과 청중 간의 이런 관계를 무시함으로써 많은 학자들은 혼의 불멸에 관한 완전한 이론이 『향연』에서 설명되지 않고 있다는 사실에 대해 당혹감을 느낀 상태로 있었다. 플라톤이 개심했단 말인가? 하지만 『메논』·『파이돈』의 표준적인 견해는 208b 4(ἀθάνατον δὲ ἄλλη, '하지만 죽지 않는 것은 다른 방식으로')와 212a 7(ἀθανάτῳ καὶ ἐκείνῳ, '불멸이 바로 그에게')에 암시되어 있다.

1) 존재 대 생성

그리스에서 이루어진 신과 죽음 간의 전통적인 대조는 파르메니데스에 의해 영원한 불변의 '존재'와 '생성'의 영역 간의 형이상학적인 구별로 변형 되었는데, 뒤의 영역은 생성과 소멸뿐만 아니라 모든 형태의 변화들을 포함한다. 플라톤은 그러한 대조의 신학적인 근원들을, '존재'의 영역을 '불멸적인 것' 또는 '신적인 것'이라고 기술하면서, 종종 불러냈다(『향연』 211e 3, 『파이돈』 79d 2, 80a, 84a 8 등. 『소피스트』 254b 1, 『정치가』 269d 6 참조). 물론, 형이상학적인 영원성은 신의 불사성(不死性)보다 더 엄밀한 개념이다. 『티마이오스』에서 플라톤은 영원한 '존재'는 불변일 뿐만 아니라 무시간적이라고 주장하게 될 것이다(『티마이오스』 37d-38a. 이는 파르메니데스의 조각글 B 8의 5행과 20행을 되풀이한다). 하지만 보다 빈번하게, 대화편들은 '항상 존재하는 것'(to on aei)을 고정성과 불변성으로서 규정한다. 『향연』은 '아름다움' 자체의 불변성을, 그것이 언젠가 생겨나거나 소멸한다든지, 더 크거나 더 작게 된다든지, 한때에는 아름답고 다른 때에는 그렇지 않다는 점을 부정함으로써 표현한다(211a 1-3). 형상 자체는 그것을 분유하는 것들에게 어떤 일이 벌어지든 영향을 받지 않는다(211b 5). 『파이돈』에서 우리는 불변성에 대한 플라톤의 표준 표현 aei kata tauta kai hosautōs echei(항상 일정하고 같은 상태에 있음, 78c 6, d 6 등)을 만난다. 영원한 '존재'를 나타내는 이 표현은 『국가』 (6권 479a 2, e 7)와 이후 대화편들에도(『정치가』 269d 5, 『필레보스』 59c 4. 『티마이오스』 28a 2, 38b 3 참조) 나온다. 이에 대조되는 '생성'에 대한 표현은 allot' allōs (echomena) kai mēdepote kata tauta(다른 시간에 다른 상태에 있고 결코 같은 상태에 있지 않은 것들, 『파이돈』 78c 6)이다. '생성'의 일정치 않은 성질은 또한 '맴돎'(kylindetai, 『국가』 5권 479d 4), '떠돎'(planēton, 같은 책, 479d 9. 6권 485b 2 참조)과 '흐름'(rhein, 『파이돈』 87d 9. 『크라튈로스』 402a 9, 411c 4 등 참조)과 같은 생생한 비유에 의해 표현된다. 말하자면 동종요법의 효과와도 같이, 사물들이 지

닌 유동성은 종종 혼 자체가 떠돌거나 어지럽게 만든다.[21]

2) 존재 대 현상

여기에서 '현상'은 동사 phainesthai(나타나다, 보이게 되다)와 이것과 어원이 같은 phantazesthai(『향연』 211a 5)와 같은 말들에 의해 직접 표현된 것만을 의미하지 않는다. 그것은 또한, '아름다움' 자체는 "어떤 방식으로는 아름답지만 다른 방식으로는 추하다. 어떤 것에 비해서는 아름답지만 다른 것에 비해서는 추하다. 여기에서는 아름답지만 저기에서는 추하다. 어떤 사람들에게는 아름답지만 다른 사람들에게는 추하다"는 점을 부정하는 구절에 보이는(『향연』 211a 2-5), 모든 형태의 관점주의와 상대주의를 포함한다. 바로 관점에 입각한 그러한 현상으로부터 벗어나 있다는 점에 의해, 『파이돈』에서 '크기가 같음' 자체가 크기가 같은 막대기들과 돌들로부터 구별된다. "막대기들이나 돌들이 그대로 있으면서도 때로는 어떤 사람에게 크기가 같은 것으로 보이고, 다른 사람에게는 그렇지 않아 보이는가?[22] … 그러나 자네에게 '크기가 같음들' 자체가 크기가 같지 않다고 보이거나 '크기가 같음'이 크기가 같지 않음으로 보인 적은 결코 없었지?"(『파이돈』 74b-c). 『파이돈』은 그토록 간결하게 관점과 비-관점의 대립을 언급할 수 있다. 왜냐하면 디오티

---

21 혼의 방황과 현기증에 대해서는 『파이돈』 79c 6-9를 보라. 『크라튈로스』는 (사물들의) 유동성을 주장하는 이론가들이 자신들의 혼란을 세계에 투사했다고 주장한다(411b-c, 439c, 440c-d). 『파이돈』 90c 참조.

22 『파이돈』 74b 8-9에서, ἐνίοτε … τῷ μὲν ἴσα φαίνεται, τῷ δὲ οὔ는 "때로는 어떤 사람에게 크기가 같은 것으로 보이지만, 다른 사람에게는 그렇지 않다" 또는 "때로는 어떤 측면에서 크기가 같은 것으로 보이지만, 다른 측면에서는 그렇지 않다"로 옮길 수 있다. 이것은 『향연』 211a 2-5에 나오는 τῇ μὲν … τῇ δὲ와 τισὶ μὲν … τισὶ δέ 사이에 있는 내용을 담는 다의적인 구문이다. 나는 이런 다의성이 의도적인 것일지도 모른다고 생각한다. 한 가지 표현으로써 관점주의의 세 가지 다양한 —시간적인, 측면적인, 관찰자 상대적인— 양상을 제시하도록 의도된 것으로 생각한다.

마가 내린 계시의 부정의 방식(via negativa)에서 그것에 대해 보다 풍부한 설명이 똑똑히 이루어지기 때문이다. (이는 서로를 보완하도록 계획된 두 대화편의 방식을 보여 주는 한 가지 사례이다.)

같은 주장이 다시 현상을 나타내는 언어로 『국가』 5권의 형상들에 관한 처음 논의에서 되풀이된다. "이 많은 아름다운 것들 중 추해 보이지(phanēsetai) 않을 것이 있습니까? 그리고 올바른 것들 중 올바르지 않아 보이지 않을 것이 있습니까? 그리고 경건한 것들 중 경건하지 않아 보이지 않을 것이 있습니까?"(479a). 이것은 doxa(의견) 개념이 관점에 입각한 인지 또는 '…으로 보임'의 일반적인 능력으로서 소개되는 맥락에서 일어난다. doxa는 앎과 모름 사이에 위치했으므로, 그것의 대상(위에서 규정한 넓은 의미의 현상)은 완전한 '존재'와 공허한 비-존재 사이에 위치해야 한다. 『국가』 5권의 그 부분에서 doxa의 대상들은 많은 값을 가진 F이기도 하고 아니기도 한 사물들로서 규정된다. 반면, 그것들에 상응하는 형상은 전적으로, 순수하게 F이다. 관점에 입각한 존재들과 그렇지 않은 존재들 사이에 이루어진 그러한 구별은 정확히 '생성'과 '존재' 간의 대조에 일치한다. 그러나 『국가』에서 이런 형태의 대립은 나중을 위해 유보된다. ('존재'-'생성'의 대조는 이어지는 6권 485b 2에서 짧게 준비된 뒤 508d의 끝 부분으로 갈 때 소개된다.) 5권에서 '생성'의 영역은 현상의 모호함, 고정된 성격의 결여에 의해 그 특징이 간단히 규정된다. 여기에서 '앎'과 '의견' / '현상'(doxa) 간의 인식적 구분에 초점을 맞춤으로써 플라톤은 나중의 설명 단계에 나오는 '선분의 비유'에서 첫 조각이 될 부분을(510a 9. 7권 534a 1-3 참조) 독자들에게 제공하고 있다.

『국가』에서 doxa를 관점에 입각한 판단, 또는 현상에 대한 판단들을 내리는 능력으로서 복합적으로 파악한 점은 『향연』과 『파이돈』에는 대체적으로 없다. 이 두 대화편에는 그 점에 대한 언급이 거의 없다.[23] 디오티마의 계시는 일반적으로 인식론을 무시한다. 그리고 『파이돈』은 이성과 감각-지각

간에 내려진 보다 단순한 구별과 더불어 작동한다.

3) 하나 대 여럿

하나를 여럿에 위치시키는 문제는 『라케스』, 『에우튀프론』, 『메논』에서 이루어지는 본질들에 대한 추구에서 주도적인 역할을 한다. 그것은 다양한 종류의 용기들과 이것들 모두에서 같은 것, 많은 경건한 행위들과 단일한 본성의 경건, 덕의 다양한 부분들과 단일한 전체로서의 덕 간의 대조로서 나온다. 소크라테스는 "하나로부터 여럿을 만드는 짓을 멈추라고" 메논에게 불평한다(77a 7). 이는 플라톤을 평생 사로잡을 문제이다. 『법률』의 마지막 권에서 그는 우리에게 "많고 비슷하지 않은 것들로부터 하나의 형태(idea)를 주시하라고" 요구한다(『법률』 12권 965c). 그리고 그의 이른바 '기록되지 않은 이론들'은 '하나'와 확정되지 않은 '두 짝'(큼과 작음)을 근본 원리들로 삼는다. 여럿 안에 있는 하나라는 이 주제는 형이상학적인 형상들을 가장 밀접하게 정의에 관련된 대화편들에 묶어 준다. 정의의 문제가 토론에 핵심 사항이 아닌 『향연』과 『파이돈』에서는 단일성의 주제가 강조되지 않는다. 그럼에도, 그것은 두 대화편에서 형용사 monoeides, 즉 형상의 단일성 또는 일정성이 반복적으로 언급됨으로써 인정된다(『향연』 211b 1, e 4, 『파이돈』 78d 5, 80b 2). 『국가』에서 단일성의 주제는 다시 중심 주제가 된다. 그리고 그것은 명시적으로 5권의 형상 이론을 소개하는 데 이바지한다. "아름

---

23 앞에서 주목했듯이, 참인 doxa는 『향연』 202a에 나온다. 『파이돈』 84a 8에서 형상들의 실재성은 ἀδόξαστον(doxa의 대상이 아닌 것)으로 말해진다. 81b 4의 δοκεῖν(생각하다), 83d 3의 δοξά-ζουσαν(생각하는) 참조. (기만적인) 시각적인 현상으로서의 doxa에 대해서는 『향연』 218e 6에서 소크라테스가 알키비아데스에게 한 언급을 보라. "자네는 청동을 내놓고 금을 얻으려고 하듯, (아름다운 것에 대한) 현상(doxa)을 내놓고 아름다운 것에 대한 진실을 얻으려고 하고 있네!"

다움은 추함에 반대되므로, 그것들은 둘이네. ⋯ 그리고 그것들은 둘이므로, 그것들 각각은 하나이네." "그러나 그것들이 행위들과 물체들과 결합됨(koinōnia)으로써, 그리고 서로 결합됨으로써[24] 그것들은 모든 곳에 보이게 되고(phantazomena) 그것들 각각은 여럿으로 나타나네." (1) 많은 아름다운 것들과 많은 좋은 것들과 (2) '아름다움' 자체와 '좋음' 자체 ―'여럿'에 걸쳐 있는 '하나'의 원리― 간의 대조도 7권 마지막 부분에서 형상들을 다시 소개하는 데 이바지한다. "우리가 그때 여럿이라고 놓았던 모든 것들과 관련해서도 우리는 지금 다시 각각의 것을 그것이 하나라고 가정하면서 단일한 형태(idea)에 따라 놓고, 그것을 '각각의 것이 정말인 것'(ho esti hekaston)이라 부르네"(6권 507b). 이렇게 『국가』의 핵심 권들에서 『메논』과 『에우튀프론』의 정의와 관련된 단일성들이 되돌아온다. 그러나 그것들은 이제 디오티마에 의해 규정된 영원한, 관점에 입각하지 않은 '존재'의 사례들로 특정된다. 그리고 조금 뒤 기술될 새로운 인식론의 대상들로서 특정된다.

4) 분리?

아리스토텔레스에 따르면, 플라톤의 형상들을 그것들의 소크라테스적인 선례들로부터 구분해 주는 것은 형상들이 감각될 수 있는 재료들로부터, 보다 현대적인 용어를 쓰자면, 그것들이 특수하게 사례로 나타난 것들로부터 분리되어 있다는 점이다. '분리'(chōrismos)라는 용어가 비우호적인 관점에 입각하여 형상 이론의 특징을 규정한다는 점은 충분하게 인정되어 있지

---

[24] 나는 5권 476a 6의 ἀλλήλων κοινωνία가 형상들이 서로를 분유한다는 것보다는 형상들이 감각 대상들에 함께 구체화됨을 가리킨다고 생각한다. 형상들의 상호 분유는 분유의 용어를 사용하는 데 급격한 단절을 보이는 대화편 『소피스트』 이전에는 어디에서도 나오지 않는다. 이런 중요한 새로운 점이 그런 불분명한 표현에 의해 『국가』에서 소개되었을 가능성은 극히 적다.

않은 것 같다. 그 용어는 『파르메니데스』에 나오는 그 이론에 대한 플라톤 자신의 비판으로부터 아리스토텔레스가 빌려 온 것이다.[25]

물론 분리 개념은 플라톤의 텍스트들에 실제로 있는 어떤 것에 상응한다. 먼저, 그것이 형상들이 그것들의 감각적인 사례들로부터 존재론으로 독립되어 있음과 비슷한 것을 뜻한다고 해 보자.[26] 그러한 독립성은 '존재' 와 '생성' 간의 근본적인 구별에 의해 모든 곳에 함축되어 있다. 그것은 아름다운 것들이 생성하고 소멸할 때, '아름다움' 자체는 어떤 식으로도 영향을 받지 않는다는 디오티마의 주장에 의해 보다 완전하게 강조된다. 그 형상의 독립적인 존재는 더 나아가 그것이 다른 어떤 것 안에 위치해 있지 않다는, 하늘 안에도 땅 안에도, 물체 안에도 대화(logos) 안에도 앎 안에도 있지 않다는 부정에 표현된다. 독립성에 관한 그러한 부정적 진술들은 형상이 "그것 자체가 그것 자체로, 그것 자체만으로, 영원히 한 가지 모습으로" 존재한다는 긍정적 주장에 상응한다(『향연』 211b 1).

형상들의 실재성은 이렇듯, 인간 사유나 대화 안에 내재됨을 포함한, 어떤 유형의 내재성으로부터 벗어나 있다. 후대의 플라톤주의자들은 형상들을 신의 정신 안에 있는 이데아들로서 해석하기 위해 아리스토텔레스적인 개념에 의지하고자 할 것이다. 그러나 그것은 확실히 플라톤의 견해가 아니다. 그와 반대로, 형상들은 존재론적으로 다른 어떤 것들보다 앞선다. 『파이드로스』(249c 6)가 우리에게 말해 주듯이, 신이 신으로 존재한다는 것은 바로 신이 형상들에 대해 맺는 관계 때문이다(『파이드로스』 249c 6). 『티마이오스』에서 본(本) 역할을 하는 형상들은 분명히 '데미우르고스'(창조자)의

---

25 χωρίς(따로 또는 분리되어)에 대해서는 『파르메니데스』 129d 7(소크라테스의 진술에서 한 번), 130b 2-d 1(파르메니데스의 재 진술들에서 다섯 번), 그리고 다시 반론 부분들(131b 1-2, 5)을 보라.
26 형상들과 관련된 분리에 관한 논의는 Fine(1984), Vlastos(1987), Fine(1993)을 보라.

행위보다 앞서 있다. '데미우르고스'는, 『국가』의 철학자-왕이 그것들을 모델로 삼아 국가에 올바른 질서를 부여하듯이, 그것들을 모델로 삼아 세계를 창조한다. (『파이돈』의 마지막 부분에 나오는 '분리'와 내재성에 관해서는 6절의 545쪽 이하를 보라.)

5) 분유

우리는 디오티마의 설명에서 '아름다움'의 형상을 '공유하는'(metechein) 아름다운 것들에 대한 비유의 한 가지 용례를 보았다. 이 공유 또는 분유는 가끔 플라톤이 감각될 수 있는 사물들이 형상들에 존재론적으로 의존한다는 점을 나타내기 위해 사용하는 표준적인 용어가 될 것이다. 그러나 아리스토텔레스와 후대의 플라톤주의자들은 그것을 규칙적으로 사용한다. metechei라는 용어는 『파이돈』(100c 5)에 나오는 형상 이론에 대한 가장 풍부한 최후 진술에서 반복된다. 그곳에서 과거 부정(不定)형 metaschein의 반복된 사용은 '분유'를 나타내는 드문 용어 metaschesis를 산출한다(101c 5. 분명히 이 그리스어는 단 한 번 나온다). 다른 동사를 쓴 같은 비유가 『파이돈』에서, "형상들(eidē)과 이것들을 분유하는 사물들(metalambanonta)"을 간략하게 언급하는 곳(102b 2)에 다시 한 번 나온다. 그러나 『파이돈』 자체는 그런 관계가 규정되지 않은 채로 있다는 점을 밝힌다. "어떤 것을 아름답게 만드는 것은 다른 것이 아니라 저 '아름다움' 자체가 곁에 있음(parousia) 또는 그것을 공유함(koinōnia) 또는 그것에 대한 관계가 어떤 것이든 그 관계이네. 나는 이것을 강요하지는 않지만, 모든 아름다운 것들이 아름다운 것은 오직 '아름다움'에 의해서일 뿐이네"(100d 4).[27]

---

[27] (나는 100d 6에서 최근의 편집자들을 따라 필사본의 텍스트를 그대로 둬둔다.) 우리가 보았듯이, 플라톤은 그룹 I에 속한 다른 두 대화편들에서 형상들에 대해 '곁에 있음'의 개념을 쓴다.

분유라는 용어는 아리스토텔레스와 후대 작가들에 의해 플라톤의 이론과 관련하여 아주 흔하게 사용되어 이 비유가, 『파이돈』 100-2에서 방금 인용한 구절들 외에, 감각 대상들과 형상들의 관계에 대한 플라톤 자신의 진술에서 드물게 나타난다는 점을 깨닫는 일은 놀라운 일로 다가온다. 『국가』에서 그것은 그런 의미에서 한 번밖에 나오지 않는 것처럼 보인다.[28] 그것은 거의 『향연』에서 인용한 것처럼 보일 법한 것인데, 철학자만이 "아름다움 자체와 이것을 분유하는 것들(metechonta)을 모두 볼 수 있고," 이 둘을 서로로부터 구별할 수 있다(5권 476d 1-3). 분유라는 용어는 형상 이론이 비판의 목적을 위해 『파르메니데스』에 재론되기 전까지는 다시 나오지 않는다. 그곳에서 그 말은 규칙적으로 사용된다(metalambanein 129a 3 이하, metechonta 129b 3 이하 등). 『파르메니데스』 이후 플라톤은 감각 대상과 형상의 관계를 나타내기 위해 두 번 다시 그 비유를 사용하지 않는다. (이런 변화의 의미는 나중에 6절의 545쪽 이하에서 논의될 것이다.) 이와 대조적으로, 『소피스트』에서 분유라는 용어는 형상들 간의 관계를 나타내는 말로 전이된다. 『국가』에서는 분유 대신, 모상과 모방이라는 용어가 감각 대상-형상의 관계를 나타내기 위해 주도적으로 사용된다. 그리고 이것은 (『파르메니데스』 외에) 후기 대화편들에서 유일하게 사용된 용어이다.[29] 우리는 이러한 나중의

『에우튀데모스』 300e-301a의 paresti(…의 곁에 있다)란 말의 애매함은 『뤼시스』 217c-e에서 암암리에 해제된다.

28 『국가』 5권 476a 7에 나오는 형상들과의 '공유'(koinōnia) 개념에 든 metechein(분유함)에 유사한 것이 있다. 5권 472c 2에서 어떤 사람이 올바름을 공유함을 나타내는 metechein은 몇 쪽 뒤에 나오는 형상들에 대한 그런 관계의 예기로서 간주될 수 있다.

29 Fujisawa(1974)는 플라톤의 용어 사용에 보이는 이러한 중대한 변화의 의미를 지적하였다. 『티마이오스』 51a 7-b 1에서 μεταλαμβάνον은 보통의 비유적인 의미를 지닌다(그것은 51e 5에서 μετέχειν이 갖는 의미와 정확히 같다). 그리고 그것은 감각 대상들과 형상들 간의 관계를 가리키지 않는다.

용례를 디오티마의 말에서 앞서 발견할 수 있다.

6) 모상과 모방

형상을 본 사랑하는 자는 "그가 접촉하고 있었던 것이 모상이 아니기 때문에 덕의 모상들(eidōla)이 아니라, 진실과 접촉했기 때문에 진정한 덕을" 낳을 것이다(『향연』212a 4). 이것은 앞으로 주요 주제가 될 것에 대해 디오티마가 주는 유일한 암시이다. 『국가』에서 '선분의 비유'와 '동굴의 비유'는 낮은 단계의 실재와 인식을 나타내기 위해 모상들(eidōla, eikones)과 비슷한 것들(homoiōthen, mimēthenta)이란 개념을 규칙적으로 사용한다. 『파이드로스』는 그러한 용어들을 계속해서 사용하고(250a 이하), 이는 나중에 『정치가』(285e-286a 1)에서 되풀이되고, 『티마이오스』에서 규칙적으로 사용된다. 『향연』으로부터 인용된 구절은 일찍부터 플라톤이 모상이란 말을 분유의 대안어 —'공유함'과 '분유함' 개념들에 속한 거친 물질적인 의미들을 피할 수 있는 장점을 지닌 대안어— 로서 준비해 두었다는 점을 보여 준다.

플라톤이 '모상'(eidōlon)이란 바로 이 용어를, 비슷한 것을 실재적인 사물과 대조하기 위해 사용한 대화편으로 『국가』이전에 속하는 그룹 중 또 하나가 있다. 우리가 9장에서 보았듯이, 『뤼시스』에서 소크라테스는 한 가지 것은 둘째로 친한 것을 위해 친하고, 뒤의 것은 다시 셋째로 친한 것을 위해 친하다는 원리를 바탕으로 소급을 전개한다. 그리고 그는 이 소급을 내재적으로 좋은 것, 자기 자신을 위해 좋은 것, 즉 다른 모든 것들이 그것 때문에 친하다고 말해지는 '으뜸으로 친한 것'(prōton philon)이란 개념에 의해 멈춘다. 친하다고 불리는 다른 것들은 모상들(eidōla)에 비유된다. "반면, 으뜸으로 친한 것은 참으로 친한 것이다"(『뤼시스』 219d). 디오티마가 모상들에 대해 언급한 것과 유사한 이것은 『뤼시스』에서 이 대화편과 『향연』에 공통된 또 다른 중요한 용어 조각 뒤에 곧바로 나온다. 그것은 ho esti란 표현인

데, 이는 나중에 결국 형상들을 공식적으로 나타내는 표현으로서 쓰이게 된다. 소급을 피하려면, "우리는 또 다른 친한 것을 더는 우리에게 지시하지 않고, 으뜸으로 친한 저것(ekeino ho estin prōton philon)에 우리가 이르게 될 어떤 원리 또는 출발점(archē)에 도달해야 한다"고 소크라테스는 말한다(『뤼시스』 219c. 『향연』 211c 9에서 디오티마가 말한 것 중 auto ho esti kalon, 즉 '아름다움' 자체와 비교하라). 모상과 실재 간의 대조처럼, ho esti 표현은 이렇듯 『뤼시스』와 『향연』 모두에서 앞으로 올 것들에 대한 예기로서 눈에 띄지 않게 도입된다.

『뤼시스』 구절은 디오티마의 열변에 언급된, 형상과 이것의 모상 간의 대조가 『파이돈』과 『국가』의 또 다른 주요 주제를 예시한다는 점을 우리에게 알린다. 그것은 '아름다움' 자체와 비교하여 많은 아름다운 것들이 지닌 결함이다. 바로 으뜸으로 친한 것이 참으로 친하듯, 그 형상은 참으로 아름답다.

7) 형상들에 대한 비-감각적 파악

우리는 『파이돈』(65c-e, 75a-b)으로부터 형상들은 감각-지각에 의해 파악될 수 없고 사유(dianoia)와 추리(logismos, 66a 1, 79a 3. 65c 5의 logizetai, 65e 3 이하의 dianoeisthai와 dianoia, 80b 1, 81b 7의 noēton, '사유될 수 있는 것' 참조)에 의해서만 파악될 수 있다는 점을 안다. 그래서 『국가』 6권에 나오는 선분에서 앎은 맨 처음 가시적인 영역과 가지(可知)적인 영역으로 나뉜다(509e). 지성(nous)에만 접근이 가능한 형상들은 가지적인 영역(noētos topos, 508c 1)에 놓인다. 이곳에서 '좋음'은 지성에 대해 서 있는데, 이는 '태양'이 시각 능력에 대해 서 있는 것과 마찬가지다.

『향연』에서 플라톤은 지성이나 사유를 비-감각적인 인식 능력으로서 거명하지 않는다. 그 대신, 디오티마는 간접적으로, 조심스럽기조차 한데, "필요한 것으로써 ('아름다움'의 형상을) 바라봄"과 "그것을 볼 수 있는 것으로써 그것을 봄"을 말한다(212a 1-3). 이러한 에두른 표현들은 예비 지식이 없는 독자들에게는 그 의미가 분명치 않다. 물론, 그 의미는 『파이돈』과 『국가』의 이론을 아는 사람이라면 누구에게든 곧바로 분명해진다.[30]

왜 플라톤은 디오티마가 비-감각적인 파악을 그토록 불분명하게 언급하게 했는가? 물론 모든 점이 그러한 짧은 계시에 압축될 수는 없다. 그리고 상기라든가 초월적인 혼과 같은 내밀한 이론들에 대한 어떠한 언급이라도 피하듯이, 플라톤은 여기에서 nous라는 말을 하는 것을 피한 듯하다. 결국, nous라는 말은 일상적인 그리스어에서 단순히 '지능' 또는 '좋은 의식'을 의미한다. nous를 이성이나 지성의 능력으로 파악하는 것은 파르메니데스에서 비롯한 철학자들의 전문적인 창출에 의한 것이다. 디오티마는 그러한 전문 용어들로 말하길 선호하지 않는다. 무엇보다도, 여기 『향연』에서 감각될 수 있는 것과 사유될 수 있는 것의 이분(二分)을 피함으로써, 플라톤은 형상들에 대한 행복한 직시에 대해 그렇게 처음으로 설명하면서 '봄'과 '바라봄'을 나타내는 비유들을 좀 더 자유롭게 사용할 수 있게 된다.

8) 형상에 따라 불림과 다른 정교한 점들

디오티마의 설명에서 빠져 있는 것은 무엇인가? 우리가 방금 보았듯이, 가시적인 사물들과 가지적인 사물들 간의 인식적인 구분은 거의 언급되어 있지 않다. 그리고 앎과 의견의 구분은 (물론 이전에 202a에서 디오티마에 의해 언급되었지만) 마지막 계시에서 침묵 속에 지나쳐진다. 디오티마의 연설에서 완전히 누락된, 전형적인 형상 이론의 한 가지 본질적인 요소는 플라톤

---

30 플라톤의 작품에 친숙하지 않은 독자라 하더라도, 파르메니데스가 사용한 noein이란 말이나 데모크리토스가 제시한 진정한 인식과 의심스런 인식 간의 대조에 친숙하다면, 『향연』 212a 1-3을 nous에 대한 언급으로 이해할 수 있을 것이다.

이 '따라 불림'(epōnymia)이라 부르는 관계이다. 즉, 감각 대상들은 그에 상응하는 형상들'에 따라 불린다'는 점이다(『파이돈』 102b 2, c 10, 103b 7-8, 『파이드로스』 250e 2. 『국가』 10권 596a 7 참조). 그러한 의미론적 관계는, '아름다움'의 형상 자체만이 참으로 아름답다는 주장과 연결되어 받아들여질 때, 아름다운 것들과 '아름다움' 자체 간의 구분에 함축된 것으로 간주될 수 있다. 그러나 이런 관계를 파생적인 이름 짓기 또는 현대적인 용어로 파생적인 술어에 대한 설명으로서 해석하는 것은 사랑에 대한 디오티마의 가르침과는 어긋난 것으로 보일 정도의 철학적인 반성을 도입하는 것일 테다.

많은 아름다운 사물들의 존재론적인 결함에 대한 명시적인 서술도 『향연』에 누락되어 있다. 우리는 이것에 대한 암시를 디오티마가 준 가르침의 마지막 부분에서 이루어진 진실과 모상 간의 대조에서 발견했다. 존재론적인 열등성은, 확실히 '존재'와 '생성' 간의 구별에 의해 함축되어 있는데, 이는 '존재'와 '현상' 간의 구별에 의해 재차 강화된다. 그러나 명시적인 서술을 위해서 우리는 『파이돈』으로 눈길을 돌려야 한다. 그래서 막대기들과 돌들이 '크기가 같음' 자체와 비슷해지려고 노력하지만 그에 미치지 못한다는 점을 배워야 한다(74d-75b).

디오티마의 설명에는 없는, 형상 이론의 또 다른 전형적인 특징은 '형상' 자체를 나타내는 용어이다. eidos와 idea는 『향연』에서 형상을 지시하도록 사용되지 않는다. 이 용어는 아주 나중에 『파이돈』에서 등장할 뿐이다(102b 1, 103e 3, 104b 9 이하). 그 후 그것은 『국가』에서 표준적인 용어가 된다(5권 476a 5, 479a 1 등). 플라톤이 형이상학적인 형상들을 나타내기 위해 그렇게 'eidos / idea'란 말을 끌어들이길 주저한 것은 이상해 보일지도 모른다. 왜냐하면 그것들이야말로 바로 그가 『에우튀프론』과 『메논』에서 정의의 대상들에 적용하는 용어들이기 때문이다. 그러므로 『향연』과 『파이돈』에서 이 점과 관련하여 플라톤이 자제하는 모습을 설명하려면, 그가 일반적으로 고정된 용어를 꺼려했다는 말로는 충분하지 않다.

여기에서 새롭고도 중요한 어떤 것이 ―이것은 당장에는 아주 친숙한 것으로 보이지는 않는다― 선언되고 있다는 점을 살펴봐야 더 적절하다. 정의에 관련된 대화편들에서 본질들을 나타내는 eidos와 idea란 용어와 친숙한 독자라면, 『향연』에서 선언되고 『파이돈』에서 선천적이고 초감각적인 인식의 대상들로서 확인된 그러한 새로운 형이상학적인 실재들이 결국 정의들을 요구할 때 줄곧 추구되고 있었던 모든 것이라는 점을 점차 보게 될 수밖에 없다. 우리는 정의와 관련된 프로젝트와의 연결이 본질 자체를 나타내는 표현 to ho esti(어떤 것이-실제로-인-것)에 의해 (눈에 띄지 않게 『향연』에서, 그리고 강조된 형태로 『파이돈』에서) 확립된다는 점을 보았다. 그 표현은 분명히 플라톤 자신이 만든 것인데, 그의 존재론에서 핵심이 되는 것, 즉 본질적인 존재 개념, 또는 『파이드로스』가 to ontōs on(정말로 실재하는 것)이라 부르는 것을 가리킨다. 정의와 형이상학 간의 이러한 연결이 일단 분명하게 (『파이돈』 75d, 76d 8, 78d에서) 확립되었을 때, 플라톤은 '형태,' '유형,' '구조'를 나타내는 비-기술(記述)적인 단어들인 eidos와 idea를 편하게 사용하는 데로 돌아갈 수 있다. 그런 단어들은 원래 그의 이론을 특징짓는 말이 전혀 아니었다. 그것들은 의학 분야의 저자나 기하학 관련 작가에 의해 똑같이 사용될 법한 말들이었을 것이다.

그렇다면, (몇몇 비평가들이 했던 것처럼) idea와 eidos라는 말이 동사 idein(본다)과 어원적으로 연결되는 점들이 플라톤이 형상들에 대해 가진 생각들에서 어떤 방식으로 본질적이거나 결정적이라고 생각하는 것은 잘못이다. '봄'의 비유는 형상들에 대한 지적인 접근을 나타내기 위해 유용하지만 전혀 없어도 좋은 것이다. '사냥함,' '파악함,' '부딪힘' 또는 단순히 '생각함'과 '인지함'(gnōnai)을 나타내는 표현들로도 족할 것이다. 형상들에 관한 근본적인 관념은 처음부터 그 방향 설정에서 시각적이기보다는 언어적이다. 다시 말해, 그 관념은 봄의 비유나 지적인 직관 개념에 의해 좌우되지 않고, 'X-란-무엇인가?'라는 물음에 의해 규정된 본질적인 존재 개념에 의해 좌우된다.

6. 『파이돈』에 나오는 형상들

『파이돈』은 플라톤 철학에 대한 최초의 일반적인 진술을 제공하는데, 이곳에 『메논』과 『향연』에서 보다 간략하게 알려진 주제들이 함께 모인다. 복잡한 구조를 가진 이 대화편에서, 형상 이론은 네 지점에서 등장한다. 플라톤의 저술 기법을 이해하기 위해서는, 이 네 구절이 서로 맺는 관계 속에서 그것들을 검토하는 것이 유익할 것이다. 이는 온 길로 되돌아감을 어느 정도 의미할 것이다. 실제로, 6절과 7절은 『파이돈』과 『국가』에서 플라톤이 해명한 것을 따라가며 해설하는 형태를 띤다.

형상들은 『파이돈』에서 처음으로 65d 이하에 등장한다. 이곳에서 '올바름,' '아름다움,' '좋음'이 다른 본질들(각각의 것이 참으로 그것인 ousia)과 더불어, 철학자의 탐구 목표, 즉 그가 품은 사랑의 욕구 대상인 진리와 실재를 표현하는 것으로 언급된다. 철학적인 에로스 개념은 여기에서 디오티마가 준 가르침이 연장된 것이다. 철학자의 사랑은 이제 일반적으로 형상들을 앎에 대한 욕구이다. 두 번째 새로운 점은 그러한 앎이 오직 혼을 되도록 신체로부터 분리시킴으로써 획득될 수 있고, 그래서 앎은 오직 신체에 구현되지 않은 혼에 의해서만 완전하게 이루어질 수 있다는 점이다. 우리가 언급했듯이, 『파이돈』의 언어에서 신체는 인식론적으로 감각-지각에 해당하고, 혼은 사유와 추리에 해당한다. 그래서 플라톤에 따르면 이러한 맥락에서 혼은, 이성적인 혼을 그가 다른 곳에서 nous 또는 to logistikon(계산하는 부분)이라 부르는 것을 의미한다.

형상들은 '크기가 같음' 자체를 언급하는 74a에, 플라톤이 상기설(想起說)을 재차 진술하는 부분으로서 다시 등장한다. 『메논』에서 규정되지 않은 채로 남았었던, 상기된 대상들은 여기에서 형상들로서 확인된다. 크기가 같은 막대기들과 돌들의 관점에 입각한 '나타남'(현상)은 그것들이 '크기가 같음' 자체에 비해 가진 결함을 보여 주기 위해 인용된다. 그렇다면, 형상에 관한 앎은 우리가 감각 대상들 쪽에 있는 결함을 인지함에 의해 전제될 수밖에 없다. 혼의 선천적인 존재는 이렇듯 우리가 상기의 대상들, 즉 우리가 감각-지각이 전하는 것들을 해석할 때 지시할 수밖에 없는 대상들인 형상들과 이전에 친숙했다는 사실로부터 추론된다(76d 9-e 2).

감각적 인식의 전제조건으로서 형상들에 관한 선천적인 앎을 지지하는 논증은, 많은 주석가들에 의해 정당하게 비판을 받았다. (이와 유사한 한 가지 결론이 더 설득력 있게 『파이드로스』 249c에 제시된다. 아래 8절을 보라.) 그러나 상기를 지지하는 논증이 지닌 엄격함(또는 이의 부족)은 아마도 그것이 성취하는 주요한 종합보다 덜 중요할 것이다. 왜냐하면 그것은 『향연』의 파르메니데스적인 형이상학에다 『메논』의 초월적인 심리학을 확고하게 끼워 넣기 때문이다. "이러한 형상들이 참으로 존재하듯이, 이와 같은 방식으로 우리의 혼은 우리가 태어나기 전에 이미 참으로 존재해야 하네"(『파이돈』 76e). 그리고 이러한 형상들을 변증술적인 문답에서 논의된 '참으로 …인 것'(to ho esti)과 동일시함으로써 상기를 지지하는 논증은 새로운 형이상학과 심리학을 비-형이상학적인 대화편들에서 추구된 본질들과 연결시킨다. 『파이돈』은 이렇듯 한 가지 설명에서, 부분적으로 『라케스』와 『에우튀프론』에서 나타나고 보다 풍부하게 『메논』과 『향연』에서 드러난 철학적인 관심사들을 함께 모은다.

형상들이 세 번째로 등장하는 곳은 78b에서 시작되는 불변에 입각한 논증이 나오는 곳이다. 이곳에서 형상들은 다시 변증술에서 추구된 본질(ousia)과 동일시된다(78d). 그러나 새로운 점은 형상들이 변화와 변동으로부터 벗어나 있다는 플라톤의 주장이다. 여기에서 우리는 처음으로 형상들이 변동하지 않는다는 점을 나타내는 전형적인 표현과 마주친다(78c 6). 그러나 이 맥락에서, 가변적인 존재들과 불변의 존재들 간의 존재론적인 구별은 가시적인 것과 비가시적인 것, 감각-지각의 대상들과 이성적 사유의 대상들 간에 각기 이루어지는 인식론적인 구분과 짝을 이룬다(79a 3). 그 결과, 두 종류의 존재들(onta, 79a 6), 불변하는 비가시적인 것과 변화하는 감각적인 것이 구분된다. 이러한 구분은 『필레보스』와 『티마이오스』에 이르도록 플라톤에게 근본적인 구분으로 남는다. 그러한 구분이 표현되는 두 쌍의 개념들은 플라톤의 인식론과 형이상학 간의 결합을 반영한다. 이는 정확히 말하면, '좋음'의 형상이 앎과 실재의 원인이자 가지적인 대상들의 인식 가능성과 그것들의 존재(ousia)의 근원이라는 역설적인 테제에 바쳐질 것이다(『국가』6권 508e-509b).

『파이돈』에서 마지막으로 형상들이 가장 정교하게 논의되는 곳은 100b의 시작 부분이다. 이곳에서 형상들은 소크라테스가 제안한 새로운 이성적 방법의 토대로서, 이오니아의 자연 철학에 대안으로서 도입된다. 이렇듯, 플라톤은 형상 이론이 인과적 설명 방식을 새로 제시할 뿐만 아니라 철학 개념을 새로 규정하는 역사적인 역할을 한다는 점을 완전히 의식하고 있다. 이는 방법과 내용 면에서 모두 소크라테스 이전의 전통과 다르다. 그것의 방법은 소크라테스식의 토론, logoi의 기술인데, 이는 이제 기하학으로부터 수용한 가설의 연역적인 기법들에 의해 보다 엄격한 구조를 갖춘다. 내용도 소크라테스와 관련되지만, 그의 것으로부터 변형된 것이다. 덕들에, 그리고 좋은 삶을 이루는 것에 집중함으로써, 흔히들 소크라테스가 철학을 하늘로부터 땅으로 가져왔다고 말한다. 그러나 플라톤은 '좋음,' '옳음,' '고귀함'(또는 '아름다움,' kalon)을 실재의 기본 구성요소들로 확인함으로써 철학을 다시 정의한다. 좋음, 올바름 그리고 도덕적인 미의 원리들은 이렇듯 물리적인 우주의 구조보다 더 근본적이고 본래 더 이성적인 것으로 파악된다. 그리고 그 우주 자체는 형상 이론에 의해 규정된 영원한 '존재'와 '좋음'의 원리들로부터 파생되어야 하고, 그것들에 의해 설명되어야 한다. 사물들을 좋게 만들도록 작용하는 이성으로부터 자연의 질서가 이렇게 파생된다는 점은 소크라테스가 『파이돈』에서 바라는 점인데, 이는 실제로 『티마이오스』에서 이행된다.

『파이돈』에서 형상들에 속한 설명적 역할은 보다 간소한 규모로, 혼의 불멸성을 지지하는 마지막 논증의 토대로서 전개된다. 그 논증 자체는 감각 가능한 개별자들이 형상들을 분유하는 방식에 관한 다소 전문적인 논의와 더불어 시작하는데, 여기에서 소크라테스는 "교과서적으로 말하는 점"(102d 3)에 대해 조롱하듯 양해를 구한다. 자신과 파이돈과 심미아스 사이의 상대적인 신장에 관련된 점들을 분석하면서, 소크라테스는 초월적인 형상들과 내재적인 형상들 간에 ―'큼' 자체와 우리들 안에 있는 큼 간에― 잘못된 것처럼 보이는 구별을 도입한다(102b-103c). 말 그대로 받아들이자면, 형상들과 이것들이 우리들 안에 사례로 된 것들 간의 '분리'는, 플라톤 자신이 나중에 『파르메니데스』에서 보여 주듯이, 형상 이론에 참담한 결과를 가져다준다. 『파이돈』 102d 7의 '우리들 안에 있는 큼'이란 언급은 우리들의 큼을 나타내는 또 다른 언어적인 표현으로서 의도된 것일지도 모른다. 그러나 그 표현은 위험한 표현이었다. 만일 우리가 그것을, 파르메니데스가 하듯, 형상이 우리들 안에 속성이나 성질로서 중복됨을 나타내는 말로 받아들인다면, '반대됨' 자체로부터 '우리들 안에 있는 반대됨'을 그렇게 분리시키는 것은 형상들을 알 수 없는 것으로 만드는, 『파르메니데스』 133b 이하에 나오는 '최대의 반론'에 이르게 할 것이다. 『파르메니데스』 130e-131e에서 제기된 형상 이론에 대한 몇 가지 초기 난점들이 분유의 비유를 너무 말 그대로, 말하자면 물리적인 의미로 받아들이는 점에 기인하듯이, 133b-134e의 마지막 반론은 분리 개념을 의도적으로 잘못 해석한 데로부터 —주어진 형상과 이것이 우리들 안에서 사례로 된 것을 따로 밀어낼 의도로 이루어진 표현을, 그 둘을 사물로 만드는 방식으로 해석한 데로부터— 일어난다.[31]

플라톤은, 『파르메니데스』에서 그가 비판한 부분이 보여 주듯, 분명히 두 가지 위험을 모두 알고 있었다. 그래서 감각 대상들이 형상들을 분유한다는 개념이 『국가』(5권 476d)에서 한 번 언급된 뒤로 전혀 사용되지 않듯이, 『국가』나 (『파르메니데스』의 비판적인 논의를 제외한다면) 이후 작품에는 ('우리들 안에 든 큼'과 같은) 내재적인 형상들의 흔적이 없다. 『티마이오스』에는 내재적인 형상들이 없고 형상들에 대한 모상들만이 있다. 그리고 이 모상들은 존재들로서도 개별자들의 속성들로서도 해석되지 않고, '수용자'의 덧없는 성질들로서 해석된다. 『티마이오스』는 이렇듯 분유 개념을, 플라톤이 이전에 감각 대상들을 형상들의 '현상들'로서 파악한 점을 주의 깊게 다듬음으로써 대치했다. (이 장의 '2) 존재 대 현상'을 보라.)

형상들과 감각적인 현상 간의 관계에 대한 전문적인 설명으로 간주된 『파이돈』은 실패로 볼 수밖에 없다. 자연 철학을 대체하는 것으로서, 『파이돈』의 차선의 항해(deuteros plous)는 목적을 이루지 못한다. (이를 위해 우리는 『티마이오스』를 기다려야 한다.) 그러나 그것이 그 대화편에서 시도된 유일한 계획 또는 일차적인 계획인 것은 아니다. 플라톤이 『파이돈』에서 성공적으로 이뤄 낸 것이 아마도 더 중요한 것일지도 모른다. 그것은 고대의 지식층

---

31 그의 설명에서 소크라테스는 형상들과 감각 가능한 특수자들을 구분하기 위해 chōris(따로)란 말을 딱 한 번 사용했다(129d 7). 파르메니데스는 이 용어를 붙잡아, '비슷함' 자체를 '우리가 가진' 비슷함으로부터 분리하기 위해 즉시 세 번 사용한다(130b 4 이하). 앞의 각주 25에 인용된 다른 구절들을 보라.

을 위한 이성적인 종교의 창출이다. 고대 말기와 로마 시대에, 철학은 무엇보다도 인생의 안내자로서, 도덕적·영적 종교로서 장려되었다. 에피쿠로스주의자들을 제외한 모두에게, 소크라테스는 철학적인 삶의 수호성인이되었다. 그리고 『파이돈』은 가장 고귀한 순간 속에 있는 그를 묘사하는데, 이는 플라톤 철학에서 가장 감동적인, 가장 내세적인 진술에 의해 뒷받침된다.

『파이돈』의 그러한 성취는 카이사르에게 목숨을 구걸하기보다는 스스로 목숨을 끊은 카토 2세의 죽음에 대한 플루타르코스의 서술에서 상징적으로 표현된다. 모든 가정적이고 정치적인 책임들을 다한 모범적인 행위의 절정에 이르러, 카토는 '혼에 관한 플라톤의 대화편'에 몰두하며 마지막 밤을 보낸다. 그는 칼로 자결하기 전에 그 대화편을 두 번 통독했다고 전한다.[32] 『파이돈』은 이렇게 해서 교육받은 귀족층을 위한 영적 복음서, 죽음을 앞둔 사람을 위한 가장 고귀한 지적 위로서가 되었다.

7. 『국가』에 나오는 형상들

플라톤의 저술 전체에서 형상들에 관한 가장 실질적인 설명은 (『파르메니데스』의 2부를 제외할 수 있다면) 『국가』 6권의 마지막 부분에서 시작하여, 7권 전체를 통해 펼쳐져 있다. 그러나 『향연』에서 '아름다움'의 형상을 제시한 것이 일반적인 이론의 진술이 아니라 철학적인 에로스에 대해 디오티마가 제시한 설명에서 눈부신 절정이었던 것처럼, 그리고 『파이돈』에서 형상들에 대한 네 가지 설명이 모두 자연 및 혼의 운명에 관한 주제에 종속되었던

---

32 플루타르코스, 『카토 2세의 삶』 68, 70절.

것처럼, 『국가』 6-7권의 긴 논의는 형상들에 관한 논문이 아니라 고차적인 교육 프로그램을 위한 이론적인 뼈대이다. '태양,' '선분,' '동굴'의 비유에 관한 중대한 구절들은 인간의 지식과 실재의 본성에 관한 체계적인 설명을 제공하려고 의도된 것이 아니다. 플라톤이 우리에게 제공하는 것은 지적 개조와 교화의 경험이 필요하다는 점을 기술하도록, 그래서 철학자-왕들이 그들 자신과 국가에 좋은 것에 대한 이해를 보장할 훈련 과정을 정당화하도록 계획된, 아주 시사적인 일련의 이미지들이다. 우리는 형상들에 대해서 왜 플라톤이 그러한 훈련이 필요하다고 생각하고, 그것의 목적들이 무엇이어야 하는지를 알아볼 정도로는 충분히 들었다.

『국가』에서 이루어진, 형상들에 관한 다른 두 개의 논의도 그와 비슷하게 좋은 국가의 건설과 관련된 특정 맥락에 종속되어 있다. 5권 마지막 부분에 나오는 이전 구절에서, '앎'과 '의견'의 대상들 각각처럼, 형상들과 이것들을 분유하는 감각 대상들을 구별하는 작업은 진정한 철학자와 철학자를 사칭하는 사람들을 구분할 정도로 공들여 이루어진다. 그리고 10권의 첫 부분에 나오는, 형상들에 대한 마지막 언급은 분명히 모방의 기술들에 ─무엇보다 시(詩)에─ 인식적인 권위를 부여하는 요구를 방해하려는 플라톤의 욕구에 의해 유발된 것이다.

그러한 맥락적인 제약들에도 불구하고, 『국가』에 나오는 형상들에 관한 논의는 이 자리에서 완전하게 망라하려고 시도하기에는 너무나도 풍부하다. 나의 목표는 단지 점진적으로 해설하면서 몇 가지 단계를 구분하는 것, 그리고 각 단계에서 새로운 또는 연속되는 요소들을 주목하는 일이다.

5권 475e-476a에서 형상들을 처음 소개하는 부분은 『향연』과 『파이돈』에 의해 제공된 내용에 바로 쌓아 올린 것이다. 플라톤은 여기에서 『향연』으로부터 처음 언급되는 형상, 즉 '아름다움'을 가져오지만, 그는 형상들을 반대되는 쌍들로 파악함으로써 그것을 『파이돈』의 마지막 부분에 제시된 유형에 따라 해석한다.[33] '아름다움'-'추함'을 언급한 다음에, 소크라테스는 계속해서, "올바름과 올바르지 못함, 좋음과 나쁨, 그리고 모든 형상들(eidē)에도 같은 설명이 적용된다"고 말한다(476a 4). eidē란 용어는 여기에서 또한 『파이돈』의 끝 부분(102b 이하)으로부터 가져온 것이다. 의견(doxa)이 '앎'과 '모름' 사이에 있는 중간 개념으로서 나오는 인식론적 뼈대는 『향연』으로부터 채택한 것이다. 완전히 새로운 점은 이러한 세 개념(앎, 의견, 모름)을 그에 상응하는 ―'존재'와 '비존재,' 그리고 파르메니데스의 언어로 "있기 / …이기도 하고, 있지 / …이지 않기도 한 것"(479b)으로 표현된 중간에 있는 doxa의 대상으로 이루어진― 존재론적인 뼈대에 배치했다는 점이다.

doxa가 앎과 모름의 중간에 위치한다는 점이 『향연』202a에서 디오티마가 에로스의 특징을 규정할 때 짧게 예기되었을 때, 그곳에서의 대조는 (『메논』에서 그랬던 것처럼) 앎과 참인 의견 간의 대조였다. 『국가』 5권에서 이러한 규정은 없어지고, doxa는 참이든 거짓이든 관점에 입각한 일반적인 판단 능력으로서 파악된다. 이렇게 파악될 때 doxa는, 엄밀한 의미의 앎이 형상들을 대상으로 삼듯이, 감각될 수 있는 현상의 전 영역을 대상으로 삼을 수 있다. 형상들은 이제 'to pantelōs on'(완전히 있는 / …인 것)으로 표현된다. 파르메니데스로부터 나온 개념적인, 언어적인 반향은 형상에 대한 디오티마의 기술에 보이는 '존재'와 '생성' 간의 대조에서보다 여기 『국가』 5권에서 훨씬 더 두드러진다.[34] 하지만, 이 맥락에서 doxa의 대상이 즉시 '생성'과 동

---

33 반대되는 것들이 형상 이론에서 하는 역할에 대해서는 9절을 보라.

34 파르메니데스의 세 짝, 즉 '존재,' '비-존재,' '있기 / …이기도 하고, 있지 / …이지 않기도 한 것' 외에도, 476e-477a 1에 다음과 같은 논증이 있다. 즉, 앎은 '있는 / …인' 어떤 것에 대한 것이어야 한다. 왜냐하면 '있지 / …이지 않은 것'(mē on)은 인식될 수 없기 때문이다(이는 파르메니데스의 조각글 B2의 7행을 되풀이한다). 플라톤이 파르메니데스의 개념을 여기에서 사용한 점에 대해서는 Kahn(1988b)을 보라.

일시되지 않는다는 점은 주목할 만한 가치가 있다. 왜냐하면 그럴 경우 관점에 따른 현상이 지닌 '있기 / …이기도 하고, 있지 / …이지 않기도 한' 구조가 흐려질 것이기 때문이다. 우리가 보았듯이, 생성과 소멸의 측면에서 이 영역의 특징을 규정하는 작업은 나중에 6권 485b 2에서 비로소 나온다. 그것은 그 후 보다 체계적으로 508d 7에 나오는데, 이곳에서 생성과 소멸은 명시적으로 doxa의 대상으로 인정된다. 파르메니데스적인 틀에 대한 플라톤의 개정은 이렇듯 같은 영역의 개념들에 대해 다음 두 쌍의 선택적인 기술(記述)을 완전히 같게 만듦으로써 완성된다. (1) 인식론적인 용어로는, doxa(또는 현상)의 영역과 감각-지각의 대상들, (2) 존재론적인 용어로는 '생성'의 영역과 '있기 / …이기도 하고, 있지 / …이지 않기도 한 것'의 영역.[35]

5권 끝 부분과 6권 처음 부분에서 우리는 『국가』의 뛰어난 이미지, 즉 형상들에 시선을 고정시키는 철학자의 모습과 마주친다. 이 모습은 바로 『향연』의 행복한 직시를 떠올리게 한다. 그러나 형상들은 처음부터 여기에서

---

35 인식론적인 겸손함의 순간에, 소크라테스는 『국가』에서 '좋음'에 대해 가진 그의 견해들이 의견에 지나지 않는다고 언급한다(6권 506b-e, doxai, to dokoun). 이 때문에 몇몇 주석가들은 doxa가 필연적으로 감각 영역 대상들에 제한된다는 점을 부인했다. 그들은 형상들에 대해서도 참인 또는 거짓인 의견들을 가질 수 있을 것이라고 생각했다.

이 문제는 각주에서 처리될 수 없는 문제이다. 하지만 나는 인용된 구절이 doxa에 관한 이론적인 설명에 어떠한 영향도 미치지 않는 극의 방백과 같은 것이라고 생각한다. 기본적인 이분에 관한 모든 신중한 진술에서, doxa와 감각-지각은 함께 to gignomenon(생성하는 것)을 대상으로 삼은 부류에 속한다(예를 들어, 『티마이오스』 28a 2). 반면, 형상들의 실재성은 adoxaston, '의견의 대상이 아닌 것'이다(『파이돈』 84a 8).

플라톤의 이론은 그러한 것이다. 그것은 합리적인 이론인가? 그렇다. 만일 doxa가 반드시 (형상들의) 모상에 제한되고, 형상 자체에 모호하지 않은 방식으로 고정된 언급을 할 수 없다면 말이다. 왜냐하면 어떠한 모상도 불가피하게 하나 이상의 형상을 나타낼 것이기 때문이다. 그러므로 아무도 형상 F에 관한 거짓인 의견과 형상 G에 관한 (참일지도 모르는) 의견을 구별할 수 없을 것이다. 거짓 진술과 거짓 믿음에 대해 소피스트들이 제기한 문제는 형상들이 토론의 주제일 때 심오한 문제가 된다.

『파이돈』으로부터 가져온 불변을 나타내는 표현, "항상 일정하고 같은 상태에 있는 것"(479e 7, 484b 4)에 의해 기술된다. 다시 한 번, 플라톤의 표현은 『국가』에서 『향연』과 『파이돈』으로부터 유래한 주제들을 연결한다. 다른 한편으로, 『국가』에서 국가의 삶과 관련하여 본질적으로 현세적인 것에 초점이 맞춰져 있기 때문에, 『메논』과 『파이돈』의 초월적인 심리학은 10권 마지막 부분의 불멸성 논증이 나오기 전까지는 유보될 것이다. 4권과 8-9권의 혼은 신체를 갖춘 혼이지, 초월적인 혼이 아니다.

6권은 형상을 본(paradeigma)으로 파악하는 내용으로 시작한다. 이 본에 따라 철학자들은 화가들처럼 국가에서 일어나는 여러 가지 일의 모양을 만들어 낼 것이다(6권 484c-e). 그 뒤 6권에서 플라톤이 철학자-왕을 화가로 비유하는 부분으로 되돌아올 때, 기술자-통치자를 본과 연결하는 것은 모방과 동화 개념이다(500c-501c). 좋은 삶과 좋은 국가를 위해 형상들이 본으로서 갖는 그러한 역할이 바로 철학의 지배를 정당화하는 원리를 제공한다. 그리고 이러한 생각 때문에 또한 수호자들의 훈련은 '가장 큰 연구,' 즉 '좋음'의 형상에 대한 직시에서 절정에 이르도록 만들어질 수밖에 없다. 우리는 현대의 관점에서, '좋음'에 대한 그러한 통일적인 개념, 그리고 '좋음'에 대한 직시에 따라 국가의 모양을 만들어 내는 수호자들의 무제한적인 힘이 플라톤의 정치사상이 지닌 가장 걱정스러운 특징을 이룬다는 점을 주목할 수 있다. 자유주의적인 다원론자가 아니었던 플라톤 자신도 그러한 계획이 위험하다는 점을 인지했던 것처럼 보인다. 우리는 이를 『법률』에 나오는, 전혀 다른 '차선'의 국가에 관한 건설로부터 알 수 있다.[36]

형상들이 공식적으로 두 번째로 6권(507b) 끝 부분에서 '태양'과 '좋음'의 형상 간의 유비에서 소개될 때, 태양이 가시적인 세계를 지배하듯, 형상들

---

36 이 주제와 플라톤의 정치적 견해 변화에 대해서는 Kahn(1993b), (1995)를 보라.

은 좋음이 지배하는 사유 영역의 경계를 정한다. 이 유비는 '선분의 비유'에서 기하학적인 비례 관계들에 의해 다듬어지는데, 그곳에서 가지적인 것과 가시적인 것 간의 구분은 먼저 5권(509d-510a)에서 '앎'과 '의견' 간의 이분과 동일시되고, 나중에 마지막으로 재론할 때, 디오티마의 계시에 처음 언급되었던 '존재'와 '생성' 간의 구분과 동일시된다(7권 534a). 5권에서 보듯, 인식론과 존재론의 기본적인 구분들은 이렇게 서로 겹친다.

'선분의 비유'는 10장 2절에서 기술된 변증술 개념을 소개하는 데 기여한다. 연역적인 학문으로서 수학은 가설들로서 일정한 근원적인 개념들과 전제들을 당연한 것으로 받아들여야 한다. 변증술은 어떤 식으로든 이러한 가정들을 넘어서 가설이 아닌 또는 조건이 없는 ─추정컨대 '좋음'의 형상과 동일시되는─ 으뜸 원리(archē)에 도달한다. 그렇다면 변증술은 "형상들에 의해, 형상들을 통해, 형상들 안으로 가서 형상들에서 끝난다"(511c 1). 7권은 예비적인 훈련 프로그램에 대한 철저한 설명을 제공한다. 하지만 변증술 자체에 대해서는 설명을 제공하지 않는다. 왜냐하면 그것은 적절하게 준비한 사람에 의해서만 파악될 수 있기 때문이다(533a). 『국가』와 같은 문학 작품을 읽는 것으로 다년간의 혹독한 훈련을 대체할 수 없다.

하지만, 독자는 변증술이 정의에 관련된 대화편들에 처음 그려진 기획의 절정으로서 제시된다는 점을 볼 수 있다. 변증가는 "설명(logos)을 주고받을" 수 있는 사람이다(531e, 533c 2. 534b-d 참조). 그가 설명을 제공해야 하는 것은 바로 본질, "각각의 사물 자체인 것," 궁극적으로 "좋음 자체인 것"(532a 7-b 1, 533b 2. 523d 4, 524c 11, e 6 참조)이다. 그가 연구하는 logos는 이렇듯 'logos tēs ousias'(본질에 관한 설명)이다(534b 3). 이 정도로, 정의의 추구는 변증술에서 핵심 요소로 남는다. 이렇듯, 뒤돌아보면 플라톤 자신은 정의에 관련된 대화편들에 대한 '일원론적인'(unitarina) 해석을 승인한다.

10권에서 플라톤은 형상 이론을 일반화하여 단일한 개념에 의해 확인되는 모든 여럿에 대해 적용한다. 그렇게 해서, 자연적인 종들뿐만 아니라 인공적인 것들까지 포함한다. "우리는 우리가 같은 이름을 적용하는 많은 사물 집단에 대해, 각각의 경우마다 하나씩 어떤 형상을 놓는 데 익숙하네"(596a 6).[37] 이는 플라톤 전집 중 형상 이론에 관한 가장 포괄적인 진술이다. 그것에 이어지는 부분에서 그 용어('참으로 침대인 것,' ho esti klinē 597a 이하)는 플라톤이 여전히 본질로서의 형상이라는 전문적인 개념을 마음에 두고 있다는 점을 보여 준다. 그러나 그는 그것을 편리하게 완전히 새로운 영역까지 확장한다. 이 영역에서 형상 이론은 언뜻 보기에 이전에 나왔던 것과 일치하지 않는 방식으로 제시된다. 그래서 신이 '침대'의 형상을 만드는 자라는 점(597b-d)을 발견하는 것은 놀라운 일이다. (그러한 형상이 여전히 영원하고, 생성으로부터 벗어나 있을 수 있는지 의심스럽다.) 침대는 사람이 만든 것이므로, '침대'의 형상은 신이 만든 것일 수밖에 없다! 아마도 이러한 주장으로써 플라톤은 침대가 인공적인 것이지, 자연적인 종이 아니라는 점만을 지적하려 했을 것이다.

8. 『크라튈로스』, 『파이드로스』 등에 나오는 형상들

문체로 볼 때, 『크라튈로스』는 그룹 I에 속한다. 그래서 그것은 (내가 저술 연대에 관련하여 알고 있는 한) 『국가』보다 먼저 쓰인 것이다. 하지만 이 대화편을 제쳐 두었는데, 그 까닭은 이 대화편의 처음과 끝 부분에 나오는 형상

---

[37] M. Burnyeat는 나에게 J. A. Smith가 제안한 보다 약한 해석이 있다는 점을 알려 주었다. "우리는 각각의 여럿에 대해 하나의 형상을 놓는다. 그리고 우리는 형상의 이름을 여럿에 속한 구성원들에 적용한다." Smith(1917)를 보라. 어느 쪽으로 읽든, 그 표현은 어떤 식으로 제한될 필요가 있다. '세 번째 사람'이란 난점에 빠지지 않으려면 말이다.

에 관한 두 구절이 우리가 『향연』으로부터 『파이돈』과 『국가』를 통해 추적했던 자연스러운 해설 과정에 원활하게 들어맞지 않기 때문이었다. 『크라틸로스』의 내용, 즉 이름 짓기에 관한 이론, 변화의 문제, 프로타고라스의 상대론과 거짓 진술의 역설, 이 모든 것들은 『테아이테토스』와 『소피스트』에서 이루어진 그러한 주제들에 관한 논의를 앞서 지적한다. 그래서 내용에 의해 판단하는 학자들은 『크라틸로스』를 나중의 그룹에 속하는 대화편으로 저술 연대를 측정하는 경향을 보였다. 그러나 저술 연대를 측정하는 문제에서 플라톤의 문체 변화가 우리에게 유일하게 믿을 만한 단서이므로, 나는 우리가 『크라틸로스』가 『파이돈』, 『향연』과 더불어 연대적으로 그룹 I 에 속한다는 사실을 그대로 받아들여야 한다고 생각한다. 플라톤의 철학적인 관심사들이 몇 개의 통로에서 동시에 작동될 수 있었을 것이란 점은 분명하다. 『크라틸로스』는 그가 『국가』 이전에, 나중의 저술들에서야 보다 풍부하게 다룰 문제들을 이미 염두에 두었다는 점을 보여 준다.

『크라틸로스』에서 형상들에 대한 첫 번째 언급은 우리를 놀라게 한다. 왜냐하면 그곳에서 언급된 두 가지 형상은 플라톤의 다른 어떤 텍스트에서도 친숙하지 않기 때문이다. 그 형상들은 389b에 나오는 '베틀 북'의 형상과 389d에 나오는 '이름'의 형상이다. 우리가 엄밀한 의미에서의 형상들을 다루고 있다는 점은 의심할 여지가 없다. 왜냐하면 여기에서도 표준적인 용어들 —'auto to estin kerkis'(베틀 북-인-것-자체), 'auto ekeino ho estin onoma'(이름-인-저것-자체)— 이 사용되고 있기 때문이다. 여기에서 베틀 북에 대한 언급은 『국가』 10권을 제외한다면, 대화편들에서 인공물들의 형상이 언급되는 유일한 사례이다.[38] 그리고 여기에서 이름도 인공물로, 이름을

---

38 그러나 이에 견줄 만한 일반화가 『일곱째 편지』 342d에 있다. 이곳에서 다섯째 요소(또는 형상)은 "자연에 의해 산출된 물체뿐만 아니라 모든 인공적인(skeuaston)" 물체를 나타내기 위해

짓는 사람의 생산물로 취급된다. 언어나 이름 짓기에 관한 일반적인 이론을 위한 존재론을 그리면서, 플라톤은 형상이 잘 정의된 모든 사물의 구조나 유형을 위해, 따라서 자연적인 종들뿐만 아니라 인공적인 것들을 위해 필요하다는 점을 지적하는 듯하다.

『크라튈로스』의 이 앞부분에서 말들은 우리가 일정한 행위를 수행하는 수단, 즉 "우리가 서로에게 정보를 전하거나 가르치는, 그리고 사물들이 있는 방식을 구별하는 수단"으로 간주된다(388b). 말들을 전적으로 자의적인 것으로 보는 헤르모게네스에 반대하여 이루어지는 논의의 요점은 여기에서 언어의 관습적인 소리의 바탕에 깔린 것으로서 자의적이지 않은 어떤 본성이나 구조가 있어서 말들이 정보 전달이나 기술의 기능을 수행할 수 있도록 만들어야 한다는 점이다. 이는 목수가 베틀 북을 만들 때 베틀에서 실들을 날실에 통과시키는 작업을 수행할 수 있는 구조에 맞춰야 하는 것과도 같다. 그런 경우, '이름' 일반의 형상 —내가 기호 관계라 불렀던, 언어와 세계 간의 의미론적인 연결[39]— 이 있을 것이다. 그리고 특정 이름 각각에 상응하여, 주어진 어떤 언어의 말들과 세계의 특정 본성을 연결하는 기호 관계인 형상이 있어야 한다. (그래서 그리스어 agathon과 '좋음'의 형상을 연결하는 기호 관계 또는 '이름'의 형상이 있을 것이다. 그리고 이런 '이름'의 형상은 또한 영어 good과 프랑스어 bien을 같은 대상과 연결할 것이다.)

『크라튈로스』에서 형상들에 대한 두 번째 언급은 대화편의 거의 마지

언급된다.

[39] Kahn(1973), 172쪽을 보라. "의미 관계는 여기에서 순서쌍 {N, O}를 뜻한다. 그래서 N은 특정 언어 내의 음성적인 배치를 나타내고, ⋯ 그 언어의 화자들은 O를 확인하고 그것을 다른 대상들이나 종류들로부터 구별하기 위해 규칙적으로 N을 사용한다." 그러나 R. Ketchum이 내게 지적했듯이, 순서쌍 개념은 여기에서 너무 제한적인 개념이다. 음성학적인 이름의 유일함은 기껏해야 한 가지 언어 내에서 타당할 수 있을 것이다. 그리고 그곳에서도 동의어 현상은 기호 관계가 여럿과 하나의 함수 관계일 것을 요구한다.

막 부분에 나온다. 그것은 『파이돈』과 『국가』에서 보다 친숙했던 표현으로 돌아간다. "우리는 아름다움 자체와 좋음 자체인 어떤 것이, 그리고 이러한 종류의 존재들 각각이 있다고 말하는가?"(439c 8. 『파이돈』 65d, 『국가』 5권 476a, 6권 507b 참조). 그다음에 나오는 '아름다움 자체'와 아름다운 얼굴 간의 대조는 『향연』 211a의 되풀이처럼 읽힌다. "그러므로 바로 이 점을 살펴보세. 즉, 아름다운 얼굴이나 이와 같은 종류의 어떤 것이 있고, 이것들은 모두 유동적인 상태에 있는 것처럼 보이지만, 아름다움 자체, 이것은 항상 그대로이지 않은지." 그러나 여기에서 다시 우리는 새로운 점을 접한다. 그것은 '헤라클레이토스'의 보편적인 흐름(변화) 이론에 맞서, 세계 안에 안정성 및 확정성의 원리가 필요하다는 체계적인 논증이다. 논의와 앎은 모두 그것들의 대상이 어느 정도 고정되어 있다는 점을 요구한다. 만일 사물들이 언어로 기술될 수 있고, 인식에서 파악될 수 있다면, 확정된 어떤 것이 그런 경우일 수밖에 없다. 사물들은 사실상 다른 방식보다는 어느 한 방식으로 존재해야 한다. 그것들은 모든 점에서 끊임없이 변하고 있을 수 없다. 이런 맥락에서, 무제한의 흐름(변화)에 맞선 논증은 완전히 불변하는 형상들의 존재를 지지하는 논증을 함축하는 듯하다. 『크라튈로스』는 현상 세계에서 안정성의 필요한 요소들이 전혀 변화하지 않는 형상들로부터 유래해야 한다는 점을 암시하지만, 그 점을 주장하지는 않는다.[40]

보편적인 흐름(변화)에 맞선 논증은 『테아이테토스』 182c-183b에서 보다 풍부하게 전개된다(그러나 『테아이테토스』에 나오는 버전의 논증에는 형상들이 언급되지 않는다). 『크라튈로스』는 그 논증을 아주 짧게 기술하지만, 그것은 『테아이테토스』뿐만 아니라 『소피스트』와 『티마이오스』에서도 추구될, 변화와 안정성에 관한 체계적인 분석을 개시한다. 이런 측면에서 『크라튈

---

40 이런 쪽의 추정과 관련해서는 Kahn(1973), 170쪽을 보라.

로스』의 존재론적인 고찰은 『파이돈』과 『국가』에 나오는 논의를 넘어선다. 이 두 대화편에서는 변화와 불변의 문제들이 '존재'와 '생성' 간에 이루어진 대조의 일부로서 부수적으로만 취급된다.

『크라튈로스』은 이렇듯 그룹 I에 속하는 다른 어떤 대화편보다 전문적이고도 철학적인 분석을 담고 있다. 하지만 『크라튈로스』에 나오는 것과 같은 형상들에 관한 논의는 아주 완성되지 않은 것이다. '존재'와 '생성'의 대립에 대한 논의는 전혀 없다(이는 흐름에 맞선 논증에 함축되어 있긴 하다). 그리고 가지적인 것과 가시적인 것의 이분은 함축조차 되어 있지 않다. 그러므로 『크라튈로스』는 내가 여기에서 지금까지 분석해 왔던 형이상학적인 형상들에 관한 진입적인 해명의 틀에 들어맞지 않는다. 그것은 분명히 『테아이테토스』와 『소피스트』로 연결되는 대안적인 논의 방향에 놓여 있다.[41]

전형적인 형상 이론에 관한 마지막 서술은 『파이드로스』에서 소크라테스가 사랑을 찬미하며 제공하는 위대한 연설에 나온다. 이것은 신체로부터 벗어난 혼들에 관한 신화적인 설명이다. 여기에서 혼은 날개 달린 마부로서 신들의 인도 아래에 행진하며 하늘 바깥으로 여행한다. 플라톤은 여기에서 상기를 가능하게 하는 형상들을 태어나기 전에 본 것에 관한 기교적인 묘사에 의해 『메논』에서 시작한 상기에 관한 설명을 완성한다. 이것은 실제로 소크라테스가 『파이돈』에서 모든 철학적인 탐구의 마지막 목표로 기술하는 조건, 즉 혼 자신이 (신체 없이) 진리 자체를 보는 것이다.

이것은 희열을 보는 것으로서, 어떠한 시인도 일찍이 이루지 못한 것이다 (247c 3). 그리고 플라톤은 자신의 모든 문학적인 재능을 발휘하여 이것을 묘

---

41 하지만 우리는 『크라튈로스』에서 이름 짓기와 관련된 논의가 『프로타고라스』와 『메논』에서 전개된 주제를 끌어내지 않는다는 점을 기억한다. 8장 3절의 351쪽 이하를 보라. 또한 『국가』 10권 596a로부터 인용된 것을 참조(7절의 553쪽과 각주 37).

사한다. 가능한 한 생생하게 그것을 전한다. 여기에서 혼은 "정의 자체를 바라보고, 절제를 바라보고, 앎을 바라보는데, 이것은 생성이 포함되어 있는 앎도 아니고, 우리가 있는 것들(onta)이라 지금 부르는 사물들 가운데 있는 다른 어떤 것 안의 어딘가에 위치한 것도 아니라, 참으로 있는 것 안에(ἐν τῷ ὅ ἐστιν ὂν ὄντως) 든 참으로 앎인 앎이네"(247d 5-e 2). 이렇게 태어나기 전에 형상들을 본 혼만이 인간의 모습으로 구현될 수 있다. "왜냐하면 인간은, 다양한 감각-지각으로부터 출발하여 이성적인 사유(logismos)로써 통합된 것으로 향하면서, 형상에 따라 말해지는 것을 이해해야 하기 때문이네. 그리고 이것은 우리의 혼이 신과 함께 여행하면서 우리가 지금 있는 것이라고 말하는 것을 넘어서 보고 참으로 있는 것(τὸ ὂν ὄντως)으로 오를 수 있었을 때 언젠가 보았던 것들에 대한 상기라네"(249b-c).

여기에서 마지막으로[42] 상기는 혼과 형상들의 접촉으로부터 인간 이성을 도출하는 설명에 나온다. 그리고 여기에서 플라톤은 명시적으로, 인간의 인식에 든 선험적인 요소를 언어 이해와 개념적인 사유를 위한 필요조건으로서 제시한다. 나는 그 구절이 칸트가 선험적인 개념들을 감각 경험에 단일성과 구조를 제공하는 것으로서 본 점을 비유적으로 예기한 것으로서 가장 잘 이해될 수 있다고 믿는다. (우리는 또한 그것을 심지어는 보다 현대적인 언어 습득에 관한 자연주의적 견해의 관점에서 읽을 수 있을 것이다.) 『크라튈로스』가 형상들의 존재론적인 기능에 대해 보다 깊은 통찰을 열어 주는 반면, 『파이드로스』는 『메논』에 나오는 기하학 가르침으로, 그리고 이성적인 판단과 이해를 위한 선천적인 조건들로 우리를 다시 데려간다. 그러나 『파이드

---

42 상기는 『파이드로스』 이후에 어떤 작품에도 명시적으로 언급되지 않지만, 『정치가』 277d 3에 암시되어 있다. (Budé 판 34쪽에 있는 Diès의 주석 2를 보라.) 만일 태어나기 전에 혼들에게 형상들이 드러난다는 점이 나중에 혼들이 신체 안에 들어 있을 때 그것들에게 도움이 된다면, 상기는 『티마이오스』 41e-42d에도 암시되어 있다.

로스』의 신화에 나오는 인식론은 예비적이고, 이 대화편에 든 상기의 주요 기능에 부차적인 것일 뿐이다. 이 대화편은 어떻게 에로스적인 경험이 철학적인 탐구를 야기하고 발동시킬 수 있는지에 관한 새롭고도 더욱 풍부한 설명을 제공하기 위한 것이다. 상기는 여기에서 『향연』에서 부족한 점, 『파이돈』에 암시만 되어 있는 점을 보충한다. 그것은 철학적인 에로스와 혼의 초월적인 운명 간의 연결이다.

철학적인 삶을 위한 토대이자 목표로서 형상 이론을 문학적으로 제시하는 일은 『파이드로스』의 신화에서 절정에 이르고 결론에 도달한다. 내가 11장에서 보여 주려고 했던 점은 『라케스』와 『에우튀프론』에서 시작하여 『국가』와 『파이드로스』에 이르는, 적어도 6개 정도의 대화편은 본질적인 형상들에 관한 단일하고도 복잡한 철학적인 견해 ―다양한 맥락에서 다양한 측면들을 펼쳐 보이는 견해― 에 대한 점진적인 설명으로 읽힐 수 있다는 점이다. 전반적으로, 그러한 견해에 대한 설명은 다소 일반적인, 비-전문적인 수준에 머문다(『파이돈』 102b-103c에 나오는 분유에 관한 보다 상세한 설명, 『크라튈로스』의 끝 부분에 나오는 흐름과 안정성에 관한 논의와 같은 몇 가지를 제외한다면 말이다). 플라톤이 그러한 대화편들에서 제공하는 것은 체계적인 이론이라기보다는 철학적 삶을 권유하기 위한 형이상학적, 인식론적인 뼈대를 넌지시 그려 보는 스케치이다. 그가 『파르메니데스』와 『테아이테토스』에서 시작하는 것은 다른 것이다. 그것은 형상 이론의 전문적인 전개를 위해 제기된 문제들을 비판적으로 검토하는 일, 그 이론이 해결하도록 기대되는 몇 가지 인식론적인 쟁점들을 정성 들여 분석하는 일이다. 파르메니데스와 엘레아 출신의 이방인이 소크라테스로부터 논의의 주도권을 넘겨받을 때, 그 플라톤의 대화편은 새로운 국면에 들어서고, 이 책의 주제는 끝난다. 『테아이테토스』에는 형상들에 대한 명시적인 언급이 없다. 그리고 형상들이 『소피스트』와 『티마이오스』에 다시 나올 때, 우리는 새 주인공과 새로운 이야기를 만난다.

플라톤이 심한 비판에도 불구하고 파르메니데스를 통해 자신의(즉, 플라톤 자신의) 형상 이론에 깔린 근본 가정을 변함없이 지지하는 입장을 표명하는 구절을 인용하면서, 우리는 소크라테스적 대화편들에 나오는 형상들에 관한 논의를 마칠 수 있을 것이다. 파르메니데스는 젊은 소크라테스에게 말한다. 만일 그러한 모든 난점들을 보고, "자네가 사물들의 형상들을 허용하지 않는다면, 그리고 각 사물에 대해 한정된 형상이 없다면, 자네는 자네의 사유가 향할 대상을 갖지 못할 걸세. ⋯ 그리고 자네는 변증술의 힘을," 즉 철학적인 논의의 힘을 "완전히 파괴할 걸세"(『파르메니데스』 135b-c). 파르메니데스는 형상들이 없이는 어떠한 합리적인 사유도, 합리적인 논의도 없다고 말한다. 『티마이오스』도 『크라튈로스』가 함축한 점, 즉 형상들이 없이는 세계의 합리적인 구조도 없다는 점을 보충하게 된다.

그래서 마지막으로 우리는, 플라톤 사상에 대한 전통적인 설명들에서처럼, 본성과 앎에 관한 이론적인 이해를 위해서는 형상들이 근본적으로 중요하다는 점으로 논의를 끝맺는다. 하지만, 내가 증명하고자 했던 점은 그것과 더불어 형상 이론이 시작되지 않고, 그보다는 '아름다움'과 에로스, 덕들과 '좋음'의 형상과 더불어 시작되었다는 점이다. 플라톤의 인식론과 형이상학은 『고르기아스』에서 시작되었지만 그곳에서 성공적으로 수행되지는 않은 그의 기본적인 계획 ─소크라테스적인 도덕적 삶에 속한 근본적인 요구들에 대한 철학적인 이해와 근거를 제공하는 계획─ 에 의해 요청되었다.

9. 후기: 형상 이론에서 반대되는 것들의 역할

형상을 분유하는 감각 대상들의 존재론적인 결함은 종종 그것들이 반대되는 성질들을 갖는다는 점에 의해 규정된다. 그것들은 아름다우면서도 추하기도 하고, 크기가 같으면서도 같지 않기도 하고, 올바르면서도 올바르지 않기도 하고, 경건하면서도 경건하지 않기도 하다(『파이돈』 74b 이하, 『국가』 5권 479a 이하 등). 또한, 수호자들이 수학을 연구해야 하는 이유를 설명하면서, 소크라테스는 이성적인 반성을 촉구하는 지각들을 그렇지 않은 것들로부터 구별하고, 앞의 것들이 지닌 인식론적 장점이 그것들이 동시에 반대되는 지각들로 끝난다는 사실에 기인한다고 말한다. 그래서 손가락을 봄은 우리에게 "손가락이란 무엇인가?"란 물음을 묻도록 촉구하지 않는다. 그러나 큰 것을 봄은 작은 것을 봄과 동시에 일어나고, 두껍고 얇은 것, 단단하고 연한 것에 대한 느낌도 그와 마찬가지다. 반대되는 성질들에 대한 그런 동시적인 지각들은 인식적인 혼란(aporia)에 이른다. 그래서 혼은 그것들이 두 개의 대상인지 하나의 대상인지, 그리고 마지막으로 큼과 작음이란 무엇인지 물으면서, 계산과 이성적인 사유(logismos와 noēsis)에 기대는 경향을 보인다(7권 523-4).

이곳에서, 그리고 위에서 언급된 설명들에서 반대성이 갖는 중요성 때문에 몇몇 해석자들은 형상 이론이 원래 반대되는 것(성질)들이 특수자들 안에 공존함을 수반하는 개념들에 한정된 것이라는, 그리고 사람이나 벌(또는 손가락)과 같은 자연종은 이전 버전의 형상 이론에 포함되지 않았다는 (잘못된) 결론을 내렸다. 그렇다면, 이보다 훨씬 나중의 전개 단계에 인공물들에 대한 —『국가』 10권에서 '침대'와 '탁자'에 대한, 『크라튈로스』에서 '베틀 북'과 '이름'에 대한— 형상들이 제시되었을 것이다.

전개 과정에서 『크라튈로스』를 『국가』의 핵심 권들보다 나중에 쓰인 것으로 놓는 가설에 관한 저술 시기상의 의문점들을 제쳐 두더라도, 형상 이론을 감각 가능한 특수자들 안에 동시에 나타나는 반대 개념 쌍들에 묶어 둘 어떠한 철학적인 이유도 없다. 그러한 반대 개념 쌍들은 F이면서도 F가 아닌 사물들에서 가장 감각적인 사례들을 제공하기는 한다. 그래서 그것들은 수사적으로 보다 강력한 설명에 기여한다. (반대 개념 쌍들에 맞춰진 초점은 또한 헤라클레이토스와 아낙사고라스, 그리고 아마도 밀레토스 출신의 철학자들까지 거슬러 올라갈 자연 철학에 나타나는 설명의 전통과 연결되어 있다.) 그러나 디오티마가 준 계시에 관한 우리의 분석에 열거된 기준들은 ─이는 『파이돈』과 『국가』에 의해 보완된다─ 어떤 식으로도 반대되는 것들의 동시 발생에 의존하지 않는다. '존재'와 '생성,' 불변과 변화, 단일성과 다수성, 지성에 의한 파악과 감각-지각에 의한 파악, 균일한 실재와 관점에 입각한 현상 간의 대조들, 이 모든 기준들은 '아름다움'과 '크기가 같음'의 형상들뿐만 아니라 '인간'과 '불'의 형상들에도 똑같이 적용된다. 인간은 변화와 사멸에 종속되어 있을 뿐만 아니라, 인간의 본질과 무관한 많은 속성들(무게, 크기, 부피, 위치)을 갖는다. 물론 어떤 종의 경우라도, 자연적이든 인공적이든, 상이한 관점들 및 시간들에 따라 다르게 나타날 것이다.

결론적으로, 나는 만일 우리가 『국가』 7권에 나오는 수학 학습을 지지하는 다소 한쪽으로 밀린 논증을 제쳐 둔다면, 형상 이론의 설명에서 두드러진 반대 개념 쌍들은 (소크라테스 이전의 철학에 나오는 반대 개념들이 지닌 설명의 역할과 같은) 수사적인, 역사적인 장점들에 기인하지, 어떤 심오한 철학적인 동기에 기인하지는 않는다고 생각한다.

12장

『파이드로스』와 글쓰기의 한계

1. 『파이드로스』에 대한 두 가지 해석

『파이드로스』는 어떤 의미에서 마지막 소크라테스적 대화편이다. 그러나 소크라테스가 플라톤의 작품에서 사라지는 것은 아니다. 『법률』을 제외한 모든 대화편에 소크라테스가 등장함으로써 문학적인 형태의 연속성은 유지된다. 그는 『파르메니데스』에서 중요하고도 새로운 역할을 한다. 그는 『테아이테토스』에서, 그리고 마지막으로 『필레보스』에서 중요한 화자이다. 『테아이테토스』는 심지어 미해결로 끝나는 대화편의 형식을 닮기까지 한다. 그러나 이전 대화편들과 비교해 볼 때 『테아이테토스』에 나오는 소크라테스에 대한 묘사는 다소 딱딱하고 교훈적이다. 『필레보스』에서는 더욱 그렇다. 『파이드로스』는 플라톤이 작가로서 가진 재능이 아주 집중적으로 펼쳐지는 마지막 작품이다. 그것은 또한 플라톤이 가장 명시적으로 철학에서 글쓰기의 역할을 조명하는 작품이다. 그러므로 소크라테스적 대화편들의 작가인 플라톤에 관한 우리의 연구는 『파이드로스』를 살펴봄으로써 끝

맺는 것이 적절할 것이다.

　그 대화편은 플라톤의 문학적인 걸작들 가운데 독보적인 위치를 차지한다. 그것은 『프로타고라스』, 『향연』, 『파이돈』의 극적인 힘이라든가, 『국가』의 근사한 논증 구조를 갖지 않는다. 그러나 『파이드로스』에서 플라톤은 그 자신이 새로운 종류의 기술에 대한 장인임을 보인다. 먼저, 그것은 더운 날 시원한 냇물을 건너, 한낮의 열기 속에서 매미들의 노래가 사방으로 퍼지는 가운데 요정들에게 바쳐진 성소(聖所) 근처의 그늘진 잔디에 누워 있는 소크라테스를 매력적으로 그리는 전원적인 대화편이다. 자연에 대한 그런 낭만적인 기술은 플라톤에 전례가 없고, 그리스 문학에서도 드물다. 그리고 뒤이어 사랑에 관한 세 개의 연설이 나온다. 이는 비유적인 신화에서 절정에 이르는데, 여기에서 혼은 형상들을 행복하게 바라보는 일을 누리기 위해, 신들과 더불어 행렬을 이루며 하늘 너머로, 날개 달린 말 두 필이 끄는 마차의 마부로 기술된다. 에로스에 관한 연설들 뒤에 우리는 연설술과 설득의 기술들에 관한 비판적인 논의를 접한다. 여기에서 플라톤은 철학적인 변증술, 즉 하나와 여럿에 관한 체계적인 연구가 모든 이성적인 탐구와 성공적인 논의의 기반을 제공한다고 주장한다. 이 대화편은 철학에서 글쓰기가 담당하는 기능과 그 한계점들에 대한 언급으로 끝난다. 이 마지막 부분은 대화편들에서 플라톤이 작가로서 자신의 작품에 대해 공공연하게 논평하는 유일한 구절이다.[01]

　『파이드로스』에 대한 해석은 많은 문제들을, 무엇보다도 통일성의 문제를 제기한다. 예를 들어, 혼에 관한 신화는 사랑에 관한 형이상학적인 이론과 더불어, 연설술과 변증술에 관한 뒷부분의 보다 전문적인 논의와 어떻게 연결되는가? 우리는 『파이드로스』에서, 아마도 최초로, 문학 작품의

01　이와 유사한 구절이 『일곱째 편지』에 있다. 이에 대해서는 5절에서 논할 것이다.

유기적인 통일성 개념을 발견한다. "모든 logos(연설)는 생명체처럼 구성되어야 한다. … 머리나 팔이 없지 않고, 서로 그리고 작품 전체와 잘 들어맞게 쓰인 중간과 처음과 마지막을 갖추도록"(264c). 그러나 이 대화편 자체는 그것이 권장하는 통일성을 결여하는 것처럼 보인다. 그것은 분명히 두 개의 상이한 부분으로 나뉜다. 전원적인 분위기와, 소크라테스와 파이드로스의 유희적인 행동으로 짜인 사랑에 관한 연설들이 전반부에 나오고, 뒤이어 대화편 후반부에 사뭇 다른 종류의 논의가 나온다. 이곳에서 사랑에 관한 주제는 시야에서 사라지고 대화자들의 개성은 대부분 소크라테스가 연설술에 관해 가르침을 주는 교사의 역할을 떠맡을 때 가라앉는다. 첫 번째 부분에서 우리는 사랑과 혼에 관한 찬란한 문학적 통찰을 갖는다. 두 번째 부분에서는 이보다 훨씬 건조한 연설과 글쓰기에 관한 논의를 접한다. 그리고 첫 번째 부분의 신화는 『파이돈』과 『국가』에 알려진 형상 이론을 주변에 두고 구축되고 두 번째 부분의 철학적인 중심은 ─형이상학적인 형상들을 무시하지만, 단일성들과 다수성들을 결정함으로써 '모음'과 '나눔'에 의한 정의의 논리적인 기술을 선언하는─ 변증술에 관한 설명이다. 그 기술(技術)은 나중에 『소피스트』, 『정치가』, 『필레보스』에 예시된다.

이렇듯 『파이드로스』는 뒤쪽을 바라보는 얼굴과 앞쪽을 바라보는 얼굴을 가진 야누스와 같은 대화편으로 자연스럽게 나타난다. 전반부는 플라톤의 이전 작품들과 연결된다. 『국가』에 나온 혼의 삼분(三分), 『향연』의 사랑에 관한 논의, 그리고 형상 이론과 연결된다. 후반부는 앞쪽을 내다본다. 아카데미아에서 이뤄진 엄격한 변증술 실천, 그리고 이른바 변증술적인 대화편들에 나오는 이러한 훈련 방식에 대한 플라톤의 문학적인 성찰을 내다본다. 두 번째 부분에서 첫 번째 부분의 연설들을 철학적인 기술(technē)로써 구성된 논의와 그런 기술 없이 구성된 논의의 사례(paradeigmata)로 사용함으로써, 두 부분은 외형적으로 연결된다. 그러나 이 대화편은 전체적으로, 작가로서 플라톤이 이뤘던 평생 작업에서 과도기적인 순간을 명시하는 대화편으로 간주될 수 있다. 그는 첫 번째 부분에서 아주 정교한 초·중기의 작품들에 이별을 고한다. 그리고 두 번째 부분에서 그는 새로운 방식의 글쓰기를 설계한다. 여기에서 글쓰기는 자신의 학당에서 수행된 변증술에 대한 구술적인 실천의 모상(eidōlon, 276a 9)인 것으로 계획된다. 『파이드로스』를 두 부분으로 나누는 일은 이렇듯 플라톤 자신의 작품에서 일어난 변화를 반영할 것이다. 소크라테스의 인품에 초점이 맞춰진 극 형태의 대화편으로부터, 보다 가르침을 주는 이후 저술들로의 변화를 반영할 것이다. 이후 저술들에서, 노련한 변증가로서의 소크라테스 모습은 파르메니데스와 엘레아 출신의 이방인으로, 티마이오스로, 『법률』의 이름 모를 아테네인으로 대체될 수 있다.

『파이드로스』를 이렇게 야누스로 보는 견해가 가진 하나의 핵심 장점은 그것이 그 대화편의 당혹스러운 외양으로 간주될 법한 것 —그 대화편이 플라톤의 이전 작품을 그토록 많이 생각하게 하는 점들을 무엇보다도 전반부에 포함한다는 것— 에 대한 설명을 제공한다는 것이다.[02] 그러한 점들은 주석가들이 발견한 것보다 훨씬 더 많으므로, 그리고 그것들은 글쓰기에 관한 플라톤의 언급들이 지닌 자기-지시적인 성격을 나타내는 중요한 증거를 제공하므로, 그것들을 여기에서 열거하는 일은 가치가 있을 것이다.

『파이드로스』의 첫마디에 이미 몇 가지 뒤돌아보는 언급들이 있다. 두 번째 문장에서 "케팔로스의 아들 뤼시아스"를 언급한 것은 뤼시아스가 있었던 케팔로스의 집에서 일어난 『국가』의 시작 장면을 생각나게 한다(『국가』 1권

---

02 그렇다고 『파이드로스』를 이원적으로 보는 견해가 두 부분으로의 기계적인 분할을 함축하지는 않는다. 예를 들어, 혼을 '스스로 움직이는 것'으로 앞을 내다보며 정의를 내리는 점이 앞부분에 나오는 반면(245e), 『고르기아스』에 나오는 연설술 비판을 뒤돌아보며 언급하는 점이 두 번째 부분에 전개된다(260e, 270b).

328b 4). 『국가』의 첫 번째 화자는 뤼시아스의 형제인 폴레마르코스였다. 그는 『파이드로스』에서 철학에 전념한 사람으로 언급되는데(257b 4), 이를 나는 『국가』 1권의 대화에 대한 조심스러운 언급으로 받아들인다. 파이드로스 자신의 머리말은, 시작 문장에서, 파이드로스가 사랑의 주제를 제안하고 처음으로 연설하는 『향연』을 떠올리게 한다. 그는 의사 아쿠메노스의 조언에 따라 산책하는 길에서 『파이드로스』에 등장하는데(227a 5), 아쿠메노스의 아들 에뤽시마코스는 나중에 파이드로스의 동료(hetairos)로 언급된다(268a 9). 에뤽시마코스는 바로 파이드로스의 동료로서 『향연』에도 등장한다. 『파이드로스』 242b 1-3에서 우리는 소크라테스가 다음과 같이 말할 때, 『향연』과 『파이드로스』를 모두 떠올린다. "자네가 살아온 동안 생겨난 연설들을 보건대, 자네보다 더 많이 연설이 생겨나게 한 사람은 아무도 없네. 자네가 직접 말하든 아니면 어떤 식으로 다른 사람들을 말하도록 강요하든 말일세. 테바이 출신의 심미아스만은 예외로 하겠네." 『파이돈』에 나오는 설명의 주요 부분들은 심미아스의 질문들에 의해 야기되었다. 물론 에로스에 관한 주제는 바로 『향연』을 떠올린다.

이러한 점들 및 여타 문학적인 반향들은 『파이드로스』를 이전 작품들과, 무엇보다도 형상 이론을 제시하는 세 편의 거대한 대화편들(『향연』, 『파이돈』, 『국가』)과 연결하는 데 이바지한다. 그리고 보다 실질적으로 철학적인 내용과 관련된 점들도 있다. 그중 다음과 같은 것들을 언급할 만하다. (1) 237d에서 에로스를 아름다움에 대한 욕구로 함축적으로 정의한 부분은 『향연』 201b 이하의 노선을 따른다. (2) 『국가』에 나온 혼의 삼분(三分)은 246a 이하에 나오는 혼에 관한 비유적인 설명에 전제된다. (3) 247c-e에서 형상들을 '봄'은 분명히 『향연』-『파이돈』-『국가』의 이론을 암시한다. (4) 『국가』 10권의 에르(Er) 신화는 249b 2에 나오는 혼이 지닌 '두 번째 삶의 할당과 선택'에 관한 수수께끼처럼 보일 법한 언급에 의해 전제된다. (5) 249c 이하의 상기 개념은 『파이돈』 73-6의 생각을 ─이것은 플라톤에서 형상들에 대한 상기를 말하는 두 구절 중 하나이다─ 전개한다. (6) 250e 3에서 아름다운 신체를 (epōnymia에 의해) '아름다움' 자체에 '따라 불리는 것'으로 언급하는 부분은 '따라 불림'(epōnymia)이란 용어가 소개되는 『파이돈』 102b 2, c 10 이하의 이론을 전제한다. (7) 258e에서 이전의 고통에 뒤따르는 신체의 즐거움들에 대한 예기치 않은 언급은 『파이돈』(60b-c)의 구절을 되풀이한 것으로 보이며, 분명히 『국가』 9권(583c 이하)의 노선들에 따른 이론적인 전개를 함축한다. (8) 마지막으로, 276e에서 "정의(正義)에 대해 이야기들을 말하는 것"과 277d에서 정치 논문을 쓰는 것을 언급하는 부분은, 내 생각으로는, 분명히 정치 이론에 관한 플라톤 자신의 주요 작품인 『국가』를 가리킨다.

그런데 다른 대화편들에도 플라톤이 이전 작품들에 나타난 자신의 생각과 말들을 언급하는 것으로 보이는 구절들이 있다. 그러나 『파이드로스』만큼 자신의 작품을 떠올리는 점들을 상대적으로 집중해서 보여 주는 대화편은 없다고 생각한다. 『파이드로스』를 야누스적인 대화편으로 보는 견해는 이러한 이전 작품들에 대한 두툼한 언급들을 충분히 고려한다.

하지만, 『파이드로스』에 관한 최근의 저술에서 슐레작(T. A. Szlezák)과 로우(C. J. Rowe)는 이 대화편에 대한 다른 해석이 있다는 점을 텍스트에 충분히 근거하여 보여 주었다. 그것은 통일성에 대한 함축적인 요구를 더 인정하는 것이었다.[03] 대화편 전체가 일반적으로 언어나 logos의 철학적인 사용과, 그리고 특별히 글쓰기 ─technē(기술)가 있는 작문과 없는 작문─ 와 관련되어 있는 것으로 본다면(277b 1), 시작 부분과 끝 부분은 생명체 전체의 부분들처럼 정말로 잘 들어맞을 것이다. 대화편 마지막 부분에 나오는 글쓰기에 관한 논의는 처음부터 책과 작가들을 반복해서 언급함으로써 준비

03 Szlezák(1985) 2장, Rowe(1986a)를 보라.

된다(228a 2, 230d 8, 235b 8, d 6, e 5). 실제로, 글쓰기 문제는 파이드로스가 옷소매 안에 감추고 있는 뤼시아스의 책을 강조함으로써 맨 처음부터 제기된다(228d). 그 책을 읽은 첫 번째 연설은 이렇듯 앎이 없이 누군가가 쓴 작품, 문학적인 산출물들 중 가장 학문적이지 못하고 기술적이지 못한 것(atechnos)으로서 제시된다. 소크라테스의 두 연설은 구술적인 대화의 장점들을 몇 가지 지닌다. 그것들은 자연스러우며, 미리 연습된 것이 아니다. 나중에 그것은 변증술적인 분석이 지닌 특징들을 보여 주는 것으로 드러난다. 이는 소크라테스가 첫 번째 연설에서 사랑에 대해 주의 깊게 정의하고 두 번째 연설에서 '모음'과 '나눔'의 방법을 보다 체계적으로 제시함으로써 이루어진다. 무엇보다도 두 번째의 긴 연설은 『국가』의 심리학적 이론, 형이상학적인 형상 이론, 그리고 상기의 인식론을 반영한다. 이렇듯 그것은 보다 완전하게 전개된 배경 이론에 의지함으로써, 질문을 받을 경우 작가가 어떻게 자신이 쓴 작품을 방어할 수 있는지를 제시한다.

그럼에도, 사랑과 혼에 관한 거대한 연설조차도 결국 "물음과 설명 없이 설득하기 위해 낭송하는 사람들의 연설처럼 전달되는"(277e 8) 고정된 연설이다. 두 번째 부분의 변증술적인 토론만이 어떻게 그러한 연설이 철학적으로, 자신이 쓰거나 말한 것을 설명하고 옹호할 수 있는 작가에 의해, 청중의 물음들과 비판들이 답변될 수 있는 대화의 맥락에서 활용될 수 있는지를 보여 준다. 소크라테스의 긴 연설의 위치를 보자면, 그것은 변증술의 사례가 아니라 철학적인 연설술의 사례이다. 그것은 어떻게 "계획적이고도 야심 찬 사람들의 수중에서 보통 실행되는 도구인 기술이 철학자에 의해 자신의 보다 심원한 사변들의 결과물에 매력적인 옷을 입히고 또한 제자들의 정신을 촉진할 더 나은 목적으로 전환될 수 있는지를"[04] 보여 주도록 계

---

04 W. H. Thomson(1868), xviii쪽. Rowe(1896b), 109쪽에 인용됨.

획되어 있다.

그 대화편은 글쓰기에 대해 숙고하면서 자신에 대해 숙고한다. 글쓰기를 일종의 놀이(paidia)로 기술하면서 플라톤은 다른 대화편들처럼 이 대화편에 든 유희적인 요소들에 이목을 집중시킨다. 그리고 말하기와 글쓰기에 관한 진지한 철학적 토론처럼 보이는 부분의 마지막에서 소크라테스는 "우리는 지금까지 그런 주제와 더불어 적절하게 놀았다"고 말한다(pepaisthō metriōs hēmin ta peri logōn, 278b 7). 여기에서 글로 쓰인 대화편은 여러 가지 한계를 인정한다. 플라톤은 구술적인 변증술의 우위를 글로써 증명하는 역설을 조심스럽게 피한다. 그 대화편은 가르침과 설득에 관한 적절한 철학적 설명에 필요할 더 풍부한 변증술적 절차를 개략적으로 말할 뿐, 사례를 들려 하지 않는다.

『파이드로스』에 대한 두 번째 해석에 대해서는 이쯤 해 두자. 우리의 첫 번째 견해에서 그것은 과도기적인 작품으로서, 그중 절반은 플라톤의 이전 작품 및 소크라테스와 관련된 작품에 전개된 에로스란 주제를 돌아보고, 나머지 절반은 이후 대화편들의 변증술적 방법들을 내다본다. 그러나 두 번째 해석은 『파이드로스』를, 언어의 철학적인 사용이라는 주제에 바쳐진 통일적인 전체로 본다. 이 두 가지 견해들은 다르지만, 서로 완전히 양립할 수 있다. 두 번째 해석은 『파이드로스』에만 주목할 뿐이다. 첫 번째 해석은 플라톤의 다른 문학 작품과 관련지어 『파이드로스』의 위치를 정한다. 두 견해는 철학에서 글쓰기가 갖는 역할에서 서로 만난다.

2. 자신의 작품에 대한 논평가로서의 플라톤

『파이드로스』가 지닌, 되돌아보고 내다보는 측면들을 진지하게 받아들인다면, 우리는 글쓰기에 대한 플라톤의 성찰들이, 자신의 작품에 대한 논평뿐만 아니라 그의 글쓰기 방식에서 보이는 아주 인상적인 변화에 대한 어느 정도의 설명을 제공한다고 기대할 수 있다. 그 변화는 『향연』과 『파이돈』을 포함하여, 새롭고 보다 전문적인 종류의 철학적 글쓰기를 위해 아주 넓은 의미에서의 소크라테스적 대화편을 포기하는 것이다. 이 변화는 외적으로 소크라테스에 관한 개인적인 묘사가 덜 생동적이고 생생하게 된다는 것뿐만 아니라, 주요 화자가 소크라테스 자신에서 예컨대, 엘레아로부터 온 이방인으로 대체될 수 있다는 사실에 의해 두드러진다. 이러한 형식상의 변화들에 보다 근본적인 문학적 변형이 따른다. 이것은 유럽 문학의 걸작에 속하는 아주 읽기 쉬운 작품들로부터, 난해하고도 복잡한 문체로 쓰인, 철학적인 문제들에 관한 어렵고도 전문적인 논의로 바뀜을 뜻한다. 여기에서 대화체의 형식은 종종 본질적으로 가르침 방식의 설명을 위한 인위적인 가면으로 보인다. 『티마이오스』에서 이 가면마저도 벗겨지고, 대화편은 연속된 논문 형태를 띤다. 그 자신의 저술 활동에 보이는 그러한 근본적인 변형을 이해하는 데 도움이 될 수 있는지 보도록, 플라톤이 글로 쓴 작품이 입으로 하는 말보다 열등하다고 주장하는 이유들을 좀 더 가까이 살펴보자.

청중으로부터 질문이 따르지 않는 고정된 연설처럼, 글로 쓰인 작품은 설득할 수는 있어도 가르칠 수는 없다. 즉 그것은 앎을 전할 수 없다(276c 9). 그것은 살아 있는 것처럼 보여도 누군가 물으면 침묵을 지키는 그림과도 같다. 고정된 연설이나 글로 쓰인 작품은 매한가지로 질문에 반응을 보일 수 없다. 그것은 질문을 받아도 매번 같은 메시지를 반복할 뿐이다(275d). 이것을 명료화의 결여라고 부르자. 책의 두 번째 결함은 그것이 자신을 청중의 수준에 맞출 수 없다는 점이다. "일단 글로 쓰이면, 그것은 모든 곳으로 굴러다니며, 주제를 이해하는 사람들 가운데서든 주제를 전혀 모르는 사람들에서든 같은 행동을 보이고, 누구에게 어떻게 말해야 할지, 누구에

게 침묵을 지켜야 할지 알지 못한다"(275e 1-3). 이것을 융통성의 결여라고
부르자. 이 두 가지 결여는 철학에서 글로 쓰인 작품에서 명료한(saphes), 그
리고 안정된 또는 믿을 만한(bebaion) 어떤 것이 있을 수 있다고 생각하는 작
가나 독자의 순진함을 비난할 때 플라톤이 염두에 두고 있는 것이다(275c 6,
277d 8-9 참조). 글로 쓰인 작품의 명료성은 피상적이다. 그것은 독자의 마음
속에 일어나는 여러 가지 오해나 혼란을 없앨 수 없다.

하지만 안정성이나 신뢰성의 부족을 언급할 때, 플라톤은 그와 다른 어
떤 것을 가리키고 있다. 독자나 청자의 마음속에 앎과 이해를 산출하기 위
해서, 화자나 작가는 오해를 피하는 것 이상의 것을 해야 한다. 그는 자신의
주장들을 보다 완전한 논증에 의해, 즉 그것들을 보다 근본적인 원리들로
부터 도출함으로써 설명하고 정당화해야 한다. 『메논』의 표현에서, 앎은 이
성적인, 해명적인 설명의 끈(aitias logismos, 98a 3)을 요구한다. 『국가』에서는
더 나아가, 앎과 이해(noēsis)를 성취하기 위해서, 우리는 모든 가정들을 넘
어서는 또는 그 뒤에 있는 보편적인 원리(archē anhypothetos, 『국가』 6권 510b 7)
에 도달해야 한다. 정치와 관련된 논문을 쓰는 철학자는 "만일 그가 진실에
관한 앎을 가진다면, 시험(elenchos)의 도전을 받을 때 자신의 글들을 방어할
수 있을 것이고, 자신이 쓴 것들보다 더 귀중한(timiōtera) 어떤 것, 즉 관련 주
제에 대한 변증술적인 숙달을 가지고 있기 때문에 그가 글로 쓴 것이" 변증
술의 구술적인 실천보다 열등하다는 점을 논증으로써 보여 줄 수 있을 것
이라고 주장할 때, 플라톤이 『파이드로스』에서 염두에 두고 있는 것은 그런
종류의 것임이 틀림없다.[05]

정치와 관련된 논문의 작가로서 플라톤이 스스로 서술하고 있는 말은 그

05　여기에서 나는 Szlezák(1985)의 견해에 일반적으로 동의한다. 다만, 나는 278d 8의 timiōtera가
　　어떤 특정한 부분의 앎이나 어떤 특수한 형식의 제일 원리들을 가리킨다고 생각하지 않는다.

가 『국가』에서 변증가에게 요구하는 것을 생각나게 한다. "전투에서처럼 온갖 시험을 통과하면서 제 길을 추구하고, 의견이 아니라 사안의 본성에 따라 질문을 검토하려는 열의를 가지며, 논증(logos)을 통해서 '좋음'의 형상을 옹호하고 이것을 다른 모든 것들로부터 구별할 수 없는 사람, 그리고 지지 않는 추리(logos)로써 그 모든 시험들을 통과할 수 없는 사람, 이러한 사람에 대해서 자네는 그가 '좋음' 자체도 다른 어떤 좋은 것도 알지 못하고, 만일 그가 어떤 모상(模像)을 파악한다면 그는 그것을 앎이 아니라 의견으로써 그것을 파악한다고 말할 걸세"(『국가』 7권, 534b-c).

『국가』와 『파이드로스』에서 변증술적 방법에 관한 서술은 서로 사뭇 다르지만, 변증가의 위치는 본질적으로 같다. 『파이드로스』의 주장을 『국가』의 표현으로 옮기자면, 글쓰기를 통해 얻은 신념은 앎이 아니라 의견(doxa)일 수밖에 없다. 독자를 앎으로 이끌려면 글로 쓰인 말은 자신을 넘어서 플라톤이 변증술이라 일컫는 철학의 살아 있는 실천으로 향해야 한다. 그리고 『파이드로스』에서 명시적으로 지적된 글쓰기의 한계들은 『국가』에도 분명히 함축되어 있다. 예를 들어, 『파이드로스』가 요구하지만 제공하지는 않는 것들 중 하나는 혼에 관한 어떤 이론, 즉 혼이 "본성에서 한 가지 균일한 것인지, 아니면 신체처럼 여러 가지 모양인지"(271a 6)에 대한 설명이다. 『국가』는 우리에게 그러한 설명을 제공하지만, 하나의 단서를 달고 그럴 뿐이다. 소크라테스는 우리가 행하는 현재의 절차들은 결코 우리에게 정확한 논의를 제공하지 못할 것이라고 말한다. "그런 목적에 이르는 길은 어렵고 더 길고도 힘든 길이다."[06]

---

[06] 『국가』 4권 435d 3. 6권 504b-d에 반복됨. 10권에서 플라톤은, 혼의 삼분에 관한 이론이 혼의 진정한 본성을 설명하지 못한다는 점을 분명하게 지적하면서(611b 이하), 혼이 실제로 "여러 가지 모습인지, 아니면 한 가지 모습인지"(612a 4)를 결정할 수 있을, 혼에 관한 보다 적절한 설명을 암시한다. 같은 문제가 『파이드로스』 230a에 암시되어 있다.

이것이 『국가』에 들어 있는 몇 가지 경고 중 첫 번째의 것, 즉 어려운 문제들을 적절하게 다루기 위해서는 변증술 자체의 실천에 의지해야 한다는 경고이다. 『국가』는 이것을 기술하려고 하지 않는다. 혼에 대해 플라톤은 근본적인 이론을 제공하지만, '좋음'의 형상에 대해서는 이미지만을 제공할 뿐이다. "좋음 자체가 무엇인가? 라는 물음은 당장은 제쳐 두세. 나는 이에 대한 나의 현재 견해를 제시하는 것만으로도 우리의 현재 노력이 도달할 수 있는 대단한 일이라고 생각하네"(6권 506e). 그래서 나중에 변증술에 대해 상세한 기술을 요구받았을 때 소크라테스는 대답한다. "글라우콘, 자네는 더는 따라올 수 없을 걸세. 내 쪽에서야 그렇게 할 열의가 부족하지는 않을 것이지만 말일세. 자네는 더는 우리가 말하고 있는 것의 모상을 보지 않고 진리 자체를 보고 있게 될 걸세. … 그리고 우리는 변증술의 힘만이 그것을 ─우리가 기술한 교과목들에 훈련을 받은 사람에게(만)─ 보여 줄 수 있다고, 다른 방식은 없다고 주장하네"(7권 533a).

변증술은 『국가』의 철학적인 해명보다 더 어려운 길이다. 그것은 『국가』에 두 번 언급되고(6권 504b 2, c 9), 『파이드로스』에 두 번 되풀이된(272d 3, 274a 2) '더 먼 에움길'이다. 변증술을 기술하는 대신, 『국가』는 (수학에 대한 오랜 학습에서) 그것의 예비 사항들, 그것의 기술(질문과 대답), 그리고 그것의 목적(본질 또는 어떤 것이 참으로 무엇인지에 관한 앎, 궁극적으로 '좋음'이 무엇인지에 관한 앎)만을 규정한다. 『파이드로스』는 '모음'과 '나눔'의 방법들에 대한 윤곽을 그리면서 한 걸음 더 나아간다. 그러나 두 작품은 핵심 자체는 대화편의 바깥에 놓여 있다는 점을 밝힌다. 그리고 『파이드로스』는 그것이 글로 쓰인 어떠한 작품이 미치는 곳을 넘어서 놓여 있다고 덧붙인다.

토론과 가르침에 대해 관심을 보이기 때문에, 『파이드로스』는 우리에게 더 많은 것을 말한다. 그것은 가르침이 앎에 이르기 위해서는, 즉 살아 있는 말이 학습자의 혼에 생산력 있는 씨앗처럼 심어지기 위해서는 다음과 같은 조건들이 충족되어야 한다고 규정한다. (1) 화자든 작가든 가르치는 쪽에서 갖춰야 할 주제에 관한 앎, (2) 적합한 청중, (3) 청중의 성향과 지성에 맞는 토론, 그리고 (4) 문답에 의해 명료하게 하고 정당화할 기회.

플라톤의 관점에서 볼 때, 그의 글쓰기의 경우 실제로 첫 번째 조건만이 충족된다. 작가로서의 플라톤은 당연히 자신이 주제에 관해 필요한 지적인 구사력을 지니고 있다는 점을 가정할 것이다. 그러나 다른 조건들의 경우, 상황은 사뭇 다르다. 글로 쓰인 작품의 어느 작가와 마찬가지로, 플라톤은 자신의 청중을 선택할 수 없고, 따라서 자신의 표현을 특정한 청중에 맞출 수 없고, 또한 분명히 청중으로부터 나온 질문들에 답변할 수도 없다. 하지만, 이런 세 가지 조건들은 플라톤이 소크라테스가 사실상 상이한 대화 상대자들에게 자료를 상이하게 제공하는 대화편 형식을 이용함으로써 제시될 수 있다. 또는 '모방될' 수 있다. 논문이나 에세이와 달리, 그러한 형식이 가리키는 점은 진리에 대한 인간의 접근이 불가피하게 탐구자의 입장에 달려 있기에 부분적이고 관점에 입각할 수밖에 없다는 점이다. 대화편 형식에서 그러한 관점적인 제약은, 철학적인 토론은 두 사람 또는 그 이상의 사람들 간의 상호 작용 속에서 ―최소한 가르치는 사람과 배우는 사람 간의 상호 작용 속에서― 일어난다는 사실에 반영된다. 그것이 플라톤이 대화 상대자가 종종 유순한 학습자인 후기 작품들에서조차 대화편 형식을 유지한 이유일 것이다.

3. 대화편들의 작품 성격 변화

나는 이제 이러한 이론적인 분석을 대화편들 자체에, 그리고 (넓게 잡아) 소크라테스와 관련된 작품들과 이후 대화편들 간의 대조에 적용하고자 한다. 나는 『파이드로스』의 이분적인 구조에 이미 비춰진, 대화편 형식에 보이는 그러한 급진적인 변화가 플라톤의 철학관에서도 앎과 실재에 관한 그의 여러 가지 견해에서도 근본적인 변화를 의미한다고 생각하지 않는다. 새로운 것은 대화편들이 향한 청중의 다양한 선택에 상응하여 철학적 글쓰기를 다르게 이해한 부분이다. 그리고 작가 쪽에서 보이는 그러한 수사술적인 변화는 작가가 대화 상대자들을 선택하는 방식과 그들의 특징을 묘사하는 방식에 의해 대화편들 내에 반영된다. 플라톤의 최후이자 가장 '실용적인' 작품인 『법률』에 이르기까지, 파이드로스는 대화편의 화자로서 나타난 사람들 중 철학자가 아닌 마지막 사람일 것이다. 다른 한편으로, 내가 생각하기에 『파이드로스』에 바로 이어지는 6개의 대화편인 『파르메니데스』, 『테아이테토스』, 『소피스트』, 『정치가』, 『티마이오스』, 『필레보스』에서, 대화 상대자들의 관심이 진정으로 철학적인 문제에 있기 때문에, 플라톤은 엄격한 논증과 정교한 전문적 방법을 전개할 수 있다. 그 이전의 작품들 중 『파이돈』과 『국가』의 핵심 권들만이 그와 비교될 만한 것들이다. 뒤 대화편에서는 플라톤의 형제들이, 앞 대화편에서는 테바이 출신의 심미아스와 케베스가 실제로 유망한 젊은 철학과 대학원생으로서 참가한다. 그리고 그 두 대화편에서 형상 이론이 가장 풍부하게 논의되는 것도 우연이 아니다. 이후 대화편들에서와 마찬가지로 그곳에서도 지적인 분위기는 거의 철학 세미나의 분위기이다. 『향연』마지막 부분의 도회적인 떠들썩한 분위기, 『프로타고라스』의 공들인 공개 경쟁, 『고르기아스』와 『국가』1권의 열정적인 도덕적 갈등들, 『에우튀데모스』의 우격다짐, 메논의 완강함이나 에우튀프론의 광신과는 완전 딴판이다.

우리가 플라톤의 실천이 그의 문학 활동을 통틀어 대체적으로 『파이드로스』의 수사술적인 이론에 상응한다고 가정한다면, 각 대화편의 철학적인 내용은 대화 상대자들의 개성과 이해력에 맞춰진 것이라는 결론이 따른다. 이 점을 염두에 둔다면, 『라케스』, 『카르미데스』, 『프로타고라스』에서 『메논』, 『향연』에 이르는 플라톤의 다수 작품들이 철학에 대한 지속적인 권유문으로서 파악될 수 있다는 점을 쉽게 볼 수 있다. 대화 상대자들을 선택하는 방식이 가리키듯이, 플라톤이 앞의 대화편들에서 의도한 청중은 직업 철학자들과 초보 철학자들뿐만 아니라 일반 대중과 특히 자아와 앎과 출세를 좇는 젊은이들을 포함한다. 이 젊은이들은 5세기에 소피스트들의 가르침을 받았거나, 플라톤 당대에 이소크라테스나 안티스테네스의 수업에 마음이 끌렸을 법한 사람들이다. 이러한 젊은이들의 마음을 끌고, 그리스 문화 전반에서 소크라테스의 철학에다 명예와 존경의 자리를 보장하기 위해, 플라톤은 자신의 재능을 아낌없이 소크라테스에 대한 생생하고도 훌륭한 묘사를 만들어 내는 데 바친다. 그는 이를 폭넓고 전반적으로 공감하는 청중을 보장할 정도로 질이 높은 문학 작품들에서 이뤄 낸다. 플라톤의 초·중기 작품들이 지닌, 철학적으로 덜 엄밀한 동기는 소크라테스에 대한 그의 애정 어린 기억과 그를 그러한 대화편들의 페이지 속에 되살리려는 욕구였음이 틀림없다. 이것을 나는 플라톤에서 "나이가 들어 망각할 것에 대비해 자신을 위해, 그리고 같은 행로를 좇는 다른 사람들을 위해 기억 수단들을 모아 두는 것"(276d)이 의미하는 바라고 받아들인다. 다른 사람이란 소크라테스의 친구들이나 아카데미아의 구성원들을 말한다. 여기에서 말하고 있는 사람은 분명히 작가로서의 플라톤이지, 소크라테스가 아니다.

『파이드로스』는 아마도 플라톤이 그러한 폭넓은 대중을 위해 설계한 마지막 작품일 것이다. 여기에서, 셰익스피어의 희극 『폭풍우』의 마지막 부분에서처럼, 마술사는 지팡이를 부러뜨리고 새로운 길로 들어선다. 같은 문체 그룹에 속하고 아마도 이 대화편에 뒤따랐을 『파르메니데스』와 『테아이테토스』는 철학자들을 위해 쓰인 철학에 관한 작품들이다. 플라톤의 극작가적 재능은 다시 한 번 보다 경제적으로, 그리고 아마도 마지막으로, 그렇지 않아도 굉장히 전문적인 이 두 작품들에 대한 소개 부분에서 펼쳐진다. 『소피스트』와 『정치가』는 『파이드로스』에 기술된 모음들과 나눔들을 예시하도록 후속적으로 저술된다. 여기에서 우리는 새로운 변증술에 관해 글로 쓰인 이미지를 가진다. 그러나 이 두 엄격한 대화편들은, 진지한 철학자가 글로 쓴 작품으로부터 떼 낼 수 없다고 ―『파이드로스』에 주장된― 유희성의 측면을 우리에게 생각나게 하도록, 이따금 이상할 정도로 경솔하거나 우습기까지 한 어조로 이분(二分)에 의한 정의(定義)를 실행한다.

이렇듯 『파이드로스』가 글쓰기를 비난하는 점들은 플라톤의 모든 작품에 적용된다. 돌아보면서는 '소크라테스적' 대화편들에, 그리고 내다보면서는 보다 가르침의 성격을 띤 나중의 저술들에 적용된다. 의심할 여지없이 『파이드로스』를 쓴 60세의 작가는 그가 초기에 『크리톤』과 『이온』을 저술했을 때보다 더 글쓰기의 역할에 대해 생각해 볼 기회를 가졌다. 그러나 그의 초기 저술 활동은 그의 나중 이론과 양립 가능하다. 그에게 모범이 되는 철학자였던 소크라테스가 아무것도 쓰지 않았다는 사실에 비추어 보면, 플라톤은 처음부터 소크라테스적인 철학 개념 내에서 글쓰기의 불확실한 상태에 주의했음이 틀림없다. 소크라테스와 관련된 그 대화편의 존재는 플라톤에게 자신의 문학적인 재능을 위해 자연스러운 기회를 제공했다. 그는 시간이 흐르면서 그토록 간소한 장르를 고도의 예술적인 형태로, 그리고 자기 자신의 철학 개념을 위한 완벽한 매개물로 전환시킬 수 있었다. 그러나 그가 철학적인 내용을 대화편 형식에 더 많이 부을수록, 한계점들에 대한 그의 의식은 더욱 민감해졌다. 그래서 『국가』 4-7권에 경고들이 나오고, 『파이드로스』에 그러한 한계점들에 대해 보다 풍부한 설명이 나왔다.

만일 그러한 견해가 옳다면, 작가와 글쓰기에 대한 그의 생각은 본질적으로 소크라테스적 대화편들이나 이후 대화편들에서 여전히 같고, 대상으로 삼은 청중만 바뀔 뿐이다. 그러나 글쓰기에 대한 플라톤의 생각은 철학에 대한 그의 생각으로부터 거의 뗄 수 없다. 그래서 우리의 결론은 후기 대화편들에서 형상 이론이 겪은 표면상의 전개나 개정과 관련하여, 그리고 그 모든 것이 '글로 쓰이지 않은 이론들'(unwritten doctrines)에 맺는 관계와 관련하여 흥미로운 시사점들을 가진다. 플라톤의 후기 철학은 또 다른 두툼한 책에서만 적절하게 다뤄질 수 있는 굉장히 큰 주제이다. 나는 여기에서 내가 플라톤의 저술 전반에 보이는 연속적인 사유 노선들이라고 받아들이는 부분에 대한 밑그림 정도를 제공할 것이다.

4. 철학과 이론

플라톤에게 철학은 본질적으로 삶의 방식이지 일련의 이론이 아니다. 소크라테스는 철학적인 삶의 본보기 역할을 할 수 있었다. 왜냐하면 (플라톤이 보기에) 그는 열심히 추구하고 탐구하는 삶에 몰두했기 때문이다. 이는 "검토되지 않은 삶은 살 만한 가치가 없다"(『소크라테스의 변론』 38a)라는 말로 요약된다. 철학적인 탐구는 가장 근본적인 문제들 ─존재의 본성, 인간의 본성, 옳고 그름의 원리들, 그리고 좋은 삶의 구조─ 에 관련하여 앎과 진리를 추구함을 의미한다. 소크라테스는 그런 문제들을 다는 아니더라도 많이 탐구했으므로, 그가 나눈 대화들을 기술하는 일은 철학적인 삶에 관한 기술(記述) 역할을 할 수 있다.

이 정도의 이야기는 공통 기반인 것으로 보인다. 논쟁은 다음과 같이 물을 때 시작된다. 철학의 삶에서 이론이나 교설은 어떤 역할을 하는가? 철학자가 아는 것은 무엇인가? 앎의 추구는 물음에 대한 확고한 답변, 문제에 대한 확정된 해결을 발견함을 의미하는가? 아니면 그것은 끝이 없는 추구를 의미하는가? 이러한 물음들은 회의론자들과 독단론자들 간에 벌어진 고대 후기의 논쟁들에서 최초로 제기되었다. 양 진영은 소크라테스와 플라톤을 자신들의 지지자로 올리려고 노력했다. 소크라테스와 관련하여 나는 3장에서 친숙한 역설들을 넘어서는 어떠한 가르침을 보여 줄 확실한 문헌이 부족하다는 점을 강조했다. 플라톤에 대해서는 할 이야기가 더 많다. 다음은 내가 플라톤의 입장이라고 보는 것에 대한 요약이다.

일관적인 탐구 생활은 진리를 발견함에 몰두함을 의미한다. 성공할 수도 실패할 수도 있지만, 탐구는 진리를 찾고자 노력함을 의미한다. 이러한 노력은 발견해야 할 무엇인가가 탐구 자체와 독립적인 어떤 것으로서 있다는 확신을 전제한다. 진리를 파악하는 것이 적어도 우리가 앎으로써 의미하는 바의 일부라면, 합리적인 앎은 '바깥에' 합리적인 구조를 가진 무엇인가가 파악되고 알려지기를 기다리고 있을 때에만 가능하다. 『테아이테토스』의 표현을 쓰자면, 앎은 진리를 필요로 하고, 진리는 존재(ousia, to on)를 필요로 한다. 즉, 사물들이 실제로 어떠어떠하다는 점, 그리고 그것들이 다른 어떤 방식보다는 일정하게 정해진 방식으로 존재한다는 점을 필요로 한다.[07] 그리고 이것 —사실인 어떤 확실한 것이 있고, 인식될 수 있는 어떤 것이 있다는 점— 은 옳고 그름에 관한 앎과 좋은 것에 관한 앎에 대해서도 타당하다.

그래서 다소 강한 의미의 존재론적인 실재론은 —이는 좋음과 아름다움에 관한 실재론을 포함한다— 플라톤이 생각하는 철학적인 삶으로부터 분리될 수 없다. 그러나 플라톤주의는 우리가 알아야 하는 종류의 사물들과 관련하여 훨씬 더 특별한 어떤 점을 함축한다. 초기부터, 철학에 대한 플라톤의 생각은 강한 형이상학적 시각에 의해 인도된다. 앎의 대상들은 엄밀한 의미에서 일상적인 경험의 대상들이 아니다. 플라톤은 실재에 관한 다

---

07 『테아이테토스』185c-186d를 보라. 'ousia / einai'를 여기에서 존재, 술어, 진리의 주장이나 단언을 포함하는 '어떠어떠함'(being so)으로 번역하는 문제에 대해서는 Kahn(1981)을 보라.

른 세상에서의 직시를 결코 포기하지 않는데, 그는 이를 『향연』에서 디오티마의 가르침으로 제시하고 ―『파이돈』에서는 소크라테스가 철학을 죽음에 대한 준비로 규정하는 부분에서 전개한다― 『국가』에서 보통 사람들의 경험이 어둠 속에 앉아 있는 죄수들에 의해 제시되는 '동굴의 비유'에 의해 확인했다. 후기 대화편들에서 발전되거나 개정된 부분들이 어떻게 나타나더라도, 형이상학적·인식론적 이원론의 기본적인 틀은 모든 곳에 전제되어 있다.

이러한 나의 주장이 이미 문제가 없지는 않기 때문에, 좀 더 말하지 않을 수 없다. 내가 말하는 플라톤의 이원론이란 '존재'와 '생성,' 변하지 않은 채로 있는 영원한 실재들과 왔다가 가는 가변적인 현상들 간의 근본적인 구별이다. 앞의 것은 앎과 엄밀한 의미의 합리적인 이성(nous)에 접근이 가능한 것이다. 뒤의 것은 인간의 일상적인 경험, 즉 감각-지각과 의견의 대상들이다. 이것은 플라톤이 결코 포기하지 않는 이원론이다. 『필레보스』는, 『티마이오스』와 마찬가지로, 생성하고 소멸하는 존재들의 영역을 "항상 동일한 것이고, 생성도 소멸도 허용하지 않는" 존재들과 명시적으로 대조시킨다(『필레보스』 15a-b. 『티마이오스』 27d 6-28a 4 참조). 이와 같은 존재론적인 이원론이 『정치가』에 나오는 변증술에 대한 설명의 바탕에 깔려 있다. 상대적으로 후기작인 이 작품에서 변증술은 여전히 "가장 크고도 가장 귀중한 것," 그리고 존재들 중 비물질적이고 감각을 통해 입수할 수 없는 가장 아름다운 것에 유일하게 접근할 수 있는 방식으로서 인정된다.[08] 플라톤이 자신의 이론으로부터 비판적으로 거리를 두는 모습이 이상할 정도로 큰 『소피

---

08 『정치가』 285e 4-286a 7. 『필레보스』 58a 2에서도 그와 비슷하게, 변증술은 가장 진정한 형태의 앎으로서 참이고도 변하지 않는 실재에 관계한다(περὶ τὸ ὂν καὶ τὸ ὄντως καὶ τὸ κατὰ ταὐτὸν ἀεὶ πάντως). 또한 『필레보스』 59a 7-c 4, d 4, 61e 1-3을 보라.

스트』와 같은 대화편에서조차, 우리는 그러한 기본적 이원성에 대한 분명한 언급들을 발견한다.[09] 그리고 불변하는 '존재'에 관한 형이상학이 『테아이테토스』로부터 신중하게 배제되지만, 플라톤이 말하는 다른 세상의 직시는 어디에서도, 소크라테스가 이 대화편에서 '신적인 것과의 동화'에 의해이 세상의 죽기 마련인 삶의 온갖 악으로부터 벗어나는 것에 대해 쏟아 내는 말에서보다 더 두드러지게 표현되지 않는다.

나는 플라톤이 결코 자신의 형이상학적인 시각에 대한 신념에서 흔들리지 않는다고 결론짓는다. 철학자의 추구 대상인 실재는 영원히 불변하는 '존재'의 보이지 않는 세계에 항상 위치해 있고, 그것은 오직 합리적인 토론과 지적인 이해에 의해서만 파악될 수 있다. 대화편들 각각이 지닌 특별한목적을 위해, 플라톤이 의도적으로 자신의 더 큰 형이상학적 태도에 관한언급을 억누르고자 한다는 점은 사실이다. 그래서 『테아이테토스』는 (성공적이지 못하게도) 불변의 형상들에 대한 언급 없이 앎을 규정하려고 시도한다. 그리고 『소피스트』에서 주요 대화자로서 엘레아 출신의 이방인을 끌어들임으로써 플라톤은 마치 학당 외부로부터 온 것처럼 하나의 관점을 수립하고, 그 결과 플라톤의 형상 이론은 '존재'에 대한 여러 가지 설명 중 하나로서 비판적인 검토를 받을 수 있게 된다.[10] 그와 비슷한 관점의 변화에서, 중기 대화편들에서 형이상학적인 형상들을 지시하는 eidos와 idea라는 용어는 (『파이드로스』에서 시작하는) 이후 대화편에서, 어떠한 강한 형이상학적 주

---

09 그래서 소피스트가 피신하는 '비-존재의 어둠'은 철학적인 변증가가 '영원한 존재의 형태'(idea, 『소피스트』 253e-254a)와 접촉하는 곳의 눈부신 밝음과 대조된다.

10 『소피스트』에 나오는 형상들에 관한 '엘레아학파적인' 비판은 물론 파르메니데스 자신에 의해 도입된 비판적인 태도를 이어간다. 그러나 『파르메니데스』에 나오는 반론들은 형상 이론의 특정한 표현(그리고 아주 젊은 소크라테스에 의해서만 옹호된 것)을 겨냥한 것으로 보일 수 있는 반면, 『소피스트』 246b와 248a에 나오는 형상들의 친구들에 귀속된 견해는 내가 플라톤 자신의 입장이 지닌 뚜렷한 특징으로 여기는 기본적인 이원론을 주장한다.

장 없이, 논리적인 개념들 또는 사물들의 부류들을 나타내는 것처럼 사용된다.

표현에 그리고 이론적인 관점에 보이는 그러한 비범한 유연성은 플라톤 작품의 독특한 특징이다. 나는 그의 사상을 나타내는 글에 보이는 그러한 체계적인 변화가 플라톤이 인간의 대화와 인식이 지닌 관점적인 제약에 대해 가진 견해를 반영한다고 생각한다. 이와 동시에 그것은 그가 변증술이, 무조건적인 앎의 단계에 이르기 위한 시도에서, 가능한 모든 조건들을 넘어설 수 있는 토론의 방법이라고 생각한다는 점을 나타낸다. 그렇다면, 변증술적인 관점에 보이는 그러한 빈번한 변동 사항들을, 마치 그것들이 플라톤의 철학적 입장에서 일어난 근본적인 변화들을 나타내는 것처럼 해석하는 것은 확실히 잘못이다. 반대로, 플라톤에서 관점의 변동은 어떠한 인간적인 파악을 위해, 무엇보다도 불변의 실재에 대한 통찰을 글로 표현하기 위해 불가피한 조건인 것처럼 보일 것이다.

이러한 해석에서, 형상에 관한 플라톤의 설명에 보이는 변동은 글로 쓰인 말에 대한 그의 불신을 반영할 뿐만 아니라, 인간의 조건에 대해 그가 가진 보다 심오한 감각을 반영한다. 그러한 조건 속에서는 이성적인 혼이 실재에 접근하는 일은 혼에 구현된 육신 때문에 그리고 감각-지각에 대한 혼의 지속적인 연루 때문에 제한되고, 그 결과 우리가 가지적인 실재에 대해 말하고 생각하는 것은 불가피하게 현상과 의견(doxa)의 침투를 받을 수밖에 없다. 이것이 형상에 대한 플라톤의 이해에 대해 충분히 적합한 확정적 진술이 없는 이유이자, 그러한 것이 있을 수 없는 이유이다. 관점적인 제약을 받는, 문맥에 의존하는 다양한 표현들만이 있을 수 있다.

그렇다고 플라톤이 표현상 보인 변화 중 몇 가지에 속한 이론적인 의미를 부정하는 것은 아니다. 예를 들어, 『파르메니데스』의 비판 후에, 플라톤은 감각적인 현상과 형상들 간의 관계에 관한 설명으로서 분유 개념을 포기하고자 한다. 그 대신 『소피스트』에서, 그는 형상들 간의 관계를 나타내는 곳에서만 분유를 사용한다. 『소피스트』도 생명, 혼, 이성을 실재들 속에 놓기 위한 관심이라든가 변화(kinēsis) 자체를 존재나 실재의 한 가지 방식으로 인정하려는 고집과 같은, 여타 실질적인 점들을 새로 도입한다(249b 2, d 4).

생명과 혼이 갖는 존재론적인 지위를 그렇게 새롭게 강조하는 점은 플라톤이 창조의 모델을 '가지적인 생명체'(zōion noēton)로 기술함으로써 『티마이오스』에 반영된다. 그리고 제일 먼저 창조되는 것은 우주의 '혼'이다. 이것은 생성되지만 보이지 않는 존재로서, 그 자체는 영원히 불변하는 원운동을 한다. 『티마이오스』에서 자연을 신이 가진 기술의 작품으로 파악한 부분은, '공간'이나 연장(延長)을 '생성'의 '수용자'로 인정한 부분과 더불어, 어떻게 영원한 형상들이 변화하는 감각계에 관계될 수 있는지에 관한 견해가 근본적으로 변경된다는 점을 나타낸다.

그럼에도, 그러한 새로운 점들은 모두 '존재'와 '생성'의 이분이라는 보다 넓은 틀 내에서 이루어진다. 만일 (우주의 혼이든 개인의 혼이든) 이성적인 혼이 가지는 존재론적인 지위가 문제가 된다면, 그것은 그 혼이 동시에 감각될 수 없는 '이성의 대상이면서 또한 스스로 움직이는 것으로 규정되기 때문이다. 우리는 이 경우 '존재'와 '생성' 간의 구별은 분명히 배타적이지도 철저한 것이지도 않다는 점을 본다. 플라톤에게 혼은 영원과 사멸 사이에 있는 중간 영역을 이룬다. 이런 역설적인 견해는 환생의 신화에, 그리고 『티마이오스』에서 '세계 혼'이 창조되는 이상한 혼합 과정에 상징적으로 표현된다. 그러나 혼에 부여된 그러한 중간자적인 역할은 불변의 '존재'와 감각될 수 있는 '생성' 사이에 있는 그것의 위치에 의해 정확히 규정된다.

『국가』에서 『법률』에 이르는 플라톤의 정치 이론 전개에서, 우리는 안정적인 이론적 뼈대에 보이는 그와 비슷한 유형의 연속성과 변화를 추적할수 있다. 그의 최후 작품에서 플라톤은 철학자-왕의 역할 대신 법의 지배를 택하고, 사유 재산과 더불어 전통적인 가족을 다시 인정하지만, 그는 분명히 이러한 해결책을 차선으로 간주한다. 이상적인 이론의 수준에서는, 최고 형태의 정부에 관한 그의 시각이 변함없이 그대로다.[11]

우리가 보듯이, 플라톤의 형이상학적인 입장에 대해서도 마찬가지이다. 만일 형상 이론이 여기에서 플라톤적인 이원론으로 기술된 일반적인 형이상학적 뼈대에 대한 언명을 뜻한다면, 그리고 그것이 인간의 감각에 속한 보통의 대상들과는 본질적으로 다른 종류의 실재에 대한 접근으로서, 앎을 파악한다는 점과 함께 한다면, 플라톤이 언젠가 그러한 이론을 포기했다고, 또는 심지어 그가 포기를 생각했다고 추정할 이유가 전혀 없다. 다른 한편으로, 만일 형상 이론이 『파이돈』에 또는 『파르메니데스』의 서론 부분에 표현된 분유에 관한 이론을 뜻한다면, 분명히 플라톤은 그러한 표현으로 만족하지 않았으며, 『티마이오스』에서 그는 그것을 사뭇 다른 어떤 것으로 교체했다.

오늘날 '형이상학적인 실재론'(metaphysical realism)이란 용어는 유일하게 참인 어떤 기술(記述)이, 세계가 존재하는 방식을 나타내는 어떤 확정된 (언어 속의 또는 사유 속의) 표현이, 있다거나 있을 수 있다는 점을 받아들이는 견해를 나타내기 위해 때때로 사용된다. 이러한 다소 특별한 의미의 용어에서는, 아마도 플라톤이 형이상학적 실재론자로 간주될 수 없을 것이다. 플라톤의 이론에 관한 모든 표현은 잠정적이다. 어떠한 진술도 최종적인 설명이 되지 않을 것이다. 우리는 형상 이론이 『파이돈』에서 가정이나 가설로서 제시된다는 점, 그리고 대화가 계속해서 '최초의 가설들'(hypotheseis, 107b 5)을 탐구해야 할 것이라고 촉구하는 소크라테스의 말과 더불어 끝난다는 점을 기억한다. 『국가』는 우리에게 가설을 넘어서는 으뜸 원리에 대한 전

---

11 이 점에 관한 보다 풍부한 서술은 Kahn(1995)을 보라.

망을 제공하지만(511b), 그것은 그러한 원리를 표현하려고 시도하지 않는다. 의심할 여지없이, 보다 전문적인 청중들과의 구술적인 토론에서, 플라톤은 철학적인 logos의 대가로서 한층 전문적인 언어를, 그러한 청중들을 상대하기에 적합한 수사술적인 도구로서 구사할 수 있었을 것이다. 아리스토텔레스가 '하나'와 '확정되지 않은 두 짝'에 관하여 전하는 기록되지 않은 이론들(agrapha dogmata)은 그러한 종류의 대화를 얼마간 제시하고 있음이 틀림없다.

만일 글로 쓰이지 않은 이론들이 그런 식으로, 진전된 것이지만 여전히 잠정적인 표현인 것으로서, 사물들의 단일성과 다수성에 대한 지속된 이해 노력을 위한 일종의 코드 또는 암호로서 이해된다면, 정의상 그것들은 글로 쓰인 플라톤 전집에 든 어떤 것, 즉 한 곳에 얼어붙어 있고 이해의 방향으로 조금도 더 나아갈 수 없는 것을 넘어선다. 그러나 만일 그러한 이론들이 교설로서, 앎에 관한 확정적인 표현, 가지적인 실재에 관한 직접적인 서술로서 받아들여진다면, 그것들은 단순한 의미로 이해된 글로 쓰인 진술들이 겪는 것과 똑같은 결함들을 겪는다. 플라톤을 비전(秘傳)적으로 해석하는 입장이 지닌 잘못은 '글로 쓰이지 않은 이론들'이 대화편들에서 발견되는 것에 비해 가지는 장점을 잃지 않고서도 글로 쓰일 수 있다고 생각한다는 점이다. 다른 진술들에서처럼 으뜸 원리들에 관한 진술에서, 글쓰기는 철학적인 사유로부터 그것의 자연스러운 생명과 움직임을 계속해서 명료화하고 수정하고 정당화할 기회를 빼앗는다. 아리스토텔레스가 글로 쓰이지 않은 이론들을 적어 둔 순간, 그가 적은 것은 또 다른 부적합한 밑그림, 즉 철학적인 삶의 목적과 목표에 관한 또 다른 불만족스러운 이미지일 뿐이다.

5. 『일곱째 편지』와 언어의 한계

언뜻 보기에 『일곱째 편지』는 우리가 『파이드로스』에서 발견하는 어느 것보다 더 근본적으로 언어에 대한 불신을 나타내는 것처럼 보인다. 『파이드로스』가 철학에서 글로 쓰인 말의 한계들을 개탄하고 구술적인 가르침의 우월성을 주장하는 반면, 『일곱째 편지』는 언어 그 자체의 약점에 대해 보다 일반적인 공격에 착수하고(343a 1), 말하기와 글쓰기를 한꺼번에 비난한다(341d 5, 343d 4-7). 『편지들』은 가장 중요한 철학적인 통찰들은 본질적으로 전달될 수 없다는 점을 함축하는 듯하다. 그러한 통찰들은 "다른 종류의 앎들과 달리 결코 말로 옮길 수 없다."[12] 말로 나타낼 수 없다는 이런 주장은 『편지들』의 작가에서, 대화편들의 아주 두드러진 특징인 합리적 토론, 즉 logos에 몰두함과 전혀 양립할 수 없는 신비주의 경향을 드러내는 것으로 많은 연구자들에게 보였다.

나는 그렇게 보이는 것이 잘못된 것이라고 주장한다. 그리고 『편지들』에 나오는 변증술적 훈련에 관한 기술이 본질적으로 『파이드로스』, 『국가』, 『파르메니데스』의 가르침과 같다고 주장한다. 그러한 종류의 앎을 '말로 옮길 수 없는 것'으로 기술하는 부분 바로 뒤에 나오는 것은 이해가 그 대신 "관련 주제와의 오랜 교유와 (선생과 제자의) 공동생활을 거친 후에" 온다는 추가적인 설명이다. 그리고 후속의 내용은 공동생활이 logos의 생활이라는 점을 밝힌다. 말들, 정의들(logoi), 사례들, 감각들과의 지속적인 훈련을 거친 뒤에야, "악의 없이 우호적인 검토와 논박(elenchoi) 속에서 물음과 대답을 사용할 때," 관련 주제가 이성과 이해력(phronēsis와 nous)에 의해 인간에게 가능한 정도까지 조명될 수 있다(344b). 우리는 여기에서 『국가』에 나오는 '좋음'

---

12 341c 5: ῥητὸν γὰρ οὐδαμῶς ἐστιν ὡς ἄλλα μαθήματα.

의 형상을 보는 데에 이르는 긴 철학적인 훈련 과정에 대한 새로운 기술을 발견한다. 파르메니데스는 그런 훈련이 어떤 이가 형상들에 관한 적절한 설명을 제시할 수 있기 전에 거치게 될 훈련이라고 말한다(『파르메니데스』 135c-d).

그러나 변증술에 대한 플라톤의 생각이 본질적으로 대화편들에서나 『편지들』에서나 같다면, 왜 그는 여기에서 언어라는 매체 자체에 대해 그토록 더 회의적인가? 그토록 더 말들에 내재된 공허함과 불안정성을 주장하는 가?(343a-c).[13] 두 가지 비난 ─안정성(to bebaion)의 결여와 명료성(to saphes)의 결여─ 이 여기에서나 『파이드로스』에서나 같다는 점을 주목하라. 그것들은 이제 말들 일반에, 무엇보다도 "어떤 사물들이 글로 적힐 때 일어나듯 불변의 형태로 있는" 말들에 겨냥되어 있다(343a 3). 안정성의 외양은 이중으로 기만적이다. 그러므로 글로 쓰인 말은 더 큰 죄인이다. 그러나 구술된 말도 원칙적으로 같은 종류의 제약들을 받지 않으면 안 된다.

나이가 든 철학자가 구술적인 가르침으로 그가 성공한 것에 대해 더 환멸을 느낄 수 있었을까? 아마도 그랬을 것이다. 그러나 여기에서 그의 생애와 관련된 추정에 호소할 필요는 없다. 먼저, 바로 언어의 유혹들에 대한 민감한 반응 때문에, 플라톤은 결코 정확하게 자신의 말을 되풀이하는 것을 좋아하지 않는다. 그리고 우리는 새로운 형태로 이전의 생각들을 표현하는 그의 모습을 받아들일 준비가 항상 되어 있어야 한다. 그리고 이 경우, 그가 글로 쓰인 의사소통뿐만 아니라 **구술적인 의사소통**에 속한 오류 가능성을 『편지들』의 맥락에서 강조할 분명한 이유가 있다. 플라톤은 그가 몸소 설명하는 것을 들음으로써 자신의 철학을 이해했다고 주장하는 디오뉘시오

---

13 언어의 허약성(τὸ τῶν λόγων ἀσθενές)은 사물들의 성질(τὸ ποῖόν τι)을 더불어 표현하지 않고서는 사물들의 본질이라든가 사물들이 무엇인지를 표현할 수 없다(342e 3-343a 1).

스 및 여타 사람들을 언급하고 있다. 플라톤은 그런 주장을 모두 허물기 위해, 『파이드로스』에서 ―이 대화편은 특히 철학에서 읽기와 글쓰기에 속한 역할을 전문적인 교사와의 체계적인 훈련에 속한 역할보다 하위에 두기 위해 계획되었다― 그가 펼친 논의에 의해 요구되지 않는 방식으로, 구술적인 설명 자체가 가진 한계들을 주장할 수밖에 없다. 그리고 바로 그러한 종류의 훈련을 통해, 여러 가지 유리한 조건 아래에서, "한번 붙으면 계속해서 스스로 타는 불을 배우는 자의 혼 안에다 붙여 주는 튀는 불꽃"이 산출된다 (『일곱째 편지』 341d 1).

그래서 나는 『일곱째 편지』가 『파이드로스』에 나오는 언어의 한계들에 관한 이야기와 모순되지 않고 그것을 보충할 뿐이라는 결론을 내린다. 그러나 그러한 한계들을 구술적인 말로까지 일반화함으로써 『편지들』은 말로 옮겨질 수 없음의 주제와 신비주의의 유령을 불러일으키지 않는가? 플라톤은 실제로 어느 정도까지 철학적인 진리가 말로 옮겨질 수 없다고 의도하는가?

여기에서 나는 신비주의를 두 가지로 이해한다. 첫째, 그것은 가장 중요한 진리들과 통찰들은 언어로 전달될 수 없다는 주장이다. 둘째, 그것은 인간의 최고 인식 경험과 실재와의 가장 심오한 접촉은 본질적으로 비-이성적이거나 이성을 초월한 것, 지적인 이해의 범위를 넘어선 것이라는 주장이다. 첫 번째 주장은 아마도 두 번째 주장으로부터 도출될 수 있을 것이다. 그러나 두 주장을 서로 독립적인 것으로 해석할 수도 있다. (그래서 우리는 전적으로 이성적인 어떤 통찰을 적절하게 표현할 언어의 능력을 부정할 수 있을 것이다. 한 해석에 따르면 비트겐슈타인이 『논리-철학 논고』에서 펼친 의미 이론과 관련하여 그렇게 했다. 그리고 다른 한편으로, 우리는 이성을 초월하는 신비적인 경험은 냉정한 토론이 아닌 시, 음악, 춤에서 표현될 수 있다고 주장할 수 있을 것이다.) 그러한 두 주장이 본질적으로 연결되어 있는 철학적인 신비주의의 최고 사례는 플로티노스의 체계이다. '하나'와 '하나가 됨'(oned)이란 그의 개념은 모든 이성적인 이해를 초월한다. 모든 이성적인 토론은 말할 것도 없다. 플로티노스에게, 추론적인 사유와 언어는 사유 주체와 사유 대상을 근본적으로 구별함으로써 모든 종류의 다수성을 끌어들이는 뿌리 깊은 약점을 지닌다. 그러나 플로티노스에서 바로 그러한 것은 하나임의 경험을 통해 극복되어야 할 구별이다.

나는 플라톤의 사상에 그런 강한 의미의 신비적인 요소는 없다고 말하고 싶다. 한 혼에서 다른 혼으로 튀는 불꽃은 무아의 경험도 아니고 조용한 명상의 결과도 아니다. 그것은 합리적인 토론과 설명을 많이 거친 뒤에 밝아지기 시작하는 이해의 빛이다. 플라톤은 어디에서도 인식 주체와 인식 대상 간의 구별을 흐리거나 초월하려고 시도하지 않는다. 혼과 이성(nous)은 어디서든 형상들로부터, 또는 『일곱째 편지』의 용어를 빌리자면, "앎의 대상이자 참으로 실재하는 것(on)인 다섯 번째의 것"으로부터 뚜렷하게 구분된다(342b 1). 그리고 그러한 실재를 이해하는 데로 이르는 길은 전적으로 이성적이다. 그것은 수학과 dialegesthai의 방식, 즉 단일성과 다수성, 본질과 종류들에 관한 대화를 통한 분석에 의해 우리를 인도한다.

플라톤이 최고 형태의 앎을 언어에 의한 의사소통, 즉 dialegesthai를 당연히 가리키는 이름(dialektikē)으로 부르길 고집한다는 사실은 그가 그러한 앎을 본질적으로 말로 옮길 수 없는 것으로 간주하지 않는다는 점에 대한 결정적인 증거라고 나는 말하고 싶다. 그러나 플라톤은 사상가가 글에서든 말에서든 얼마나 쉽게 오해되는지를 뼈저리게 느끼고 있다. 플라톤이 언어에 대해 가지는 좌절감은 어느 정도 모든 작가와 강연자가 가졌던 경험—청중이 누군가 아주 세심하게 선택한 말들을 얼마나 완전하게 오해할 수 있는지를 겪은 데—에 뿌리를 두고 있다. 작가가 사유와 표현 간의 괴리를 느끼는 점도 있다. 이는 작가가 마음속에 품은 생각을 전달하지 못했다는 느낌이다. 사상가가 더 철저하게 독창적일수록, 그런 문제는 더 심각해질 것이다. 베르그송은 철학작가가 자신의 생각을 표현할 때 느끼는 좌절감을 우리에게 생생하게 설명했다. 버클리와 스피노자의 철학을 말하면서, 또한 분명히 자신의 작품도 염두에 두면서, 베르그송은 우리가 복잡한 철학 체계의 내적 단일성을 간파할 때, 철학자의 사상은 한 지점에 집중되어 있는 것처럼 보인다고 주장한다.

> 이 지점에 단순한, 그지없이 단순한 어떤 것이 있는데, 그것은 엄청나게 단순해서 철학자는 그것을 말하는 데 성공한 적이 없었다. 그것은 그가 평생 동안 계속해서 말하는 까닭이기도 하다. 그는 고치고, 고친 것을 또 고쳐야겠다는 느낌 없이는 마음속에 둔 생각을 표현할 수 없을 것이다. ⋯ 그러므로 무한히 계속 진행될 수 있는 그의 이론이 지닌 모든 복잡함 때문에, 단순한 직관과 이 직관을 표현하기 위해 그가 가진 수단들 간에 있는 비통약성(간극)이 있을 뿐이다.[14]

플라톤은 아마도 베르그송의 철학적 직관 개념에 공감하지 않을 것이다. 그러나 나는 그가 (1) 그의 철학적 시각의 단순한 명료성 및 확실성과 (2) 그 시각의 가장 세련된 문학적 표현에도 들어 있는 부정확성과 애매성 간에 있는 비통약성(간극)에 대한 느낌을 공유할 것이라고 생각한다.

그러나 플라톤에게는 무엇인가가 더 있다. 단어들과 문장들은, 쓰인 것이든 말한 것이든, 감각 가능한 영역, '생성'의 영역에 속한다. 그리고 단어

---

[14] Bergson(1960), 119쪽: "En ce point est quelque chose de simple, d'infiniment simple, de si extraordinairement simple que le philosophie n'a jamais réussi à le dire. Et c'est pourquoi il a parlé toute sa vie. Il ne pouvait formuler ce qu'il avait dans l'esprit sans se sentir obligé de corriger sa formule, puis de corriger sa correction ⋯ Toute la complexité de sa doctrine, qui irait à l'infini, n'est donc que l'incommensurabilité entre son intuition simple et les moyens dont il disposait pour l'exprimer."

들과 이것들이 지시하는 것들 간의 자의적인 연결이 있을 뿐이다.[15] 단어들이 지니는 의미들조차, 인간 사유에 포함되어 있는 한, 플라톤이 『편지들』에서 네 번째의 것으로 부르는 것, 즉 "소리 안에도 물체의 형태들 안에도 있지 않고 혼 안에 있는 앎과 이성(nous)과 참인 의견"에 속한다(342c). 그러한 사유들은 물질적이지도 가시적이지도 않지만, 그럼에도 그것들은 죽음을 면치 못하는 인간 혼 안에 있음으로써 일종의 헤라클레이토스적인 (보편적인) 흐름(변화) 속에 잡혀 있다.

그래서 언어는 다음과 같은 이중적인 측면을 면할 수 없다. 무엇보다도 먼저, 말과 사물 간에, 또는 말과 사유 간에 어떠한 확실한 상호 관계도 없다. 둘째, 최고의 인간 사유도 여전히 관점에 입각한 것이고, 형상들의 불변하는 무시간적 실재성에 비해 여전히 존재론적으로 결함이 있다. 그러므로 실재의 본성, '참 존재'의 본성은 불완전하게 우리의 사유에 반영되고, 이보다 훨씬 불완전하게 우리의 말에 반영된다.[16]

나는 그것이 신비주의가 아니라 형이상학이라고 생각한다. 무엇이라고 부르든지, 그것은 『일곱째 편지』의 이론이다. 그리고 나는 플라톤이 작가이자 교사로서 자신의 작품에 대해 마지막으로 사색한 것을 제시하는 그 이론은 그의 가르침과 문학적으로 실천된 대화편들과 완전히 양립할 수 있다고 본다.

---

15 『일곱째 편지』343b.
16 여기에 제시된 견해와 본질적으로 공감하는, 플라톤이 자신의 저술에 대해 가지는 태도에 관한 논의는 Friedländer(1958), 118-25쪽을 보라.

크세노폰의 플라톤 텍스트
사용에 관하여

3장 3절에서 우리는 『소크라테스 회상』 4권 5-6장에 나오는 변증술 관련 텍스트를 검토했다. 나는 이 텍스트에서 플라톤의 영향이 틀림없는 것이라고 믿는다. 그러나 그것은 고립된 사례가 아니다. 나는 여기에서 크세노폰이 플라톤에 나오는 자료에 얼마나 널리 의존하고 있는지를 증명하기 위해 그와 비슷한 많은 텍스트를 살펴보려 한다.

플라톤이 크세노폰에게 끼친 그런 영향은 과장되어서는 안 된다. 그가 플라톤 텍스트를 사용한 것은 본질적으로 피상적이다. 그 성격 면에서 거의 장식적이다. 크세노폰은 플라톤이 그린 소크라테스의 모습에 실제로 공감하지 않았던 것처럼 보인다. 그래서 그의 『향연』은 확실히 플라톤의 대화편에 의해 고무되고 대부분 같은 주제에 바쳐진 것이지만, 우리가 잘 상상할 수 있는 그 어떤 것보다 더 어조와 내용 면에서 플라톤의 작품과 다르다. 폰 프리츠가 지적했듯이, 크세노폰이 플라톤과 경쟁하고자 했다고 생각하면 이는 잘못일 것이다. 그는 플라톤이 제시하는 소크라테스에 관한 영적인 견해를 간단히 배척하고, 그래서 그 견해를 무시한다.[01] 다른 한편으로,

안티스테네스와 아이스키네스에서, 크세노폰은 그가 어느 정도 자신의 묘사에 수용할 수 있는, 보다 그의 마음에 맞는 소크라테스에 관한 묘사를 발견했다.

크세노폰과 플라톤 간의 유사점들을 모두 연구하려면 별도의 단행본이 필요할 것이다. 나는 다음에 나오는 내용이 완전하다고 주장하지는 않는다. 단지 『소크라테스 회상』 가운데, 크세노폰이 플라톤에 대해 가지는 직접적인 문학적 의존성이 내가 보기에 적어도 개연적인 8-10개 정도의 구절을 주목한다. 그리고 『향연』에서는 그런 의존성이 확실해 보이는 두 개의 구절을 주목한다.

1. 『소크라테스 회상』 1권 6장 14절

나로 말하자면, 다른 어떤 사람이 좋은 말이나 개 또는 새한테서 즐거움을 느끼듯, 이와 같은 방식으로, 심지어는 더할 정도로 나는 좋은 친구들에서 즐거움을 느낀다.

이것은 분명히 말, 개, 새가 모두 비슷한 비유에서 언급되는 『뤼시스』 211d-e를 부분적으로는 말 그대로 되풀이한 것이다. 그러나 맥락은 사뭇 다르다. 그리고 우정에 관한 크세노폰의 논의는 실제로 플라톤의 대화편을 이용하지 않는다.

2. 『소크라테스 회상』 2권 6장 6절

우리는 조각가를 그가 하는 말들(logoi)에 의해 판단하지 않는다. 그가 좋

---

01 von Fritz(1935), 19-45쪽, 특히 43쪽 이하.

은 조각상들을 만들어 낸 것을 볼 때, 우리는 그를 신뢰하고 그가 앞으로 좋은 작품을 만들어 낼 거라고 믿는다.

이것은 『라케스』 185e 이하에 나오는 생각, 즉 기술(technē)의 소유는 만들어 낸 작품의 질에서 드러날 수 있다는 생각에 밀접하게 관련된다. 말 그대로는 한 단어(pisteusai, '믿는다')에서만 일치한다. 그리고 우리는 그것을 소크라테스의 상투어로 생각할 수 있을 것이다.[02] (아래 5에 나오는 『소크라테스 회상』 4권 2장 12절의 비슷한 구절과 비교하라.)

3. 『소크라테스 회상』 3권 9장 1-6절

이 부분은 아마도 『소크라테스 회상』에서, 플라톤의 대화편 『프로타고라스』를 상세하게 사용하고 있음을 나타내는 가장 중요한 구절일 것이다. 3권 9장은 용기가 가르쳐질 수 있는 것인지 타고난 것인지를 묻는 물음과 더불어 시작한다. (『프로타고라스』에서 가르쳐질 수 있음의 물음은 전반적으로 덕에 대해 제기된다. 그러나 마지막의 논의는 용기에 집중된다.) 소크라테스에게 합당한 대답("인간들은 타고난 바가 다르지만, 훈련과 연습이 결정적일 수 있다")을 귀속시킨 후,[03] 크세노폰은 나아가 말한다.

그는 지혜(sophia)와 분별(sōphrosynē)을 구별하지 않았다. 그러나 그는 좋은 것과 고귀한 것을 알고 이것을 행하는 일은, 그리고 수치스러운 것을 알고 이것을 피하는 일은 지혜롭기도 하고 분별 있기도 하다고 판단했다. (3권 9장 4절)[04]

---

02 Gigon(1956, 130쪽 이하)은 『라케스』의 유사 구절을 주목하고, "우리는 둘에 공통되는 출처를 생각해야 하지 않을까?"라고 묻는다. 그러나 이 물음은 그가 크세노폰이 플라톤으로부터 나오는 자료를 사용한다는 것을 특이하게도 거부하고 있다는 점을 반영한다.

03 『프로타고라스』 351b 1-2 참조.

이것은 『프로타고라스』 332a-333b를 ─여기에서 소크라테스는 sophia 와 sōphrosynē가 같은 반대 개념, 즉 어리석음(aphrosynē)을 가진다는 점을 보여 줌으로써 그 둘이 같다고 주장한다─ 약간은 혼란스럽게 자유 변경한 구절이다. 반대되는 개념을 통해 이렇게 논증을 펼치는 것과 유사한 것이 3권 9장 6절에 이어지는 크세노폰의 구절에 있는 것처럼 보인다. "그는 정신 나감(mania)이 지혜에 반대된다고 말했지만, 정신 나감을 앎의 결여(anepistēmosynē)와 동일시하지는 않았다." 하지만 크세노폰의 일차적인 관심은 『프로타고라스』의 중심 테제를 제시하려는, 다소 성공적이지 못한 시도이다.

그는 정의 및 기타 모든 덕이 지혜라고 말했다. 왜냐하면 정의로운 행위들과 덕의 모든 행위들은 고귀하고 좋기 때문이다. 그리고 이러한 것들을 아는 사람들은 그것들 대신 다른 어떤 것도 선택하지 않을 것이다. 그리고 그러한 앎을 가지지 못한 사람들은 (덕 있게) 행동할 수 없으며, 노력해도 그들은 실패한다(또는 잘못을 저지른다, hamartanein). (3권 9장 5절)

여기에서 행위의 동기에 관한 이론은 소크라테스가 『프로타고라스』 358c 7-d 4에서 전개하는 합리적인 선택에 관한 이론 ─모든 사람은 더 나은 것을 선호하고, 두 개의 악 가운데 아무도 더 큰 것을 선택하지 않는다는 이론─ 으로 의도된 것처럼 보인다. 이것이 덕과 앎 간의 관계에 대한 소크라테스의 생각을 자신의 버전으로 만들어 보려는 크세노폰의 핵심 시도이

---

04 텍스트에 문제가 있다. 그러나 대략 의미는 그와 같다. Delatte(1933, 113쪽)는 다음과 같이 옮긴다. "그는 좋고 고귀한 것들을 행할 줄 알고 수치스러운 것들을 피할 줄 아는 사람은 지혜롭기도 하고 분별 있기도 하다고 판단했다."

다. 그러나 그는 이러한 생각을 그다지 먼 곳까지 이끌어가지 않는다.[05]

4. 『소크라테스 회상』 3권 9장 8절

『프로타고라스』에서 끌어온 것임이 거의 확실한 방금 인용한 구절들에 곧바로 이어서, 크세노폰은 그보다 훨씬 나중에 쓰인 플라톤의 대화편 『필레보스』를 이용하는 것처럼 보인다.

> 질투(또는 악의, phthonos)가 무엇인지를 물으면서, 소크라테스는 그것이 일종의 고통이라는 점, 그러나 그것은 친구들의 불행에 대한 고통도 적들의 행운에 대한 고통도 아니라는 점을 발견했다. 그는 친구들의 성공에 배가 아픈 사람들만이 질투(또는 악의)를 느낀다고 말했다. (3권 9장 8절)

이런 약간의 심리적인 통찰은 『필레보스』에서 플라톤이 phthonos에 대해 다소 인위적으로 논의한 내용을 수정한 것처럼 들린다. 그곳에서 phthonos는 이웃(48b 11)이나 친구(49c 3-6, 50a 2-3)의 불행에 대해 느끼는 즐거움과 고통의 혼합으로 규정된다. 플라톤의 논의는 훨씬 복잡하고 즐거움에 관한 그의 분석이라는 관심사에 의해 훨씬 직접적으로 유발된 것이라서, 그것이 크세노폰에 의존한 것일 수 없고, 오히려 그 반대일 가능성이 있다. 크세노폰은 플라톤의 설명이 phthonos에 든 자연스러운 적대감에 충실하지 못하

---

05 Delatte의 논평과 비교하라(1933, 122쪽). 그러한 문제들은 통일성과 조화감이 부족한 상태에서 다뤄지는데, 이는 생각을 흐리게 한다. "크세노폰의 (소크라테스에 대한) 회상들(!)은 혼란스럽다. 또는 그는 그의 글들에서 발견했던 철학적인 자료를 이해하고 이를 명료하게 표현할 능력이 없다." Gigon보다 먼저 저술했지만 Delatte에게는 (Gigon에게처럼) 크세노폰이 '감당할 수 없는' 자료가 또 다른 소크라테스 관련 작가의 글에서 발견될 수 있으리라는 생각이 떠오르지 않는다. 또한 Vlastos(1991), 99쪽 이하에 있는 그 구절에 관한 논의를 보라.

다고 느꼈을지도 모른다. 그래서 그는 플라톤의 실수를 꼬집을 기회를 잡았다. 아리스토텔레스도 phthonos를 다른 사람들의 성공에 대한 (즐거움이 아닌) 일종의 고통으로 규정한다는 점을 주목하라.[06] 크세노폰이 『필레보스』와 친숙하다는 점을 아는 것은 놀랍지 않을 것이다. 『테아이테토스』 이후의 플라톤 대화편들 중에서, 『필레보스』는 소크라테스가 중심 역할을 맡고, 크세노폰이 흥미를 느낄 주제가 담긴 유일한 대화편이다.

5. 『소크라테스 회상』 4권 2장 12-18절

에우튀데모스라 불리는 사람과의 긴 대화에서, 크세노폰의 소크라테스는 『국가』 1권의 몇 구절을 떠올리게 하는 용어를 쓰며 정의(正義) 문제를 다룬다. 먼저, 정의에 고유한 일 또는 기능(ergon)이 목공 같은 기술의 일 또는 기능에 비유된다(4권 2장 12절. 『국가』 1권 332d 2에 나오는 technē, '기술'로서의 정의와 335d 11에 나오는 정의의 ergon, '기능' 참조). 더 나아가, 정의가 만들어 내는 것을 규정하면서, 소크라테스는 거짓말이나 도둑질처럼 보통 옳지 못한 것으로 여겨지는 많은 행위들이 특정한 상황들에서는 옳은 것으로 드러날 수도 있다는 점을 지적한다(4권 2장 14절 이하. 『국가』 1권 331c 참조). 여기에 나온 주장은 (『국가』 1권 332a 9 이하에서 폴레마르코스가 한 것처럼) 친구에게 행한 옳지 못한 행위가 적에게 했을 때에는 옳은 것이 된다는 주장이다(4권 2장 15-16절). 그러나 두 텍스트에서 그러한 해결은 불만족스러운 것으로서 배척된다. (『국가』 1권과 유사한 점을 보이는 또 다른 구절은 아래 10을 보라.)

6. 『소크라테스 회상』 4권 2장 19-20절

바로 이어지는 에우튀데모스와의 대화에서, 크세노폰의 소크라테스는

06 『연설술』 2권 9장 1387b 21. Hackforth(1945), 각주 92에 인용됨.

정의에 관한 앎과 읽고 쓰는 능력에 관한 기술(grammatikē) 간의 대비를 전개하는데, 이는 『소 히피아스』의 역설, 즉 의도적인 잘못된 행위가 비의도적으로 행한 같은 행위보다 더 뛰어나다는 점을 떠올린다. 여기에서, 자발적으로(hekōn) 잘못 쓰거나 읽는 사람은 비자발적으로(akōn) 실수하는 사람보다 '읽고 쓰는 능력에서 더 능숙한' 사람이다. 왜냐하면 자발적으로 실수하는 사람은 "원할 때면 그것을 맞게 행할 수 있기" 때문이다. 이와 비슷하게 자발적으로 거짓말하고 속이는 사람은 옳은 것이 무엇인지를 아는 사람이고, 그러므로 그 자신은 무지로 말미암아 거짓을 말하거나 잘못 계산하는 무지한 사람보다 더 옳다고 소크라테스는 말한다(4권 2장 20-21절). 『소 히피아스』 366c-367c(글쓰기와 계산)와 375d-376b(자발적으로, 비자발적으로)와 유사한 점들은 너무나도 긴밀한 것이어서 우연일 수가 없다.[07] 그러나 여기에서 가련한 에우튀데모스를 당혹케 하는 것 말고는 그런 역설에 대해 어떠한 것도 이루어지지 않는다.

7. 『소크라테스 회상』 4권 2장 32-35절

자기 자신이 무지하다는 자백으로 에우튀데모스를 이끄는 마지막 단계에서, 소크라테스는 건강과 지혜(sophia)조차도 —그 결과가 때로는 이로울 뿐만 아니라 해로울 수도 있기 때문에— 좋은 것이면서도 이에 못지않게 나쁜 것일 수도 있다고 지적한다. 건강, 힘, 부, 명성, 정치권력처럼 보기에 좋은 모든 것들이 경우에 따라서는 큰 불행의 근원일 수 있다. 크세노폰은 여기에서 지혜만이 항상 유익한 좋은 것이라는 점을 보여 주도록 계획된 플라톤의 두 논증(『메논』 87d-89a, 『에우튀데모스』 281a-e)을 멋대로 고쳐 자기 식으로 제공하고 있다.[08]

---

07 Maier(1913, 54-56쪽)가 오래전에 인지했던 점이다.

8. 『소크라테스 회상』 4권 4장 5절

시간이 조금 지난 뒤 아테네에 도착했을 때 히피아스는, 소크라테스가 우리가 누군가가 제화공이나 목수나 대장장이나 승마선수가 되도록 그를 가르치길 바랄 때, 그를 어디로 보내야 할지 쩔쩔매지 않는데, 우리가 스스로 정의를 배우거나 아니면 아들이나 하인에게 그것을 가르치길 바랄 때, 이를 어디에서 찾을지 모른다면, 그건 이상한 일이라고 대화 상대자들에게 말하고 있는 모습을 발견했다.

이는 플라톤에, 그중에서도 특히 『메논』 89d 이하에 나오는, 덕을 가르치는 선생들을 발견할 수 없음의 문제와 관련된 몇몇 구절과 유사하다.

9. 『소크라테스 회상』 4권 4장 6절
이는 방금 인용한 구절에 곧바로 이어진다.

그것을 듣고서 히피아스는 비웃듯 말했다. "그런데, 소크라테스, 당신은 내가 오래전에 당신에게 들었던 낡은 얘기를 똑같이 반복하고 있군요." "그렇다네"라고 소크라테스가 답했다. "그리고 히피아스, 더 안 좋은 것은 내가 항상 같은 얘기를 반복할 뿐만 아니라, 같은 주제에 대해서 그렇게 한다는 것이네."

이것은 칼리클레스를 대신한 히피아스와의 대화 『고르기아스』 490e 9-10을 말 그대로 되풀이한 것이다.[09]

08 Maier(1913, 57쪽)는 여기에서도 『에우튀데모스』 278e 이하와 유사한 점을 지적했다.
09 Maier(1913, 53쪽 이하) 말고도, Breitenbach(1967, 1831쪽)가 여기에서 『고르기아스』로부터

10. 『소크라테스 회상』 4권 4장 9절

　(히피아스는 정의에 관해 논박할 수 없는 규정을 가지고 있다고 주장한다.) "하지만 소크라테스, 정의(正義)가 무엇이라고 생각하는지 당신 의견을 밝히기 전에는 그것을 듣지 못할 겁니다. 정말이지 당신은 다른 사람들 모두에게 질문하고 논박함으로써 그들을 놀려대는 데 만족할 뿐, 당신이 손수 어떤 사람에게 기꺼이 설명하거나 어떤 주제에 대해 당신의 의견을 밝히려 들지 않습니다."

　이것은 트라쉬마코스가 『국가』 1권 336c, 337a와 e에서 소크라테스에게 가했던 비난과 거의 똑같다(또한 『테아이테토스』 150c 4-6과 비교해 보라).[10]

　이 모든 유사한 내용들이 똑같이 확고한 것은 아니다. 플라톤과 크세노폰 모두에 발견되는 몇 가지 구절은, 이전의 소크라테스 관련 문헌에 또는 역사적인 소크라테스까지 거슬러 올라가는, 상대적으로 상투적인 구절일 수 있다. 10은 플라톤 이후의 작품인 『클레이토폰』에 나오는 것과 희미하게 비슷하다. 그리고 2와 8은 둘에 공통된 전승을 독립적으로 반영한 것으로 볼 수 있다. 하지만 1, 3-7, 9의 경우, 표현과 개념상으로 연결되는 점들이 너무나도 긴밀해서, 크세노폰이 플라톤의 텍스트에 직접적으로 의존하고 있다는 설명 말고는 다른 어떤 그럴듯한 설명이 없는 것처럼 보인다. 『소크라테스 회상』에 관한 보다 완전한 연구를 통해 틀림없이 내가 열거한 것들에 많은 것들을 추가할 수 있을 것이다.[11] 그러나 추가의 연구를 통해서 전반적인

크세노폰이 내용을 빌려 왔다는 점을 주목한다. 그는 여기에서 또한 『소 히피아스』에 대한 언급을 보는데, 이는 설득력이 덜하다. 아래의 각주 11을 보라.

10　Vlastos(1991, 105쪽)는 이러한 불평이 크세노폰의 작품에서 소크라테스가 보통 보여 주는 행동과 맞지 않는다는 점을 주목한다.

11　Breitenbach는 "시간이 조금 지난 뒤 아테네에 도착했을 때 히피아스는"(『소크라테스 회상』 4

그림이 달라질 것 같지는 않다. 『소크라테스 회상』 1권과 2권에서는 상대적으로 적은 수의 플라톤 구절이 되풀이되고(나의 분석이 맞다면, 그것들은 『뤼시스』와 『라케스』만을 반영한다), 3권과 4권에서는 이보다 훨씬 많은 수의 구절들이 세 부분(3권 9장, 4권 2장, 4권 4-6장)에 아주 집중적으로 되풀이된다. 그리고 이것들은 『고르기아스』, 『프로타고라스』, 『국가』 1권, 아마 적어도 하나의 후기 작품, 즉 『필레보스』를 포함하여, 상대적으로 많은 수의 플라톤 대화편들을 이용한다. 곧 크세노폰의 『향연』으로 눈길을 돌리게 되면, 우리는 플라톤의 『향연』뿐만 아니라, 또한 『테아이테토스』를 되풀이하는 것으로 보이는 부분들을 발견할 것이다. 그리고 이것은, 크세노폰이 기원전 380년대에 상대적으로 고립된 곳인 스킬루스에서 『소크라테스 회상』을 쓰기 시작했지만, 그것 중 3-4권과 『향연』을 그가 아테네로 돌아온 뒤인 기원전 360년대에 ―이 시기에 플라톤은 분명히 주도적인 지식인이었고, 사람

권 4장 5절)이라는 구절을 『대 히피아스』의 첫 문장에서 '인용한 것'으로 기술한다. 그러나 실제로 하나의 표현(dia chronou)만 두 텍스트에서 말이 똑같다. 그리고 Breitenbach는 이 점('시간이 조금 지난 뒤')이 히피아스가 이어서 말하는 것 ―"당신은 내가 오래 전에(palai) 당신에게 들었던 얘기를 반복하고 있군요"― 에 의해 요구된다는 점을 알아차리지 못한다. 따라서 여기에서 유사한 부분은 전적으로 우연의 일치이다.

보다 흥미를 끄는 것들은, 좋은 것과 아름다운 것에 관한 관념들에 나오는 유용성과 상대주의와 관련하여, 『대 히피아스』(290a 이하, 295c-d)와 『소크라테스 회상』 3권 8장 2-7절 사이에 보이는 유사점들이다. 앞의 대화편이 플라톤의 작품이라고 믿는다면, 세 개의 유사한 부분들이 내가 열거한 것에 추가될 수 있을 것이다. 그러나 다른 여러 가지 이유로 나는 『대 히피아스』가 플라톤의 작품이 아니라고 확신하기 때문에(Kahn, 1985, 261-87쪽을 보라), 두 명의 주의 깊은 학자가 그러한 유사점들에 관한 독자적인 연구를 통해, 크세노폰이 여기에서 『대 히피아스』에 의존하지 않고 있다는 결론에 이르렀다는 것을 보고 다행스럽다고 생각한다. Delatte(1933, 103-7쪽)는 『대 히피아스』가 크세노폰에서 그것을 빌려 오거나, 아니면 그 둘이 이전의 소크라테스 관련 문헌에 나오는 '상대주의자' 구절들을 반영한 것이라고 결론 내린다. 뒤의 경우일 가능성이 커 보인다. 이는 크세노폰의 소크라테스는 여기에서 안티스테네스로부터 끌어온 개념들을 사용하고 있다고 주장하는 Caizzi(1964, 87쪽 이하)에 의해 확인된다.

들은 그의 모든 대화편들을 쉽게 입수할 수 있었을 것이다— 완성했다고 가정할 경우, 우리가 기대할 법한 점이다.

기곤(O. Gigon) 및 다른 학자들이 주목했듯이, 『소크라테스 회상』 1-2권은 안티스테네스의 영향을 받은 흔적을 더 많이 보인다. 그리고 이러한 어긋남은 오이켄(C. Eucken)이 이소크라테스에 관한 연구를 바탕으로 도달한 결론 —이소크라테스가 볼 때, 안티스테네스가 기원전 380년대 중·후반까지 이르는 이전 시기에 소크라테스의 핵심 지지자로 등장하고, 플라톤이 이 자리를 이소크라테스의 주요 적수로서 점차적으로만 차지한다는 결론— 과 잘 맞아떨어진다. 하지만, 기원전 380년 무렵 이후 아카데미아가 국제적인 중심이 되어가고, 『고르기아스』, 『프로타고라스』, 『향연』이 발간되었을 때, 소크라테스 전통의 계승자로서 플라톤이 철학에서 차지한 위치는 넘보지 못할 것이었다. 그래서 크세노폰은 소크라테스에 대한 작가로서 진지하게 받아들여지도록 어느 정도 플라톤의 외양으로 자신을 감쌀 수밖에 없었다. 플라톤으로부터 『소크라테스 회상』에 끌어들인 대부분의 주제는 딱히 논쟁점들이라기보다는, 크세노폰이 소크라테스에 대한 철학적으로 특색이 없는 묘사를 장식하기 위해 빌려 온 지적인 깃털이다. 이는 크세노폰이 플라톤으로부터 빌려 온 것들 중 가장 철학적으로 의미 있는 것, 즉 『소크라테스 회상』 4권 5-6장의 변증술에 관한 논의에 대해서도 맞는 말이다(이 책의 3장 143-47쪽).

크세노폰의 『향연』과 같은 제목의 플라톤 대화편 간의 연결점들은 『소크라테스 회상』에 나온 것들보다 더 명백하고 더 논쟁적이고 더 복잡하다. 나는 크세노폰의 그 대화편에서 플라톤의 텍스트를 직접 언급하고 있는 두 개의 구절만 논의하겠다.

사랑에 관한 논의를 끝맺는 긴 연설에서, 소크라테스는 두 명의 아프로디테 여신 간의 차이를 묻는 질문으로 시작한다.

11. 『향연』 8장 9-10절

　　그런데 아프로디테 여신이 한 명인지 두 명 —천상의(ourania) 아프로디테와 범속의(pandēmos) 아프로디테— 인지 저는 모릅니다. 제우스도 한 명이지만 별칭이 많긴 합니다. 저는 제단, 신전, 제사가 '천상의 아프로디테'와 '범속의 아프로디테'에게 각기 다르다는 점을 알고 있습니다. 종교 의식이 뒤의 경우에는 더 느슨하고, 앞의 경우에는 더 경건하지요. 그리고 범속의 여신이 보낸 에로스는 육체적인 사랑이지만, 천상의 여신은 혼과 우정과 고귀한 행위들의 사랑들을 내보냅니다.

　　두 아프로디테 여신 간의 구별은 플라톤의 『향연』(180d 이하)에서, 바로 에로스의 천상적인 형태와 통속적인 형태를 대조하는 토대로서, 파우사니아스에 의해 지지된다. 그러나 고차적인 사랑에 관한 파우사니아스의 생각은 순전히 동성애적이고(181c), 육체적인 희열을 배제하지 않는다. 크세노폰의 언급은 이중으로 문제가 된다. 왜냐하면 그는 파우사니아스가 그은 두 아프로디테 간의 구별을 문제 삼을 뿐만 아니라(이것은 수사학적으로만 흥미로운 점이다), 통속적인 사랑을 육체적인 남색과 동일시하고자 한다. 이것은 소크라테스의 마지막 연설에 담긴 본질적인 메시지이자 그가 개인적으로 칼리아스에게 —아우토뤼코스에 대한 사랑을 순수한 것으로, 즉 육체적인 희열이 아닌 것으로 유지하라고— 권고하는 말이다(8장 12절 참조). 이렇듯, 플라톤의 『향연』(210a)에서 소크라테스는 아름다운 신체에 대한 사랑을 철학적인 에로스의 사다리에서 첫걸음으로서 받아들이지만, 크세노폰의 소크라테스는 육체적인 동성애에 대한 거부감을 강조한다.

　　조금 뒤 같은 연설에서 소크라테스는 "시인 아가톤의 애인 파우사니아스가 호색에 빠진 사람들을 변호하기 위해"[12] 말했던 비도덕적인 주장, 즉 가

604

장 용감한 군대는 사랑하는 사람들과 이들의 사랑을 받는 사람들로 편성된 군대일 것이라는 주장을 언급한다(8장 32절). 늙은 병사 크세노폰은 충격을 받았다. 그는 분명히 플라톤의 『향연』에 나오는 사랑에 관한 이야기에 퍼져 있는, 동성애에 대한 관용적인 태도를 비판하고 있다. 하지만 기억에 의존하면서, 크세노폰은 여기에서 실제로 (1) 파우사니아스가 아니라 플라톤 대화편의 파이드로스가 했던 군사적인 주장과 (2) 파우사니아스의 연설로부터 나온, 엘리스와 보이오티아의 성 풍습에 대한 언급들을 결부시켰다.[13] 그리고 플라톤의 대화편에 나오는 처음 두 연설에 주목했다는 점이 크세노폰의 특징이다. 그 연설들은 당대의 관행과 도덕적인 태도에 직접적으로 관계가 있지, 철학적이고도 시적인 내용은 극히 적다.

크세노폰의 『향연』에, 그가 플라톤을 읽은 것에 빚진 것으로 보이는 구절이 또 있다. 이것은 아이스키네스로부터 나온 개념들과 연결되어 있다. 그것은 소크라테스가 자신과 안티스테네스를 뚜쟁이와 포주로 기술하는 장면이다. 몇몇 학자들은 크세노폰이 이런 걸쭉한 말들로 소크라테스를 기술하면서, 소크라테스가 자신을 산파로 언급하는 플라톤의 『테아이테토스』 구절의 영향을 받았다고 그럴 법하게 주장했다. 왜냐하면 『테아이테토스』에서 소크라테스는 산파들은, 포주들(proagōgoi, 150a 2)로 오인될까 두려워서 그 사실을 숨기지만, 최고의 중개인들(promnēstriai)이기도 하다고 말하기 때문이다. 크세노폰이 여기에서 플라톤에 의존한다는 가설은 프로디코스에게 학생들을 보낸 일이 두 대화편들에서 중개의 사례로 적절하게 제

---

12 O. J. Todd의 번역(Loeb 시리즈)에 따랐다.

13 플라톤의 『향연』, 178e-179a, 182b. 크세노폰의 버전은 분명히 엘리스와 보이오티아에서 겪은 자신의 군사적 경험 지식에 토대를 둔 자료를 구체화하고 있다. 여기에 관련된 점들에 대한 올바른 설명은 von Fritz(1935), 43쪽의 각주를 보라. Ehlers(1966, 118쪽)도 이 설명을 받아들인다.

시된다는 사실에 의해 두드러지게 확인된다(『테아이테토스』 151b, 크세노폰의 『향연』 4장 62절).[14] 이러한 연결이 수용된다면, 우리는 확실하게 크세노폰의 『향연』이 쓰인 시기를 늦춰 잡을 수 있다(이 점은 앞에서 다른 근거들로부터 추론되었다). 왜냐하면 우리는 『테아이테토스』가 같은 이름을 가진 사람(테아이테토스)이 기원전 369년에 사망하기 전에는 완성되지 않았다는 점을 알기 때문이다. 그리고 얼마나 완벽하게 크세노폰이 그가 ─(프로디코스에게 중개하는 사례에서 보듯) 구체적인 내용은 그대로일지라도─ 플라톤으로부터 가져온 부분의 분위기와 의미를 변경하는지를 그것보다 더 잘 예시할 수 있는 것은 없을 것이다. 소크라테스가 테아이테토스와 가진 대화의 개인적인 친밀성과 지적인 강도는 고위 관료 모임의 술자리에나 잘 어울리는 음탕한 농담의 연속으로 대체된다.[15]

14 나는 여기에서 Caizzi(1964, 97-99쪽)의 의견을 따르고 있다. H. Patzer의 제안에 따라 Ehlers(1966, 114쪽)도 그렇게 연결시킨다.
15 크세노폰이 플라톤에 의존하고 있는 점에 관한 여타 주장들은 Maier(1913), 53-62쪽을 보라. 보다 최근에, Van der Waerdt(1993)는 크세노폰의 『소크라테스의 변론』이 플라톤의 작품 『소크라테스의 변론』에 대한 직접적인 응답이고, 일반적으로 소크라테스와 관련된 이 두 작가 간의 영향 관계는 플라톤에서 크세노폰으로, "한 방향으로만 진행한다"고 주장했다(9쪽).

참고문헌

Adam, J. (1902). *The Republic of Plato*, 2 vols., Cambridge.

Adkins, A. W. H. (1960). *Merit and Responsibility*, Oxford.

Allen, R. E. (1971). "Plato's Earlier Theory of Forms," in: Vlastos (1971a), 319-34.

Annas, J. (1993). *The Morality of Happiness*, New York/Oxford.

Arnim, H. von (1914). *Platos Jugenddialoge und die Entstehungszeit des Phaidros*, Leipzig/Berlin.

Benson, H. H. (1990a). "The Priority of Definition and the Socratic Elenchus," in: *Oxford Studies in Ancient Philosophy* VII, 19-65.

_____ (1990b). "Meno, the Slave-boy, and the *Elenchus*," in: *Phronesis* 35, 128-58.

Bergson, H. (1960). *La Pensée et le Mouvant*, Paris.

Beversluis, J. (1987). "Does Socrates Commit the Socratic Fallacy?" in: *American Philosophical Quarterly* 24, 211-23.

Blank, D. (1986). "Socrates' Instruction to Cebes: Plato, 'Phaedo' 101d-e," in: *Hermes* 114, 146-63.

Blass, F. (1874). *Die Attische Beredsamkeit* II (1st edn.), Leipzig.

Bloch, G. (1973). *Platons Charmides*, Dissertation, Tübingen.

Bluck, R. S. (1961). *Plato's Meno*, Cambridge.

Bobonich, C. (1994). "Akrasia and Agency in Plato's *Laws* and *Republic*," in: *Archiv für Geschichte der Philosophie* 76, 3-36.

Bonitz, H. (1871). "Zur Erklärung des Dialogs *Laches*," in: *Hermes* 5, 413-42, reprinted in: *Platonische Studien*, Berlin, 1886, 210-26.

Bostock, D. (1986). *Plato's Phaedo*, Oxford.

Brandwood, L. (1990). *The Chronology of Plato's Dialogues*, Cambridge.

Breitenbach, H. R. (1967). "Xenophon," in: *RE* 2. Reihe, IX A 2, 1567-928.

Brunt, P. A. (1993). "Plato's Academy and Politics," in: *Studies in Greek History and Thought*, Oxford.

Burnet, J. (1964). *Greek Philosophy: Thales to Plato*, London.

_____ (1977). *Plato's Euthyphro, Apology of Socrates, and Crito*, New York.

Burnyeat, M. (1976). "Protagoras and Self-Refutation in Later Greek Philosophy," in: *Philosophical Review* 85, 44-69.

Bury, R. G. (1909). *The Symposium of Plato*, edited with critical notes and commentary, Cambridge.

Caizzi, Fernando Decleva (1964). "Antistene," in: *Studi Urbinati* 38, 48-99.

_____ (1966). *Antisthenis fragmenta*, Milan.

Campbell, Lewis (1867). *The Sophistes and Politicus of Plato*, with a revised text and English notes, Oxford.

_____ (1896). "On the place of the *Parmenides* in the chronological order of the Platonic Dialogues," in: *Classical Review* 10, 129-36.

Cherniss, Harold (1935). *Aristotle's Criticism of Presocratic Philosophy*, Baltimore.

_____ (1936). "The Philosophical Economy of the Theory of Ideas," in: *American Journal of Philology* 57, 445-56, reprinted in: Vlastos (1971b), 16-27.

Clay, Diskin (1988). "Gaps in the 'Universe' of the Platonic Dialogues," in: *Proceedings of the Boston Area Colloquium in Ancient Philosophy* III, ed. J. J. Cleary.

Cohen, S. M. (1971). "Socrates on the Definition of Piety: *Euthyphro* 10a-11b," in: Vlastos (1971a), 160-76.

Crombie, I. M. (1963). *An Examination of Plato's Doctrines*, 2 vols., London.

Davidson, D. (1980). "How is Weakness of the Will Possible?" in: *Essays on Actions and Events*, 21-42, Oxford.

Davies, J. K. (1971). *Athenian Propertied Families*, 600-300 BC, Oxford.

Delatte, A. (1933). *Le troisième livre des souvenirs socratiques de Xénophon*, Paris.

Deman, T. (1942). *Le témoignage d'Aristote sur Socrate*, Paris.

Devereux, D. T. (1977). "Courage and Wisdom in Plato's *Laches*," in: *Journal of the History of Philosophy* 15, 129-41.

Dittmar, H. (1912). *Aischines von Sphettos, Studien zur Literaturgeschichte der Sokratiker = Philologische Untersuchungen* 21, Berlin.

Dodds, E. R. (1959). *Plato: Gorgias*, Oxford.

Döring, Klaus (1972). *Die Megariker, Kommentierte Sammlung der Testimonien*, Amsterdam.

_____ (1984). "Der Sokrates des Aischines von Sphettos und die Frage nach dem historischen Sokrates," in: *Hermes* 112, 16-30.

_____ (1989). "Gab es eine Dialektische Schule?" in: *Phronesis* 34, 293-310.

_____ (1992). "Die Philosophie des Sokrates," in: *Gymnasium* 99, 1-16.

Dover, K. J. (1974). *Greek Popular Morality in the Time of Plato and Aristotle*, Oxford.

_____ (1978). *Greek Homosexuality*, Cambridge, Mass.

_____ (1980). *Plato: Symposium*, Cambridge.

Düring, I. (1941). *Herodicus the Cratetean*, Stockholm.

Ehlers, Barbara (1966). *Eine vorplatonische Deutung des sokratischen Eros: Der Dialog Aspasia des Sokratikers Aischines* (Zetemata 41), Munich.

Eliot, T. S. (1932). "Shakespeare," in: *Selected Essays* 1917-1932, New York.

Erler, M. (1987). *Der Sinn der Aporien in den Dialogen Platons*, Berlin/New York.

Eucken, C. (1983). *Isokrates: seine Positionen in der Auseinandersetzung mit den zeitgenössischen Philosophen*, Berlin.

Ferrari, G. R. F. (1992). "Platonic Love," in: Kraut(1992), 248-76.

Fine, G. (1984). "Separation," in: *Oxford Studies in Ancient Philosophy* II, 31-87.

_____ (1993). *On Ideas: Aristotle's Criticism of Plato's Theory of Forms*, Oxford.

Flashar, H. (1958). *Der Dialog "Ion" als Zeugnis platonischer Philosophie*, Berlin.

Frankena, William (1973). *Ethics* (2nd edn.), Englewood Cliffs, N. J.

Friedländer, Paul (1958). *Plato*, translation by H. Meyerhoff, vol. I: *An Introduction*, London.

_____ (1964). Plato, vol. II: *The Dialogues, First Period*, London.

Fritz, Kurt von (1931). "Die Megariker," in: *RE* Supplement Band V, 707-24.

_____ (1935). "Antisthenes und Sokrates in Xenophons *Symphosion*," in: *Rhein. Museum* 84, 19-45.

_____ (1938). "Phaidon," in: *RE* XIX 2, 1538-42.

_____ (1965). "Das erste Kapitel des zweiten Buches von Xenophons *Memorabilien* und die Philosophie des Aristipp von Kyrene," in: *Hermes* 93, 257-79.

Fujisawa, N. (1974). "*echein, metechein* and Idioms of 'Paradeigmatism' in Plato's Theory of Forms," in: *Phronesis* 19, 30-58.

Gaiser, Konrad (1969). Review of Ehlers (1966), in: *Archiv für Geschichte der Philosophie* 51, 200-9.

Gallop, D. (1975). *Plato: Phaedo*, translated with notes, Oxford.

Geach, P. T. (1966). "Plato's *Euthyphro*," in: *The Monist* 50, 367-82, reprinted in: *Logic Matters*, Berkeley and Los Angeles, 1972, 31-44.

Giannantoni, Gabriele (1991). *Socratis et Socraticorum Reliquiae*, 4 vols., Naples.

Gigon, Olof (1947). *Sokrates*, Bern.

_____ (1953). *Kommentar zum ersten Buch von Xenophons Memorabilien*, Basel.

_____ (1956). *Kommentar zum zweiten Buch von Xenophons Memorabilien*, Basel.

Gomme, A. W. (1945). *A Historical Commentary on Thucydides*, vol. I, Oxford.

_____ (1956). *A Historical Commentary on Thucydides*, vol. II, Oxford.

Gosling, J. C. B. and Taylor, C. C. W. (1982). *The Greeks on Pleasure*, Oxford.

Grote, George (1875). *Plato and Other Companions of Socrates*, 3 vols. (3rd edn.), London.

Guthrie, W. K. C. (1965). *History of Greek Philosophy*, vol. II, Cambridge.

_____ (1969). *History of Greek Philosophy*, vol. III, Cambridge.

_____ (1975). *History of Greek Philosophy*, vol. IV, Cambridge.

Hackforth, R. (1945). *Plato's Examination of Pleasure*, Cambridge.

Halperin, D. M. (1985). "Platonic *Erōs* and What Men Call Love," in: *Ancient Philosophy* 5, 161-204.

Hawtrey, R. S. W. (1981). *Commentary on Plato's Euthydemus*, Philadelphia.

Hermann, K. F. (1839). *Geschichte und System der Platonischen Philosophie*, Heidelberg.

Herrnstein, R. J. (1990). "Rational Choice Theory, Necessary but Not Sufficient," in: *American Psychologist* 45, 356-67.

Hirzel, R. (1895). *Der Dialog*, Leipzig.

Inwood, B. (1992). *The Poem of Empedocles*, Toronto.

Irwin, T. (1977). *Plato's Moral Theory*, Oxford.

_____ (1995). *Plato's Ethics*, Oxford.

Jaeger, W. (1944). *Paideia* vol. II, Berlin; English translation by G. Highet, Oxford.

Kahn, Charles (1963). "Plato's Funeral Oration," in: *Classical Philology* 58, 220-34.

_____ (1973). "Language and Ontology in the *Cratylus*," in: *Exegesis and Argument*, ed. E. N. Lee *et al.*, 152-76.

_____ (1981). "Some Philosophical Uses of 'to be' in Plato," in: *Phronesis* 26, 105-34.

_____ (1983). "Drama and Dialectic in Plato's *Gorgias*," in: *Oxford Studies in Ancient Philoso-*

phy I, 75-121.

_____ (1985). "The Beautiful and the Genuine: A Discussion of Paul Woodruff's *Plato: Hippias Major*," in: *Oxford Studies in Ancient Philosophy* II, 261-87.

_____ (1988a). "On the Relative Date of the *Gorgias* and *Protagoras*," in: *Oxford Studies in Ancient Philosophy* VI, 69-102.

_____ (1988b). "Being in Parmenides and Plato," in: *La Parola del Passato* 43, 237-61.

_____ (1990). "Plato as a Socratic," in: *Recherches sur la philosophie et le langage* 12, (Grenoble) 19-30; also published in: *Studi Italiani di filologica classica*, 3rd series 10 (1992), 580-95.

_____ (1992). "Vlastos' Socrates," in: *Phronesis* 37, 233-58.

_____ (1993a). "Proleptic Composition in the *Republic*, or Why Book I was Never a Separate Dialogue," in: *Classical Quarterly*, N. S. 43, 131-42.

_____ (1993b). Foreword (pp. xvii-xxvii) to 1993 reprinting of G. R. Morrow, *Plato's Cretan City*, Princeton.

_____ (1994). "Aeschines on Socratic Eros," in: *The Socratic Movement*, ed. P. Vander Waerdt, 87-106.

_____ (1995). "The Place of the *Statesman* in Plato's Later Work," in: C. Rowe, ed., *Reading the Statesman*, Sankt Augustin, 49-60.

Kahrstedt, U. (1927). "Lysikles," in: *RE* XIII, 2550-51.

Karasmanis, Vassilis (1987). *The Hypothetical Method in Plato's Middle Dialogues*, unpublished dissertation, Oxford.

Keyser, Paul (1991). "Review of G. R. Ledger," in: *Bryn Mawr Classical Review* 2, 422-27.

_____ (1992). "Stylometric Method and the Chronology of Plato's Dialogues," in: *Bryn Mawr Classical Review* 3, 58-73.

Klosko, G. (1988). "The 'Rule' of Reason in Plato's Psychology," in: *History of Philosophy Quarterly* 5, 341-56.

_____ (1986). *The Development of Plato's Political Theory*, New York/London.

Kraut, R. (1992). ed. *The Cambridge Companion to Plato*, Cambridge.

Kube, J. (1969). *TEXNH and APETH, sophistisches und platonisches Tugendwissen*, Dissertation, Frankfurt am Main / Berlin.

Lebeck, Anne (1971). *The Oresteia*, Washington D. C.

Ledger, G. R. (1989). *Recounting Plato*, Oxford.

Lee, E. N., ed. Mourelatos, A. P. D. and Rorty, R. M. (1973). *Exegesis and Argument: Studies in Greek Philosophy Presented to Gregory Vlastos*, Assen.

Lesky, A. (1957/58). *Geschichte der griechischen Literatur*, Bern.

Long, A. A. and Sedley, D. N. (1987). *The Hellenistic Philosophers*, 2 vols., Cambridge.

Lutoslawski, W. (1897). *The Origin and Growth of Plato's Logic*, London.

Maier, H. (1913). *Sokrates, sein Werk und seine geschichtliche Stellung*, Tübingen.

Mann, W. (1996). "The Life of Aristippus," in: *Archiv für Geschichte der Philosophie* (forthcoming).

Mannebach, Erich (1961). *Aristippi et Cyrenaicorum Fragmenta*, Leiden/Köln.

Marrou, H.-I. (1950). *Histoire de l'Éducation dans l'Antiquité*, 2nd edn., Paris.

McDowell, John (1980). "The Role of *Eudaimonia* in Aristotle's Ethics," in: A. O. Rorty, ed. *Essays on Aristotle's Ethics*, Berkeley.

McKim, R. (1985), "Socratic Self-Knowledge and 'Knowledge of Knowledge' in Plato's *Charmides*," in: *Transactions of the American Philological Association* 115, 59-77.

Meinwald, Constance C. (1991). *Plato's Parmenides*, Oxford.

_____ (1992). "Farewell to the Third Man," in: Kraut (1992), 365-96.

Méridier, L. (1931). *Platon: Ion*, Budé, vol. v.1, Paris.

Momigliano, A. (1971). *The Development of Greek Biography*, Cambridge, Mass.

Moravcsik, J. M. E. (1971). "Reason and Eros in the 'Ascent'-Passage of the *Symposium*," in: J. P. Anton and G. L. Kustas, ed. *Essays in Ancient Greek Philosophy*, Albany, N. Y.

Müri, W. (1944). "Das Wort Dialektik bei Platon," in: *Museum Helveticum* 1, 152-58.

North, H. (1966). *Sophrosyne. Self-Knowledge and Self-Restraint in Greek Literature*, Ithaca.

O'Brien, M. J. (1958). "Modern Philosophy and Platonic Ethics," in: *Journal of the History of Ideas* 19, 451-72.

_____ (1963). "The Unity of the Laches," in: *Yale Classical Studies* 18, 131-47, reprinted in: *Essays in Ancient Greek Philosophy*, ed. J. P. Anton and G. L. Kustas, 1971, Albany, N. Y. 303-16.

_____ (1967). *The Socratic Paradoxes and the Greek Mind*, Chapel Hill.

Ostwald, M. (1986). *From Popular Sovereignty to the Sovereignty of Law*, Berkeley.

Ostwald-Vlastos (1956). *Plato's Protagoras*, ed. M. Ostwald and G. Vlastos, New York.

Patzer, A. (1970). *Antisthenes der Sokratiker*, Dissertation, Heidelberg.

_____ (1975). "Resignation vor dem historischen Sokrates," in: A. Patzer, ed. *Apophoreta für Uvo Hölscher*, Bonn.

_____ (1987). ed. *Der historische Sokrates*, Darmstadt.

Patzer, H. (1965). "Die philosophische Bedeutung der Sokratesgestalt in den platonischen Dialogen," in: *Parousia, Festgabe für J. Hirschberger*, Frankfurt.

Pennner, T. (1973). "The Unity of Virtue," in: *Philosophical Review* 82, 35-68.

_____ (1992). "Socrates and the Early Dialogues," in: Kraut (1992), 121-69.

Pohlenz, M. (1913). *Aus Platos Werdezeit*, Berlin.

Price, A. W. (1989). *Love and Friendship in Plato and Aristotle*, Oxford.

Robin, L. (1910). "*Les 'Mémorables' de* Xénophon et notre connaissance de la philosophie de Socrate," in: *Année philosophique* 21, 1-47; (= *La pensée hellènique des origines à Épicure*, 81-137).

Robinson, D. B. (1986). "Plato's *Lysis*: The Structural Problem," in *Illinois Classical Studies* 11, 63-83.

Robinson, Richard (1941). *Plato's Earlier Dialectic* (1st edn.), Ithaca.

_____ (1953). *Plato's Earlier Dialectic* (2nd edn.), Oxford.

Robinson, T. M. (1979). *Contrasting Arguments. An Edition of the "Dissoi Logoi,"* New York.

Ross, W. D. (1924). *Aristotle's Metaphysics*, 2 vols., Oxford.

_____ (1951). *Plato's Theory of Ideas*, Oxford.

_____ (1955). *Aristotelis Fragmenta Selecta*, Oxford.

Rossetti, Livio (1973). "*Socratica* in Fedone di Elide," in: *Studi Urbinati* 47, 364-81.

_____ (1980). "Ricerche sui Dialoghi Socratici di Fedone e di Euclide," in: *Hermes* 108, 183-200.

Rowe, C. J. (1986a). *Plato: Phaedrus*, with translation and commentary, Warminster.

_____ (1986b). "The Argument and Structure of Plato's *Phaedrus*," in: *Proceedings of the Cambridge Philological Society*, N. S. 32, 106-25.

Santas, G. X. (1964). "The Socratic Paradox," in: *Philosophical Review* 73, 147-64.

_____ (1971a). "Socrates at Work on Virtue and Knowledge in Plato's *Laches*," in: Vlastos (1971a), 177-208.

_____ (1971b). "Plato's *Protagoras* and Explanation of Weakness," in: Vlastos (1971a), 264-98.

_____ (1979). *Socrates, Philosophy in Plato's Early Dialogues*, London.

_____ (1988). *Plato and Freud, Two Theories of Love*, Oxford.

Saunders, T. J. (1986). "'The Rand Corporation of Antiquity?' Plato's Academy and Greek Politics," in: J. H. Betts *et al.*, ed. *Studies in Honour of T. B. L. Webster*, Bristol.

Schofield, Malcolm (1984). "Ariston of Chios and the Unity of Virtue," in: *Ancient Philosophy* 4, 83–95.

_____ (1991). "Editor's Notes," in: *Phronesis* 36, 107–15.

Scott, D. (1987). "Platonic Anamnesis Revisited," in: *Classical Quarterly* 37, 346–66.

Sedley, David (1989). "Is the *Lysis* a Dialogue of Definition," in: *Phronesis* 34, 107–8.

_____ (1995). "The Dramatis Personae of Plato's *Phaedo*," in: *Proceedings of the British Academy* 85, 3–26, reprinted in T. J. Smiley, ed. *Philosophical Dialogues: Plato, Hume, Wittgenstein*, Oxford.

Sharples, R. W. (1985). *Plato: Meno*, Warminster/Chicago.

Shorey, Paul (1933). *What Plato Said*, Chicago.

Sidgwick, H. (1872). "The Sophists," in: *The Journal of Philology* 4, 288–307.

Smith, J. A. (1917). "General Relative Clauses in Greek," in: *Classical Review* 31, 69–71.

Snell, Bruno (1953). *The Discovery of the Mind*, trans. T. G. Rosenmeyer, Cambridge, Mass.

Sprague, R. S. (1962). *Plato's Use of Fallacy*, London.

_____ (1972). *The Older Sophists*, Columbia, S.C.

_____ (1976). *Plato's Philosopher-Kings*, Columbia, S.C.

Stalley, R. F. (1983). *An Introduction to Plato's Laws*, Oxford.

Strycker, E. de (1950). "Les témoignages historiques sur Socrate," in: *Mélanges H. Grégoire*, Brussels, 199–230. German translation in A. Patzer (1987), 323–54.

Szlezák, T. A. (1985). *Platon und die Schriftlichkeit der Philosophie*, Berlin.

Tatum, J. (1989). *Xenophon's Imperial Fiction: On the Education of Cyrus*, Princeton.

Taylor, A. E. (1911). *Varia Socratica*, Oxford.

Thesleff, Holger (1982). *Studies in Platonic Chronology*, Helsinki.

Thompson, Dorothy Burr (1960). "The House of Simon the Shoemaker," in: *Archeology* 13, 234–40.

Thompson, Homer (1954). "Excavation report," in: *Hesperia* 23, 54f.

Thompson, W. H. (1868). *The Phaedrus of Plato*, with English notes and dissertations, London.

Tigerstedt, E. N. (1970). "Furor Poeticus: Poetic Inspiration in Greek Literature Before Democritus and Plato," in: *Journal of the History of Ideas* 31, 163-78.

_____ (1977). *Interpreting Plato*, in: *Stockholm Studies in History of Literature* 17, Uppsala.

Tuckey, T. G. (1951). *Plato's Charmides*, Cambridge.

Van der Ben, N. (1985). *The Charmides of Plato*, Amsterdam.

Van der Waert, P. (1993). "Socratic Justice and Self Sufficiency: The Story of the Delphic Oracle in Xenophon's *Apology of Socrates*," in: *Oxford Studies in Ancient Philosophy* 11, 1-48.

_____ (1994). ed. *The Socratic Movement*, Ithaca.

Vlastos, G. (1956). *Introduction to Plato's Protagoras*, ed. M. Ostwald and G. Vlastos, New York.

_____ (1967). "Was Polus refuted?" in: *AJP* 88, 454-60.

_____ (1971a). *The Philosophy of Socrates: A Collection of Essays*, New York.

_____ (1971b). *Plato I: Metaphysics and Epistemology*, New York.

_____ (1973). *Platonic Studies*, Princeton.

_____ (1987). "'Separation' in Plato," in: *Oxford Studies in Ancient Philosophy* V, 187-96.

_____ (1988). "Socrates," in: *Proceedings of the British Academy* 74, 89-111.

_____ (1990). "Is the 'Socratic Fallacy' Socratic?" in: *Ancient Philosophy* 10, 1-16.

_____ (1991). *Socrates, Ironist and Moral Philosopher*, Cambridge.

_____ (1994). *Socratic Studies*, ed. M. Burnyeat, Cambridge.

_____ (1995). *Studies in Greek Philosophy*, ed. D. W. Graham, 2 vols., Princeton.

Watson, G. (1980). "Skepticism about Weakness of Will," in: *Philosophical Review* 86, 316-39.

Wilamowitz-Moellendorff, Ulrich von (1879). "Phaidon von Elis," in *Hermes* 14, 187-89, 476f.

_____ (1920). *Platon*, 2 vols., Berlin.

Williams, Bernard (1985). *Ethics and the Limits of Philosophy*, Cambridge, Mass.

Winkler, John J. (1990). "Laying Down the Law: The Oversight of Men's Sexual Behavior in Classical Athens," in: D. M. Halperin *et al.* ed. *Before Sexuality*, Princeton.

Witte, B. (1970). *Die Wissenschaft vom Guten und Bösen, Interpretation zu Platons "Charmides,"* Berlin.

Woodbury, L. (1971). "Socrates and Archelaus," in: *Phoenix* 25, 299-309.

Woodruff, Paul (1982). *Plato, Hippias Major*, Indianapolis.

_____ (1983). *Plato, Two Comic Dialogues*, Indianapolis.

_____ (1990). "Plato's early theory of knowledge," in: S. Everson, ed. *Companions to Ancient Thought I, Epistemology*, Cambridge, 65-75.

Young, Charles M. (1994). "Plato and Computer Dating," in: *Oxford Studies in Ancient Philosophy* XII, 227-50.

Zeller, E. (1889). *Die Philosophie der Griechen*, vol. II, Part One (4th edn.), Leipzig.

Zeyl, D. J. (1980). "Socrates and Hedonism—*Protagoras* 351b-358d," in: *Phronesis* 25, 250-69.

* '310ff' 혹은 '310f'는 '310쪽 이하'를, '247n'은 '247쪽 각주'를 뜻한다.

찾아보기 I. 주제

[ㄱ]

가설의 방법 method of hypothesis 317, 457-67, 475, 479-95, 507f, 544

이론-구성의 방법으로서 489-91

플라톤의 연역 추론 이론으로서 481f, 486f

→ 변증술

경건함 piety

『에우튀프론』에서 ~에 대한 정의 282f

『경영론』 Oeconomicus

크세노폰의 대화편 78

과도기('중기 초반') 대화편들 threshold('pre-middle') dialogues 92, 119, 247-50

~에서 『프로타고라스』의 위치 340

~의 주제적 단일성 248f, 280

『고르기아스』 이후에 저술됨 92, 219, 247, 291

→ 선취, 아포리아적 대화편

관계 relations

『카르미데스』에서 재귀적, 비재귀적 ~ 이론 298, 314-17

기술, 테크네 technē 62, 181f, 221

~과 도덕 교육 247, 258, 342f

~과 도덕적 앎 184, 221-23, 236

~과 전문화의 원리 186f

~로서 정치학 222-24, 326, 331, 333

~에 대한 플라톤의 관념이 띤 비-소크라테스적 성격 92, 182-84, 222

~의 기준으로서 정의(定義)에 정통함 254f, 257-59

~의 무오류성 225

~의 최고 형태로서 변증술 247, 250

시가 ~이 아닌 이유 184-92

주제에 의해 규정된 190, 221f, 317f

크세노폰에서 595

→ 앎, 정치 기술, 덕(의 가르침 가능성)

기원전 386년의 왕의 평화 King's Peace of B.C. 386

『메넥세노스』의 저술 시기를 정하는 73

[ㄴ]

나눔의 방법 method of division 463-67, 574, 578

논리학적 용어 logical terminology

플라톤에서 196, 207f, 481, 487f

638

저자 소개

찰스 H. 칸(Charles H. Kahn)

찰스 칸은 미국 펜실베이니아 대학교 철학과 명예교수로 서구의 대표적인 고대철학 전문가 중의 한 사람이다. 콜롬비아 대학교에서 고대철학 연구로 박사학위를 취득하였으며, 1966년부터 펜실베이니아 대학교에서 교편을 잡은 뒤 2012년까지 44년 동안 동 대학 철학과에서 고대철학과 정치이론사를 가르쳤다. 2014년에는 고대철학 분야의 최고 학자에게 수여되는 베르너 예거 상을 최초로 수상하기도 하였다.

주요저서로는 『아낙시만드로스와 그리스 우주론의 기원』(1994) 『헤라클레이토스의 사유와 기술』(1979), 『피타고라스와 피타고라스주의자들』(2001), 『플라톤과 후-소크라테스 대화편』(2014) 그리고 『존재에 관한 에세이』(2012) 등이 있다.

• 박규철

현 국민대학교 교양대학 교수, 한국동서철학회 부회장 및 연구위원장, 한국중세철학회 편집위원. 전 아신대학교 산학협력단장 및 도서관장, 월간 『에머지』 및 『넥스트』 편집장을 역임하였다. 연세대학교 철학과 졸업 후 同대학원에서 플라톤 『고르기아스』 연구로 박사학위를 받았다.

저서로는 『그리스-로마 사회의 갈등 해소 모델 연구』(2008, 공저), 『소크라테스와 소피스트』(2009), 『커뮤니케이션의 시원』(2009, 공저), 『고대 그리스 철학의 감정 이해』(2010, 공저), 『그리스 로마 철학 이야기』(2011) 그리고 『플라톤의 국가 읽기』(2013) 등이 있고, 역서로는 『신플라톤주의』(2011, 공역)가 있다. 주요 논문으로는 「플라톤 철학 전통에 대한 패러다임적 변형으로서의 플로티노스의 일자 형이상학」(2008), 「플라톤 대화편에 나타난 문답법의 윤리적 의미와 감정의 문제」(2010), 「플라톤의 명예의 윤리학」(2011), 「테오리아인가 테우르기아인가?」(2012, 공저), 「8-9세기 이슬람의 신학적 철학의 칼라암 개념에 대한 비판적 탐구」(2012) 그리고 「회의냐 독단이냐?」(2013) 등이 있다. 주된 연구 분야는 소크라테스와 플라톤 철학이며 그 연장선상에서 신플라톤주의 철학도 연구하고 있다.

• 김진성

현 정암학당 연구원, 철학 아카데미 강사. 세종대학교, 한신대학교, 성신여자대학교, 한국외국어대학교에서 철학과 논리학을 강의했으며, 현재 동덕여자대학교에서 신화를 강의 중이다. 서울대학교 철학과와 同대학원 석사과정을 마친 후, 독일학술교류처(DAAD) 장학생으로 독일로 건너가, 함부르크대학 철학과에서 아리스토텔레스의 형이상학 연구로 박사과정을 수료했다.

역서로 『형이상학』(2007), 『범주들·명제에 관하여』(2008), 『이사고게』(2009), 『아리스토텔레스』(2011), 『플라톤의 이데아론』(2011), 『그리스 미학』(2012), 『아리스토텔레스의 창작예술론』(2014), 『자연학 소론집』(2015)이 있다. 현재 『연설술(수사학)』, 『자연학』 등 아리스토텔레스의 주요 저술을 우리말로 옮기는 작업에 몰두하고 있다.

• 서영식

현 충남대학교 정교수 및 자유전공학부장, 한국동서철학회 편집위원장. 대한철학회 연구위원장(2014-2015), 한국칸트학회 총무이사, 한국여성철학회 편집위원을 역임하였다. 충남대학교를 졸업한 후 스위스 루체른·취리히·바젤 대학교에서 철학과 신학을 연구하였으며, 루체른 대학교에서 서양고대철학연구로 철학박사학위를 받았다.

저서로는 『Selbsterkenntnis im Charmides』(2005), 『철학과 세계』(2009), 『시간과 철학』(2009, 공저), 『고대 그리스 철학의 감정 이해』(2010, 공저), 『청춘의 철학』(2012), 『인문학과 법의 정신』(2013, 공저) 등이 있으며 역서로는 『신플라톤주의』(2011, 공역)가 있다. 논문으로는 「하이데거의 '동굴의 비유' 해석에 대한 비판적 고찰」(2008), 「플라톤과 아리스토텔레스의 시간이해」(2009), 「『국가』편에서 제시된 정의와 좋음에 관한 논의」(2010), 「법학전문대학원 시대의 철학교육」(2011), 「융복합 교육을 위한 철학적 고찰」(2012), 「마르실리오 피치노의 인간관과 세계이해」(2013), 「법의 지배와 덕의 지배」(2014), 「키케로의 국가론과 자연법사상에 관한 고찰」(2014), 「플라톤의 전쟁론」(2015) 등이 있다. 연구 관심 분야는 플라톤과 아리스토텔레스를 중심으로 한 서양고대철학과 그 영향사 그리고 법철학이다.

• 김덕천

현 연세대학교 강사, 한국고대철학회, 한국중세철학회, 한국가톨릭철학회 회원. 연세대학교 정외과를 졸업하고 同대학원 철학과에서 아리스토텔레스 『형이상학』 연구로 철학 박사학위를 받았다.

저서로는 『그리스 로마 사회의 갈등 해소 모델 연구: 설득과 수사학을 중심으로』 (2008, 공저)가 있으며, 주요 논문으로는 「아리스토텔레스 『형이상학』에 나타난 실체와 본질의 동일성」(2006), 「아리스토텔레스 『형이상학』에 나타난 실체 개념의 개별성 문제」(2005) 등이 있다. 연세대학교에서 미학, 서양 정신의 기원, 서구 문명의 인간 이해, 서양 고대 중세 정치사상 등을 가르쳐 왔으며, 미학적 형이상학 및 감정과 영성 능력의 관계구조에 각별한 관심을 기울이고 있다.

• 조흥만

현 전북대학교 철학과 강사, 충남대학교 인문과학연구소 객원연구원. 연세대학교 신학과를 졸업하고 同대학원 철학과에서 박사를 수료한 후, 전북대학교 철학과 대학원에서 플라톤 『향연』 연구로 박사학위를 받았다.

저서로는 『철학영화제』(2019), 『사고와 토론』(2015, 공저), 『철학의 이해』(2015, 공저), 『인문고전읽기』(2014, 공저)가 있고, 역서로는 『플라톤: 소크라테스의 변론/크리톤』 (달섬, 近刊), 『플라톤과 소크라테스적 대화』(2015, 공역), 『중세철학』(2007)이 있다. 주요 논문으로는 「고대 그리스에서 정치적 에로스 담론」(2017), 「소크라테스의 교수법에 나타난 교육 개혁」(2017), 「『변론』에서 소크라테스의 죽음관에 대한 새로운 조명」(2014), 「플라톤 파우사니아스의 궤변술을 통해 본 에로스와 노모스」(2012) 등이 있다. 제2회 한국동서철학회 인산학술상과 제13회 대한철학회 학술상을 수상했다.